한국사

21

고려 후기의 사상과 문화

국사편찬위원회

자문위원

민 병 하　　변 태 섭

편찬위원

박 용 운　　최 병 헌　　홍 승 기

집필(고려 후기의 사상과 문화)

권 기 종　　길 희 성　　김 상 현　　김 정 기　　문 철 영

박 상 국　　박 영 제　　서 영 대　　송 방 송　　신 영 훈

심 재 기　　유 경 아　　윤 서 석　　윤 용 이　　이 경 자

이 두 현　　이 봉 춘　　이 희 덕　　임 영 무　　장 정 룡

전 상 운　　정 영 호　　조 동 일　　진 성 규　　채 상 식

최 창 조　　탁 봉 심　　홍 선 표

기획 · 편집

신 재 홍　　변 승 웅　　이 근 택

고 혜 령　　고 성 훈　　나 애 자

박 한 남　　윤 병 희　　최 원 식

복간 간행 : 김 용 곤 · 장 득 진

한국사 간행취지

우리 겨레가 앞으로 어떻게 살아갈 것인가 하는 문제는 우리들은 물론 우리와 더불어 살아가는 세계인들의 관심사일 것이다. 이에 대한 해답은 과거에 어떻게 살아왔는가 하는 우리 역사에 대한 인식을 통해 찾을 수 있을 것이라고 생각된다.

본 위원회에서는 이미 1970년대에 『한국사』 25권을 간행하여 해방 이후 한국사의 연구성과를 집대성함으로써 한국사에 대한 인식을 새롭게 한 바 있다. 그 이후 한국사회는 놀라운 성장과 발전을 이루었고 역사학계도 상당한 연구성과를 축적하였다. 이러한 변화에 발맞추어 한국사학계는 새로운 『한국사』 편찬의 필요를 느끼게 되었다.

이에 본 위원회는 일차적으로 한국사 연구지원비를 마련하여 역사학계로 하여금 1980년대 중반까지 연구성과가 미진하다고 생각되는 분야를 연구할 수 있도록 하였다. 이어서 1989년부터 1990년까지의 준비를 거쳐 1991년에는 '신편 한국사 편찬위원회'를 따로 구성하고 총 60권에 달하는 새로운 『한국사』를 편찬하기로 하였다. 그리고 다음과 같은 『한국사』 편찬의 목표를 세웠다.

① 한국의 역사와 문화에 대한 객관적 인식의 토대를 제공할 수 있는 한국사를 편찬한다.

② 민족의 창조적 문화활동과 민족사의 내재적 발전을 드러내는 한국사를 편찬한다.

③ 최근까지의 연구성과를 체계화하고 새로운 영역을 개척함으로써 한국사 연구의 지평을 넓힌다.

④ 한국사 연구와 관련하여 고고학·인류학·사회학·경제학 등 인접학문의 연구성과를 수용하여 한국사 인식의 폭을 넓히는 데 기여한다.

새로운 『한국사』를 펴내면서 우리 모두가 바라는 바는, 민족의 통일에 대비해야 하고 급격히 변화하는 시대상황 속에서, 한국사 연구자의 깊이 있는 연구를 도와주고 독자들의 역사인식을 드높일 수 있는 길잡이 구실을 할 수 있었으면 하는 것이다.

국사편찬위원회 위원장

목 차

Ⅱ. 문화의 발달

개 요

I

무신정권이 성립된 뒤 2세기가 넘는 고려 후기사회는 정치적으로는 물론 경제·사회·문화에 있어서 참으로 어두운 시기였다. 무인들이 문신귀족을 대신하여 정치의 실권을 장악하면서 이에 저항하는 반무신란을 비롯하여 이러한 사회변동의 기회를 틈타 개경이나 여러 지방에서 노비·천민·농민들의 민란이 발생하였다. 이 시기에 있어 민란은 귀족 중심의 엄격한 신분사회에서 탈피하여 새로운 사회전환을 지향하는 원동력이 되기도 하였다. 물론 이들 일련의 사회적 혼란은 무신정권이 일단 안정되면서 진압되었다. 그러나 13세기 초 몽고족의 흥기로 무신집권기의 고려는 그 침입을 맞아 30여 년의 항몽전쟁으로 국토는 초토화되고 백성은 미증유의 고난을 당하였으며, 패전에 이어서 원제국의 정치적 간섭을 감수하지 않으면 안되었다. 고려는 말기에 가서 이미 원 간섭기 때부터 추진해 오던 자주권의 회복이나 국가재건을 위한 몸부림치기도 하였으나 결국 쇠퇴의 길을 밟게 되었다. 그러므로 고려 후기 정치사가 얼마나 암울하였던가를 새삼 인식하지 않을 수 없다.

그런데 이 시기의 사상적인 측면을 살펴보면 이같은 어두운 시대에 살면서 절망과 체념을 극복하고 새로운 사회와 국가를 세워 보려는 진지하고도 열의에 찬 노력이 기울여졌으며, 또 그 성과는 눈에 띠게 달라지고 있었다. 불교계에 있어 普照國師 知訥에 의한 修禪社 結社를 통한 신앙운동과 圓妙國師 了世가 중심이 된 白蓮社 結社가 그것이다. 이들은 다같이 지방의 향리나 독서(인)층 출신으로 현실적으로 중앙의 불교교단에서 참여의 길이 열려 있었다. 그러나 이들은 당시의 현상을 타개하고자 당면한 현실과 중앙의 교단을 박차고 도시를 떠나 멀리 깊은 산사에 침잠하여 불교와 그 신앙의 참뜻을 궁구하게 되었다. 지눌은 당시 고려 불교계가 안고 있는 禪과 敎의 갈등과 불교신앙의 참뜻을 이론적으로 정립하는 데 전심하였으며, 요세의 경우에는 신앙의 구도적 자세와 아울러 당시 고통을 받고 있던 많은 민중을 위한 현실구원에 보다 더 노력을 집중하였다고 보인다. 이들이 이룩한 신앙결사나 그 사상은 원의 간섭기를 거치면서 변질되고 쇠퇴하였다. 그러나 특히 지눌이 이룩한 불교신앙의 본질에 대한 사상적인 맥은 다음에 이어져 성리학의 수용을 가능케 하는 사유기반을 구축하였다.

유교는 고려 초기 이래 정치사상으로서 정립되어 국교적 위치에 있던 불교와 병존하여 왔다. 그러나 고려 후기에 오면 오히려 정치적 제반 여건이 좋지 않아 불교교단의 혁신운동에 대응할 만한 이념이나 실천운동 같은 움직임을 보여주지 못했다. 그러다가 새로이 성리학이 원으로부터 수용되고 불교의 혁신운동도 쇠잔해지는 데 따라 정신적 빈 공간을 대신하게 되었다. 결국 성리학은 당시 새로이 성장하고 있던 신진사대부에 의해 익혀지고 또 이들에 의해 무너져 가던 고려사회를 개혁하거나 혹은 이를 넘어 새로운 국가를 건설할 정치이념으로 수용되었다. 성리학은 마침내 불교를 대신하여 고려말 사상계를 주도하고 고려의 구질서를 대신하여 새 시대를 열고자 하는 정치사상으로 주도적 역할을 담당하였다.

역사편찬에 있어서 고려 후기는 그 의식면에서 시대적 소임을 자각하고 있었다. 이민족의 침략에 따른 오랜 전란과 그 압박을 받으면서 생을 누려야 했던 이 시기에 있어서 더러는 현실에 타협하기도 하고 참여하기도 하였으나 그들의 내면세계에 흐르는 분노와 저항은 여러 역사서를 통하여 표출되었다. 전기에 편찬된 사서, 특히 관찬서들은 중국문화 수용의 차원에서 그 한계를 나타내고 있었다. 그러나 이 시기에 와서 유학이나 불교사상을 체득한 지식인들은 당면한 현실을 극복하려는 고뇌의 표출로써 역사편찬을 통해 강력한 민족의식이나 자주의식을 담고 있음은 참으로 다행스런 일이라 하겠다.

문학분야에 있어서는 宋詞 등 중국의 영향을 받으면서도 독특하고 새로운 경향을 나타내고 있으며, 민중문학으로서 俗謠는 우리 나라 시가문학에 새 경지를 열고 있다. 특히 漢文學의 경우 수필문학이나 설화문학과 漢詩에 있어 뛰어난 문장가와 시인이 많이 배출되었다. 삼국 이래 漢字를 받아들여 생활화하고 있었던 점에 비추어 이 시기에 한문학의 융성은 오히려 당연하다고 하겠다.

예술분야에서는 퇴조의 모습이 뚜렷하다. 고려 후기에는 오랜 전쟁과 이민족의 간섭 속에서 불안한 삶을 살고 있었으므로 문화의 꽃을 피울 겨를이 없었다. 그러한 가운데 원과의 오랜 교류과정에서 그 영향이 자연히 조형예술 등의 형식에 끼쳐 더러는 특색 있는 작품을 제작하기도 하였다. 그러나 고려 전기나 혹은 그 이전에 볼 수 있었던 미적 감각이나, 창조적이고 의욕이 넘치는 예술의 창작은 대체로 기대할 만한 수준이 아니었다.

Ⅱ

고려 후기 불교계의 동향을 보면 집권무신들에 대해서 항거하던 敎宗寺院이 쇠퇴하고 새로이 禪宗이 대두하게 되었다. 선종은 경전을 통한 복잡한 이론적 공부를 배격하고 參禪에 의한 불교신앙을 중심으로 삼았기 때문에 이러한 단순성은 소박한 무인들에게 친근감을 줄 수 있었다. 그리고 선종의 혁신성은 문신귀족의 정권을 무너뜨리고 집권한 무신들에게 환영을 받게 되었을 것이다. 그러나 義天에 의한 敎觀幷修운동이나 그 동안 교종이 주류를 이루고 있는 가운데 교세를 떨치지 못하던 선종교단으로서는 새로운 시대에 부응할 수 있는 교리나 수행방법을 가지고 있지 못하였다.

知訥은 기성 교단의 타락과 현실에 대하여 실망한 나머지 이를 비판하고 새로운 신앙의 혁신을 위하여 교단을 떠나 山寺에 칩잠하면서 참다운 불교와 그 신앙의 길이 무엇인가에 대하여 구도와 탐구를 시작하였다. 그는 南宗禪의 6祖 慧能의 《六祖壇經》과 당나라 화엄사상가인 李通玄長者의 《新華嚴經論》, 그리고 선교통합을 주장한 圭峰 宗密의 영향을 받아 頓悟漸修와 定慧雙修의 새로운 불교사상을 세우게 되었다. 인간 스스로가 부처인 것을 깨닫고 끊임없이 定과 慧를 아울러 닦음으로써 깨침을 이룰 수가 있다는 것이다. 지눌은 여기서 다시 중국 南宋代 大慧禪師의 《語錄》을 읽고 크게 깨달아 看話

禪을 선 수행의 최고 방법으로 삼기도 하였다. 돈오점수에 관한 한 선과 교의 조화를 주장한 지눌도 간화선에 있어서는 선과 교의 질적 차이를 주장하는 것으로 보면 역시 지눌에 있어서도 선의 우월성을 엿보게 된다.

지눌은 이러한 사상체계를 세우면서 추진해 오던 신앙결사를 송광산에 修禪社를 조직하여 대중에게 새로운 불교수행을 널리 확산하려고 하였다. 지눌 이후 수선사를 바탕으로 하여 曹溪宗이 성립되어, 의천에 의해 시도되었던 선·교조화의 노력이 그의 진지한 求道와 사상의 구축으로 선을 주로 하여 교의 융화를 이룩함으로써 한국불교의 독특한 이론과 경지를 마련하였다. 지눌의 뒤를 이은 眞覺國師 慧諶은 스승의 선사상을 대체로 계승하였으며 당시 무신정권의 崔怡와 밀착되어 있었다.

지눌에 의한 수선사 결사운동에 이어서 天台宗에서도 혁신운동이 일어났다. 圓妙國師 了世가 중심이 된 白蓮社 결사이다. 지눌처럼 요세도 개경 교단에서 실망하고 개경을 떠나 한때 지눌의 권유를 받고 함께 선을 닦은 일도 있다. 그러나 지눌과 결별하고 天台敎觀으로 전환하여 天台法華思想에 의한 수행을 계속하여 마침내 康津에서 백련사 결사를 조직하였다. 백련사도 수선사와 같이 무신정권기의 대표적인 신앙결사로서 불교의 혁신과 민중교화에 힘을 기울였다. 그런데 수선사가 불교를 혁신하기 위하여 새로운 이론을 세우고 지방의 지식층을 주된 대상으로 하였음에 비하여 백련사는 참회행이나 淨土觀에 보다 충실함으로써 민중구제에 집중한 것으로 보인다.

수선사와 백련사의 신앙결사운동은 사상과 수행방법에 차이가 있었으나 당시 불교계의 모순에 대한 비판과 자각에서 비롯되었다. 그리고 이것을 주도한 것은 전기와 같이 귀족이나 왕족이 아닌 향리나 지방의 지식층이었으며, 또 종래의 교종과는 달리 지방에 살고 있는 민중을 기반으로 확대되어 있었다. 특히 지눌의 사상이 지방의 지식층에 확산되어 감에 따라 그의 心性論은 性理學 수용에 있어 그 사유기반을 마련하여 주었다고 하겠다.

원 간섭기에 수선사는 그 전통과 달리 변질된 불교사상을 드러내었다. 지눌의 선교일치사상이나 혜심의 사상 등이 계승되지 못하고 오히려 지눌 이전 선종의 전통을 강조하고 있을 정도였다. 공민왕 때에 다시 교세를 떨쳤으나 이제는 고려왕실과 밀착되어 왕권강화에 이용되고, 마침내 고려 말에 지눌의 직계법손이 끊어지면서 수선사의 전통은 단절되었다.

한편 백련사 결사도 이 시기에 충렬왕과 제국대장공주의 원찰인 妙蓮寺로 중심이 옮겨지면서 변질되고 뒤에 趙仁規와 같은 권문세가에 의해 장악되었다. 이에 대신하여 원 간섭기에 迦智山門이 수선사를 대신해서 불교계 중심교단으로 부상하고 있으며 그 중추적 인물이 一然으로 대표된다. 가지산문은 보수세력의 지원을 받아 그 세력을 확장하였다. 고려사회가 해체되어 가는 과정에서 무신정권기 이후 진지하게 추진되었던 불교의 혁신운동은 원 간섭기를 기점으로 그 여맥도 유지하지 못한 채 그 자리를 차츰 성리학에 넘겨주게 되었다.

Ⅲ

고려 후기 儒學은 삼국 이래의 전통을 이어 고려 초기에 와서 정치이념으로 정립되면서 국교적 위치에 있던 불교와 병존하여 왔다. 그 동안 불교에 있어서는 지눌이나 요세 등의 혁신운동에 의해 신앙이나 사상면에서 매우 심화되고 있었음을 앞에서 보았다. 특히 지눌의 선불교사상에 있어서 심성론은 인간의 본성이 불성을 지니고 있음을 강조하고 그 자각을 통하여 妄心에 의해 가려진 자신의 본성을 회복하고 발현해 갈 수 있다고 하는 새로운 이론으로 정립되었다.

지눌의 定慧結社文이 반포된 지 90년쯤 지난 후, 安珦에 의해 性理學이 소개되고 白頤正에 의해 수용되었다. 이후 주자학은 고려왕조가 망할 때에 이르기까지 100여 년의 기간을 통하여 당시 이른바 新進士大夫들에 의해 흡수되었으며 차츰 중요한 학문적·정치적 관심의 대상이 되었다. 이 때에는 원 간섭기에 들어가 지눌 등의 불교혁신운동도 쇠퇴하여 신앙이나 사상면에서도 매우 혼미한 상황을 드러내고 있었고, 계속된 불교교단의 타락과 세속화 경향이 더해져 갔다. 따라서 당시의 정치정세와도 같이 고려사회는 정신적 공백상태에 처해져 새로운 지도이념의 수용이 절실한 시기였다. 여기에 새로 수용된 성리학은 기존의 고려사회를 혁신하여 국가를 재건할 수 있는 사상으로서, 또는 고려의 기존질서를 부정하고 새로운 시대를 지향하는 지도 원리로서 삼게 되었다. 한편 성리학이 수용되는 데 있어서는 이러한 시대적 요청도 있으나 이미 지눌에 의한 頓悟漸修의 논리는 성리학의 理氣說과 思惟구조에 있어 매우 근접하고 있었다. 그것은 인간의 본성이 佛性을 지니고 있다는 돈오와 그 점수를 통하여 成佛할 수 있다고 하여, 마치 이기설에서 인간의 본성은 理이므로 기질의 性의 혼탁을 맑게 하면 누구나 그 본성을 회복하고 聖人이 될 수 있다는 것과 대비될 수 있을 만큼 근접되고 있다. 당시 쇠잔해가고 있던 불교는 결국 성리학에 그 자리를 내주고 이른바 유불교체라고 하는 사상적 전환을 맞이하게 되었다.

성리학은 이색과 정도전으로 대비하여 그 사상적 차이를 살필 수 있다. 이들은 정통으로서 성리학을 받아들이고 聖學論을 익히고 이를 통하여 수양을 거쳐 성인, 즉 도덕적 완성자가 되어 삼대의 이상정치를 지향하였다. 이들은 詞章學 대신에 현실적이고 실제적인 經世之學으로 성리학을 익혀 나라를 부강하게 하고 백성을 안정시키고자 하였다. 그러나 이들 사대부 사이에는 현실인식과 그 타개방안에 차이가 있었다. 고려왕조의 체제를 유지하려는 보수적 입장과 체제를 변혁하여 역성혁명까지도 추진하려는 혁신적인 계층으로 나뉘어지게 되었다. 李穀과 李穡 부자의 경우는 고려정계에 진출한 이래 정치적 기반을 굳히고 많은 곳에 토지를 소유하고 있었다. 그들 부자는 신진사대부 출신이지만 이제는 대토지소유자이고 왕실과 밀착되어 있던 실력자였다.

한편 정도전의 경우는 중앙정계에 진출하였으나 이색에 비하여 열세이고 정치적·경제적 지반도 미약하였다. 권문세족에 대항하여 결집된 신진사대부가 여말의 정치현안과 그 정치행동을 달리하게 되는 것은 이러한 정치·경제적 지반의 차이에서도 찾을 수 있다. 그리하여 이색을 중심으로 한 일파는 유교와 불교가 추구하는 목표가 궁극적으로는 같다는 儒佛同道論을 제창하고 불교를 옹호하고 다만 운영상의 문제, 즉 잘못된 폐단만을 시정하려는 입장이었다. 이색은 당시의 사회변혁에 순응한 개혁이념으로 성리학을 받아들였으나 기존의 불교사상에다 성리학을 결합시키려 하였다. 그러므로 이색은 禮論을 중시하고 「敬」의 중요성을 강조하였다. 여말에 발생하는 정치·사회의 문제를 인성과 인간의 윤리성을 통하여 지배질서를 다지려고 하였다.

반대로 정도전을 중심으로 한 일파는 성리학에 충실하고 道統과 道學을 내세우며 斥佛論을 주장하였다. 이들은 불교의 비현실성·반윤리성·반도덕성을 비판하였다. 그리고 고려왕조와 이해를 같이한 불교를 배척하고 이와 연결된 이색 등의 반대파를 비판하였다. 이들은 불교 대신 성리학적 사회체제를 지향하였다. 나아가서 당시 유·불 등 혼용된 정치체제를 개혁하여 성리학적 이념을 갖춘 정치체제와 권력구조를 세우려 하였다. 이들은 재상 중심의 정치론과 이상군주론을 제기하고 민생안정을 도모하고 이를 위해 전제개혁을 단행하여 사대부 전체의 이해를 제도적으로 보장받으려 하였다. 이들은 마침내 위화도회군을 통하여 정치권력을 장악하고 주자학에 입각한 정치·사회개혁을 급진적으로 단행하고 조선왕조를 건국하였다. 이리하여 신유학인 성리학은 정치이념으로서 굳건한 터전을 마련하고, 이전부터 共生並進하여 오던 불교를 공적 질서에서 몰아내고, 일원적이고 보편적인 사상으로서 군림하게 되었다.

Ⅳ

고려 후기에 와서 10여 종이 넘는 역사서가 편찬되었으나 현재까지 전하는 것으로는 고종 때 李奎報가 지은 〈東明王篇〉과 역시 고종 때 覺訓이 왕명에 의해 편찬한 《海東高僧傳》이 있고 충렬왕 때 一然이 펴낸 《三國遺事》, 그리고 李承休가 지은 《帝王韻紀》 등이 있다. 이들 사서가 모두 민족의 역사전통에 대한 강열한 자아의식을 나타내고 있다는 것을 특징으로 들 수 있다.

이규보는 〈동명왕편〉에서 전통적 神異史觀과 이 땅의 역사를 天과 직결시켜, 그 후에 일연과 이승휴에 이어지는 우리 민족의 독자성을 주장하는 단서를 열고 있다. 각훈은 그의 《해동고승전》에서 우리 나라의 불교사를 중국과 대등한 입장에서 서술하고 있어 당시 고려불교의 발전을 토대로 민족문화에 대한 자긍심을 나타내 주고 있다. 당시 유교사관에 기초한 관찬사서가 편찬되고 있던 것과 대비를 이룬다. 《삼국유사》는 이보다 130여 년 앞서 유교사관에 의해 편찬된 正史인 《三國史記》와는 달리 불교사를 중심으로 역사적 사실과 아울러 설화나 신화를 수록하고 있는 개인의 저술이다. 《삼국사기》가 중국의 정사체제에 따라 편찬된 데 대하여 《삼국유사》는 설화나 신화 등 神異的 사실을 많이 담고 있어 신이사관에 의해 편찬된 것으로서, 전자의 儒敎的 合理史觀에 대한 비판의 의미도 지닌다고 평가된다. 따라서 《삼국유사》는 우리 나라 역사의 출발을 단군신화에서 시작하고 있다. 고조선의 시조인 단군은 중국이 아닌 天에서 온 것이라 하여 우리 민족의 독자성과 자주의식을 담고 있다. 이것은 몽고의 침입과 항쟁에서 패배하고 다시 그들의 간섭을 받고 있던 현실에서 일어난 민족자주의식의 발현이라 할 수 있다. 최근 《삼국유사》를 논의하는 가운데 이것이 일연의 단독 찬술이 아니라 그 문도와 공동으로 정리하였으리라는 견해가 있다. 물론 가능한 추정이기도 하다. 그러나 여기서도 일연의 편찬의도가 지배적으로 작용하였을 것은 분명한 것이며 이민족의 침입과 복속국의 처지에 있던 당시 일연을 중심으로 한 불교지성인들의 공동의 고뇌 속에서 이루어졌음을 이해할 수 있다.

《삼국유사》와 같은 시기에 나온 이승휴의 《제왕운기》의 경우에도 우리 역사의 서술이 단군조선으로부터 시작되고 있으며, 여기서도 하늘과 연결된 단군을 우리의 공동시조로 인식하는 민족의식을 강조하고 있으며, 우리의 역사를 중국과 대등하게 파악하여 자주성을 드러내고 있다. 일연과 이승휴에 이어 李齊賢이 남긴 〈忠憲王世家〉와 史贊 등에서는 왕권을 중심으로 한 국가의식을 강하게 지니고 있음을 찾을 수 있다. 이승휴나 이제현에 있어 원간섭기에 살면서 현실과 타협하면서도 내면적으로 민족적 자아를 회복하려던 유교지식인들의 고뇌를 간파할 수 있다.

고려 후기의 문학에 있어 새로운 경향은 景幾體歌의 등장이었다. 宋詞의 영향을 받았다고 하지만 신진 문인관료들의 호사스러우면서도 득의에 차고 희망에 넘친 현실생활이 잘 그려져 있다. 〈翰林別曲〉·〈關東別曲〉·〈竹溪別曲〉이 바로 그것이다. 또 고려 후기 문인관료들의 문학으로 漁父歌가 있다. 어부가는 같은 문인관료들의 노래이지만 경기체가가 득의에 차고 현실에 만족한 관료적 문학인데 반하여 물러나서 강호에 묻혀 한적한 생활을 즐기는 處士的 文學이었다.

한편 高麗歌謠라고 알려진 俗謠 또는 長歌는 민요를 바탕으로 자라난 민중들의 노래로서 그것은 작가가 분명치 않다. 장가로는 〈動動〉·〈井邑詞〉·〈鄭瓜亭〉·〈處容歌〉·〈青山別曲〉·〈雙花店〉 등 토속적이며 솔직한 감정을 나타내는 형식으로 읊은 노래로서 우리 나라 詩歌文學의 새로운 경지를 이룩한 것이다.

한문학이 전기에 이어 보다 높은 수준으로 향상되었다. 한문을 중심으로 살고 있던 시대인 만큼 당시의 문인이나 학자들은 모두 한문학자라 할 수 있다. 그 대표적 학자로는 李仁老·崔滋·李奎報 등을 위시하여 李齊賢·李穀·李穡·鄭夢周·李崇仁 등을 들 수 있다. 이들은 수필형식의 稗官文學이라든가 또는 사물을 의인화한 說話文學의 훌륭한 작품들을 남기기도 하였다. 漢詩도 난숙한 경지에 이르러 특히 이인로와 이규보가 명성을 떨쳤고 이규보는 고구려 건국을 노래한 〈동명왕편〉에서 종래의 한문형식에서 벗어나 자유로운 문장체를 구사함으로써 새로운 문학세계를 추구하였다. 고려 말의 이제현과 이색은 한문학의 최고봉을 이루었다.

고려 후기의 예술은 전반적으로 퇴조를 보이고 있다. 오랜 전란과 원의 간섭으로 불안과 위축 속에서 살고 있던 시대를 반영하기도 한다. 다만 원과 교류하면서 그 영향을 받아 조형미술의 형태와 양식에서 특색을 나타내기도 한다. 원의 영향을 받은 多包様式의 장엄한 목조건축물이 있고 석조물 역시 원의 영향을 받은 이색적인 석탑이 조영되어 조선시대로 이어지고 있다. 書畵에 있어서도 원의 영향이 미쳐 松雪體나 北畵의 영향을 받고 있고 佛畵의 경우에는 일본에 흘러들어가 오늘날까지 보존되고 있어 장엄하고 화려한 솜씨를 엿볼 수 있다.

〈李熙德〉

Ⅰ. 사상계의 변화

1. 불교사상의 변화와 동향
2. 성리학의 전래와 수용
3. 풍수·도참사상 및 민속종교

Ⅰ. 사상계의 변화

1. 불교사상의 변화와 동향

1) 무신정권기 불교계의 변화와 조계종의 대두

(1) 무신정권기 불교계의 현황

고려 귀족사회는 인종대 이후 제모순으로 말미암아 李資謙亂과 妙淸亂이 일어나고 뒤이어 무신란이 일어나 정치적·사회적 갈등이 노출되었고, 또한 고구려·백제·신라 등 삼국의 부흥운동까지 겪게 된다.[1] 의종 24년(1170)에 일어난 무신란은 무신간에 격렬한 갈등을 겪다가 최씨정권이 들어서면서 안정기에 접어들었다. 그 후 무신정권은 일찍이 없었던 몽고침략을 겪으면서도 원종 11년(1270)까지 1세기 동안 지속되었다.

이와 같은 무신집권하에서는 종래 귀족사회체제가 송두리째 무너졌으며, 불교계도 새로운 변화를 겪지 않을 수 없었다. 무신란이 일어나기 이전 고려 중기의 불교계는 華嚴宗·法相宗 등 교종이 귀족문벌과 결합하여 일세를 풍미했지만, 논리의 관념화와 풍부한 사원경제에 안주하여 대중과는 먼 거리에 있었다. 이러한 불교계를 개혁할 인물이 등장했으니 그가 義天(1055~1101)이었다. 그는 본래 승려로 교학의 측면에서 性相의 兼學을 내세워 법상종에 대해 우위를 주장했고, 실천의 측면에서는 敎觀幷修를 주장하여 觀行이 결여된 기존 화엄종을 신랄히 비판하였다.[2] 그 결과 그는 天台宗을 창립하여 선종의 승려를 규합해 고려 중기의 불교계를 이끌어 가는 중심적 인물이 되었다.

---

1) 閔賢九, 〈高麗中期 三國復興運動의 역사적 의미〉(《韓國史 市民講座》 5, 一潮閣, 1989) 참조.

2) 崔柄憲, 〈東洋佛敎史上의 韓國佛敎〉(《韓國史 市民講座》 4, 1989), 35~39쪽.

그러나 무신란은 기존 불교계를 장악하고 있던 교종세력에게는 큰 변혁을 예고하는 것이었다. 그 동안 교종세력은 귀족세력과 결합하여 사회·경제·정치적으로 특권을 누려왔지만, 무신란이 일어나면서 종래의 귀족들이 역사의 무대에서 사라졌기 때문에 교종세력 또한 그들과 운명을 같이하지 않을 수 없었다.

교종세력은 문신귀족들과 결탁하여 무신정권에 저항하였는데, 이것은 무신정권에 대한 도전으로 큰 위협이기도 하였다.[3] 무신정권이 안정기에 들어서기 전에는 부분적으로 저항했지만, 최씨무신정권이 들어서면서 위압과 폭력으로 강압정치를 실시하자 교종사찰이 조직적으로 항전태세를 갖추고 도전하기 시작하였던 것이다.[4]

명종 4년(1174) 정월에 歸法寺 승려 100여 명이 봉기한 사건은 최씨정권이 들어서기 전의 불교계에 있었던 反武臣政權을 대표할 만한 사례이다. 이 사건으로 李義方이 동원한 1,000여 명의 군대로부터 수십 명의 승려들이 희생을 당하였다. 즉 귀법사 승려의 죽음으로 인해 重光寺·弘護寺 등 여러 절의 승려 2,000여 명이 李義方 형제를 죽이기 위해 다시 성문 앞에 집결하자, 이의방은 府兵을 모아 중광사·홍호사·龍興寺·妙智寺·福興寺 등의 절을 파괴하였으며 쌍방간에 많은 인명의 손실을 초래하였다.[5]

명종 26년 崔忠獻이 李義旼을 제거하면서 무신 상호간에 벌어졌던 26년간의 정쟁은 마감됐지만, 최충헌이 집권하면서 사원세력이 조직적으로 무신정권에 반대하는 움직임에 가담하게 되었다. 명종 27년 9월 興王寺의 승려 寥一의 움직임과 大禪師 淵湛 등 10여 명의 승려가 中書令 杜景升, 樞密院副使 柳得義, 上將軍 高安祐, 大將軍 白富公, 親從將軍 周元迪, 將軍 石城柱, 侍郞 李尙敦, 郎中 宋軆·廉克髦, 御史 申光漢 등과 함께 영남으로 유배된 것도 反崔忠獻運動을 도모한 데서 비롯된 것이다.[6] 신종 5년(1202) 10월에 符仁

3) 金鍾國, 〈高麗武臣政權と僧徒の對立抗爭に關する一考察〉(《朝鮮學報》 21·22, 1961).
4) 閔賢九, 〈月南寺址 眞覺國師碑의 陰記에 대한 一考察〉(《震檀學報》 36, 1973), 30~31쪽.
5) 《高麗史節要》 권 12, 명종 4년 정월.
6) 《高麗史節要》 권 13, 명종 27년 9월.
《高麗史》 권 129, 列傳 42, 崔忠獻.

寺・桐華寺 승려들이 淸道 雲門山의 농민과 함께 일으킨 반란이라든가,[7] 신종 6년 9월에 浮石寺・符仁寺・雙岩寺 승려들이 일으킨 난은[8] 지방의 경우이기는 하나 무신정권으로서는 가볍게 넘길 수 없는 사건이었다.

그러나 최충헌에게 도전한 사원세력 가운데 가장 심각했던 사건은 고종 4년(1217) 개경 근처의 사찰에서 발생하였다. 개경 가까이 접근해 온 거란군사를 물리치기 위해 동원된 興王寺・弘圓寺・景福寺・王輪寺・安養寺・修理寺 등의 승려들이 최충헌을 죽이기 위해 성안으로 들이닥쳐 최충헌의 家兵과 싸우다가 승군 300명이 희생되었다. 뒤이어 최충헌이 성문을 닫고 도망간 승군을 찾아 모두 죽이니 때마침 내린 비에 씻긴 피가 냇물을 이루었으며, 또 다시 300명을 南溪寺 냇가에서 죽이니 이 사건에 연루되어 죽은 사람은 거의 800명이나 되었다.[9]

최충헌은 반기를 든 사원세력 등에 대해 물샐틈없는 경비를 강화하였다.[10] 수많은 승려의 살상은 최씨정권이 불교계에 대해 새로운 대책을 수립하지 않을 수 없게 하였다. 불교계를 등지고 정권을 공고히 한다는 것은 고려 사회체제에서는 불가능하였기 때문이다. 최충헌은 집권 첫해인 명종 26년(1196)에 朝臣을 많이 살상했으므로 인심이 흉흉하자 使者를 여러 도에 보내 위무한 적이 있듯이,[11] 불교계의 환심을 사기 위한 준비를 하지 않을 수 없었다. 그는 아들을 조계종의 승려로 만들고[12] 고승에게 僧階를 후하게 내리는 선심을 보였다.[13] 최충헌

7) 《高麗史節要》 권 14, 신종 5년 10월.
8) 《高麗史節要》 권 14, 신종 6년 9월.
9) 《高麗史節要》 권 15, 고종 4년 정월.
10) 《高麗史》 권 129, 列傳 42, 崔忠獻.
11) 《高麗史節要》 권 13, 명종 26년 5월.
12) 〈崔忠獻墓誌〉(《朝鮮金石總覽》 상, 朝鮮總督府, 1919, 445쪽)에 의하면 靜和宅主가 낳은 둘째 아들을 출가시켜 조계종에 속하게 했다. 그리고 李奎報의 〈故華藏寺住持王師定印大禪師追封靜覺國師碑銘〉(《東國李相國集》 권 35)에서도 아들을 출가시켰음을 전하고 있다. 그러나 순수한 종교심의 발로에서 이루어진 것은 아니다. 李奎報의 〈捨子削髮齋疏〉(《東國李相國集》 권 41)에 의하면 사랑하는 자식을 출가시켜 나라의 기틀이 견고해지고 王業이 오랫동안 이어지기를 바랐음을 엿볼 수 있다.
13) 李奎報의 〈第二世故斷俗寺住持(略)眞覺國師碑銘〉(《東國李相國集》 권 35)에서 慧諶이 選試를 거치지 않고 大禪師 僧階를 제수 받았음을 알 수 있다. 이것은 최씨무신정권이 그 정당성을 얻기 위해 주었다고 볼 수 있다. 그러나 비문에 나타난 그의 고결한 인격과 승속이 우러러보는 인품도 감안되었을 것이다.

이 선종을 선택한 것은 정권을 확고히 하는 과정에서 교종세력과 치열한 전투를 한 데서도 기인하는 것인데, 선종을 회생시키는 데 최충헌의 공헌은 절대적이었다.[14)]

최씨정권의 제2대 인물인 崔怡는 가장 오랜 30년간 정권을 장악한 인물로, 아버지 못지 않게 정권유지를 위해 불교계와 깊은 관련을 맺었다. 그 자신의 집권과정이 순탄치 못했기 때문에[15)] 정권안정을 위한 노력의 일환으로 아들 萬宗과 萬全(뒷날 沆)을 松廣寺에 보내 승려로 만들고 禪師의 승계를 내렸다.[16)] 또한 修禪社 2세 眞覺國師 慧諶(1158~1234)을 개경으로 불러들이려 노력하였으나 실패하자 두 아들에게 佛事에 필요한 물건을 보내 환심을 사고자 노력하였다.[17)] 이 때 최이가 사자를 보내 답장을 요구하자, 혜심은 마지못해 다음과 같은 시를 지어 주었다.

야윈 학 고요히 소나무 꼭대기 달 위에 섰나니
한가로운 구름은 고갯마루 바람을 가벼이 좇네
그 가운데 면목은 천 리가 같거니
어찌 다시 한 통의 편지를 희롱하리
(冲止, 〈謝崔怡送茶香韻〉, 《圓鑑國師歌頌》; 《韓國佛敎全書》 6, 395쪽).[18)]

이 시를 통해 수선사(송광사)를 장악하고자 하는 최이의 저의를 꿰뚫어 보

14) 李奎報, 〈昌福寺談禪牓〉(《東國李相國集》 권 25)에 의하면 고려시대 왕족이나 귀족들이 사찰을 세운다거나 重創하는 것은 흔한 예이나, 崔忠獻이 선종 부흥에 기여한 공은 유별난 의미가 있다. 특히 談禪法會는 본래 禪을 강론하는 자리지만 국가의 발전과 국민의 복을 비는 목적의식을 갖는다. 이 점에서 최충헌의 지원은 자신의 정권을 강화하는 데 일정한 기능을 담당하도록 하기 위한 것이라고 생각된다.

15) 《高麗史》 권 129, 列傳 42, 崔忠獻 附 怡.

16) 위와 같음. 崔怡가 두 아들을 출가시킨 것은 亂을 도모할까 두려워 출가시켰다고 했지만, 불교계 그것도 당시 가장 주목받던 송광사에 보낸 것은 불교계에 대한 심정적 동정과 앞으로 선종의 대표적 사찰 송광사를 장악하기 위한 예비적 포석으로 보아야 할 것이다.

17) 李奎報, 《東國李相國集》 전집 권 35, 碑銘·墓誌 〈曹溪山第二世故斷俗寺住持修禪社主贈諡眞覺國師碑銘并序〉.

18) 圓鑑國師 冲止(1226~1293)의 저서에 이 시가 수록되어 있으나 실은 慧諶의 시로 보고 있다(秦星圭, 〈眞覺國師 慧諶의 現實認識〉, 《又仁金龍德博士停年紀念史學論叢》, 1988, 91쪽).

는 혜심의 형안을 엿볼 수 있다. 최이는 불교계에 대한 관심을 늦추지 않고, 고종 10년(1223)에 반발이 가장 심했던 흥왕사에 무려 황금 200근으로 만든 13층탑과 화병을 보내기도 하였으며,[19] 고종 17년에는 사원세력 장악을 시도하여 선교사원의 창건 연월과 실제의 상황을 조사해 장적을 만들기도 하였다.[20] 더 나아가 최이는 무신정권의 정신적 지주기능을 담당했던 禪源社(수선사의 분사)를 고종 32년에 창건하였다. 선원사가 창건되자 眞明國師 混元을 낙성회에 主盟으로 초청하고 수선사 제4세로 자리를 잇도록 조치하여[21] 사실상 선종을 장악하였다. 또 고종 18년에는 몽고의 침입을 물리치기 위한 大藏經 조판이나 불경 간행이 많이 이루어졌는데, 여기에는 최이의 도움이 절대적이었다.[22] 최씨정권은 무력으로 정권을 장악하는 과정에서 파생된 수많은 인명 피해로 인한 정치적 불안을 불교를 통해 해소하고자 노력하였다.

또한 무신정권하에서 간과할 수 없는 사실은 江華遷都로 개경 중심의 사찰은 약화되고 지방의 사찰들이 새로운 중심무대로 발돋움하게 되었다는 점이다. 즉 수선사나 白蓮社 같은 사찰이 대표적으로, 그 결과 불교의 성격이나 내용에도 질적인 변화를 초래하지 않을 수 없었으며 불교계의 지도자도 왕실이나 중앙귀족에서 지방향리나 독서층 출신으로 바뀌게 되었다.

(2) 무신정권과 선종

최씨무신정권이 정권적 차원에서 불교계와 깊은 관계를 가질 수밖에 없었음을 앞에서 살펴보았다. 최씨정권이 자신에게 끝까지 도전한 교종세력을 무력으로 진압한 후 대신할 다른 철학이 없다는 점에서도 최씨정권과 선종과의 만남은 운명적일 수밖에 없었다. 무신정권 이후 고려불교계의 새로운 경향은 선종에 있어서 曹溪宗의 확립이라 하겠다.

---

19) 《高麗史節要》 권 15, 고종 10년 8월.
20) 《三國遺事》 권 4, 義解 5, 寶壤梨木.
21) 金 坵, 〈臥龍山慈雲寺王師贈諡眞明國師碑銘并序〉(《止浦集》 권 3 ; 《東文選》 권 117).
22) 李奎報, 《東國李相國集》 전집 권 25, 記・牓文・雜著 大藏刻板君臣祈告文.
崔凡述, 〈海印寺寺刊鏤板目錄〉(《東方學志》 11, 延世大, 1970).
朴相國 編, 《全國寺刹所藏木板集》(文化財管理局, 1987).

知訥(1158~1210)은 조계종의 확립자로 고려 중기 타락한 불교계에 頓悟漸修와 定慧結社를 내세워 정화운동을 전개시키고 있었다. 구체적 활동이 결사운동으로 나타났으니[23] 그 중심 사찰은 개경을 벗어나 한반도 서남에 위치한 수선사였다. 이런 시대적 흐름에 누구보다도 민감했던 최씨무신정권은 신종 3년(1200)에 사찰 이름을 정혜사에서 수선사로 바꾸는 데 기여하였다.[24] 지눌 당시에는 최씨정권이 적극적으로 후원을 했다는 기록은 찾기 어렵다. 최충헌의 뒤를 이은 최이 때에 오면 적극적 후원이 이루어지고 있다.[25] 그 이유는 당시 수선사가 불교계에서 어떤 위치를 차지하고 있었는가 살펴보면 알 수 있다. 靜覺國師 志謙(1145~1229)은 임종할 때 당시 국왕인 고종과 晉陽公 최이와 수선사(송광사)주 진각국사 혜심에게 세 통의 편지를 남겼다.[26] 고종은 실권이 없는 왕이고, 최이는 왕위는 없지만 실질적으로 왕이나 다름없고 혜심은 법왕과 같은 존재였다. 무신정권으로서는 법왕과 같은 존재가 머물고 있는 수선사를 자신의 정신적 후원자로 이용하고자 한 것은 시대적 요청일지도 모르겠다. 또한 수선사에는 지눌의 시대적 정신을 이은 뛰어난 고승들이 머물러 있었기[27] 때문일 것이다.

무신정권이 현실적으로 수선사를 지원해 선종을 택한 것은 무엇 때문일까.[28]

---

23) 知訥의 修禪社 결사운동에 대해서는 秦星圭, 〈高麗後期 修禪社의 結社運動〉(《韓國學報》 36, 一志社, 1984) 참조.

24) 知訥, 《勸修定慧結社文》(《韓國佛敎全書》 4, 707쪽). 같은 내용이 〈曹溪山修禪社佛日普照國師碑銘〉(《東文選》 권 117)에도 보인다.

25) 閔賢九, 앞의 글.
秦星圭, 〈眞覺國師 慧諶의 修禪社活動〉(《中央史論》 5, 1987).

26) 李奎報, 《東國李相國集》 전집 권 35, 碑銘·墓誌 故華藏寺住持王師定印大禪師追封靜覺國師碑銘奉宣述.

27) 지눌 이후 眞覺國師 慧諶, 淸眞國師 夢如, 眞明國師 混元, 圓悟國師 天英, 圓鑑國師 冲止 등 고려 후기의 불교계를 이끌어간 인물들이 수선사 法燈을 차례로 이었다.

28) 주로 ① 무인의 단순성이나 혁신적 기질에 맞다는 것과 ② 정치적 불안을 해소하기 위한 방편 등에서 무신정권이 선종을 택한 이유를 찾고 있다.
閔賢九, 앞의 글.
金塘澤, 〈崔氏武人政權과 修禪社〉(《歷史學硏究》 10, 全南大, 1981).
兪瑩淑, 〈崔氏武臣政權과 曹溪宗〉(《白山學報》 33, 1986).
그러나 秦星圭는 〈崔氏武臣政權과 禪宗〉(《佛敎硏究》 6·7, 韓國佛敎硏究院, 1990)에서 무신정권이 선종을 택한 이유를 선의 논리에서 찾으려고 시도했고, 그 선은 臨濟禪의 성격임을 주장하였다.

한마디로 선의 功効 때문이다. 大安寺에서 談禪法會를 개최하면서 베푼 牓文에서, 선의 효과는 국경을 침입한 외적을 물리쳐 국가가 태평해질 수 있게 한다고 하였다.[29] 이러한 예는 무신집권기에 불사가 행해진 곳에서 국가의 안정과 외침에 대비해 선의 공효가 막대함을 설파하고 있는 데서 찾을 수 있다.[30] 최충헌·최이 부자는 누구보다 선의 기능을 깊이 믿고 있었다. 이 당시 최고의 문인 李奎報는 談禪牓을 통해 적병과 재앙을 물리치는 데 禪法이 맹렬한 것은 見性과 證智로 헤아리기 때문이라고 하였다.[31] 즉 견성은 자신의 심성을 알아 모든 법의 실상인 當體와 일치하는 것이고, 증지는 수행한 공이 진리에 들어맞아 모든 事象과 도리에 대해 잘잘못이나 옳고 그름을 분별하고 판단하는 것이므로 선법은 자연히 모든 어려운 문제를 해결할 수 있다고 보았다. 이규보는 뒤이어 선법이 위계가 없기 때문에 무슨 일에든지 곧장 뛰어나가 해결하므로 효과가 가장 크다고 하였다. 이 당시 담선방은 外護者가 최충헌·최이 부자인 것으로 보아, 이규보의 선의 공효에 대한 믿음을 이들 부자의 견해로 보더라도 조금도 이상할 것이 없다.

이러한 담선방에서 주장되는 說禪文은 曹溪大師 慧能(638~713)의 불법을 의지한다거나,[32] 이 頓門의 가르침은 불법의 근본이 된다거나,[33] 부처는 곧 이 마음이요 이 마음은 곧 부처라는[34] 등의 말이 모두 頓悟漸修를 주장하는 지눌의 선사상을 가리킨다. 그러나 지눌의 이런 주장은 더 거슬러 올라가면 송나라 宗杲(1089~1163)의 《大慧語錄》이나 당나라 慧能의 《六祖壇經》과 연결됨을 알 수 있다. 지눌이 일찍이 《대혜어록》이나 《육조단경》을 통해 깨침을

---

29) 李奎報, 《東國李相國集》 전집 권 25, 記·牓文·雜著 大安寺同前牓.
30) 李奎報, 《東國李相國集》 전집 권 25, 記·牓文·雜著 西普通寺行同前牓. 그 밖에도 同前願請說禪文·禪會請說禪文·同前請說禪文·請說禪文·廣明寺禪會設齋請說禪文 등이 있다(위의 책, 권 41). 특히 주목되는 것은 위의 인용문이 이규보가 崔忠獻을 대신해 집필한 것이기는 하나 최충헌의 선의 공효에 대한 믿음이 얼마나 컸는지를 미루어 짐작할 수 있다는 점이다.
31) 李奎報, 《東國李相國集》 전집 권 25, 記·牓文·雜著 西普通寺行同前牓.
32) 李奎報, 《東國李相國集》 전집 권 41, 釋道疏 禪會請說禪文.
33) 李奎報, 《東國李相國集》 전집 권 41, 釋道疏 同前願請說禪文.
34) 李奎報, 《東國李相國集》 전집 권 41, 釋道疏 同前禪會請說禪文.

얻은 사실은 비명을 통해 잘 알려져 있는데[35] 지눌에게 영향을 끼친 대혜 종고는 臨濟義玄(787~866)의 제11대 法孫이고 楊岐派의 5세다. 그러므로 보조국사 3문 가운데 徑截門은 결국 臨濟禪과 맞닿고 있음을 엿볼 수 있다.[36] 다시 말해 무신정권과 결합된 선종의 사상 가운데 바로 깨쳐 들어가는 門인 경절문은 임제선과 연결되어 있다고 말할 수 있다. 특히 당 말기의 선승인 의현의 禪風은 행동적이며 현재적이었다.[37] 그것은, 그가 머물러 있던 河北省 鎮州의 臨濟院이 당의 중앙정부와 대결한 하북 3진의 하나로서 당나라 왕실의 지배가 형식에 지나지 않았으므로 신흥 권력자사회의 급격한 변동이 일어나 새로운 질서가 요구되었기 때문이다. 파괴와 건설의 격동적 교체가 있고 여기에 대처할 주체가 요구되었던 것이다. 이런 각도에서 보면 당나라 말기의 사회적 분위기와 무신정권하의 사회적 분위기가 강력한 군사와 주체성을 요구하였다는 점은 일맥상통한다고 보겠다. 따라서 호탕한 기질이 녹아 있는 임제선이 무신들의 입맛에 맞았을 것이므로, 임제선이 河北藩鎮 신흥무인사회의 통치자들에게 빛난 것처럼 고려무신정권 담당자들에게도 환영받았을 것이다. 나말여초 일정한 거주처가 없는 선승들에게는 호족의 경제적 지원이 필요했듯이, 무신정권은 경제적 지원을 통해 정권을 지지해 줄 사상적 옹호세력으로서 선종을 필요로 했던 것이다.[38]

(3) 조계종의 대두

무신정권시대의 불교계는 무신집권자의 의도에 따라 많은 변화를 초래하였다. 그 가운데서도 조계종의 대두는 불교사에 주목할 만하다.

우선 조계종의 성립에 대해서는 견해들이 엇갈리고 있다. 먼저 戒律宗·

---

35) 崔惟淸, 〈曹溪山修禪社佛日普照國師碑銘〉(《東文選》 권 117, 106~113쪽 ; 《朝鮮金石總覽》 하, 49쪽 ; 《朝鮮佛敎通史》 하, 337쪽).

36) 徐閏吉, 〈高麗末 臨濟禪의 受容〉(《韓國禪思想硏究》, 東國大 出版部, 1984), 208쪽
高翊晉, 〈高麗佛敎思想의 護國的 展開(Ⅱ)〉(《佛敎學報》 14, 東國大, 1977), 53쪽.

37) 西翁演義, 〈解題〉(《臨濟錄》, 東西文化院, 1974), 12쪽.

38) 무신정권이 선을 택한 데는 무인이라는 직업에서도 그 이유의 일단이 찾아진다. 옛날부터 무사나 군인들은 언제 생명을 잃을지도 모르는 위험에 처해 있기 때문에 그 결정적 순간을 충분히 맞이하기 위해서는 선에 의존했다는 견해가 참조된다(佑橋法龍, 〈禪と政治家·軍人〉, 《講座 禪》 5, 筑摩書房, 1974, 283쪽).

法相宗·法性宗·圓融宗·天台宗 등 5종을 5교로 보고 曹溪宗과 禪寂宗을 양종으로 보면서 조계종은 재래의 9산의 총칭인 선적종과는 달리 지눌에 의해 개창·독립된 선종의 한 갈래라는 견해가 제시되었다.[39] 그 후 이와 달리 戒律宗·法相宗·涅槃宗·法性宗·圓融宗·禪寂宗 등 6종의 5교종과 1선종, 그리고 의천에 의해 개립된 또 하나의 선종인 天台宗과 구별하기 위해 6조 혜능의 법맥을 이은 선적종을 조계종이라 한다는 견해가 제시되었다.[40] 문제는 천태종을 교종으로 볼 것인가 선종으로 볼 것인가 하는 것이다.[41] 또 하나는 선적종과 조계종이 같다거나 다르다거나의 여부이다. 앞서 선적종과 조계종이 같다는 설을 뒷받침하는 자료도 있지만[42] 의문을 갖게 하는 자료도 보이고 있어[43] 논란의 여지를 남겨 놓고 있다. 이러한 주장에는 각각 일리가 있지만 고려불교사에는 5교의 문제와 함께 해결해야 할 과제이다.

曹溪란 명칭은 중국 廣東省 韶州府 雙峯山에 있던 지명으로, 신라 문무왕 17년(677)에 혜능이 이 곳에 寶林寺를 짓고 선풍을 선양하게 되면서 뒷사람들이 혜능을 조계대사로 부르고 慧能禪을 曹溪禪으로 부른 데서 연원되었다. 그러나 중국에서는 조계종이라 부른 적이 없으며, 우리 나라에서도 나말여초 선종이 수용되어 9산이 성립되었지만 조계종으로 부르지는 않았다. 의종 12년

---

39) 李能和, 《朝鮮佛敎通史》 하(新文館, 1918), 479쪽, 五敎兩宗祈禱平賊.

40) 金映遂, 〈五敎兩宗에 對하여〉(《震檀學報》 8, 1937).
———, 〈曹溪禪宗에 就하여〉(《震檀學報》 9, 1938).

41) 天台宗이 敎宗에 속하는가 禪宗에 속하는가 하는 문제는 논란이 많지만, 당시에는 선종으로 보고 있었다. 즉 천태종 僧選에 합격한 敎雄이 인종 13년(1135) 大禪師가 되었고(《朝鮮金石總覽》 상, 國淸寺妙應大禪師墓誌), 천태종사찰 珍丘寺 주지였던 混其도 대선사였다(權近, 《陽村集》 권 12, 水原萬義寺祝上華嚴法華法會衆目記). 세종 6년(1424)에 7宗을 禪·敎兩宗으로 폐합시킬 때 天台宗·摠南宗·曹溪宗을 합하여 禪宗이라고 한 것을 보면 천태종을 선종으로 파악하고 있었음을 알 수 있다.

42) 一然의 碑銘에서 "高麗國義興華山曹溪宗麟角寺迦智山下普覺國尊碑銘幷序"라 한 것과 〈麟角寺無無堂記〉(李穡, 《牧隱文藁》 권 1)에서 "曹溪都大禪師請公 新被寵命 領袖九山"이라 한 사실 등을 통해 선적종과 조계종이 같다는 것을 알 수 있다.

43) 李奎報, 〈文禪師哀詞〉(《東國李相國集》 권 37)에서는 "落髮禪宗迦智山門"이라 하고 曹溪宗迦智山門이라고 하지 않았다. 여기서 禪宗을 선적종으로 보아야 할지 다만 선종으로 보아야 할지는 의문이다. 李在烈은 조계종과 구분해서 선적종으로 보고 있다(李在烈, 〈高麗 五敎兩宗의 史的 考察〉, 《史學硏究》 4, 1959).

(1158)에 죽은 大鑑國師 坦然의 비문에 조계종이란 명칭이 처음으로 보인다.[44] 이 비는 대감국사가 입적한 해에 李之茂가 찬술했으나 14년이 지난 명종 2년(1172)에 건립되었다.

조계종이란 이름이 대감국사 탄연이 입적하던 해 지어진 비문에 보이므로, 지눌이 조계종을 개창했다고 볼 수는 없다. 조계종이 지눌에 의해 개창되었다고 하는 것은 지눌이 머물고 있던 松廣山 定慧社를 曹溪山 修禪社로 바꾸고 社額을 하사 받았으므로 붙여진 이름으로 보기도 한다.[45]

조계종이란 명칭이 국가의 공인 아래 사용된 것은 지눌이 죽은 지 3~4년이 지난 康宗 때이다. 진각국사 혜심이 강종에게 올린 글에 "社文을 올리니 聖押을 내려주시면"[46]이라는 구절이 나온다. 이는 혜심이 강종에게 조계종 명칭을 국가가 공식적으로 허가해 줄 것을 요청한 내용으로 보인다.

조계종의 명칭은 지눌 이전에도 사용되고 있었지만, 지눌 당시에 세운〈大乘禪宗曹溪山修禪社重刱記〉에는 조계종이란 명칭은 사용하지 않고 있다.[47] 그러나 조계종이 지눌로부터 비롯될 수 있었던 것은 지눌의 위대한 인격과 실천력 등이 무신정권기의 타락한 고려불교계를 개혁하는 운동으로 전개될 수 있었기 때문이다. 지눌이 명종 12년(1182) 普濟寺의 담선법회에 참석한 후 세속의 명리에 젖어 있는 불교계를 비판하면서부터 개혁과 정화의 횃불은 예견되었던 것이다.[48] 즉 정혜사결사운동이 그것이다. 신종 3년(1200) 송광산 吉祥寺로 근거지를 옮기면서 왕실과 최충헌의 지원으로 정혜결사의 명칭을 수선사결사로 바꾸었다. 수선사에 안착한 만큼 그 후 지눌의 과제는 계획을 실천에 옮기는 일이었다. 이후 10여 년간 수선사에 머물면서 승속을 지도한 결과 명예와 관직을 버리고 승려가 되기도 하고 王·公·士·庶로서 입사한 사람은 수백 명이나 되었다.[49]

---

44) 〈高麗國曹溪宗崛山下斷俗寺大鑑國師之碑銘幷序〉(《朝鮮金石總覽》 상, 562쪽).
45) 安啓賢, 〈曹溪宗과 五敎兩宗〉(《한국사》 7, 국사편찬위원회, 1973), 295쪽.
〈松廣寺沿革〉(《曹溪山松廣寺史庫》, 亞細亞文化社, 1977), 58쪽.
46) 慧諶, 〈上康宗大王〉(《眞覺國師語錄》; 《韓國佛敎全書》 6, 40쪽 상). 이 구절에서 社文의 내용이 宗名과 관련이 없다고 주장할 수도 있으나 지눌·혜심의 전후 사정을 감안하면 틀림없다고 보인다.
47) 《曹溪山松廣寺史庫》(亞細亞文化社, 1977), 183쪽.
48) 명종 20년(1190)에 발표된 《勸修定慧結社文》에 개혁의지가 잘 나타나 있다.
49) 崔惟淸, 〈曹溪山修禪社佛日普照國師碑銘〉(《東文選》 권 117).

또한 3種門인 惺寂等持門·圓頓信解門·徑截門을 열자 信行과 信入하는 자가 많아 禪學의 융성함이 근세에 비길 데가 없었다 한다. 3종문은 지눌의 일관된 사상인 정혜쌍수와 돈오점수를 이루기 위해서 거쳐야 하는 관문이다. 성적등지문은 실천수행의 방법으로 돈오점수설에 바탕한 것이다. 인간의 본성을 깨친 후 정혜(성적)를 등지(쌍수)할 것을 강조한 것이니 곧 行을 말하는 것이다. 원돈신해문은 화엄사상을 선에 수용한 것으로 돈오점수에 바탕한 것이나, 성적등지문보다 한 차원 심화된 단계로 禪·敎대립을 지양하려는 의지가 있다. 곧 信을 말하는 것이다. 경절문은 바로 깨쳐 들어가는 문이란 뜻으로 祖師의 活句를 참고해 知解障碍를 떨쳐버리라는 것이니, 곧 證의 단계라 할 수 있다.

그러나 지눌의 일관된 정혜쌍수와 돈오점수의 선사상은 13세기 지식계층을 대상으로 한 것이지 농민층이나 천민을 대상으로 한 것은 아니었다.[50] 수선사에 입사한 인물들이 왕을 비롯한 지식계층과 지배층이 많은 것으로 볼 때, 선에 대한 본원적인 추구에 귀착함으로써 타력적인 정토관을 극복하려는 데 중점이 두어졌던 것이다.

지눌의 뒤를 이어 2세로 등장한 진각국사 혜심은 24년간 수선사를 이끌어 간 인물이다. 특히 무신정권 지배자인 최이·최항 등의 적극적 지원을 받아 조계종으로서의 종단확립을 굳히게 되었다.[51] 특히 그의 《禪門拈頌》 30권은 여러 선사들의 어록 가운데서 1,125則의 禪問答을 모아 놓은 것이다. 최이의 아들 萬宗(斷俗寺主持)의 재정적 지원을 얻어 公案 347則을 더 수집해 고종 30년(1243)에 간행하였다.[52] 혜심이 이 방대한 작업을 시작한 의도는 국난의 극복을 위해 禪道를 이용하자는 것이었고,[53] 만종도 최이의 武運長久와 國泰民安을 기원하고 있음을 볼 때,[54] 당시로서는 얼마나 중대한 의미를 가지는

50) 高翊晋, 〈圓妙國師 了世의 白蓮結社〉(《韓國天台思想研究》, 東國大出版部, 1983), 213~219쪽.

51) 李奎報, 《東國李相國集》 전집 권 35, 碑銘·墓誌 曹溪山第二世故斷俗寺住持修禪社主贈諡眞覺國師碑銘并序.
慧諶, 〈答崔尙書禹〉(《眞覺國師語錄》; 《韓國佛敎全書》 6, 42~43쪽).

52) 鄭 晏, 〈增補拈頌跋〉(《禪門拈頌拈頌說話會本》 권 30; 《韓國佛敎全書》 5, 923쪽 상).

53) 無衣子, 〈禪門拈頌集序〉(《禪門拈頌拈頌說話會本》 권 1; 《韓國佛敎全書》 5, 1쪽 상).

54) 〈萬宗記〉(《禪門拈頌拈頌說話會本》 권 30; 《韓國佛敎全書》 5, 923쪽 상).

불사인지 가늠할 수 있다.

혜심의 사상 가운데 「無心」의 문제는 중요하다. 禪境에 들기 위해서는 화두를 깨쳐야 하며 화두를 깨치기 위해서는 마음이 중요하다. 그러나 마음에 집착하면 黑山窟에 빠질 우려가 있기 때문에 「무심」을 주장한 것이다. 강종에게 무심의 중요성을 강조한 일은 특히 유명하다.

> 無心이란 마음도 없고 마음 없음도 없으며 마음 없음이 다했다는 것도 없는 것이다. 그것이 참된 마음이다(慧諶, 〈上康宗大王心要〉, 《眞覺國師語錄》; 《韓國佛敎全書》 6, 23쪽 하).

이 무심한 상태는 시비선악에도 움직임이 없어서 佛과 祖師가 되는 길임을 강조하였다. 강종의 정치적 생명은 오로지 최충헌의 손아귀에 있었고 태자로 있을 때 아버지 명종과 함께 쫓겨난 적이 있었으므로 무심의 경지가 강종의 정치적 불안을 위해 큰 의미가 있었을 것이다.

이 밖에도 혜심과 관계를 맺은 인물로 靜和宅主(최충헌의 처)·崔瑀(怡)·崔洪胤·鄭晏(奮) 등이 돋보인다. 혜심은 학문적 출발이 유학에서 비롯되어 불교로 옮겨갔으므로 유학에 대한 인식태도는 유별난 바가 있다. 유·불이 같다거나 老子는 迦葉菩薩이고 孔子는 儒童菩薩이라 하여 儒·道의 宗은 불법에 근원하지만 실상은 같다는[55] 주장은 도의 궁극적 경지에 이르면 모두 관통한다는 논리인 것이다. 이로 본다면 혜심은 유·불의 조화를 추구하여 불교에서 성리학으로 넘어가는 과도기적 지식인의 역할을 한 것으로서도 의의를 가진다. 즉 성리학을 이해할 수 있는 사상적 기반을 수선사 불교에서 열어 놓고 있었던 것이다.

혜심의 뒤를 이어 3세 淸眞國師 夢如(?~252),[56] 4세 眞明國師 混元(1191~1271),[57] 5세 圓悟國師 天英(1215~1286)[58]이 배출되어 지눌과 혜심의 수선사 결사정신을 이어 修禪의 淵藪를 이루었지만, 몽여부터 천영까지는 저서가 남

---

55) 慧諶, 〈答崔參政洪胤〉(《眞覺國師語錄》; 《韓國佛敎全書》 6, 46~47쪽).

56) 碑銘이 남아 있지 않아 행적 및 활동상황을 알 수 없다.

57) 金 坵, 〈臥龍山慈雲寺王師贈諡眞明國師碑銘幷序〉(《止浦集》 권 3; 《東文選》 권 117).

58) 〈佛臺寺慈眞圓悟國師靜照塔碑〉(《朝鮮金石總覽》 상), 595쪽. 그러나 이보다는 《曹溪山松廣寺史庫》, 443쪽에 수록된 碑銘이 양으로나 내용상으로 우수하다.

아 있지 않아 구체적 선사상은 알 수 없다.

6세 圓鑑國師 冲止(1226~1293)는 《圓鑑國師集》이 남아 있어[59] 수선사의 禪脈은 물론이고, 항몽의 좌절과 그에 따른 농민의 고통도 구체적으로 알 수 있어 주목된다. 충지는 당의 從諗(778~893)의 '평범한 일상생활이 禪'이라는 禪觀를 보여주고 있지만[60] 경전을 떠나서 玄機를 찾을 수 없음을 강조하여[61] 당시 불경을 무시한 선의 경향을 알려주고 있다.

특히 주목되는 것은 《高麗史》나 다른 어떤 자료에도 보이지 않는 원 간섭기의 시대상황을 사실적으로 알려주고 있다는 점이다.[62] 고뇌에 찬 시대상황을 산문으로 표현하기는 어려웠던지 주로 시로 표현하고 있는 것도 특징이다.

지눌 이후 수선사에서는 16국사가 배출되었지만[63] 7세 이후는 원 지배하의 정치적 상황과 사회경제적 제모순 때문인지 남겨진 자료도 없고 별다른 활동도 찾아보기 어렵다. 더욱이 수선사 2세 혜심이 보여주었던 유·불의 조화도 더 이상 진전을 보지 못하였고 불교 자체의 사상적 발전도 없었으므로, 새로이 원을 통해 수용되기 시작한 성리학에 사상계의 중심적인 자리를 양보하고 말았다. 그러나 지눌의 수선사를 통한 조계종의 정신은 조선시대를 거치면서도 면면히 이어져서 오늘의 조계종으로 연결되고 있다.

〈秦星圭〉

---

59) 승려 李雪月에 의해 1680년에 간행된 〈圓鑑國師歌頌〉을 底本으로 하고 林錫珍이 《東文選》·《東國輿地勝覽》 등에서 모은 자료를 통해 1920년 《圓鑑錄》으로 간행하였다. 그 후에 이 책은 亞細亞文化社에서 그대로 영인해 널리 반포되었고(1973), 동국대에서 간행한 《韓國佛教全書》 6책에도 실렸다. 秦星圭는 그 후 《高麗佛籍集佚》(東國大 出版部, 1985)에 閔泳珪 소장본 〈曹溪宓庵和尙雜著〉가 수록된 것을 확인하고 《원감록》과 합해 영인과 동시에 번역하여 《圓鑑國師集》(아세아문화사, 1988)으로 改題하여 간행하였다.

60) 冲止의 禪思想은 〈偶書問諸禪者〉(《圓鑑國師集》, 94쪽; 《韓國佛教全書》 6, 385쪽) 참조.

61) 〈丹本大藏慶讚疏〉(《圓鑑國師集》, 17쪽; 《韓國佛教全書》 6, 397쪽).

62) 秦星圭, 〈圓鑑國師 冲止의 生涯〉(《釜山史學》 5, 1981).
———, 〈圓鑑錄을 통해 본 圓鑑國師 冲止의 國家觀〉(《歷史學報》 94·95, 1982).

63) 16國師에 대한 자료는, 〈松廣寺嗣院事蹟碑〉(《朝鮮金石總覽》 하, 954쪽)와 采永의 《佛祖源流》가 있다. 두 자료는 차이가 있으므로 독자의 주의를 요한다. 이와 관련해서는 管野銀八, 〈高麗曹溪山松廣寺十六國師の繼承に就いて〉(《青丘學叢》 9, 1932)가 있다.

2) 지눌의 사상

(1) 선·교갈등의 문제

불교가 중국에 들어와 확고히 자리잡기까지는 적어도 3, 4백 년이라는 장구한 세월이 필요했다. 중국인들은 인도에서 전개된 다양한 형태의 불교사상과 신앙을 어느 한 시기에 한꺼번에 받아들인 것이 아니라 새로운 경전이 유입되어 번역될 때마다 하나의 특정한 경전을 중심으로 불법을 새로이 연구하고 이해함으로써 새로운 학파나 종파가 성립되었다. 그리하여 天台나 華嚴과 같은 포괄적이고 체계적인 불교 이해가 성립되기까지 중국에는 많은 종파들이 형성되었으며 이러한 종파들은 삼국시대와 통일신라시대를 통하여 속속 우리 나라에도 유입되었다. 三論·涅槃·地論·攝論·戒律·法相·天台·華嚴 그리고 淨土信仰과 密敎的 종파인 眞言宗 등 다양한 불교사상들이 통일신라 전기까지 우리 나라에 모습을 드러냈으며 그 가운데는 법상종과 화엄종같이 막강한 교단을 형성한 종파도 있었다. 한편 중국에서는 강력한 고대국가 체제를 구축했던 당나라가 8세기 후반에 들어오면서 붕괴되기 시작했으며 대략 이와 때를 같이하여 불교계에는 禪이라는 하나의 참신한 운동이 전개되면서 대중적으로 큰 호응을 얻고 중국 전역에 확산되기 시작하였다.

골품제를 기반으로 한 지배체제가 심각한 균열을 보이면서 사회적 혼란기로 들어가기 시작한 신라 하대에 이르러 신라의 당나라 유학승들 가운데는 중국에서 선풍을 일으키기 시작한 선불교를 가지고 돌아오는 자들이 있었으며 그들은 '敎外別傳'·'以心傳心'이라는 전대미문의 구호 아래 불교계에 새로운 바람을 일으키기 시작했다. 선불교를 배우고 돌아온 승려들은 대부분 화엄종 출신의 승려들로서 중국 南宗禪의 거장인 馬祖 道一(707~786)계통의 선풍을 전수받고 돌아왔다. 그들은 자연히 화엄종이나 법상종과 같은 기성 종단들과 갈등을 일으킬 수밖에 없었으며 주로 지방호족세력들의 비호를 받으면서 자리를 잡아가게 되었다. 이른바 九山禪門의 개창자들이 대부분 그러했던 것이다. 불타의 설법이 담긴 경전들을 최고의 권위로 삼는 교학적 종파들간의 사상적 차이는 높고 낮음, 깊고 옅음의 구별은 있다 하더라도 어디까지나 융화될 수 있는 것이었다. 그러나 경전의 권위 자체를 인정하지 않는 선불교와 전통적 불교와의 갈등은 불교계가 해결해야만 했던 가장 심각한 문제 가운데 하나로 등장하게 되었다. 이와 같은 갈등은 고려시대에 들어와서도 여전히 계속되었다. 불교가 국교가 되다시피 한 신라와 고려에서는 하나의 지배적인 종단이나 종파는 자연히 정치적·경제적 힘을 지닐 수밖에 없었으며 이러한 사실에 비추어 볼 때 종파간의 갈등은 단순히 사상적·종교적 대립뿐만 아니라 보다 구체적인 현실적 대립의 양상을 띨 수밖에 없었다. 따라서 종파간의 대립은 뜻있는 고승들에게는 언제나 불교의 세속적 타락으로 보였으며 이와 같은 갈등을 해결하기 위하여 그들은 많은 노력을 기울였던 것이다.

선·교의 갈등을 가장 심각한 문제로 여기고 그 해결을 통해 고려 불교계를 새로운 차원으로 고양시키고자 노력했던 승려는 누구보다도 大覺國師 義天(1055~1101)이었다. 의천은 문종의 넷째 아들로서 화엄종 출신의 승려였으나 이 문제를 해결하기 위하여는 천태종이라는 하나의 새로운 종파를 세워야 한다는 결론에 도달하게 되었다. 그는 중국에 유학했을 때 천태사상에 대해서 깊은 관심을 보였으며 심지어는 천태 智顗大師의 탑을 참배하면서 후일 귀국하면 신명을 다해 대사의 사상을 전파하겠다고 서원하기까지 하였다. 화엄종 승려로서 이러한 발원을 한다는 것은 결코 예사로운 일이 아니었으며 이것은 결국 고려 불교계가 안고 있던 고질적 문제인 선·교의 갈등을 해결하기 위한 그의 의도적 행위로 풀이될 수밖에 없다.

의천이 천태종에 대하여 그토록 많은 관심을 가졌던 이유는 무엇보다도 敎學과 觀行을 골고루 강조하는 천태의 敎觀兼修的 전통에 있었으며 의천의 사상은 한마디로 말해 이 교관겸수에 있다 해도 과언이 아니다. 그는 당시 불교계에서 경전과 교학만의 연구에 힘쓰며 관행을 통한 수행을 등한시하던 풍조에 대하여 매우 비판적이었으며 이러한 사람들에게 양자를 모두 갖추어 공부해야 한다는 교관겸수의 사상을 제시하였다. 그리고 그는 수행을 위해서는 天台 止觀의 명상법이 중요하다고 여겼던 것이다. 그러나 불교의 지적 연구에만 치우쳐 있던 이러한 교학자들의 병폐보다도 훨씬 더 의천이 비판을 가한 대상이 된 것은 '교외별전'의 구호 아래 경전공부를 아예 무시하는 선가들의 폐단이었다. 의천은 이러한 사람들을 노골적으로 멸시하였으며 선의 병폐를 바로잡기 위해서는 역시 이론과 수행을 골고루 강조하는 천태종이야말로 가장 이상적이라고 여겼던 것이다. 의천은 단지 선을 사상적으로만 비판한 것이 아니라 실제로 선종을 천태종에 흡수해 버리려고까지 하였다. 그러나 선불교는 단순히 그러한 교관겸수의 이념만으로 흡수되기에는 너무나 발랄한 고유의 성격을 지니고 있었으며 의천이 과연 당시 선불교의 진수를 바로 파악하고 있었는가는 지극히 의심스럽다. 결국 천태종은 오히려 선불교의 반발과 각성을 불러일으키고 이미 여러 종파로 나뉘어 있던 불교계에 또 하나의 종파를 더하는 결과만을 초래하고 말았다. 興王寺의 〈大覺大和尙墓誌銘〉에 의하면 의천 당시 고려불교에는 戒律宗·法相宗·涅槃宗·法性宗·圓融宗(화엄종) 및 禪寂宗의 6종이 있었다고 한다. 그러나 이제 천태종의 개창과 더불어 선적종은 曹溪宗이라는 새로운 이름 아래 응집되기 시작했으며 천태종은 조계종과 더불어 선종으로 간주되었다. 그리하여 이른바 五敎兩宗의 시대가 전개되게 된 것이다. 이와 같은 고려 불교계의 문제를 안고서 날로 증폭되어 가는 선과 교의 갈등을 해결함과 동시에 선불교에 새로운 방향을 제시한 사람이 곧 普照國師 知訥(1158~1210)이었다.

(2) 지눌의 생애

의천은 왕족출신으로서 교종을 대표하여 선을 교에 흡수함으로써 선·교 갈등의 문제를 해결하려 하였다. 이에 반하여 지눌은 서민 출신의 승려로서 스스로 고려 불교계의 문제를 안고 고심하며 수행하는 가운데 당시 침체되어 있던 선불교계에 새로운 기풍을 불어넣었을 뿐만 아니라, 어디까지나 선을 주축으로 해서 교를 수용하는 자세로 선·교대립의 문제를 해결하고자 했다. 지눌은 스스로 끊임없이 수행에 힘쓴 진검한 구도자였으며, 후학들을 위해 선의 수행방법을 이론적으로 다룬 저술들을 많이 남겼다. 그의 저술들을 통하여 우리는 그의 선사상뿐만 아니라 고려 중기의 불교계가 처했던 상황과 문제들도 엿볼 수 있으며, 특히 그가 선·교의 갈등문제를 어떻게 해결하고자 했는지도 살펴볼 수 있다. 고려 초부터 제도화된 승려들의 국가고시인 승과제도는 지눌 당시는 물론이요 조선 초기까지 계속되면서 많은 인재들을 배출하였다. 지눌은 9산선문의 하나인 闍崛山派 宗暉禪師 문하에 출가하여 24세 되던 해에 개경 普濟寺에서 열린 談禪法會에 참여하였다. 승려들의 등용문에 응시하기는 하였으나 그는 당시 승려들의 타락상을 신랄히 비판하면서 동료들과 함께 名利를 버리고 산림에 은거하여 定慧를 닦는 일에 힘쓰는 결사를 하자고 제안하였다. 이는 당시 국가와 귀족들의 비호 아래 번창하던 불교가 점점 불교 본연의 출세간적 자세를 망각하고 세간적 명리에 탐닉하던 현상에 대한 일대 자각이었으며, 도시불교에서 산림불교, 국도 중심의 불교에서 지방불교, 국가불교에서 개인의 구도적 불교, 그리고 기복적 불교에서 수도적 불교로의 전향을 촉구하는 제안이기도 했다.

이러한 제안이 동료들에게 긍정적 반응을 얻기는 했으나 즉시 실현되지는 못하자 지눌은 홀로 개경을 떠나 昌平 清源寺라는 절에서 수행을 하였다. 거기에서 그는 중국 남종선의 제6조 慧能의 어록인 《六祖壇經》을 읽다가 큰 깨달음을 얻는 체험을 했으며 그 후 그는 下柯山 普門寺로 옮겼다. 지눌은 唐의 李通玄長者가 지은 《華嚴論》(新華嚴經論)을 읽는 가운데 화엄에도 선과 같이 단번에 자신의 佛性을 자각하는 頓悟의 길이 있음을 깨닫고 크게 기뻐하였다. 그리하여 그는 부처가 입으로 전한 것은 敎요, 조사가 마음으로 전한 것은 禪이며 부처의 말과 조사의 마음이 어긋나지 않는다는 결론을 얻고 선교일치를 체험적으로 확인하기에 이르렀다. 명종 18년(1188)에는 옛날 결사를 같이 서약했던 道伴으로부터 부름을 받아 드디어 公山(지금의 팔공산) 居祖寺에서 정혜결사를 이루게 되었다. 처음에는 옛날 서약을 같이했던 도반들을 모아 결사를 시도해 보았으나 어떤 사람은 이미 세상을 떠났고 또 어떤 사람은 속세의 명리를 좇아 살고 있었다. 그리하여 지눌은 명종 20년 결사의 취지문을 작성하여 전국에 돌려 뜻을 같이하는 사람들을 모으기로 결단하였다. 이 때에 작성되어 배포된 선언문이 유명한 《勸修定慧結社文》으로서 고려불교의 역사적 문헌이라 해도 과언이 아니다. 이 선언문을 작성할 당시 지눌의 나이는 32세였으나 그 안에는 이미 그의 중요한 사상이 거의 다 포함되어 있다. 지눌의 정혜결사운동은 전국적으로 큰 호응을 받아 동참자들이 모여들었으며 명종 27년에는 장소가 협소해져 전남 송광산의 吉祥寺라는 곳을 중수하여 장소를 옮기기로 결정하였다. 신종 3년(1200)에 중창사업에 동참하기 위해 그 곳으로 옮기기까지 3년간 지눌은 지리산의 上無住庵에서 수행했으며, 그 곳에서 중국 看話禪의 대가인 大慧禪師(1089~1163)의 어록을 읽다가 큰 깨달음을 얻게 되었다. 이와 더불어 선사들이 주고받는 짤막한 문답인 話頭를 參究하는 간화선은 지눌이 선을 수행함에 있어서 빼놓을 수 없는 요소로 등장하였다. 희종 원년(1205)에는 9년간에 걸친 중창사업이 끝나고 희종으로부터 修禪社라는 이름을 하사 받고 정혜결사운동을 계속하게 되었다. 인근에 定慧社라는 이름의 사찰이 이미 있었기 때문에 정혜사 대신 수선사의 이름을 지니게 된 것이다. 희종 6년 입적할 때까지 지눌은 수선사에서 학인을 지도하고 저술활동을 하는 등 고려 불교계에 새로운 기풍을 진작시켰다.

지눌의 저술로는 선 수행법의 요체를 설하는《修心訣》, 불성의 세계를 단도직입적으로 설하는《眞心直說》, 이통현의 화엄사상에 근거하여 화엄적 돈오의 길을 밝힌《圓頓成佛論》, 간화선의 방법과 의의를 밝힌《看話決疑論》, 그리고 당의 선사이자 화엄사상의 대가 圭峰宗密(780~841)의 선사상의 요체를 담은《法集別行錄》을 요약하고 거기에 私記를 단《法集別行錄節要幷入私記》, 수행을 처음 시작하는 자가 지녀야 할 몸가짐과 마음가짐을 자상하게 다루고 있는《誡初心學人文》이 있다.

지눌의 선사상은 심성론과 수행론으로 구분하여 고찰할 수 있다. 심성론은 인간의 참 자아이며 우주만물의 實相인 眞如·眞心 혹은 불성에 관한 설명으로서, 언어와 문자를 초월한 진리의 세계를 지눌이 수행자를 위해 방편으로 설한 설법에 기초하고 있다. 수행론은 이와 같은 진리의 세계를 우리가 어떻게 깨달아 들어가며 어떻게 닦아서 자신의 것으로 만들 수 있는가 하는 방법을 논하는 실천론을 의미한다. 하나는 있는 그대로의 객관적 진리의 세계요, 다른 하나는 이것을 주관적으로 실현하는 길을 말한다.

(3) 심성론

지눌은 모든 인간이 본래 지니고 있는 부처의 성품인 불성을 진심이라 부른다. 진심이란 妄心, 즉 사물을 제대로 보지 못하는 거짓되고 미혹된 마음, 번뇌와 망상으로 더럽혀진 마음의 반대로서, 지눌에 의하면 이 진심을 깨닫고 회복하는 것이 선의 궁극적 목표이다. 그는 진심에는 眞如·佛性·法身·如來藏·主人公 등 여러 가지 이름이 있으나 진심의 본체를 가장 잘 나타내 주는 말은 '空寂靈知之心'이라고 하였다. 공적영지야말로 진심이 어떠한 것인가 그 본질을 표현해 주는 말이라는 것이다. 진심은 우선 空寂한 세계다. 일체의 번뇌와 망상이 사라지고 일체의 언어와 문자를 초월하여 무엇이라고 규정할 수 없는 텅 비고 고요한 세계이다. 눈에 보이는 일체의 형상과 이름을 초월하고 일체의 差別相을 넘어선 절대평등의 세계인 것이다. 이것을 지눌은 '진심의 體'라 부른다.

그러나 지눌에 의하면 진심은 이렇게 일체의 사물과 개념이 부정되는 공적한 세계일 뿐만 아니라 그 가운데 또다시 일체의 名과 相이 되살아나는 가득 찬 세계이기도 하다. 그것은 먹고 자고 일하는 우리의 모든 일상적 활동이 있는 그대로 수용되는 절대긍정의 세계이다. 지눌은 이것을 '진심의 用'이라 부른다. 다시 말해서 진심의 체에서 보면 우리가 알고 있는 일상적 관념과 경험 일체가 부정되지만, 진심의 용에 있어서는 이 모든 것들이 집착없이 순수하게 진심의 妙用으로서 있는 그대로 긍정된다. 지눌은 진심의 체와 용을 또 다른 말로는 진심의 不變과 隨緣이라 부른다. 불변은 진심의 텅 빈 항구한 본체의 세계요, 수연은 조건에 따라 변하는 사물들의 역동적인 세계로서 진심의 묘한 작용이다. 따라서 지눌에 의하면 진심을 체득한 사람은 일체의 세상사를 초월하고 한가로우나 동시에 모든 일을 거침없이 처리하는 자유자재의 삶을 살 수 있다.

공적한 진심의 체가 이와 같은 묘용과 수연의 역동성을 나타낼 수 있는 것은 진심의 본체가 공적일 뿐만 아니라 靈知이기도 하기 때문이다. 영지란 공적의 세계가 죽은 물질의 세계와 같이 무감각하고 허무한 것이 아니라 그 가운데 뚜렷하고 영묘한(靈) 의식과 앎(知)을 지니고 있다는 말이다. 바로 이러한 앎을 매개로 하여 다양하게 변화하는 차별적 세계가 진심의 묘용으로서 있는 그대로 수용되는 것이다.

지눌은 이와 같은 진실의 신비를 나타내기 위해 맑고 깨끗한 구슬의 비유를 사용하였다. 한 구슬이 있어 흠이 없이 깨끗한 것은 진심의 체인 공적에 해당한다. 그 구슬은 깨끗할 뿐만 아니라 맑기도 해서 주위의 다양한 사물들을 비출 수 있는 성품을 지니고 있다. 이것이 진심의 영지이며, 맑은 구슬에 나타나는 여러 상들은 곧 진심의 묘용이요 수연인 것이다. 지눌은 진심의 체를 구성하고 있는 공적과 영지의 양면을 다시 체와 용으로 부르고 있으며 이 경우의 용은 구슬에 반영되는 수시로 변하는 수연의 용과는 달리 불변하는 진심 그 자체의 용이라 하여 후자로부터 구별하고 있다. 전자는 인간의 본성인 불변하는 진심 자체가 지니고 있는 용이라 하여 自性用이라 부르며, 후자는 조건(緣)에 따라 항시 변하는 역동적인 용이라 하여 隨緣用이라 부른다. 이상과 같은 지눌의 심성론은 중국의 荷澤神會와 圭峯宗密의 설에서 많은 영향을 받고 있으며, 《眞心直說》과 《節要》에 상세히 전개되고 있다.

진심의 체가 지니고 있는 공적과 영지의 두 측면을 지눌은 또 다른 말로 定과 慧라 부른다. 이 정과 혜는 후천적인 수행을 통해서 얻어지는 것이 아니라 인간의 심성이 본래부터 갖추고 있는 것으로서, 이것을 自性定慧라 부르며 수행을 통해서 얻는 隨相定慧로부터 구별하고 있다. 지눌에 의하면 정과 혜를 닦는 수행의 궁극 목표는 모든 인간이 갖추고 있는 자성정혜, 즉 '공적영지지심'을 발현시키는 데에 있다. 지눌이 이와 같이 진심의 체와 용에 대해서 상세히 밝힌 것은 결코 아무런 수행도 없이 다만 지적으로만 진리를 이해하려는 태도를 조장하기 위한 것이 아니라, 수행자가 미리부터 자기가 닦아서 이루어야 할 세계가 어떤 것인가를 알고 수행하도록 하기 위함이었다. 지눌은 이 점을 누누이 강조한다. 즉 그의 심성론은 수행자들의 觀行의 귀감이 되도록 하기 위해서 설한 것이지, 결코 자신의 마음을 성찰하는 返照의 노력 없이 불법에 대한 지적 이해에 만족하도록 하기 위한 것은 아니었다. 그러면 이제 위와 같은 심성론을 기반으로 하여 선 수행자가 구체적으로 어떻게 망심에 의해 가려진 자신의 본성인 진심을 회복하고 발현해 갈 수 있는가 하는 선 수행 내지 실천에 대한 지눌의 이론을 살펴보겠다.

(4) 수행론

지눌의 선 수행론의 요체는 이른바 頓悟漸修사상이다. 돈오점수란 자신의 본 마음인 진심 혹은 불성을 단번에 깨달은 후에는 반드시 점차적으로 마음의 번뇌를 제거해 가는 수행의 노력이 뒤따라야 한다는 이론이다. 돈오란 중국 남종선의 독특한 전통이다. 종래의 불교사상들이 오랜 수행을 거친 후에야 성불할 수 있다는 견해를 지녔음에 반하여, '直指人心 見性成佛'을 강조하는 남종선의 전통에서는 성불이란 오랜 수행 끝에 비로소 얻어지는 결과가 아니라 중생이 본래부터 지니고 있는 자신의 본성인 부처의 성품을 깨닫는 순간(見性) 부처가 되는 것임을 강조한다. 아니, '된다'기보다는 이미 자기 마음의 본성이 곧 부처(心卽佛)임을 깨닫기만 하면 된다는 것이다. 즉 성불은 우리가 수행을 통해 앞으로 도달해야 할 상태가 아니라 이미 자신 안에 주어져 있는 것을 그대로 자각하는 행위인 것이다. 이것이 선불교에서 말하는 돈오로서, 깨달음은 점차적 과정을 통해서 이루어지는 것이 아니라 한순간에 단박 일어난다는 것이다(頓悟). 이와 같은 중국 남종선의 전통을 이어받아 지눌은 선 수행의 시작은 모름지기 자신의 본성을 한 순간에 깨치는 돈오의 체험에 있어야 한다고 주장한다. 이러한 체험은 마치 부귀영화를 누리던 어떤 고관대작이 꿈속에서 온갖 고초를 당하다가 깨어나서는 자기가 여전히 존귀한 존재임을 알고 안도하는 것에 비유된다. 즉 돈오란 부처의 성품을 지닌 자신의 본래 면목을 모르고 번뇌와 망상 가운데 번민하고 방황하던 범부가 善知識의 깨우침을 받아 꿈에서 깨어나듯 자신의 본성을 자각하는 체험인 것이다. 지눌에 의하면 이런 돈오의 체험없이 수행만을 일삼는 것은 승산없는 싸움과도 같다. '修'는 반드시 '悟' 후에 이루어져야만 참다운 수행이 될 수 있다고 지눌은 본다. 자신의 본성을 여실히 깨닫는 체험이 있고 난 후에 하는 수행은 쉽고 가벼운 수행이 되기 때문이다.

그렇다면 돈오는 구체적으로 어떠한 깨달음인가. 그것은 두말할 필요 없이 자신의 진심의 세계를 체득하는 깨달음이다. 곧 '공적영지지심'의 자각으로서, 모든 이름과 형상을 떠난 공적한 자신의 마음의 본바탕을 깨달음과 동시에 그 위에 신령한 앎이 있어서 그 마음이 어둡지 않고 맑고 밝은 자신의 마음 바탕을 이루고 있음을 깨닫는 것이다. 그리고 이와 더불어 일상생활의 모든 활동이 다름 아닌 진심의 묘용에 지나지 아니함을 깨닫는 것이다. 이러한 깨달음의 체험을 한 사람은 일상적 사물을 대할 때 그것을 진심의 수연이자 묘용으로 보기 때문에 결코 그것들을 마음의 걸림돌로 여겨 하나하나 억누르거나 없애려 하지 않는다. 그는 마치 맑은 구슬이 주위의 사물들을 반영하듯

자기가 대하는 모든 사물, 모든 일들을 조건에 따라 주어지는 대로 거침없이 처리하며 사는 자유로움을 보이는 것이다. 이러한 돈오의 체험은 지눌에 의하면 단지 문자와 경전에 근거한 지적 깨달음이 아니라 어디까지나 자신의 마음을 반조하는 관행의 노력에 따른 것이어야 한다.

지눌의 돈오사상이 지닌 중요한 특징 가운데 하나는 화엄에서도 돈오의 존재를 인정한다는 점이다. 이것은 교외별전의 기치 아래 한 생각을 깨치면 부처가 된다는 돈오를 선문만의 전유물로 내세우면서 모든 교학사상을 점수점오의 열등한 법문으로 백안시해 오던 종래의 선가적 입장에서 보면 매우 파격적 일이다. 지눌은 그러한 종파적 입장에 구애받지 않고 자신이 직접 체험으로 확인한 바에 따라 이러한 파격적 결론에 이른 것이다. 뿐만 아니라 그는 이것을 자신의 선사상의 중요한 부분으로 삼아 그것에 대한 체계적 이론을 수립하기까지 했다. 지눌은 실로 당시 불교계의 고질적 병폐인 선·교의 갈등문제를 해결하고자 비상한 노력을 기울였다. 그가 《육조단경》을 통해 선문의 진리를 크게 깨달은 후에 보문사에서 선의 진리에 계합하는 교가의 가르침을 찾아 3년간이나 대장경을 뒤지면서 온갖 전적과 씨름하는 각고의 노력을 보인 것은 그것을 잘 말해주고 있다. 그가 선가로서 교학자들이나 함직한 경전과의 씨름을 결행한 데는 이미 그의 마음에 선과 교의 대립은 잘못된 것이고 양자는 하나의 근원에서 만날 수 있을 것이라는 직관적 신념이 형성되어 있었기 때문으로 보인다. 다른 사람들과는 달리 지눌이 선과 교의 대립을 결코 자명한 것으로 받아들이지 않고 그것을 의심하는 가운데 그 해결의 돌파구를 진지하게 모색하고 있었다는 사실 자체부터가 실로 높이 평가할 만한 일인 것이다.

여하튼 그는 보문사에서 3년간이나 대장경의 전적을 뒤질 수밖에 없었고 당시 불교계에서는 별로 알려져 있지 않던 이통현장자의 《신화엄경론》이라는 방대한 문헌과 씨름하는 가운데 드디어 자신이 지녔던 직관적 신념에 대한 확신을 얻기에 이르렀다. 이통현의 화엄사상은 중국의 정통 화엄사상인 法藏의 화엄사상과는 달리 보다 실천적이고 선적인 요소가 매우 강한 것으로서 화엄교가들 가운데서는 등한시되던 것이었다. 그러나 지눌은 바로 이와 같은 통현장자의 화엄해석에 깊은 감명을 받고 화엄에도 돈오사상이 있음을 확인하였다. 화엄은 당대 불교의 전통상 교학사상의 최고봉으로서 교학을 대표하다시피한 것이었으므로 이와 같은 결론을 통해 지눌은 선과 교가 궁극적으로 하나임을 확인할 수 있었다. 그리고 이러한 사실을 모르고 자기 집착과 쟁론만을 일삼던 선가와 교가들에 대한 비판을 통해 지눌은 한국불교사상에서 하나의 새로운 장을 열 수 있었던 것이다.

그러면 구체적으로 이통현의 화엄해석 가운데 무엇이 지눌의 마음을 그토록 사로잡았던 것일까. 대승불교의 전통적인 수행론에 의하면 범부가 수행을 시작하여 성불에 이르기까지 거쳐야 하는 수행의 계위에 52위가 있다. 즉 10信·10住·10行·10回向·10地·等覺·妙覺의 52계위이다. 그 가운데서 10신은 수행의 계위라고도 말할 수 없을 정도로 가장 낮은 단계로서 범부가 수행을 할 때 가장 기본이 되는 믿음을 다지는 단계인 것이다. 그런데 놀랍게도 통현장자는 바로 이 10신의 초위에 관한 해석에서 범부는 자기의 마음이 곧 움직일 수 없는 지혜를 지닌 부처(不動智佛)임을 인정하고 들어가야 한다고 말한 것이다. 문제는 사람들이 스스로를 범부로 여겨 자기 마음의 본래 성품이 부처와 조금도 다르지 않다는 사실을 긍정하지 않으려는 자기비하의 마음에 있다는 것이다. 지눌은 바로 이와 같은 10신 초위에 대한 이통현의 해석에 크게 감동하여 이것이야말로 선가에서 얘기하는 돈오의 정신과 조금도 다름이 없는 것이라는 확신에 이르게 된 것이다.

화엄이든 선이든 지눌에 의하면 인간은 수행 처음부터 자기 자신의 불성에 대한 자각을 가지고 시작해야 한다는 것이다. 이미 부처가 아닌 사람이 아무리 수행을 해도 결코 부처가 되는 일은 있을 수 없기 때문이다. 범부는 자기가 범부라는 자기비하의 마음을 과감히 물리치고 부처와 조금도 다름 없는 자신의 진심을 깨닫는 자기발견과 자기긍정이 있어야 한다는 것이다. 이와 같은 자기발견은 결코 선만의 전유물이 아니며 화엄에서도 같은 시각이 존재한다는 사실을 지눌은 확인한 것이다. 이러한 결론을 통해 지눌은 화엄에서 선을 발견했을 뿐만 아니라 화엄을 禪化시켜 선으로 끌어들이려는 노력을 하게 되었다. 지눌은 화엄을 禪的으로 해석하는 구체적인 이론적 작업으로서 선 수행에 있어서 화엄적 돈오의 길을 가르치는 圓頓信解門을 수립했으며 그의 《圓頓成佛論》은 이러한 화엄적 돈오의 길을 자세히 구명·논증하고 있다. 두말할 필요도 없이 《원돈성불론》은 이통현의 《화엄론》에 절대적인 영향을 받고 있다. 지눌은 《화엄론》이 지극히 훌륭한 책임에도 불구하고 분량이 너무나 방대하고 문장이 너무 호한해서 사람들이 접하기 어렵다고 여겨 그 내용을 요약한 《화엄론절요》를 만들기도 했다. 이는 그가 통현의 화엄사상을 얼마나 높이 평가하고 소중히 여겼는가를 말해준다.

지눌에 의하면 돈오는 선 수행의 시작일 뿐이지 결코 전부가 아니다. 선 수행은 반드시 자신의 본성을 깨닫는 돈오의 체험으로부터 시작되어야 하나 그 다음에는 이러한 깨달음에도 불구하고 여전히 자신의 마음을 괴롭히고 오염시키는 온갖 번뇌들을 퇴치하려는 오랜 점진적 수행의 과정이 뒤따라야 한다고 주장한다. 지눌은 비유를 들어 말하기를 우리가 얼음덩어리가 전적으로 물에 지나지 않음을 알기는 하나 이 얼음이 실제로 물이 되려면 오랜 시간 동안 태양의 따뜻한 기운을 필요로 하는 것과 마찬가지라고 한다. 즉 한순간의 깨달음으로 우리는 자신이 곧 부처임을 자각하기는 하나 그것으로 인격의 완전한 변화가 일어나는 것은 아니며 깨친 후에도 부단한 수행의 노력이 있어야 한다는 것이다. 지눌은 이와 같은 점진적 수행과정을 무시하고 한순간 단박 깨달으면 모든 문제가 해결된다고 생각하는 선문의 돈오주의자들을 신랄하게 비판한다. 교학자들이 스스로 비굴한 마음을 내어 자신의 마음이 곧 부처임을 긍정하지 않으려는 것도 잘못된 일이지만, 한순간 돈오의 체험으로 모든 것이 끝났다고 생각하는 것 또한 인간의 현실을 무시한 오만한 생각으로서 마땅히 경계해야 한다고 말한다. 여기서도 우리는 지눌의 진지한 수도자적 자세를 엿볼 수 있으며 선학자들이 범하기 쉬운 허황된 주장과 교만에 대한 예리한 비판적 자세를 찾아볼 수 있다. 또한 우리는 선가의 돈오적 전통과 교가의 점수적 전통을 균형있게 취함으로써 선·교의 갈등을 극복하고자 하는 그의 노력의 일단을 여기서도 볼 수 있다. 지눌의 돈오점수론은 자신의 선 수행의 체험으로부터 나온 것일 뿐만 아니라 선과 교의 올바른 점은 무엇이든 종파적 입장에 구애받지 않고 수용하고자 하는 그의 개방적 자세의 산물이기도 한 것이다. 지눌의 선 수행의 이론 자체가 이미 그 안에 선과 교의 대립을 지양하는 정신을 담고 있는 것이다.

지눌은 말한다. 진리(理)는 한 순간에 깨칠 수 있지만(頓悟) 우리의 마음을 괴롭히는 구체적인 번뇌들(事)은 대번에 제거될 수 없다. 번뇌는 그 성질과 정도에 따라 하나하나 대처해 나가는 노력이 있어야만 제거될 수 있다는 것이다. 번뇌가 끝내 실체가 없고 공한 것임을 돈오를 통하여 우리가 깨달았다 하더라도 우리의 마음에는 깨닫기 이전에 오랫동안 쌓여온 번뇌의 습관적 힘으로부터 오는 장애가 너무나 두텁기 때문에 한순간의 깨달음만으로는 결코 완전한 해탈을 누리는 성인이 될 수 없다는 것이다. 우리가 본래 부처와 조금도 차이가 없는 존재임에는 틀림없으나 이와 같은 사실을 알았다 하더라도 실제로 부처와 같이 말하고 행동하고 부처와 같은 마음을 내는 데는 오랜 세월에 걸친 점차적 수행의 노력이 필요하다는 것이다. 이것이 점수의 사상이다. 한마디로 말해 悟와 修는 어느 하나도 결여될 수 없으며 반드시 같이 가야만 한다는 것이다.

그러나 오와 수에는 반드시 선후의 차례가 있어야 한다고 지눌은 주장한다. 즉 반드시 '先頓悟後漸修'여야 한다는 것이다. 상식적으로 보면 점수 후에 깨달음을 얻는 것이 보다 합리적인 것처럼 보이고 사실 이것이 전통적 입장이었다. 그러나 우리가 이미 보았듯이 지눌은 이와는 반대로 깨달음이 선행되어야만 참다운 닦음이 이루어질 수 있다고 주장한다. 그 이유는 깨달음의 체험이 수행의 성격에 결정적인 영향을 미치기 때문이다. 이 점을 이해하기 위해서 우리는 지눌의 심성론을 다시 한 번 상기해 볼 필요가 있다. 지눌에 의하면 공적영지의 진심을 깨달은 사람들에게는 우리가 행하는 일상사는 맑은 거울에 비치는 상들과 같이 진심의 묘용이기 때문에 아무런 집착과 장애 없이 자연스럽게 행할 수 있게 된다. 마치 다양한 색깔을 지닌 사물들이 맑은 구슬을 대하면 그 구슬이 자연스럽게 여러 색상들을 띠듯이, 진심의 본체를 깨달은 사람도 이와 같아서 그가 접하는 사물들이나 사건들에 의해 아무런 장애를 받지 않는다. 구슬에 나타난 색상들이 참으로 실재하는 것이 아니라 단지 투명체에 비친 영상들에 지나지 않는 것과 마찬가지로 진심의 본체를 깨달은 사람은 일상적 생각이나 행위들이 결코 궁극적으로 실재하는 것이 아니라 구슬에 비친 상들과 같이 假有에 지나지 않음을 알기 때문에 그것들을 심각하게 대하지 않으며 따라서 자유로움을 누릴 수 있다는 것이다. 그렇기 때문에 공적영지한 진심의 본체를 깨닫는 돈오의 체험이 결정적으로 중요한 것이다.

만약 그러한 체험을 하지 않고 수행에 임하면 시시각각으로 일어나는 생각들과 사사건건 대하는 사물들을 맑은 구슬에 비치는 상과 같이 가볍게 여기지 않고 실재하는 것처럼 여기기 때문에 그것들에 대한 선악, 시비, 好·不好의 마음들이 생겨 분별심과 집착심을 내게 되며 그것들에 의해 걸려 넘어질 수밖에 없다는 것이다. 그러한 사람은 아무리 수행을 해도 결코 번뇌를 제거할 날이 없으며 그 수행이 마치 돌로 풀을 누르는 것과 같아서 다만 번뇌들을 더욱더 맹렬하게 일어나게 할 뿐이라고 한다. 그러한 수행은 마음만 수고롭고 피로하게 할 뿐 아무런 성과를 가져올 수 없으며 승산 없는 싸움과도 같다. 그것은 돈오의 체험을 모르는 전통적인 漸門교가들의 수행법은 될지언정 결코 선의 올바른 수행법은 될 수 없다고 지눌은 비판한다. 선가들 가운데서도 북종선은 바로 이와 같이 돈오에 철저하지 못하기 때문에 그들의 수행은 마음의 번뇌를 제거하여 깨끗함을 회복하려는 끊임없는 노력에도 불구하고 아무런 효과를 보지 못하는 점수주의에 빠져 있다고 비판한다. 즉 북종선은 모든 번뇌가 구슬에 비치는 상과 같이 본래부터 공적한 것임을 모르기 때문에, 다시 말해 우리의 일상사들이 불성의 작용이요 진심의 묘용임을 모르기 때문에 그것들을 적대시하고 제거하고자 끊임없이 노력하는 어리석음을 범하고 있다는 것이다.

그렇다면 깨달음을 얻어 일체의 번뇌가 본래부터 공한 것이며 진심의 묘용임을 아는데 어찌하여 점수의 노력이 뒤따라야 하는 것일까. 이미 언급했듯이 지눌에 의하면 우리가 아무리 이러한 진리를 깨달아 알았다 하더라도 과거로부터 누적되어 온 깊은 업의 장애를 받아 깨달음에도 불구하고 실제의 삶에 있어서는 번뇌에 의해 마음의 동요를 일으키게 된다. 따라서 우리는 깨달음 후에도 계속적인 수행의 노력이 필요한 것이다. 그러나 이미 깨달음의 체험을 한 사람은 자신의 참 성품을 깨닫지 못한 사람과는 달리 자신을 괴롭히는 번뇌들이 모두 자신의 마음에 본래적인 것이 아니며 본래부터 공적한 것임을 알기 때문에 그것들을 대치함에 있어 훨씬 더 여유와 자유로움을 가질 수 있다는 것이다. 이것이 바로 돈오가 점수에 선행해야 하는 중요한 이유인 것이다. 돈오 후의 점수는 단순한 점수가 아니며 결코 점수주의에 빠지지 않기 때문이다. 그는 번뇌가 일어날 때마다 그 본성을 이미 알고 있기 때문에 쉽고 가볍게 대치할 수 있으며 따라서 돈오의 문을 전혀 거치지 못한 점문열기의 사람들이 번뇌를 제거하고자 하되 오히려 그것에 사로잡혀 전전긍긍하는 것과는 다르다는 것이다. 이것이 지눌이 돈오점수론을 주장하는 근본 이유이다. 돈오 없는 점수는 맹목적인 수행이 되고 점수 없는 돈오는 교만에 빠져 진정한 자기변화를 초래할 수 없다.

그렇다면 지눌은 구체적인 점수의 방법을 어떻게 말하고 있는가. 여기서 우리는 지눌의 '定慧雙修', 혹은 '惺寂等持'의 사상에 접하게 된다. 지눌에 의하면 모든 수행의 요체는 정과 혜를 닦는 데 있다. 본래 원시불교로부터 3학이라 불리는 계·정·혜는 불교수행의 기본을 이루어 온 것인데, 지눌은 여기서 계는 오히려 당연한 것으로 전제하고 정과 혜를 모든 수행의 방법이자 동시에 목표로 삼았다. 정은 산란한 마음이 한 곳으로 집중하여 정신적 통일을 이룬 상태를 말하며, 혜는 이러한 고요한 마음을 바탕으로 해서 사물의 있는 모습 그대로를 아는 지적 통찰력을 의미한다.

지눌은 이러한 정과 혜를 두 가지 종류로 구별하고 있다. 하나는 '自性定慧'요 다른 하나는 '隨相定慧'이다. 자성정혜란 마음의 본성에 이미 갖추어져 있는 두 가지 모습으로서 다름아닌 공적영지의 진심 그 자체이다. 즉 진심의 공적은 정이요 영지는 혜다. 따라서 정과 혜는 진심의 체상의 체와 용에 해당되는 것이다. 반면에 수상정혜란 구체적인 수행을 통해서 얻어지는 정과 혜로서 우리 마음의 본성이 갖추고 있는 자성정혜를 회복하고 실현하기 위해 닦아야 할 덕목과 같은 것이다. 이와 같은 수상정혜의 성격을 보다 분명하게 해주는 말로서 지눌은 성적등지를 말한다. 惺이란 마음에 어둠이 없이 사물을 있는 그대로 보고 의식하는 상태로서 혜에 해당하는 것이며 적이란 마음이 온갖 번뇌를 떠나 텅 비고 고요한 상태로서 정에 해당하는 말이다. 지눌은 정과 혜, 성과 적을 어느 한 쪽에도 치우침 없이 고루 닦아야 함을 강조하고 있다. 혜와 성이 일방적으로 승하면 마음이 산란해지고 반면에 정과 적이 너무 지배적이면 마음이 둔해지고 혼침해지기 때문에 지혜가 사라진다. 이 두 덕목은 따라서 새의 두 날개와 같이 반드시 같이 가야만 한다. 양자를 고루 닦아야 자기 마음의 본바탕인 자성정혜를 들어내어 부처를 이루게 된다는 것이다.

지눌은 성과 적에 해당하는 개념으로서 寂과 知, 혹은 止와 觀이라는 개념을 사용하기도 한다. 모두 같은 것을 가리키는 말들이다.

정혜쌍수와 더불어 지눌은 菩薩의 자비와 利他行의 실천과 수행도 강조한다. 자신만의 성불이 아니라 모든 중생의 고통을 덜어 주고 함께 열반을 얻도록 하는 자비의 행도 지눌에 의하면 한순간의 깨달음의 체험에 의해 주어지는 것이 아니라 오랜 기간의 수련과 수행을 통해 발전되는 것이다. 自利와 利他, 上求菩提와 下化衆生은 지눌에 있어서 모두 깨달음 후의 점진적 수행에 의해 완성되어 가는 것이다.

(5) 간화선

돈오점수는 지눌에 있어서 결코 선의 전부는 아니다. 지눌에 의하면 돈오점수의 길은 선과 교를 불문하고 누구나 실천할 수 있는 보편적인 수행의 방법이지만 그는 이러한 정규적인 방법과는 전혀 다른 차원에 속하는 특수한 수행문을 별도로 설정하고 있다. 지눌은 그것을 徑截門, 곧 지름길이 되는 문이라고 부른다. 여기서 지름길이라는 뜻은 점수의 오랜 수행과정을 밟지 않고도 곧바로 부처의 깨달음을 실현할 수 있는 길이라는 뜻이며 오직 선에서만 가능한 교외별전의 비법이다. 곧 화두를 붙잡고 명상하는 看話禪을 말한다. 화두란 옛 선사들의 깨달음의 機緣을 담은 이야기라든지 선문답을 가리키는 것으로서 公案이라고도 부른다. 수행자들이 화두나 공안을 깨달음을 성취하기 위한 방편으로서 사용하는 이러한 간화선은 중국의 大慧禪師 때에 와서 절정을 이루었다. 지눌은 대혜선사로부터 직접 간화선을 전수 받지는 않았으나 지리산 상무주암에서 그의 어록을 읽는 가운데 크게 깨우침을 얻고 그 후 간화선을 선 수행의 최고의 방법으로 삼았던 것이다. 뿐만 아니라 지눌은 간화선에 대한 교가들의 의심을 파하고 간화선의 효능을 논하는《看話決疑論》을 지었다. 간화선은 지눌의 뒤를 이어 修禪社主가 된 眞覺國師 慧諶에 의해 더욱 크게 발전하면서 한국 선불교의 중요한 전통으로 자리잡게 되었다.

그렇다면 간화선의 구체적 방법은 어떤 것이며 그것이 목표로 하는 것은 무엇인가. 지눌은 수많은 화두 가운데서 중국 조사 趙州의 無字공안을 가장 대표적인 것으로 삼고 그것을 선 수행자들에게 권하였다. 어떤 사람이 조주에게 "개에도 불성이 있습니까"라고 물었더니 조주는 "無"라는 말 한 마디만을 던졌다는 것이다. 선 수행자는 行住坐臥를 막론하고 24시간 내내 이 「무」를 마음에 붙잡고 그 의미를 깨칠 때까지 參究해야 한다. 그러나 문제는 이 「무」자 화두를 비롯하여 대부분의 화두는 그 의미가 상식적인 차원이나 지적, 교리적 차원에서는 전혀 이해될 수 없는 성질의 것이며 또 그렇게 이해하려 해서도 안되는 것으로 바로 이 점이 간화선의 중요한 특징이기도 하다.

우리의 分別智로서는 전혀 손도 댈 수 없는 화두를 큰 의심의 덩어리와 같은 마음으로 붙들고 고민할 때 수행자는 죽음의 체험을 방불케 하는 일대 정신적 위기에 봉착하며 그런 가운데서 하나의 기적적 탈출구를 발견하게 된다. 일체의 지적 이해를 초월하는 이러한 깨달음을 통해 선 수행자는 불법에 대한 지적 이해의 병(知解病)으로부터 완전히 벗어나 진리 그 자체와 하나가 되는 체험에 이르게 되는 것이다. 이러한 깨달음은 교리적 진리의 이해는 물론이요 돈오점수의 悟와도 비교가 안되는 결정적인 깨달음이라 한다. 修 이전의 돈오와 오는 지눌에 의하면 아직 지해의 성격을 탈피하지 못한 解悟임에 반하여 화두를 통한 깨달음은 더 이상 점수의 수고로움을 필요로 하지 않는 결정적인 깨달음으로서 證悟라 한다. 따라서 간화선은 돈오점수의 일반적 수행체계에 편입되지 않는 파격적인 길로서 특별한 능력의 소유자에게만 적합한 길이라고 지눌은 말한다. 그러한 능력이 없는 사람은 돈오점수의 일반적 수행체계를 따라야 하며 그렇지 않을 경우에는 아무런 효과도 보지 못하고 허송세월만 하게 될 뿐이라고 지눌은 경고한다.

그러나 일단 돈오점수의 문을 따르던 자도 선의 궁극적 완성을 위해서는 화두를 들어야 한다. 그것은 무엇보다도 지해의 병을 말끔히 제거하고 완전히 眞心과 합일하는 일대 해탈을 얻기 위해서이다. 물론 특출한 근기의 사람은 돈오점수의 문을 안거치고 처음부터 간화선의 길을 걸을 수 있다. 지눌은 다만 그러한 사람이 극소수에 불과하다는 지적을 한다. 지눌은 看話門을 無心合道門이라고도 부른다. 무심으로 자연히 진리와 하나가 되는 문이라는 뜻이다.

간화선의 경절문은 교에서는 발견할 수 없는 선가의 독특한 비법이다. 돈오점수론에 관한 한 선과 교에 대하여 융화적 태도를 취했던 지눌도 간화선에 이르러서는 선과 교의 확연한 질적 차이를 강조한다. 다시 말해 화두의 참구를 통해 주어지는 깨달음은 知解의 자취를 떨쳐버릴 수 없는 교학적 진리 이해나 깨달음과는 전혀 다른 차원의 것으로서 오직 선만의 고유한 세계라는 것이다. 그러나 지눌은 경절문을 제시하면서도 결코 선을 그것에만 국한시키지는 않았고 그것과 돈오점수의 문파를 배타적인 것으로 여기지도 않았다. 이렇게 볼 때 지눌은 선의 독자성을 강조하는 가운데서도 역시 선·교의 불필요한 대립을 지양하고자 하는 자세를 취했던 것이다. 뿐만 아니라 자신의 능력도 돌아보지 않고 무조건적으로 경절문에 집착하는 선가의 잘못된 태도에도 매우 비판적이었으며 문자와 경전공부를 무시한 맹목적인 선에 대해서도 역시 비판적이었다. 선의 독자성과 질적 우월성을 주장하면서도 지눌은 결코 선에 대하여 맹목적 집착이나 종파적 편협성을 보이지 않았던 것이다.

지눌에 이르러 한국불교사상은 하나의 정점에 이른다고 볼 수 있다. 통일신라의 원효와 마찬가지로 다양한 불교사상의 흐름이 지눌에 이르러 합류하면서 하나의 큰 흐름을 형성한다. 한편으로는 荷澤 神會, 六祖 慧能, 李通玄, 圭峰 宗密, 永明 延壽, 大慧 宗杲와 같은 중국의 선사와 화엄사상가들이 그 사상적 구조물을 구축하는 기둥들을 이루고 있는가 하면, 다른 한편으로는 원효나 의상과 같은 한국불교사상가들, 그리고 《金剛經》·《華嚴經》·《大乘起信論》과 같은 핵심적 경전들이 그 토대를 이루고 있다. 그러나 지눌은 이러한 다양한 사상들을 어디까지나 자신의 불성의 실현이라는 일관된 禪的 관심에 따라 수용하면서 각기 다른 정신적 능력과 종파적 배경의 소유자들로 하여금 자신에 알맞은 길을 갈 수 있도록 해주는 내적 다양성과 신축성을 지닌 포괄적 수행체계를 구축한 것이다. 金君綏가 지은 지눌의 비명은 그가 학인들을 위해 圓頓信解門·惺寂等持門·徑截門의 3문을 세웠다고 전해주고 있다. 실로 지눌사상의 핵심을 요약해 주는 말이다. 원돈신해문은 곧 돈오문이고 성적등지문은 점수문이요 경절문은 교외별전의 心印을 전하는 파격적 길인 간화선인 것이다. 의천과는 달리 지눌은 선·교의 갈등이라는 당시 불교계의 크고도 어려운 문제를 앞에 놓고 어떤 외적·물리적 방법에 의존하기보다는 개인의 진지한 수도와 내적·사상적 대결을 통하여 새로운 돌파구를 마련함으로써 禪을 주로 하고 敎를 종으로 수용하는 독특한 한국적 불교전통의 형성에 결정적 역할을 수행한 것이다. 그의 불교사상은 조선의 명승 西山大師 休靜에 의해 계승되는가 하면 다른 한편으로는 조선 후기 이래 승려들의 교육기관인 講院의 교과과정 등에도 결정적 영향을 미치면서 오늘날까지 한국불교의 사상과 수행 전통에 있어서 중심적인 위치를 차지해 오고 있다.

〈吉熙星〉

3) 수선사의 성립과 전개

(1) 정혜결사의 취지와 창립 과정

知訥(1158~1210)[1]에 의해서 창립된 修禪社는 지눌 자신의 개인적 수행과정의 결과였으며 대사회적 신불교운동의 산물이었다. 수선사의 창립과정을 통하여, 지눌은 당시 불교계의 타락을 신랄하게 비판하였으며 그 대안으로 頓悟漸修라는 禪理論에 입각하여 실천적 수행방법인 定慧雙修를 주창함으로써 心(眞心)에 대한 깨달음의 원리를 독창적으로 제시하였다. 그리고 이를 실현하기 위해 結社라는 선의 집단적 수행형태를 택하였다. 수선사는 정혜(禪定과 智慧)를 오로지 닦기 위해 이루어진 신앙결사로 지눌불교의 출발점이자 마지막 결론이라 할 수 있다.

지눌은 의종 19년(1165) 나이 8세에 출가한 때로부터 명종 12년(1182) 25세에 普濟寺 談禪法會에 참석하기 이전까지 출가 후 18여 년의 수학기간을 거

---

1) 知訥은 自號가 牧牛子이고 諡號는 佛日普照國師이다. 그의 저술에는 《勸修定慧結社文》(명종 20년 ; 1190)·《眞心直說》·《修心訣》·《誡初心學人文》(熙宗 원년 ; 1205) 등 각 1권, 《華嚴論節要》 3권(희종 3년 ; 1207) 《法集別行錄節要幷入私記》(희종 5년)·《圓頓成佛論》·《看話決疑論》 등 각 1권이 현존하며 〈六祖法寶壇經重刻跋〉 1편(희종 3년)이 전해오고 있다. 그리고 知訥碑文에 《上堂錄》 1권·《法語歌頌》 1권, 《海東文獻總錄》에 《牧牛子詩集》 1권이 있다 하였으나 전하지 않는다. 이 밖에 《念佛要門(念佛因由經)》 1권이 전하나 眞撰 여부에 대해서 설이 분분하다. 이상의 저술과 함께 崔詵이 지은 〈曹溪山修禪社重創記〉(희종 7년) 및 金君綏가 지은 〈曹溪山修禪社佛日普照國師碑銘〉 등은 지눌을 이해하는데 많은 도움을 준다. 지눌 당시 수선사에 대해서는 李鍾益, 《韓國佛敎の硏究－高麗·普照國師を中心として－》(國書刊行會, 1980)와 崔柄憲, 〈定慧結社의 趣旨와 創立過程〉(《普照思想》 5·6, 1992)을 참조하였다.

치면서 정혜결사의 기반을 닦았다. 지눌은 闍崛山派 宗暉禪師에게 출가하였다. 출가한 이유에 대해서 그의 비문에는 병약하였기 때문이라 하였으나, 이와 함께 아버지 鄭光遇가 황해도 洞州(瑞興)의 土姓으로 향리층 출신이었고 성균관 國學學正(정9품)이라는 말단관리였다는 점을 주목할 필요가 있다. 즉 당시 보수적인 소수의 문벌귀족이 독점적 지배체제를 구성하고 있던 현실에서 관직 진출에 한계를 느꼈던 아버지의 현실관이 작용하여 출가하였을 것이라는 점을 고려해 볼 수 있다.

지눌의 출신성분이 지방의 향리지식층 자제였다는 점은 그가 귀족불교의 타락상을 객관적으로 비판하고 그 한계성을 극복할 수 있는 하나의 배경이 되었다.[2] 지눌은 출가 후 25세 이전까지는 국내에서 특정한 스승과 종파에 얽매이지 않고 자유로운 입장에서 구도행각을 벌였다. 즉 선방을 찾는데 그치지 않고 수많은 經論이나 禪籍을 섭렵하였다. 그리하여 불교수행의 핵심이 정혜쌍수에 있다고 보았다. 아울러 불법을 빙자하여 정치권력과 결탁, 세속적 이익과 명예에 골몰하면서 도덕은 닦지 않고 의식만 허비하고 있던 당시 불교계의 타락을 날카롭게 비판하였다.[3] 이와 같은 불교계에 대한 비판의식과 정혜쌍수에 대한 확신은 일정한 준비기를 거쳐 불교개혁을 위한 정혜결사로 이어졌다.

지눌은 명종 12년 보제사 담선법회에 참석한 후부터 명종 18년 31세에 普門寺에서 수행을 마치던 때까지 7여 년간 정혜결사를 위한 준비기를 거쳤다. 지눌은 명종 12년 정월에 개경의 보제사 담선법회에 참석하였다. 이 곳에서 그는 오래 전부터 생각해 왔던 정혜결사의 필요성을 동학 10여 인에게 피력

---

2) 고려 후기 결사불교를 주도한 인물들의 출신성분이 고려 중기 왕족이나 문벌귀족들이 불교계를 이끌었던 것과는 달리, 대부분 '지방사회의 鄕吏層·讀書層' 또는 '지방의 鄕吏知識層'이었다는 점에 주목하고, 이 점이 갖는 사상사적 의의를 언급한 연구로 다음의 글들이 있다.

蔡尙植, 〈高麗後期 佛敎史의 전개양상과 그 경향〉(《歷史敎育》 35, 1984;《高麗後期佛敎史硏究》, 一潮閣, 1991).

——, 〈고려후기 修禪結社 성립의 사회적 기반〉(《韓國傳統文化硏究》 6, 1990; 위의 책).

崔柄憲, 〈修禪結社의 思想史的 意義〉(《普照思想》 1, 1987).

3) 知訥, 〈勸修定慧結社文〉(《普照全書》, 普照思想硏究院, 1989).

하였다. 그리고 법회가 끝난 후 은둔하여 결사하기로 하고 社名을 定慧社라 하기로 하였다. 그런데 이 때 지눌이 의도한 결사는 僧俗을 모두 포함하지 않는, 승려 위주의 소규모적인 그것도 다분히 산림은둔적 성격이 강한 것이었다. 그나마 이 결사는 실패하고 말았다. 결사에 참여하기로 했던 동지들이 그 해 실시된 選佛場(僧科)에서 합격자와 불합격자로 나뉘어 사방으로 흩어지면서 뜻을 이루지 못하였던 것이다.

지눌은 이 승과에서 합격하였으나 승려로서의 출세의 길인 승계와 승직에 관심을 두지 않고, 개경을 떠나 홀로 남쪽으로 수행의 길을 떠났다. 그는 전남 昌平(지금의 潭陽郡 昌平面)의 淸源寺에 이르러 머물게 되었는데, 어느 날 우연히 《六祖壇經》을 보다가 "眞如의 自性이 생각을 일으켜 비록 六根이 보고 듣고 지각하고 아나, 본성은 萬像에 물들지 않고 眞性은 항상 自在한다"는 대목에 이르러 불가사의한 진리의 경계를 처음으로 체험하게 된다. 이는 《육조단경》에 나타난 華嚴의 性起思想이 깨달음의 체험에 결정적 역할을 하였음을 보여주는 것이다.[4] 이로부터 더 한층 세속적인 명리를 멀리하고 산림에 깊이 은둔하여 철저한 수도생활에 들어가 3여 년의 기간을 청원사에서 보냈다. 《육조단경》에 의한 깨달음의 체험은 정혜결사의 출발점이자 결론이기도 하였던 정혜쌍수와 惺寂等持門이라고 하는 실천문의 지도원리가 정립되는 계기가 되었다는 점에서 대단히 중요한 의미를 지닌다.

지눌은 여기서 수행을 끝내지 않고 명종 15년에 下柯山(지금의 醴泉 鶴駕山) 보문사로 옮겨 선문의 '卽心卽佛'이라는 말에 마음을 두었으며, 다른 한편으로는 華嚴敎의 깨달아 들어가는 문은 과연 어떠한 것인가에 의심을 갖고 3년 동안 大藏經을 열람하였다. 그러던 중 《華嚴經》 如來出現品에 여래의 지혜가 중생의 마음속에 갖추어 있건만 어리석은 범부들은 그것을 깨닫지 못한다라는 말에 이르러 크게 감격하였다.[5] 이는 선문의 '즉심즉불'과 화엄교의 깨달아 들어가는 문이 별개의 것이 아니고 상통하는 것임을 깨달은 것이다. 이로써 지눌은 자신의 문제를 해결하고 다음으로 일반 중생들의 수행체계는 어떠해야 하는가에 대해 고민하였다.

4) 吉熙星, 〈知訥의 心性論〉(《歷史學報》 93, 1982), 14쪽.
5) 知訥, 〈華嚴論節要序〉(《普照全書》, 普照思想硏究院, 1989).

그리하여 지눌은 범부들이 최초로 믿어 들어가는 문에 대하여 의심을 갖게 되었는데, 드디어 당나라 때 화엄사상가인 李通玄의 《新華嚴經論》에 보이는 十信初位에 대한 해석을 열람하여 그 실마리를 찾았다. 즉 "범부가 十信에 들어가기 어려운 것은 자신이 범부라는 것만 인정하고 자기의 마음이 바로 不動智의 부처임을 인정하지 않기 때문이다"라고 한 데에 이르러서 크게 감동하였던 것이다. 그리고 "부처가 입으로 말한 것은 敎요 祖師가 마음으로 전한 것은 禪이다. 부처와 조사의 마음과 입은 반드시 서로 다르지 않는데, 어찌 근원을 궁구하지 않고서 각자가 익힌 것에만 집착하여 망령되게 논쟁을 일으켜 헛되이 세월만 보내겠는가"라고 하여 선과 교가 둘이 아니라는 禪敎一元의 원리를 발견하였다.[6] 이것이 바로 《화엄경》과 《신화엄경론》에 의거하여 두 번째 깨달음을 경험한 것이다.

그런데 십신초위에서 자기 마음의 無明分別이 여러 부처의 부동지(普光明智·根本智)임을 확신하고, 이러한 頓悟 위에서 十住·十行·十回向·佛果로 진행한다는 이통현의 화엄사상은 지눌의 頓悟漸修라는 선사상체계에 도입하기에 적절한 이론이었다. 두 번째 깨달음을 계기로 지눌은 圓頓觀門에 깊은 확신을 갖게 되었고 정혜결사에서 실천문의 하나인 圓頓信解門의 이론적인 기반을 정립하게 되었다. 원돈관문에 대한 확신은 정혜결사의 지도원리 정립이라는 차원에서만 의의가 있는 것이 아니고, 고려불교사에서 가장 기본적인 문제였던 선종과 교종의 대립을 극복할 수 있는 이론적 토대를 마련하였다는 데에도 그 사상사적 의의가 있는 것이다. 이와 같이 정혜결사 준비기는 지눌 자신의 수행기였을 뿐만 아니라 결사의 사상적 토대를 마련한 기간이었던 것이며, 이후 지눌은 드디어 결사의 횃불을 올리게 된다.

지눌은 명종 18년 居祖寺로 들어가 정혜결사를 이룬 때부터 신종 원년(1198) 41세에 지리산 上無住庵으로 은거하기 이전까지 11여 년간 제1차 정혜결사기를 갖는다. 지눌이 하가산 보문사에 있을 때, 永川 八公山 居祖寺에 거주하고 있던 승려 得材에게서 이전에 보제사에서 약속했던 정혜결사를 실행에 옮기자는 간곡한 요청이 왔다. 지눌은 이를 받아들여 거조사로 가서 보제사에서 함께

6) 위와 같음.

결사를 약속했던 동지들을 불러모았으나, 처음의 10여 명 가운데 불과 3, 4 명이 모여 결사를 이루고 약속대로 정혜사라 하였다. 이를 제1차 정혜결사라 할 수 있다. 그 후 2년 뒤인 명종 20년 늦봄에 결사의 취지를 밝히는《勸修定慧結社文》을 지어 반포하면서 참여의 문을 선종만이 아니라 교종을 포함한 모든 종파의 승려에게 개방하였으며, 유교나 도교인에게도 동참을 호소하였다. 정혜결사에서 보여준 이러한 폭넓은 포용성과 개방성은 지눌 자신의 불교관의 특징에서 말미암은 것이었다. 즉 출가 이후 일정한 스승에 매이지 않고 자유로운 구도행각을 벌였던 점, 그리고 선종 승려로는 이례적으로 널리 경론과 선적을 섭렵하여 자신의 독창적인 사상을 형성하여 나갔던 점에서 기인하는 것이다.

《정혜결사문》은 정혜를 모두 닦을 것을 주지로 하는 결사의 취지문이다. 지눌은 이 결사문에서 서설적으로 당시 승려의 타락상과 불교의 부패상을 지적하고 명예와 이익을 버리고 산 속에 들어가 정혜를 고르게 닦을 것을 호소하고 있다. 그리고서 당시 불교계에서 논의되던 여러 가지 문제점, 즉 ① 念佛修行과 定慧雙修, ② 修禪과 神通, ③ 自性과 定慧雙修, ④ 佛道와 末世衆生, ⑤ 惺寂等持와 頓敎二門, ⑥ 定慧와 利他行, ⑦ 定慧와 淨土修行 등을 일일이 해명해 가는 가운데 수선·정혜쌍수·성적등지의 필요성을 재삼 반복하여 역설하고 있다.

그런데 이 결사문에서 제기된 문제들 중 당시 불교계의 상황과 관련하여 특히 중요한 의미를 갖는 것으로 두 가지를 지적할 수 있는데, 그 하나는 정토신앙의 문제였고 다른 한 가지는 선교대립의 문제였다. 지눌은 이 두 가지의 문제점을 비판하고 그 해결방안으로서 역시 정혜쌍수를 주장하였는데, 이것이 바로 정혜결사의 취지인 것이다.

먼저 지눌은 일면 淨土求生을 인정하고 있다. 즉 밝고 고요한 본성 가운데에서 정토에 태어나기를 구하는 사람은 선정과 지혜의 공덕이 있기 때문에 부처(阿彌陀佛)의 깨달은 경지에 부합되는 것이라 한다. 하지만 저 정토만을 바라보며 단지 부처의 이름만 부르고 거룩한 얼굴을 생각하여 왕생하기를 바라는, 즉 相에 집착하여 마음 밖에서 부처를 구하는 정토신앙은 받아들이지 않고 있다. 그리하여 염불하여 정토에 태어나기를 구하지 않더라도 다만 마음뿐임을 밝게 알아 그대로 관찰하면 저절로 정토에 반드시 태어날 수 있다고 하여 唯心淨土說을 강조하였다. 요컨대 지눌은 타력적 정토신앙을 부정하고 최상의 수행은 바로 정혜쌍수임을 주장하고 있는 것이다.

이는 수선사와 함께 양대결사를 이루었던 白蓮社의 了世(1163~1245)가 淨土求生 懺悔滅罪에 전념하였던 입장과는 상당히 달랐다. 이러한 사상적 입장의 차이는 교화의 대상으로 삼고 있는 중생의 根機에 대한 의식의 차이를 시사하는 것이다. 지눌은 최소한의 지해력 정도는 갖고 스스로 발심할 수 있는 수승한 근기를 전제로 하고 있었지만, 요세는 죄악의 업장이 깊고 두터워 자력으로는 도저히 해탈할 수 없는 나약한 범부로서 중생을 의식하였던 것이다.[7)]

다음으로 《정혜결사문》에서는 선·교의 대립을 비판하고 선학자와 교학자의 문제점, 즉 전자가 헛되이 침묵만 지키는 어리석은 선에 빠진 점과 후자가 다만 문자만 찾는 미친 지혜에 떨어진 점을 날카롭게 지적하면서 선교통합을 주장하고 있는데, 그 근거와 원리를 역시 정혜쌍수에서 찾고 있다. 지눌에게는 깨달음의 길에 있어서 선종과 교종의 구별은 없다. 문제는 제 마음이 곧 부처임을 믿고 정혜를 올바로 닦는 데에 있을 뿐이었다.

이러한 지눌의 선교통합원리는 당나라 圭峰宗密의 영향이 크다. 하지만 종밀의 선교통합이 이념상의 문제였는데 비하여, 지눌의 그것은 실천적 수행상의 문제였다는 점에 양자의 차이가 있다. 그렇다고 지눌이 이념상의 문제를 간과한 것은 아니었다. 뒷날 수선사로 결사를 옮긴 뒤에 《정혜결사문》의 미진한 곳을 보완하기 위하여 여러 종류의 저술을 남기고 있는데, 그 가운데 특히 《華嚴論節要》·《圓頓成佛論》·《法集別行錄節要幷入私記》 등은 선교통합의 이론적인 면을 체계화시킨 점에서도 중요한 의미를 가지는 것이다. 이러한 지눌의 선교통합 노력은 고려불교사에서 가장 기본적인 문제를 해결한 것이었으며, 따라서 고려불교사의 가장 큰 특징을 이루는 것이었다고 할 수 있다.

《정혜결사문》에서 주목되는 다른 한 가지는 지눌이 정혜쌍수를 개인적 차

---

7) 高翊晉, 〈圓妙了世의 白蓮結社와 그 思想的 動機〉(《佛敎學報》 15, 1978).
———, 〈圓妙國師 了世의 白蓮結社-思想的 特質을 中心으로-〉(《韓國天台思想硏究》, 東國大 佛敎文化硏究所, 1983).
蔡尙植, 〈高麗後期 天台宗의 白蓮社 結社〉(《韓國史論》 5, 1979 ; 앞의 책).

원의 수행으로서가 아니라 무지한 중생들과 함께 하려는 간절한 서원을 표명하고 있다는 것이다. 이는 지눌의 사회의식을 나타내주는 것으로서, 고려 중기 선사상의 경향이 다분히 귀족적이고 고답적이면서 개인적인 수업형태를 중시하였던 것과는 크게 다른 모습이었다.[8] 그리고 정혜쌍수 후에 적극적인 이타행, 즉 중생구제의 菩薩道가 뒤따라야 한다고 강조하고 있는 점도 역시 사회에 대한 인식과 연관하여 주목할 만하다.[9]

《정혜결사문》의 선언 후 결사의 횃불은 타올랐고 새로운 차원으로 발전 전환되어 갔다. 지눌이 신종 원년 상무주암에 은거한 후부터 희종 6년(1210) 53세로 입적할 때까지 13여 년간을 제2차 정혜결사기라 할 수 있는데, 이 시기에 지눌은 결사이념의 실천에 매진하였다. 정혜결사는 결성 당시 3, 4명에 불과한 출가자 중심의 소규모 집단이었는데, 10여 년을 지나면서 많은 사람들이 모여들자 장소가 좁아 불편하게 되었다. 그래서 지눌은 적당한 장소로 松廣山 吉祥寺를 택하여 명종 27년 이 곳에서 정혜사 중창을 시작하였다. 지눌은 중창이 시작된 다음해 봄에 승려 몇 사람과 함께 거조사를 떠나 중창지로 가지 않고 지리산 상무주암에 은거하였다. 은거 이유는 일차적으로 究竟覺의 證得을 통한 자기완성이라는 목표에 있었을 것이며, 다른 한편으로는 정혜결사를 확대하기 위하여 더 넓은 곳을 찾게 되면서 그 참여 대상자의 문제를 깊이 고려해 보기 위해서였던 것으로 보인다.

지눌은 이 곳에서 약 2년간 머물렀는데, 그 때 남송대 臨濟宗 大慧宗杲의 《大慧普覺禪師語錄》에 있는 "禪은 고요한 곳에도 있지 않고 또 시끄러운 곳에도 있지 않으며 일상 인연에 응하는 곳에도 있지 않고 생각하고 분별하는 곳에도 있지 않다. 그러나 먼저 고요한 곳이나 시끄러운 곳이나 일상 인연에 응하는 곳이나 생각하고 분별하는 곳을 버리지 않고 참구해야 한다. 그리하여 만일 홀연히 눈이 열리면 비로소 그 곳이 집안일(本來自己)임을 알게

8) 崔柄憲, 〈高麗中期 李資玄의 禪과 居士佛敎의 性格〉(《金哲埈博士華甲紀念 史學論叢》, 1983).

9) 知訥은 《정혜결사문》에서 뿐만 아니라, 이후의 저술인 《華嚴論節要》·《法集別行錄節要幷入私記》·《圓頓成佛論》 등에서도 利他行을 강조하고 있다. 이에 관해서는 朴鍾鴻, 〈知訥의 思想〉(《韓國思想史(佛敎思想篇)》, 瑞文文庫 11, 1972, 222~229쪽)이 참고된다.

될 것이다"라는 대목에 이르러 그의 생애에서 세 번째의 깨달음을 체험하게 된다.

지눌은 보문사의 수행에서 선·교가 다름이 없고, 또 범부가 날마다 사용하는 분별심이 그대로 청정하여 물들지 않는 根本不動智로서 부처와 추호도 다름이 없는 본래의 자기임을 발견하였다. 그러나 아직도 선불교에서 금기시하는 知解·理論의 자취는 떨쳐버리지 못하였던 것인데, 《대혜보각선사어록》을 통해 깨달은 후 비로소 이러한 장애로부터 벗어나게 되었던 것이다.

이 때는 정혜사의 중창이 한창 진행되고 있던 시기로서 제3차의 깨달음은 바로 현실사회에 대한 의식이 적극적으로 확대되는 것과 같은 시기에 이루어진 것이다. 따라서 지눌은 선이 현실에서 갖는 적극적인 면을 발견하고 현실사회와 새로운 관계를 정립하게 되었던 것으로 보인다. 이로 인하여 속세를 떠나는 방향에서 추진되었던 정혜결사가 속세로 돌아오면서 그 속세에 영향받거나 물들지 않는 단계로 발전하게 되는 계기가 마련되는 것이며, 이에 따라 결사의 참여대상도 확대되었다.

지눌은 3차에 걸친 깨달음으로 자기수행을 완성하고 결사불교를 현실에서 구현할 수 있다는 확신을 가지고서, 신종 3년(1200) 거조사에 있던 정혜사를 한창 공사가 진행되고 있는 길상사로 옮기기에 이르렀다. 그리고 이웃 鷄足山에 고려 중기 慧炤國師가 창건한 정혜사라는 사찰이 있으므로 그것과 혼동되지 않기 위해 왕명을 받아 사명을 修禪社라 하고 《정혜결사문》을 처음으로 인쇄하여 널리 반포하고 결사의 터전을 다졌다. 이로부터 5년 후 희종 원년에 수선사의 중창공사가 마무리되었다. 9년간에 걸친 중창공사 끝에 건물 80여 칸을 갖추고, 그 해 10월에 왕명을 받아 약 120일 동안 경축하는 법회를 열어 낮에는 《대혜보각선사어록》을 공부하고 밤에는 좌선을 하였으며 국왕의 수복을 기원하는 의식을 베풀어 낙성을 축하하였다. 이제 본격적인 결사시대로 들어가게 되었으니, 이를 제2차 수선결사라 할 수 있을 것이다. 한편 낙성소식을 들은 희종은 산의 이름을 바꾸어 曹溪山이라 하였으며 修禪社라고 자신이 쓴 편액을 내렸다.[10)]

10) 崔 詵, 〈曹溪山修禪社重創記〉(《曹溪山松廣寺史庫》, 亞細亞文化社影印, 1979).

지눌은 조계산으로 결사를 옮긴 후 정혜결사문을 인쇄 배포한 것에 이어, 중창공사가 끝난 해에는 《誡初心學人文》을 저술하여 널리 반포하였다. 《계초심학인문》은 수선사의 淸規로서 수행자의 생활규범으로 제정한 것이다. 지눌이 결사를 옮긴 후 양 저서를 각각 인쇄 배포한 것은 수선사 중창공사의 마무리와 함께 결사의 본격적인 시작을 알리는 것으로 의미가 크다.

지눌은 조계산에 결사의 터전을 잡은 후 본격적으로 결사정신을 대중과 함께 실현하기 위해 모든 노력을 기울였다. 먼저 거조사 시절과는 달리 결사에 출가자는 물론이고 속인도 그 신분 여하를 불문하고 서민에 이르기까지 폭넓게 받아들였다. 입적할 때까지 11년간 대중을 지도하는 모습을 보면 사람들에게 항상 《금강경》 읽기를 권하였고, 《육조단경》에 의거하여 법을 세우고 이치를 연설하였으며 이통현의 《신화엄경론》 및 《대혜보각선사어록》으로 날개를 삼았다. 또 惺寂等持門·圓頓信解門·徑截門의 3문으로 이루어진 선의 실천체계를 세웠으니, 이에 의지해 수행하여 믿어 들어가는 이가 많아 선학이 매우 성하게 되었다고 한다. 지눌이 중시한 《육조단경》·《신화엄경론》·《대혜보각선사어록》 등은 이미 3차의 깨달음에서 접했던 것들이고 이러한 깨달음에서 나온 것이 3문의 실천체계였던 것이다. 이같이 지눌은 남을 지도하는 데 독창적인 방법으로 열성적이었을 뿐만 아니라 그 자신도 수행생활에 철저하였으며 노동을 하는 데도 남보다 먼저하였다고 한다. 그리고 億寶山의 白雲精舍·積翠庵, 瑞石山의 圭峰蘭若·祖月庵 등을 짓기도 하여 결사의 외적 규모를 확대시켜 나갔다.

이와 함께 지눌은 《정혜결사문》의 미비점을 보완하는 저술활동을 말년까지 계속하였는데, 이는 결사운동의 주된 취지가 되는 정혜쌍수의 사상적 기반을 마련하려는 노력이었다. 즉 《眞心直說》과 《修心訣》 및 《법집별행록절요병입사기》를 저술하여 정혜쌍수와 성적등지문이라고 하는 禪 실천운동의 사상적 뒷받침으로서 돈오점수라는 이론을 정립시켰다. 그리고 《화엄론절요》를 저술하고 이어 말년에는 《원돈성불론》과 《간화결의론》의 저술을 마침으로써 원돈신해문과 경절문의 이론적 기반까지 마련하였다. 실로 지눌의 돈오점수에 입각한 정혜쌍수와 성적등지문·원돈신해문·경절문 3문은 독창적인 이론과 실천의 양면을 포괄한 지도원리로서, 지눌 자신의 끊임없는 수행과정에서 나왔다는데 그 1차적인 의의가 있고, 나아가 대사회적 차원에서 결사라는 신불교운동으로 완성되었다는 데 보다 커다란 의의가 있다.

한편 수선사가 창립될 때 그 후원세력이 지방사회의 호장을 중심으로 한 향리층과 일반민이었다는 점은 수선사의 사회적 성격과 연관하여 대단히 중요한 의미를 갖는다. 희종 3년 崔詵이 왕명을 받들어 지은 〈曹溪山修禪社重創記〉에는 중창 때의 후원세력에 대한 구체적인 자료가 언급되고 있다. 그 가운데 錦城(지금의 羅州)의 安逸戶長 陳直升이 백금 10근을 시주하고[11] 전남지역의 부자나 가난한 사람들이 형편에 맞게 재물과 노동을 희사하고 있음이 주목된다. 그리고 수선사가 있는 富有縣(昇州)의 안일호장 爵修가 수선사에 입사하여 지눌의 감화를 깊이 받았다고 하였는데 그도 유력한 후원자였음이 분명하다.

이와 같이 지방사회의 향리층과 일반민이 수선사 중창에 적극적으로 참여하였던 것은, 그들이 12세기 사회경제의 변화와 지배체제의 동요과정에서 전반기 농민의 유망과 후반기 농민·천민의 항쟁을 경험하면서 사회의식이 성장한 데다, 이러한 변화에 상응하여 수선사가 중앙귀족불교를 배격하고 새로운 선사상에 의한 불교개혁 및 이타행의 강한 실천적 의지를 표방하면서 모든 계층에게 결사참여의 문을 활짝 열었기 때문이다.

그런데 중앙정치권력이 아닌 지방사회, 특히 향리층의 후원으로 수선사가 성립하였기 때문에 우선 그 지원규모가 크지 않아 사원재정이 넉넉하지 못한 결과를 낳았다. 따라서 수선사의 社勢도 전남의 남부지역에 한정될 수밖에 없었다. 하지만 정치권력과의 밀착에서 벗어난 점은 결사정신을 펼쳐나가

11) 백금 10근을 곡식량으로 환산하면 대략 租 700석이 된다. 〈常住寶記〉에 의하면 백금 86근을 곡식으로 바꾼 양이 조 6,000석이라고 하였다. 그렇다면 10근은 697.7석이 되는 것이다. 진직승이 시주한 해가 수선사 중창이 시작된 명종 27년(1197) 이후 몇 년간이고, 〈상주보기〉 작성연대는 고종 17년(1230)으로 추정되니 30여 년의 시간 차이가 있어 그간 물가변동이 적지 않았을 것이지만, 그렇다 해도 한 개인으로서 698석이라는 양은 대단히 많다고 하지 않을 수 없다. 진직승이나 작수 같은 향리출신들은 경제적 후원으로 수선사중창에 적극 참여하였으며, 또한 수선사 인근지역의 지방민을 공사에 동원하는 데에도 많은 역할을 했던 것으로 볼 수 있어 수선사 성립에서 이들이 차지하는 의미는 매우 컸다고 볼 수 있겠다.

는 데는 오히려 긍정적으로 작용하였다. 이는 중앙의 문벌귀족에 그 성립기반을 두고 있던 기존의 불교교단이 문벌귀족의 정치적 갈등에 편승하여 종교 본연의 임무에서 벗어나 일반민과 유리되어 갔던 양상과는 크게 다른 점으로 주목된다.

결사 참여대상 중 왕실과 최씨무신정권은 실질적 후원세력은 되지 못했다. 희종이 山名과 社名을 바꾸고 편액을 내려주었던 것은 국가에서 새로운 사원을 공인하는 형식적인 의미 이상을 갖는 것이 아니었다. 또 왕명으로 〈조계산수선사중창기〉가 지어지고 崔瑀(怡)가 王羲之의 글에서 監集했는데, 이는 물론 신흥사원에 대한 관심을 보여주는 것이다. 그러나 당시 최고 실권자인 崔忠獻(1150~1219)의 불교정책과 지눌의 결사취지를 상기할 때, 국가권력과 수선사는 형식적 관계에 지나지 않은 것으로 보인다. 즉 최충헌은 비주류에 속하는 선종교단을 중심으로 불교계를 개편하여 志謙(1145~1229)과 긴밀한 관계를 유지하고 있었던 것이다.[12] 그리고 수선사도 낙성식 때 국왕의 수복을 기원하는 의례적인 행사 외에는 정치권력에 대해 특별한 관계를 보이지 않고 있다. 일찍이 지눌은 승과에 합격하였으나 일체의 승계와 승직을 받지 않았고 수선사 이외의 사찰에서 주지를 지낸 적도 없다. 국가의 승정체계로부터 형식적 관계를 제외하고는 독립적이었던 것이다.

그리고 지눌의 사상이 당대에 인근지역의 불교교단에 큰 영향을 미치고 있었지만 개경에까지 널리 홍포되어 이해된 것은, 그가 입적한 후 제자들이 왕실·최씨가와 긴밀한 관계를 유지하고 최씨정권이 주관하는 각종 법회에 주맹으로 참가하기 시작하면서부터였다. 이런 사실은 중앙의 정치권력과 지눌의 관계가 형식적 관계 이상이 아니었음을 시사한다.[13]

지눌의 정혜결사는 세속과 교단의 부패상을 비판하고 부정하면서 정치권력과 기존의 교단으로부터 독립해서 돈오점수·정혜쌍수에 근거한 신앙결사를 형성, 함께 수행하고 그 공덕을 일반대중에게 회향함으로써 역사를 정화

12) 李奎報, 《東國李相國集》 전집 권 35, 碑銘·墓誌 古華藏寺住持王師定印大禪師追封靜覺國師碑銘.

13) 許興植은 修禪社는 이미 知訥의 생존했을 때에 국가로부터 주목과 후원을 받아 결사가 번영했을 가능성이 크다고 보았다.
許興植, 〈修禪社重創記의 史料價値〉(《韓國中世佛敎史硏究》, 一潮閣, 1994).

해 가려고 한 신불교운동이었다. 이러한 정혜결사는 지눌 이후 정치권력과 밀착하면서 많은 변화를 겪으며 전개되어 갔다.

(2) 최씨무신정권의 후원과 결사이념의 변화

수선사는 최씨무신정권과의 관계가 본격적으로 시작되면서 커다란 변화를 겪게 된다. 이러한 변화과정을 수선사 제2세 慧諶·제3세 夢如·제4세 混元·제5세 天英을 중심으로 살펴보면 다음과 같다.

혜심(1178~1234)[14]은 본래 신종 4년(1201) 24세에 사마시에 합격하여 태학에서 수학한 적이 있는 유학자였다. 그렇지만 곧 수선사의 지눌을 찾아가 승려의 길로 들어섰다. 희종 원년(1205) 지눌로부터 선문답으로 인가를 받고, 개에게는 불성이 없다는 趙州의 화두와 大慧宗杲의 十種病에 관한 문답으로 수선사의 계승자로 인정을 받았다. 혜심은 지눌의 불교를 기본적으로 계승한 인물로서[15] 지눌이 입적하자 문도들에 의해 추대되고 왕의 재가를 받아 수선사 제2세가 되었다.

혜심이 수선사에 주석하자 중앙정치권력자들은 신흥불교세력을 대표하면서 부상하던 수선사를 포섭하고자 관심과 후원을 보내기 시작했다. 먼저 강종은 수선사의 증축을 有司에 명하였으며, 혜심의 속가제자가 되어 예를 다하고 법복과 불구를 보내주면서 法要를 구하였다. 고종은 즉위하자 혜심에게 선사를 제수하였으며 동왕 3년(1216)에 승계의 최고직인 대선사를 제수하였다. 고려시대 승려들은 제도적으로 왕자나 소군을 제외하고는 승과를 거쳐야만 승계를 받을 수 있었으나, 혜심은 이러한 승정체계를 따르지 않고 파격적으로 대우를 받았던 것이다. 이렇게 예외적으로 특별한 대우를 받을 수 있었

14) 俗名은 寔, 字는 永乙, 自號는 無衣子, 諡號는 眞覺國師이다. 아버지는 崔琬, 어머니는 裵氏이며 모두 전남 和順縣의 土姓으로 향리층이고 아버지는 鄕貢試에 합격한 鄕貢進士였다. 慧諶의 저술에는 《禪門拈頌集》 30권(고종 13년 ; 1226)·〈上康宗大王心要〉 1편·《曹溪眞覺國師語錄》 1권·《無衣子詩集》 2권·〈狗子無佛性話揀病論〉 1편·〈金剛般若波羅蜜經贊〉 1편 등이 현존하고 있다. 이상의 저술과 함께 〈慧諶大禪師告身〉(고종 3년)·〈修禪社伽藍配置狀況記〉·〈修禪社寺院現況記〉와 李奎報가 지은 〈曹溪山第二世故斷俗寺住持修禪社主贈諡眞覺國師碑銘〉(고종 25년~28년) 등은 혜심 때의 수선사를 이해하는데 중요하다.

15) 崔柄憲, 〈眞覺慧諶, 修禪社, 崔氏武人政權〉(《普照思想》 7, 1993), 81쪽.

던 것은 최씨집정자, 즉 최충헌의 힘이 작용하였던 것으로 보인다. 당시 그는 吏·兵部의 장관을 겸직하여 관리들의 銓注權을 독점하고 있었을 뿐만 아니라 승정까지도 좌우하였기 때문이다.[16]

혜심이 승과를 거치지 않고 승계를 받은 사실은, 지눌이 비록 승과에 합격했으나 승계를 받지 않고 산림에 은둔하여 자기수련과 정혜결사에 매진하였던 것과는 대조적이다. 이제 수선사는 국가의 승정체계에 편입되고 정치권력과의 관계가 서서히 이루어지고 있는 것이다. 하지만 본격적인 관계는 최충헌 사후 최우에 이르러 이루어졌는데, 혜심비문에서 강종과 고종 이외에 들고 있는 최우와 崔洪胤의 경우가 대표적이다.

최우는 무신정권기 명실상부한 최고실권자로 그의 참여와 후원은 수선사의 교단발전에 대단히 중요한 역할을 하였다.[17] 그는 수선사의 새로운 선사상에 대한 관심과 수선사를 후원하는 사회계층의 포섭, 그리고 자기 집안의 식읍이 있는 지역에 위치한 수선사를 통하여 이 지역의 경제적 관리를 원활히 하기 위한 현실적 의도에서 수선사에 지원을 아끼지 않았다.[18] 수선사측에서도 교화라는 종교적 목적에서 뿐만 아니라 안정된 사원재정을 위해 중앙과의 관계를 의식하지 않을 수 없었다. 그리하여 최우에 이르러 정치권이 일단 안정되어 가고 불교계에 대한 개편도 수선사교단을 중심으로 정비되는 상황에서 양자는 자연스럽게 관계를 맺게 되었다.

최우는 자신의 아들 萬宗과 萬全을 혜심 문하에 출가시켰다. 그 밖에 법복과 불구를 계속 지원해 주었다. 뿐만 아니라 〈修禪社寺院現況記〉에서 볼 수 있듯이 寶라는 명목으로 전답과 山田 및 염전 등을 수선사에 시납하였다. 최우의 후원을 시작으로 고위관료들이 대거 수선사에 입사하여 후원자가 되

---

16) 張東翼, 〈慧諶의 大禪師告身에 대한 檢討-高麗 僧政體系의 理解를 中心으로-〉(《韓國史硏究》 34, 1981), 98쪽.

17) 閔賢九, 〈月南寺址 眞覺國師碑의 陰記에 대한 一考察-高麗 武臣政權과 曹溪宗-〉(《震檀學報》 36, 1973). 이 논문은 진각국사 혜심비의 음기분석을 통하여 최우를 중심으로 한 최씨무신정권의 주요인물을 주시하고, 이들과 혜심과는 긴밀한 관계를 맺었던 것으로 보았으며, 이러한 양자의 관계는 결국 수선사 교단을 확립시키는 터전이 되었음을 밝혔다.

18) 蔡尙植, 〈고려후기 修禪結社 성립의 사회적 기반〉(《韓國傳統文化硏究》 6, 1990 ; 앞의 책, 20쪽).

었으며, 결국 수선사는 이들의 경제적 지원을 받아 초창기 인근 지방민의 소규모적 후원하에서 빈약할 수밖에 없었던 사원재정을 일정한 궤도에 올려놓았다. 그리고 康津郡에 月南寺와 같은 대찰을 세울 수 있었으며 지눌 때보다 많은 사찰을 수선사의 영역에 둘 수 있었다. 그리고 무엇보다 당대 제일의 사원으로 부상하여 불교계를 주도할 수 있었던 것은, 바로 최우의 후원이 있었기 때문에 가능하였던 것이다.

參政(종2품) 崔洪胤은 혜심이 사마시에 응시하였을 때 試官이었는데, 혜심이 수선사 사주가 되자 입사하여 제자됨을 청하면서 편지를 보내온 뒤로 교류를 갖게된 인물이다. 혜심이 이러한 유학자 관리와 깊이 교유할 수 있었던 것은 그가 유학을 공부한 과거출신자였기 때문에 가능하였던 것이다. 그는《曹溪眞覺國師語錄》에서 볼 수 있듯이 최홍윤을 비롯한 유학자 관료와의 교유에서 다양한 불서를 인용하고 자유자재로 偈頌을 구사하면서 看話禪을 제시하였다. 그리고 유불일치사상을 피력하였다. 이러한 교류는 수선사의 새로운 선사상이 중앙으로 널리 확산되는데 커다란 작용을 하였다.

혜심은 수선사에 입사한 강종을 비롯한 왕실과 최우를 중심으로 한 무신세력 및 최홍윤으로 대표되는 유학자 관료에게 각각의 위치와 상황에 맞게 법요를 설하고 다양한 화두를 내려주면서 깨달음에 이르도록 지도하고 있다. 특히 최우에게는 그의 정치적 교화를 칭송하고 上根人이라 치켜세웠다. 그리고 왕실과 최씨가를 위해 장수를 기원하는 祝聖儀式을 행하였으며 선법의 선양으로 전쟁의 종식을 기원하는 호국적 차원의 鎭兵儀式을 자주 행하였다. 이는 당시 거란유족과 몽고침입이라는 전쟁상황 아래 수선사가 정신적 구심체가 되어 국가의식을 고양시켜 고려의 국가체제 유지에 일정한 역할을 하였음을 보여주는 것이다. 그는 급 부상하던 신흥불교사원의 명망 받는 사주로서 그의 최우정권에 대한 칭송은, 무신정권이 안정기에 접어들면서 새로운 방향을 모색하던 최우에게 정신적으로 커다란 힘을 주었을 것이다. 그러나 그것은 수선사가 결사이념에서 경계한 정치권력과의 밀착을 멀리 예고하는 것으로, 결국 향후 수선사가 권력에 종속됨을 알리는 전주곡이 되는 것이다.

이같이 혜심은 중앙정치권력과 긴밀한 관계를 맺으면서도 한편으로는 일정한 거리를 유지하였고 대사회적 인식도 갖추고 있었음을 간과할 수 없다. 그는 여러 번에 걸쳐 최우가 개경으로 맞이하려 하였으나 결코 응하지 않았다. 그리고 菩薩布施行을 강조하고 있는데, 특히 지배층으로서 재물이 있는 사람은 빈민을 위해 물질적 차원에서의 구제가 있어야 한다고 역설하였다.[19]

이는 천민·농민항쟁과 몽고침입으로 피폐해진 민에 대한 배려에서 나온 것이다. 常住寶의 건전한 운영을 표방한 것도 경제적으로 수탈당하는 일반민에 대한 인식이 있었기 때문에 가능한 것이었다. 이처럼 혜심이 중앙정치세력과 일정한 거리를 두고 일반민을 위한 사회적 인식을 가졌던 것은 지눌의 결사이념의 계승과 통하는 것이다.

혜심 때의 수선사는 지방사회의 향리층과 일반민의 후원으로 유지되었던 단계를 지나 점차 후원세력이 중앙정치권력으로 옮겨가면서 사원재정이 크게 확대되었다. 당시 재정규모는 고종 17년(1230)에 작성된 것으로 보이는 〈修禪社寺院現況記〉와[20] 고종 11년에 작성된 것으로 볼 수 있는 〈常住寶記〉를[21] 통해 짐작할 수 있다.

〈수선사사원현황기〉에 의하면 수선사는 본래 전래하는 忌日(晨)寶와 雜寶의 租 4천 석이 있었다. 또 혜심이 사재와 단월의 시납으로 이루어진 祝聖寶·鎭兵寶·長年寶의 조 6천 석이 있었고, 고종 3년에 내시 文正이 鎭兵을 위해 국왕의 교지를 받들어 시납한 油香寶 100석이 있었다. 후일 유향보를 제외한 나머지 보의 10,000석은 상주보로 운영되었다. 그리고 전답으로 참지정사 최이가 祝聖油香寶·國大夫人宋氏忌日寶·同生妹氏忌日寶로 시납한 135결 159부(卜) 상장군 盧仁綏가 축성을 위해 시납한 51결 90부, 상장군 金仲龜가 父母忌晨寶로 시납한 17결, 檢校軍器監 徐敦敬이 부모기신보로 시납한 35

19) 慧諶, 〈答鄭尙書邦甫〉(《曹溪眞覺國師語錄》; 《韓國佛敎全書》 6, 東國大, 1984).

20) 이 고문서의 작성시기에 대해서 고종 8년(1221)부터 4~5년 이내 설(任昌淳, 〈松廣寺의 高麗文書〉, 《白山學報》 11, 1971)과 고종 8년부터 10년 사이의 어느 한때 설(朴宗基, 〈13세기 초엽의 村落과 部曲〉, 《韓國史硏究》 33, 1981)이 있다. 그러나 여기서는 이 문서가 전국의 사원을 일시에 파악할 목적으로 국가에 의해 작성되어 그 1부가 수선사에 보관되어 온 것으로 일단 보고, 《삼국유사》 권 4, 義解 5, 寶壤梨木에서 언급된 내용, 즉 고종 17년 晋陽府에서 五道按察使에게 貼을 내려보내 각도 선교사원의 창건연월과 실태를 조사하여 成籍하도록 하였다는 자료에 주목하여, 이 때 작성된 문서의 일부일 것으로 생각한다.

21) 韓基文, 《高麗時代 寺院의 運營基盤과 願堂의 存在樣相》(慶北大 博士學位論文, 1994), 95쪽.

결 63부 등 총 241결 12부가 있었다.[22] 이 밖에도 시납 받은 柴地와 염전 13곶, 산전 3곶, 簡席 4座 등이 있었고 노비 17명이 있었다.

이같이 시납된 토지는 수선사의 소유지로 편입되었으며, 따라서 국가에 조세를 납부하는 것이 원칙이었지만 중앙정치권력과의 깊은 유대로 보아 면제되었을 것으로 보인다. 그 규모는 군현의 범위를 포괄하는 것이 아니라 여러 군현에 소규모로 분산되어 있었다. 지역적으로 전남지역에 모여 있지만 수선사에 인접하여 분포하고 있는 것이 아니라 상당한 거리를 두고 각각 떨어져 있었던 것이다. 수선사가 위의 토지를 경영하면서 거두어들이는 수입은 적지 않은 양이었다고 보인다.[23] 〈수선사사원현황기〉에 기재되어 있는 이외의 토지가 더 있었을 것이라는 점을 충분히 상정할 때 그 양은 더 많았을 것이다.

수선사의 재정은 寶의 운영을 통해서도 확보되었다. 〈상주보기〉에 의하면 수선사는 창립 이래 사원재정이 확보되지 못해서 탁발에 의지하여야 했기 때문에 승려들은 수행에 정진할 수 없었고 단월들도 부담을 느껴, 결국 안정된 재정이 필요하여 보를 설치한다고 하였다. 그리고 상주보의 목적은 供佛·養僧·鎭兵·祝聖의 경비로 사용하는 데 있음을 밝히고 있다. 보의 기금은 앞에서 언급한 正租 10,000석이었다. 보의 운영은 수선사 인근지역에 있는 퇴락한 7개의 작은 절을 국가의 승인을 받아 보수하여 有道者에게 맡기고, 이전부터 수선사에 속해 있던 4개 사찰을 더하여 총 11개 사찰에 곡식을 나누어 출납의 장소로 한다는 것이다. 이는 보의 규모가 커 출납의 편의를 위해 말사에 분산시켜 관리하게 했던 것이지만, 새로운 사찰의 경영으로 수선사의 영향력이 그만큼 확대되는 것을 보여주는 것이다.

---

22) 수선사 寶의 총 곡식량은 조 10,100석으로 이를 운영하여 1년에 거두어 들이는 이자는 3,366.7석이 된다. 혜심은 〈상주보기〉에서 정해진 규정에 의거해 이자를 거둔다고 했는데, 그 경우 이식은 년 1/3인 것이다. 보의 운영을 통한 이자 수입은 전답 241결 12부에서 1년에 징수하는 수입 1,900석 가량보다 훨씬 많은 양이다(李炳熙, 〈高麗武人執權期 修禪社의 農莊經營〉, 《典農史論》 1, 서울市立大, 1995, 64~65·73~75쪽). 이상 전답 경영과 寶 운영으로 생기는 수입 총 5,270여 석은 승려생활비와 건물유지비로 지출되었고 이외에 주로 供佛·鎭兵·祝聖하는 비용에 쓰였다. 〈수선사사원현황기〉에 의하면 당시 수선사는 상주하는 승려가 143명이었고, 건물은 지눌이 중창한 후 80여 칸이었다가 이후 혜심 때 강종의 명령으로 제2 중창을 하였으므로 100여 칸 전후였을 것이다.

23) 李炳熙, 위의 글, 61~65쪽.

수선사의 보 운영에서 주목되는 것은 먼저 당시 보의 불법적 운영을 비판하면서 정해진 규정에 의거해 이식을 낮게 하고 子母停息의 법을 따르고 납부자가 量槩作業을 직접하도록 하는 원칙을 지킬 것임을 분명히 밝히고 있다는 점이다. 실제 운영도 그러했을지 다소 회의적이지만, 수선사는 건전한 보의 운용을 통해서 경제적으로 핍박받던 일반민에게 대한 구휼의 측면에서 어느 정도 긍정적 기능을 하였다고 볼 수 있겠다. 고려시대 전시기에 걸쳐 탈법적으로 무수히 자행되었던 여타 사찰의 보 운영과는 극히 대조적이라 아니할 수 없다. 이러한 합법적 운영이 가능하였던 것은 결사가 성립할 때 지원을 아끼지 않았던 지방사회의 향리층과 일반민에 대한 배려, 그리고 초기 결사가 지향했던 이타행을 중시하는 대사회적 인식 때문이었다고 본다.

수선사가 토지경영과 보의 운영에서 얻는 상당한 양의 수입은 일차적으로 사원재정에 커다란 도움을 주었다. 이외에 수선사에 시납된 토지를 경작하여 지대를 납부하고 보에서 곡식을 빌려간 일반민들은 일단 수선사와 긴밀한 관련을 맺으면서 삶을 영위해 나갔을 것이다. 따라서 수선사는 천민·농민항쟁과 뒤이은 여원전쟁으로 피폐해진 지방민에게 긍정적 차원에서 일정한 신앙공동체 나아가 경제공동체의 구심점 역할도 하였다고 본다. 그 영역은 〈수선사사원현황기〉에 언급된 토지 분포지역과 〈상주보기〉에 보이는 상주보 운영지역으로 보아 수선사를 중심으로 대개 서로 羅州郡, 서북으로 高敞郡, 남으로 長興郡, 북으로 谷城郡, 동으로 順天 이내의 지역이었다.[24]

혜심의 사상은 그가 간화선 선양을 위해 노력하였고 유학자 관리를 중심으로 유불일치사상을 주장했다는 데서 그 특징을 찾을 수 있다. 그의 간화선은 지눌이 돈오점수·정혜쌍수의 토대 위에서 말년에《法集別行錄節要幷入私記》말미에서 주장하고《看話決疑論》에서 체계화시킨 선사상으로부터 출발하고 있다. 혜심은 이러한 돈오점수·정혜쌍수와 간화선에 대한 철학적 기초에 근거하여 간화선의 실천적 선양에 주력하고 있는 것이다.[25]

혜심에게서 간화선은 선수행의 방법이요 이러한 수행을 통한 궁극적인 도

24) 崔柄憲, 앞의 글(1993), 199쪽.
25) 김호성, 〈慧諶 禪思想에 있어서 教學이 차지하는 의미－普照知訥과의 관계를 중심으로－〉(《普照思想》 7, 1993) 참조.

달점은 無心이었다. 이 무심사상은 지눌의 영향을 받은 것이다. 혜심은 먼저 해탈하는 길은 오직 마음(心)을 깨치는데 있는데, 이 마음은 중생의 本源으로 부처와 다름없음을 경론에 의거하여 증명해 보이는 데서 시작한다. 그런데 이 마음은 망상으로 스스로 막혀 있다. 따라서 이 망상을 떠나면 마음이 자연히 現前하여 깨달음에 이른다 하고 이를 無心·眞心이라 하였으니 바로 부처의 경지를 말한다. 그런데 만약 경론에 의해 이론적·논리적 추구로 망상을 떠나려 한다면 오히려 망상에 망상을 더할 뿐이라 하고, 오직 그 방법으로 화두참구를 제시하고 있다. 이것은 모든 논리적 사고를 허용치 않으면서 곧바로 무심에 나아가게 하는 가장 오묘하고 은밀한 방법이기 때문이다. 혜심은 상대에 맞는 다양한 화두를 상황에 맞게 제시하고 있다. 예컨대 최우는 글씨에 능하므로 「붓」이라는 화두를 내려주어 참구할 것을 권하고 있다. 결국 혜심에게 화두는 대단히 중요한 의미를 갖는 것이다.

이러한 혜심의 화두에 대한 관심은 《禪門拈頌集》 30권과 〈狗子無佛性話揀病論〉 1편의 저술로 나타났다. 전자는 송대 《景德傳燈錄》의 燈史體制와 《碧巖錄》의 염송체제를 빌어서 선가의 古話(화두) 1,125칙과 이에 대한 여러 선사의 徵·拈·化·別·頌·歌 등의 要語를 채집하여 편찬한 방대한 화두염송집이다. 후자는 조주의 「無字(狗子無佛性話)」라는 화두를 참구할 때 일어나는 여러 가지 오해의 예를 들어 그 잘못을 간별해 주기 위해 쓰여진 논이다. 두 저술은 지눌의 이론적 간화선에서 혜심의 실천적 간화선에로의 새로운 차원을 열어 준 禪書이다. 특히 《선문염송집》은 조선 초기의 權近이 《陽村集》 曹溪拈頌跋에서 "우리 나라에서 조계(선종)를 배우는 자로 이 글에 마음을 쏟지 않는 자가 없었다"할 정도로 중시되었다.

혜심의 간화선은 지눌과 마찬가지로 상근기인을 위한 사상이었다. 그러나 혜심은 일반민이 쉽게 접근할 수 있는 《金剛經》 공덕신앙을 간과하지 않았다. 그가 남긴 〈金剛般若波羅蜜經贊〉·〈小字金剛經贊〉·〈金剛般若波羅蜜經跋文〉 등은 《금강경》을 수지하여 얻게 되는 이적과 영험을 설명하고 있다. 《금강경》은 중국선종사에서 육조 혜능이 이전의 난해한 《楞伽經》을 대신하여 중시한 경전이다. 혜능은 알기 쉬운 《금강경》을 선종의 중심경전으로 채택하면서 大衆禪의 시대를 열었던 것이다. 지눌도 이 경전을 매우 중시하여 읽기를 권하였고, 혜심은 공덕신앙의 차원에서 일반민에게 수지와 독송을 권하고 있다. 혜심의 《금강경》 공덕신앙에 대한 관심은 보다 많은 사람이 수선사에 가까이 할 수 있는 길을 열었다고 하겠다.

혜심의 유불일치사상은 그가 유학을 공부한 향리학식층의 자제로서, 그 역시 어려서부터 유학을 수업하고 사마시에 합격한 경력을 바탕으로 한 유학자 관리와의 교류를 통해 나타나고 있다. 즉 혜심은 최홍윤의 서신에 대한 답서에서 유불일치사상, 한걸음 더 나아가 불교우위론을 내세우고 있다.[26] 그는 대전제로 유·불이 이름만을 생각하면 매우 다르지만 진실을 알면 다르지 않다고 하고 두 가지 점에서 이를 증명하고 있다. 먼저 공자가 끊었던 네 가지, 즉 "恣意가 없고(毋意), 獨尊이 없고(毋我), 固執이 없고(毋固), 期必이 없음(毋必)"(《論語》 子罕)을 儒佛道의 조화를 주장한 북송대 無盡居士 張商英이 眞意·眞我·眞固·眞必이라 하고, 이를 불교적 관점에서 일일이 해석하여 공자의 四毋와 일치시킨 예를 제시하고 있다. 혜심은 장상영의 해석에 동감하고 이 四毋와 四眞을 無念心體라 하고 이는 비었으면서 신령하고 고요하면서 비추고, 만법을 꿰뚫고 十方에 두루 사무치며 고금을 통해 끊어지거나 멸하지 않는 것이라고 하였다. 이러한 무념심체는 바로 혜심이 지향하는 무심·진심을 말하는 것이다. 다음으로 혜심은 《起世界經》의 "부처님이 말씀하시기를 '나는 두 성인을 震旦(중국)에 보내어 교화를 행하리라' 하셨는데, 한 사람은 노자로서 迦葉菩薩이고 또 한사람은 공자로서 儒童菩薩이다"라는 말을 인용하여 유교와 도교가 불법에서 기원한 것이니 방편은 다르나 진실은 같은 것이라고 하였다. 이에 대한 증명으로 공자가 말한 "參아, 내 道는 하나로 꿰었다", "아침에 道를 들으면 저녁에 죽어도 좋다"(《論語》 里仁)에서의 도를 역시 불교적으로 해석하여 "도란 萬法을 관통하여 끊어지거나 멸하는 것이 아니다. 이미 끊어지거나 멸하는 것이 아닌 줄을 알았기 때문에, 공자는 도에 맡겨 '저녁에 죽어도 좋다'고 한 것이다"라고 하였다. 이같이 혜심은 유불일치를 두 가지 점에서 증명하고, 결론적으로 당대 선승 馬祖道一의 "마음이 곧 부처요, 마음도 아니고 부처도 아니다(卽心卽佛, 非心非佛)"라는 화두

26) 慧諶, 〈答崔參政洪胤〉(《曹溪眞覺國師語錄》; 《韓國佛敎全書》 6).

를 때때로 참구하여 철저히 깨치는 것을 법칙으로 삼도록 권고하는 것으로서 답신을 마치고 있었다. 또 혜심은 어느 書生에게 주는 글에서도 동진때 慧遠의 《沙門不敬王者論》과 양나라 沈約의 〈內典序〉(道宣撰, 《廣弘明集》 권 19)를 인용하면서 역시 유불일치를 말하고 있으며, 당대 韓愈의 배불론을 신랄히 비판하고 있다.[27]

이같은 유불일치사상은 유학에 대한 폭넓은 지식과 중국에서 전개된 유불논쟁에 대한 흐름을 바탕으로 이루어졌음을 알 수 있다. 그리고 이전의 유불론이 역할분담론적 논리였던 것과는 달리, 혜심은 유교와 불교를 철학적으로 일치시키고 있으며, 결국은 불교가 주체가 된 일치를 모색하고 있다. 이는 당시 사장학풍적 유학에 대하여 지눌 불교철학의 자신감에서 나온 것으로 보인다. 이러한 불교측의 유불론은 유자층에 영향을 주어 유불의 교류를 활발하게 하였으며, 지눌의 정치한 심성론과 함께 주자성리학 도입의 사상적 배경이 되었던 것으로 보인다.

혜심 불교사상의 핵심은 간화선이고 그 선양을 위한 노력은 수선사 제2세 夢如에게로 계승되었다. 몽여(?~1252)[28]는 혜심이 입적하자 사주가 되어 세상을 떠날 때까지 19년간을 수선사에 머물렀다. 그는 간화선을 따르는 臨濟宗계통의 선승이면서 潙仰宗이나 曹洞宗계통의 선사상에도 안목이 있었으며, 이로 인하여 혜심의 두터운 신임을 받아 수선사의 계승자가 되었다.

몽여가 주목되는 것은 그가 《선문염송집》을 중간하였다는 사실 때문이다. 그는 혜심이 《선문염송집》 서문에서 "다만 유감스런 일은 諸家의 語錄을 다 보지 못하여 빠뜨려진 것이 있을까 염려되는 것이다. 미진하게 된 것은 다시 뒷날의 어진이를 기다리기로 한다"는 유촉을 이어받아 중간을 의도하였다. 또 《선문염송집》 초판이 개경에 보관되어 있었으나 강화천도(1232) 와중에서

27) 慧諶, 〈贈書生詩〉(《無衣子詩集》 권 하 ; 《韓國佛敎全書》 6).

28) 호가 小融이고 시호는 淸眞國師이다. 그는 《禪門拈頌集》을 重刊한 이외에 다른 저술을 남기고 있지 않다. 그리고 그의 비문은 현존하지 않고 그에 관해서는 단편적인 자료만이 눈에 뜨일 뿐이다. 한편 1986년 경주 祇林寺의 大寂光殿 毗盧舍那佛像에서 龜庵老禪이 편집한 《禪門雪竇天童圜悟三家拈頌集》이 나왔는데, 蔡尙植은 〈修禪社刊 『禪門三家拈頌集』의 사상적 경향〉(《釜山直轄市立博物館年報》 11, 1988 ; 앞의 책)에서 귀암노선을 夢如로 추정하고 있다.

유실되었기 때문에 다시 간행할 필요가 있었던 것이다. 그리하여 혜심이 미처 이용하지 못한 여러 어록에서 새로 古話 347칙을 뽑아 이를 초판본에 더하고 단속사 주지 만종의 도움을 받아 고종 31년(1244)에서 고종 35년 사이에 晉州의 南海分司大藏都監에서 중간하였다. 이러한 노력은 지눌과 혜심으로 이어지는 간화선의 선풍을 계승하고자 하는 의지와 다양한 선사상에 대한 깊은 안목에서 가능하였던 것이다. 몽여의 선사상은 그대로 혼원・천영에게 영향을 주었다. 그리고 이규보(1168~1241)를 대표로 하는 유학자 관료와의 교류를 통해서 사대부층에 선사상을 이해시키는데 커다란 역할을 하였다.

몽여 때 수선사는 최씨무신정권과 새로운 관계를 갖는다. 《東國李相國集》에 의하면 이규보는 몽여에게 東堂(과거 본고시)의 경비를 요청하였고 몽여는 이에 응하였다. 요청 명목은 빈번한 과거시험의 경비 때문이었다고 한다.[29] 그러나 실질적으로는 대몽항쟁으로 인한 재정궁핍과 강화천도 이후 江都의 경영 등 국가운영에 많은 재정이 필요하였기 때문이었을 것이다. 그래서 최씨무신정권은 이규보를 통해서 수선사에 재정지원을 요청했던 것이다. 이는 수선사의 사원재정이 혜심 이후 그만큼 안정되었다는 사실을 말해주는 것이지만, 수선사에 대해 재정적 기부를 강요하는 것은 정치권력이 수선사를 정권유지 차원에서 왜곡하는 것이며, 이에 따라 수선사는 정치권력에 종속되어 결사이념의 실천과는 먼 길로 나아갈 수밖에 없게 되었다. 이러한 사정은 몽여 때를 지나 混元・天英 때에 이르면 더욱 심화된다.

수선사 제4세 혼원(1191~1271)[30]은 최우에 의해 定慧社 주지와 禪源社 법주가 되었으며 대선사에 제수되었다. 그리고 崔沆의 영향력으로 고종 39년 수선사 사주가 되어 고종 43년까지 있었다. 선원사는 강도에 세워진 최우의 원찰이자 대몽항쟁의 구심점 역할을 수행한 사원으로[31] 수선사 다음으로 사

---

29) 李奎報, 《東國李相國集》 후집 권 12, 書 寄松廣寺主禪師夢如手書.
———, 《東國李相國集》 후집 권 12, 書 答松廣寺主手書.

30) 王師冊號가 沖鏡이고 謚號는 眞明國師이다. 禪選 上上科에 합격한 경력이 있다. 아버지는 李師德인데, 黃海道 遂安縣(遂安郡)의 토성으로 京市署丞(정8품)을 지냈다. 어머니는 閤門祗候(정7품)를 지낸 金閱甫의 딸이다. 저술은 없으며, 金坵가 지은 〈臥龍山慈雲寺王師贈謚眞明國師碑銘〉(원종 13년 ; 1272)이 현존한다.

31) 金光植, 《高麗 武人政權과 佛教界》(民族社, 1995), 262쪽.

세가 매우 컸다. 그 법주는 당대 불교계를 주도하던 수선사 사주의 제자로 이루어졌으며 그들이 후일 최씨가의 후원으로 수선사 사주가 되었으니, 혼원과 천영이 그에 해당된다.

혼원이 최우의 신임을 받아 선원사 제1세 법주로 임명된 것은 수선사와 최씨무신정권과의 관계가 몽여 때와는 또 다른 새로운 국면으로 접어드는 것을 의미한다. 혜심·몽여가 정권과 일정한 거리를 유지하였던 데 반하여, 혼원에 이르면 완전히 밀착단계로 바뀐다는 점이다. 이는 최씨무신정권의 후원이 확대되는 것과 함께 수선사가 최씨무신정권에 종속되어 정권유지에 직접적으로 포섭되는 결과를 낳았다. 이에 따라 혼원은 선원사에 주석하면서 항몽의식 고취에 적극적으로 참여하게 된다. 이는 당시 고려 국가의 최대과제였던 항몽투쟁에 동참하였다는 점에서 그 의의가 자못 크다고 아니할 수 없겠으나, 일면 최씨가의 정권안보에 이용된 측면을 간과할 수 없는 것이다.

혼원은 수선사에서 牧牛子 지눌의 가풍을 다시 불러 일으켰다고 그의 비문은 전하고 있다. 목우자의 가풍은 신앙결사를 통하여 돈오점수를 철학적 기반으로 한 정혜쌍수의 실천이다. 그리고 일반민을 위한 이타행의 실천이다. 하지만 현존 자료를 통해 볼 때 혼원에게는 이러한 모습을 찾을 수 없다. 다만 혜심과 몽여로부터 배운 간화선의 선풍이 보일 뿐이며, 그렇다고 이들의 사상을 진전시킨 노력은 보이지 않는다. 이러한 경향은 천영에게로 이어진다.

수선사 제5세 天英(1215~1286)[32]은 최씨무신정권과의 관계에서 혼원 때와는 다른 측면을 보여주고 있다. 먼저 양자의 본격적인 관계는 고종 35년

---

32) 天英은 뒤에 휘를 安其·安且라 고쳤으며, 字는 乃老이고 自號를 晦堂老人·慈忍室老人이라 하였으며, 且公으로 불리기도 하였다. 시호는 慈眞圓悟國師이다. 禪選 上上科 출신이다. 선조는 鷄林 金氏였는데 帶方郡(南原)으로 이사하고 梁氏로 개명하여 남원도호부의 土姓이 되었다. 아버지는 梁宅椿이요, 첫째 어머니는 隴西郡(黃海道 瑞興都護府)의 토성인 김씨의 딸이다. 둘째 어머니는 별장 배씨의 딸이다. 저술은 豪膽雄深하였다 하나 현재 남아 있는 것은 없다. 〈德異本六祖壇經跋文〉과 〈禪門雪竇天童圜悟三家拈頌集〉에 대한 跋文이 남아 있으며, 李益培가 지은 〈曹溪山第五世贈諡慈眞圓悟國師碑銘〉(충렬왕 12년 ; 1286)이 현존한다. 일찍이 8세에 혜심에게 출가하였고 몽여와 혼원에게 가르침을 받았으며 지눌 이래의 선사상을 계승하였는데, 특히 혜심이 크게 선양한 간화선에 주안점을 두었던 것으로 보인다.

(1248) 최우에 의해 선사에 제수되고 단속사 주지가 되면서 시작되었다. 다음해 최우가 昌福寺를 창건하고 낙성법회를 주맹토록 하였으며, 고종 38년에는 최항이 보제사에 별원을 창건하고 구산문 선승을 모아 주맹하도록 하였다. 그리고 다음해 몽여가 입적하자 선원사 법주로 있던 혼원을 수선사 사주로 임명하고, 대신 천영을 선원사 제2세 법주로 삼았다. 선원사와 창복사는 최우가 세운 원찰인데 후일 최충헌과 최우의 眞殿寺院이 된 최씨가의 중요사원이다. 이들 사원은 모두 강화도 천도 후 최씨정권에 의해 세워져 대몽항쟁기에 최씨정권 유지를 위해 항몽의식 고취에 적극적이었던 사원이다.

천영과 최씨정권의 관계는 속가의 아버지와 이복동생이 문음의 혜택을 입거나 노비를 하사 받을 정도의 깊은 관계로 이어졌다. 〈圓悟國師父梁宅椿墓誌〉(고종 4년)에 의하면 천영의 아버지 양택춘(1172~1254)은 職事가 없는 散秩이었는데, 고종 18년 그의 나이 60세가 되어 비로소 溫水郡(溫陽)감무를 시작으로 실직을 받고 관리로 나아간 인물이다. 그런데 천영이 고종 33년 선원사에 가서 최우에게 三重大師를 제수 받은 후부터, 양택춘은 최우와 최항에 의해 여러 관직을 받아 승진하여 마침내 朝請大夫 禮賓卿(종3품)으로 치사하였다. 뿐만 아니라 그의 아들 3명도 모두 어려서 각각 삼중대사와 道場庫判官 및 隊正이 되었는데 이 모두가 천영의 문음이었다. 고려시대 음서는 왕족의 후예와 공신의 후손 및 5품 이상 일반 고급관료의 자손을 대상으로 하였다. 그런데 이처럼 승려의 영달로 인하여 아버지와 심지어 동생에게까지 문음의 혜택이 돌아가고 있는 경우는 처음 있는 사례로서 천영과 최씨정권과의 관계가 특별하였음을 여실히 보여주는 것이다.[33] 이 밖에 〈松廣寺圓悟國師奴婢寄進立案〉(충렬왕 7년 ; 1281)에 의하면 양택춘은 최항에 의해 국가로부터 노비 3구를 하사받는 등 실질적으로 경제적 혜택을 받기도 하였다.

천영 때의 수선사는 강력한 후원세력이었던 최씨정권이 몰락하고 왕정복고와 더불어 원의 간섭이 시작되면서 혜심·몽여·혼원 때와는 달리 불교계에서의 주도권을 점차 상실해 갔다. 천영이 수선사 사주가 된 것은 고종 43년이다. 혼원이 물러나기를 청하고 천영으로 대신하도록 하자, 고종이 천영에

---

33) 許興植, 〈高麗時代의 새로운 金石文資料〉(《大丘史學》 17, 1979 ; 앞의 책, 694쪽).

게 대선사를 제수하고 수선사 사주에 명하였던 것이다. 물론 천영이 수선사 사주가 되는 데는 그가 수선사 출신이었다는 점이 일차적으로 작용하였겠지만, 선원사 법주를 역임하면서 최항의 절대적 후원을 받아 가능하였던 것이다. 천영이 수선사에 사주로 머문 기간은 충렬왕 12년까지 30여 년이다. 그 사이 고종 44년에 최항이 죽고 다음해 崔竩가 살해됨으로써 최씨정권이 막을 내리고 그 다음해 고종이 세상을 떠남으로써 천영의 정치적 후원세력은 모두 사라졌다. 천영비문에는 원종의 보살핌이 날로 두터웠고 충렬왕과 왕비 元成公主의 은총이 컸다고 했으나 특별한 관계는 보이지 않는다. 그리고 왕사책봉도 결국 이루어지지 못하였음을 비문은 말하고 있다. 당시는 가지산문의 一然이 원종 2년(1261) 왕의 명을 받아 강화도 禪月社에 주석하고 충렬왕 9년에 國尊에 책봉되어 왕권과 밀착, 무신집권기 수선사를 대신하여 불교계의 중심에 있었다.34)

이상과 같이 혜심·몽여 때의 수선사는 당대 제일의 사원으로서 결사이념의 계승과 중앙정치권력과의 관계가 균형을 이루면서, 결사이념이 일면 계승된 측면이 보이면서도 일면 권력에 종속될 위험성이 상존하였다. 그러나 혼원·천영 때에는 정치권력에 종속되어 변질되고 말았으나 禪風이 그나마 유지되었던 점은 지적해 둘 만한 것이다.

(3) 원의 간섭과 수선사의 친원불교화

무신정권이 무너지고 원의 간섭(1270~1356)이 본격화되면서 고려 국가의 제부문에서 심각한 변동이 일어났다. 원 황제를 정점으로 하는 정치체제의 일대 재편은 고려의 독자적인 국가체제를 위협하였으며, 특히 30여 년에 걸친 항몽전쟁 이후 원에 의한 일본원정과 그 준비(1271~1294)는 삼남지방을 극도로 피폐시켰던 것이다. 이에 더하여 새로운 수탈집단으로 등장한 부원세력은 자의적으로 토지를 탈점하고 부세를 수탈하여 일반민의 고통을 가중시켰다. 이에 따라 불교계도 불교교단의 주도권은 물론 불교사상 자체도 커다란 변화를 겪게 되었다. 이러한 변화는 冲止가 활동한 시기에 현저하게 나타났다.

34) 蔡尙植, 〈普覺國尊 一然에 대한 硏究〉(《韓國史硏究》 26, 1979 ; 앞의 책).

충지(1226~1293)[35]는 사마시에 합격하고 春闈(예부시)에 장원급제한 유학적·문학적 소양을 지닌 관료출신 승려였다. 그는 혜심과 같이 과거출신으로 승과를 거치지 않고 승계를 받아 수선사 사주가 된 독특한 인물이다. 그는 일찍이 永嘉書記를 지낸 적이 있으며 일본에 사신으로 다녀오기도 하였다. 한림원에 들어가서는 문장으로 이름을 떨쳤다. 그러나 충지는 세속적인 명예를 떨쳐버리고 29세의 늦은 나이에 선원사 법주로 있는 천영에게 출가하여 구족계를 받았다.

그의 출가 이유는 사마시 출신인 혜심과 같이 무신정권체제하에서 유학의 역할에 한계를 느끼고 詞章學風的 유학에 대해 회의하던 중 불법에 매력을 느꼈기 때문으로 보인다. 그리하여 수선사의 참신하고 개혁적인 불교사상이 혜심 이후 중앙의 사대부층으로 크게 영향을 주자 이에 수선사계열의 천영에게 출가했다고 보인다. 이와는 다른 이유로 문인적 취향을 지닌 충지가 몽고의 침략으로 인한 참담한 고려의 현실로부터 도피하여 도가적 은둔을 동경해 출가하였던 점도 지적될 수 있다. 이후 충지의 삶은 세속의 급변하는 역사적 현실과 그대로 연관되면서도 이로부터 은둔하려는 이중적 모습을 보이고 있다.

충지는 원의 간섭이 시작되자 현실에 그대로 순응하면서 친원의식을 갖게 되었다. 원종 12년 원은 일본원정을 위해 屯田經略司를 설치하는 한편 막대한 양의 군량과 함선 및 군사를 준비하도록 고려에 강요하였다. 이 준비로

---

35) 冲止의 처음 법명은 法桓이고 自號는 宓庵老人이다. 속명은 玿인데 개명하여 元凱라 하였다. 시호는 圓鑑國師이다. 아버지는 魏紹로 定安(長興) 道艸縣(정안의 屬縣인 遂寧縣)의 土姓이며 戶部員外郎(정6품)을 지냈다. 어머니는 原邦(지역 미상) 출신의 吏部員外郎 宋子沃의 딸이다. 충지의 저술에는 《海東曹溪第六世圓鑑國師歌頌》(또는 圓鑑國師歌頌이나 圓鑑歌頌, 충렬왕 23년)·《曹溪宓庵和尙雜著》가 현존한다. 전자는 《東文選》·《東國輿地勝覽》 등에 실려 있는 충지의 작품이 추가되어 1920년에 《圓鑑錄》이라는 題號로 간행되어 전한다. 이 밖에 《曹溪圓鑑國師語錄》이 있었으나 전하지 않고 다만 蒙菴老人 明友不渴의 서문(충렬왕 23년)만이 남아 있으며, 《圓鑑國師集》(圓鑑集 또는 宓庵集)이라는 서명이 전하나 《원감가송》과 同書異名인지 또는 《원감가송》과 《조계원감국사어록》을 합편한 것인지 알 수 없다. 한편 金曛이 지은 〈曹溪山第六世贈諡圓鑑國師碑銘〉(충숙왕 원년 ; 1314)이 남아 있다. 충지 때의 수선사에 대해서는 朴榮濟, 〈元 干涉期 初期 佛敎界의 變化 - 冲止(1226~1293))의 現實認識과 佛敎思想을 중심으로 -〉(《14세기 고려의 정치와 사회》, 민음사, 1994)을 참조하였다.

고려는 인적·물적 자원을 탕진하였으며 사원도 예외가 될 수 없었다. 수선사는 면세의 혜택을 받고 있던 사유지에 전세가 부과되어 사세가 궁핍하게 되었다. 《圓鑑錄》에 의하면 이 때 충지는 정혜사 사주로 있으면서 본사인 수선사를 대신하여 원 황제에게 면세를 간청하는 간절한 표문을 올렸으며, 결국 면세를 받게 되었다. 이에 충지는 원 황제에게 감사의 표문을 올리고 자주 祝聖疏를 지어 그의 수복을 빌고 덕화를 찬양하였다. 그리고 수선사를 원 황제의 제일 원찰로 삼아 달라고 요청하고 있다. 이것이 계기가 되어 충지는 원 황제의 초청을 받아 황실에 들어가 사부의 예를 받았다(충렬왕 원년). 뿐만 아니라 아버지가 재상직을 추증 받기도 하였다. 원 황제와의 관계는 황실의 지원을 받아 사원재정의 안정을 도모했다는 의미를 갖는다.

그러나 원 세조의 불교정책이 정복지역민에 대한 회유의 성격을 짙게 띠고 있었으며, 회유할 때 상층승려가 적극적으로 가담되었던 점을 미루어 볼 때, 충지를 원에 불러들인 것은 세조의 이러한 정복지 불교정책에서 나온 것이라 볼 수 있다. 세조는 대몽항쟁기에 항몽의식을 고취시킨 고려불교에 대해 일면 보호책을 쓰면서 일면 충성을 강요하였는데, 충지에 대한 태도도 이러한 그의 불교정책에서 나온 것이다. 따라서 충지는 원에 종속적이고 친원적일 수밖에 없게 되었으며, 이러한 충지의 친원의식은 수선사가 최씨무신정권기 대몽항쟁 때에 정신적 구심체가 되어 국가의식을 고양시켜 고려의 국가체제 유지에 일정한 역할을 하였던 입장에서 일변한 것이다. 결국 충지의 친원의식은 고려불교가 원에 종속됨을 의미하는 것이며, 또 다른 측면에서 원의 고려에 대한 간섭을 합리화시켜 주는 역할을 하였다고 볼 수 있다.

충지의 친원의식은 양면적 현실인식으로 이어졌다. 그의 현실인식은 당시 고려사회를 탕진시킨 일본원정에 대한 시각에서 잘 드러난다. 충지는 원정에 동원되어 고통받는 일반민의 열악한 처지를 인식하면서도 그 원정의 주체인 원을 찬양하고 원정을 칭송하는 양면성을 드러내고 있다. 즉 충렬왕 6년에 지은 〈嶺南艱苦狀二十四韻〉과 동왕 9년에 지은 〈憫農黑羊四月旦日雨中作〉에서 일본원정 준비로 인해 고통받는 일반민의 참상을 구체적으로 읊고 있다.[36)]

36) 秦星圭, 〈圓鑑錄을 通해서 본 圓鑑國師 冲止의 國家觀〉(《歷史學報》 94·95, 1982) 참조.

충지가 이미 친원의식을 갖고 원과 고려의 체제에 순응하면서 충성을 맹세하였음에도 불구하고 이런 작품을 남길 수 있었던 것은 간접적이나마 원정의 폐단을 고발한 것이며 현실인식의 적극성을 보여주는 것이다. 하지만 이러한 고통이 원의 간섭에서 야기되었다는 사실은 침묵한다. 충지는 원을 비판하지 못하고 도리어 원의 황제가 내려주는 큰 은택으로부터 그 참상의 해결책을 바라고 있는 것이다. 더욱이 제2차 일본원정(충렬왕 7년 ; 1281) 전후 작품으로 추정되는 장문의 〈東征頌〉에서는 동정과 원 황제의 교화를 칭송하고 있다. 이와 같은 충지의 양면적 현실인식은 그의 친원의식에서 나온 것이며, 궁극적으로는 원의 간섭이라는 시대적 제약에서 기인한 것이다.

원의 간섭이라는 시대적 상황으로 충지는 양면적 현실인식을 갖게 되고 수선사의 불교전통과는 다른 변화된 불교사상을 보였다. 먼저 충지에게는 수선사 불교전통을 계승하려는 의식이 있었음이 주목된다. 하지만 지눌이 보인 선교일치사상과 혜심이 선양한 간화선과 유불일치사상에 대해서는 매우 단편적 모습만 보이고 사상적으로 이어지고 진전시키지는 못하였다. 오히려 지눌 이전 고려 중기 선의 전통을 강조하는 점이 특색이다. 그의 〈慧炤國師祭文〉과 〈定慧入院祝法壽疏〉 및 〈定慧入院祝聖夏安居起始疏〉에 의하면 정혜사의 창건자로서 혜소국사의 공적을 찬양하고 국사의 선풍이 몽여·혼원을 거쳐 자신에게 전승되었음을 감사하고 있다. 예종대 혜소국사의 선이 고답적이며 귀족적인 경향을 가지고 개인적 수업형태를 중시하는 분위기였는데, 이러한 선의 전통을 강조하고 있는 충지의 불교는 지눌의 결사불교와 비교할 때 확실히 변질된 것이며,[37] 이는 그의 삶이 결사이념의 적극적인 실천보다는 은둔적으로 흘렀던 점과 궤를 같이 하는 것이다.

충지가 수선사에서 볼 수 없었던 彌陀信仰과[38] 觀音信仰을[39] 보이고 있는 것도 하나의 특징으로 지적될 수 있다. 이는 현실사회와 불교교단의 당면과제와 문제점을 근본적으로 해결하려는 철학적 노력보다는 단지 현세이익을 목적으로 하는 공덕신앙적 의식불교 차원에 머물렀음을 보여줄 뿐이다.

---

37) 崔柄憲, 〈修禪結社의 思想史的 意義〉(《普照思想》 1, 1987), 17쪽.
38) 冲止, 〈彌陀齋疏－李敖尙書行〉(《圓鑑錄》 ;《韓國佛敎全書》 6).
39) 冲止, 〈祝大賀消災仁王千手智論四種法席疏〉(《圓鑑錄》 ;《韓國佛敎全書》 6).

충지불교에서 시대상을 무엇보다도 잘 반영하는 것으로 祝聖을 강조한 점을 지적할 수 있다. 충지의 저술에는 원제와 국왕의 수명무궁을 위해 빈번히 실시한 축성자료가 많은 양을 차지한다.[40] 선종교단에서 축성은 청규에 규정되어 있는 의례의 하나인데, 교단이 국가권력에 철저하게 종속되어 국가불교적 성격을 강하게 띠면서 더욱 강조된 것이다. 원래 수선사에는 청규가 있는데 지눌이 지은 《계초심학인문》이 그것이다.[41] 이 청규는 오직 수행자를 위하여 일용규범으로 만들어져 국가나 국왕과의 관계에 대해서는 일체의 언급이 없다. 이런 전통에서 볼 때 충지의 축성은 수행 중심의 護法淸規에서 벗어난 護國淸規로의 변화라고 하겠다. 이러한 충지의 축성은 바로 원대 선종의 영향으로 보여진다. 원대 선종은 사상적 진전이 없이 완전히 국가의 통제하에 놓이면서 국가불교적 성격을 강하게 표방하였다. 이런 경향이 원의 간섭을 시작으로 고려에 그대로 유입되었던 것이다.

충지불교의 국가불교적 성격은 그의 친원적 성격과 함께 원을 정점으로 하는 체제불교적 특징을 강하게 띠도록 하였다. 이는 그가 교류한 인물들의 정치적 특성이 친원적이며 원과 고려국왕의 체제에 순응하면서 가세와 정치적 생명을 이어간 관료들이라는 점과 연관시켜 볼 때 더욱 뚜렷해진다. 수선사가 정치세력과 연결되어 타락한 중앙귀족불교를 비판하고 지방에서 지방민의 후원으로 시작한 혁신적인 불교사원이라는 점을 상기할 때, 충지의 불교성격은 수선사 창립 당시와는 크게 변모된 모습을 보여주는 것이며, 선사상의 발전에 제약으로 작용했다고 볼 수 있다.

충지 때의 수선사는 불교교단에서의 주도권을 상실하였다. 비록 원제와 고려국왕 및 여러 정치세력과 교유를 가졌고 이들의 후원을 받았지만 최씨무신정권기에서와 같은 정도는 물론 아니었기에, 사세가 여타 교단에 비해 뒤졌고 불교계에서의 주도적 위치도 유지할 수 없었다. 당시는 선종 가지산문의 일연과 天台宗의 *妙蓮寺*계열 및 瑜伽業(法相宗)이 원 황실을

---

40) 冲止, 〈祝聖疏〉(《圓鑑錄》; 《韓國佛敎全書》 6) 등이 있다.

41) 《誡初心學人文》은 政敎의 야합을 거부하는 정신 아래서 저술된 淸規이며, 그것은 國王恩 등의 四恩을 우선으로 하여 조직된 護國淸規가 아니라 禪衆의 수행만을 위주로 하여 조직된 護法淸規라고 한다(崔昌植, 〈普照 定慧結社와 淸規〉, 《普照思想》 5·6, 1992).

중심으로 하는 국왕과 새로 등장하는 정치세력들의 실질적 후원하에 생전에 국존과 국통 및 왕사에 책봉되고 대규모의 종단법회를 주관하면서 불교계를 주도하고 있었기 때문이다.

이에 따라 수선사의 사세는 상대적으로 약화되었다. 그나마 인근지역 지방민의 후원도 격감하였다. 일본정벌로 특히 경상·전라 양도가 국가적 賑貸가 실시될 정도로 궁핍한 상황에서 지방사회의 후원을 얻기는 어려웠을 것이며, 최씨집권기에 이루어 놓은 사원전과 보가 제대로 운용될 수도 없었다. 충지의 비가 그의 사후 22년만에 수선사의 사세가 회복되는 제10세 萬恒이 사주로 있을 때 비로소 세워졌고, 충지 이후 제7·8·9세 사주가 누구였는지도 불분명할 정도로 그들의 행적이 소연한 사실도 수선사의 퇴조를 단적으로 보여주는 것이다.

그러다가 원 간섭기 중기의 충선왕대 말년 만항 때에 이르러 사세가 회복되고 여말의 공민왕대 수선사 제13세 復丘 때에 다시 대두되는 양상을 보이고 있다.[42] 이 때 국왕과 가문의 후원으로 특별한 法號를 받고 문인이 1,000여 명에 달할 때도 있었다. 이제는 원 간섭기 초기처럼 원 황실과의 관계보다는 고려왕실과 깊은 관계가 이루어져 불교계 전면에 나서고 있으나, 왕권에 밀착되어 왕권강화에 이용되었으니, 역시 사상의 기반은 지배층을 벗어나지 못하였으며 사상적으로 진전된 것은 없었다. 마침내 고려 말에 지눌의 직계법손이 아닌 비수선사계 승려들이 사주가 되어 수선사의 불교전통이 단절되는 상황을 맞기도 하였다.

이상에서 살펴본 바와 같이 신불교운동으로 출발한 수선사는 고려 후기의 불교사는 물론 사상사에서 대단히 중요한 위치를 차지하면서 그 결사이념과 불교사상이 정치권력과의 관계에 따라 변화하여 왔음을 알 수 있다. 수선사의 지눌·혜심사상은 고려 후기와 조선시대 불교계에 커다란 영향을 미쳤으며 중국과 일본에도 전파되었다. 그리고 지눌의 정치한 심성론과 혜심의 유

---

42) 李齊賢, 〈海東曹溪山修禪社第十世別傳宗主重續祖燈妙明尊者贈諡慧鑑國師碑銘〉(《益齋亂藁》 권 7).
李達衷, 〈王師大曹溪宗師 一邛正令雷音辯海弘眞廣濟都大禪師覺儼尊者贈諡覺眞國師碑銘〉(《東文選》 권 118).

학자 관료와의 교유를 통한 유불일치사상은 여말 주자성리학 수용의 사상적 기반이 되었던 점은 한국사상사에서 주목할 만한 것이다.

〈朴榮濟〉

4) 백련사의 성립과 전개

信仰結社는 이상적으로 생각하는 신앙을 추구하기 위한 결집체이며, 불교가 수용된 이후 중국과 우리 나라의 경우 어느 시기에도 존재했다고 할 수 있다. 대체로 중국에서 4세기 말에 東晋의 慧遠(334~416)이 중심이 되어 白蓮社를 결성한 것을 신앙결사의 시초로 본다. 후대에는 이러한 혜원의 백련결사를 전형적이고 이상적인 형태의 신앙결사로 인식하여 이의 계승을 표방하는 경우가 많았다. 그렇지만 초기의 신앙결사는 관념적인 수준에 머물면서 모든 사회계층을 포괄하는 정도에는 이르지 못하였다.

그러나 종파불교가 성립되면서 모든 사회계층이 신앙을 공유할 수 있는 단계로, 또 지방사회에까지 불교가 확산되어 가는 추세에 따라[1] 신앙결사는 지방사회의 토호세력·독서층과 그 이하의 신분층까지도 참여할 정도로 확산되어 일종의 신앙공동체로 발전하였다. 우리 나라의 경우, 8~9세기 이래 종파불교 성립의 산물로서 불교대중화가 계층적·지역적으로 이루어짐에 따라, 주로 지방의 소규모 사원을 근거지로 하여 결성된 香徒는 신앙결사의 좋은 예이다. 이러한 향도조직은 단순한 신앙공동체에서 출발하였으나 지방사회의 지역공동체로서의 성격을 지니는 방향으로 발전하기도 하였다.[2]

이상과 같이 신앙결사는 관념적 단계와 지방사회를 중심으로 하여 전개된 신앙공동체까지도 포괄하는 개념이다. 신앙결사가 사회변혁기에는 운동의 양상을 띠기도 하는데, 일반적으로 역사적 개념으로 신앙결사라는 용어를 사용할 때는 운동의 성격을 지니는 경우를 말한다. 다시 말하면 신앙결

1) 채상식, 〈한국 중세불교의 이해방향〉(《考古歷史學志》 9, 동아대 박물관, 1993), 322~323쪽.

2) 김필동, 〈삼국~고려시대의 香徒와 契의 기원〉(《한국전통사회의 구조와 변동》, 文學과 知性社, 1986).

사는 불교가 당시의 사회에서 사회적 기능을 수행할 수 없는 한계에 이른 자기모순을 인식하고 이를 개혁하려는 의도에서 출발한 자각·반성운동이라고 할 수 있다.

그리고 신앙결사운동의 조직화과정에서의 특징은 중앙집중적인 교단체제에 대해 개별적·독자적 지방불교의 형태로 전개되었다는 점, 또 주도세력과 동조세력은 주로 신앙상의 목적을 추구하기 위해 자발적·개인적 차원에서 참여했으며, 대체로 지방의 중간신분층과 그 이하 신분층의 참여와 후원으로 결성되고 유지되었다는 점을 들 수 있다.

(1) 백련사 결사운동의 성립과 불교관

12세기 후반의 무신란을 기점으로 당시 사회의 전반적인 변동 속에서 기존의 보수적 경향이 강화된 불교계에 대한 비판운동으로 修禪社·白蓮社 등의 신앙결사가 결성되었다. 물론 이전에도 왕실과 귀족에 의해 지원되던 결사라는 형식의 신앙활동과 지방사회의 토호층에 의해 주도되던 향도조직에 의한 신앙활동이 서로 괴리된 채 공존하고 있었나.

전자의 경우 신라 하대에 성행하던 화엄계통의 결사라든가,[3] 고려 인종대에 지리산에서 행해진 법상종계통의 津億이 주도한 水精社[4] 등은 좋은 예가 될 것이다. 이에 비해 후자는 8~9세기 이래로 지방사회에서 소규모의 사원을 중심한 造塔·鑄鐘·불사의 건립 등의 신앙활동이 광범위하게 행해진 사례에서 찾을 수 있는데, 이 경우 대체로 미륵신앙과 미타신앙이 주요한 신앙형태였다.

그러나 사회운동의 차원에서 평가될 수 있는 신앙결사는 12세기 말에서 13세기에 접어들면서 사회변동과 함께 다양하게 전개된 예를 들 수 있다. 가장 대표적인 것은 知訥(1158~1210)이 개창한 것으로 후에 수선사로 사액되었던 定慧結社와 了世(1163~1245)가 개창한 白蓮結社라 할 수 있다.

이들 양대 결사는 기존의 개경을 중심으로 하는 불교계의 타락상과 모순에 대한 비판운동이라는 점에서 공동의 과제를 갖고 출발했다. 이런 의미에

3) 曺庚時, 〈新羅 下代 華嚴宗의 構造와 傾向〉(《釜大史學》 13, 1989).
4) 《東文選》 권 64, 記 智異山水精社記(權適).

서 이들에게서 지방불교적 경향을 발견할 수 있고, 또 이들의 성격을 불교개혁운동이라고 규정지을 수 있다.

그러면 백련결사에 대해 살펴보기로 하자. 백련결사는 천태종 승려인 요세에 의해 개창된 신앙결사인데,[5] 요세에 대한 기록은 비교적 풍부하다.[6] 그의 속성은 徐氏로 字는 安貧이며 의종 17년(1163)에 新繁縣[7]에서 戶長인 必中과 동향인으로서 同姓의 어머니 사이에서 출생했다. 요세는 그의 부가 호장이었던 것으로 미루어 볼 때 합천지역의 토호출신이었음이 분명하다.

그는 명종 4년(1174)에 천태종 승려로 입문하였으며 그 다음해 僧選에 합격하고 신종 원년(1198) 봄에 개경의 천태종 사찰인 高峯寺의 법회에 참석하여 그 분위기에 크게 실망한 것을 계기로 신앙결사에 뜻을 두게 되었다. 그해 가을에 동지 10여 명과 더불어 여러 지역을 유력하다가 靈洞山 長淵寺에서 법석을 열었다. 이렇게 출발한 요세는 지눌이 公山의 會佛岬에 있으면서 修禪을 권하므로 그와 함께 수선을 체험하기도 하였다. 그러나 이로부터 사상적인 전환을 하게 된 계기는 희종 4년(1208) 봄에 靈巖의 月出山 藥師蘭若에서 거주할 때였다. 이 때 홀연히 생각하기를 "만약 天台妙解를 의지하지 않는다면 永明延壽가 지적한 120病을 어떻게 벗어날 수 있겠는가"라고[8] 하여 延壽가 《禪宗唯心訣》에서 지적한 120가지의 수행상의 제약을 극복하려면 천태의 묘해에 의지해야 한다고 생각한 것이다. 따라서 요세는 수선으로부터 天台敎觀으로 방향을 전환하게 되어 〈妙宗〉을 즐겨 강의하였으며 실천행으로 修懺을 강조하였다. 이후 요세는 맹렬한 참회행을 닦아 날마다 53佛을 12번이나 돌았으며 비록 극심한 추위와 더위에도 쉬는 일이 없어 수선하는 무리들이

---

5) 이에 대해서는 다음의 글이 참고된다.
蔡尙植, 〈高麗後期 天台宗의 白蓮社 結社〉(《韓國史論》 5, 서울大 國史學科, 1979 ; 《高麗後期佛敎史硏究》, 一潮閣, 1991).
高翊晉, 〈圓妙國師 了世의 白蓮結社〉(東國大 佛敎文化硏究所 編, 《韓國天台思想硏究》, 1983).

6) 대표적인 것만 들면 《東文選》 권 117, 碑銘 萬德山白蓮社圓妙國師碑銘幷書(崔滋)(이하 了世碑銘으로 약칭함) 및 권 27, 制誥 萬德山白蓮社主了世贈諡圓妙國師敎書(閔仁鈞)이다.

7) 《高麗史》 권 57, 志 11, 地理 2, 江陽郡 屬縣.

8) 《東文選》 권 117, 碑銘 了世碑銘.

이를 비꼬아서 '徐懺悔'라고 불렀다는[9] 것이다.

그 뒤 요세는 약사암에서 萬德山으로 주거를 옮겨 고종 3년(1216)에 본격적으로 백련결사를 결성하였다. 이는 耽津(현 강진)의 토호로 추정되는 崔彪·崔弘·李仁闡 등의 지원에 의해 결성된 것이다.[10] 그러다가 고종 8년 봄에는 당시 帶方(현 남원)太守 卜章漢의 요청에 의해 남원 관내의 백련사에다 제2의 백련사를 설치하기도 하였다. 그 후 백련사에서는 고종 19년 4월 8일 공식적으로 普賢道場을 설치하였는데, 이는 같은 해 6월에 최씨무신정권이 강화도 천도를 단행한 것과 어떤 관련이 있었던 것으로 추측되나 확실한 내용은 알 수 없다. 그러다가 고종 23년 제자인 天頙으로 하여금 〈白蓮結社文〉을 찬술토록 하여 공포함으로써 명실상부한 백련사 결사를 표방하였다고 할 수 있다.

뒤에서 다시 언급하겠지만 이러한 백련사의 움직임에 대해서 강화도정부는 백련사가 보현도량을 설치하고 〈백련결사문〉을 공포한 이후에 와서야 관심을 가졌던 것 같다. 이와 같이 백련사(보현도량)와 최씨정권 간에 서로 유대를 갖게 된 것은 어떤 계기가 있었던 것 같은데 확실한 내용은 알 수 없다. 다만 당시의 몽고침입과 관련된 것으로만 추측할 뿐이다.

요세가 개창한 백련사는 고종 3년 전후에 개창되었으나 고종 19년 보현도량을 개설함으로써 그 성격이 두드러지게 되었다. 그러면 요세의 불교관과 보현도량의 사상적 기반을 살펴보기로 하자.

보현도량의 사상적 기반은 《妙法蓮華經》 28품 〈普賢菩薩勸發品〉에서 찾을 수 있는데, 이 권발품은 석가와 보현보살과의 문답형식을 빌어 《法華經》을 護持함으로써 얻어지는 공덕을 설한 것이다. 따라서 보현도량은 이 권발품에 의한 일종의 실천문으로써 신앙면을 강조한 성격을 지닌 것이라 할 수 있다. 이와 같이 《법화경》에 입각하여 설치한 보현도량은 백련사가 표방하는 불교관을 더욱 실천적으로 강화하는 것이지만, 요세가 표방한 불교관은 「法華三昧」·「求生淨土」·「法華懺法」을 골격으로 하고 있었다.[11]

---

9) 위와 같음.
10) 위와 같음.
11) 위와 같음.

이러한 요세의 사상적 특징은 수나라 때에 천태종을 개창한 天台智者와 이후 그를 계승한 북송의 四明知禮(960~1028)의 영향을 많이 받았다는 점이다. 요세가 지례의 영향을 받았던 것은 그의 저술인 〈묘종〉을 즐겨 강설했다는 점과 그가 개창한 염불결사의 〈淸規〉를 본떠 수행의 기준으로 삼았다는 점에서 알 수 있다.[12] 〈묘종〉은 지례가 그의 만년에 智者의 《觀無量壽經疏》에 주석을 붙인 《妙宗鈔》 6권을 가리키는데, 이는 지자의 天台止觀을 바탕으로 한 정토관을 계승한 내용을 담고 있다.

요세는 사상적으로 지례의 영향을 받아 보현도량을 개창하면서도 이미 존속하고 있던 고려 천태종에서 그 정통성을 찾으려 하지 않았으며,[13] 오히려 자신을 '智者의 嫡孫'이라 부를 정도로 지자의 계승자임을 자처했던 것 같다.[14] 이는 요세가 지자의 《摩訶止觀》(20권), 《法華玄義》(20권), 《法華文句》(20권)에서 강요만 뽑아 《三大部節要》라 이름하고 인출한 것에서도 알 수 있다.[15]

이상과 같이 요세는 지자를 정통으로 삼고 지례의 염불정토적 경향을 계승한 인물임을 알 수 있는데, 그는 한편으로 이를 토대로 하여 천태종의 전통적 懺法을 실천문으로 중시하는 면모를 보이고 있다. 요세 이전에 이미 천태종에서 禮懺法을 설치한 기록이 보이지만[16] 그 내용은 알 수 없다. 그러면 요세가 오랜 기간에 걸쳐 수행했다는 「法華懺法」은 어떤 내용일까. 그 내용은 南嶽慧思(515~577)를 계승한 지자가 더욱 체계화시켜 찬술한 《法華三昧懺儀》(1권)에 의거한 참법이 아닌가 한다.[17] 요세는 이러한 법화참법에 바탕하여 지자의 止觀修禪法인 천태선관을 하고 이와 아울러 《법화경》을 염송하였으며, 그 여가에는 지자의 법화 3부 중 일부를 독송하고 准提神呪를 천번, 미타불을 만번 소리내어 불렀다는 것이다. 여기에 보이는 「준제신주」는 당대와 송대 초에 법화·천태계통에서 陀羅尼를 염송하는 것이 유행이었던[18] 사

12) 《萬德寺志》 권 1, 壬辰年普賢道場起始疏.
13) 《東文選》 권 117, 碑銘 了世碑銘.
14) 위와 같음.
15) 위와 같음.
16) 《高麗史》 권 10, 世家 10, 선종 9년 6월 임신.
17) 高翊晋, 앞의 글, 5~6쪽 참조. 최근에 이에 관련된 자료가 발굴된 바 있으나, 아직 구체적인 분석은 이루어지지 않고 있다.
18) 徐閏吉, 〈了世의 修行과 准提呪誦〉(《韓國佛敎學》 3, 1977), 72쪽.

실로 미루어 이러한 영향을 받았던 것 같다. 또 「53體佛」을 열두 번씩 돌기도 한 사실은 송대 초의 法眼宗의 경향이었던 것으로 짐작된다.[19)]

이러한 몇 가지 사실을 종합해 볼 때 요세의 불교관은 대체로 전통적인 천태종에 바탕하고 있었으며 여기에다 실천적 수행방식은 다분히 송대 초의 신앙결사의 맥락을 계승했던 것으로 짐작된다. 이는 백련결사에서 그들 일상생활의 淸規로 송대 초의 지례의 염불결사를 따랐다는 사실에서도 짐작되는데, 백련사의 청규가 현전하지 않아 그 내용은 알 수 없다. 다만 요세의 일상생활에서 그 내용을 짐작할 뿐이다. 가령 "方丈에서 오직 三衣와 一鉢로써 생활했다"든가,[20)] "세상의 일을 함부로 말하지 않았으며 개경의 땅을 밟지도 않았고, 또 평소에 방석없이 좌정하면서 거처에는 등불도 밝히지 않았으며, 또한 형편이 닿는 대로 경전의 疏要를 찬술하여 대중에게 반포한다든가, 시주들이 가져온 보시를 빈궁한 사람들에게 골고루 나누어주었다"라고[21)] 한 표현에서 결사를 이끌어 간 수행인으로서의 태도를 엿볼 수 있다.

한편 요세가 입적할 때 불렀다는 元曉의 「澄(證)性歌」는 사상적으로 어떠한 맥락이 닿는지 검토하기로 하자. 〈요세비명〉에는 징성가라 하여 4구가 소개되어 있으나 그 완형이 현전하지 않아 그 실제를 파악하기 어렵다. 다만 지눌의 《法集別行錄節要幷入私記》(1권)에 '彌陀證性偈'라는 이름으로 8구가 남아 있어 이와 관련시켜 그 내용을 추정할 수 있을 뿐이다. 징성가와 미타증성게가 비록 그 명칭이 다르기는 하지만 모두 원효가 찬술한 것으로 생각된다. 이러한 징성가의 사상적 배경은 《無量壽經》에서 찾을 수 있는데, 《무량수경》은 淨土三部經의 하나로 상권에서는 법장보살의 서원과 수행을, 하권에서는 정토왕생을 내용으로 삼고 있다.

이와 같이 미타정토를 강조하는 원효의 저술이 지눌의 저술에 인용되었다든가, 특히 요세가 이를 입적하기 며칠 전부터 입적할 때까지 매일 앉거나 눕거나 거듭거듭 노래하면서 그치지 않았다는 사실은, 당시 신앙결사에 원효의 淨土往生思想이 많은 영향을 미쳤음을 시사한다.

한편 요세는 선에도 깊은 이해가 있었던 인물인데 그것이 어떤 내용인지

---

19) 閔泳珪, 〈高麗雲默和尙無寄輯佚〉(《韓國佛敎思想史》, 圓光大 出版局, 1974), 3쪽.
20) 《東文選》 권 117, 碑銘 了世碑銘.
21) 《東文選》 권 27, 制誥 官誥(閔仁鈞).

를 살펴보기로 한다. 요세가 공산 회불갑에서 수행하던 지눌의 간곡한 권유를 받고 곧 그를 찾아가 定慧雙修의 실지를 체험한 사실과 요세의 제자인 天因이 慧諶에게서 曹溪要領을 체득했다는 사실로[22] 미루어 그 내용은 분명히 수선사의 독특한 禪觀이었을 것이라고 생각되나, 그렇다고 백련사계통의 선관이 수선사의 그것과 동일한 내용이었다고 보기는 어렵다.

요세가 밝힌 선에 대한 견해는 "枯木과 같이 앉아 있는 것을 선이라 하며, 空·假·中觀의 3觀을 질곡으로 보고 窮號를 지혜로 삼아 계율을 지키기를 粃糠과 같이 여기는 폐단을 지적한"[23] 점에서 잘 나타난다. 이는 바로 수선에 대한 그의 이해가 천태지관에 바탕하고 있음을 시사하는 것이며, 또한 선만을 고집하는 南宗禪에 대한 비판이기도 하였다. 이러한 요세의 면모는 마음(心)에서 정토를 찾으려는 점에서도 잘 드러난다. 요세가 임종할 때 그의 제자 천인과의 문답에서 "定에 들어 있는 마음이 바로 정토이며 이 마음이 움직이지 않고 항상 드러나 있는 그대로가 정토"라고[24] 표현하고 있다. 이와 같이 요세는 선의 궁극적 지향을 정토로 인식하고 있었다.

이상에서 요세의 불교관을 중심으로 백련사와 보현도량에서 표방하던 불교관을 살펴보았다. 이를 종합하여 정리하면 다음과 같다. 백련사를 개창한 요세의 불교관은 법화사상에서 찾을 수 있으며, 대체로 보현도량의 개창을 기준하여 이전에는 지눌을 통해 수선사가 표방하던 선사상에도 관심을 가진 바 있었으나 이후에는 정토관이 강조된 특징이 있다. 특히 요세는 그의 불교관의 이론적 배경을 지자에게서 찾았으며, 신앙면에서는 지례의 염불결사를 중심한 송대 초의 신앙결사를 본뜨고 한편으로는 원효의 정토왕생사상을 중시했다고 할 수 있다.

(2) 백련사 결사의 사회적 기반

앞서 언급한 바와 같이 백련결사는 기존의 불교계에 대해 자각과 반성을 촉구하면서 등장한 신앙운동이다. 이를 주도하고 지원한 사회계층의 전모를 규명하기는 어려우나 전반적인 흐름은 파악할 수 있다. 현존하는 자료를 검토하

22) 《東文選》 권 83, 序 萬德山白蓮社靜明國師詩集序(林桂一).
23) 《東文選》 권 27, 制誥 官誥(閔仁鈞).
24) 《東文選》 권 117, 碑銘 了世碑銘.

여 보면 백련사를 결성한 사회계층은 요세를 위시하여 그의 문도들의 경우 지방의 토호이거나 독서층[25] 출신이었음을 알 수 있다. 그리고 백련사와 관련된 인물들은 대체로 보현도량을 개창한 전후로 나누어 볼 수 있는데, 전자는 지방토호와 독서층 및 지방수령, 후자는 최씨집정자와 이들과 밀착된 관료들로 대별된다.

우선 백련결사를 경제적으로 지원한 檀越들에 대해 살펴보고 백련결사를 주도한 승려들에 대해서는 뒤에서 언급하기로 한다. 백련사가 지금의 강진에서 개창할 때 이를 지원한 단월들은 이 지역의 지방토호인 최표·최홍·이인천 등인데, 이들은 요세에게 월출산 약사암에서 만덕산으로 옮기도록 청하여 본격적으로 백련결사를 결성하게 만든 장본인들이다. 특히 최씨가는 탐진을 배경으로 한 지방토호층으로 추측된다. 또 최표에 대해서는 원의 制科에 급제하여 관직이 參知政事에까지 이르렀다고 한 기록이 있으나,[26] 백련사 개창연대가 고종 3년(1216)으로 몽고침입 이전인 점으로 미루어 원의 제과에 급제했다는 기록은 재고할 여지가 있는 것 같다. 어떻든 백련사는 탐진의 최씨가를 중심으로 한 단월들의 지원에 힘입어 개창되었다고 하겠다.

한편 백련사를 개창할 때 강진을 중심으로 한 가까운 지방수령들도 많은 관심을 가졌다. 가령 帶方太守인 卜章漢이 남원관내에 제2의 백련사를 개창토록 주선한다든가, 崔璘의 경우 나주목사로 부임하면서 나주의 雲谷寺에서 요세를 夏安居하도록 청한 사례는[27] 좋은 예가 된다. 또 요세와 교류가 깊었던 趙文拔의 경우도 요세가 개경 땅을 밟지 않았다는 기록으로 미루어 볼 때 강진 부근의 지방관으로 있으면서 깊은 유대를 맺었던 것으로 추측된다.

다음은 보현도량의 개창을 계기로 하여 연결된 집단은 어떠한 성격을 지녔는지 살펴보자. 앞에서 지적한 바와 같이 보현도량이 개설된 시기가 최씨정권에 의해 강화도 천도가 단행된 고종 19년이라는 점과, 고종 24년 여름에 고종이 75세의 고령인 요세에게 그렇게 높은 승계는 아니지만 禪師의 직함

25) 독서층이라는 용어는 역사적인 개념으로 보기는 어렵다. 다만 크게 보아 지배계층의 범주에 드는 신분층으로서 여러 가지 사회적 제약에 의해 入仕를 하지 아니한 계층과 입사 이전의 예비관료군을 의미하는 선에서 이 용어를 사용하였다.

26) 《東國輿地勝覽》 권 37, 康津郡 人物 高麗.

27) 了圓, 《法華靈驗傳》 권 하, 堪歌崔牧伯之慶會.

과 함께 歲饌을 내린 조처 등을 감안할 필요가 있다. 추측컨대 보현도량의 설치는 분명히 몽고침입에 대한 백련사측의 대응조치였으며, 이와 때를 같이 하여 최씨정권이 백련사에 관심을 가지게 된 것은 아닌가 한다. 물론 이는 당시 수선사를 중심으로 한 불교계의 틀 속에서 이루어진 것이었다.

당시 최씨정권과 백련사의 유대를 알려주는 사례로는 다음과 같은 것이 있다. 강종의 서녀이며 최충헌의 부인인 靜和宅主는 요세가 백련사를 개창했다는 소문을 듣고 백련사에다 無量壽佛을 조성하여 主殿에 봉안케 하고 또 金字蓮經을 베껴 쓰게 하였다.[28] 또한 고종 27년 8월에는 戒環解의 《妙法蓮華經》을 보현도량에서 채택하여 조판토록 하고 崔怡(瑀)가 직접 발문을 쓴다든가,[29] 특히 요세가 입적한 후 천인이 백련사 제2세로 주법하면서 강화도정부에 올린 疏에서[30] 최이를 축원하고 있는 점은 보현도량과 최씨정권과의 관계를 시사하는 것이다. 또한 최씨정권 아래에서 무인으로 활약하다가 뒤에 몽고와 강화할 때 주로 李藏用과 함께 활약한 인물인 李世材의 경우 고종 23년 백련사에 입사하고 《법화경》 1,000여 부를 조판하여 널리 유포하기도[31] 하였다.

이와 같이 고종 17년 이후에 백련사의 단월들의 출신 성격이 변한 것은 어떤 역사적 계기가 있었던 것 같다. 그러한 계기는 고종 19년 4월 8일에 백련사에서 「普賢道場」을 설치한다든가, 그 후 고종 23년에는 요세가 그의 제자인 천책으로 하여금 〈백련결사문〉을 짓게 하여 반포하는 등의 일련의 조처와 관련이 있었던 것 같다. 이러한 조처는 1230년대 초의 몽고군의 침입이라는 시대적 상황과 관련된 것으로 추측되며, 단순히 신앙적 의미만을 갖는 것은 아니었을 것이다. 보현도량을 설치한 해는 몽고군의 침입이 시작된 다음해이며, 또 강화도 천도가 활발하게 논의된 시기라는 점, 그리고 현전하지는 않지만 〈백련결사문〉이 반포된 해에 대장경의 조판이 논의되었다는 점 등을 미루어 볼 때 몽고의 침입에 대하여 백련사가 강력한 항전의 의지를 표방한

28) 了圓, 《法華靈驗傳》 권 상, 天帝邀經而入藏.
29) 趙明基 소장본으로 남아 있는 《妙法蓮華經》 跋文(《高麗佛書展觀目錄》, 東國大出版部, 1963) 참조.
30) 《東文選》 권 111, 疏 初入院祝令壽齋疏文(天因).
31) 天頙, 《湖山錄》 권 하, 答靈岩守金郎中愲書.

것은 아닌가 한다. 특히 〈백련결사문〉은 대장경 조판을 착수할 때 반포된 李奎報의 〈大藏刻板君臣祈告文〉과 동일한 성격을 지닌 것으로 추측된다.

이상과 같이 法華敎觀에 바탕하여 참회행과 미타정토신앙을 실천방향으로 강조한 요세의 불교사상은 13세기 전후의 혼란상에 처해 있던 불교계에 대한 자각과 반성을 촉구한 것일 뿐 아니라 정토신앙이 민중 속에 깊이 정착될 수 있는 계기를 마련한 것이었다. 이러한 사상적 기반 위에 희종 6년(1210)부터 고종 7년(1220) 사이에는 주로 강진의 토호세력, 부근 지방관들의 지원에 힘입어 백련사를 결성할 수 있었으며, 그 뒤 1230~1240년대의 대몽항전기에는 당시 시대적인 상황에 대처하여 강력한 대몽항전 의지를 표방하자, 집권자인 최이와 밀착된 중앙관직자, 그리고 많은 문신관료층이 지원과 관심을 아끼지 않았던 것이다. 그리고 수선사와는 달리 백련사와 최씨정권이 관련되는 자료가 1230년대 이후에 집중되는 것은 이러한 사정을 반영한 것이다.

(3) 백련사 결사운동의 전개와 추이

앞에서 백련사 결사운동의 성립과정과 사회적 기반에 대해 살펴보았다. 그러면 이들 결사운동이 전개된 추이와 그 역사적인 의미를 검토하기로 한다. 13세기 전후 불교계는 신앙결사운동이 전개되었으며 특히 그 주도세력의 출신성분이 그 이전과는 달리 대부분 지방사회의 향리층이나 독서층이라는 점이 주목된다.[32] 이는 당시 사회변동에 발맞추어 불교계도 전환의 분위기에 접어들었음을 시사하는 것이라 하겠다.

가령 요세의 경우, 합천의 호장 출신의 자제인데, 이는 이전의 문벌귀족이나 왕족 출신이 불교계의 주도세력으로 부각되던 단계와는 달리 지방사회의 향리층과 독서층의 자제들이 불교계의 중추세력으로 등장하였음을 상징적으로 말해주는 것이다. 특히 이러한 경향은 요세를 계승한 다음 세대에서 더욱 두드러지게 나타나고 있다. 주목되는 인물들은 2세인 천인(1205~1248)과 4세인 천책(1206~?) 등을 들 수 있다.

---

32) 蔡尙植, 〈13세기 信仰結社의 성립과 사상적 경향〉(앞의 책, 1991), 22~30쪽.

그러면 먼저 천인에[33] 대해 살펴보기로 한다. 천인은 속성이 박씨이며 燕山 출신이다. 그는 고종 8년(1221, 17세)에 進士科(國子監試)에 합격하여 成均館에 들어갔다가 그 해 겨울 考藝試에 제일로 뽑히였으나 그 뒤 禮部試를 포기하고, 고종 15년에는 同舍生 許迪, 前進士 申克貞과 더불어 요세에게 입문하였다는[34] 사실로 보아 요세와 마찬가지로 지방사회의 토호층이거나 독서층 출신임을 알 수 있다.

천인은 요세에게서 삭발한 뒤 송광산 수선사의 혜심에게서 조계선에 대한 요령을 체득하고서 만덕산으로 돌아와 스승의 명에 의하여《법화경》에 전념하였다. 그러다가 고종 19년 여름에 만덕산에 보현도량이 개설되자 이 곳에 2년 동안 머물다가 다시 智異山·毗瑟山 등지로 은둔하여 수행에 힘썼다. 몇 년 후 다시 만덕산으로 돌아와 요세에게서 천태교관을 전수 받았으며, 요세가 이미 늙어 주법의 자리를 물려주려 하자 몸을 숨겨 上洛(尙州) 功德山으로 피하였다. 이 때가 고종 30년으로 추정되는데 당시 공덕산에는 東白蓮社가 결성되고 있었다. 이는 백련사 결사가 확산되었다는 의미를 갖는 것인데, 崔滋가 고종 28년 상주목사로 있으면서 창건한 米麵社를 중심으로 한 것이었다. 이에 대해서는 천책이 찬한 〈遊四佛山記〉에[35] 이 때의 사정을 소상히 밝히고 있다.

그 뒤 천인은 고종 32년 요세를 계승하기 위하여 四佛山(공덕산)에서 만덕산으로 돌아와 제2세 주법을 맡게 되었다. 이 때 천인은 스승의 은혜를 거절하기 어려워 入院함을 밝히고 있다.[36] 천인은 백련사 주법을 맡은 지 2년 만인 고종 34년 겨울에 胡寇를 피하기 위해 莞島 象王山 法華社로 들어갔다. 이 때 천인은 법화사에서 가벼운 질병을 앓았는데, 이 사실을 전해 들은 고종은 서신과 함께 약을 보내기도 하였다. 그 뒤 그는 고종 35년 7월 7일 주법의 자리를 圓院에게 물려주면서 사후에 검소하게 다비할 것을 경계하고 있는데[37] 이는

---

33) 天因에 대한 기록은 소략한 편이다. 그의 저술로는《靜明國師詩集》(3권)과《靜明國師後集》(1권) 등이 있다. 전자는 현재 전해지지 않고 서문만 남아 있으며 후자는 그 일부만 전할 뿐이다.

34) 蔡尙植, 앞의 책, 85~86쪽.

35) 天頙,《湖山錄》권 하.

36)《東文選》권 111, 疏 初入院祝聖壽齋疏文(天因).

37)《東文選》권 83, 序 靜明國師詩集序.

결사의 주법자로서 보여준 당연한 태도이며, 한편으로 몽고의 침략을 겪고 있는 당시의 어려운 사정을 감안한 것인지도 모른다. 원완에게 주법을 물려준 뒤 만덕산 남쪽에 있는 龍穴菴에서 담담히 지내다가 그 해 8월 4일에 崔滋·鄭參政과 그의 제자인 天吉에게 글을 남기고[38] 입적하였다.

천인의 저술로 현전하는 것은 《靜明國師後集》과 몇 편의 시문·소 등인데 이를 통해 단편적이나마 그의 불교관을 살펴본다. 요세의 불교사상을 계승한 천인은 그의 스승과 비슷한 사상적 편력을 경험했다고 할 수 있다. 보현도량 개창 전에는 선을 수행할 정도로 다양한 불교경험을 하기도 했으나 보현도량 개창 후에는 법화사상을 기본으로 한 정토관이 그의 불교관의 중심이었다. 《정명국사후집》의 〈自序〉에서 극락세계인 정토에 다 함께 나아가 불력을 친히 잇고 큰 지혜를 성취하여 중생을 널리 제도하고 열반의 기쁨을 얻기 위하여 彌陀讚偈와 《법화경》 28품의 각 품에 대한 찬게를 짓는다고 한 것은 그의 불교관을 단적으로 말해주는 것이다. 〈彌陀讚〉에서도 마음이 바로 佛土임을 강조하고 마음을 밝히는 가장 빠른 길은 법화신앙에 의거해야 한다고 밝히고 있다. 이러한 법화사상을 가장 일목요연하게 표현한 것은 《후집》의 〈摠讚〉에 《법화경》은 諸法實相을 體로, 平等佛慧를 妙宗(用)으로 하였으며 二乘·三乘(聲聞·緣覺·菩薩乘)을 一乘으로 融攝하고 있음을 밝힌 것이라 할 수 있다. 이와 같이 천인은 법화사상을 바탕으로 하여 정토신앙까지도 강조하는 사상체계를 표방하였는데 이는 바로 요세를 계승한 것이라 하겠다.

한편 천인이 수선사의 2세인 혜심으로부터 月南寺에서 수선의 요령을 체득했다는 기록으로 보아 초기에는 그의 스승처럼 간화선의 영향을 받았으리라고 추측되지만 백련사의 사상적인 성격상 止觀에 의한 천태종의 禪觀이 주된 사상적 기반이라 생각된다. 다만 천인이 평생을 《法華經》·《圓覺經》·《楞嚴經》과 지자의 법화 3부를 널리 독송하고 수선의 여가에 게송을 불렀다는 것은[39] 원각·능엄경이 수선사에서도 널리 읽혔던 사실과 관련하여 앞으로 검토해 볼 문제이다. 그렇지만 보현도량의 설치 후에는 분명히 정토신앙적 사상체계를 강조했다고 할 수 있다.

38) 위와 같음.
39) 《東文選》 권 6, 七言古詩 致遠菴主以詩見示仍以請予紀山中故事次韻答之(天因).

다음은 천인이 접촉한 인물에 대해 살펴보자. 이에 대한 자료가 없는 형편이지만 누구보다도 사불산에 미면사를 개창할 때 주축이 되었던 최자를 들 수 있다. 천인은 최자보다 나이는 십수 세 적지만 본래 천인이 유학에서 출발한 인물이라는 사실로 미루어 볼 때 삭발하기 전부터 이미 양자간에는 친밀한 교류관계를 맺고 있었던 것 같다. 최씨정권 아래에서 문사로 활약한 대표적인 인물 중의 하나인 최자는 보현도량의 개창과 관련하여 최씨정권이 백련사에 관심을 갖게 하는 매개역할을 했는지도 모른다.

다음은 천책에[40] 대해 살펴보기로 한다. 천책도 천인과 동일한 출신 성격을 가지고 있는 인물이다. 천책은 바로 천인과 함께 요세에게 입문한 전 진사 신극정인데,[41] 그는 고려의 삼한공신 申厭達의 11세손이며 모계는 慶州金氏로 상주 관내의 山陽縣(현 문경)에서 출생했다. 이로 보아 그는 이 지역의 토호세력이자 독서층 출신으로 추측된다. 그는 국자감시에 합격하여 성균관에 들어갔으며, 그 뒤 예부시에 합격하여 진사가 되었고 이어 관로에 나아갈 수 있는 위치에 있었으나 포기하고 고종 15년 23세 때에 요세의 제자로 입문한 인물이다.[42] 그가 삭발한 동기는 丹桂主人인 淸河相國이[43] 金字蓮經을 베껴 쓰게 한 것이 계기라고[44] 스스로 밝히고 있다.

이와 같이 유학에 바탕한 인물들이 1220년대에 백련사의 요세에게 입문하여 승려가 되었다는 사실은 당시 사상구조의 단면을 시사하는 것이다. 심지어 이들이 과거에 합격한 인물들이었을 뿐만 아니라 최우정권에 의해 대거 발탁될 수 있는 정치적 상황을 미루어 볼 때, 단순히 개인적인 성향에 의해 승려가 되었다고 보기는 어렵다. 이러한 현상은 문벌체제하에서 귀족적·보

---

40) 천책의 저술은《海東傳弘錄》과 시문집으로《湖山錄》이 있다.《湖山錄》은《室薄錄》,《文集》(2권) 등으로 표현된 것이 있으나 모두《湖山錄》을 지칭하는 것 같다.《禪門寶藏錄》을 천책의 저술로 학계에서 널리 인정하고 있으나, 이를 천책의 저술로 보지 않는 견해도 있다(蔡尙植, 앞의 책, 89~90쪽).

41) 蔡尙植, 앞의 책, 91~92쪽.

42)《東文選》권 14, 七言律詩 次韻答中書舍人金祿延(眞靜).

43) 淸河相國을《萬德寺志》편찬자가 崔滋라고 주를 붙였으나, 천책의 科擧合格 사실로 미루어 볼 때 그의 座主였던 崔宗梓가 아닌가 한다(許興植, 〈眞靜國師의 生涯와 時代認識〉,《東方學志》35, 1983 ;《高麗佛敎史硏究》, 一潮閣, 1986).

44) 天頙,《湖山錄》권 하, 答芸臺亞監閔昊書.

수적인, 또 무신체제하에서 부용적 성격을 지닌 유학에 대한 회의와 당시 혼란한 사회에 대한 좌절감이 작용한 것은 아닌가 한다. 역설적으로 이들 유학자들이 백련사 등의 결사운동에 참여하게 된 이면에는 사상적으로 당시의 유학의 분위기에서 해결할 수 없는 사상체계를 백련사계통에서 표방하고 있었던 것은 아닌가 하는 점이다.

그 뒤 천책은 입사 후 고종 19년(1232) 보현도량을 개창할 때 〈起始疏〉를 찬했으며, 고종 23년에는 요세의 명에 의해 〈백련결사문〉을 지었는데[45] 그 내용은 알 수 없으나 몇 구절이 《釋迦如來行蹟頌》에 인용되어 있다. 그 후 천책은 고종 31년 8월에 미면사, 즉 동백련의 제1세 주법이 되었는데 이는 미면사를 개창한 최자가 上洛守로 있으면서 이 지역 출신인 천책을 초청하였던 것이다. 천책이 동백련에 주법한 기간은 얼마나 되는지 확실하지는 않으나 백련사 3세 주법으로 원완이 고종 35년에 등장하고, 그 다음 주법을 천책이 맡았던 것으로 미루어 백련사 주법으로 가기 전까지는 동백련에 있었던 것 같다. 천책이 백련사의 4세였다는 기록은 '白蓮社第四世眞淨國師'라고 한 것에서 알 수 있으며,[46] 그가 백련사에서 주법한 시기는 대략 13세기 중반 이후로 짐작된다.

백련사에서 주법할 당시인 원종 3년(1262)에 천책은 〈法華隨品讚〉을 짓기도 하고 원종 6년에는 林桂一에게 시를 보내기도 하였다.[47] 그가 임계일에게 시를 보낸 것은 다음해 가을에 임계일이 蓮社詩를 보낸 것과[48] 관련하여 생각해야 할 것 같다. 즉 임계일을 중심으로 한 당시의 관직자들과 천책은 많은 교류를 하였는데, 이를 통해 천책이 주법할 당시 백련사의 성격을 이해할 수 있을 것이다. 천책이 교류한 인물을 다음의 세 부류로 나누어 볼 수 있다.

첫째, 임계일을 중심한 中書省(藥省)의 諸郎들인 중앙관직자를 들 수 있다. 이들은 林桂一·李藏用·柳璥·鄭興(본명 可臣)·金祿延·郭汝弼 등인데 이장용·유경은 각각 정당문학과 평장사의 최고관직자들이며 그 밖에는 중서성의 左拾遺·中書舍人·起居郎 및 同文院錄事 등 4~5품의 중앙관직자들이었

45) 《萬德寺志》 권 2, 眞靜國師寄金承制書.
46) 雲默, 《釋迦如來行蹟頌》, 跋文.
47) 《萬德寺志》, 年表.
48) 《東文選》 권 14, 七言律詩 丙寅秋仲一日 謁平章慶源公因語…因和成一篇 遙寄呈大尊宿丈下.

다.[49]

당시 유경 등이 崔竩를 제거하고 이어 강화도정부가 원종 즉위년(1259) 몽고에 항복했으며 그 뒤 金俊이 敎定別監이 된 정치적 상황으로 볼 때, 이들과의 교류를 단순하게만 생각할 수 없게 한다. 백련사에서 보현도량을 설치한 것이 대몽항쟁의 일환이었을 가능성을 감안할 때 몽고에 항복한 이후에는 백련사의 성격이 변질되었을 가능성도 있는 것이다. 여기서 임계일이라는 인물이 밝혀져야겠지만 대체로 이들이 최씨집정기에서 원의 간섭 초기까지 고려사회를 이끌어간 핵심적 문신관료층이었다는 점을 생각하면, 당시 정세에 대해 이들이 고민한 내용을 부분적으로 이 연사시에 표현한 것은 아닌가 한다.

둘째, 천책이 백련사에 주법할 당시 가까이 있던 지방수령들을 들 수 있다. 시를 통해 朗州(현 영암)太守 金㥠(?~1284)라든지,[50] 珍島縣令 于勉[51] 등과의 교류를 들 수 있다.

셋째, 천책이 입사 전부터 친분이 있었던 유학자들과의 교류를 들 수 있다. 이들은 성균관 시절의 동사생, 또는 예부시에 함께 합격한 인물들로 추정되는데 李頴(?~1277), 金坵(1211~1278) 및 閔昊 등을 들 수 있다.

이상에서 천책과 교류한 인물들을 대략 세 가지 부류로 나누어 살펴보았다. 이들과의 교류를 단순하게 파악할 것이 아니라 연사시를 교류한 시기가 원종 7년 전후라는 점과, 당시 고려사회가 무신집권 막바지에서 대몽항쟁의 열기가 식어 차츰 몽고에 복속되어 가던 시기라는 점을 고려할 때, 이들 시편들은 당시 지식인들로서 관직에 나간 자들의 고민을 표현한 것이라 할 수 있다. 다만 이들과의 교류 이후의 천책에 대한 기록이 거의 보이지 않는 점으로 보아 천책은 몽고간섭기로 접어들면서 잠적한 것 같으며, 그를 계승한 손제자인 雲默의 활동상과 사상체계를 통해서 그의 행적을 짐작할 뿐이다.

그러면 천책의 불교관이 어떠한가 살펴보자. 천책이 금자연경을 썼던 사실이 있었음을 미루어 볼 때 그의 불교관은 법화사상에서 출발하였음을 알

49) 蔡尙植, 앞의 책, 94~95쪽.
50) 《東文選》 권 14, 七言律詩 次韻答朗州太守金㥠所寄(2首, 眞靜).
51) 《萬德寺志》 권 3, 呈龍穴大尊宿丈室.

수 있다. 천책의 법화사상을 알려주는 자료는 〈萬德寺法華道場疏〉와 〈萬德寺蓮經法席疏〉를 들 수 있다.[52] 천책은 삼승(方便)을 일승(實相)으로 회통한다는 법화경의 중심되는 이론체계에 입각하여 一念이라 하여 염불을 강조하기도 하고 실천문으로 修懺을 내세우기도 하였다. 이러한 불교관은 그가 원종 9년에 완성한[53] 《海東傳弘錄》이 법화신앙의 영험담을 통해 정토관을 표방한 저술이라는 점에서도 알 수 있다.[54]

이러한 천책의 불교관은 요세를 계승한 것이었으며, 특히 요세가 지자 이후 쇠퇴한 천태종을 만덕사에서 보현도량을 개창함으로써 다시 일으켰음을 밝히고[55] 있는 것은 주목된다. 요세가 개창한 백련사를 다분히 우월시하는 분위기, 다시 말하면 義天이 개창한 천태종에 대해 그들이 정통이라는 의식을 가지고 있었음을 발견할 수 있다.

백련사는 요세 이후 천인·천책에 의해 계승되었으나 원의 간섭기에 접어들면서 서서히 퇴조하게 된다. 충렬왕 10년(1284)에 충렬왕과 齊國大長公主의 원찰인 妙蓮寺가 개경에 건립되고부터 백련사의 사상적 전통은 변질하게 뒤다.[56] 백련사 출신인 景宜와 無畏가 묘련사에 참여한 이후 백련사의 본래적인 성격은 변질·해체된 것으로 파악된다. 이러한 묘련사를 뒤에 원 간섭기의 대표적 권문세가로 부각된 趙仁規가문이 무려 4대에 걸쳐 4명의 승려를 배출함으로써 장악하였으며, 나아가 조씨가는 묘련사뿐 아니라 차츰 천태종 교권까지도 좌우하였다. 이러한 현상은 고려사회가 13세기 말 이후 해체되어 가는 정치·사회상을 반영한 것이며, 자각·반성운동으로 일어난 결사운동이 계승되지 못한 채 불교의 사회적 기능이 축소되어 가는 단면이라고 할 수 있다. 다만 백련사의 사상적 전통은 14세기 중반에 활약한 운묵에 의해 계승되었을 뿐 이후의 전모는 알 수 없다.

---

52) 《萬德寺志》 권 3.

53) 許興植, 앞의 책, 850쪽.

54) 이에 관한 것은 다음의 글들이 참고된다.
許興植, 위의 책, 850~854쪽.
梁銀容, 〈高麗 了圓撰 法華靈驗傳의 研究〉(《金三龍華甲紀念 韓國文化와 圓佛教思想》, 1985).

55) 《萬德寺志》 권 3, 萬德寺法華道場疏.

56) 蔡尙植, 〈妙蓮寺의 창건과 그 성격〉(앞의 책), 181~197쪽.

엄밀하게 이야기하면 신앙결사가 우리 역사상 사회운동의 차원에서 존속한 시기는 13세기 전후에 걸친 몇 십 년간이라고 할 수 있다. 이를 주도한 인물들은 수선사계통의 지눌·혜심과 백련사계통의 요세·천인·천책 등이었다. 12세기 이래로 지방의 토호층과 독서층, 일반 민들이 보수적 문벌귀족체제에서 유리되면서 한편으로는 성장기반을 서서히 구축해 가던 잠재적인 에네르기가 궁극에는 사회변혁의 동력으로 작용하게 되는 13세기 전후에, 실천적 결사운동이 전개되었다는 사실은 대단히 중요한 역사적 의미를 갖는다고 할 수 있다. 이러한 결사운동이 남기고 있는 역사적 의미를 다음과 같이 정리하는 선에서 맺고자 한다.

첫째는 사회계층적 측면에서 볼 때 보수적인 소수의 문벌귀족체제에 의해 장악되고 있던 불교계의 제반 모순을 지방의 토호층과 독서층들이 자각·비판하고 이에 대한 개혁을 시도했다는 사실이다. 따라서 신앙결사를 주도한 몇몇 이름난 승려의 노력도 중시해야겠지만 이보다 사회구조적 측면의 변화를 주목해야 할 것이다. 이는 소수의 독점에서 상대적으로 다수에 의한 공유체제로의 발전이라고 할 수 있다. 이러한 변화는 13세기 고려사회가 처해 있던 대내적 모순을 극복하려는 노력으로 나타나기도 했으며, 아울러 30여 년간에 걸친 이민족과의 항전을 치러낼 수 있는 저력으로 작용했다고 할 수 있다.

둘째는 사상사적 측면에서 볼 때 결사운동을 주도한 지도자들이 표방하고 있는 이념적 지표는 정도의 차이는 있을지라도 수행과 교화의 어느 한 쪽도 소홀히 하지 않았다는 사실이다. 이는 어느 한쪽에만 기울어지기 쉬운 현실을 감안할 때 중요한 교훈을 던져주는 것이다. 수행은 선사상이든 천태사상이든 출가인들의 본분이지만, 교화는 자기가 몸담고 있는 사회의 모순과 갈등을 풀어나갈 수 있는 실마리를 제공하는 것이므로 실천적 의미를 지니고 있다고 할 수 있다. 따라서 이들 양자는 관념적 차원에서 머물 것이 아니라 수레의 양바퀴처럼 함께 하면서 실천의 장에 우뚝 서야 하는 것이다. 바로 이러한 모습을 결사운동에서 찾을 수 있다.

셋째는 신앙결사를 운동적 차원에서 인식하다 보면 철학면(교리면)의 발전은 경시하기 쉬운데, 당시 수선사와 백련사를 주도한 인물들의 불교철학은 최고의 수준이었다는 사실이다. 단적으로 13세기 전반에 수선사가 간행한 禪

籍을 보면 단순히 중국의 저술을 그대로 재간행한 것이 아니라 종합하여 재정리한 것이 의외로 많음을 알 수 있다. 또 백련사도 천태·법화계통의 불서를 節要하고 쉽게 이해하도록 정리한 기록이 보인다. 특히 당시 신앙결사에서 절요를 시도한 것은 불교철학을 다수가 쉽게 공유할 수 있도록 하기 위한 신앙적 의도가 작용한 것이지만, 이러한 시도는 철학면에서 일정한 수준에 도달하여야 가능한 것이다. 신앙결사 단계에 구축한 이러한 철학면의 발전을 한마디로 표현한다면 불교철학의 自己化단계에 이른 것이라고 말할 수 있다. 이는 또한 13세기에 몽고와의 항전을 치르면서도 대장경을 주조할 수 있는 사상적 맥락과도 통하는 것이다. 당시 대장경의 주조는 무엇보다도 철학면에서 일정한 수준에 도달해야만 가능했던 것이다.

결론적으로 말하면 당시 13세기 동아시아의 불안정한 정세 속에서 가장 선진성을 지닌 불교사상을 표방한 인물들이 바로 知訥과 了世를 비롯한 결사운동을 주도한 인물들이라는 사실이다.

〈蔡尙植〉

5) 원의 정치간섭과 불교

(1) 고려와 원과의 관계

13세기에 들어와 고려사회를 크게 변화시킨 대외적 요인은 동아시아에 유목민족인 몽고가 새로운 강자로 부상함으로써 그에 따른 고려와 몽고간의 약 30여 년에 걸친 전쟁에서 찾을 수 있다. 이는 종래 고려·송·금을 중심축으로 비교적 안정된 동아시아의 국제질서를 유지하였던 체제를 무너뜨린 몽고족이 힘의 중심으로 자리잡으면서 야기된 것이었다.

희종 2년(1206) 칭기즈칸[成吉思汗]은 몽고족의 여러 부족을 통일하여 원을 건국한 뒤 점차 세력을 강화하여 동서의 주변국가를 차례로 정복하였다. 동아시아에 대한 원의 정복전쟁은 희종 7년 금에 대한 침략으로 시작되었다. 이 과정에서 몽고에 쫓기던 거란족은 고종 3년(1216) 고려에 침입하였다가, 고종 6년에 고려와 몽고·東眞國의 연합군에 의해 江東城에서 소탕되었다.

이를 계기로 고려와 몽고는 형제맹약을 맺는 등 최초의 외교관계를 맺게 되었다.[1] 이후 몽고는 고려에 지배층 자제의 入質, 호구조사의 보고, 몽고군 원정 때의 助軍, 원에 대한 식량·租賦의 수납, 다루가치[達魯花赤] 주재, 驛站설치, (혹은 군왕의 친조) 등 이른바 六事를 중심으로[2] 고려에 과도한 요구를 해왔고 고려로서는 이에 쉽게 응할 리가 없었다.

고종 12년 몽고사신 著古與의 피살사건을 계기로 고려와 원과의 관계는 긴장관계로 접어들었으며, 이후 고종 18년 제1차 침입을 시발로 고종 46년에 이르기까지 6차에 걸친 30여 년간의 전쟁으로 이어졌다. 이러한 과정에서 최우정권은 고종 19년 강화도로 도읍을 옮기고 전국 각지의 농민들에게 산성과 해도에 入保케 하여 항몽태세를 수립하였다. 강화가 맺어지기까지 몽고는 여러 차례 고려를 침입하였으나 농민을 주축으로 한 대몽항전은 전국 각지에서 치열하게 전개되었다.

그러나 최씨정권이 붕괴되면서 고종 46년 태자의 입조와 개경환도를 조건으로 원과 강화를 맺게 되었다. 이러한 강화는, 고려 내부의 사정으로 최씨정권이 무너지고 왕정복고가 이루어지면서 국왕을 중심으로 결집된 문신세력의 의도와 몽고의 이민족 지배방식이 유목봉건제적 체질을 청산하고 황제의 일원적 지배체제로 크게 전환된 점이[3] 서로 합치점을 이룬 산물이었다. 더욱이 고려와 몽고의 전쟁이 마무리되던 고종 47년 쿠빌라이(세조)의 즉위를 계기로 원의 이민족 지배방식은 전환되어 해당지역의 풍속과 제도를 어느 정도 인정하는 간접적인 통치방식으로 바뀌었다. 원 세조가 고려의 문물제도에 대하여 '土風은 고치지 않는다'는 원칙을 천명한 것은 이에서 비롯된 것이었다.[4]

이후 강화를 둘러싼 국내정치세력간의 알력과 반목 등으로 강화조건이 지연되기도 하였으나, 마침내 원종 11년(1270) 개경환도를 결정하였다. 이러한

---

1) 高柄翊, 〈蒙古·高麗의 兄弟盟約의 性格〉(《白山學報》 6, 1969;《東亞交涉史의 硏究》, 서울大 出版部, 1970).

2) 高柄翊, 위의 책, 178~183쪽.

3) 주채혁, 〈몽골·고려사 연구의 재검토〉(《애산학보》 8, 1989)에는 전쟁의 종식을 유목계인 本地派에서 農耕系 漢地派로 권력구조가 바뀐 몽고 내부의 사정을 언급하고 있다.

4) 박종기, 〈고려시대의 대외관계〉(《한국사》 6, 한길사, 1994), 244~245쪽.

결정에 반발한 三別抄는 강화도에서 진도로 내려가 남부 해안지역 일대를 지배하에 넣었다. 당시 남도 연안의 각 지방이 급속도로 삼별초에 호응한 것은 이전부터 이 지역이 가혹한 수탈지역으로서의 성격을 지니고 있었던 데 일차적 요인이 있었다. 또 삼별초군으로서는 이 지역을 장악함으로써 물자보급 및 일본·남송으로 연결되는 해상거점을 확보한다는 차원에서도 적극적으로 진출하려고 하였던 것이다. 이러한 삼별초가 원종 12년 고려와 몽고연합군의 토벌로 진도가 함락되자, 그 일부는 金通精의 지휘하에 다시 제주도로 옮겨 항쟁을 계속하다가 원종 14년에 결국 진압되고 말았다. 당시 삼별초군은 중앙으로 가는 漕船을 붙잡아 歲米와 공물을 탈취하고 남부 연안지역을 점령하여 몽고군과 대결하였으며 한때 일본과 연합을 시도하여 외교문서를 보내기도[5] 하였으나 몽고군과 정부군의 합동공격으로 좌절되고 말았다. 이리하여 오랫동안 계속된 대몽항쟁이 종식되면서 고려는 몽고의 간섭하에 들어가게 되었으며 이어 두 차례에 걸친 일본정벌에 동원되기도 하였다(1274·1281년).

어떻든 양국간 전쟁의 종결은 새로이 등장한 고려의 지배층이 원과의 정치적인 의존관계를 긴밀하게 하면서 이후 정치구조의 왜곡과 파행현상을 초래하는 등 민족모순을 심화시키는 계기가 되기도 하였다. 더욱이 고려와 원과의 관계는 농민항쟁기 이래 제기된 고려의 사회경제적 모순을 더욱 심화시키는 계기가 되었다.[6] 이러한 이중적 모순은 대몽항전 이래의 과제로 남겨둔 채, 일부 지배계층은 그들의 이익만을 온존시키는 방향에서 원의 간섭하에 재편되었던 것이다.

그러면 원의 정치간섭과 영향력은 어떻게 전개되었을까. 원 세조의 간접적인 이민족 지배방식은 고려에도 적용되었는데, 예컨대 고려 국왕의 親朝와 원 공주와의 혼인, 征東行省의 설치, 관제의 개편 등은 그러한 지배방식의 산물이었다. 이 가운데 고려와 원의 관계를 상징하는 대표적 사실은 정동행성의 설치다.[7] 본래 원의 행성(行中書省 혹은 行尙書省)은 중서성의 출장소격

5) 柳永哲, 〈'高麗牒狀不審條條'의 재검토〉(《한국중세사연구》 창간호, 한국중세사연구회, 1994).

6) 박종기, 앞의 글, 245~248쪽.

7) 征東行省에 대한 대표적인 연구는 다음과 같다.
高柄翊, 〈麗代 征東行省의 硏究〉(앞의 책).

인 지방행정기구이지만, 정동행성은 충렬왕 6년(1280) 원이 고려와 연합하여 일본을 원정하기 위하여 설치하였던 전방사령부로서 임시적 군사기구였다. 충렬왕 13년 이후 정동행성은 군사적 성격에서 고려 내정을 간섭·통제하기 위한 지배기구의 성격으로 바뀌었다.[8] 행성은 관리의 치폐를 거듭하면서 통제를 강화하기도 하고 이에 고려정부는 자구책을 강구하여 반발하기도 했지만, 이 기구는 공민왕의 반원정책이 시도되기까지 존속되었다.

이러한 정동행성을 중심으로 한 원의 고려지배는 정치적 개편을 위주로 한 것으로 주로 국왕과 그 측근세력 등의 지배층을 통한 것이었다. 14세기에 거듭되는 왕위의 重祚, 瀋陽王과 고려왕의 분리·이간책 등 지배층 내부의 복잡다단한 이합집산 현상은 바로 그러한 지배방식의 산물이었다. 특히 고려의 지배층 내부에서 정동행성에 대신하여 원의 內地 행성 같은 것을 두어 고려를 통치하자는 이른바 여러 차례의 立省論議(충선왕 원년; 1308, 충숙왕 10년; 1323, 충혜왕 즉위년; 1330, 충혜왕 후4년; 1343)는 以夷制夷策을 이용한 원의 복속정책의 실상을 단적으로 보여주는 것이다.

어떻든 고려는 원에 의해 많은 피해를 입었음은 분명한 사실이나, 그들은 정치체제와 관제의 개편, 왕위계승에 대한 개입 등, 고려의 지배층에 대해서는 어느 정도 간여하여 소기의 성과를 얻을 수 있었을 뿐 고려사회 전체를 해체시킬 정도의 지배는 이루지 못하였다. 결국 고려의 지배층은 사회 내부의 이중적 모순을 담보한 채 그들의 이익을 위해 원의 간섭 아래 온존하였던 것이다.

(2) 불교계의 동향

앞에서 13세기에 접어든 이후 고려와 몽고와의 국제관계가 어떻게 전개되었는지를 살펴보았다. 이 시기에 불교계는 새로운 경향의 신앙결사를 중심으로 전개되었으나, 원에 복속되어 가면서 대대적인 개편이 이루어졌다. 이러한 개편은 원의 간섭이라는 현실에 안주하던 지배층의 이익을 반영하는 차원에서 이루어진 것이었다. 그러나 불교계는 대체로 원의 간섭이라는 현실 속에

張東翼, 〈征東行省의 置廢와 그 運營 實態〉(《高麗後期外交史硏究》, 一潮閣, 1994).

8) 張東翼, 위의 책, 49~52쪽.

타협하고 온존하려는 경향이 주류를 이루었지만, 한편으로 신앙결사를 계승하면서 당시의 보수적 성격을 비판하는 경향도 엄연히 존재하고 있었다.[9)]

그렇지만 양자의 경향에서 공통적으로 지적되는 점은 신앙적 측면이 강조되는 경향을 들 수 있다. 더욱이 원의 영향에 의해 신비적이면서 말폐적 성격을 띤 점이라든가, 화려하면서도 사치한 귀족적 신앙형태, 사원을 願堂化함으로써 사회경제적 모순을 더욱 배가시켜 나가는 경향 등은 불교의 사회적 기능이 서서히 퇴조하고 있는 모습을 반영한 것이 아닌가 한다.

그러면 먼저 전자를 살펴보기로 하자. 이는 수선사의 계승을 표방하며 부각된 迦智山門, 백련사의 성격을 변질시키면서 그 계승을 표방한 妙蓮寺계통, 또 주로 원에 寫經僧을 파견함으로써 부각된 法相宗(瑜伽業) 등을 들 수 있다. 이러한 양상은 최씨집정기에 수선사·백련사계통의 인물들이 대부분 국사·왕사로 책봉 또는 추증된 것에 비해 충렬왕대 이후는 대체로 가지산문·묘련사·법상종 출신들이 국사·왕사로 책봉된 사실과 관련된다.[10)]

무신란 이후 최씨집정기까지 거의 미미한 존재였던 가지산문이 원의 간섭기로 접어들면서 수선사를 대신하여 불교계의 중심교단으로 부각된 배경은 무엇이었을까.[11)] 이는 정치적으로 왕정복고가 이루어지고 몽고와의 강화가 일단 맺어지는 고종 말부터 원종연간의 과도기에 불교계의 중추적 인물로 부각된 一然(1206~1289)과 관련된다. 이는 고종 45년 왕정복고에 참여하여 衛社功臣이 된 朴松庇(?~1278)가 일연의 대표적 단월이었다는 사실을 주목하지 않을 수 없다. 한편으로는 이 때 일연이 지눌의 법맥을 계승했다고 표방할 정도로 그 내부에 마련된 사상적 기반과도 무관하지 않았을 것이다. 박송비의 정치적 배려에 힘입어 일연계통이 속한 가지산문이 부각되고, 뒤에 충렬왕대에 이르면 일연이 國尊에 봉해질 정도로 가지산문은 이 시기의 중추적인 교단으로 급성장하였다.

이와 같이 부각된 가지산문은 원 간섭기에 보수세력의 지원으로 그 세력

---

9) 蔡尙植, 《高麗後期佛敎史硏究》(一潮閣, 1991), 232~233쪽.

10) 許興植, 〈高麗時代의 國師·王師制度와 그 機能〉(《歷史學報》 67, 1975 ; 《高麗佛敎史硏究》, 一潮閣, 1986).

11) 一然과 迦智山門에 관련되는 내용은 다음의 글이 참고된다.
蔡尙植, 〈一然의 생애와 檀越의 성격〉(앞의 책, 1991).

을 확장하였으며, 일시적으로는 천태종의 묘련사계통과 교권장악을 위해 서로 대립하기도 하였으나, 고려 말에는 太古普愚가 출현하여 중국으로부터 臨濟宗을 수입하기도 하고 한때 불교계의 통합을 시도하기도 하였다.[12] 어떻든 불교계의 중추세력이 당시의 정치·사회구조 속에서 대두한 보수세력과 결탁하고 있었다는 것은 고려사회가 해체되어 가는 과정에서 불교의 사회적 기능이 축소되고 있는 단면을 보여준 것이라 할 수 있다.

한편 일연의 사상적 경향은[13] 수선사가 표방하던 看話禪에 입각하였다고 할 수 있다. 그리고 《曹洞五位》를 중편한다든가(고종 43년 ; 1256), 또 당시 선종계통에서 널리 읽히고 있던 戒環이 要解한 《楞嚴經》에 대해 普幻이 그 미비점을 보완한 것을 교감해 준다든가(충렬왕 5년 ; 1279), 또한 선종계통의 저술인 《人天寶鑑》을 간행토록 하는(충렬왕 15년) 등의 행적과 운문종의 善卿이 찬한 것으로써 선에 대한 일종의 사전이라 할 수 있는 《祖庭事苑》을 편수한 예를 보면, 일연은 당시 풍미했던 간화선을 기본으로 하고 다른 계통의 선사상까지도 폭넓게 수용할 수 있는 탄력성을 지닌 인물로 짐작된다. 이와 같이 선사상을 기본으로 하면서 일연은 교학과 유학에도 조예가 있었다고 보여진다. 그러나 일연은 몽고와 강화를 맺은 이후에는 현실적 구원사상을 강조하는 방향으로 사상적 전환을 한 것으로 이해되는데, 이는 실천적·현세적 신앙을 강조함으로써 이민족의 침략으로 가장 많은 피해와 고통을 받았던 민중들로 하여금 구원과 희망을 갖게 하기 위한 신앙적 노력이 아니었나 생각된다. 이러한 실천적·현실적 신앙의 표방은 결국 《三國遺事》의 찬술과도 연결되는 사상적 배경이라고 할 수 있을 것이다.

다만 曹洞禪을 수용하는 과정에서 부수적으로 이해할 수 있는 초기의 성리학적 분위기를 불교계의 내적 바탕을 토대로 하여 더욱 심도있게 받아들이지 못하고, 특히 仁興社에 주석한 이후 현실구원을 강조하는 신앙을 강조한 경향은 당시의 시대적 산물이지만 결국 불교의 사회적 기능이 서서히 퇴조해 가는 단면을 말해주는 것이다.

한편 충렬왕 9년에 왕과 齊國大長公主의 원찰인 묘련사가 건립되었다. 충

---

12) 崔柄憲, 〈太古普愚의 佛敎史的 位置〉(《韓國文化》 7, 서울大 韓國文化硏究所, 1986).
13) 蔡尙植, 〈一然의 사상적 경향〉(앞의 책, 1991).

렬왕 이후 권문귀족 등에 의해 건립된 원찰이 급증한다는 사실과 관련지어 볼 때,[14] 묘련사는 비록 왕실이 건립의 주체였다고 하지만 국가적 위기를 극복하기 위한 의도라기보다 개인의 기복을 위해서 건립된 귀족불교적 성격을 띠고 있었다. 이러한 성격을 지닌 묘련사에서 활약한 인물들이 백련사 출신의 승려라는 점에서 백련사 결사의 해체과정을 읽을 수 있다. 이들은 景宜와 丁午·義琁으로 연결되는데 경의와 정오는 본래 백련사 출신으로서 충렬왕의 부름에 의해 묘련사에 등장하기 이전까지 백련사계통에서 활약하였다. 충렬왕 10년경에 경의가 묘련사의 1세 주법으로 등장하고, 그 이후 18년이 지나 정오가 묘련사의 주법으로 가게 됨에 따라 백련사계통의 승려들이 묘련사와 깊은 관계를 맺게 된 것은 당연한 추이였다. 또한 이들은 왕실의 원찰인 묘련사에 초청된 이후에 당시 교권의 중심이었던 國淸寺·瑩原寺 등을 중심으로 왕실의 지원 아래 화려한 승계를 가지면서 교권을 장악하기도 하였다. 또한 이들의 사상적 경향도 法華敎說과 天台疏만을 중시하여, 주로 일반대중에게 기반을 두고 法華三昧懺과 淨土求生을 추구하던 백련사의 신앙운동과는 거리가 멀었다.

더욱이 원 간섭기의 대표적인 권문세가로 부각된 趙仁規가문에서 무려 4대에 걸쳐 의선을 비롯한 4명의 천태종 승려가 출현하여 묘련사를 장악하였다.[15] 특히 의선은 조인규의 아들로서 그의 부가 원 황실과 가진 유대를 배경으로 하여 원 황실과 밀접한 관계를 가지게 되었다. 따라서 원의 황제로부터 「三藏法師」의 賜號를 받기도 하고 원의 수도인 연경의 大天源延聖寺와 大報恩光敎寺의 주지직을 맡기도 하였는데, 이는 승려로서 그의 정치적 역량을 말해주는 것이다. 특히 대천원연성사가 라마교의 대찰이라는 점을 미루어 볼 때 그가 여기서 주석하면서 고려 천태종과 라마교가 접촉한 계기를 만든 것인지도 모른다. 승려인 의선은 호화로운 생활을 즐기는 귀족과 같은 존재였고, 그렇기 때문에 四恩을 언급하면서 國王·師長·父母의 은혜만 말하고 시주에 대한 언급이 없었다는[16] 것은 그의 성향을 단적으로 보여주는 것이다.

---

14) 秦星圭, 〈高麗後期 願刹에 대하여〉(《歷史敎育》 36, 1984).
15) 閔賢九, 〈趙仁規와 그의 家門(中)〉(《震檀學報》 43, 1977).
16) 李 穀, 《稼亭先生文集》 권 4, 記 虛淨堂記.

그리고 조씨가에서 묘련사뿐만 아니라 차츰 경기 일원의 萬義寺·淸溪寺 등의 원찰까지도 확보하여 경제력을 축적하고 나아가 천태종 교권을 장악하였다는 사실은 원 간섭기의 정치·사회상을 반영한 것이다.

한편 유가업 즉 법상종은 무신란 이전에는 현종의 원찰인 玄化寺가 개창된 이후 화엄종과 함께 양대 세력이었으며, 특히 仁州 李氏와 연결되어 그 세력을 확장하였다. 그 뒤 최씨집정기에는 그 세력이 위축되었다가 원 간섭기에는 당시 널리 성행한 사경을[17] 주로 담당함으로써 충렬왕이 현화사를 중수할 정도로 크게 부각된 교단이다. 당시 惠永이 출현하여 충렬왕 16년에 사경승 1백여 명을 거느리고 원에 들어가 金字法華經을 베꼈는데, 이를 계기로 차츰 부원세력과 밀착되었으며 그 뒤 彌授의 단계에 이르면 충렬왕 34년에는 五敎都僧統, 충숙왕 즉위년에는 兩街都僧統으로 祐世君에 봉군되고 따로 일품의 녹봉을 받게 되었으며, 충숙왕 2년에는 懺悔府가 설치되자 승정을 장악하고 五敎兩宗의 교권을 장악하기도 하였다.

이상과 같이 원 간섭기로 재편됨에 따라 보수적 경향의 세력에 의해 불교계가 장악되고 있을 때, 이들과는 달리 불교계의 자각과 반성을 촉구한 일련의 인물들이 출현하고 있었다. 이들 중 대표적인 인물로서 백련사의 사상적 경향을 계승한 雲默無寄를 들 수 있다. 운묵은 14세기 초반에 활약한 것으로만 알려졌을 뿐 그의 뚜렷한 행적은 알 길이 없으나, 단지 그가 남긴 《釋迦如來行蹟頌》을 통해서 당시의 사정을 짐작할 뿐이다.[18] 운묵은 이 저술에서 당시 사회를 末法時代로 인식하고서, 원 간섭기의 참담한 현실 속에 처해 있던 대다수의 민중에게 염불을 통한 공덕을 강조함으로써 실천신앙으로서의 정토신앙을 제시하였다. 아울러 원당이라는 명목하에 권문세족들과 정치적·경제적으로 결탁하고 있던 당시 불교계의 모순과 보수적 경향을 비판하고 이들의 민중에 대한 각성을 촉구하였다. 특히 그가 승려로서 시주의 은혜를 강

17) 13세기 불교신앙의 한 형태로서 寫經이 널리 유행하였는데 원에 사경기술을 전수해 줄 정도였다. 그러나 호화로운 사경의 유행은 국가재정의 궁핍과 신앙의 세속화 현상을 초래하였다. 사경에 대한 연구는 다음의 책이 참고된다.
權喜耕, 《高麗寫經의 硏究》(미진사, 1986).
박상국, 《사경》(대원사, 1990).

18) 蔡尙植, 〈無寄와 釋迦如來行蹟頌〉(앞의 책, 1991).

조한 것은 이와 같은 분위기를 잘 말해주는 것이다.

이와 같이 보수적인 불교계를 비판한 세력들의 노력은 참담한 현실 속에 광범위하게 존재하던 민중에 대한 인식을 토대로 한 것이었지만, 한편으로는 나름의 한계성이 없지 않았다. 이들이 당시 사회와 불교계의 모순을 철학면(세계관)의 본질적 측면에서 해결하려는 노력을 보이지 못하고 불교의 사회적 기능 중 실천 신앙적인 측면과 공덕신앙만을 지나치게 강조한 것은 한계성이 아닌가 한다. 이러한 측면이 강조되었기 때문에 당시 사회의 여러 모순을 극복할 수 있는 이념적 기반과 그 추진세력의 결집이 불교계 자체에서 구축되기는 불가능하였던 것이다.

이러한 현상은 당시 불교계의 일반적 현상이었으며, 특히 화엄종에서도 두드러지게 나타나고 있었다. 더욱이 신앙형태도 차츰 신비적 영험만을 강조하는 방향으로 전개되었는데, 이는 화엄종 승려인 體元의 경우를 통해서 잘 알 수 있다.[19] 특히 체원이 간행을 주선하면서 스스로 발문을 지은 일종의 僞經인 《三十八分功德疏經》의 성격을 검토하면 당시의 경향이 두드러진다. 이러한 경향은 천태종계통의 了圓이 찬술한 《法華靈驗傳》이라든가, 또 당시 왕실과 권문세족들에 의해 제작된 많은 수의 사경과 불화류, 심지어 미륵하생신앙에 바탕한 埋香信仰이 해안이나 도서지역에서 유행한 것에서도 찾아볼 수 있다. 또한 이는 밀교계통으로서 신비적 성격이 강한 원의 라마불교의 말폐적 영향에 의해 더욱 상승되었음을 배제할 수 없으나, 바로 불교의 사회적 기능이 축소되고 있는 단면을 보여주는 것이다.

이상에서 원 간섭기의 불교사를 보수적 경향과 이를 비판하는 세력으로 대별해 보았다. 그렇지만 원의 간섭이라는 현실 속에서 불교계의 핵심적 교단세력은 보수적 경향으로 일관하였고, 단지 이에 대응하여 당시 사회와 불교계의 모순을 극복하려는 노력이 일각에서 시도되었을 뿐이었다. 그러나 후자의 경향까지도 한계성을 가지고 있었다. 지나치게 신앙적 측면만을 강조한 결과, 사회사상으로서의 본질적인 기능을 수행하지 못하였을 뿐만 아니라 불교계 내부에서 13세기 전후의 신앙결사 단계에 이룩하였던 사상적

19) 蔡尙植, 〈體元의 저술과 사상적 경향〉(위의 책, 1991).

기반까지도 계승하지 못하였던 것이다. 더욱이 많은 토지와 노비를 소유하고 고리대금업에까지 손을 대는 등의 사회경제적 모순까지도 가지고 있던 당시의 불교계가 사회모순을 극복할 수 있는 방안을 제시한다는 것은 불가능하였다.

이와 같이 불교의 사회적 기능이 축소되어 감에 따라 신앙결사의 단계에서 구축한 사회적 기반, 즉 소수의 문벌귀족으로부터 지방사회의 향리층·독서층이 획득한 사상계의 주도권을 주자성리학이 대신하게 되었다. 바꾸어 말하면, 주자성리학이 고려 말에 쉽게 정착할 수 있었던 사회적·사상적 기반은 이미 무신란 이후의 불교계에 의해서 그 토양이 마련되었던 것이다. 따라서 고려 말의 불교가 시대적 모순을 극복할 수 있는 새로운 단계로 진전을 보지 못하고 있는 사이에 성리학을 기치로 내세운 신진사대부의 공격을 받게 되었고, 마침내 불교는 사상계의 주도적 위치에서 밀려나고 말았다.

〈蔡尙植〉

6) 임제종의 수입과 불교계의 동향

(1) 임제종 수입과 그 배경

가. 사상적 배경

臨濟宗이 도입되던 고려 말, 특히 공민왕대의 시대적 배경은 크게 둘로 나누어 생각해 볼 수 있다. 첫째는 정치적 격동기였다는 사회적 측면이고, 둘째는 禪宗을 비롯한 불교계의 타락이 노골화되는 사상적 측면이다.

이 중에서 특히 후자의 관점에서 초점을 맞추어 임제선 도입의 시대적 배경을 살펴보고자 한다. 고려사회는 지나친 숭불의 영향으로 八關會·飯僧 등 각종 佛事가 빈번하게 열렸다. 거의 모든 불사는 祈福的 행사였으며, 공민왕 때 이르러 그 사회적 폐해가 극도에 이르렀다.

공민왕 4년(1355) 禪近은 內願堂 승려의 신분으로 간통죄를 범하였으므로 그를 치죄하려 하였으나, 왕은 그를 석방하였다. 또 慈恩宗의 英旭은 그의 邪婬罪를 다스리려 할 때, 만약 나를 죄주고자 하면 모름지기 宗門을 파해야 할 것이며, 오늘날 종문의 승려들이 나와 같지 않은 이가 누가 있는가 라고 항변하였다.[1] 이로 미루어 볼 때 당시 승단의 기강이 얼마나 문란했는지를 알 수 있다.

따라서 당시의 불교계에 대한 비판도 주로 이와 같은 승단의 타락과 불교의 사회적 폐해에 대한 공격으로 집약되고 있다. 고려 말의 李齊賢·李穡·鄭夢周·李崇仁·鄭道傳 등에 의해서 체계를 굳힌 性理學은 노골적으로 불교를 비판하기 시작했다. 그러나 그들의 논리적 근거는 바로 불교교단의 타락상에 국한된 것이었고, 불교의 교리 자체를 문제삼지는 못하였다.

그것은 신앙으로서 불교를 택했던 유학자 이색의 다음과 같은 상소를 통해서도 알 수 있다.

> 五敎兩宗은 모두가 이익집단이며, 사원은 없는 곳이 없고, 비루하지 않은 승려는 찾아볼 수가 없으므로 승려에게는 度牒을 주고, 도첩이 없는 자는 군사로 충원하며, 새로 지은 사원은 철거하고 만약 철거하지 않는 자는 죄를 주어 승려가 더 늘지 않도록 하자(《高麗史》 권 115, 列傳 28, 李穡).

이러한 상소가 단적으로 지적하고 있듯이 5교양종 모두가 불교의 본분을 잃고 이익추구에만 몰두하고 있었음을 알 수 있다. 이것은 또 공민왕의 신불태도와도 무관하지 않다. 왜냐하면 太古普愚는 강설을 통해서 공민왕의 잘못된 신앙을 통렬하게 지적하고 있기 때문이다.

> 임금의 도리는 덕을 닦아 사람을 교화하는데 있으며 반드시 信佛은 필요치 않습니다. 만약 나라를 잘 다스릴 수 없으면 아무리 부처를 부지런히 섬긴들 무슨 공덕이 있으리오…군왕이 邪를 버리고 正을 쓴다면 나라를 다스리기 어렵지 않을 것입니다(《高麗史》 권 38, 世家 38, 공민왕 원년 5월 기축).

이러한 태고의 강설은 공민왕이 바른 불교신앙을 하지 못하고 정도에서 벗어난 신앙을 한다고 보았기 때문일 것이다.

더구나 이 시기는 원과 명이 교체하던 시기로서 외교정책은 불확실하였고, 국내적으로도 辛旽 이후에 야기된 불신풍조가 만연하였다. 당시 유학은 이미 수용단계를 벗어나 종교는 불교, 학문과 치세는 유교라는 절충적 태도를 거쳐

---

1) 《高麗史》 권 38, 世家 38, 공민왕 4년 6월 을축.

고도의 형이상학적 교리체계를 갖추기에 이르렀다. 특히 송대의 유학이 배불사상을 배경으로 형성되어 왔기 때문에 그 풍조가 고려사회에도 미쳐 봉불의 폐단이나 승도의 타락이 그들 유학자의 공격대상이 된 것이라고도 볼 수 있다.[2)]

이러한 시대상황 속에서 불교의 대응은 크게 두 가지 방향으로 집약된다. 첫째는 무너진 교단의 기강을 바로잡고 청정승단을 이룩하려는 내면적 노력이며, 둘째는 새로운 禪法의 도입을 통한 禪風의 혁신이라는 측면이다.

전자의 실례로서는 고려 중·후반기에 일어난 각종 신행결사를 들 수 있을 것이며, 후자의 대응으로서는 임제선의 새로운 도입을 생각하지 않을 수 없다.

나. 임제선의 도입

청정승단의 수립이나 새로운 선법의 도입은 엄밀한 의미에서는 서로 분리될 수 없는 성격의 것이기는 하다. 그렇지만 새로운 선법의 도입이라는 측면에서 太古普愚와 懶翁慧勤·白雲景閑을 주목하지 않을 수 없다. 이 세 사람은 14세기 중·후반을 살았던 뛰어난 사상가로서 각자의 입지는 서로 달랐지만 원나라에서 임제종의 선법을 공부하고 귀국하였다는 공통점을 갖고 있다. 보우는 충목왕 2년(1346)에 중국으로 건너가 임제종 18세인 石屋淸珙에게 사사한 후 귀국하였다. 혜근은 충목왕 4년에 원나라로 갔고, 청공과는 동문수학한 平山處林의 선법을 이어받고 귀국하였다. 한편 경한은 충정왕 3년(1351)에 원나라에 가 석옥청공의 문하에서 수학하고 귀국하였다.

임제선이란 임제종의 선풍을 가리키는 말로서, 중국 선종의 五家七宗(臨濟〈黃龍·楊岐〉·潙仰·曹洞·雲門·法眼) 중의 하나이다. 임제종은 臨濟義玄의 가풍으로 黃龍慧南에 의한 황룡파와 楊岐方會의 양기파로 나누어진다. 임제선은 수행해야 할 道도 없으며 깨달아야 할 法도 없으므로 「無爲眞人」을 강조하고 있다. 만약 修證이 있다면 이것은 모두가 생사의 업을 짓는 것이라 하고, 修行과 證悟, 六度萬行, 坐禪觀行 등을 통렬히 공박했다. 특히 방회는 "일체제법이 모두 불법이며 百草樹木은 대사자후를 하여 마하반야를 연설하며, 3세의 모든 부처님은 모든 사람들의 발 아래에서 진리의 수레바퀴를 굴

2) 李鍾益, 〈鄭道傳의 闢佛論 批判〉(《佛敎學報》 8, 1971 ; 《東方思想論叢》, 1975, 寶蓮閣, 308~310쪽).

린다"고 설하였다. 따라서 임제선은 생사·거래와 眞俗·凡佛이 자유자재한 사상성을 가지고 있으며, 중국에서도 가장 폭넓은 영향을 미친 선법이다.

물론 이같은 임제선이 위의 세 승려에 의해서 처음으로 도입된 것은 아니다.[3] 지눌의 선사상체계에서 나타나는 「看話徑截門」사상은 《大慧語錄》에서 영향을 받은 것이며 《대혜어록》의 저자인 大慧宗杲는 임제종의 양기파였다. 이렇게 볼 때, 임제선과의 교류는 일찍부터 있어 왔으며, 지눌에 의해서 그 사상이 수용된 바 있다고 볼 수 있다. 그러나 지눌은 임제종계의 저술을 통해서 그 사상을 원용하고는 있지만 본격적인 임제선의 수입과 전개는 보우·혜근·경한이 원에 들어가 수학한 것을 계기로 이루어졌으며, 이들은 같은 임제선법을 전래하였지만 서로 다른 나름대로의 독특한 선법을 선양하고 있다.

(2) 임제선풍의 전개

가. 보우의 선풍과 현실참여

태고보우는 2년간의 유학을 마치고 충목왕 4년에 귀국하였다. 유학중에는 임제종의 18대 석옥청공에게서 心契를 얻었다. 그는 왕사와 국사로 책봉되기도 했으며, 불법홍포와 국가정책에도 깊은 관심을 가지고 있었다. 그의 사상적 특색과 활동은 두 가지 측면으로 요약할 수 있으니, 첫째는 看話禪의 새로운 체계수립이요, 둘째는 선·교의 통합과 교단쇄신운동의 전개이다.

보우의 선사상에서 나타나는 전반적 흐름은 간화선의 주창이며, 특히 「無字公案」에 의한 후학지도가 두드러지고 「空寂靈知」의 선사상을 주장했다. 이 「공적영지」는 일찍이 지눌이 원용한 荷澤神會의 「空寂知」와 일치하나 그 관점에서는 차이가 있다. 지눌이 이해한 바에 따르면, 인간의 본성(本來面目)은 공정한 것이지만 그 속에는 신령스러운 인지작용이 있으니, 이것을 頓悟하라고 제시한 것이다.

그러나 보우는 이 「공적영지」를 돈오하라는 것이 아니라, 간화선을 수행함에 있어서 공적영지의 상태가 되어야 한다고 주장했다.[4] 공적영지의 상태란

3) 許興植, 〈禪宗의 復興과 看話禪의 展開〉(《高麗佛敎史硏究》, 一潮閣, 1986), 476~487쪽.

공적한 가운데서 반드시 화두를 들어야 한다는 간화선의 강조이다. 실제로 지눌의 선사상에는 간화가 강조되고 있지 않다. 「無字話頭」의 경우에도 지눌과 혜심은 有無의 無와 眞無의 無가 아니므로 잘 채택해야 한다고 十種病을 제시하고 있다. 그렇지만 보우는 "有無의 無와 眞無의 無가 아니면, 결국은 무엇이냐"고 반문하는 형식으로 공안참구의 방법을 변형시켰다. 이것은 간화의 본래 의미인 의문을 가중시키는 방법으로 이끈 것이다. 이러한 보우의 선사상은 같은 간화선의 주장이라 하더라도 발전된 일면을 보여주는 것이다.[5)]

그는 선교의 통합과 현실참여적인 교단쇄신운동을 펴나갔다. 그는 공민왕의 불교신앙이 지나치다고 간하는가 하면, 신돈의 그릇된 정사에 대하여 직접적인 비판을 가하기도 했다.[6)]

우선 그의 교단내의 선·교의 대립을 지양하려는 실천적 사상을 살펴보자. 그는 임제선으로 당시 九山禪門을 통일하려는 운동을 전개하였다. 9산선문의 분열과 대립은 불교내의 문제에만 그친 것이 아니라 국가적 문제로까지 대두되고 있었다. 이러한 분열을 통일코자 하는 건의가 받아들여져 공민왕 5년(1356)에 圓融府가 설치되었던 것이다. 원융부의 설치에 즈음하여 보우는 9산이 여러 종파로 나뉘어 대립과 투쟁을 일삼는다면 어떻게 석가세존의 平等無我의 도리에 맞는다 하겠는가 라고 문제점을 지적했을 뿐 아니라 선왕들이 불법을 보호하고 나라를 편안히 하려는 뜻에 충실하다 하겠는가 라며 개탄했다.[7)] 그러므로 선·교의 일치는 물론 선에 있어서도 9산의 대립과 상쟁을 종식시켜 조화와 원융을 도모코자 한 것이 원융부 설치의 취지였다.

외적인 9산통합과 함께 교단의 문란한 기강을 바로잡기 위하여 百丈의《禪苑淸規》로써 일상의 威儀를 엄정케 할 것을 왕에게 건의하였다. 이리하여 왕명에 의하여《백장청규》가 간행되었으며,《緇門警行》도 간행되었다. 이《선원청규》나《치문경행》은 승가의 규율과 행의의 규범을 가르친 책으로 이 두 책 모두가 임제종에 속한 문헌들이다.[8)]

---

4) 普愚, 〈答方山居士〉(《太古和尙語錄》 권 상 ;《韓國佛敎全書》 6, 東國大 出版部, 1984, 678쪽).
5) 權奇悰, 《高麗後期의 禪思想硏究》(東國大 博士學位論文, 1986), 169~171쪽.
6) 維昌, 〈太古行狀〉(《太古和尙語錄》 권 상 ;《韓國佛敎全書》 6, 699쪽).
7) 維昌, 〈太古行狀〉(《太古和尙語錄》 권 상 ;《韓國佛敎全書》 6, 698쪽).

보우는 왕사로 16년, 국사로 12년을 봉직하면서 국정의 여러 문제들을 자문하였는데 특히 공민왕 5년에는 漢陽遷都를 주장하였다. 당시의 개경은 李資謙의 亂, 武臣의 亂 등을 여러 차례 겪는 동안 인심이 흉흉하였다. 또 원의 지배가 계속되면서 사회적으로도 혼란이 가중되고 있었으므로 이같은 시대상황은 새로운 계기를 마련하지 않으면 안되었다. 따라서 왕도의 지세나 인심을 감안할 때 한양으로 천도가 필요하다고 주장한 것이다. 이러한 천도설의 주장은 음양비보설에 근거하고 있지만 그 목적은 민심의 순화와 정치의 혁신이라는 우국심에서 비롯되었다. 더 나아가 보우는 신돈을 邪僧이라고 비판하게 되었고 그에게 정사를 맡기지 말도록 탄핵하기에 이르렀다. 그러나 공민왕은 오히려 보우를 속리산으로 유배보냈다. 그 후 결국 신돈은 유배 도중 죽임을 당하게 되고, 공민왕은 보우를 찾아 예를 갖추고 국사로 맞았다.

보우의 임제선 도입과 선양은 고려 말의 타락한 불교와 국가의 정치를 쇄신하기 위한 노력이었다. 그렇지만 큰 결실은 거두지 못했으며 공민왕은 살해되고 유학자들의 거센 배불론에 불교도 침체를 면하지 못했다.

나. 혜근의 임제선 선양

나옹혜근은 충목왕 3년(1347)에 원나라에 들어가 法源寺에서 指空和尙을 만나고, 慈禪寺에서 임제종의 18대인 평산처림을 만나 법을 구하였다. 11년간의 유학을 마치고 공민왕 7년에 귀국했다. 보우와 마찬가지로 원에 유학했지만 10여 년간의 오랜 수학기간으로 보다 많이 배울 수 있었고, 또 보우보다 늦게 귀국함으로써 보우와는 또 다른 최신의 새로운 선법을 선양하게 되었다.

혜근의 선법은 종래의 9산선문이나 지눌의 수선사에서도 볼 수 없었던 전혀 다른 가풍을 나타내고 있다. 그는 스스로 '우리의 臨濟(正)宗'을 외치면서, "正法眼藏을 없애 버리고 임제정종을 붙들어 일으키라"고 외쳤다.[9] 여기서 정법안장을 없애고 임제정종을 일으키라는 뜻은 기존의 선사상에 대한 도전이며 새로운 임제선의 선양을 의미한다. 「정법안장」이란 전통적인 중국 선가의 이심전심의 내용이다. 그러므로 석가불이 마하가섭에 정법안장을 부촉

8) 高翊晉, 〈高麗佛敎思想의 護國的 展開〉(《佛敎學報》 14, 1977), 55쪽.

9) 慧勤, 〈普說〉(《懶翁和尙語錄》; 《韓國佛敎全書》 6, 715쪽).

하였고, 이것이 인도를 거쳐 보리달마에 의해 중국에 전해지고, 六祖 慧能으로 이어지는 선의 내용이다. 그러나 혜근은 이러한 정법안장을 버리고 「임제정종」을 일으키라고 한 것이다.

임제정종을 일으킨다는 것은 다름 아닌 철저한 看話라고 보았다. 오직 자기만이 가지고 있는 그 하나의 本分(一看子)를 깨달으면 모든 것이 해결되는 것인데, 그것을 깨닫지 못하기 때문에 화두라는 것을 제시하는 것이다. 이 하나(一看子)를 깨닫는다면 世法과 佛法이 다르지 않아 三玄·三要·四料揀·四賓主·四喝·五蘊·六根·六識·山河大地·森羅萬象의 어느 한 법도 임제정종이 아닌 것이 없다고 하였다.10)

혜근은 간화선을 주장하고 있지만 화두라는 것도 하나의 수단에 불과하며, 부처와 祖師의 설법도 「一看子」을 깨닫지 못하면 사람을 속이는 하나의 거짓말이라고 보았다. 이것은 곧 조사도 부정하고 佛도 부정하는 임제선 본분의 모습이다. 이러한 선사상은 혜근 이전에는 볼 수 없었던 새로운 임제선의 도입이며, 전혀 그 형식과 맥락을 달리하는 것이었다.

그는 학인을 지도함에 있어서도 竹篦와 柱杖子와 棒을 종횡으로 사용하는가 하면, 일방적인 주입식 설법이 아니라 대중을 향해서 질문하고 응답하면서, 그 속에서 문제(話頭)를 제기하고 있다. 예를 들어 "물은 어찌하여 개울을 이루며, 밥은 어찌하여 쌀로 짓는가"라는 질문을 던져 스스로 생각하여 터득케 하는 기법이다. 위로는 우러러야 할 부처도 없고, 아래로는 구제해야 할 중생도 없다고 보면서, 선과 교가 둘이라거나 하나라고 시비하며, 또 선이란 이런 것이라고 논리적으로 분석하는 태도와는 전혀 다른 임제선적 가풍을 선양한 것이다. 그의 문하에는 조선 초에 크게 활동했던 無學自招 등 100여 명의 선승이 있어 그 선법을 계승하였으며, 이러한 임제선풍은 한국선사상의 주류를 이루었다.

다. 경한의 무심선풍

백운경한이 언제 원에 들어 갔는 지에 대해서는 확실하지 않다. 대략 충정왕 3년(1351)에서 공민왕 원년(1352) 사이의 1년간 머문 듯하다. 앞의 혜근

10) 慧勤, 〈普說〉(《懶翁和尙語錄》; 《韓國佛敎全書》 6, 716쪽).

이 그랬던 것처럼 경한도 指空에게 법을 물었고 석옥에게서 법을 전해 받았다. 경한이 임제의 법통을 계승했느냐 그렇지 않느냐는 문제와는 관계없이 그는 임제선을 가장 뛰어난 선법이라고 찬양했다.[11] 또 그가 보우에게 보낸 글에서 '우리는 함께 石屋의 제자'라고 한 것으로 보아, 임제선을 숭앙하고 임제선의 계승자임을 자처하고 있었다.

그의 선사상은 같은 임제선이라 하더라도 또 다른 가풍을 표방하고 있다. 어쩌면 그는 석옥의 문하에서 간화선을 수학한 것이 아니라 無心無念의 선법을 참구한 듯하다.

> 山僧(경한 자신)은 지난 해 강남과 강북을 돌아다니면서 모든 善知識을 찾아뵈었소. 그 선지식들은 趙州의 無字, 萬法歸一, 父母未生前面目 등을 쓰기도 하고…마침내 다른 것은 없었소. 최후에 霞霧山 天湖菴 석옥화상을 찾아가 여러 날 옆에서 모시고 오직 無念의 眞宗을 배우고 如來의 無上妙道를 원만히 깨달았던 것이오(景閑, 〈興聖寺入院小說〉, 《白雲和尙語錄》 권 상 ; 《韓國佛敎全書》 6, 649쪽).

즉 무념의 妙道를 깨닫는데 따라서 그는 불교수행의 방법에 무수한 종류가 있지만 6조 혜능이 말한 '바람이 움직이는 것도 아니오, 幡이 움직이는 것도 아니며 오직 그대의 마음이 움직인 것이라'고 한 것이 宗旨와 격식을 초월한 無上眞宗이라고 역설했다. 이와 같이 경한은 무상무념의 경지가 무상진종이며, 最上妙道라고 하여 선의 要諦를 삼았다.

그리고 無心禪은 간화선이나 경전의 언구 등 그 어떤 수행보다도 뛰어난 것이라고 하였다. 같은 임제선을 도입하면서도 경한은 간화선이 아니라 무심무념의 선을 주장한 것이다. 그러나 무심이라 하여 나무나 돌처럼 의식이 없는 상태가 아니라고 하며, 그 오해를 경계했다. 그러므로 깨달음의 경지는 모든 분별이 끊어진 절대 평등의 경지를 가리키며, 무념은 곧 생각이 없다는 뜻이 아니라 산은 산이고 물은 물이라는 것이지, 결코 물이 산이고 산이 물이라는 평등이 아님을 밝혔다.

그는 선의 지도방법은 話頭·無語·色·聲·言語 등의 방법이 있지만 무심

---

11) 景閑, 〈興聖寺入院小說〉(《白雲和尙語錄》 권 상 ; 《韓國佛敎全書》 6, 641쪽).

무념이 최상의 묘방이라고 보았던 것이다. 이러한 선풍은 임제의 '無事是貴人'이나 '一無位眞人' 등과 상통하는 것으로, 임제선 사상의 또 다른 한 측면의 전개라고 볼 수 있다.

(3) 그 후의 불교계

임제선 수입이 불교계에 어떠한 변화를 가져왔느냐는 것은 크게 두 측면에서 찾을 수 있을 것이다. 첫째는 교단의 타락·분열과 대립을 선에 의한 통합과 정화를 추구했다는 점이다. 비록 이러한 의도가 괄목할 만한 성과를 가져온 것은 아니었지만《선원청규》의 간행을 통한 정화운동이나 「원융부」의 설치에 의한 교단통합운동을 전개했으며 잘못된 信佛에 대해 제동을 걸었다.

둘째는 선사상의 대전환이라고 볼 수 있다. 앞에서 이미 이들 임제선을 도입한 주역들의 선사상에서 본 것처럼 전혀 새로운 선법이 전래되고 정착되었다는 점이다. 태고 보우의 문하에는 1,000여 명의 문인이 있었으며, 혜근의 문하에도 自招·智泉·法藏·覺宏 등 100여 선승이 있었다. 이들의 문인들에 의해서 임제선의 새로운 선법은 한국 선풍의 주류를 형성하여 한국선은 곧 임제선이라는 자리를 굳히게 되었다.

우왕과 창왕대에 이르러도 기복적인 불사만이 성행했고, 불교에 대한 탄압은 날로 심해져 우왕 원년(1375)에는 사원의 말을 곧바로 징발하는가 하면, 사원田租를 몰수하여 군비에 충당하고, 승려를 징발하여 내성의 수축에 투입하며, 불법과 승려를 비난하는 상소가 계속되었다. 이같은 상황은 고려의 멸망과 함께 새로운 선법도 그 빛을 잃고 교단을 소생시키는 활력소가 되지 못하였다.

〈權奇悰〉

7) 대장도감과 고려대장경판

(1) 대장경이란 무엇인가

大藏經은 부처의 설법을 모두 모은 것으로 시대에 따라 三藏 또는 一切經 등으로도 불렸던 佛敎聖典의 총칭이다. 부처가 入滅하고 난 뒤 제자들은 그 말씀을 집대성할 필요성을 느껴 이른바 삼장의 결집이 이루어졌다. 삼장은 經

·律·論을 새긴 貝葉을 담은 세 개의 광주리라는 뜻인 Tripitaka의 漢譯이다. 經은 부처의 가르침이고, 律은 부처가 정한 교단의 규칙이며, 그리고 論은 이러한 경과 율을 조직적으로 해석한 논술을 말한다.

불교성전은 원래 고대 인도의 표준어인 梵語로 표기되었고 남방인도에서는 이 지방의 언어인 팔리(Pali)어로 표기되었다. 그 뒤 불교의 전파와 더불어 중앙아시아 및 동북아시아로 전해진 북방불교권에서는 범어성전이 중국어와 서장어로 번역되었고, 실론(현 스리랑카)·버마(현 미얀마)·타이 등 남방불교권에서는 팔리어성전을 사용하였다. 이 팔리어성전은 分別說部라는 小乘系의 한 분파의 성전으로 한역의 약 10분의 1정도밖에 되지 않는다.

우리 나라를 비롯한 동북아시아에서 유통되고 있는 불교성전은 기원후 1세기부터 중국에서 번역한 漢譯大藏經이다. 이 한역대장경은 중국 각 왕조의 황제들의 후원으로 인도나 서역에서 온 승려들과 중국 역경승들에 의해서 번역되었다. 그러나 모든 경전의 수입이나 번역작업이 일시에 이루어진 것이 아니라 오랜 시일에 걸쳐 이루어졌고, 또한 필사의 방법으로 유통되었기 때문에 자연히 중복이 생기게 되고 체제도 동일하지 않은 경우가 많았다. 이에 번역된 순서대로 이를 정리한 목록들이 나타나게 되었는데 그 가운데서 智昇의 〈開元釋敎錄〉이 가장 대표적인 것이다. 이 〈개원석교록〉에 수록된 경전을 중심으로 최초로 간행한 대장경이 송 태조가 발원하여 목판으로 새긴 北宋官版大藏經(971~983)이다. 이후에 高麗初雕版·契丹版·高麗大藏都監版(이하 高麗大藏經), 북송의 東禪寺版 등 20여 회에 걸쳐 대장경이 편찬 간행되었고 한역도 11세기까지 계속되었다.

고려대장경을 보면 서기 67년경에 迦葉摩騰이 竺法蘭과 함께 최초로 한역한 〈42章經〉 등 〈개원석교록〉에 수록된 경전 외에도 서기 1054년~1064년 사이에 日稱이 한역한 〈父子合集經〉과 1090년경에 希麟이 편찬한 〈續一切經音義〉 등이 수록되어 있다. 이렇게 시대가 내려올수록 대장경에 포함되는 양이 계속 많아지게 되는 것이다. 그러나 아무런 내용이나 대장경에 싣는 것은 아니다. 대장경은 사찰이 주관하여 편찬한 사찬도 있지만 대체로 역경 및 저술의 위작을 막기 위해 황제의 欽定에 의하여 엄격하게 통제하면서 편찬하여 간행하였다. 고려대장경도 각 권의 끝부분에 "○○歲 高麗國大藏都監奉勅

雕造"라는 刊記가 보이는데 이는 대장경 편찬과 간행이 국왕의 칙명을 받아 이루어졌음을 나타내는 것이다.

대장경은 편찬할 때마다 조금씩 달랐으나 일정한 기준에 의해서 선정한 경·율·논의 삼장과 高僧傳 등 歷史書·音義·目錄 등을 집대성하여 편찬한 불교총서이다. 그 동안 간행되었던 북송관판과 고려초조판·거란판대장경 등은 거의 전래되지 않고 일부만 전래되고 있다. 현재 해인사에 거의 완벽하게 보관되어 있는 高麗大藏經版은 세계에서 가장 오래되고 내용이 가장 정확한 대장경으로 유명하다.

(2) 고려대장경의 구성

고려대장경은 전체 1,496종 6,568권의 경전이 천자문의 순서로 天함(제1함)에서 洞함(제639함)까지 수록되어 있다. 그 수록내용은 고려대장경 편성목록인 〈大藏目錄〉에 실려 있는데, 大·小乘의 경·율·논 삼장과 성현전기류 등의 역사서와 역대 대장경목록, 음의 등으로 나누어 볼 수 있다. 그리고 간행 당시의 편성내용은 고려대장경 판각 당시 守其 등이 교감하였던 결과를 정리한 〈高麗國新雕大藏校正別錄〉에 자세히 나타나 있다. 이 교정별록에 의하면 고려대장경 간행 당시에 初雕本인 고려본을 저본으로 하고 송본 및 거란본으로 내용을 대교하여 最善本을 수록하였음을 알 수 있다.

高麗初雕本에 대해서는 아직 확실히 밝혀져 있지 않으나 간행 당시 최초의 대장경이었던 송나라 관판대장경이 저본이었을 것이고 내용은 〈개원석교록〉에 수록된 경전이 중심이 되었던 것이다. 지승의 〈개원석교록〉은 그 내용에서 잘못된 것과 중복된 것을 버리고 편찬된 가장 정확한 목록이었다. 이 목록은 20권으로 구성되어 있는데 내용은 總括群經錄과 別分乘藏錄으로 크게 나뉘어져 있다. 총괄군경록은 제1권에서 10권까지로, 후한 孝明皇帝 永平 10년(B.C. 67)부터 당 神武皇帝 開元 18년(730)까지 664년 동안 176인이 번역한 대·소승 삼장 및 聖賢集傳과 失譯까지 총 2,278부 7,046권을 연대순으로 기록한 것이다. 그리고 별분승장록은 그 당시까지 번역되었던 경전을 有譯有本·有譯無本·支派別行·刪略繁重·拾遺補闕·疑惑再詳·僞妄亂眞 등으로 나누고 대·소승 삼장으로 구별하여 수록하였다. 그리고 대·소승 및 성현집전의 入藏錄은 마지막의 제19권과 20권에 수록하였다. 이 입장록은 북송관판대장경의 입장록으로 사용되었을 것이고 우리 나라의 초조본과 고려대장경판 조조 때에 핵심이 되었던 입장록으로 보아도 무리는 없을 것이다.

고려대장경의 구성은 〈개원석교록〉에 수록된 것과 추가로 편입된 것으로 나누어 볼 수 있는데 다음의 〈표 1〉과 같다. 여기에서 〈개원석교록〉에 수록된 것은 〈개원석교록〉의 분류법에 따르고, 이외 추가로 편입된 것은 편성되어 있는 목록과 그 편성내용을 경전순서에 따라서 구분하였다.

〈표 1〉 고려대장경의 구성

수 록 경 전	편 성 내 용
1. 고려대장경의 天函 (1)~英函(480) : 〈開元釋敎錄〉에 수록된 불교성전	
1) 天함~命함(256) : 대승삼장	
	대승경
經順 1~21	般若部
22~55	寶積部
56~78	大集部
79~104	華嚴部
105~110	涅槃部
111~387	기타(諸重譯經)
388~522	單譯經
523~548	대승률
549~646	대승론
2) 臨함(257)~渭함(422) : 소승삼장	
	소승경
647~800	阿含部
801~888	單譯部
889~942	소승률
943~978	소승론
3) 據함(423)~英함(480) : 성현전기록	
979~1,046	飜譯集傳
1,047~1,087	中國撰述

2. 고려대장경의 杜函(481)~洞函(639):〈開元釋敎錄〉 이외의 불교성전		
1) 杜함(481)~丁함(560)		
經順 1,088~1,169	〈大中祥符錄〉에 수록	宋新譯
1,170	唐代失譯·출처미상	唐 譯
1,171~1,254	〈大中祥符錄〉에 수록	宋新譯
1,255~1,259	〃	中國撰述
1,260	〈續貞元釋敎錄〉에 수록	唐 譯
1,261	〃	中國撰述
1,262~1,393	〃	唐 譯
1,394~1,395	〃	唐以前舊譯
1,396~1,399	〃	中國撰述
2) 俊함(561)~洞함(639)		
1,400	〈高麗國新雕大藏校正別錄〉	韓國撰述
1,401~1,402	기 타	唐以前舊譯
1,403	본 대장경의 대장목록	韓國撰述
1,404	〈法苑珠林〉, 출처미상	中國撰述
1,405~1,462	기 타	宋新譯
1,463	기 타	唐以前舊譯
1,464~1,494	기 타	宋新譯
1,495~1,496	音 義, 출처미상	中國撰述

위 〈표 1〉에 나타난 바와 같이 고려대장경의 639함 가운데 480함은 〈개원석교록〉의 입장록과 비교해 보면 누락된 것 없이 내용이 거의 일치한다. 그런데 〈개원석교록〉의 입장록은 1,076부 5,048권 480질(함)인데 고려대장경의 천함에서 영함(제480함)까지에는 1,087부 5,062권이 수록되어 있다. 이렇게 480개 함에 수록된 경전의 종수와 권수가 일치되지 않는다. 이것은 고려대장경이 〈개원석교록〉에 수록된 것보다 經順 17 〈佛說能斷金剛般若波羅蜜多經〉, 68 〈佛說般舟三昧經〉, 182 〈月燈三昧經〉, 198 〈彌勒下生成佛經〉, 295 〈觀世音菩薩如意摩尼陀羅尼經〉, 349 〈東方最勝燈王陀羅尼經〉, 423 〈五佛頂三昧陀羅尼經〉, 431 〈蘇悉地羯囉供養法經〉, 639 〈大乘法界無差別論〉, 734 〈舍衛國王夢見十事經〉, 746-1 〈枯樹

經〉, 1070 〈道宣律師感通錄〉 등 12개 경전이 추가되었기 때문이다. 그리고 56 〈大方等大集經〉 60권은 〈개원석교록〉의 〈大方等大集經〉 30권과 〈大方等大集日藏經〉 10권, 〈大集月藏經〉 10권이 함께 수록되어 있고, 〈개원석교록〉의 〈三劫三千佛名經〉 3권은 과거 · 현재 · 미래의 391 · 392 · 393의 3종으로 나뉘어져 있다.

이 추가된 경전 가운데는 경순 182 〈월등삼매경〉, 198 〈미륵하생성불경〉, 349 〈동방최승등왕다라니경〉, 431 〈소실지갈라공양법경〉, 639 〈대승법계무차별론〉, 734 〈사위국왕몽견십사경〉 등 6종과 〈개원석교록〉에 등장하고 있는 688 〈受藏經〉은 거란본에서 편입된 것임을 〈고려국신조대장교정별록〉에서 밝히고 있다. 그러나 이외에도 상당량의 거란본이 편입되었을 가능성이 많다. 왜냐하면 이 교정별록에서는 송본과 고려본의 내용이 문제가 되었을 경우에만 밝히고 있기 때문이다. 그리고 동일한 경전도 〈개원석교록〉과 권수가 일치하지 않은 경우도 있다. 예를 들면 경순 2 〈放光般若波羅蜜經〉 20권은 〈개원석교록〉에 30권으로 되어 있고 경순 9 〈大明度經〉 6권은 〈개원석교록〉에는 4권으로 되어 있는 등 권수에 차이가 있다.

이외의 杜함(481)~洞함(639)에 수록된 경전은 〈續開元釋敎錄〉 · 〈續貞元釋敎錄〉 · 〈大宋大中祥符法寶錄〉 · 〈總批新經入藏錄〉 · 〈景祐新修法寶錄〉 · 〈復準八例徘經入藏錄〉 등에 부분적으로 수록되어 있는 불전일 뿐이지 어떤 특정의 목록에 따라 편성한 것은 아니다. 또한 이 중에서 〈속개원석교록〉이나 〈속정원석교록〉을 제외한 다른 목록은 참고하지 않았을 가능성이 높다. 왜냐하면 당시 고려대장경의 편집 및 교감의 책임을 맡은 수기 등이 송본 · 거란본 · 국내 전래본을 저본으로 하여 편집하였던 점과 〈대송대중상부법보록〉 등 다른 목록은 고려대장경에 수록되어 있지 않기 때문이다. 그러므로 앞의 〈표 1〉에서 고려대장경의 불전이 수록된 목록을 전부 열거하지 않았다. 고려대장경 간행 당시 수기 등에 의해서 〈개원석교록〉 이외 어느 특정한 목록에 의해서 편집한 것이 아니라 독자적으로 내용을 추가하여 구성했기 때문이다.

(3) 고려대장경의 판각

가. 고려대장경의 조조동기와 판각시기

고종 19년(1232)에는 몽고의 침입으로 인하여 서울을 강화도로 옮겨 대몽항전을 시작하였으며 符仁寺에 보관중인 현종 때의 대장경(初雕大藏經)이 모두 불타버리게 되었다. 이 때에 일어난 두 가지 사건, 즉 초조대장경이 불에 타서 없어진 것과 서울을 옮겨 장기간 대몽항전에 들어가게 된 것이 대장경 雕造동기와 배경이 되는 것이다.

고려대장경의 조조동기는 《高麗史》와 李奎報가 지은 〈大藏刻板君臣祈告文〉에 나타난 바와 같이[1] 초조대장경이 몽고병에 의해 불에 타서 없어졌기 때문으로 볼 수 있다. 대장경조조는 국가적 사업이었으나 당시 최고 권력자인 崔瑀에 의해서 주도되고 이룩되었다. 즉 최우가 몽고군에게 방치된 백성들의 불만을 호국이라는 종교적 신앙심으로 전환시키고, 당시 최씨정권에 대해 저항하였던 華嚴宗을 비롯한 敎宗을 무마하기 위한 것이라는 정치적인 의도를 배제할 수 없다. 당시 대장경은 고려시대 백성들의 정신적 지주였으므로 대장경 조성을 통하여 백성들에게 불교신앙에 의한 문화민족이라는 일체감을 조성하고 대몽항쟁의식을 고취시킬 수 있었다.

고려대장경의 판각시기에 관하여 살필 수 있는 자료로는 우선 《고려사》를 들 수 있다. 이에 의하면 고종 38년 9월 임오에 임금이 백관을 거느리고 성의 서문 밖에 있는 大藏經板堂으로 가서 行香하였는데 현종 때의 판본이 임진년 몽고침입 때 불타버려 왕과 군신이 다시 발원하여 도감을 세우고 16년에 걸려 마쳤다는 것이다. 이 기록에서 보면 고종 38년을 기점으로 16년 전인 고종 23년에 판각을 시작한 것으로 이해된다. 그리고 고종 24년에 작성한 〈대장각판군신기고문〉의 "이미 담당官司를 설치하여 그 일을 시작하게 하였다"는 기록과 또 《東國李相國集》의 말미에 나오는 "지금 分司大藏都監에서 대장경을 모두 새겼음을 고한 여가에 칙명을 받들어 이 문집을 판각하게 되었다. …辛亥歲(1251) 高麗國分司大藏都監奉勅雕造"라는 기록이[2] 있다. 그리하여 그 동안 학계에서는 고려대장경의 판각기간을 고종 23년에서 고종 38년까지의 16년으로 보아왔다.[3]

---

1) 《高麗史》 권 24, 世家 24, 고종 38년 9월 임오.
李奎報, 《東國李相國集》 전집 권 25, 記·牓文·雜著 大藏刻板君臣祈告文.

2) 李奎報, 《東國李相國集》 附錄, 跋尾.

3) 造成年代에 대해서 妻木直良, 〈高麗大藏經雕板年代に就て〉(《新佛敎》 11-5, 1910), 483~487쪽에서 주장된 이후 고려대장경판에서 대한 연구에서는 모두 그대로 따르고 있다.
《高麗大藏經硏究資料集》 Ⅰ·Ⅱ 참조.

그러나 위의 《고려사》 기록은 대장경의 판각을 모두 마친데 대한 경축의식을 행한 내용이므로 판각기간 산출의 기준이 될 수 없다. 실제로 대장경판 판각은 이미 고종 35년에 모두 마쳤는데 경축의식이 늦어졌기 때문이다. 경축의식이 늦어진 것은 당시 대장경 판각을 모두 마치고 난 뒤 대장경 판각을 담당했던 分司南海大藏都監에서 판각한[4] 대장경판을 강화의 대장경판당으로 운반해야 했고, 또한 무엇보다 대장경 판각을 지원했던 당시 최고 권력자인 최우(이)가 고종 36년에 죽게 되고 그의 아들 崔沆이 집권하는 정치적인 과도기였기 때문일 것이다.[5] 이러한 판각기간의 잘못된 추정은 전래된 역사자료의 결핍 탓으로 돌려진다. 그러나 현존판이나 판본의 권말에는 "丁酉歲高麗國大藏都監奉勅雕造" 등으로 간행기록이 나타나고 있다. 그러므로 이들 간기를 조사해 보면 대장경판와 판각기간을 정확히 추정할 수 있는 것이다.

다음의 〈표 2〉에 의하면 대장경판은 고종 24년에 2종 115권을 판각한 것을 시작으로 고종 35년에 경순 1,403 〈대장목록〉 1종을 마지막으로 하여 모두 12년이 걸려 1,496종 6,568권을 완료하였음을 알 수 있다.

그런데 대장경 판각에 앞서 우선 대장경판을 새길 목재를 구하여 운반하고 일정한 크기로 잘라 바닷물에 담가 결을 삭이고 충분히 건조시켜 판각용으로 다듬어야 한다. 그리고 전국에서 경판판각에 경험이 있는 刻手와[6] 板下本을 쓸 필사자를 모집하여 일정한 체제로 통일하기 위한 훈련이 필요하였을 것이다. 또한 守其 등이 중심이 되어 송본·거란본·국내전래본과 내용을 대교했기 때문에 1~2년의 준비기간으로는 어림없는 국가적 사업이었던 것이다. 실제로 대장경 판각은 고종 35년에 모두 완료되었고 《고려사》 기록에 16년이란 기간이 걸려 판각했다고 하였으므로 이를 역산하면 고종 20년부터 대장경 조성사업이 시작된 것으로 보게 된다. 그렇다면 고종 20~23년의 판각을 위한 사전 준비기간을 거쳐, 고종 24~35년 12년 동안 판각을 모두 마치고 고종 38년에 경축의식을 치르게 된 것이다.

---

4) 朴相國, 〈大藏都監의 板刻性格과 禪源寺問題〉(《伽山李智冠스님華甲紀念論叢 韓國佛敎文化思想史》 上, 1992).

5) 《高麗史》 권 23, 世家 23, 고종 36년 11월 임신 및 권 24, 世家 24, 고종 37년 12월 병오.

6) 朴相國, 앞의 글, 판각에 참여한 刻手가 4백~5백명은 되었을 것으로 추정된다.

〈표 2〉 간기를 통해 본 대장경판 판각연도별 분류표

판 각 연 도	판각종·권수	판 각 연 도	판각종·권수
정유년(1237)	: 2종 115권	계묘년(1243)	: 466종 1,313권
무술년(1238)	: 42종 509권	갑진년(1244)	: 281종 1,734권
기해년(1239)	: 103종 306권	을사년(1245)	: 280종 769권
경자년(1240)	: 74종 292권	병오년(1246)	: 169종 448권
신축년(1241)	: 107종 298권	정미년(1247)	: 32종 99권
임인년(1242)	: 176종 381권	무신년(1248)	: 1종 1권
간기 없는 것	: 78종 301권	계 : 1,811종 6,566권[7]	
실제로 구성된 대장경 총계 : 1,496종 6,568권[8]			

고종 19년에 초조대장경판이 소실되고, 더구나 강화로 수도를 옮기면서 민심을 수습하기 위해서도 곧바로 대장경판의 조성을 시작하지 않을 수 없었을 것이기 때문에, 고종 20년에 시작하여 고종 35년까지 16년간에 걸쳐 조성한 것으로 보아야 하겠다.[9]

나. 대장도감 설치와 판각장소

고려대장경 각 권의 끝에는 "癸卯歲高麗國(分司)大藏都監奉勅雕造" 등의 간기가 표시되어 있으므로, 대장경 판각을 위해서 대장도감과 분사대장도감을 설치하여 운영하였음을 알 수 있다. 그런데 지금까지 대장도감과 분사대장도감을 언제 어디에 설치한 것인지와 판각장소가 제대로 밝혀지지 않았다. 앞에서 살펴본 것과 같이 대장경 조성사업은 고종 20년에 시작하여 고종 35년까지 완료하였으므로, 대장도감은 고종 20년에 설치된 것으로 확인된다. 이 대장도감은 대장경 판각을 완료한 고종 35년 이후 대장경판을 강화성 서문

7) 여기서 種數는 권별 간기에 의한 연도별 분류이기 때문에 1~4년에 걸쳐 판각된 판은 1~4종으로 계산된 숫자이다. 그리고 권수에 있어서는 6,566권으로 집계되나 연도별 분류에서의 착오로 아직 2권의 행방을 확인하지 못했다.

8) 학계에서는 대장경판의 종·권수에 대해서 여러 가지 異說이 있었다. 최근에 동국대학교에서 발간한 고려대장경 영인본으로 인해 정확한 숫자를 파악할 수 있었다. 그러나 여기서도 經順 번호인 1,142, 1,143과 1,225, 1,226을 2종으로 봐야 하는데 4종으로 각각 분리하였다. 여기서 종수 계산은 아무리 짧은 경전이라도 한권으로 독립시켰으면 1종으로 취급하여야 하고, 이와 반대로 분량이 많아도 권으로 독립시키지 않고 1권에 여러 종류의 경전을 수록한 것은 독립된 경전의 종수로 취급될 수 없는 것이다. 이것이 대장도감의 원래의 편집의도를 따르는 것이라고 생각한다(朴相國, 앞의 글).

9) 朴相國, 앞의 글.

밖 대장경판당에 봉안하고 대장경 인출 등 마무리 단계를 거쳐 고종 38년의 대장경조성 경축행사를 끝으로 공식적인 막을 내리게 된다. 그러나 이 대장도감은 적어도 충숙왕 또는 충혜왕 복위 원년(1332 또는 1340)까지는 존속하였다.[10] 대장도감은 공식적으로 해체되고 난 뒤에도 대장경판당의 관리 등 역할을 담당하면서 존속했던 것으로 생각된다.

대장도감은 대장경 판각을 위해 당시 최고 권력자인 최우에 의해서 설치되고 운영되었을 것이다. 그러나 대장도감의 설치장소와 그 기능에 대해서는 아무런 증거도 갖고 있지 않다. 실제의 대장경 판각은 분사대장도감에서 하였다. 이를 규명하기 위해 분사대장도감의 간기가 있는 경판을 살펴보면 다음의 〈표 3〉과 같다.

〈표 3〉을 보면 고종 30~34년의 5년 동안 72종 509권이 분사대장도감에서 간행된 것으로 나타난다. 분사대장도감이 대장경판을 대장도감과 분담하여 판각하기 위해 설치되었다면, 전체의 10%도 훨씬 못미치는 양을 판각하려고 설치하였는지, 그렇지 않으면 어떤 목적으로 어디에 설치되었을까 하는 것이 문제로 제기된다.

〈표 3〉 분사대장도감판의 연두별 분류[11]

계묘년(고종30 ; 1243)	235(1), 237(單), 238(單), 239(單), 240(單), 241(單), 242(單), 243(單), 245(單), 246(單), 248(單), 249(單), 250(單), 251(單), 252(單), 253(單), 254(單), 255(單), 256(單), 257(單), 584(10), 587(3), 588(1), 589(2), 648(19), 799(2), 800(1), 801(27), 803(7), 804(2), 805(1), 1,047(5), 1,048(2), 1,050(30), 1,052(17), 1,053(10), 1,075(28), 1,081(27) 38종 214권
갑진년(고종31 ; 1244)	801(1), 889(10), 941(8), 951(52), 960(11), 961(2), 962(單), 963(7), 968(12), 1,053(5), 1,054(6), 1,055(10), 1,056(5), 1,065(11), 1,066(4), 1,067(1), 1081(1), 1,258(8), 1,259(4), 1,404(86), 1,421(1), 1,426(3), 1,427(2), 1,428(2), 1431(單), 1,435(3), 1,436(單), 1,437(單), 1,438(單), 1,439(單), 1,440(單), 1,450(1), 1,463(1) 33종 246권
을사년(고종32 ; 1245)	79(1), 1,049(單), 1,055(2), 1,261(1) 4종 5권
병오년(고종33 ; 1246)	79(1), 1,050(1), 1,261(20) 3종 22권
정미년(고종34 ; 1247)	1,447(4) 1종 4권
계	72종 509권

* 숫자는 經順번호, ( )안은 권수 표시

10) 《高麗史》 권 78, 志 32, 食貨 1, 충숙왕 후원년 3월.
朴相國, 앞의 글 참조.
11) 朴相國, 앞의 글.

이 문제를 규명할 수 있는 기록은 갖고 있지 않다. 그러므로 분사대장도감과 대장도감에서 판각된 경판을 면밀히 분석하여 볼 수밖에 없다. 먼저 대장도감판과 분사대장도감판의 판각장소가 동일한 곳임을 알게 된다. 즉 위의 〈표 3〉에 나타난 72종 가운데 22종은 대장도감판과 분사대장도감판이 섞여 있다. 예를 들면 경순 79는 60권으로 구성된 경전인데 2권만 분사대장도감에서 간행한 것이고, 나머지 간기가 없는 5권을 제외하고는 모두 대장도감의 간기가 표시되어 있다. 그리고 경순 1,065는 12권 가운데 한 권만이 대장도감에서 간행한 것으로 나머지 11권은 분사대장도감의 간기가 표시되어 있다. 그 동안 학계에서 정설로 통용된 것처럼 대장도감은 강화 禪源寺에 설치되었고 분사대장도감은 남해 등에 설치되었다면, 어떻게 한 개의 경전을 강화와 남해로 왔다갔다 하면서 판각할 수 있었는지 도저히 납득할 수 없는 것이다. 그런데 대장경판에는 판각을 담당했던 刻手의 이름이 새겨져 있다. 그래서 이들 각수를 조사해 본 결과 분사판이나 대장도감판이 동일한 장소에서 동일한 각수에 의해서 새겨졌음을 알 수 있다. 같은 방법으로 대장경판 이외에 일반적으로 보유판이라 불리는 15종의 경전 가운데 "分司南海大藏都監開板"이라고 간기에 판각장소 표시가 되어 있는 〈宗鏡錄〉을 조사한 결과 대장경판과 동일한 각수에 의해서 판각되었음을 확인할 수 있었다. 결론적으로 대장경판은 대장도감의 간기가 표시되어 있거나 분사대장도감의 간기가 있는 판을 막론하고 남해의 분사대장도감에서 판각한 것이다. 그러므로 분사대장도감은 대장도감의 판각기능을 담당했던 곳임을 알 수 있다.[12)]

그렇다면 분사대장도감의 간기가 왜 등장했는가. 《고려사》 鄭晏傳에 보면 다음과 같은 기사가 있다.

> 晏이 (崔)怡가 專權을 휘둘러 남을 시기하고 해치는 것을 보고 그 해를 멀리하고자 南海에 퇴거하여 佛을 좋아하며 名山勝刹을 편력하고 私財를 국가에 희사하여 대장경의 半 정도를 간행하였다(《高麗史》 권 100, 列傳 13, 鄭晏).

여기서 정안이 대장경의 절반 정도를 간행했다는 것은 다소 과장된 표현이라 생각하지만 상당한 협력을 하였음은 틀림없을 것으로 보인다. 정안이 남해

12) 朴相國, 앞의 글.

로 내려간 시기가 고종 28년부터 고종 30년 사이인데[13] 그 후 판각이 가장 성행했던 것으로 나타나는 사실은 정안의 등장과 깊은 관련이 있을 것이다. 그리고 이 시기에 와서 분사대장도감판이 처음 나타나고 있는 점을 간과할 수 없다. 그러므로 적어도 이 분사판은 정안의 시주로 새겨진 것으로 추정되며 분사대장도감의 간기표시도 정안의 시주와 관련된 판으로 생각되는 것이다.

대장도감의 성격은 최우가 총괄하면서 지방행정조직인 진주목사로 하여금 모든 지원을 담당하게 한 임시적인 중앙의 행정지원기구라고 생각된다. 그리고 남해의 분사대장도감은 실제로 대장경의 판각을 담당한 기구로서 그 기획에서 완성까지의 실무는 守其를 중심으로 한 교종승려가 주도하였던 기구였다. 남해는 진주목 관할의 섬으로 몽고의 침입을 피할 수 있었으며 거제도 등으로부터 대장경 판각용의 목재를 조달하는데도 편리한 곳이었다. 또 진주지방은 최우의 선대로부터 내려온 식읍지였으므로[14] 자금조달이 용이한 곳이기에 남해를 대장경판 판각장소로 선정하였을 것이다. 그리고 대장도감이 설치되었다고 하는 선원사는 최우의 願刹로 고종 32년(1245)에 창건되어 고종 33년에 眞明國師가 주지로 부임했던 선종사찰이다. 이 당시는 대장경 판각이 이미 90% 이상 완료된 시점이었으므로 선원사는 대장경 판각은 물론이고 대장도감과는 전혀 관계가 없다.[15]

(4) 대장경판의 해인사 전래와 유통

가. 해인사에의 전래

해인사에 있는 고려대장경판은 판각이 완료된 후 고종 38년부터 강화성 서문 밖에 있던 대장경판당에 봉안되었던 것이다. 그 후 언제 어떤 경로로

---

13) 《高麗史》 권 74, 志 28, 選擧 1, 고종 28년 4월.
《禪門拈頌集》 卷末에 "癸卯(고종 30년 ; 1243)中秋 逸庵居士 鄭晏跋"이라 되어 있어 이 때 이미 남해에서 일암거사로 자처하면서 지냈음을 알 수 있다.

14) 金甲周, 〈高麗大藏都監硏究〉(《不聞聞》 창간호, 靈鷲佛敎文化硏究院, 1990), 150쪽.

15) 이외에도 《고려사》에 나오는 대장경판당은 성의 서문 밖에 위치한다는 기록(《高麗史》 권 24, 世家 24, 고종 38년 9월 갑자)이나 쌀 300석을 대장도감과 선원사에 나누어 주라는 기록(《高麗史》 권 78, 志 32, 食貨 1, 충선왕 후원년 3월) 등을 보더라도 대장경 판각이나 대장도감이 선원사에 있었다는 것은 허구임이 입증된다(朴相國, 앞의 글).

해인사로 전래되었는지에 대해서는 서로 다른 견해가 많이 있는데, 대체로 고려 말기, 조선 태조의 印經跋文과 관련한 태조 원년설, 태조 6년(정축년)설, 조선 초기설 등으로 나누어 볼 수 있다.

고려 말 移安說은 李崇仁(1349~1392)의 〈驪興郡神勒寺大藏閣記〉와 〈睡庵長老印藏經于海印寺獻呈詩〉에 근거를 두고 있다. 먼저 신륵사대장각기를 보면 李穡이 망부 李穀의 뜻에 따라 懶翁(1320~1376)의 제자 도움으로 우왕 7년(1381)에 대장경을 인출하여 신륵사에 봉안하였다는 내용인데, 어디서 인출한 것인지는 밝혀져 있지 않다. 그런데 같은 이숭인의 시의 제목에는 수암장로가 해인사에서 장경을 인출했다는 것이므로 대장각기와 결부시켜 이 당시에 해인사에서 인출하여 신륵사에 봉안했다고 보는 것이다.[16] 그런데 수암장로가 누구인지 밝혀져 있지 않으며, 심지어 대장경 인출에 참여한 나옹의 제자들이 나오는 대장각기에조차 그 이름이 들어 있지 않다. 당시 해인사에는 고려 초기에 판각된 續藏·三本華嚴經 등 많은 경판이 소장되어 있었는데, 시에 보이는 장경이란 말은 이들 경판을 지칭한 것으로 보인다. 그러므로 여기에 나오는 장경을 고려대장경이라 볼 수는 없다.

그리고 조선 태조의 인경발문은 태조 2년(洪武 26；1393)에 발원하여 인경했다는 기록을 새긴 목판인데 현재도 해인사에 보관되어 있다. 여기에 함께 발원한 사람의 명단이 기록되어 있는데 왕비·왕세자·대군 이하 96인을 열거하고 있다. 이 가운데 30인이 지방관료로 대부분 해인사 부근의 지방관료이며 해인사 주지가 표기되어 있다. 따라서 이 때의 印經은 해인사에서 한 것이라는 것이다.[17] 그러나 이 발원문을 보면 전라·양광도의 안찰사와 경기좌도 朴子安이란 이름도 보이고 있어 특정지역을 알려주는 기록이 아니고 더구나 대장경판이 해인사에 전래되었다고 볼 수 있는 자료가 아니다.

정축년설은 〈釋華嚴敎分記圓通鈔〉 권 10의 10장에 "丁丑年出陸時 此闆失與知識道元同願 開板入上 乙酉十月日 首座沖玄"의 기록에 근거한 것이다. 정

---

16) 高橋亨, 〈海印寺大藏經板について〉(《哲學雜誌》 327, 1914).
17) 朴泳洙, 〈高麗大藏經板의 硏究〉(《白性郁博士頌壽記念佛敎學論文集》, 東國文化社, 1959), 436쪽.

축년을 조선 태조 6년으로 보고 있으나 확실한 근거는 없다.[18]

대장경판을 강화에서 해인사로 옮긴 것은 《조선왕조실록》에 나타나 있는 다음과 같은 기록에서 근거를 찾아볼 수 있다.

① 태조 7년 5월 10일 임금이 龍山江에 행차하였다. 대장경판을 강화 선원사에서 운반하였다.
② 태조 7년 5월 11일 비가 내렸다.
③ 태조 7년 5월 12일 비가 내렸다. 隊長과 隊副 2,000명으로 대장경판을 支天寺로 운반하게 하였다. 檢校參贊門下府事 兪光祐에게 명하여 향로를 잡고 따라오게 하고 五敎兩宗의 승려에게 불경을 외우게 하며, 의장대가 북을 치고 피리를 불면서 앞에서 인도하게 하였다. 임금이 西江에 행차하여 전라도에서 온 漕船을 시찰하였다.
④ 태조 7년 5월 13일 비가 내렸다.
⑤ 정종 원년(1399) 정월 9일 경상감사에게 해인사에서 印經僧을 공양하게 하였다. 太上王(태조)이 私財로 대장경을 인출하여 완성하고자 하여 東北面에 비축한 콩과 좁쌀 540석을 端州와 吉州의 창고에 납입하고 대신 해인사 근처 여러 고을의 쌀과 콩으로 교환하게 하였다.

이상의 기록에서 태조 7년 5월 10일에 대장경판의 운반이 시작되었고 연일 내리는 비로 인하여 항해를 계속할 수 없어 이틀 후에는 용산강 근처에 있는 지천사로 대장경판을 옮겼음을 알 수 있다. 그러나 해인사에 운반했다는 기록은 나오지 않는다. 다만 ⑤의 기록에서는 정종 원년 정월에 대장경판을 찍고 있으므로 이미 해인사에 운반되었음을 알 수 있다. 그 운반시기는 태조 7년 5월 13일 이후 비가 끝나자마자였을 것이다. ③의 기록 가운데 태조가 5월 12일에 대장경판을 지천사로 옮기도록 하면서 운반에 따른 장엄한 의식을 거행하게 한 것과 서강에 행차하여 전라도에서 올라온 선박을 시찰하였다는 내용을 주목하지 않을 수 없다. 이 기록은 바로 대장경판 운송을 위해 사전에 주도 면밀히 준비하였음을 알려주는 것이다. 그러므로 강화의 대장경판당에 있던 대장경판은 선원사를 거쳐 용산부두로 옮겨져 임금이 친견하고 전라도에서 가져온 배에 바꿔 싣고 바로 수송하려고 했다. 그러나 비 때문에 지천사에 잠시 대피했다가 날씨가 좋아지자 바로 전

18) 朴泳洙, 위의 글, 437쪽.

라도에서 올라온 선박을 이용하여 해로를 경유하여 해인사까지 운반했던 것으로 보인다.

나. 고려대장경 판본의 유통

고종 35년에 대장경의 판각이 완료되자 여러 차례에 걸쳐 인출되어 널리 유통되었을 것이나, 이에 대한 기록은 많지 않다. 고려대장경의 첫 인출은 고종 35년~38년 사이에 이루어졌을 것이고[19] 이외에 기록이 남아 있는 것으로는 충숙왕 5년(1318)에 晋陽 龍岩寺의 대장경 가운데 빠진 것을 채우기 위해 江華板堂에서 인출했다는 기록이 있다. 그리고 우왕 7년(1381)에 이색이 주관하여 망부 이곡의 원을 풀어주기 위해 인출하여 여주 신륵사에 봉안한 기록뿐이다. 이 신륵사에 봉안했던 대장경판본은 권말에 이색의 발문이 붙어 있는데 여러 경로를 거쳐 현재 日本 京都 大谷大學圖書館에 보관되어 있다.

이와 같은 대장경 인출에 관한 사실은 관련문헌을[20] 통해 도표로 정리해 보면 다음의 〈표 4〉와 같다.

이와 같이 기록에 나타난 사실만 보더라도 여러 차례 수많은 양을 인출했음을 알 수 있다. 그러나 국내에는 현재 오대산 월정사에 있는 조선 고종 2년(1865)에 인출한 대장경 판본을 비롯하여 대부분 최근세에 인출된 판본뿐이다. 이는 역사적으로 수많은 외침으로 인하여 소실된 것도 적지 않으나 특히 고려 말부터 고려대장경을 끊임없이 요구한 일본에 많은 양이 전해져 유출되었던 때문이다. 그리고 기록에는 나타나 있지 않으나 역사적으로 교류가 밀접했던 중국에도 각 시대마다 여러 차례 고려대장경이 전해져 유통되었을 것이다.

이렇듯 고려대장경은 그 내용이 정확한 것이었으므로 역사적으로 각국과의 문화교류에서 관심의 초점이었으며, 현대에 이르기까지 세계 각국에 널리 유통되면서 한국불교문화의 전파에 커다란 역할을 담당하고 있다.

---

19) 朴相國, 앞의 글.

20) 太祖·定宗·太宗·世宗 등의 實錄과 《東文選》 권 76, 《伽倻山海印寺誌》(李智冠 編, 伽山文庫, 1992) 및 朴相國, 《全國寺刹所藏木板集》(文化財管理局, 1987) 등 참조.

〈표 4〉 관련문헌을 통해 본 고려대장경의 유포

	인 출 시 기	관 련 문 헌	비 고
고려시대	충숙왕 5년(1318)	靈鳳山龍岩寺重創記	빠진 것 보충
	우왕 7년(1381)	驪興郡神勒寺大藏閣記	日本 大谷大 소장
고려시대 이후	태조 2년(1393)	太祖印經跋文	《太祖實錄》 태조 2년 10월 17일
	정종 원년(1399)	《定宗實錄》 정종 원년 정월 9일	태조가 사재로 해인사에서 인출
	태종 13년(1413)	《太宗實錄》 태종 13년 3월 11일	태조를 위해서 開慶寺 봉안
	세종 21년(1439)	《世宗實錄》 세종 21년 4월 24일	臺諫의 청으로 姑停에게 命
	세조 4년(1458)	印成大藏經跋(金守溫跋)	《世祖實錄》 세조 3년 6월 26일 및 4년 7월 27일, 50부 인출
	연산군 6년(1500)	印成大藏經跋(學祖跋)	왕비 愼氏가 연산군과 원자의 壽福을 위해 인출
	고종 2년(1865)	印成大藏經跋(海冥壯雄述)	五臺山 寶宮과 雲岳山 五歲庵 봉안
	광무 3년(1899)	印經跋文(趙始永跋)	4부 인출하여 三寶寺刹에 3부, 1부는 각 사찰에 나눠줌
	1915년	印大藏經跋(寺內正毅跋)	당시 총독인 寺內正毅가 京都 泉涌寺에 봉안하기 위해 인출, 이 때 3부 인출하여 서울대 도서관과 영국에 보냄
	1937년	高麗大藏經印出顚末(高橋亨)	[illegible] 선물. 1부는 妙香山 普賢寺에 있음
	1968년	伽山 李智冠 備忘記	金斗鎬씨 주선으로 5년 동안 13부 인 [illegible] 일본 4부, 美國 캘리포니아州立大學 1부, 그리고 영국에 2부, 호주에 1부, 대만에 1부씩 배부

그리고 고려대장경의 일본에의 전래는 일본이 불교문화국가로 발전하는데 원동력이 되었다. 특히 조선 초기의 일본과의 교류는 고려대장경 교류사라 하더라도 과언이 아닐 정도였다. 당시 조정은 왜구의 창궐로 인해 골치를 앓고 있었는데, 왜구에 잡혀갔던 포로와 대장경을 서로 교환하자는 등으로 일본정부는 기회 있을 때마다 끊임없이 대장경을 요구하여 가져갔던 것이다. 그리하여 현재 고려시대나 조선시대에 인출한 고려대장경의 古板本은 거의 일본에 소장되어 있다.

현재 일본에 전래되고 있는 고려대장경판본은 〈표 5〉와 같다.

〈표 5〉 일본소재 고려대장경 판본현황[21]

소 장 처	소재지	수 량	비 고	소 장 처	소 재 지	수 량	비 고
輪王寺	枥 木 縣	614		長谷寺	奈 良 縣	5	
增上寺	東 京 都	1,259	德川家康 寄進	金剛峯寺	和歌山縣	6,285	
大東急文庫	〃	22		吉備律神寺	岡 山 縣	994	
南禪寺	京 都 市	1,738		法然寺	香 川 縣	2,000	
相國寺	〃	약 5,500	安藝宮島 舊藏	對馬歷史民俗資料館	長 崎 縣	600	
大谷大學	〃	4,995		安國寺	〃	591	
東大寺	奈 良 市	40	義天의 續藏	木板神社	〃	950	觀音堂

* 宮內廳書陵部・泉涌寺・立正大學・四天王寺・國會圖書館・比叡山寺・高野山寺 등에도 최근세의 판본 소장

(5) 고려대장경의 위치

역사적으로 간행된 漢譯大藏經은 北宋官板이 효시이고 그 다음은 고려 현종 때 간행한 初雕大藏經으로 이어진다. 우선 한역대장경의 종류를 간행연도별로 살펴보면 다음의 〈표 6〉과 같다.

〈표 6〉을 통하여 23종의 한역대장경이 간행되었음을 볼 수 있다.[22] 이외에 중국에서는 《影印磧砂版大藏經》(1933~1936)과 《影印宋藏遺珍》(1935), 《修訂中華大藏經》(1974~), 《中華大藏經》(1984~) 등이 영인되었거나 영인되고 있으며, 한국에서는 《高麗大藏經》(1957~1979)이 영인되었다.

그런데 역사적으로 간행된 대장경이 모두 고스란히 전래되지는 않고 있다. 최초의 대장경판인 북송관판대장경도 전체 5,048권 가운데 9권 정도가 알려져 있으며[23] 고려초조대장경은 현재 1,600여 권 정도가 확인된 실정이다.[24] 세 번째로 간행된 거란판대장경은 그 동안 전래되지 않은 것으로 알려져 왔으나 최근에 들어와서야 敦煌출토 경전 가운데 보이는 인쇄된 잔편 몇 조각을 거

21) 이 도표는 여러 편의 논문과 목록을 참고하고 日人학자의 도움을 받아 현지답사를 통해 작성한 것이다. 숫자는 책수를 말한다. 대장경은 卷子本・帖裝本・線裝本 등 세 가지 종류로 장정되어 있는데, 숫자가 많은 것은 대체로 첩장본이다.

22) 大藏會 編, 《大藏經》(京都, 百華苑, 1964).
梶浦晉, 《近代編纂漢譯大藏經關係略年表》(1990年度佛敎史學會學術大會發表要旨).

23) 竺沙雅章, 〈宋元藏の系譜〉(佛敎史學會學術大會發表原稿, 1990).

24) 國內傳來本과 日本 南禪寺의 소장본에서 필자가 현재 확인 조사중임.

란본으로 추정하고 있을 뿐이다.[25] 그리고 현존하고 있는 북송의 東禪寺版이나 開元寺版도 온전하지 않는 것으로 알려지고 있다. 이러한 실정에서 해인사에 있는 고려대장경판은 그 판본이 여러 곳에 고스란히 전래되고 있을 뿐 아니라 그 목판까지 현존하고 있는 것이다. 또한 앞의 〈표 6〉에 나타나 있듯이 萬曆 이전(1573)까지 간행된 중국의 대장경보다 그 수록내용이 풍부했음을 볼 수 있다.

〈표 6〉 한역대장경의 종류

	대 장 경 명	간 행 시 기	권 수	비 고
목판본	蜀版(北宋官版, 開寶勅版)	북송(971~983)	5,048	〈開元釋敎錄〉收錄經典
	高麗初雕版	고려(1011~ ?)		勅 版
	契丹版	거란(1031~1054)		勅 版
	崇寧版(福州東禪寺版)	북송(1075~1103)	5,700	私 版
	毘盧版(福州開元寺版)	남송(1112~1151)	6,117	私 版
	思溪版(圓覺寺版)	남송(1126~1132)	5,480	私 版
	高麗大藏都監版(再雕大藏經)	고려(1233~1248)	6,568	勅 版
	弘法寺版(金藏)	남송(1149~1294)		私 版
	思溪版(資福寺版)	원 (1239~ ?)	5,740	圓覺寺版의 追·補刻
	杭州版(普寧寺版)	원 (1277~1290)		思溪版의 重刻
	磧砂版(延聖寺版)	원 (1231~1305)	6,000	私版, 1287년 追刻
	明版南藏(報恩寺版)	명 (1373~1403)	6,331	金陵(南京) 開版
	明版北藏(北京版)	명 (1410~1440)	6,361	北京서 開版
	萬曆版(嘉興楞嚴寺版)	명 (1589~1676)	7,334	方冊本·北藏 增補
	宗存版	일본(1614~1624)	284	高麗大藏都監版 底本
	天海版(寬永寺版)	일본(1637~1648)	6,323	木活字
	黃檗版(鐵眼版)	일본(1669~1681)	6,958	方冊本·萬曆版 底本
	龍藏(淸版)	청 (1735~1738)	7,838	明北藏版 底本
신활자본	大日本校訂大藏經(縮藏)	일본(1880~1885)	8,534	高麗大藏都監版 底本
	日本校正大藏經(卍正藏)	일본(1902~1912)	7,148	麗明對校錄 底本
	上海頻伽精舍版	청 (1891)	8,534	縮刷藏 底本
	大正新修大藏經	일본(1922~1934)	9,041	高麗大藏都監版 底本
	佛敎大藏經	중국(1979)		頻伽精舍版 底本
	佛光大藏經	중국(1983~ ?)		高麗大藏都監版 底本

25) 大藏會 編, 앞의 책, 41쪽에 의하면 현재 東京의 書道博物館·靜嘉堂文庫·龍谷大學圖書館에 소장되어 있다 함.

고려대장경은 일본에서 가장 먼저 수용하여 대장경연구에 괄목할 만한 성과를 이루었고, 그 결과 고려대장경을 저본으로 간행한《大正新修大藏經》은 불교연구의 기본서로 세계적 명성을 지니게 되었다. 역사상 일본에서는 대장경간행을 여러 차례 시도하였으나 이룩하지 못하였고, 본격적으로 대장경간행을 시도한 것이 京都 北野經王堂에서 착수한 宗存版대장경이다. 이 대장경은 天台宗의 宗存이 建仁寺의 고려대장경에 의해서 1613년에 대장목록을 간행하고, 다음해부터 사업에 착수하여 1624년까지 간행하였는데 현재 85부 284권이 알려지고 있다.[26] 이 때 판식과 간기는 모두 고려대장경을 그대로 답습하고 간지표시를 "(甲寅)歲大日本國大藏都監奉勅雕造"라고 고려 대신에 일본으로 바꿔 사용하였다. 그런데 목판으로 간행하지 않고 임진왜란 때 데리고 간 인쇄기술자에 의해 목활자로 간행하였다. 이 대장경은 당시 天皇이 1617년에 죽자 "奉勅雕造"란 글자가 지워지게 된다. 그러므로 천황의 명에 의해서 간행이 시작되었던 것으로 추정되는데, 그 후 종존이 입적하자 이 사업은 중단된 것이다.

이후 일본에서 최초로 완성한 대장경이 倭藏이라고 일컬어지는 寬永寺에서 간행한 天海版대장경이다.[27] 이 대장경은 德川家光의 후원으로 天海僧正이 관영사에서 남송의 思溪 資福寺版을 저본으로 1637년~1648년에 간행한 것이다. 이 역시 임진왜란 이후 성행한 활자인쇄술에 의해서 간행된 것이었다. 이외에 목판본인 黃檗版은 중국 황벽 希運의 종풍을 계승한 萬福寺 開山祖 隱元의 제자인 鐵眼이 주관하여 1669년~1681년에 서민의 시주를 얻어 스승이 명나라에서 가져온 만력판을 복각한 것이다.[28] 이 황벽판은 일본 전역에 염가로 널리 보급되었으나 내용에 오류가 많아 학술적으로 인정을 받지 못하였다. 그리하여 정토종의 승려 忍徵이 1674년에 황벽판대장경에 오류가 많음을 알고 1706년부터 경도 建仁寺에 있는 고려대장경과 내용대교를 시작하여 1710년에 모두 마치고 〈麗藏對校錄〉을 완성하였다. 그후 眞宗大谷

26) 大藏會 編, 위의 책, 97~98쪽.
27) 大藏會 編, 위의 책, 99쪽
28) 佛教大學 佛敎文化硏究所, 〈麗藏對校黃檗版大藏經 解題〉(同朋舍, 1989), 16~21쪽 참조. 여기에서 萬曆版覆刻이 아닌 것이 있음을 밝히고 있다. 그리고 大藏會 編, 위의 책, 101쪽에는 1669년~1678년으로 되어 있다.

派 淨勝寺 順惠(順藝)라는 승려가 明藏에는 없고 고려대장경에 있는 500권을 건인사본으로 전사했다는 기록이 있다.[29] 이러한 사실은 고려대장경이 일본에서 중국판 대장경보다 월등히 뛰어난 대장경으로 여겨졌음을 확실하게 밝혀준 최초의 예가 되는 것이라 하겠다.

19세기 말부터 대장경도 신활자로 간행하게 되었다. 그 첫 번째가 역시 일본에서 1880년~1885년에 縮刷版으로 간행된 《大日本校訂大藏經》이다. 이 대장경은 明治維新 직후 불교부흥책의 일환으로 시작한 것인데 인징이 고려대장경과 대교한 〈麗藏對校錄〉을 본 것이 동기가 되어 고려대장경을 定本으로 삼고 송·원·명의 대장경을 참고하여 차이가 나는 부분에 頭註를 달아 금속활자 5호로 간행한 것이다.[30] 이 판본은 일본 최초의 독창적 판본이라 하겠다. 이 대장경은 1911년에 상해의 빈가정사에서 4호 활자로 다시 배열하여 인쇄하였다.[31] 그러나 활자가 커서 보기에는 편리하나 두주를 생략한 것이 흠이 되고 있다. 1902년에 경도에 藏經書院이 설립되어 인징의 麗明對校本을 정본으로 1912년에 출판된 것이 《卍字藏經》과 《卍字續藏》이다.[32] 이후 불교서적의 총서로 東京大學의 梵文學敎室 高楠順次郎 등이 중심이 되어 1922년~1934년까지 13년이 걸려 완성한 것이 《大正新修大藏經》이다. 당시 유통되고 있던 축쇄판 대장경이 값이 비싸 학자들이 구입하기 어려웠고 또한 일본 국내에 있는 필사본 대장경을 異本과 비교 조사하여 가장 정확한 대장경을 만들고자 하는 요망이 있었던 것이다. 마침내 동경 增上寺에 소장되어 있는 고려대장경을 저본으로 하고 남송 思溪版, 원 大普寧寺版, 명 萬曆版, 그리고 宮內省圖書寮의 북송 福州東禪等覺院版을 대교하여 지방사찰이나 대학도서관과 개인소장을 모두 망라하고 돈황본까지 참고하여 간행한 것이다.[33] 이 대장경은 학자들이 이용하기 편리하여 현재 세계 각국에서 불교연구의 기본서로서 활용되고 있다. 이상에서 살펴본 바와 같이 역사적으로 일본에서의 대장경간행은 거의 고려대장경을 정본으로 하여 우리 나라의 인쇄문화를

29) 〈增上寺大藏經目錄解說〉(《增上寺史料集別卷》, 1981).
30) 大藏會 編, 앞의 책, 102쪽.
31) 大藏會 編, 위의 책, 103쪽.
32) 大藏會 編, 위의 책, 104쪽.
33) 大藏會 編, 위의 책, 105쪽.

받아들여 간행하였고, 특히 신활자본 대장경은 일본과 중국을 막론하고 모두 고려대장경을 저본으로 하여 간행되었으며 현재까지도 간행되고 있는 것이다.

고려대장경은 판각할 당시 수기법사 등에 의해서 대교가 철저히 이루어져 그 내용이 정교하기 때문에 유명하다. 당시 대장경을 간행하면서 국내본과 송본·거란본을 대교하여 선본을 실었으며, 그 내용을 기록하여 〈高麗國新雕大藏校正別錄〉을 남겨 놓고 있어 현재 거의 전래되지 않는 북송관판과 거란본의 내용을 살필 수 있는 유일한 대장경이다. 그리고 〈法苑珠林〉·〈一切經音義〉·〈續一切經音義〉·〈內典隨函音疏〉 등은 고려대장경에 수록되지 않았더라면 명목도 모르고 영원히 멸실되었을 것이다.

이상과 같이 고려대장경은 역사상 간행된 대장경 가운데 완벽하게 전래되고 있는 현존하는 가장 오래된 대장경으로 해인사에는 그 목판까지 고스란히 남아 있다. 이미 17세기부터 가장 정확한 대장경으로 알려져 현재에 이르기까지 각국의 대장경간행에 있어 정본으로 사용되고 있는 세계적인 명성을 지니고 있다. 그러나 우리가 지니고 있는 보배를 우리의 손으로 그 위대성을 밝히지 못했음은 깊이 반성해야 할 점이다. 그리고 역사적 수난 탓이긴 하지만 국내에는 古版本이 없어 대장경판각 당시의 면모를 살피는데 어려움을 겪고 있는 것이다.

〈朴相國〉

2. 성리학의 전래와 수용

1) 신유학의 전래와 고려 사상계의 동향

(1) 송대 신유학의 성립과 고려 유학계의 대응

중국사상사에서 宋學은 漢學에 대응하는 의미로서 사용되고 있다. 漢唐의 訓詁·注疏學에 대한 송대 朱子學이라는 것이 일반적 인식이라고 할 수 있다. 그러나 주자학은 엄밀히 말하여 송학 중의 한 학파로 출발하여 이후 송학을 대표하는 사상계의 지배적 위치를 점하기에 이르렀다. 이러한 주자학이 형성·

확립되는 데에는 다양한 학술과 사상, 심지어는 배척의 대상이 되었던 도교와 불교의 일부 내용까지 수용되었다는 사실을 주목하지 않을 수 없다.

주자학의 선구는 흔히 당대의 韓愈와 李翶에서 찾는다. 그러나 주자학의 형성에 그들이 끼친 공헌은 주로 도교와 불교의 배척 및 인성론에 국한되어 있다. 실제로 그들은 훈고학에 치중함으로써 유교에 새로운 사상적 생명을 불어넣는 작업은 하지 못했고, 따라서 유교는 그 사상성에서 도교와 불교의 적수가 되지 못했다. 근본적으로 유교의 내용을 일신하여 도교와 불교에 정면 도전을 선언한 것은 북송의 諸儒에서부터 시작되었다고 해도 과언이 아닐 것이다.

한유와 이고가 불교에 대한 유교의 우위 확립을 위해 문제를 제기한 이래 당말·오대를 거치며 오랫동안 순치되어 온 유교의 사상적 변화는 송의 仁宗 慶曆연간(1041~1048)에 이르러 비로소 새로운 징후를 나타내었다. 이러한 조류를 유도한 것은 范仲淹을 중심으로 한 일군의 유학자들이었다. 범중엄·胡瑗·孫復·歐陽修 등으로 대표되는 '正學'운동은 한·당의 훈고·주소학에 대한 비판과 전대의 사상계를 지배해 온 도교와 불교에 대한 배척을 주된 기치로 내걸고 있었다.1)

이렇듯 북송에서 이른바 '乾淳之盛'이라고 불려지는 眞宗(998~1022)·仁宗(1023~1063)시대에 범중엄·구양수·司馬光·王安石 등과 같은 명재상들에 의해 시작된 유교부흥책, 곧 '정학'운동에 힘입어, 흔히 송학으로 불려지고 있는 道學-구체적으로 말하면 '濂洛關의 학'-이 호남성 염계사람 周敦頤(濂溪, 1017~1073), 하남성의 낙양사람 程顥(明道, 1032~1085)와 그의 아우 程頤(伊川, 1033~1107), 섬서성의 관중사람인 張載(橫渠, 1020~1077) 등을 대표로 새로운 학풍으로 발흥하게 되었다. 그런데 이 시기 중국에서는 이른바 '澶淵의 盟'(1004)으로 宋遼和約이 성립되어 이후 100여 년 동안 두 나라는 평화적인 관계가 지속되었고 고려 역시 3차에 걸친 거란과의 전쟁을 치르고 국교를 정상화시킨 이후였다. 이와 같은 동아시아의 평화적 분위기와 함께 여·송간에도 긴밀한 우호관계가 재개되어 잦은 사신 왕래가 행해지고 있던 때였다. 따라서 고려와 북송간에 사상적인 면에서의 접촉과 영향을 고려할 때, 당시 고려 사상계 일각에서 일어났을 신유학에 대한 이해가 충분히 가능하리라고 본다.

---

1) 李範鶴, 〈宋代 朱子學의 成立과 發展〉(《講座 中國史》 Ⅲ, 지식산업사, 1989), 195~197쪽.

이러한 사실과 관련하여 고려 중기 유학의 새로운 흐름은 문종대 崔冲(984~1068)으로부터 비롯된다. 그는 재상의 지위에까지 올랐다가 만년에 은퇴하여 사학을 세웠으니 이른바 '九齋學堂'이었다. 여기서 9재라는 것은 樂聖·大中·誠明·敬業·造道·率性·進德·大和·待聘 등을 일컫는 것으로서,[2] 유교철학의 중요한 여러 개념들을 진학의 차례로 삼아 9단계로 나눴다. 여기서 사용했던 교과가 주로 九經이었다는 것은[3] 북송에서 신유학 발흥의 단초 또한 1001년에 진종이 각 주현학교에 9경을 반포하면서부터 열리게 되었다는 사실과 관련하여 흥미롭거니와,[4] 더욱이 성명·솔성 등의 9재의 호칭은 "천명을 성이라 하고, 솔성을 도라 하며, 수도를 교라 한다"[5]는 《中庸》에 바탕을 둔 것으로서 당시 신유학의 이해와 관련하여 주목된다.

이렇게 맹아적 단계에서 자체적으로 성장하고 있던 신유학의 흐름은 먼저 송에서 염락관으로 완숙한 경지에 이르게 되었고, 고려에서도 송과의 잦은 사신 왕래를 통해 그와 같은 신유학의 사조에 좀더 민감히 대응하게 된다. 특히 예종 10년(1115)에 金端과 適 등 5인이 송나라 태학에 입학했을 당시는 송에서 신유학이 대세를 이루면서 二程의 문인들이 활동하고 있던 시기였으며, 고려에서도 궁중에 淸讌閣을 설치하고 《중용》을 강설하는 등 심성화의 경향이 두드러지고 있었다. 당시 새로운 경전 해석을 시도하였던 《論語新義》의 저자인 金仁存은 〈淸讌閣記〉에서 당시 상황에 대하여 다음과 같이 말하고 있다.

> 한편으로는 周公·孔子·孟軻·揚雄 이래의 고금문서들을 모아놓고 날마다 老師·宿儒와 더불어 선왕의 도를 토론하고 부연하며 천명하면서, 조용하게 수양도 하며 휴식도 하고 거닐기도 하므로 한낱 전각 안에서 벗어나지 않고서도 三綱五常之敎와 性命道德之理가 사방에 충일하였다(《高麗史》 권 96, 列傳 9, 金仁存).[6]

---

2) 《高麗史》 권 95, 列傳 8, 崔冲.
3) 위와 같음.
4) 黃公偉, 《宋明淸理學體系論史》(幼獅文化事業公司, 1969), 30쪽.
5) "天命之謂 率性之謂道 修道之謂敎"(《中庸》 제1장).
6) 일찍이 尹南漢, 〈儒學의 性格〉(《한국사》 6-고려:귀족사회의 문화-, 국사편찬위원회, 1975)에서도 이 문장에 주목하면서 고려 중기 유학의 수준을 송 유학과의 평행선상에서 파악하고 있다.

여기에서 표현되고 있는 '理'라는 용어는 일반적으로 先秦의 문헌에는 잘 나타나지 않으며, 장재나 二程에게서 쓰여지다가 朱熹에 이르러 생성론 혹은 존재론 속에 정착된 것으로 이해되고 있는 점을 염두에 둔다면,[7] 김인존의 '성명도덕지리'에서의 존재론적 개념으로서의 '理'의 표현은 실로 고려 중기 유학계의 신유학 이해의 도를 짐작하게 한다. 그뿐 아니라 김인존과 거의 같은 시대에 살았던 殷純臣이 "성상께서 誠으로부터 明하신 까닭에 오직 슬기로워 성인이 되신 것입니다"[8]라고 하여, 《중용》의 「自誠明」을 성인의 덕으로 본 것은 후대 주희의 주석과 같은 논리이다.[9] 이처럼 예종대에 이르면 신유학의 철학적 측면, 즉 성리학에 대한 이해가 점차 그 깊이를 더해 가고 있었던 것이다.

고려 유학계에서 이처럼 새로운 유학의 흐름에 깊이 있게 대응하면서 자체 유학의 차원을 높이려 할 때 당시 송에서 진행되고 있던 새로운 유학의 경향성을 예의 주시하지 않을 수 없었다. 다음과 같은 《宋史》의 기록은 이를 잘 나타내 주고 있다.

> 마침 고려에 사신 간 사람이 있었는데 고려국왕이 그 사신에게 '龜山先生은 어디에 계신가'라고 묻자 사신이 돌아와서 그것을 宋 황제에게 보고했다. 그래서 황제는 구산을 불러 秘書郞으로 삼고 다시 著作郞으로 승진시켰다(《宋史》 권 428, 列傳 187, 楊時).

이 《송사》의 기록은 《宋元學案》 중의 〈龜山學案〉條의 기록과 일치하는데, 여기에서 말하는 고려 국왕은 다름 아닌 인종이다. 다시 말하여 인종 원년(1123)에 송의 國信使 路允迪과 傅墨卿이 사신으로 왔을 당시의 일화이다.[10] 이 기록에서 말하고 있는 龜山 楊時(1053~1135)는 중국 사상사에 있어서 2程 특히 정이천의 학을 羅豫章 나아가 李侗을 통해 주희에게 전함으로써 그의 학풍이 일약 성리학의 주류가 되게 한 인물이다.[11] 이렇게 후대 주자성리학에서 중요한 위치를 차지하는 양시였지만 그의 나이 71세에 이르도록 조정에 알려지지 않았고, 따라서 사신들도 몰랐던 것을 고려 국왕 인종이 크게

7) 山井湧外 編, 《氣の思想》(東京大出版會, 1978), 360~361쪽.
8) 《東文選》 권 36, 表箋 刱立國學後學官謝上表.
9) 《中庸》(成均館大 大東文化硏究院 影印), 814쪽 朱子註 참조.
10) 《高麗史節要》 권 9, 인종 원년 6월.
11) 近藤一成, 〈道學派の形成と福建〉(《中國前近代史硏究》, 雄山閣, 1980), 157~158쪽.

관심을 나타내면서부터 비로소 송에서도 인정받게 됐다는 사실은, 중국에서의 새로운 유학의 경향성을 주시하면서 그 이해의 폭을 넓혀 가고 있던 고려 중기 유학계의 동향을 말해주고 있는 것이다.

하지만 송말까지 고려는 주자성리학보다 王安石의 유학이 유행했던 것을 볼 수 있다. 왕안석은 북송의 개혁정치가로서 잘 알려져 있지만, 고려 중기 새로운 유학부흥운동에도 크게 영향을 주었다. 그의 학파와 정파는 舊法黨의 제지로 여러 차례 몰리기도 하였으나 그들의 큰 영향은 남송 초에까지 미쳤다. 더욱이 그의 이른바 《三經新義》는 과거시험에서 새로운 권위를 가지고 등장하여 한대의 전통적 주소학으로부터 벗어날 수 있게 하였다. 이제 과거시험에서는 오로지 왕안석의 경전에 대한 새로운 해석만을 사용하여야 등용될 수 있을 정도로 그 영향력은 절대적이었다.[12] 이즈음 고려에도 왕안석의 《삼경신의》가 송으로부터 유입되었고,[13] 뒤에 나오지만 예종·인종연간 학제와 과거제의 개혁은 왕안석 학풍의 영향이었다. 특히 예종 때에 김단과 함께 송나라 태학에 입학했던 권적은, "한이부가 처음 古學을 부르짖음에 당나라의 문물이 찬연하고 왕승상이 퇴폐한 풍조를 크게 변화시킴에 송나라의 儒術이 일어났으니, 천년을 망라했고 일시를 밝혔습니다"[14]고 하여, 왕안석의 새로운 개혁운동에 따라 쇠락해 가던 유학이 다시 혁신되었음을 높이 평가하고 있다. 왕안석의 이러한 업적은 곧 당대 후반기에 고문부흥을 제창하여 유교 혁신운동의 기치를 내걸었던 한유와 같은 맥락으로 인식되고 있다.

고려 인종대에 국왕을 비롯한 사대부들 사이에서 중국의 새로운 유학의 흐름에 대해 당시 중국의 관인층에 못지 않은 이해를 하고 있었다는 사실은, 북송대 신유학의 흐름을 남송의 주자성리학으로 이어지게 하는데 결정적 역할을 담당했던 양시에 대한 앞서의 일화에서 능히 헤아려 볼 수 있다. 또한 인종 14년의 지추밀원사 金富儀의 죽음 뒤에 나오는 다음의 기록은 이런 사실을 좀더 뒷받침해 주고 있다.

---

12) 陶希聖, 《中國政治思想史》 4책, 66쪽.
13) 金庠基, 《東方史論叢》(서울大 出版部, 1974), 163쪽.
14) 《東文選》 권 45, 表箋 入宋船次上朴學士啓.

> 처음에 왕(인종)께서 동궁에 계셨을 때 의(富儀)는 뽑혀서 부속이 되었는데 문학으로써 특별히 두터운 사랑을 받았고 왕께서 즉위하심에 미쳐 그를 발탁해서 한림학사를 제수했다. 왕께서 일찍이 변방의 일을 그에게 물은 적이 있었는데 그는 대답해서 말하기를, "송의 신종이 文彦博·王安石과 더불어 변방의 일을 의논하고 있었는데 언박이 '반드시 먼저 스스로를 다스려야 되지 가까운 곳을 소홀히 다루면서 먼 곳을 신중히 다루어서는 안됩니다'라고 하자 안석이 '언박의 말이 진실로 옳습니다. 만약 능히 스스로를 다스리게 되면 70리로써도 王天下할 수가 있는 것이니 지금 만리의 천하를 소유하고서도 남을 두려워하는 것은 스스로를 다스리지 못하기 때문입니다'라고 했습니다. 지금 三韓의 땅이 어찌 다만 70리일 뿐이겠습니까. 그런데도 남을 두려워하는 데서 벗어나지 못하는 것은 그 잘못이 스스로를 먼저 다스리지 못한 데 있을 뿐입니다…"라고 했다(《高麗史節要》 권 10, 인종 14년 10월).

여기에 인용된 문언박과 왕안석은 모두 범중엄의 사상을 계승하여 정계에 진출하여 새로운 유학운동을 크게 펼친 학자들로서,[15] 김부의가 그들과 신종과의 일화를 대화 속에서 자연스럽게 구사할 수 있었다는 것은 당시 고려 유학계가 중국에서의 신유학의 형성과 전개에 얼마만큼 밀착되었나를 보여주는 것이다.

이러한 밀착 속에서 김부의의 "하늘이 만물을 덮고 땅이 만물을 싣는데 사사로움이 없기 때문에 동물·식물이 각각 그 성명을 완수하게 된다"[16]는 생성론 혹은 존재론적 인식이 행해지게 되는 것이고, 예종·인종대 새로운 유학을 지향하는 학제 및 과거제의 개혁과 함께 유교사상을 존재론적으로 발전시킨 《중용》이 자주 강론되었던 것이다. 특히 인종 6년 남송에 사신으로 가서 송의 파천을 위문한 적이 있는 尹彦頤[17]가 《周易》에 밝았을 뿐만 아니라 《易解》를 지어 세상에 전했던 것은 주목할 만하다.[18] 왜냐하면 《주역》은 《중용》과 더불어 당시 신유학자들이 공통으로 중시했을 뿐만 아니라 송대 신유학의 형성 자체에 큰 동인으로 작용하였기 때문이다.[19] 실제 송대에 새로운 유학

---

15) 楠本正繼, 《宋明時代儒學思想の硏究》(廣池學園事業部, 1962), 15~16쪽 참조.
16) 《東文選》 권 35, 表箋 謝不收復保州表.
17) 《高麗史節要》 권 9, 인종 6년 8월.
18) 《高麗史》 권 96, 列傳 9, 尹瓘 附 彦頤.
19) 黃公偉, 앞의 책, 54쪽.
楠本正繼, 앞의 책, 17쪽.

의 흐름을 주도했던 학자들은 漢唐儒學 이래의 철학의 빈곤을 벗어나기 위해서, 천도에 의지하여 말할 경우에는 《역경》에서 그것을 취하고, 심성을 논할 경우에는 주로 《중용》에서 그것을 취하여, 天道性命의 근원으로부터 말미암아 심성의 고유한 가치를 발현시키려고 노력했던 것이다.[20]

이상의 사실로 미루어 볼 때, 고려 중기 유학계는 북송에서의 신유학의 형성과 전개에 병행하여 그와의 교호작용 속에서 독자적인 자기 발전을 모색하고 있었음을 알 수 있다.

(2) 고려 불교계의 변화와 새로운 유학사상

당과 5대의 시기 동안 일어난 禪宗과 士大夫들 사이의 상호작용을 거치고 나서, 송대에 이르자 선승들은 이미 완전히 사대부화되었다. 이들은 명산대천을 유력하였을 뿐만 아니라 사대부들과 친구가 되어 고아담백한 생활 속에 소탈한 풍류를 누렸다. 이와 함께 사대부들 사이에 禪悅의 기풍이 성행하였다. 예를 들면 북송의 楊億·張方平·周敦頤·張商英과 남송의 張九成·眞德秀 등은 모두 선종의 거사신도이거나 선종사상의 영향을 크게 받은 학자들이다. 구양수 같은 사람도 《本論》을 써서 불교와 노장을 반대하였지만, 여산 동림사의 조인선사와 한번 얘기를 나눈 후로는 숙연히 마음에 감복되어 날마다 斯文들과 교유하면서 호를 육일거사라 이름하기도 하였다. 전통적 유교문화를 굳게 지킨 북송의 정치가이자 역사가였던 司馬光 역시 《해선게》 여섯 수를 써서 유교와 선의 같은 점을 지적하였으며, 당시 사대부사회의 영수로서 문단을 이끌었던 蘇軾은 일찍이 《단경을 읽고》라는 글을 써서 慧能의 《六祖壇經》의 삼신설에 대하여 해석과 보충을 하였다. 심지어 남송의 주희 또한 송대의 선승 大慧의 《語錄》을 가장 즐겨 읽었으며, 또 "현재 선학을 하지 않는 사람은 단지 그가 그 깊은 곳에 가보지 못한 것뿐이며, 그 깊은 곳에 도달하고 나면 반드시 선으로 나아간다"는 것을 인정하였다.[21] 이처럼 송대의 사대부들의 생활과 사상에 선불교의 기풍을 포용하지 않은 사람이 없을 정도로, 송대 선종의 흥기는 당시 사대부들에게 새로운 문화의 토양을 마련해 주었다. 이렇게 새로

20) 黃公偉, 위의 책, 7쪽.
21) 葛兆光, 《禪宗과 中國文化》(東文選, 1991), 68~69쪽.

운 문화의 토양으로서의 선종사상을 흡수·소화함으로써 경력연간 이후에 일어났던 새로운 유학부흥운동인 신유학의 발흥이 가능할 수 있었던 것이다.

중국에서의 신유학의 형성과 전개에 병행하여, 그와의 교호작용 속에서 독자적인 자기발전을 보았던 고려 중기 새로운 유학부흥운동 또한 유학계 자체적으로만 이루어진 것이 아니라 불교를 포함한 전대 사상의 기반 위에서 가능할 수 있었던 것이라 여겨진다. 당시 최충이 매년 여름마다 歸法寺의 승방을 빌어서 夏課에 사용했다든지,[22] 혹은 앞에서 지적했듯이 《논어신의》의 저자인 김인존이 朴昇中 등과 더불어 음양지리 관계서적들을 산정하여 《海東祕錄》을 편찬하고, 한편 《貞觀政要》에다 주를 달았던 것,[23] 그리고 《역해》의 저자인 윤언이가 만년에 불법을 좋아하여 스스로 金剛居士라고 불렀다는 사실[24] 등은, 고려 중기의 이러한 사상적 분위기를 반증해 주는 것이라 하겠다. 북송대 및 고려 중기에 발흥하기 시작하였던 새로운 유학에의 모색이란 결국 전대 유·불·도 3교의 균형 발전의 소산일 터이기 때문이다.

이러한 점에 비추어 볼 때 고려 중기 새로운 유학사상의 전개와 관련하여 당시 불교계에서 전개되었던 선종의 부흥과 看話禪의 전개 및 李資玄을 중심으로 하는 이른바 居士佛教의 유행이 주목된다. 고려 전기의 선종은 광종대 전반까지 전성기를 이루었다. 그러나 그 후반기에 화엄종이 부상하면서 법안종으로 유학한 계통의 선종만이 어느 정도 그 세력을 유지하였을 뿐이고, 선종계는 대체로 침체한 상태를 면하지 못하였다. 특히 광종 이후 현종까지 두각을 나타냈던 법안종풍의 선승들이 새로이 형성되는 천태종에 흡수되었으므로 선종계로서는 커다란 타격을 받았다. 당시 義天이 천태종을 세울 때 선종 승려의 절반 이상이 천태종으로 개종하여, 선종은 커다란 위기를 맞게 되었던 것이다.

고려 중기 화엄종의 대표적 승려로서 당시 화엄종의 본거였던 興王寺에 주지하면서 그 교단을 영도하였던 의천이 均如의 주술적이고 신비적인 화엄학을 배격하고 화엄학과 선종의 일치를 사상사적 과제로서 제기할 무렵, 위기

22) 《高麗史》 권 95, 列傳 8, 崔冲.
23) 《高麗史》 권 96, 列傳 9, 金仁存.
24) 《高麗史》 권 96, 列傳 9, 尹瓘 附 彦頤.

에 처하여 있던 선종계에서도 미약하게나마 새로운 자각이 일어나고 있었다. 당시 의천의 천태종 개창에 참여를 끝까지 거부한 선종승 圓應國師 學一은 유학하지 않고 불심에 대한 독자적 견해를 발전시켰고, 후에 《禪林僧寶傳》에서 그의 견해가 증명됨으로써 그 동안 그의 주장에 의심을 가졌던 선승들의 추앙을 받게 되었다.[25] 그리고 숙종·예종 때에 주로 활동했던 慧照(炤)國師 曇眞은 이처럼 미약하게나마 세력을 유지하고 있던 고려 중기 선종계에서 커다란 활력소가 되었다. 그는 大鑑國師 坦然·廣智大禪師 之印·大禪師 祖膺 등의 선승과 이자현·윤언이 등의 거사들에게 직·간접적인 영향을 끼침으로써 고려 초기 이래 미진하였던 선풍을 서서히 진작시키고 있었다. 특히 그의 제자인 탄연은 그로부터 《心要》를 전수 받은 데다 宋僧 育王介諶의 간접적인 영향을 받으면서 臨濟禪風을 계승하고 있었다. 그리고 대선사 지인은 예종의 아들이었다는 점만으로도 당시 커다란 영향력을 행사할 수 있었을 것이고, 이 시기에 거사로서 활동했던 윤언이와 교유하던 貫乘 또한 혜조국사의 제자였다.[26] 이자현은 선승은 아니었으나 거사로서 당시 불교계에 커다란 영향을 주었다. 고려 중기 거사불교의 중핵이자 선의 부흥에 중심적 역할을 한 이자현에 대하여 李仁老는 다음과 같이 보았다.

> 그는 더욱 선을 좋아하여 학자가 찾아오면 문득 그들과 함께 그윽한 방에 들어가 날이 다 가도록 단정히 앉아서 사색에 잠기었다가 때때로 옛 고승들의 종지를 들어 토론하였다. 이로 말미암아 禪法이 우리 나라에 널리 퍼지니 혜조국사와 대감국사가 모두 그 문하에서 영향을 주고받을 정도였다(李仁老, 《破閑集》 권 중).

이처럼 이자현으로 말미암아 해동에 선법이 유포되었다는 표현이 있을 정도로 당시 선종불교계에서 차지하고 있던 그의 비중은 상당히 높았던 것으로 추정된다. 당시 불교계의 대표적 존재인 혜조국사와 대감국사 탄연이 그와 교유하면서 감화를 받을 정도였던 것이다. 그리고 선종에의 새로운 자각을 바탕으로 하여 전개되었던 그의 거사불교는 특히 출가자가 아닌 당대의

---

25) 許興植, 〈禪宗의 復興과 看話禪의 展開〉(《高麗佛敎史硏究》, 一潮閣, 1986), 468~469쪽.

26) 許興植, 위의 글, 470쪽.

문인관료들에게도 새로운 지평을 열어 주는 계기가 될 수 있었다. 그는 당시 위기를 맞이한 선종계에 《楞嚴經》으로써 새로운 활기를 불어넣는 한편, 예종에게 《심요》를 지어 바치기도 하고, 또 전국의 학자들을 모아 능엄강회도 갖는 등, 왕을 포함하여 당대의 문인관료들에게도 커다란 영향을 미치고 있었다. 그가 실제로 禪理를 담론하거나 불경을 강론하고, 또한 시문을 교환한 사람들 가운데 이름을 확인할 수 있는 사람들은 대개가 문인관료이거나 혹은 선승임은 이미 밝혀진 바 있다.[27] 그리고 그가 선종의 부흥과 관련하여 중요시하고 있는 《능엄경》 10권 가운데 제3권은 周易의 太極說, 衆生起始와 業界起始는 성리학의 人性論과 연결될 수 있다는 점에서[28] 고려 중기 새로운 유학의 발흥과도 결코 무관할 수 없을 것이다. 심지어 고려 말 '동방이학의 祖'라고 일컬어지고 있는 鄭夢周조차도 이 《능엄경》을 본다고 하여 구설수에 올랐던 점을 상기한다면,[29] 이자현으로부터 비롯하였던 《능엄경》을 중요시한 새로운 선풍은 고려 중기 문인관료들의 새로운 유학의 모색에도 커다란 영향을 주었으리라 생각된다.

이러한 새로운 선풍과 관련하여 전개되었던 고려 중기 문인관료들이 새로운 유학을 모색하는 전형적인 모습을 당시 이자현과 교유하였던 權適에게서 찾아볼 수 있다.[30] 지방 鄕吏家에서 태어난 권적은 어렸을 때는 주로 마을 선생이나 덕있는 이들로부터 자연스럽게 글을 익혔다. 그렇게 형성된 기초적 학문 소양은 당시 유명한 절을 찾아다니면서 깊이를 더하였다. 여기에는 이자현을 중심으로 일어나고 있던 선종의 부흥이 큰 영향을 주었으며, 《大乘起信論》에 느끼고 깨달은 바가 눈물을 흘릴 정도로 불교는 그의 정신세계 형성에 커다란 밑거름이 되었다. 새롭게 일어났던 선종의 부흥을 비롯한 불교계의 변화 속에서 禪이나 空을 통하여 새로운 유학에의 모색이 어느 정도 가능할 수 있었다면, 이러한 분위기는 북송의 신유학적 토양 자체가 이미 생면부지가 아니었다. 그것은 오히려 고려 중기 불교계의 변화 속에서 형성되

27) 崔柄憲, 〈高麗中期 李資玄의 禪과 居士佛敎의 性格〉(《金哲埈博士華甲紀念史學論叢》, 知識産業社, 1983) 참조.
28) 許興植, 앞의 글, 473쪽.
29) 鄭道傳, 《三峯集》 권 3, 上鄭達可書.
30) 〈權適墓誌〉(許興植 編, 《韓國金石全文》, 亞細亞文化社, 1984), 668~671쪽.

고 있던 새로운 유학에의 모색에 확신을 주는 것이기도 하였다. 예종 10년(1115) 그가 송에 유학생으로 갔을 때, 그 곳에서도 이미 선종불교의 세례를 통한 새로운 유학의 정립을 향하여 목하 고민 중이었기 때문이다. 이렇게 송과 평행하여 진행되고 있던 새로운 유학에의 모색은 관직을 거듭 역임하면서 그 범위를 넓히고 아울러 그러한 방향을 계승할 수 있는 다음 세대를 선발하여 그 과업을 물려주는 것이었다.

권적과 같은 예는 더 찾아질 수 있다. 권적과 함께 송에 가서 공부하였던 김단이나, 〈哭權學士適〉이라는 시를 지어 친구를 잃은 슬픔을 표현하였던 金富軾, 또는 김부식과 대립하였던 윤언이 등이, 모두 크게 보면 고려 중기 이러한 풍토 속에서 새로운 유학을 모색하였던 터이다. 다만 김부식은 의천의 비문을 짓는 등 교종계의 새로운 변화와 관련이 있었다면 윤언이의 경우에는 혜조국사의 문인인 貫乘禪士와 교유하면서 스스로 금강거사로 부르는 등 선종계의 새로운 변화와 좀더 밀접한 관련이 있을 따름이다.[31] 특히 예종대 왕권강화 노력과 함께 새롭게 등장하는 관료집단인 韓安仁 일파가 주로 지방출신 인물들을 중심으로 형성되었으며 또 그들의 다수가 당대 선종계의 새로운 움직임과 관계를 맺고 있는 사실은,[32] 예종대 학제와 과거제개혁 그리고 정치개혁까지를 수반한 새로운 전개의 배경이 되고 있는 것이다.

(3) 신진관료의 대두와 새로운 사풍의 전개

慶源 李氏 출신의 李資義가 헌종 원년(1095)년 왕권에 도전한 이래, 왕실에서는 경원 이씨를 비롯한 여러 문벌세력을 억제하여 국왕의 영향력을 확대하고 그 권위를 높이기 위하여 여러 가지 수단을 강구하였다. 숙종은 이같은 정책을 처음으로 실천에 옮겼다. 그는 貞州 庾氏 출신의 왕비를 맞아들여 경원 이씨의 압력으로부터 벗어나고자 하였다. 그의 아들인 예종도 이 정책을 지속하였는데, 비록 그가 어리고 경원 이씨의 모든 요구에 대항할 힘이 없어서 李資謙의 딸과 결혼하였지만 그도 계속 왕권의 독립을 확보하고자 하였

31) 許興植, 앞의 글 참조.

32) 金相永, 〈高麗 睿宗代 禪宗의 復興과 佛敎界의 變化〉(《淸溪史學》 5, 1988), 60~61쪽.

다. 예종대에 보이는 여러 중요한 정치적인 문제들 가운데 이자겸세력에서 벗어나 독자적 노선을 추구하려는 국왕의 의도로 말미암아 빚어진 것들이 많았다. 그리하여 예종은 경원 이씨 일파가 아니면서 그를 위해 충성을 다할 인물들을 적극 후원하고 끌어올렸다. 한안인과 같은 인물들이 처음으로 등장하게 된 배경은 바로 이런 연유였다.[33] 예종대 신진세력 중에서도 핵심인물 한안인은 예종 즉위 전에 侍學한 연고로 측근으로 기용되자 자신을 중심축으로 하여 왕권을 보위할 수 있는 신진관료를 결집해 나갔다.

예종대 관학의 부흥을 통한 새로운 사풍의 창출 또한 이러한 배경과 맥을 같이하였다. 왕권강화를 위하여 문벌귀족이나 외척세력 등 대신들의 전횡을 유교적 정치이념으로써 견제할 수 있는 신진관료의 양성이 무엇보다도 필요하였다. 요컨대 유교적 합리주의로 재무장함으로써 조정의 귀족적 정실주의를 극복해 나갈 수 있는 새로운 형태의 관료체제가 필요하였던 것이다. 예종이 즉위하고 나서 "학교를 설치하여 현명한 인재의 양성화야말로 삼대 이래로 다스림을 이룰 수 있는 근본이다"고 하여 관학부흥의 의지를 강력하게 나타냈을 때, 士類들은 누구나 할 것 없이 기뻐하였지만 반면에 대신들은 이러한 왕명을 어느 한 사람도 받들려 하지 않아서 당시 이를 애석하게 여기는 논의가 일었던 상황은,[34] 예종대 왕권강화의 지향과 함께 하였던 관학부흥의 성격과 이를 둘러싼 신진사류와 대신과의 대립되는 입장을 잘 말해주고 있다.

왕권강화와 함께 새로운 정치개혁을 행한 첫 단계로서의 이러한 '置學養賢'의 입장 천명에 따라, 대학 崔敏庸 등 70명, 武學 韓自純 등 8명을 시험으로 뽑아서 七齋에 나누어 배치하였다. 7재란 곧 《주역》을 麗澤, 《상서》를 待聘, 《모시》를 經德, 《주례》를 求仁, 《대례》를 服膺, 《춘추》를 養正, 《무학》을 講藝라 한 것이니,[35] 기존의 학풍을 경학적 학풍으로 전환시키는 데서 출발하고 있다. 이것은 곧 중앙집권적 관료정치의 안정에 대응하는 고려유학의 자기 심화과정인 동시에 보수화과정의 산물인 문종대 최충의 사학에서 비롯된 경학

33) E. J. Shultz, 〈韓安仁派의 登場과 그 役割〉(《歷史學報》 99·100, 1983), 149쪽.
34) 《高麗史》 권 74, 志 28, 選擧 2, 學校 예종 2년 춘정월.
35) 《高麗史》 권 7, 世家 7, 예종 4년 7월.

적 학풍을 관학으로 흡수하고자 하는 것이었다. 그리하여 예종은 학제개혁을 통하여 전대의 이러한 특정 문벌에의 경학화 경향을 국가가 장악하여 관리함으로써 왕권 중심의 유교적 관료정치를 전국적 차원에서 실현할 수 있도록 한 것이다.

> (예종 11년 4월) 制하기를, 문무양학이야말로 국가교화의 근본이다. 어서 빨리 지휘를 내려서 양학을 세우고 여러 학생들을 양육하여 장래의 장군이나 재상들을 선발하는 데 대비하고자 한다(《高麗史》 권 74, 志 28, 選擧 2, 學校).

위와 같은 교시에서 보듯이 새로운 학풍을 통하여 장차 국가를 다스리는 데 있어 능력있는 인재(將來將相)를 양성하기 위한 體制敎學의 성격을 띠게 되는 것이었다. 이것은 종실·외척 등에 의한 조정의 귀족적 정실주의를, 합리적이고 객관적인 유교적 정치이념으로써 견제할 수 있는, 유교주의적으로 자각된 士人을 양성하기 위함이었다. 그리하여 신진관료의 대두는 인종대에 오면 외척의 귀족적 정실주의에 대항하는 유교적 합리주의로 자신을 수양하면서 도교와 불교에 대항하는 의식을 체질화해 나가는 새로운 관인형의 결집을 낳게 된다. 이러한 예종·인종대 새로운 학제개혁을 통한 유교주의적 신진관료의 대두는 곧 정치개혁으로 직결되는 것이었다.

인종 5년(1127) 서경에서 포고한 '維新之敎 15개조'는 새롭게 제시한 정치방향이었다. 유신지교 15개조는 언뜻 음양연기사상에 입각하여 졸속하게 반포된 것 같이 보이지만, 실은 고려사회에 드러난 정치·사회적 문제를 깊이 통찰한 끝에 국정 전반에 걸쳐서 일대 정치쇄신을 이루고자 천명한 국가적 의지였다고 볼 수 있다.[36] 요컨대 유교주의에 입각한 정치개혁의 성격을 띠고 있다. 유신지교에 보여지는 인종의 이와 같은 정치기강의 쇄신, 민생안정, 그리고 풍속개혁의 적극추진 등은 말할 것도 없이 유교적 仁政 내지 합리주의가 그 바탕을 이루고 있는 것이다.[37]

이러한 정치개혁의 지향이 지속적으로 유지되고 발전되기 위해서는 유교

36) 朴性鳳, 〈高麗 仁宗期의 兩亂과 貴族社會의 推移〉(《高麗史의 諸問題》, 三英社, 1986), 173쪽.

37) 《高麗史節要》 권 9, 인종 5년 3월.

주의로 재무장한 새로운 관인들이 계속적으로 창출·공급되는 것이다. 학제 개혁을 통한 정치개혁의 지향과 병행하여, 관리충원제도인 과거제 개혁 또한 그러한 신교육에 입각하여 필연적으로 이루어져야만 하였다. 신교육에 맞추어 병행된 과거제는 종래의 詩·賦 중심에서 벗어난 경세제민의 실용적인 策·論을 중시하는 방향으로 바뀌었다.

> (인종 17년 10월) 예부 貢院에서 아뢰기를, "범중엄이 이르기를,'먼저 策·論으로써 사람의 大要를 보고 다음에 詩賦로써 그 재질의 전부를 보아, 대요(책론)로써 그 합격여부를 정하고 전재(시부)로써 그 등급을 올리고 내린다면 이는 인재선발의 근본이고 다스림을 이루는 기반이 된다'고 하였습니다." 우리 나라의 製述業은 결장인 제3장에서 운을 짝맞추어 偶對할 수 없는 策과 論을 번갈아 시험보고 있으니, 이로 인하여 詩賦의 學이 점차 쇠퇴하여지고 있습니다. 이제부터는 초장에서는 經義로, 2장에서는 論과 策을 서로 번갈아 보고, 3장에서는 詩賦로 시험하는 것을 영원한 격식으로 삼도록 합시다(《高麗史》 권 73, 志 27, 選擧 1).

위의 상소에서 보듯, 인종대 과거제의 개혁은 북송대 범중엄의 과거제 개혁방향과 맥을 같이하는 것이었다. 원래 당의 진사과 시험과목은 帖經·잡문(뒤의 시부)·시무책으로 이것은 송의 초기까지 계승되었다. 그러다가 범중엄·구양수 등에 의하여 새로운 관학의 부흥을 통한 유교개혁운동과 그에 따른 정치개혁운동인 신유학운동을 통하여 경력 4년(고려 靖宗 10년 ; 1044)에 과거제가 策·論 중심으로 개혁되어 왕안석으로 이어지게 되었다.[38] 이 때의 試法은 3장으로 나누어 먼저 策詩로써 일차 선발하고, 다음에 論을 시험하여 2차 선발하면 절반은 낙제된다. 그리고 나서 제3장에 가서 시부로 시험을 보이면 응시한 자들은 모두 책론에 통과한 우수한 인물들인 까닭에 종래와 같은 시부의 병폐는 없게 된다는 이른바 '逐場去留之法'이고 帖經黑義는 없앤다는 것이었다. 북송대 유교개혁운동의 차원에서 실시되었던 이러한 '축장거류지법'의 취지가 이미 인종대에는 반영되어 시행하였고, 나아가 이러한 방향이 영원한 격식으로 자리잡아 가게 된 것이다.

고려 초기나 후기에는 주로 초장에서 시험보여지던 시부가 예종·인종연간을 중심으로 한 고려 중기에는 주로 제3장인 종장에서 부과되었다. 이러한

38) 申採湜, 〈宋 范仲淹의 文敎改革策〉(《歷史敎育》 13, 1970) 참조.

경향성에 대한 기존의 연구는 고려 중기에 문벌이 형성되면서 자제를 주관적인 시부로 평가하여 상위에 급진시키려는 의도를 내포한 것이라 보았다. 그렇기 때문에 고려 중기 유학이 사장 중심이었다는 선입견에 의해 책론 부과의 의미를 경시한 것으로 그로 인하여 종장에서의 시부 부과의 의미도 오해되었다. 곧 사장 중심의 학풍은 인종 이후 문벌을 이룬 중앙의 품관자제가 급제를 독점하다시피 하게 하였고, 문벌의 형성에 발맞추어 과거는 능력위주의 사회적 기능을 폐쇄시켰다는 것이다.[39] 그러나 이러한 해석은 북송대 범중엄이 당시 시부의 병폐를 없애기 위하여 책론을 먼저 시험 보이고 종장에서 시부를 시험보였던 이른바 '逐場去留之法'의 의미는 참고하지 않았던 데서 해석의 오류를 범하고 있다. 이것은 오히려 시부를 경시하고 경세제민의 실용적인 책론을 중시하는 방향으로 과거제 개혁이 이루어지고 있음을 보여주는 것이기 때문이다.

이처럼 시부를 경시하고 경세제민의 실용적인 책론을 중시하는 방향으로의 과거제 개혁의 지향은 당대 士人들에게는 새로운 모색으로 이어질 수밖에 없었고 결국 詞章의 학풍에서 존경의 학풍으로의 이행을 가속화시킬 수밖에 없었다. 그리하여 사장의 학풍은 아이들의 잔재주와 같은 글장난으로 오히려 하늘이 내려준 순정한 성정을 파괴하는 일로 공격당한다. 요컨대 제왕이라면 마땅히 경술에 의지하여 정사를 베풀어 化民成俗하여야 한다는 것이다. 이처럼 사장의 학풍이 그야말로 경박한 것으로 치부되는 반면, 尊敬의 학풍을 통하여 3강5상의 가르침과 성명도덕의 이치를 탐구하고 토론하는 분위기가 형상화되었다. 당대 선비들의 입장에서는 그런 일들을 살아서 볼 수 있다는 것만으로도 행복을 느낄 만큼 경술이 숭상되고 있었던 것이다. 이것은 새로운 학제개혁의 방향에서 제시되었던 유학의 경학화·심성화 경향이 과거제 개혁 방향에서도 일관적으로 추진되고 있었음을 보여준다.

이와 같이 신교육에 따라 개혁된 과거제는 종래의 시부 중심에서 벗어나 실용적인 책론 중심으로 바뀌고 있었으며, 이와 함께 詞賦에서도 四六騈儷文에서 古文으로의 문체개혁 또한 필수적으로 이루어지고 있었다. 그리고 이러

39) 許興植, 《高麗科學制度史硏究》(一潮閣, 1981), 98쪽.

한 「作新一代」의 개혁은 요컨대 사장의 학풍에서 존경의 학풍으로 전개되던 고려 중기 유학의 새로운 동향과 맥을 같이하는 것이었다.

예종·인종대의 이러한 존경의 학풍은 당시 진행되었던 경학 강론의 내용에서도 살필 수 있다. 당시 진행되었던 강경의 내용을 보면, 《서경》 14회, 《주역》 8회, 《중용》 14회, 《시경》 3회, 《月令》 3회, 《예기》 2회, 《노자》 1회, 《주례》 1회, 《唐鑑》 1회, 《宋朝忠義集》 1회 등의 순이다. 이러한 당시 강경의 내용을 통하여 우리는 왕을 비롯한 새로운 문신관료들이 지향하는 뜻을 알 수 있다. 다시 말하여 《주역》과 《중용》 등의 강의에서 지향하고 있는 경학의 심성화 경향, 그리고 《서경》·《예기》·《송조충의집》·《당감》 등의 강의에서 지향하고 있는 군주의 정치적·도덕적 자각, 도의·명절의 명분주의적 경향 및 이에 따른 군신 상하의 유교적 질서확립의 지향을 파악할 수 있게 된다. 그뿐 아니라 합리적인 관료제에 의한 국가운영의 지향(周官 강의)이 《주례신의》의 저자인 왕안석에 대한 관심과 함께 이루어졌던 점도 주목된다. 여기에서도 우리는 학제·과거제·문체의 개혁 및 정치개혁까지를 수반한 고려 중기의 새로운 사풍은, 송대 신유학의 형성과 전개에 평행하여 그와의 교호작용 속에서 독자적인 자기 발전을 보았음을 알 수 있다.

2) 주자성리학의 수용과 특징

(1) 주자성리학의 수용

인종 8년(1130) 이래 여·송간의 정치적 교류 단절은 고려로 하여금 집대성기의 주자성리학과의 접촉을 어렵게 하였다. 뿐만 아니라 의종 24년(1170)의 무신란은 사상계 일각에서 일어나고 있던 귀족적이고 향락적인 분위기를 극복하려는 기회마저 앗아감으로써 유학사상의 발전에 왜곡을 초래하였다. 文人·儒者들 대부분이 무신들에 의한 숙청에 화를 입었으며 다행히 죽음을 모면하였다 할지라도 窮山에 도피하여 釋者로 전신하여 그 여생을 마치는 등, 문풍이 일반적으로 침체된 가운데 章句나 익히고 문장이나 다듬어 무인들 밑에서라도 어떻게든 정치적 생명을 지키려는 풍조가 곧 그것이다.

물론 그렇다고 해서 고려 중기 이래의 신유학풍이 완전히 사라진 것은 아니었다. 가령 구양수에 이르러 그 성세를 떨치기 시작한 고문운동의 「文以載道」·「文以致道」라는 사상[40]이 무신집권기의 일부 문사들에게 이어지면서 영향을 끼쳤던 것이니, 다음 崔滋의 말에서 그 사실을 엿볼 수 있다.

> 文이란 道를 밟고 나가는 문이니 不經한 말은 건너지 않는다. … 그 氣는 壯하고 그 意는 깊으며 그 辭는 밝게 되어 인심을 感悟케 하고 微旨를 발양시켜 마침내 올바른 데로 돌아가게 할 수 있다. 剽竊刻畵하고 誇耀靑紅하는 일 같은 것은 儒者가 본래 하지 않는 것이다 (崔滋, 《補閑集》, 補閑集序).

그러나 《역》과 《중용》에 의한 심성화의 방향은 이제 유가의 손에서 벗어나 당시 불교계에 새로운 기풍을 불러일으켰던 선종계통으로 넘어가게 되었다.

보조국사 知訥(1158~1210)에 의해 심성에 대한 관심이 선의 존재론적 근원이 되는 진심과 결부되어 나타났거니와,[41] 그 후 유학자 출신 선종계통의 승려 수선사의 慧諶에 의해 儒·佛一致說이 제기되는 등[42] 심성화에 따른 유·불의 융합과 조화가 무신란 이후 고려 사상계의 새로운 조류로 나타나게 되었다. 혜심뿐만 아니라 天因·天頙 등 본래 유학자로서 과거에 급제한 인물들이 대거 불문에 뛰어든 것과 이들이 계속 기존의 유학자들과 밀접한 관계를 맺고 있었던 것은,[43] 이러한 사상계의 조류와 관련하여 주목된다.

이러한 과정을 통해서 고려의 유학계는 당시 완성단계에 있던 주자성리학의 직접적인 영향을 받지 않고서도, 고려 사상계의 자체 성숙과정을 거침으로써 이미 주자성리학과 평행할 수 있는 기반을 다질 수 있었다. 이러한 기반 위에서 朱子를 볼 때 주자가 絶對善일 수는 없었다. 초기 주자성리학의 전래기에 閔漬가 주자의 昭穆說을 비판할 수 있었던 것도[44] 실상 이러한 고려 후기 사상계의 조류와 무관한 것은 아니었다. 그러나 이러한 불교계 쪽에

40) 黃公偉, 앞의 책, 35쪽.
41) 吉熙星, 〈知訥의 心性論〉(《歷史學報》 93, 1982) 참조.
42) 蔡尙植, 〈高麗後期 天台宗의 白蓮社結社〉(《韓國史論》 5, 서울大, 1979), 141~142쪽.
43) 蔡尙植, 위의 글.
44) 《高麗史節要》 권 24. 충숙왕 4년.

서의 심성화에 의한 유·불간의 조화는 그 한계가 있었다. 그 한계는 원 간섭기를 거치는 동안의 불교계의 타락으로 인해 점차 유자들에게 절실히 인식되었지만, 당시의 이러한 유불관계는 무신정권을 위한 행정적 실무나 혹은 외향적 문장수식에만 정열을 쏟던 변태적 유학계로 하여금 완성된 주자성리학을 수용하게 하는 데 있어서 일정한 역할을 담당했던 것만은 인정해도 좋으리라고 생각한다.

고려 사상계에 주자성리학이 소개되는 단서가 安珦(1243~1306)의 원으로부터의 주자서 도입이며, 그것이 白頤正·權溥·禹倬 등의 연구와 보급에 의해 李齊賢(1278~1367)→李穀(1298~1351)→李穡(1328~1396) 등으로 이어지면서 점차 수용하게 된다는 것은 이미 일반화된 견해이다.[45] 하지만 이제현의 다음과 같은 말을 주목할 필요가 있겠다.

> 일찍이 神孝寺 堂頭인 正文을 만나본 적이 있는데 그는 나이 80으로《論語》·《孟子》·《詩經》·《書經》을 잘 강설하였다. 그는 스스로 그것을 유자인 安杜俊에게서 배웠다고 했는데, 전에 한 선비가 송에 들어가 王安石이 은퇴하여 金陵에 거처하고 있음을 듣고 찾아가《毛詩》를 배워 7대를 전하여 두준에 이르렀기 때문에, 두준의 說이《詩經》은 오로지 王氏의 뜻을 사용하고《논어》·《맹자》및《서경》의 說은 모두 朱子章句나 蔡沈의 傳과 부합된다는 것이었다. 그 당시에는 二書가 아직 우리 나라에 들어오지 않았는데 두준이 어디서 그 뜻을 터득했는지 모르겠다(李齊賢,《櫟翁稗說》전집 1, 嘗見神孝寺堂頭 正文).

여기에서 우리는 이제현의 말을 통하여 성리학 수용에 관한 또 하나의 정보를 얻을 수 있다. 원으로부터의 성리학 전래 이전에 남송으로부터 직접 전래된 성리학이 재야의 학자나 승려들에 의해서 연구되었을 수도 있겠다는 개연성이 바로 그런 점이다. 무신란 이후 여·송간의 교류 단절에도 불구하고 송상의 왕래는 끊이지 않았고, 더욱이 고려 중기 이래 신유학에 의해 자극을 받던 문사들이 무신란을 피해 초야에서 학문을 닦으면서 여전히 남송의 주자성리학에도 민감하게 반응하였을 가능성이 많다. 또한 당시 불교계

45) 이러한 견해는 朱子學 완성기의 麗宋관계의 단절이라는 사실로 인해 설득력을 지니면서 尹瑢均,〈朱子學の傳來とその影響に就いて〉(《尹文學士遺稿》, 朝鮮印刷株式會社, 1933) 이래 거의 통설이 되고 있다.

쪽에서의 심성화 경향에 따른 유·불융합의 기운은 주자의 성리서에 대한 관심을 환기시켰을 것이기 때문이다. 그리고 왕안석이 금릉에 퇴거(1076~?)한 이후에 찾아간 고려학자로부터 7傳이 안두준인 것도 이제현의 생몰연대에 비춰보아 어긋나지 않으며, 80세의 正文이 안두준에게 그 學을 배운 것도 주자의 《四書集註》와 채침의 《書集傳》의 완성연대로 보아 모순이 없기 때문이다. 그러나 이러한 재야사상계 일각에서의 움직임은 당시의 이제현조차도 알 수 없었던 것처럼 중앙의 사상계에는 큰 영향을 미치지 못한 채, 안향에 의해 전래된 원의 주자성리학이 사상계의 주류를 형성하였다.

원래 남송의 주자학을 원에 전파한 장본인은 趙復이다. 그는 元 太宗이 남송을 정벌할 때 포로로 잡혔다가 원에 귀의하여 그 주자학을 姚樞(1213~1280)에게 전했고,[46] 그것을 원의 관학으로 굳힌 사람이 魯齋 許衡(1209~1281)이다.[47] 그는 蘇門山에 퇴거하여 있던 요추를 만나 주자서를 얻어 본 후 "今始得進學之序"라 하였고 그 중에서도 《小學》을 존숭하였다. 조복이 國子祭酒兼集賢大學士로 있을 때 그의 제자인 王梓·呂端善·姚燧·劉安中 등을 불러 各齋의 齋長을 맡김으로써 우주론적인 이기론보다 持敬을 위주로 한 실천윤리를 강조하는 학풍이 원의 사상계를 지배하게 되었던 것이다.

이러한 원의 학풍은 당시 불교의 폐단에 대해 심각히 반성해야 했던 고려 유자들의 배불론 속에 자연스럽게 스며들면서 성리학의 실천윤리 측면이 우선적으로 수용되게 되었으니,[48] 최초의 주자학자로 알려진 안향은 국자감의 젊은 학생들에게 다음과 같이 설유하였다.

---

46) 《元史》 권 189, 列傳 76, 趙復.
萬卷堂을 중심으로 하여 李齊賢과 교유했던 원의 性理學者들의 動向에 대하여는 鄭玉子, 〈麗末 朱子性理學의 導入에 대한 試考〉(《震檀學報》 51, 1981) 참조.

47) 이하 魯齋에 관한 기술은 黃宗羲, 《宋元學案》 魯齋學案 및 《元史》 권 158, 列傳 45, 許衡 참조.

48) 고려 후기 주자성리학의 수용과정중에 나타나는 이러한 특징 때문에 조선조 사변적인 도학자들 사이에서 고려 후기라는 시기는 철학사적 관심을 끌지 못했고 이러한 입장은 오늘날의 철학사연구에도 지속되고 있다. 고려 후기에 주자학이 제대로 이해되지 못했다는 학설 역시 수용과정상의 이러한 특징을 간과한 데서 나온 것이다. 실상 주자학은 居敬이라는 실천적 측면과 窮理라는 사변적 측면을 학문의 요체로 삼는 양면성을 띠고 있기 때문이다.

> 聖人의 道는 日用倫理에 지나지 않으니, 아들이 되어 효도해야 되고 신하가 되어 충성해야 하며 禮로써 집안을 다스리고 信으로써 벗과 사귀며 자기를 닦는 데는 敬으로써 하고 일을 실천하는 데는 반드시 誠으로써 할 뿐이다. 저 佛者들은 부모를 버리고 出家하여 倫理를 업신여기고 義理를 어그러뜨리니 곧 夷狄의 무리이다(安珦, 《晦軒集》, 諭國子諸生文).

여기서 孝·忠·禮·信·誠 등의 실천적 덕목은 모두 일상생활에 있어서 필수적인 것으로 주자가 《소학》에서 특히 강조한 것이며, 이러한 실천덕목에 비춰 불자들의 비윤리성을 비판하고 있는 것이다. '동방이학의 조'라 불린 鄭夢周도 다음과 같이 상통하는 견해를 보여준다.

> 儒者의 道는 모두 日用平常의 일이니, 음식이나 남녀관계는 사람이면 누구나 같은 바로서 지극한 理가 그 속에 있다. 堯舜의 道 또한 이를 벗어나지 않으니 動靜語默이 그 바름을 얻으면 곧 堯舜의 道인 것이지 처음부터 대단히 높아서 행하기 어려운 것이 아니다. 저 佛氏의 敎는 그렇지 않아서 친척관계를 떠나고 남녀관계를 끊어 홀로 바위굴에 앉아 草衣木食하면서 觀空寂滅을 宗으로 삼고 있으니 이 어찌 平常의 道이겠는가(《高麗史》 권 117, 列傳 30, 鄭夢周).

이렇게 당시 현실사회와 유리된 채 갖은 폐단을 낳고 있던 불교에 대한 반성 및 사회질서 회복에 대한 문제의식 속에서 자연히 형이상학적이거나 사변적인 쪽보다 실천윤리 쪽에 관심이 더 투영되었던 것이니, 이 때 魯齋로 대표되는 원의 실천적인 주자학은 고려사상계에서 그 도통을 인정받을 수 있었던 것이다. 안향 이후 崔瀣와 李穀 등이 원의 과거에 급제했을 뿐만 아니라 그 후 성균관 대사성을 지내면서 고려 성리학의 방향설정에 결정적 역할을 담당했던 이색이 원의 국자감에서 3년간 수학했던 데서 당시 원의 관학이었던 노재학풍의 영향을 짐작할 수 있다.

> 孔孟의 學을 講明하고 老莊과 佛敎를 배척하여 萬世를 깨우치는 데 이른 것은 周濂溪·程明道·程伊川의 공이요, 송이 이미 망함에 그 설이 북쪽으로 흘러들어가 魯齋 許先生이 그 學을 사용하여 元世祖를 도와 中統·至元의 정치가 모두 여기서 나왔다(李穡, 《牧隱文藁》 권 9, 序 選粹集序).

위에서 이색의 道統觀에 미친 노재의 비중을 충분히 엿볼 수 있겠다. 따라서 그는 주자성리학에서의 인간의 본연적이고 선천적인 성을 인식하면서도 그것을 회복하는 수양법으로서의 戒愼에 주목하면서[49] 「持敬」을 더욱 강조하고 있다.

> 道를 배우는 자는 敬에서부터 말미암아 誠正에 이르며 세상에 나아가 정치하는 이는 敬으로부터 말미암아 治國平天下에 이르는 것이다. 부부간에 서로 敬함을 사서에 기록하고 있으니 田野 사이에서도 또한 敬이 없어서는 안되거늘 하물며 朝廷과 鄕黨과 屋漏에서랴(李穡, 《牧隱文藁》 권 10, 說 韓氏四子名字說).

그가 지닌 견해는 일상생활 속에서의 修身을 통해 立命할 것을 주장했던 許魯齋의 노력과[50] 서로 통하는 것으로서, 당시 사상계의 동향을 고려할 때 오히려 당연했던 것이다.

물론 원에 의해 한 차례 걸러진 주자성리학, 즉 노재학풍이 일방적으로 고려 사상계에 이식되었던 것은 아니고, 당시 "아들은 그 아버지를 아버지로 여기지 않고 신하는 그 임금을 임금으로 여기지 않아 의를 생각하는 것이 쇠퇴하고 경박스러워져서, 至親을 길가의 행인처럼 보고 至敬을 弁髦처럼 여기는"[51] 절박한 상황 속에서 사회질서와 도덕적 윤리를 회복하려는 신진 사인들의 문제의식과 결부됨으로써 쉽게 접목될 수 있었고 결국 사상계의 주류적 위치를 차지하게 되었다.

정몽주가 당시 풍속이 상제에 오로지 乘門法만을 숭상하는 것을 보고 士庶로 하여금 《朱子家禮》에 따라 가묘를 세우고 先祀를 받들도록 한 것이라든가,[52] 趙浚이 시무를 개진하는 上書에서 습속을 개탄하면서 《주자가례》를 사용하여 습속을 바로잡도록 그 규정을 상세히 정하고 있는 것,[53] 그리고 정도전이 "人家에서 능히 이러한 몇 가지 일을 잘 수행한다면 비록 幼者라도 그로 하여금 점차 禮義를 알게 할 수 있다"[54]라는 취지에서 家廟條를, 더 나아가 "엄숙하지 않고서도 교화가 이루어지는 것은 오직 鄕飮酒가 그러한 것

49) 李 穡, 《牧隱文藁》 권 10, 說 伯中說贈李狀元別.
50) 黃公偉, 앞의 책, 283쪽 참조.
51) 鄭道傳, 《佛氏雜辨》, 佛氏慈悲之辨.
52) 《高麗史》 권 117, 列傳 30, 鄭夢周.
53) 《高麗史》 권 118, 列傳 31, 趙浚.
54) 鄭道傳, 《朝鮮經國典》 上, 禮典 家廟.

이다"[55]라는 사회교화에 대한 생각에서 「향음주」조를 후일 그의 《朝鮮經國典》 중에 설정해 놓은 것 등은, 모두 당시 고려사회의 절박한 상황에 대한 문제의식의 반영인 것이다. 그러한 문제의식을 통하여, 성리학 중에서도 노재학풍의 실천윤리적 측면이 우선적으로 수용되고 있음을 보여주고 있다. 이렇듯 당시 새롭게 등장하고 있던 사대부들은 개인의 고락보다는 사회의 안녕을, 부처의 힘보다는 인간의 힘을 더욱 중시하면서, 그 인간의 힘에 의해 사회질서를 회복하려고 하는 성리학의 사회기능적 측면을 보다 구체적으로 수용하고 있었다.

(2) 성리학 수용과정에서의 특징

지금까지 살펴본 고려 후기 성리학 수용과정의 특징을 다음과 같이 구분하여 정리할 수 있다.

첫째, 발흥기의 북송 신유학과 평행선상에서 접촉을 하고 있던 고려 중기 사상계에서의 《역》과 《중용》에 의한 「性」 혹은 「理」에의 접근 경향은 원의 실천적 주자학을 받아들이는 과정에서도 지속되고 있었다는 점이다. 이색의 "도덕이나 문장을 하늘이 어찌 사람에게 주기를 아끼겠는가. 그러므로 천명을 성이라 하고 솔성을 도라 하는 것이다"[56]라는 《중용》에서의 「性」·「道」에 대한 인식과 "대개 사람이 이 氣를 받고서 태어남에 乾은 健하고 坤은 順할 뿐이며, 나누어서 말한다면 水火木金土일 뿐이다. 그 陽이 奇가 되고 陰이 耦가 되며 陽이 변하고 陰이 化하는 근원을 구한다면 無極의 眞으로 돌아갈 뿐이다"[57]라는 《역》을 통한 우주론적 인식은 이를 잘 말해주고 있다.

이러한 인식은 거경에 치우친 원의 실천적 주자학을 보완하면서 고려 말까지 지속되지만, 신흥사대부 각자의 성리학 이해의 심도나 혹은 원의 실천적 주자학의 영향에 따라 그 심도를 달리하게 된다. 정몽주가 단지 주역에 대한 유가의 주석적인 설명을 하고 있다면, 정도전은 「理一而分殊」라는 성리학 특유의 주리론적 세계관을 반영하고자 하였다.[58] 그런데 정몽주의 저술

55) 鄭道傳, 《朝鮮經國典》 上, 禮典, 鄕飮酒.
56) 李　穡, 《牧隱文藁》 권 5, 記 樗亭記.
57) 李　穡, 《牧隱文藁》 권 3, 記 養眞齋記.
58) 金宗鎭, 〈麗末 士大夫의 性理學受容과 文學의 樣相〉(高麗大 碩士學位論文, 1981), 44~52쪽 참조.

중에는 이론적인 배불론이나 이학에 관한 기록이 없는 반면, 정도전이 그의 《佛氏雜辨》에서 본격적 이기철학을 전개하고 있는 것은 이러한 심도의 차이와 관계깊다고 생각한다.

둘째, 남송에서의 주자성리학의 사상체계가 완성되어 제자들에게 전수되고 있을 때 고려유학계는 무신란으로 정상적인 흐름이 차단되고 대신 불교계 쪽에서의 심성화에 따른 유·불융합의 기운이 일어나게 됐는데, 이러한 경향이 원으로부터의 주자성리학 수용에도 원용되고 있다는 점이다.

이제현은 유가의 중요이념인 인과 의에 대비시킨 불교의 자비·희사를 보여주거니와[59] 이곡의 경우, "儒者는 正으로써 修身하여 齊家理國平天下에 이르는 것이고, 佛者는 觀으로서 수행하여 見性成佛에 이르는 것이다"[60]라고 하여 성리학 중에서도 《대학》의 네 가지 조목인 수신·제가·치국·평천하가 불교의 수행·견성·성불과 같은 차원에서 이해되고 있음을 보게 된다. 더 나아가 이색의 다음과 같은 말은 그러한 경향을 한층 뚜렷이 보여주고 있다.

> 내가 말하건대, 우리 儒者가 庖犧氏 이래 지켜서 서로 전한 바는 또한 寂일 뿐이라 하겠다. 나처럼 불초한 사람들조차 감히 이것을 떨쳐버리지 못한다. 太極은 寂의 本이니 一動一靜하여 만물을 化育하고, 인심은 寂의 次이니 一感一應하여 萬善이 유행하게 된다. 이런 까닭에 大學의 강령은 靜定에 있는 것이니 이것을 寂이 아니라 하겠으며, 中庸의 樞紐는 戒懼에 있으니 이것을 寂이 아니라 하겠는가. 戒懼는 敬이요 靜定 또한 敬이다. 敬은 主一無適일 뿐이다(李穡, 《牧隱文藁》 권 6, 記 寂菴記).

이색은 여기에서 불교의 寂의 개념을 통하여 성리학의 태극으로부터의 생성론 및 《대학》·《중용》에서의 경까지를 포괄하고자 하였다. 불교철학체계의 이러한 원용은 당시 신흥사대부들의 성리학 이해에 큰 도움이 되었겠지만,[61] 이색의 앞의 글에 보이듯이 성리학체계 자체가 불교철학체계 속에 흡수되어 버릴 위험성을 내포하게 된다. 따라서 이러한 위험성에 대한 인식의 강도에

59) 李齊賢, 《益齋亂藁》 권 5, 金書密敎大藏序.

60) 李 穀, 《稼亭集》 권 3, 記 新作心遠樓記.

61) 가령 鄭夢周가 《楞嚴經》을 즐겨 본 것이라든가(鄭道傳 《三峯集》 권 3, 書 上鄭達可書) 혹은 鄭道傳의 《佛氏雜辨》에서 구사되고 있는 불교철학의 이해 정도 등에서도 이런 사실을 역으로 추정해 볼 수 있다.

따라 신흥사대부 속에서도 각각 배불의 태도가 달라지게 되었고 그에 의해 분파가 나뉘어지게 되는 것이다. 물론 이것이 앞에서의 성리학을 이해하려는 심도의 차이와 결부되어 일어나는 것임은 두말할 나위도 없다.

셋째, 고려 말이라는 사회상황은 형이상학적·사변적 탐구에만 정열을 쏟을 만큼 한가하지가 못했고, 여기에 주자성리학의 실천윤리면을 우선 수용·전파한 원의 대유 노재 및 그 제자들의 영향이 첨가됨으로써 고려 후기에 도입·수용되는 성리학도 자연히 이론적·철학적인 면보다는 실천적·윤리적인 면에 치중하게 되었다는 점을 들 수 있다. 그것은 궁리 이전에 거경을 통한 수기를 앞세운 것이었다.

> 내가 생각건대, 옛날에는 《小學》이 있고 《大學》이 있었다. 사람이 태어나 8세로부터 15세까지, 그 灑掃應對에서 格物致知·誠意正心·修身齊家·治國平天下하는 데 이르기까지 截然하여 문란할 수 없었기 때문에 사람이 학문을 함에 근본이 있었고 학문을 성취함이 쉬었다. 그러나 후세의 學制가 분명치 못하여 절차를 무시하고 등급을 건너뛰면서 마침내 얻는 바가 없게 되었을 뿐이다(李崇仁, 《陶隱文集》 권 4, 贈朴生詩序).

위에서 이숭인은 "小學의 灑掃應對가 학문으로 나아가는 기틀"이라 하여 "小學을 神明과 같이 믿고 父母처럼 공경"했던 노재의 태도와 맥을 같이하는 것이다.

넷째로 주목되는 것은, 고려 후기 신유학을 수용한 계층간에 위의 여러 특징에 따라 신흥사대부라는 일정한 공통범주를 견지하면서도 막상 구체적인 取選에 있어서는 다양한 전개를 보인다는 점이다. 애당초 이제현이 萬卷堂에서 교류를 가졌던 원의 문사 중에 허형의 제자는 물론 원대에 朱子學과 陸學의 절충적 태도를 취했던 吳澄(1249~1333)[62]의 문인인 元明善·虞集 등이 망라되었다는 사실에서 고려 말 사상계의 주류를 이루고 있던 노재학풍 이외의 저류로서의 여러 흐름을 무시할 수 없을 것이다.[63] 한편 공민왕대에

62) 黃公偉, 앞의 책, 286~288쪽.
楠本正繼, 앞의 책, 389~394쪽.

63) 이 점과 관련하여, 후일 退溪 李滉이 당시 陽朱陰王的 학자들을 비판하면서 그들을 吳澄의 亞流로 치부하고 있는 것은 주목된다(阿部吉雄, 《日本朱子學と朝鮮》, 東京大出版會, 1965, 245~248쪽).

새로운 서적을 수입할 당시 전래되어 조선조 문물제도의 정비를 위해 활용되고 있는[64]《玉海》의 저자인 王應麟 자신이 주자학과 육학 및 중국 전통문물을 복합했던 남송의 절충파인 呂學의 高弟[65]라는 사실 또한 여말 사상계의 다양한 전개와 무관하지 않으리라 생각한다. 왜냐하면 이러한 흐름들은 고려 말 원으로부터의 성리학 수용과정에서 하나의 변수로 작용하여 신흥사대부내에서의 계열형성에 한 요인이 될 수 있기 때문이다.

가령 고려 전기 이래의 田柴科제도가 붕괴되는 상황 속에서,[66] 주자성리학에서 규정한 지주전호간의 상호관계에 입각한 도덕적 질서의 회복에는 다같이 공감을 하면서도, 현실적 방법론에 있어서는 신흥사대부 내부에서도 자신의 위치에 따라 주자성리학을 이해하는 태도가 달라지게 된다. 여기에서 일반 백성의 생활향상에 똑같이 관심을 보이면서도 전제개혁을 둘러싸고 온건한 개량파와 급진적인 개혁파로 나뉘어질 수밖에 없었다. 이 때 이색으로 대표되는 온건개량파가 당시 문란했던 전제를 통탄하고 토지겸병에 반대하면서도 주자학의 지주와 전호와의 상하관계(=分)의 설정에서 고려적 질서의 유지를 꾀하려는 데 집착했던 반면, 정도전으로 대표되는 급진개혁파는 당시 지주와 전호와의 모순의 확대를 막기 위해 지주와 전호와의 윤리·도덕적 分의 설정에서 한걸음 더 나아가 전호(소작농)의 자작농화에 의해 지주·전호간의 기본적 대항관계에 따른 모순의 해결을 시도하게 되었던 것이다.[67]

이와 같이 신유학자 내부에서의 지주·전호의 상호관계에 대한 기본입장 및 해결방법의 차이는 조선조로 이어지게 된다. 그것이 후일 주자학에서의 지주·전호관계를 토대로 고안된 일종의 향촌자치제로서의 社倉制와 鄕約 등에 대한 관점의 차이를 낳게 되었던 것은 오히려 당연하다 하겠다.

〈文喆永〉

---

64) 李泰鎭, 〈15, 6세기 新儒學 정착의 사회경제적 배경〉(《奎章閣》 5, 서울大, 1981).
　　———, 〈海東繹史의 學術史的 檢討〉(《震檀學報》 53·54, 1982) 참조.
65) 黃公偉, 앞의 책, 254~256쪽 및 266~267쪽.
66) 《高麗史》 권 78, 志 32, 食貨 1, 田制 祿科田 신우 14년 7월 大司憲 趙浚等 上書.
67) 韓永愚, 《鄭道傳思想의 硏究》(서울大 出版部, 1973), 167~175쪽 참조.

3) 불교와의 관계

(1) 성리학 전래 이전의 불교와 유학

불교와 유학(유교)은 성리학이 전해지기 이전까지는 서로 조화와 융합의 양상을 띠고 전개되어 왔다. 그러나 이러한 상호 병행의 儒·佛관계는 성리학의 전래와 함께 점차 변하기 시작하여 여말에 이르면 상당히 심각한 대립과 갈등을 나타내 보인다. 이는 곧 성리학으로 인한 유·불간의 관계변화를 말해주는 것으로, 양자의 대립·갈등이 근본적으로는 그 사상적·윤리적 차이에서 기인한 것이다. 그러나 여기에는 성리학 전래 이전의 불교와 유학의 서로 다른 위치 및 상호대응 등의 역사과정이 또한 함께 반영되어 있다고도 말할 수 있다.

고려시대 불교는 건국 초부터 國敎로 받아들여져 왕실·귀족 일반백성의 정신세계를 지배하는 사상과 종교로서 확고한 위치를 차지해 왔다. 그만큼 불교는 일찍부터 고려사회의 중심축으로서 사회전반에 걸쳐 폭넓게 작용하고 영향을 끼쳐온 것이다. 불교가 이와 같이 고려사회에 하나의 중심축을 이루게 되는 데에는 그 신앙적 전통이나 포용적인 대중성 등 여러 가지 원인이 있겠지만, 그 가운데서도 가장 직접적인 것으로는 국가의 불교보호와 진흥책을 들어야 할 것이다. 다양한 불교진흥책이 결국 불교의 융성과 함께 그 對社會的 기능과 역할을 더욱 확대·촉진시켰다고 보여지기 때문이다.

다시 각도를 조금 달리하여, 그 또 다른 원인을 유학이나 도교와 관련 지워 생각해 볼 수 있다. 그럴 경우 먼저 고려하지 않을 수 없는 것은 유학과 도교가 지닌 제한적 성격이다. 신앙 및 대중성은 물론 그 기능과 역할의 측면에서 양자는 불교에 비해 상대적으로 매우 제한적 성격을 띠고 있는 것이다. 그럼에도 불구하고 전자는 초기부터 정치지도이념으로 확고하게 자리잡아 갔고, 한편 후자도 당시 사상계를 이끌어 가는데 이바지한 바는 크다 하겠다. 이런 사정은 성리학 전래 이전의 고려유학과 도교, 더 나아가 풍수도참을 포괄하는 전개상황에 따라, 그 기능과 역할을 일별해 보면 더욱 분명히 드러날 것이다.

건국 초부터 불교와 함께 양립해 온 고려유학은 태조 왕건이 건국지도이념으로 수용한 이후, 광종의 홍학 노력과 과거제도의 실시로 대략 이 무렵부터 국가사회적인 비중이 매우 높아진다. 이후 그것은 특히 성종·문종대를 거쳐오는 동안 관학 또는 사학으로서 크게 진흥되어 무신란이 발생하는 의종대 이전까지는 계속 발전해 왔다. 그러나 이 漢唐風의 유학은 그 기능이나 역할면에서 볼 때 중앙집권적인 귀족정치의 구현에 부응하는 실용적 현실성 외에, 사회와 민중의 전반적 정신세계에는 그다지 큰 영향을 미치지 못하였다. 다시 말하면 성리학 전래 이전의 고려유학은 王道主義와 文治政策의 이념적 근간이 되었고 귀족사회의 교양으로서 일부 문화적 기능을 보여주기는 했지만, 그것이 고려사회를 이끌어 가는 원동력으로까지는 작용하지 못했던 것이다.[1)]

이와 같은 제한적 성격은 유학보다 도교의 경우에서 더욱 두드러진다. 역시 국초부터 八關齋 등 불교의 의례 속에 습합되어 전해져 온 고려의 도교는 예종대에 고려인이 송에 가서 도교를 배워오고 또 송 徽宗이 道士를 파견함에 개경 북쪽에 福源宮을 세워서 道敎書를 전습케 하는 등의 활동이 보인다.[2)] 이후 고려 말까지 도교적 활동의 흔적이 이어지고는 있지만, 그것은 주로 齋醮 등을 통해 국가와 왕을 위한 祈祝 정도로 그 역할이 한정되고 있다. 물론 이러한 도교적 의례가 거행되어 오는 가운데 사회저변에 노장적 분위기가 짙게 깔려 있음을 문인학자들의 저술을 통하여 엿볼 수 있다. 그러나 도교 또한 민중의 정신세계와 사회현실에 큰 영향을 미치는 종교로까지는 성장하지 못했던 것이다.

이렇게 보았을 때, 유학과 도교는 지배계층으로부터 서민대중에 이르기까지 그들의 정신세계와 사회현실에 폭넓게 관여할 수 있었던 불교에 비해 상

---

1) 고려 전기 유학의 기능적 측면에 대한 평가는 이와 다를 수도 있다. 성리학 전래 이전의 고려유학은 '조선에 비해 보다 포괄적이고 실천적이며 특히 국가사회의 현실과 인민들의 실제생활에 입각하여 불교와 도교의 낭비와 거짓, 그리고 백성들의 미신적 의식을 비판하고 깨우치는데 크게 기여한 합리적인 것이었음을 인정해야 할 것'(金忠烈, 《高麗儒學史》, 高麗大 出版部, 1984, 57쪽)이란 견해도 아울러 참고할 수 있다.

2) 李能和, 《韓國道敎史》(東國大 出版部, 1959), 106쪽.

대적으로 그 사상체계나 종교적 성격이 미흡했다고 보여진다. 따라서 사상 및 종교성은 물론 풍부한 인적·물적 기반 등 여러 측면에서 앞서 있던 불교가 사상계를 주도적으로 이끌어갈 수 있던 것이 아닌가 한다.

그러나 불교의 위상과 그 활동이 반드시 긍정적 방향으로만 전개되어 간 것은 아니다. 국가의 지도이념으로서의 불교 역시 절대선일 수만은 없었으며, 더구나 이미 고려 전기부터 드러난 불교의 여러 가지 폐해는 후기에 이르면 심각한 사회·경제적인 문제로 대두되기까지 했던 것이다. 이와 같이 사상계나 사회현실에 있어서 거의 제약 없이 독주해 온 불교가 스스로의 한계에 부딪히고 있을 무렵 새로운 유학사상으로 전해진 것이 성리학이었다.

성리학은 이후 고려유학의 주류를 형성하면서 그 동안 사상 및 정신세계와 사회현실을 지배해 온 불교에 대해 강력한 비판과 견제세력으로 등장하게 된다. 그리하여 불교와 유학은 비로소 서로 대립하기 시작하거니와, 이런 유불대립의 현상은 비단 고려에만 국한되었던 것은 아니다. 그것은 이미 중국에서부터 치열하게 진행되어 왔으며 특히 송대 성리학은 그 발생 자체가 어느 면에서 본다면 유·불대립과 교섭의 역사적 산물이기도 하였다.

중국에 있어서 유·불대립을 알리는 排佛論이 본격적으로 대두되기는 대략 당 중엽부터이다. 그 중에 唐宋八大家의 1인으로 일컬어지는 韓愈(768~824)의 불교비판과 배격은[3] 중국의 배불론 전개에 하나의 이정표가 된다. 이후 송대에 들어서면 그것은 더욱 격화되어 북송 초 歐陽修의 배불론을 필두로, 張載·程顥·程頤·楊時·朱熹 등 송대 신유학의 형성에 주축이 되었던 유학자 거의 대부분이 불교사상 전반에 걸쳐 강력한 비판을 제기하고 있다. 물론 이에 대한 불교측의 반박 또한 결코 만만치 않은 것이어서[4] 송대의

3) 韓愈는 〈原道〉·〈論佛骨表〉·〈與孟簡書〉의 3편을 지어 불교를 비판·배격하고 있다. 그는 〈原道〉에서 佛·道 2敎는 국민에게 무위도식을 가르치고 倫常을 무너뜨리며 천하국가를 고려하지 않으므로 이러한 夷狄의 가르침은 유교의 정신에 위배된다고 비판하고, 2교를 배척할 방책으로서는 僧尼를 환속시키고 2교의 전적을 불사르며 寺觀을 民舍로 바꿔야 한다고 주장한다(鎌田茂雄, 《中國佛敎史》, 岩波書店, 1980, 218쪽).

4) 唐代의 韓愈와 宋儒들의 배불론에 대한 불교측의 반박으로는 契嵩의 〈非韓〉〈輔敎篇〉, 張商英의 〈護法論〉, 劉謐의 〈三敎平心論〉, 李屛山의 〈鳴道集說〉, 屠隆의 〈佛法金湯錄〉 등이 있다.

유·불대립은 주로 사상적 논쟁이 그 특징을 이룬다. 그리하여 이 시대 유학자들은 불교와의 사상논쟁을 통해, 한편에서는 불교를 비판 배격하고 또 다른 한편에서는 불교의 사상체계를 수용하여 그들의 유학체계를 새롭게 편성해가고 있었던 것이다.5)

유·불간의 사상적 대립과정이 보여주듯이, 성리학은 본래 도교와 불교 그 중에서도 특히 당시의 시대사상으로 군림하던 불교에 대한 반발과 비판의식에서 발흥한 것이다. 따라서 주로 불교를 극복의 대상으로 하였기 때문에 성리학에는 형이상학적 이론의 탐구와 심성수양의 강조 등 불교의 영향을 받은 것이 없지 않다.6) 그런 뜻에서 오히려 성리학과 불교는 어느 면으로 상호교섭의 관계를 갖고 있다고도 말할 수 있다.

원으로부터 성리학이 고려에 전해졌을 때 그것은 유학계 뿐만 아니라 불교측에도 지대한 관심의 대상이 되었을 것으로 생각된다. 그 동안 별다른 갈등 없이 병행되어 온 고려의 불교와 유학은 상호교섭과 이해의 기반이 어느 정도 두텁게 형성되어 있었고 특히 일부 승려와 信佛 유학자들간의 교류가 빈번했음을 상기할 때 더욱 그러하다.

성리학 전래 이전의 고려 불교계에는 유학지식을 갖춘 승려들이 의외로 많았다. 이 때문에 학자가 이들 승려에게서 유학을 배우는 경향마저 상당히 보편화되어 있던 형편이었지만, 그러나 이는 불교측의 자발적인 혹은 필요에 의한 유학수용의 결과로서 나타난 현상은 아니었다. 그것은 정변에 의한 시대상황의 한 소산이었는데, 《櫟翁稗說》에서 이런 사정을 짐작케 한다.

> 의종 말년 무인의 변란이 일어나 수년간에 薰蕕가 그 냄새를 같이하고 玉石이 함께 타는 것처럼 선악의 구별이 없었습니다. 그 중에 겨우 범의 아가리에서 벗어난 것처럼 화를 피한 자는 깊은 산 속으로 도망가서 의관을 벗어버리고 가사를 입고 남은 생애를 마쳤으니 神駿·悟生이 그들입니다. 그 후 국가에

---

5) 久保田量遠, 《中國儒道佛三敎史論》(東方書院, 1931), 508쪽 참조.
송대 유학자들은 불교의 심오한 철학적 이론에 이끌려 그것을 연구하다가 혹은 불교에 귀의하거나 아니면 그들이 습득한 불교사상을 바탕으로 오히려 불교를 비판하였고, 또는 불교교리를 응용하여 유교철학에 자연철학의 한 새로운 기틀을 개발하기도 하였다.

6) 尹絲淳, 〈朝鮮朝禮思想의 硏究－性理學과의 관련을 중심으로－〉(《東洋學》 13, 檀國大 東洋學硏究所, 1983), 221쪽.

서 차츰 文을 쓰는 정책을 회복하자 선비들이 비록 학문을 원하는 뜻이 있으나 좇아 배울 만한 곳이 없었으니 부득이 가사를 입고 깊은 산중에 도망가 있는 이를 찾아가 배우지 않을 수 없었습니다.…그러므로 臣의 생각에는 학자들이 중을 좇아 章句만을 익히게 된 그 원인이 대개 이로부터 비롯되었다고 봅니다(李齊賢, 《櫟翁稗說》 전집 1).

사정이야 어떠했던 간에 불교계에 유학지식을 쌓은 승려들이 많았던 것은 고려불교의 유학에 대한 이해증진과 함께 유·불 상호병행의 공감대를 더욱 넓히는 계기가 되기에 충분했을 것으로 생각된다. 그러나 유·불교섭의 관계는 그 후 최씨무신집권기에 유학자 출신 승려들과 유학자들 사이의 사상적 교류에서 더욱 긴밀해짐을 느낄 수 있다. 더욱이 여기서는 유불일치와 융합의 새로운 경향까지 일어나고 있어서, 장차 성리학의 전래 및 그 수용기반 문제와도 관련하여 각별히 주목할 만한 것이다.

무신란 발생으로 문인들이 난을 피해 산중에 들어가 승려가 되는 예를 위에서 본 바 있지만, 유학자들이 불문에 귀의하는 일은 무신집권 후기에도 적지 않았다. 그리고 전자의 출가와는 그 동기가 또 달랐던 이들이 당시 불교계 안에서 차지하는 비중과 역할은 매우 큰 것이었다. 무신집권 이후 불교계에는 새로운 사상과 신앙운동으로서 禪宗의 知訥에 의한 定慧結社(修禪社)와 天台宗의 了世에 의한 白蓮結社(白蓮社)가 조직되어 고려불교를 주도하였거니와[7] 이 새로운 불교운동이 바로 이들 유학자 출신의 승려들에 의해서 계승되고 있었던 것이다.

신앙결사운동은 본래 왕실 및 문벌세력들과 결탁하여 정치에 개입하는 등 그 동안 종교적 순수성을 잃어버린 불교에 대한 반성과 자각에서 출발한 것이었다. 따라서 이들은 불교 본래의 순수한 자세로 돌아가 禪사상을 진작시키고 수행의 대중화를 이룩함으로써 고려불교를 혁신시키고자 하였다. 좀 더 구체적으로 말하면 지눌의 수선사에서는 심성문제를 주요과제로 삼아 직관

7) 禪宗의 定慧結社는 知訥에 의해 명종 20년(1190) 公山 居祖寺에서 시작되어 신종 3년(1200)에 松廣山 吉祥寺로 옮겨 더욱 본격화되었다. 그 영향을 받아 일어난 天台宗의 白蓮結社는 了世가 康津郡 萬德寺 古基에 가람을 개창하고 고종 8년(1221)에 이 곳에 普賢道場을 개설하면서부터 시작된다. 이들 결사는 여러 가지 면에서 대조되는 불교사상운동의 쌍벽으로서 13세기 후반의 고려불교는 이 두 결사에 의해 주도되고 있다.

적인 깨달음과 점차적인 수행의 결합을 지향하는 이른바 頓悟漸修·定慧雙修的 禪法의 선양에 주력하였고, 요세의 백련사에서는 法華·天台의 참회수행법과 淨土信仰의 결합을 통해 보다 폭넓은 대중적 수행을 도모해 갔던 것이다.[8] 이와 같이 수선사와 백련사 결사는 불교혁신을 위한 사상과 신앙 실천운동으로서 전개되었던 것이지만, 한편 그것이 무신통치 아래 정체되어 온 고려의 사상 및 정신세계에 끼친 자극 또한 적지 않았던 것 같다. 당시 유능한 문인 유학자들이 官界로 나아가 입신출세하는 길을 버리고 결사에 찾아들고 있으며, 또한 이들을 중심으로 유불일치와 융합의 새로운 사상조류가 형성되고 있음이 그런 사정을 짐작해 볼 수 있게 한다.

유학자 출신으로 불문에 귀의한 대표적인 인물로는 수선사의 慧諶(1178~1234)을 들 수 있다. 일찍이 사마시에 합격하여 대학에 들어가기도 했던 그는 출가한 뒤 지눌을 계승하여 看話禪法을 크게 진작시켰으며, 최씨정권의 두터운 후원 아래 불교계 안에서 수선사의 지위를 확고하게 다져놓은 것도 바로 그였다.[9] 관계의 인사들과도 교류의 폭이 넓었던 혜심은 座主와 門生의 사이인 參政 崔洪胤에게 보내는 글에서 "그 이름만 생각한다면 불교와 유교가 아주 다르지만 실지를 알면 유교와 불교는 서로 다름이 없다"고 말한다. 또 불교의 《起世界經》의 설을 인용하여 "유교와 도교의 宗은 心法에서 나온 것이므로 방편(權)은 다르지만 실체는 같다"[10]고 말함으로써 유불일치와 융합을 강조하기도 하였다. 혜심의 이러한 논리전개에는 다소 무리가 느껴지는 것도 사실이지만,[11] 그러나 이로써 유불일치를 지향하고 있는 당시 불교계

---

8) 高翊晋, 〈圓妙了世의 白蓮結社와 그 思想的 動機〉(《佛敎學報》 15, 東國大, 1978), 112·119쪽 참조.
知訥의 禪思想체계는 惺寂等持門·圓頓信解門·看話徑截門 3문의 조직으로, 了世의 대중적인 수행은 天台止觀·法華三昧懺·淨土求生의 3문으로 각각 설명할 수 있다.

9) 慧諶 및 修禪社와 崔氏무신집권과의 긴밀한 유대관계에 대해서는 閔賢九, 〈月南寺址 眞覺國師碑의 陰記에 대한 一考察〉(《震檀學報》 36, 1973)에 상세하게 밝혀져 있다.

10) 慧諶, 〈曹溪眞覺國師語錄 答崔參政洪胤〉(《韓國佛敎全書》 6, 1984), 46~47쪽.

11) 불교 위주의 儒佛一致說이 얼마나 납득되었을지도 의문이지만, 특히 慧諶이 그 논리적 근거로서 僞經으로 인정되고 있는 《起世界經》의 迦葉菩薩·儒童菩薩說을 인용하고 있음은 그만큼 설득력을 갖기 어렵다고 생각된다.

안의 한 흐름은 유추해 볼 수가 있다.

수선사의 혜심 외에, 요세에 이어서 백련사를 계승해 간 天因(1205~1248)과 그 다음의 天頙(1206~?) 역시 손꼽히는 유학자 출신 승려들이다. 천인은 일찍이 국자감시에 합격하고 성균관에 입학한 바 있으며, 천책 또한 예부시에까지 합격하기도 했던 인물들로, 이들 또한 백련사를 더욱 확장하여 발전시키는 데 결정적으로 공헌했던 천태종 결사운동의 주축들이었다. 천인과 천책은 혜심만큼 직접적으로 유불일치를 말하지는 않았다. 그러나 기존의 유학자들과 사상적으로 깊은 교류를 가지면서 유불융합의 입장을 보이고 있는 점에서는[12] 이들 역시 혜심과 다르지 않다.

이와 같은 유불일치 및 융합의 경향은 물론 무신집권기에 들어와 유학자 출신 승려들에 의해 비로소 제기된 것은 아니다. 그 동안 불교와 유학은 큰 갈등 없이 병존해 왔고, 유학자측에서도 이미 그것은 충분히 인정되어 왔던 것이다. 가령 유교주의를 지향했던 성종 때 崔承老가 불교와 유교를 각각 末世와 금일을 위한 가치체계로 받아들였던 것이나, 현종 때 蔡忠順이 孝를 중심으로 불교와 유교를 동일선상에서 인정하고 있는 것[13] 등은 유학측에서도 일찍부터 유불병존과 타협을 모색해 왔음을 말해준다. 그러나 심성문제에 관한 관심이 각별하게 고조되고 있던 선종의 수선사를 중심으로 주로 유학자 출신 승려들에 의해 제기되었던 유불일치와 융합의 경향은 분명 그 이전의 유불병존과는 다른 새로운 사상조류였다. 그리고 이와 같은 사상적 조류가 자체 성숙과정을 거침으로써 후일 유학계로 하여금 성리학을 수용하게 하는 데 일정한 역할을 담당했으리라는 점에서[14] 무신집권 기간중의 유불관계는 좀 더 각별한 의미를 부여해도 좋을 것이다.

이상에서 살펴본 바와 같이 성리학 전래 이전의 고려불교와 유학은 불교가 사상계 및 사회현실을 주도하는 가운데서도 일찍부터 상호병존을 모색해

---

12) 林桂一 撰, 〈萬德山白蓮社靜明國師詩集序〉(《東文選》 권 83) 및 天頙 撰, 〈萬德山白蓮社第十四代眞淨國師湖山錄 권 하, 答藝臺亞監閔昊書〉(《韓國佛敎全書》 6, 210쪽) 등에 이들의 儒佛을 겸비한 면모와 유불융합적 사상이 산견된다.

13) 安啓賢, 《韓國佛敎史硏究》(同和出版公社, 1982), 285쪽.

14) 文喆永, 〈麗末 新興士大夫들의 新儒學 수용과 그 특징〉(《韓國文化》 3, 서울大, 1982), 110~111쪽 참조.

왔고, 그것이 무신집권기에 이르러서는 유불일치와 융합을 지향하는 새로운 관계의 진전을 보여주고 있다. 그러나 이러한 유불일치와 융합은 혜심의 논리에서도 드러나는 바와 같이 어디까지나 불교를 위주로 한 일치와 융합을 뜻하는 것이었다. 이는 그만큼 성리학의 전래로 유학계가 스스로 그 체질을 개선하기 전까지는 불교가 유학에 대해 상대적으로 우위를 점하고 있었음을 보여주는 것이라 하겠다.

(2) 불교배척운동과 새로운 유불관계의 형성

불교가 여전히 현실을 지배하고 있던 고려 후기사회에 있어서 성리학의 영향은 의외로 크고 광범한 것이었다. 유학이 그 古代性을 해소하는 전기를 맞게 된 것이나 기존 유불관계의 현저한 변화는 성리학이 가져온 직접적인 영향의 일부이다. 그러나 여기에 내포되어 있는 의미는 결코 단순하지가 않다. 가령 유불관계의 변화를 극명하게 보여주는 성리학자들의 불교배척운동만 하더라도, 그 과정을 통해 고려사회에는 괄목할 만한 사회적 변동이 함께 진행되고 있는 것이다.

일반적으로 충렬왕대에 安珦에 의해서 처음 전해진 것으로 알려져 있는 원대의 성리학은 종래의 유학과는 그 성격이 크게 달랐던 만큼 유불관계의 변화는 필연적인 것이었다. 성리학의 새로운 이론으로 무장한 유학자들이, 그 동안 유학에 대한 우위와 현실주도적 위치를 독점해 온 불교와 더불어 계속 예전과 동일한 내용과 방법으로 유불일치와 융합을 지향해 가리라고는 처음부터 기대할 수 없는 일이었다. 실제로 성리학 전래 초기부터 불교에 대한 비판이 제기되고 그것이 점차 성장하면서 보다 강경한 불교배척운동으로 옮겨가고 있음은 이를 사실로 뒷받침해 준다. 유불관계의 큰 변화를 예고하는 유학자들의 이러한 불교비판과 그 이후의 배불운동에 대해서는 먼저 성리학이 전래, 수용되는 고려사회의 사상적·사회적 배경에서부터 살펴보는 것이 순서일 것이다.

예종·인종대를 거쳐 오면서 經學風에서 점차 詞章風으로 변이된 고려유학은 이어 약 100년 동안 무신정치가 계속되는 사이에 더욱 쇠퇴할 수밖에 없었다. 그리하여 이 무렵의 유학은 불교의 신앙결사를 주도한 禪僧들의 사상과 융합·조화되어 유불일치적 조류를 형성하기도 하였다. 유불관계의 새로운 경향이기도 했던 이러한 사상조류가 후일 성리학의 전래와 수용에 일정한 역할을 담당했으리라는 점은 이미 앞에서 언급한 바와 같다. 성리학 수용의 사상적 배경이 이와 같다면 다시 그 사회적 배경으로는 불교계의 현실적 폐해상을 들 수 있다. 불교의 폐해는 원나라 간섭기에 들어와 급격히 두드러진다. 그 동안 순수불교운동으로서 전개되어 온 신앙결사의 정신은 원의 帝室과 연결된 왕실의 절대적 지원 및 附元勢力化한 권문세가와의 결합으로 점차 왜곡되면서 변질되었으며,[15] 이에 따라 불교는 종파간의 대립과 갈등이 더욱 심해지고 사회경제적으로도 많은 폐해를 일으키고 있었다.[16] 여기서 특히 무신집권기의 질곡을 거친 유학자들로서는 새로운 사상 및 사회지도이념의 필요성을 절감했을 것이다. 원에서 유행하던 성리학이 고려에 도입되는 데에는 儒者들의 이와 같은 절박한 현실인식이 크게 작용했을 것임이 틀림없다.

성리학 전래의 사상적·사회적 배경에 비추어 이후 불교에 대한 성리학의 대응방향은 어느 정도 예측이 가능하다. 특히 새로 전해진 성리학은 주자학 중에서도 우주론적 이기론보다 居敬을 위주로 하는 실천적 학풍이었음을[17] 감안할 때, 그것은 불교의 실천윤리 및 현실폐해에 대한 비판으로부터 표면화할 것임은 당연한 일이었다. 그리하여 최초로 성리학을 받아들인 안향은 국자감의 학생들에게 다음과 같이 성리학을 설명하고 가르쳤다.

> 성인의 도는 현실생활 속에서 윤리를 실천하는 이외의 것이 아니다. 자식된 자 효도하고, 신하된 자 충성하고, 예로써 집안을 다스리고, 신의로써 벗을 사귀고, 자기 자신을 敬으로써 닦고, 일을 함에 반드시 정성으로 할 따름이다. 그런데 저 불교는 어떠한가. 부모를 버리고 집을 나가서 윤리를 파괴하니 이는 夷狄의 무리인 것이다(安珦, 《晦軒集》, 論國子諸生文).

그는 특히 주자가 《小學》에서 강조한 忠·孝·禮·信·誠 등의 실천덕목

---

15) 高翊晋, 〈白蓮社의 思想傳統과 天頙의 著述問題〉(《佛敎學報》 16, 1979), 143~149쪽.
16) 韓㳓劤, 〈麗末鮮初의 佛敎政策〉(《서울대학교 논문집》 6, 1957), 4~8쪽.
許興植, 〈僧政의 紊亂과 宗派間의 葛藤〉(《高麗佛敎史硏究》, 一潮閣, 1986) 참조.
17) 文喆永, 앞의 글, 8·114쪽.

에 비추어 불교를 비판하고 있는 것이다. 위에서와 같이 유교적 사회윤리관에 입각한 이런 종류의 불교비판은 대부분의 성리학자들에게서 볼 수 있는 공통된 경향이다. 비교적 성리학 전래 초기에 원에서 그것을 배우고 돌아온 崔瀣가 親愛를 끊고 출가하는 불교의 인간관계의 윤리를 비판한 것이라든지,[18] 후일 '東方理學의 祖'라고 불리는 鄭夢周가 일상적인 생활윤리를 대상으로 불교를 비판한 것[19] 등도 모두 같은 맥락에서인 것이다.

한편 불교의 비윤리적이라는 문제에 이어 그 사회·경제적인 폐해가 비판의 대상이 되리라는 것도 당연히 예측되는 바였다. 유교주의적 관료에 의해 불교의 현실폐해가 비판적으로 거론된 경우는 이미 고려 전기에도 없지 않다. 성종 원년(982)에 최승로가 왕에게 올린 時務28條 가운데 상당부분을 불교의 폐해에 관해 논하고 있음이 그 좋은 예이다.[20] 그러나 성리학 전래 이후의 불교비판은 빈도수나 강경함에 있어서 그 이전과는 비교할 수 없을 정도이다. 그리하여 강도 높은 불교비판은 이내 排佛論으로 이어지고 그것은 점차 과격한 불교배척운동으로 전개되어 갔지만, 이러한 현상이 성리학의 성장발전과 비례하여 진행되고 있던 것도 주목되는 일이다.

성리학의 전래 초기에도 불교의 현실적 폐해에 대한 유학자들의 지적이 있기는 했지만[21] 그것이 좀더 구체적으로 대두되는 것은 고려 말의 공민왕대부터이다. 신흥사대부계층[22] 즉 성리학을 갖춘 신진관료들이 불교의 폐해와 그에 대한 대책을 공식적으로 거론하기 시작하였는데, 李穡(1328~1396)은 그 선구적 역할을 담당한 인사였다.

공민왕 원년(1351) 원나라로부터 돌아온 이색은 왕에게 올린 상소를 통해,

---

18) 崔 瀣, 〈送盤龍如大師序〉(《東文選》 84).

19) 《高麗史》 권 117, 列傳 30, 鄭夢周.

20) 《高麗史節要》 권 2, 성종 원년 6월. 崔承老의 현존하는 時務22개조 가운데 불교와 관련된 조목이 9개조나 차지하고 있다. 그러나 이들은 대체로 관료의 입장에서 是正을 필요로 하는 時弊에 대한 건의일 뿐, 儒者로서 불교에 대한 다소 주관적인 견해 외에 排佛意識은 거의 담고 있지 않다.

21) 崔瀣는 〈送僧禪智遊金剛山序〉(《東文選》 권 84)에서 불교계의 사치와 비리 등 주로 현실적 폐단에 대해 신랄하게 지적하고 있다.

22) 신흥사대부의 개념 및 성격에 대해서는, 李源明, 〈性理學 收容의 背景에 관한 一考察－高麗後期의 社會變化를 中心으로－〉(《서울여대 논문집》 16, 1987), 69·80·84쪽의 註 참조.

五教兩宗의 무수한 사찰과 승도가 이익을 추구하는 비루한 집단이 되어 있음을 지적하고 그러한 폐해의 교정을 위해 度牒制의 확립과 양민의 감소방지 및 濫寺의 억제 등을 건의하였다.[23] 그러나 비록 이색이 불교의 폐해와 교정책을 말하고는 있지만 그 논조는 매우 온건한 편이었다. 더욱이 부처를 큰 성인으로 인정하고 불교에 대해서도 깊은 조예를 보여주고 있어, 그는 성리학을 현실윤리의 기본으로 삼고 있기는 하지만 종교적 측면에서는 여전히 불교를 수용하고 있음을 알게 한다. 실제로 그는 대장경을 찍어내고 南神寺에 白蓮會를 베푸는 등 신불자로서의 면모[24] 또한 뚜렷한 것이다. 그런 의미에서 이색은 불교윤리나 사상문제로서가 아니라 理國的 측면에서 불교의 폐해를 교정케 하려는 것이었음이 분명한데, 흥미로운 것은 이러한 뜻을 담은 상소문이 그의 표현대로 '萬死를 무릅쓰고' 올려졌다는 점이다. 이는 당시로서는 불교에 대한 과격한 비판이나 배격이 허용될 분위기가 아니었으며 아직은 배불적 신흥사대부계층이 하나의 세력을 형성하지 못했음을 반증해 주는 것이라고도 하겠다.

그러나 여말로 갈수록 성리학이 점차 발전하고 이를 수용한 신진관료층이 정치세력화함에 따라 불교에 대한 비판과 배격의 양상은 크게 바뀌고 있었다. 불교비판은 곧 배불론으로 이어지고 그것은 마침내 과격한 불교배척운동으로 전개되어 간 것이다. 이색의 제자인 정몽주가 특히 윤리·사상적 입장에서 확고한 배불론을 제기하고,[25] 다시 鄭道傳을 위시로 하여 趙仁沃·尹紹

23) 《高麗史》 권 115, 列傳 28, 李穡.

24) 위와 같음.
安啓賢, 〈李穡의 佛敎觀〉(《趙明基博士華甲紀念佛敎史學論叢》, 1965).

25) 鄭夢周에 대해 다음의 글은 온건한 排佛論者로 보는 입장이다.
李相佰, 〈儒佛兩敎交代의 機緣에 대한 一硏究〉(《朝鮮文化史硏究論攷》, 乙酉文化社, 1947), 36~42쪽.
文暻鉉, 〈麗末 性理學派의 形成〉(《韓國의 哲學》 9, 慶北大, 1980), 141쪽.
한편 다음의 글은 鄭夢周를 철저한 배불론자로 보는 입장이다.
尹瑢均, 〈朱子學の傳來とその影響に就いて〉(《尹文學士遺稿》, 朝鮮印刷株式會社, 1933), 45~55쪽.
金忠烈, 앞의 책, 199~200쪽.
이상과 같이 양분되나 그는 배불이념이 확고한데 반해 그 행동화에는 온건한 태도를 취했다고 보여지는데, 이는 그의 보수적 정치노선과도 무관하지 않을 것으로 생각된다.

宗·趙浚·金子粹·金貂 등 당시 조정의 신진세력 거의 대부분이 불교에 대한 강경한 비판과 배격에 나서고 있음이 그것이다. 신진관료들에 의한 배불의 움직임은 곧 유불관계가 새로운 국면으로 접어들었음을 뜻하는 것이기도 하다. 이색의 경우가 보여주듯이 비교적 전래 초기의 성리학자들이 유불 이원론적인 정신 세계의 구조에 어떤 갈등도 없었으며 단지 불교의 폐해만을 문제로 삼았던 것과는 달리, 이들은 불교 윤리 및 사상의 비판을 통해 배불의 입장을 확고히 하고 있다. 여기서 한 걸음 더 나아가 이들이 불교의 현실 폐해 문제와 관련하여 과격한 불교배척운동을 전개해 가고 있음은 성리학 전래 초기와는 분명히 다른 유불 관계의 새로운 변화를 말해주고 있는 것이다.

그런데 한 가지 간과할 수 없는 사실은 여말의 배불운동이 단순히 사회·윤리적 차원이나 불교의 현실폐해 그 자체문제로서만이 아니라 정치적 상황과 결부되어 그것이 더욱 과격해졌다는 점이다.[26] 다시 말하면 새로운 정치세력을 형성한 성리학자집단의 신진관료들이 수구적인 권문세족들과 대립하는 가운데 불교의 현실폐해문제가 하나의 중요한 정치적 쟁점으로 되어 배불운동이 더욱 과열될 수밖에 없었다는 것이다. 이는 곧 여말의 배불운동이 성리학자들에 의해 주도되고는 있지만 그것이 반드시 사상적·학문적 문제가 주된 원인이 아닌, 정치·사회적인 성격이 더 짙은 것임을 말해준다. 그런 관점에서 불교의 사회경제적 현실폐해에 대한 시정책이 요청되고 있을 즈음에 성리학이 전해져 그 사상이 불교를 배격하는 이론상의 뒷받침이 되기는 했지만, 성리학 자체가 주도적 역할을 했다고는 이해하기 어려운 것이다.[27]

그러나 어쨌든 배불운동을 주도하고 있는 것은 성리학을 수용한 여말의 신진관료들이었다. 이들은 舊臣들을 포함한 기존세력이 가치이상과 신앙으로서 또는 사회경제적인 막강한 세력으로서 존재해온 불교를 배격함으로써, 사회변혁과 질서의 재편성을 추구하는 한편 당시의 현실적인 경제수요의 문제 등을 해결코자 하고 있다. 따라서 이들의 불교비판은 자칫 그 정당성과 논리

26) 李相佰, 위의 책, 39~40쪽.

27) 韓沽劤, 앞의 글, 78쪽.

성을 일탈하기 쉬웠다. 이러한 경향은 배불주의적 성리학의 제1인자로 인정되고 있는 정도전의 불교비판을 통해서도 그 실태를 엿볼 수 있다.

정도전은 순수한 학자적 입장에서 불교를 비판하기보다는 급격하게 부상된 신진관료층에 앞장서서 사회정치혁명의 한 수단으로써 불교를 비판하고 있다. 때문에 그는 한편으로 불교가 지닌 철학·윤리상의 긍정적 면을 인정하면서도, 불교의 단점을 과장하고 불교의 교리를 지나치게 자기 주관대로 비판하여 그것을 전적으로 거부·배격하는 방향으로 나갔던 것이다.[28] 성리학자로서 또는 사회·정치적 혁명주도자로서의 정도전의 비중을 고려할 때, 그의 이러한 배불태도가 당시 여타의 신진관료는 물론 그를 추종하는 젊은 유생들에게까지 큰 영향을 미쳤으리라는 것 또한 상상하기 어렵지 않다.

공양왕 3년(1391)에 朴礎를 비롯한 성균관 생원 15인이 공동으로 올린 장문의 상소는 그것을 말해준다. 배불운동의 절정을 이룰 만큼 극렬한 내용을 서슴없이 개진하고 있는 이들 소장층 배불세력들은 이론적으로 불교의 존재 그 자체를 완전히 배격하는 한편 현실적으로도 철저한 破佛을 주장한 것이다.[29] 여말의 배불운동에 있어서 이들 소장세력의 등장은 시사하는 바가 적지 않다. 이들의 극단적인 배불이론과 그 성격은 이후 불교배척운동의 향방뿐만 아니라 성리학과 불교와의 沒交涉的 관계를 그대로 예측해 볼 수 있게 하는 것이다.

한편, 이와 같은 배불운동과는 별도로 불교적 전통사회에 끼친 성리학적 영향의 일단으로서 고려사회 禮制의 변화문제도 주목할 만하다. 다양한 불교의례의 성행이 고려불교의 한 특징을 이루고 있는 데서도 짐작되듯이 성리학 전래 이후까지도 고려사회의 예제 특히 喪葬祭禮는 거의 불교법식에 의해 준행되고 있었다. 그렇던 것이 성리학의 확산과 함께 점차 예제개혁이 시도되고 있는 것이다. 朱子家禮를 수용하여 왕족·대부로부터 서인에 이르기까지 모든 사람들에게 불교의 荼毘(화장법) 대신에 家廟를 세우도록 힘써 장려했던 것도 그 일환이었다. 그러나 성리학자들의 노력에도 불구하고 유교적

28) 韓永愚, 《鄭道傳思想의 硏究》(서울大 出版部, 1981), 54쪽.
29) 《高麗史節要》 권 35, 공양왕 3년 6월.
《高麗史》 권 120, 列傳 33, 金子粹.

예제의 시행은 의도한 바대로 실효를 거두지는 못하였다.[30] 전통적인 의례는 민중의 뿌리깊은 정서를 반영하는 만큼 불교의 의례에서 성리학적 예제로의 변화는 좀더 긴 시일의 경과를 요하는 문제일 수밖에 없었던 것이다.

지금까지 성리학자들에 의해 배불운동이 전개되어 온 사실과 함께 간략하게나마 예제개혁의 문제까지도 언급해 보았거니와, 여기서 새삼 관심이 쏠리는 문제는 이에 대한 불교측의 대응이 어떠했던가 하는 것이다. 그러나 그것은 이상하리 만큼 거의 전무한 편이다. 예외 없이 불교를 독실히 믿었던 여말의 왕들과 일부 舊臣들에게서 배불세력들에 대한 반발과 약간의 호불적 발언이 보일 뿐, 특히 불교교단의 승려들에게서는 사상적으로나 실제면에서 어떤 대응의 흔적도 찾아보기 어려운 것이다. 미약하게나마 유교를 비판하고 불교를 옹호하는 움직임이 일어나고 있는 것은 마침내 성리학이 불교를 제치고 국가의 지도이념이자 사상계의 주도적인 학문으로서 자리를 잡아가던 조선왕조 초기에 들어 서의 일이다.

승려들의 몇몇 저술 및 사상을[31] 통해서 나타나는 불교측의 이와 같은 대응은 유교를 비판하고는 있지만, 그 논리는 다분히 유화적이며 역시 유불상통과 일치로 귀결되고 있다. 그러나 이 때의 유불일치사상은 일찍이 수선사의 혜심이 말하고 있는 그것과는 성격면에서 상당히 대조가 된다. 즉 혜심이 불교 위주의 유불일치와 융합을 제시했던 것과는 달리, 이제 그것은 불교를 공격하는 위치에 선 성리학에 대한 방어적이며 타협적인 유불융합의 사상인 것이다.[32]

비록 배불이 정치적으로 강행되었던 새 왕조인 조선에서의 불교에 대한

---

30) 여말의 禮制변화에 대해서는 다음 글을 참고할 수 있다.
稻葉岩吉, 〈麗末鮮初における家禮傳來及び其意義〉(《青丘學叢》 23, 1936).
池斗煥, 〈朝鮮初期 朱子家禮의 理解過程－國喪儀禮를 中心으로－〉(《韓國史論》 8, 서울大 國史學科, 1982).
朱雄英, 〈家廟의 設立背景과 그 機能－麗末鮮初의 社會變化를 중심으로－〉(《歷史學論文集》 7, 1985).

31) 無學의 제자인 己和의 〈顯正論〉, 작자미상(혹은 己和)의 〈儒釋質疑論〉, 그리고 명종대 普雨의 一正說 주장(《虛應堂集》所收) 등은 그 대표적인 것이다.

32) 韓鍾萬, 〈麗末鮮初의 排佛·護佛思想〉(《崇山朴吉眞博士華甲紀念 韓國佛教思想史》, 圓光大 出版局, 1975), 749쪽.

입장을 반영하는 것이기는 하지만, 불교측의 이러한 대응은 성리학 전래 이후의 새로운 경향인 것만은 사실이다. 이는 곧 성리학에 의해 견제되고 있는 불교의 위치와 더불어 유불관계의 새로운 변화를 상징적으로 보여주고 있는 것이다.

〈李逢春〉

3. 풍수 · 도참사상 및 민속종교

1) 풍수 · 도참사상

(1) 풍수 · 도참사상의 변모

고려는 풍수지리설을 지배이념으로 하여 개국하였을 뿐만 아니라 개국 뒤에 통합이념으로서도 그것을 도입하여 신봉하였다. 고려 초기까지의 풍수지리사상은 대체로 긍정적인 조류가 풍미했던 것이 사실이다. 그러나 정권차원에서 볼 때 태조 왕건의 통일은 대립되는 정권의 소멸을 뜻할 뿐이었다. 여전히 지방의 성주들은 후삼국의 혼란시대나 별로 다름없는 반독립적 상태를 유지하고 있었다. 태조는 이들과의 타협과 연합 속에서 그의 정권을 유지해 나가고 있었다. 그는 많은 호족들과 혼인을 통하여 연합하였고, 또 때로는 그들에게 王氏姓을 주어 가족과도 같은 관계를 맺음으로써 이 연합을 굳게 다졌다. 이러한 정책에도 불구하고 여러 호족들의 존재는 태조의 적지 않은 우려의 대상이 되었다. 이 과정 중에 〈訓要十條〉가 풍수사상을 암암리에 저변에 깔고 반포되어지기도 하였다.

그러나 王規의 亂과 같은 소요가 계속됨으로써 왕권은 불안을 벗어나지 못하는 상태였다. 왕규의 난을 진압하고 즉위한 定宗은 연약한 왕권을 강화하기 위하여 西京에 천도하려 하였다. 여기에는 태조가 〈훈요10조〉에서 강조한 바 있는 풍수사상에 대한 신앙심도 작용하고 있었다. 그러나 그 이면에는 개경을 중심으로 세력을 뻗고 있는 개국공신들의 포위망 속에서 탈출하려는 의도가 강했던 것으로 생각된다. 여하튼 고려왕권의 안정은 광종의 개혁을 기다려서 비로소 새로운 전망이 서게 되는 것이지만,[1] 풍수사상은 이 때부터 변하기 시작했다. 즉 고려 개국 당시의 신분타파나 국토재편성과 같은 바람직한 경향성을 잃은 채 왕실과 귀족의 가문 번성을 위한 터잡기 잡술로 변질되었다. 그러한 역사적 사실 중에 가장 중요한 것은 아마도 반복적으로 나타난 서경으로의 천도운동이었을 것이다. 이 문제는 이미 고려 초기의 풍수·도참사상편에서 언급한 바가 있으나, 우리 나라 수도의 이전에 풍수지리가 어떤 식으로 간여해 왔는지를 살피기 위하여 다시 한번 정리해 보기로 하겠다.

서경으로의 천도운동은 고려 초기부터 끊임없이 제기된 문제이기는 하지만, 그 가장 대표적인 경우가 인종 때의 妙淸에 의한 반란 당시에 서경천도가 기도되었다는 사실일 것이다. 서경인 平壤은 한반도의 서북부 요충으로 枕山帶水 혹은 負江臨水의 自然形勝을 이루고 있어 關西 유일의 重鎭이라든가 조선 제일의 강산이라는 칭호를 듣는 곳이다. 동쪽과 남쪽은 大同江에 임하고 북쪽은 錦繡山의 수려한 모습이 두드러지게 드러나 있다. 이것을 주산으로 하여 좌우에 지맥이 분파하고 있다. 그 白虎는 乙密臺로부터 서남에 뻗어 七星門을 지나 萬壽臺에 이르고, 거기서 더 작은 지맥으로 나뉜 가운데 長樂宮址와 같은 명당 터를 안고 다시 남으로 달려 瑞氣山·蒼光山을 동서로 가로 일으키고 있으며, 그 靑龍은 을밀대 아래에서 좀 곧게 남쪽으로 달려 그것과 백호와의 사이에 龍堰宮址·觀風殿址와 같은 명당 터를 품으면서 겨우 長慶門址에 이르러 그치었다. 평양은 청룡이 짧고 백호가 우회하여 右旋局으로 대동강에 역향하고, 따라서 명당에서부터 시작하는 모든 물흐름도 다 오른쪽으로 돌아 대동강에 흘러 들어간다.[2]

풍수상 開城은 주위가 산으로 조밀하게 둘러싸인 藏風의 국면인데 대하여, 평양은 대동강이라는 큰 강에 면한 得水의 국면이라 할 수 있다. 그러다 보니 평양을 풍수 형국상 行舟形이라고 일컫는 경우가 있게 되는데, 이것은 큰 강을 면한 得水局地의 일반적 경향이라 할 것이다. 즉 홍수의 피해가 우려된

1) 李基白, 《韓國史新論》(一潮閣, 1985), 126~127쪽.

2) 李丙燾, 《高麗時代의 硏究－특히 地理圖讖思想의 發展을 中心으로－》(乙酉文化社, 1954), 104~106쪽.

다는 결점을 지니게 된다는 뜻이다. 따라서 고려시대라는 시점을 기준으로 할 때, 평양은 아직 수도로서 적합치 못한 곳이라는 평가가 가능하다.

사실 삼국의 수도들은 지역국가라는 특성상 한반도의 중앙적 위치를 점할 수는 없었다. 그런데 문제가 그렇게 간단치 않은 것이 백제의 초기 수도가 오늘날의 서울 주변으로 국토의 중앙이기는 했지만, 그 곳을 고수하며 버틸 수는 없었으리라는 점이다. 백제의 국력이나 당시의 전략 · 전술, 그리고 병기의 수준으로는 방어가 어려웠으리라는 예상이 들기 때문이다. 그 후의 신라는 알려져 있는 바와 마찬가지로 수도인 慶州가 너무 동남쪽에 치우쳐 있어 국토 전체를 통치하는데 실패하고, 계속되는 반란과 지방호족의 발호에 시달려야만 했다.

당연히 그 다음의 왕조인 고려는 중부지방인 개성에 자리를 잡게 되었는데 이 수도 개성의 입지선정부터는 철저히 풍수사상에 기반을 두게 된다. 그 이론적 논의는 풍수였지만, 결정은 극히 현실적이었다는데 고려시대 풍수지리설의 묘미가 있는 것이지만, 개성은 전형적인 藏風局의 땅이다. 장풍국이란 주산과 좌우의 청룡 · 백호, 그리고 남쪽의 朱雀砂인 案山 · 朝山 등에 의하여 빈틈없이 둘러싸인 일종의 산간 분지지형에 해당된다. 그렇기 때문에 방어에는 어느 정도 유리하지만 명당의 규모가 적고 물과 연료가 부족하며 더 이상의 발전이 제한을 받을 수밖에 없다는 한계가 있다. 그러나 그 시대의 정치 · 경제 · 사회적 배경을 살펴보면 오히려 그러한 위치가 넓은 들판이나 해안에 비해서 우월하다는 것을 인정하지 않을 수 없다.

그러나 그렇다고 하여 문제가 없어지는 것은 아니니, 그 뒤로 여러 차례에 걸쳐 천도 논의가 이어진다. 평양 · 한양 · 연백 · 장단 등 여러 후보지가 거론되고, 어떤 곳은 구체적인 계획에 들어간 적도 있으나 실천에 이르지는 못하였다. 그것은 수도의 이전이란 한 왕조의 마지막을 뜻하는 것이 되기 때문이다. 천도의 성공은 결국 그 왕조의 멸망을 전제로 하지 않고서는 이루어질 수 없다는 풍수사상의 논의가 깔려 있음을 본다.

이것이 고려 풍수의 큰 특징 중의 하나인 地德衰旺說로 정착이 되어진다. 지덕쇠왕설이란 땅의 地氣는 일정기간이 지나면 그 기운이 쇠하고, 또 일정기간이 지나면 쇠했던 기운이 되살아난다는 것이다. 개성의 지기가 쇠하였으니 수도를 옮겨야 한다는 것인데, 여기에는 피할 수 없는 논리의 허점이 있다. 즉 개성의 지기가 쇠하였다는 것은 결국 王氏들의 고려왕조가 쇠하였다는 전제가 깔려 있으므로 그것을 수도만 옮겨 가지고 해소하려 한 것은 뿌리를 놓아두고 줄기만 잘라 나무를 옮겨 심도록 하는 사고와 같아지기 때문이다.

고려시대에 천도 후보지로 가장 각광을 받은 서경 평양과 남경 한양은 得水局이라는 특징을 갖는 장소이다. 득수국이란 명당의 3면 혹은 2면은 산으로 보호를 받는 지세이나 반드시 한쪽 면에는 큰 강을 끼고 있는 형세의 땅을 가리키는 말이다. 개성의 藏風局이 가지고 있는 결점을 보완하기 위해서는 득수국으로 전환이 매우 바람직한 일로 여겨졌을 것이다.

묘청의 난이 일어나던 당시의 대내외의 정세는 금나라가 요와 송을 토멸하고 고려를 위협하고 있었으며, 李資謙·拓俊京 등 권신들의 발호와 천재지변의 빈발로 이른바 말세적 민심이 유포되고 있었다. 이에 점술가들이 활동할 수 있는 절호의 기회가 주어진 셈이다. 그들은 왕조 자체의 한계를 인식하고 기층민들의 절실한 욕구를 수렴하는 혁명을 이끄는 위험을 무릅쓰는 대신, 오히려 풍수의 지기쇠왕설을 교묘히 윤색하여 천도를 진언하였다.

그러므로 고려왕실은 명맥을 유지할 수 있었으나, 그것은 명분상의 일이었을 뿐 실제 왕실의 발언권은 거의 없게 되었다. 그 와중에서 모든 피해는 백성들에게 돌아가고 진정한 반지배이념으로서의 풍수사상도 싹트게 된 것이다. 즉 임금이나 명문거족의 뼈대가 따로 있는 것이 아니라 누구나 음덕을 쌓고 땅의 기운을 얻으면 그렇게 될 수 있다는 철저한 풍수적 평등사상의 발로가 바로 그것이었다.

고려 후기에 이르게 되면 풍수는 또 다른 의미에서 변질을 하게 된다. 이를테면 풍수사상이 타락하는 현상을 맞게 되는데 그것은 陰宅風水의 일반화에서 찾아볼 수 있으며《高麗史》刑法 禁令條에서 가장 대표적으로 드러나고 있다. 이에 의하면 다른 사람의 경작지에 盜葬을 하면 笞 50이고, 墓田에 도장하면 杖 60이며, 里正에게 고하지 않고 이장을 하면 태 30이며, 타인의 묘전을 盜耕하면 장 100이라 하였으며, 또한 분묘를 훼손하면 徒 1년에 처한다는 내용이 그것이다. 다른 사람 분묘의 나무를 함부로 자른 경우, 친속의 선영 안에서 같은 행위를 한 자에 대한 벌칙규정 등 음택풍수가 일반화되지 않고서는 나올 수 없는 내용들이 거론되고 있는 것으로 보아 이미 상당히 광범위하게 유포되기 시작한 것으로 짐작된다. 그 외에도 이자겸이 術師를 보내어 자리를 잡게 해준 일, 고종 4년(1216)에 거란군의 침입을 왕릉 옆에 묘를 써서 그렇게 되었다고 여기고, 그것을 다시 장사지내야 좋겠다고 말한 기록이 남아 있는 일 등이[3] 그런 예에 속한다고 할 수 있을 것이다. 그 외에도 많은 음택풍수에 관한 기록들이 오늘날 남아 있다.

(2) 풍수타락의 원인과 지기론

초기의 풍수는 땅의 기운, 즉 地氣를 느끼는 氣感論으로부터 시작된다. 그리고 그것이 사실은 가장 중요하다. 만약 지기를 느낄 수만 있다면 모든 풍수이론은 사실상 필요가 없어지는 것이라고 모든 풍수서는 가르친다. 그토록 중요한 것이 지기이기는 하지만 사람들의 인지가 복잡해지고 문명화되어 가면서 지기를 느끼는 기감론은 점차 사라지게 된다. 사람들이 지기를 느낄 수 없게 되었기 때문이다. 이 때부터 사람들은 산수의 형세를 미루어지기를 짐작하는 형세론을 개발하게 되며 뒤에는 이기론에 입각한 坐向論이라는 고도의 술법까지 내놓게 된다.

이 문제는 중국 풍수사상의 전개과정을 살펴보면 아주 잘 드러난다. 중국에서 풍수사상이 확립된 것은 기원전 3세기경의 後漢 때라고 알려져 있다. 이 때만 해도 유학은 겨우 힘을 얻기 시작해서 다른 학문이나 사상을 지배하지 못했을 때이다. 현존하는 풍수의 가장 오래된 경전인《靑烏經》에 의하면 "산이 멈추고 물이 돌아가는 곳(山頓水曲), 그리고 음양이 부합되는 곳이 氣가 모이는 吉地"라고 했다. 4세기 사람인 東晉의 郭璞은 후일《錦囊經》이라고까지 추앙 받은 그의 葬書에서 "得水藏風한 곳이 길지"라고 표현하며 길지의 입지조건을 설명하고 있다. 이 때만 해도 기가 모인 곳을 찾는 방법을 가르치고 있다기보다는 어떠한 곳이 吉地이고 어떠한 곳이 흉지인지를 가르치고 있다. 즉 기를 찾는 방법이 아니고 기의 길흉에 대한 분류를 가르치고 있었던 것이다.

---

3)《高麗史節要》권 15, 고종 4년 3월.

당대 이후가 되면 양상이 달라진다. 즉 산의 모양을 보고 기를 찾으려고 한다. 산도 당시 유행하던 도교의 북두칠성신앙과 결부시켜 산 모양에 별 이름을 붙였고 또 五行도 부과하였다. 이렇게 차츰 陰陽五行說을 도입하기 시작한 풍수사상계도 12세기 송대부터는 주자의 이기설을 그대로 도입하여 "理가 氣를 주재하여 萬象과 萬物의 생명과 운행을 주도한다"고 주창했다. 이 때의 理란 음양오행의 이치를 말하며, 풍수에서는 이 理를 나침반에 나타나게 했다. 즉 좌향론의 발전이다. 여기서 풍수술은 사람과 자연과의 기를 통한 연결을 없애는 결과를 빚어내고 말았다.

이러한 전통은 오늘날까지도 그대로 이어져 풍수사상의 과학적이고 합리적 수용에 장애가 되는 요인으로 꼽혀지고 있는데, 이 점은 고려시대라고 하여 다를 바가 없다. 즉 풍수의 논리체계 중 가장 중요한 개념인 지기를 합리적으로, 그리고 일상의 언어로 표현할 수 없다는 상황이 풍수의 타락과 잡술화를 불러들였다는 것이다. 그렇다면 지기란 도대체 무엇인가.

지기의 파악은 인간의 생존이라는 문제를 해결하기 위한 실천과정에서 그 바탕을 이루고 있는 자연현상의 상호작용을 이해하는 방법을 포착하는 것에서 출발한다. 기라는 개념은 동양인들의 우주론이나 세계론과 밀접한 관련을 맺어 왔고 역사적으로 다양한 분야에 적용되고 해석되어졌다. 역사적으로 볼 때 기가 나타나는 영역은 우주생성론·우주구조론·철학·천문·역법·지리·의학·기술·예술·병법·무술 등 매우 넓은 방면에 걸쳐 있다. 기는 일체의 존재 또는 기능의 근원이며, 물질·마음·생명을 성립시키고 있는 본바탕이다. 기가 모임과 흩어짐을 거듭하여 끊임없는 운동과 흐름을 계속하는 사이에 모든 현상이 일어난다.

동양인들은 전통적으로 지기의 존재와 그 흐름이 산과 물, 식생과 기후의 지리적 특징과 가시적으로 연결되어 있다고 믿었다. 동양인들에게 있어 지리학은 地利와 地脈 둘 다를 의미하는 것이었다.

> 地理라는 학문에는 두 가지가 있는데, 하나는 地利이고 다른 하나는 地脈이다. 지리란 산천의 험함과 평탄함을 살펴 성곽과 고을과 마을을 설치하여 나라를 세우고, 한편으로는 도로와 촌락의 균형과 멀고 가까움을 살펴 출입에 쉽도록 하며, 땅의 높낮이를 알아 도랑을 파고 개천을 뚫어 관개에 이익되게 함을 말한다.

지맥이란 땅의 음양과 그 흐름을 觀相하여 크게는 建都立邦하고 작게는 卜宅營葬하여 복됨과 길함을 맞아들이는 일이다. 따라서 지리는 백성의 후생을 돕는 일이고 지맥은 사람의 명운을 관장하는 일이다(《地理大成山法全書》 序文).

위의 내용은 땅을 보는 안목에 두 가지가 있음을 분명히 밝혀 놓고 있다.

유기체적 우주발생론을 바탕으로 한 음양오행설을 포함하는 중국의 고대사상은 선진에서 한대에 이르는 시기 동안 집대성되었는데, 이 때에 즈음하여 인간과 자연의 氣的 연관을 중시한 《列子》·《管子》·《淮南子》 등 도가계열의 문헌들이 편찬되었다. 이미 이러한 문헌 속에는 오늘날의 풍수의 원형이라 할 수 있는 내용들이 많이 포함되어 있는데, 《尙書》의 禹公, 《管子》의 地員, 《呂氏春秋》의 任地, 《周禮》의 地官篇 등이 농업과 관련된 식물·토양·기후·물·지형 등의 문제를 다루고 있고, 여기서 지기와 기맥 등의 기적인 자연현상에 대한 이해의 틀이 나타나고 있다.4)

이것으로 보아 농업을 매개로 한 인간과 자연의 상호작용 속에서 기적 세계관이 더욱 세련되어 갔고, 풍수라는 독자적 논리체계로 성장하기 위한 충분한 토양이 형성되었을 것으로 추정된다.

그럼에도 불구하고 기의 실체는 불분명하며 간단한 작용원리나 구조조차도 설명이 불가능한 형편이다. 여기에서 풍수사상이 타락하여 잡술화할 가능성이 농후해진다고 생각되는 바이지만, 이것이 특히 첨예하게 드러나는 부분은 죽은 자의 시신을 처리하는 풍수지리인 음택에 관한 氣論일 것이다. 묘자리를 선정하는 풍수술은 도시와 건물을 선정하는 풍수술보다 더 나중에 생겨났다. 18세기의 《四庫全書總目》에는 다음과 같은 기술이 있다.

陰宅風水(葬地之說)는 그 기원이 알려져 있지 않다. 周官에서는 묘지 관리들의 임무에 관한 언급에, 이장은 친족관계에 따라 그 위치가 정해져야 한다는 말이 있다. 이것은 周王朝까지는 묘자리가 풍수설에 따라 선정된 것이 아니라는 명백한 증거이다. 《漢書》 권 30의 刑法家 항목에 이르러서야 相人과 相物에 관한 책들과 함께 열거된 宮宅地形과 堪輿金櫃라는 분야를 보게 된다. 따라서 풍수술은 한대에 최초로 시작되었다. 그러나 매장방법에 대해 특별히 언급된 것은 아직 없었

4) 中國科學院 自然科學史研究所 地學史組(主編), 《中國古代地理學史》(科學出版社, 北京, 1984), 5~6·14·79·224쪽.

다. 《後漢書》 권 75에는 어떤 사람이 부친이 돌아가자 묘자리를 찾고 있었다고 기록되어 있다. 이 사람은 길에서 세 명의 학자를 만났는데 그들은 높은 벼슬을 할 자리를 지적해 주었다. 그는 그들의 조언을 따랐고, 그리하여 그의 자손들이 수 세대에 걸쳐 영예와 부귀를 누렸다. 이것은 풍수술이 東漢 이래로 번성하고 퍼졌다는 사실을 의미한다(《欽定四庫全書總目》 권 109, 子部 19, 術數類 2).

여기서 지기론 자체의 신비적 속성은 이 정도로 그치기로 하고, 그것이 실제 학자들에게는 어떤 식으로 언급되었을까. 지기라는 말의 문헌적 용례를 볼 때, 이 말의 의미는 기후의 변화 및 농작물의 생장과정과 관련된 땅 위에서 일어나는 자연현상을 의미하는 것이었다고 할 수 있다. 즉 농경의 실천을 통해 농작물의 생장이라는 생명현상을 지기로써 해석하고, 계절에 따라 변화하는 기후현상을 기의 순환으로 표현했다. 여기에는 두말할 나위 없이 만물을 자라게 하는 생명력의 의미가 들어 있다. 그리고 토양의 서로 다른 분포양상을 지기에 의한 것으로 보고, 지형·식생의 작용, 강우나 바람 등의 기후요소 등이 복합적으로 기능하는 측면을 지기로 파악하였다는 것을 알 수 있다. 또 지기는 에너지와 물의 순환, 또는 지상의 수증기, 지구의 대기를 의미하는 것으로 사용되기도 하였다.

지기는 어떤 하나의 실체를 가리키는 것이 아니라 땅과 관련된 체계의 연속적·기능적 작용의 총체를 의미하는 개념이었다. 다시 말해서 태양에너지와 순환하는 물, 그리고 그 순환을 담아내는 땅, 이 3자의 기능적 관계를 포괄적으로 파악하려는 의미에서 지기의 개념이 사용되었음을 알 수 있다. 기물의 제작과 관련하여 산물의 분포에 영향을 미치는 자연환경적 외적 조건을 포괄적으로 의미하는 것으로도 사용되었다.

특히 동식물의 분포와 생육의 자연조건이 지기라는 틀로써 해석되고 있다. 지리적 다양성과 만물존재의 지리적 조건에, 특히 인간의 질병과 성질·체질·지능에 미치는 각 지역의 땅의 특성, 또는 영향력을 지기라고 볼 수 있다. 그리고 각 지역의 지리적 특성을, 관찰을 통해 기적 유형으로 종합하여 소박한 「地氣的 環境論」을 펼치고 있음을 볼 수 있다. 또 이러한 생각은 풍수적 사고에 대단히 근접한 것으로 풍수의 이론성립에 커다란 영향을 미쳤을 것으로 생각된다.

동양인들은 땅에서의 모든 사물의 변화와 인간의 생명의 변화를 지기라는 개념의 틀을 빌어 설명하고, 그 상호관계와 조직원리를 경험과학적으로 논의하고 추구해 왔다. 그리고 그것을 풍수의 체계로 성립시켰다. 지기란 개념은 동양인들이 그들이 발딛고 있는 땅 위에서 일어나는 모든 자연현상을 느끼고 인식한 것을 풀이해 내는 틀이었다. 다시 말해서 인간의 몸이 살아 있는 땅과 교감해서 촉발되는 느낌을 체계적으로 구성과 풀이를 해낸 틀이었다. 그 용법은 산물에 영향을 미치는 자연적 조건, 동식물의 생육과 분포에 영향을 미치는 땅의 성격, 인간의 체질과 지능에 미치는 풍토, 지리적 특성 등을 나타내는 다양한 개념으로 사용되었다.

기론이란 우주적 제관계 속의 각 요소들의 체계적인 작동방식을 개념화하고 생동하는 각 양상들을 전체적으로 인식하려는 시도였다. 풍수는 이러한 기론에 바탕하여 논리체계를 성립시키고 있으며 이러한 논리체계 또는 인식체계는 오랜 시간 동안 우리의 공간상에 투영되어 왔다. 이 때문에 우리들은 자연과 인간의 조화와 하늘과 땅의 상호작용을 통한 생명력의 확보라는 대단히 훌륭한 사상적 가치들을 온축시켜 올 수 있었던 것이다. 그러면서도 제대로 해석체계를 갖추어 설명하기가 어렵기 때문에 엉터리 잡술가에 의한 타락의 가능성 또한 배제할 수 없었던 것이기도 하다. 이것이 더욱 나쁘게 진전된다면 圖讖的 秘術로 빠져들게 되는 것이다.

(3) 남경천도설

신라 경덕왕 14년(755)에 한양으로, 고려 초기에는 楊州로 개칭되었던 현재의 서울은 고려 문종 21년(1067)에 비로소 남경으로 설치되었다. 문종 때에 남경이 세워진 동기는 순전히 地理圖讖說에 의한 것이었는데, 후에 좋은 효험이 없다는 이유로 남경은 다시 양주로 지명이 내려졌다. 그러나 숙종 원년(1095)에 당시의 음양관인 衛尉丞同正 金謂磾는 《道詵記》·《道詵踏山歌》·《三角山明堂記》·《神誌秘詞》 등의 풍수도참서를 근거로 하여 남경건도를 주장하였는데, 특히 《삼각산명당기》와 《신지비사》에 남경의 풍수지리를 설명하는 내용이 들어 있다.

《삼각산명당기》의 내용은, 삼각산이라는 곳은 북을 등지고 남을 향한 仙境

으로서 거기서 시작한 花脈(산맥)은 세 겹 내지 네 겹으로 갈려 나와(三角山·文殊峰·普賢峰·白岳 등) 산이 산을 등지고 명당(서울)을 지키고 있으며, 案前의 朝山은 다섯 겹 또는 여섯 겹을 이루고(冠岳·牛眠·狐峴·淸溪·鶴峴·蓮山 등), 방계·직계의 姑山·叔山·父山·母山은 모두 솟아나서 이를 옹호하고, 內水口·外水口에는 각각 충실히 주인을 지키는 세 개의 犬山이 있고(내수구 즉 내문은 往十里·馬場里, 沙斤里 부근을 말한 듯하고, 외문 즉 외수구는 한강 하류방면을 지칭한 듯함), 좌우의 청룡·백호는 세력이 비슷하니 전체의 균형이 잡혀 있으며, 내부의 商客과 寶貨가 이 곳으로 모여들어 국왕을 돕고, 임자년중에 이 땅을 개척하면 정사년에는 聖子를 낳을 것이고 또 삼각산에 의지하여 帝京을 세운다면 9년 만에 4海로부터 조공을 받을 것이라는 예언이다.[5)]

한편 《신지비사》의 내용은, 3京을 저울에 비유하여 개경을 저울대로 하고, 五德丘(지금의 서울)를 저울의 추로 삼고, 서경을 저울의 중판으로 삼아서 머리와 꼬리가 균형을 유지하면 국가가 번영을 누릴 수 있으며 만일에 이들 3개소가 폐지된다면 왕업이 쇠퇴하여 기울어지리라는 것이다.

여기에서 김위제의 오덕구에 관한 해석을 살펴보면, 오덕구는 삼각산 남측의 현재의 서울을 중심으로 한 5방의 5行山을 의미한다. 중앙에 面岳(白岳), 즉 현재의 北岳山이 있으니 그 모양이 원형이어서 土德에 속하고, 남에 冠岳(과천)이 있으니 그 모양이 첨예하여 火德에 속하고, 동에 南行山(양주)이 있으니 그 모양이 곧은 모양이어서 木德에 속하고, 서에 北嶽(富平)이 있으니 그 모양이 네모형이서 金德에 속한 것이라 한다. 이것은 오행사상에 의하여 金木水火土의 5덕을 동서남북 및 중앙의 5산에 배정하여, 土生金, 金生水, 水生木, 木生火, 火生土의 相生無窮의 좋은 터라는 것이다. 이것을 풍수지리가는 五氣朝元格이라 한다. 즉 5행이 환원한다는 것이다. 김위제의 주장은 이 오덕구의 중앙인 토덕 즉 면악의 터에 남경을 건치하고 때에 따라 국왕이 순주하면 국가사직이 크게 융성할 것이라는 내용이다.

김위제의 이 주장에 의하여 숙종 6년에는 南京開創都監이 설치되고 상지

---

5) 《高麗史》 권 122, 列傳 35, 金謂磾.

관이 양주에 파견되어 남경의 후보지를 물색한 결과를 그들은 다음과 같이 보고하였다.

> '蘆原·海村·龍山 등의 산수는 도읍으로 삼을 만한 땅이 못되고 오직 삼각산 면악의 남방이 산세와 수세 면에 고금의 문서에 부합하오니, 청컨대 主幹이 되는 中心大脈에 壬坐丙向으로 형세를 따라 도읍을 세우소서'하니, 이 말에 따라 뒤에 임좌병향으로 된 언덕에 龍鳳帳을 묻었다고 한다(《高麗史》 권 11, 世家 11, 숙종 6년 10월 을미).

여기에서 고려된 남경건도의 범위는 동으로는 大峰(駱山), 서로는 岐山(鞍山), 북은 北岳, 남은 新龍山의 남쪽 끝에 이르는 비교적 규모가 큰 것이었다.

이 밖에도 한양에 대한 풍수지리설로서는 고려 중엽에 "尹瓘으로 하여금 백악산 남쪽에 터를 정하여 오얏나무를 심고 무성하게 되면 곧 베어버려서 道詵의 《留記》에 나오는 白岳山下의 李氏(오얏)王朝 도읍의 地氣를 눌렀다"[6]는 속설이 있으며, 공민왕 6년(1356)에는 《道詵記》의 계통을 밟았던 普愚가 "漢陽에 도읍하면 36국이 來朝할 것이다"[7]라는 지리도참설을 내세웠고, 또한 우왕 8년(1381)에는 白州守 洪順이 "南京의 鎭山인 三角山은 그 형세가 五行 중 火體의 산인 까닭에 木姓(동방)의 國으로 여기에 도읍하는 것은 마땅치 않다"[8]고 하는 풍수지리적 견지에서 한양으로의 천도를 반대한 적이 있었다.

〈崔昌祚〉

2) 민속종교

(1) 무격의 성격과 역할

가. 강신무와 세습무

巫覡은 민속종교의 성직자로서, 신령과 교류할 수 있는 특별한 능력을 지닌 사람이다. 그런데 이러한 능력은 임의로 얻어질 수 있는 것이 아니라, 신

6) 李重煥, 《擇里志》 八道總論, 京畿道.
7) 《高麗史》 권 106, 列傳 19, 尹諧.
8) 《高麗史》 권 134, 列傳 47, 신우.

령의 召命이나 巫業의 세습을 통해 획득된다. 신령의 소명으로 무업에 종사하는 무격을 降神巫라 하는데, 이들은 入巫과정에서 신령의 소명을 뜻하는 神病을 체험하고, 소명을 내린 신령, 즉 「몸주」를 받아들이는 내림굿을 거행하여 무격이 된다. 또 이들은 굿을 비롯한 종교적 과업을 수행할 때 몸주신이 들린 상태가 되며, 이 때 무격은 신령 그 자체가 되어 神語를 전달하는데, 이를 「공수」라고 한다. 그리고 세습을 통해 무업에 종사하는 무격을 世襲巫라고 한다.

고려시대에도 민속종교에서 중심적 역할을 한 것은 무격들로서, 개경을 비롯한 전국에 분포하여 다양한 종교적 과업을 수행하고 있었다.[1] 그것은 무격들이 신령에 의해 선택된 자로 여겨졌기 때문이다. 충렬왕 때 나주 錦城山 신당의 무녀의 경우, 무당이 되지 않으면 부모를 죽이겠다는 금성산 산신의 위협 때문에 어쩔 수 없이 무당이 되었다고 한다.[2] 여기서 금성산 산신의 위협이란 신병기간에 몸주신이 소명을 내리는 것이라 할 수 있다. 따라서 이 경우는 강신무의 입무과정을 전하는 것이라 하겠으며, 나아가 무격은 신령의 부름을 받은 존재였음을 알 수 있다.

또 무격들은 굿을 비롯한 종교적 과업을 수행할 때 강신상태가 되며, 이 동안은 신령 그 자체로 여겨졌다. 이러한 사실을 잘 보여주는 것이 李奎報(1168~1241)의 〈老巫篇〉이란 古律詩이다.[3] 이것은 이웃에 사는 늙은 무녀가 국가의 무격추방령으로 말미암아 개경에서 쫓겨가게 된 것을 기뻐하여 지은 것인데, 비록 무격을 부정적 시각에서 바라본 것이긴 하지만, 이규보가 목격한 바를 기술한 것이어서 개경 무녀의 이모저모를 생동감 있게 전하는 중요한 자료이다. 〈노무편〉에 의하면, 이 무녀는 굿을 하면서 "함부로 天帝釋이라 자칭"했으며, "목구멍 안의 가는 소리는 새소리 같은데 중얼중얼 두서없

1) 고려시대 巫敎의 전반에 대해서는 다음의 글이 있다.
박호원 〈高麗 巫俗信仰의 展開와 그 內容〉(《민속학연구》 창간호, 국립민속박물관, 1994).

2) 《高麗史》 권 106, 列傳 19, 沈諹.

3) 李奎報, 《東國李相國集》 권 2에 수록되어 있으며, 〈老巫篇〉에 대한 연구는 다음의 글이 있다.
崔吉城 〈李奎報의 「老巫篇」〉(《韓國巫俗論》, 螢雪出版社, 1981), 78~82쪽.

고 늦어졌다 다시 빨라졌다"고 한다. 이를 통해 먼저 불교 天神의 하나인 천제석, 즉 帝釋이 12세기에는 이미 민속종교의 신격으로 자리잡았음을 짐작할 수 있다. 뿐만 아니라 스스로를 천제석이라 했다는 것은 이 무녀가 제석신을 몸주로 모시고 있는 강신무이며, 굿을 할 때는 제석신이 강신하여 일인칭으로 공수를 내렸음을 알 수 있다.

스스로를 천제석이라 한 무격들은 공민왕 때에도 있었다. 즉 천제석이라 자칭하면서 사람들의 화복을 예언했던 堤州출신의 무녀와,[4] 천제석이라 자칭하면서 사람들을 혹하게 하다가 柳濯에게 처벌당한 무격이[5] 그들이다. 이들의 경우, 기록이 소략하여 구체적인 것은 알 수 없지만, 〈노무편〉의 예로 미루어 이들 역시 제석신을 몸주신으로 모시는 강신무이며, 의례 때에는 천제석에 憑依되어 제석신으로서 공수를 내렸음을 짐작할 수 있다.

무격의 강신에 대해서는 이 밖에도 몇 가지 자료가 더 확인된다. 즉 의종 때 登州 城隍神이 자주 무격에게 내려 국가의 화복을 예언했다든지,[6] 충렬왕 3년(1277) 금성산신이 무격을 통해 삼별초의 난 진압에 공이 큰 자신을 定寧公에 봉하라고 했다는지,[7] 공민왕 22년(1373) 義成庫洞의 무녀에게 신이 내려 고려의 멸망을 예언한 것[8] 등이 그것이다.

한편 空唱巫라는 것이 있었는데, 이들이 지나갈 때에는 길을 비키라는 辟除소리 같은 것이 공중에서 희미하게 들렸다고 한다.[9] 그러므로 공창무란 공중에서 신어가 발하는 특징에서 나온 명칭이라 하겠는데, 이것은 어린아이의 혼령을 모시면서 주로 賣卜과 腹話術을 하는 오늘날의 기록에 보이는 太子巫와 비슷하여,[10] 넓은 의미에서 강신무라 할 수 있다. 따라서 고려시대의 무격은 모두가 강신무라 할 수 있다.

오늘날 강신무는 우리 나라 중부의 이북지역에서, 세습무는 남부지역에서

4) 《高麗史》 권 114, 列傳 27, 李承老 附 云牧.
5) 《高麗史》 권 111, 列傳 24, 柳濯.
6) 《高麗史》 권 99, 列傳 12, 咸有一
7) 《高麗史》 권 105, 列傳 18, 鄭可臣.
8) 《高麗史》 권 54, 志 8, 五行 2, 공민왕 22년 4월.
9) 《高麗史》 권 105, 列傳 18, 安珦.
10) 孫晉泰, 〈朝鮮及中國의 腹話巫〉(《朝鮮民族文化의 硏究》, 乙酉文化社, 1948), 320쪽.

주로 활동하고 있는데 비해,[11] 고려시대에는 강신무의 존재가 중부 이북은 물론, 앞에서 언급한 나주 금성산 신당무나 堤州(충북 堤川) 출신 무격의 경우처럼 남부지역에서도 확인되고 있다. 따라서 고려시대에는 강신무가 전국적으로 분포되어 있었다고 할 수 있다. 이에 반해 고려시대 사료에서 세습무의 존재는 남부지역에서조차 확인되지 않고 있다.

그렇다면 이러한 사실을 어떻게 설명해야 할까. 공양왕 때 典儀寺에서 맹인과 무격의 자식들을 樂工에 충원한 사실이 있었는데,[12] 그것은 무격의 자식들이 부모를 따라 무업에 종사하면서 가무를 익혔기 때문으로 풀이된다. 따라서 고려시대에도 세습무가 존재했을 가능성은 충분히 있다. 그렇지만 이 자료가 고려 말의 것이란 점에서, 세습무는 고려 후기에 비로소 출현했다고 볼 수도 있다.[13]

그러나 강신무보다 세습무가 먼저 출현했다는 견해도 있으며,[14] 강신무가 먼저라는 입장에서도 세습무는 삼한시대에 이미 출현해 있었던 것으로 보고 있으므로,[15] 고려시대에는 강신무만 있었다고 보는 데는 문제가 없지 않다. 따라서 고려시대에도 강신무와 세습무의 양자가 모두 존재했겠지만, 세습무는 사료에서 누락되었기 때문으로 보는 것이 타당할 것 같다. 다시 말해서 무격이 사료에 등장하는 것은 주로 사회적 물의를 일으켰을 때인데, 세습무는 강신무에 비해 상대적으로 신비적 면이 적어 사회적 논란의 대상이 되지 못했고, 그래서 사료에서 언급되지 않았다는 것이다.

나. 무격의 종교적 역할

고려시대의 무격들은 고대사회에서처럼 국가조직의 일원으로서 국정을 보좌하는 정치적 기능은 상실했지만, 신령의 세계와 교통할 수 있는 특별한 능력을 바탕으로 다음과 같은 다양한 종교적 역할을 수행하였다.

첫째, 굿을 비롯한 각종 의례를 주재하였다. 고려의 무격이 의례를 주재하

---

11) 金泰坤, 《韓國巫俗硏究》(集文堂, 1981), 143쪽.
12) 《高麗史》 권 119, 列傳 32, 鄭道傳.
13) 박호원, 앞의 글, 99쪽
14) 崔吉城, 〈韓國 原始宗敎의 一考〉(《語文論集》 11, 高麗大, 1968).
15) 金泰坤, 앞의 책, 435~437쪽.

는 모습은 이규보의 〈노무편〉에 비교적 구체적으로 언급되어 있는데, '시큼털털한 술로 스스로 배를 채우고, 일어나 뛰며 몸을 솟구치면 머리가 대들보에 닿는다'라고 한 것이나, '목구멍 안의 가는 소리는 새소리 같은데 중얼중얼 두서없고 늦어졌다 다시 빨라졌다 한다'라고 한 구절이 그것이다. 이것은 무격이 巫樂에 맞추어 跳舞하며, 신들린 상태에서 신어를 전하였음을 짐작하게 하는데, 이러한 모습은 오늘날 중부지역의 굿과 크게 다를 바 없다. 따라서 오늘날 굿의 형태나 내용은 〈노무편〉이 쓰여진 12세기경에는 이미 정형화되어 있었다고 할 수 있다.[16]

이러한 의례들의 목적은 주로 복을 빌고 재앙을 피한다는 현세이익적인 것들이다. 그래서 서민들뿐만 아니라 왕실까지도 巫敎의례를 통해 길흉화복을 조절하고자 했다. 무격을 동원하여 명산대천에 사사로이 복을 기원하는 別祈恩祭는 대표적 왕실의 무교의례라 할 수 있다.[17] 또 고려시대에는 모든 국가제사에서 무격이 배제되었지만, 가뭄이 심할 때는 무격들을 징발하여 국가차원의 기우제를 치르는 데 참여시키기도 했다.

둘째, 점복과 예언을 하였다. 이러한 사실은 〈노무편〉에서 무격이 '死生禍福을 함부로 추단'했다든지, '천만 마디 말 중에 요행히 하나만 맞았다 하면 어리석은 남녀들은 더욱 공경하여 더욱 받든다'라고 한 데서 짐작할 수 있다. 그런데 고려의 무격은 개인의 길흉화복뿐만 아니라 국가의 운명에 대해서도 점복과 예언을 했다. 가령 의종 때 등주의 무격은 성황신에 빙의되어 국가의 화복을 예언했으며,[18] 공민왕 22년(1373) 개경 의성고동의 무녀는 고려의 멸망을 예언했다.[19] 때문에 지배층에서는 중대사를 도모함에 있어 무격의 점복에 의지하기도 했으니, 원종 때의 권신 金俊이 鶴房이란 무녀에게 국가사의 길흉을 일일이 점치게 한 것은[20] 그 한 예라 하겠다.

셋째, 치병을 담당하였다. 고려시대에는 신라의 것을 계승하고 중국의 것을 받아들여서 나름대로 발전시켜 온 의약학도 있었지만,[21] 병이 나면

16) 崔吉城, 앞의 글, 82쪽.
17) 李惠求, 〈別祈恩考〉(《韓國音樂序說》, 서울大 出版部, 1972) 참조.
18) 《高麗史》 권 99, 列傳 12, 咸有一.
19) 《高麗史》 권 54, 志 8, 五行 2, 공민왕 22년 4월.
20) 《高麗史》 권 130, 列傳 43, 金俊.

그것을 귀신의 탓으로 돌려, 약은 먹지 않고 주술적인 방법으로 귀신의 영향력에서 벗어나고자 하는 경우가 많았다.[22] 이 때 무격은 병의 원인을 찾아내고 치료방법을 제시하였으니, 이러한 사실은 공양왕 원년(1389) 固城의 한 무격이 병자에게 병의 원인은 귀신 때문이니 거처를 옮기라고 하여 환자가 집 뒤에서 노숙하다가 호랑이에게 물려간 사례를[23] 통해서도 짐작할 수 있다.

무격에 의존하여 질병의 문제를 해결하고자 한 것은 왕실의 경우도 예외가 아니었다. 인종 24년(1146) 왕의 병이 심해지자 무격은 拓俊京의 원혼이 빌미가 되었다고 했고, 이에 척준경의 관직을 追復하고 그의 자손에게 벼슬을 내렸으며, 또 무격의 말에 따라 신축한 金堤 碧骨堤의 둑을 허물기도 했다.[24]

여기서 병을 다스리기 위해 신축한 벽골제 둑을 허물었다는 것은 질병의 원인을 벽골제의 신축 탓으로 여겼음을 의미한다. 한국민속에서는 흙을 잘못 다루어 地神이 노하여 병이 난 것을 「동티」[動土]라고 하는데, 인종의 경우로 미루어 「동티」라는 관념도 퍽 오래된 것임을 짐작할 수 있겠다. 심지어 충렬왕 8년(1282)에는 왕비 齊國大長公主의 병을 치료하기 위해 원나라에서 무격을 데려오려고 한 일까지 있었다.[25]

넷째, 신령의 뜻을 전달하였다. 가령 충렬왕 때 금성산신은 孔允丘라는 사람과 더불어 원나라에 가고자 하니 나주에서 말을 제공하라든지,[26] 삼별초의 난을 진압하는 데 세운 공이 크니 정령공에 봉하라는[27] 등의 요구를 했는데, 이러한 요구사항들을 무격이 전달했다.

다섯째, 신당을 관리하였다. 고려시대 민속종교의 신당에는 무격의 집안에 있는 것, 개인의 집에 있는 것, 특별한 장소에 건립된 것이 있다. 무격이 집안에 신당을 두었음은 〈노무편〉을 통해 짐작할 수 있는데, 이에 의하면 이것

21) 全相運, 〈科學과 技術〉(《한국사》 8, 국사편찬위원회, 1974), 265~272쪽.
22) 徐 兢, 《高麗圖經》 권 17, 祠宇.
23) 權 近, 《陽村集》 권 22, 傳 優人孝子君萬.
24) 《高麗史》 권 17, 世家 17, 인종 24년 2월 병진·경신.
25) 《高麗史》 권 29, 世家 29, 충렬왕 8년 7월 경신·8월 병술.
26) 《高麗史》 권 106, 列傳 19, 沈諹.
27) 《高麗史》 권 105, 列傳 18, 鄭可臣.

은 "나무를 얽어 만든 다섯 자 남짓한 龕室"로서, 벽에는 帝釋神·七元·九曜를 그린 무신도를 봉안하고 있었다고 한다. 수호신을 모신 신당이 있는 것은 강신무의 요건의 하나라고 하는데,[28] 〈노무편〉의 기사로 미루어 강신무가 신당을 가지는 전통의 시작은 12세기 이전으로 소급될 수 있겠다.

개인 집에 신당을 두는 경우가 있었음은 명종 때 무신정권을 이끌었던 李義旼이 자기 집에 豆豆乙이란 귀신을 모신 신당을 두고 날마다 복을 빌었던 사실에서 알 수 있다.[29] 그리고 이의민의 패망 후 신당의 벽에 있는 그림들을 지워버렸다고 하는데, 이것은 신당에 무신도가 봉안되었음을 의미한다. 이 경우 신당을 누가 관리했는지에 대한 언급이 없다. 그러나 두두을 신이 이의민의 패망을 울면서 예언했다고 하는 바, 이 예언은 무격이 강신상태에서 전달되었을 것이라 짐작된다. 그렇다고 할 때 사삿집의 신당에도 무격이 있었을 가능성이 크다고 하겠다.

특별한 장소에 있는 신당으로는 松嶽山·錦城山 등과 같은 명산에 있는 것과 각 지역의 城隍祠 등이 있는데, 이들 신당들도 무격에 의해 관리되는 경우가 많았다. 금성산 신당의 경우에 대해서는 앞서 언급한 바 있었지만, 송악 신당에도 전속무녀가 있었음은 충선왕 때 內府令으로 있던 姜融의 누이가 松岳祠의 무녀였는데 이를 대호군 金直邦이 자기와 잘 아는 무녀로 대신하려고 했다는 사실을[30] 통해 짐작할 수 있다. 또 우왕 때 固城사람 伊金이 미륵불을 자처하며 나오자 무격들이 그를 우러러 믿으면서 城隍祠廟를 없애 버렸던 사실로[31] 미루어, 각지의 성황사도 무격들이 관장했음을 알 수 있다.

또 고려시대에는 나라에서 설립한 巫堂이 있었다고 하는데,[32] 이러한 國巫堂이 어디에 있었는지 알 수 없지만, 이것 역시 무격에 의해 관장되었을 것임은 충분히 짐작할 수 있다.[33] 이 밖에 초자연적인 방법으로 다른 사람을

---

28) 崔吉城, 《韓國巫俗의 硏究》(亞細亞文化社, 1978), 16쪽.
29) 《高麗史》 권 128, 列傳 41, 李義旼.
30) 《高麗史》 권 124, 列傳 37, 鄭方吉 附 姜融.
31) 《高麗史》 권 107, 列傳 20, 權呾 附 和.
32) 《高麗史》 권 120, 列傳 33, 金子粹.
33) 당시 중국(宋代)에서도 무격의 중요한 특징으로 祠廟·社·叢祠에서 봉사하는 것이 꼽히고 있다.
中村治兵衛, 〈宋代の巫の特徴〉(《中國のシャマニズム》, 刀水書房, 1992), 122~125쪽.

해치거나 저주하는 일에도 관계했는데, 이 점에 대해서는 항목을 달리하여 서술해 보기로 하자.

(2) 무 고

巫蠱란 주술적인 방법으로 상대방의 감정과 정서를 조절한다든지, 남을 해치거나 저주하는 것을 의미한다.[34] 고려 후기에는 궁중의 부녀자를 중심으로 하여 무고사건이 빈번히 발생했는데,[35] 이를 연대순으로 정리해 보면 다음과 같다.

① **洪福源의 永寧公 저주사건**: 기록에 보이는 최초의 무고사건은 몽고침입 초기에 본국을 배반하고 반역행위를 자행하던 홍복원이 永寧公 綧(현종의 8대손)을 저주한 사건이다. 영녕공은 고종 28년(1241) 몽고에 인질로 가서, 한동안 홍복원의 집에 머물렀다. 그러나 두 사람의 사이가 나빠지자, 홍복원은 고종 45년(1258) 몰래 무격을 시켜 나무인형(木偶人)을 만들어 손을 묶고 머리에 못을 박아 땅에 묻거나 우물에 넣으면서 영녕공을 저주하다가, 마침내 몽고황제에게까지 알려진다. 홍복원은 자식의 병을 치료하기 위한 것이었다고 변명하였으나 죽임을 당하고 말았다.[36]

② **貞和宮主의 齊國大長公主 저주사건**[37]: 貞和宮主(貞信府主)는 종실 司徒 絪의 딸로, 원종 원년(1260)에 세자(후일 충렬왕)와 혼인하였으며, 정비가 될 수 있는 유력한 후보자였다.[38] 그러나 세자가 원종 15년(1274) 원나라 공주인 제국대장공주와 혼인함에 따라 후궁의 자리로 물러앉게 되었다. 충렬왕 2년(1276) 몽고에서 파견된 達魯花赤[다루가치]의 공관에 익명서가 날아들었는데, 그 내용은 齊安公 淑(현종 9대손이며, 정화궁주의 사위)·金方慶 등 43인이 모반

---

34) 孫家洲, 〈巫術の盛行と漢代社會〉(《古代文化》 1995-8), 466쪽.

35) 고려 후기 왕실 妃嬪들간의 巫蠱에 대해서는 다음의 글이 참고가 된다.
金成俊, 〈高麗後期 元公主出身王妃의 政治的 位置〉(《韓國中世政治法制史硏究》, 一潮閣, 1985)
金惠苑, 〈麗元王室通婚의 成立과 特徵〉(《梨大史苑》 24·25, 1989).

36) 《高麗史》 권 130, 列傳 43, 洪福源.

37) 《高麗史》 권 26, 世家 26, 충렬왕 2년 12월 병자·권 89, 列傳 2, 貞信府主 및 권 105, 列傳 18, 柳璥.

38) 정용숙, 《고려시대의 后妃》(民音社, 1992), 223쪽.

을 꾀한다는 것과, 정화궁주가 왕의 총애를 잃자 무녀로 하여금 제국대장공주를 저주한다는 것이었다. 이에 정화궁주를 비롯하여 제안공·김방경 등을 조사하였으나, 원로대신 柳璥이 제국공주를 설득하여 이 사건은 무마되었다. 그런데 익명서에서 고발된 40여 명 중에는 죽은 지 5년이 넘는 사람도 있었다고 한다. 따라서 익명서의 내용은 날조된 것이라 하겠으며, 작성자는 고려 정계의 상황에 어두운 사람이었다고 할 수 있겠다. 그렇다고 할 때 익명서의 작성자는 원 공주의 정화궁주에 대한 투기심을 적절히 이용하면서 관료층을 대표하는 중신들을 제거하려는 속셈을 가진 원 공주의 私屬인 怯怜口일 가능성이 크다.[39]

③ **慶昌宮主의 忠烈王 저주사건**[40] : 경창궁주는 원종의 계비이다. 원종은 먼저 金若善(崔怡의 사위)의 딸과 혼인하였지만, 충렬왕을 낳고 죽었기 때문에, 종실녀인 경창궁주를 새로 맞아들였다. 그런데 경창궁주는 자신의 소생인 順安公 琮이 병약하므로, 盲僧 終同에게 度厄의 방법을 물었다. 맹승이란 讀經·祝壽·卜筮 등을 업으로 하는 盲覡이다.[41] 그래서 맹격이 가르쳐준 대로 齋醮를 거행하여 기도하고 음시을 땅에 눋었다. 이것을 환관인 梁善大·守壯 등이 충렬왕 3년(1277) 경창궁주가 그 아들 순안공과 모의하여 맹승 종동으로 하여금 왕을 저주하고, 또 순안공을 충렬왕비인 제국대장공주와 혼인시켜 왕이 되도록 기도한다고 모함했다. 이에 충렬왕은 대신들에게 명하여 경창궁주와 순안공, 맹승 종동을 국문하게 했다. 그러나 모두 불복하므로 왕이 순안공을 친국하기까지 했다. 그러나 유경 등의 만류로, 경창궁주를 폐하여 서인으로 삼고, 순안공과 종동은 섬으로 유배를 보내는 선에서 사건을 마무리했다. 몇 년 후 경창궁주와 순안공은 사면을 받았지만, 제국대장공주는 죽을 때까지 충렬왕을 만나지도 못했다고 한다.

이 사건은 발단이 계모와 이복동생에 대한 충렬왕의 질투심이라 할 수 있다. 충렬왕은 일찍이 어머니를 여위었다. 이에 비해 이복동생 순안공은 부왕

---

39) 金惠苑, 앞의 글, 172쪽.

40) 《高麗史》 권 28, 世家 28, 충렬왕 3년 7월 임진·8월 정묘·임인·권 88, 列傳 1, 慶昌宮主 및 권 91, 列傳 4, 順安公 琮.

41) 孫晉泰, 〈盲覡考〉(앞의 책), 342~343쪽.

으로부터의 총애가 각별하여, 원종이 몽고에 갈 때도 순안공에게 국정을 맡겼으며, 순안공 자신이 몽고에 갔을 때는 세자(충렬왕)보다 더 많은 선물을 받았다.[42] 이러한 사실은 충렬왕으로 하여금 계모와 이복동생을 질투하지 않을 수 없게 했을 것이다. 게다가 순안공은 원종의 총애를 받아 재물과 보화가 부지기수였다고 하는 바, 이로 말미암아 원 공주출신 왕비로부터도 표적이 되었다. 따라서 이 사건은 충렬왕 측근세력들이 국왕 부처의 심정을 헤아려, 계모 모자를 제거할 명분을 제시함으로써 자신들의 정치적 입지까지 공고히 하려는 데서 비롯된 것이었다고 할 수 있겠다.

④ **宮人 無比의 齊國大長公主 저주사건**[43]: 無比는 泰山郡 출신으로 궁인으로 뽑혀 들어왔으며, 충렬왕의 총애를 받았다. 총애의 정도는 왕이 都羅山으로 사냥을 갈 때면 반드시 따라갔기 때문에 「도라산」이란 별명이 생길 정도로 각별하였다. 이에 무비의 일당은 왕의 총애를 믿고 횡포한 짓을 마음대로 하였다.

그런데 충렬왕 23년 왕비 제국대장공주가 세자(충선왕)의 혼례에 참석하기 위해 원나라로 갔다가 돌아온 지 보름만에 사망했다. 때문에 원에서 귀국한 세자는 충렬왕의 만류에도 불구하고, 왕비의 죽음에 대한 진상조사에 나선다. 그래서 무비와 그 일당인 환관 출신의 崔世延·陶成器 등을 가두고 무비가 왕비를 무고한 사실에 대해 국문했던 바, 巫女와 術僧이 모두 자백하였다. 이에 세자는 무비·도성기·최세연 등을 죽이고, 일당 40명을 귀양보냈다.

충렬왕은 왕권의 안정을 위해 측근세력을 중심으로 정치를 운영했으며, 환관들도 측근세력의 한 구성분자였다.[44] 이에 대해 세자는 일찍부터 비판적 태도를 보이면서, 최세연과 도성기 등을 미워했고, 그래서 충렬왕 14년에도 이들을 섬으로 유배보낸 적도 있었다.[45] 따라서 이 사건은 평소 충렬왕의 측근정치에 비판적이던 세자가 무비의 무고를 빌미 삼아 부왕의 측근세력을 숙청하는 데 적극적으로 이용한 것이었다고 하겠다. 결국 이 사건으로 말미

42) 《高麗史》 권 91, 列傳 4, 順安公 琮.
43) 《高麗史》 권 30, 世家 30, 충렬왕 23년 7월 무자 및 권 122, 列傳 35, 崔世延.
44) 李益柱, 〈高麗 忠烈王代의 政治狀況과 政治勢力의 性格〉(《韓國史論》 18, 서울大 國史學科, 1988), 188~189쪽.
45) 《高麗史節要》 권 21, 충렬왕 14년 7월.

암아 충렬왕은 입지가 크게 약화되었고, 이듬해 정월에는 세자에게 왕위를 넘겨주어야 했다.

⑤ 趙妃의 薊國大長公主 저주사건[46] : 조비와 계국대장공주는 모두 충선왕의 비이다. 이들은 모두 충선왕이 세자일 때 혼인했는데, 조비는 趙仁規의 둘째 딸로서 충렬왕 18년에, 계국대장공주는 원나라 晉王 甘麻剌의 딸로서 충렬왕 22년에 각각 충선왕과 혼인했다. 계국공주는 원나라 종실이기 때문에 나중에 혼인했음에도 불구하고, 제1비의 위치에 있었다. 그렇지만 충선왕과의 사이가 원만하지 못했고, 결혼 후 2년이 넘도록 자녀의 출산이 없어 심리적 부담감을 가지고 있었다.

이에 반해 조비는 충선왕과 돈독한 관계를 유지하고 있었음으로, 계국공주는 조비를 투기한 나머지 유모 및 무뢰배들과 상의하여 조모인 원나라 황태후에게 조비가 자기를 저주하여 충선왕의 사랑을 받지 못하도록 한다는 편지를 보냈다. 이 때가 충선왕 즉위년 5월로, 충선왕이 즉위한 지 4개월이 채 못된 시기였다. 얼마 후 司宰注簿 尹彦周란 사람이 궁문에 익명서를 붙였는데, 그 내용은 조인규의 처가 神巫를 시켜 계국공주를 저주하여 왕으로 하여금 계국공주를 사랑하지 않고 자기 딸만 사랑하게 한다는 것이었다. 계국공주는 이를 기화로 조인규와 그의 일족을 잡아들이는 한편, 충선왕과 대신들의 만류에도 불구하고 원나라에 익명서사건을 보고하였다. 이에 원나라에서는 사신을 파견하여 조인규를 원나라로 압송해 갔으며, 또 조인규의 처를 참혹하게 고문하여 허위자백을 받아 내고, 조비까지 잡아갔다. 그리고 원나라 태후는 蕃僧 5인과 道士 2인을 파견하여 공주에게 내린 저주를 풀게 하는 祓祭를 거행하게 했다.

이러한 과정에서 원나라로부터 충선왕의 왕권은 많은 제약을 받았다. 충선왕은 충렬왕으로부터 양위를 받아 즉위한 직후부터 충렬왕대 측근정치에 의해 발생된 정치·경제·사회 각 부분의 폐단을 시정하기 위한 일련의 개혁을 단행하였고, 그 가운데 관제개혁도 포함되어 있었다.[47] 그런데 원나라

46) 《高麗史》 권 32 世家 32, 충선왕 즉위년 5월·6월·권 89, 列傳 2, 薊國大長公主 및 권 105, 列傳 18, 趙仁規.

47) 이익주, 〈충선왕 즉위년(1298) 관제개편의 성격〉(《14세기 고려의 정치와 사회》,

에서는 이 사건 때문에 파견된 사신을 통해 새로운 관제를 거두어들이게 했고, 王府의 珍寶를 소장하는 生成庫를 맡게 하였다.

그렇다고 할 때 이 사건은 충선왕의 개혁으로 말미암아 기득권을 침해당한 세력들이 일으켰을 가능성이 크다. 특히 이 사건이 관제개편과 이에 따른 관리 임명을 단행한 5월에 발생했음으로 미루어, 관제개혁 때문에 정치적 지위를 위협 당한 세력에 의한 것일 가능성이 크다. 또 충선왕은 관제개혁 과정에서 조인규의 일족을 중용하였던 점으로 미루어, 그들은 조인규 일족의 성장을 질시하는 입장에 있었을 것이다. 그래서 이들은 계국공주의 투기심리를 이용하여 계국공주를 자극하고, 원나라 세력을 끌어들임으로써, 기득권을 되찾으려 한 것이 바로 이 사건이었다고 할 수 있겠다. 이 사건으로 말미암아 결국 충선왕은 즉위한 지 8개월 만에 물러나고, 충렬왕이 복위한다.

이상에서 언급한 바와 같이 고려 후기에는 무격들이 무고 내지 저주에도 동원되었으며, 무고의 구체적 방법은 홍복원사건의 경우로 미루어 상대방을 상징하는 인형을 만들어 위해를 가하는 것이었다. 따라서 무고는 유사한 행위를 하면 유사한 결과를 얻을 수 있다는 類感呪術的(homeopathic magic) 사고에 기초한 것이라 할 수 있겠다.

무고는 정상적 방법으로 상대를 쓰러뜨릴 수 없을 때 은밀히 행해진 술법으로, 특히 원의 공주 출신을 왕비로 맞이하는 원 간섭기의 기형적 왕실구조 속에서 성행하였다. 그리고 비빈들 사이의 문제를 자신들의 입지를 공고히 하는데 이용하고자 했던 일부 세력에 의해 정치적 사건으로까지 비화되어 커다란 파문을 일으키기도 했다.

그런데 주목되는 것은 巫蠱에 관한 기록이 원 간섭기에 처음 보인다는 점이다. 따라서 무고는 민속종교 현상으로 일찍부터 존재했지만, 원 간섭기에 정치적 사건에 연루되었기 때문에 비로소 기록에 남을 수 있었다고 볼 수도 있겠다. 반대로 민속종교의 전통에는 무고가 없었는데, 원 간섭기에 원으로부터 수입되었던 것으로 볼 수도 있다. 그러나 연구의 부족으로 어느 쪽을 택할지 속단할 수 없지만, 중국에서는 유감주술에 기초한 무고가 漢代에 이

민음사, 1994) 참조.

미 성행하고 있었음을 생각할 때[48] 후자의 가능성도 배제할 수 없다.

(3) 무격에 대한 열광적 신앙

고대에는 왕이 곧 무격이기도 했던 데 반해, 고려시대에는 무격의 사회적 지위는 대체로 낮은 편에 속했다. 충렬왕 때 환관이었던 李淑(李福壽)의 어머니는 太白山 무녀였고,[49] 충선왕의 측근세력인 姜融은 僉議左政丞 判三司事까지 올라갔지만 그 할아버지가 진주관노였고, 그래서 다른 사람들로부터 무시당하기도 했는데, 그의 누이가 바로 송악산 신당무였다고 한다.[50] 또 우왕 때 문하찬성사로서 권력을 휘두르다가 처형된 池奫은 병졸에서 입신했는데, 그의 어머니가 무녀였다고 한다.[51] 이러한 사실로 미루어 고려시대에는 무격이 천업의 일종으로 여겨졌다고 할 수 있겠다. 뿐만 아니라 고려시대의 무격들은 고대에서와는 달리 국가조직의 일원에서 배제되었으며, 국정을 보좌하는 기능도 상실했다.

그렇지만 무격은 신령의 세계와 교류하면서 인간의 길흉화복을 예지하거나 조절할 수 있는 신비한 능력의 소유자로 여겨져, 폭넓은 계층에 걸쳐 신도를 가지고 있었다. 그것이 위로는 왕실에까지 미쳤는데, 별기은이나 인종과 충렬왕비 제국대장공주의 치병에 무격을 동원한 것은 앞에서 언급한 바 있지만, 충숙왕비 明德太后 洪氏도 한때 무녀를 자신의 후궁에 출입시키면서 믿고 따랐으며,[52] 공양왕도 즉위 이래 무교의례를 자주 베풀었다.[53]

뿐만 아니라 지배층에서도 무격에 대한 믿음을 가진 자들이 많았다. 무신집권세력이었던 李義旼이나 金俊도 무격을 혹신했는데, 이의민은 집안에 신당을 둘 정도였으며,[54] 김준은 鷂房이란 무녀의 점괘에 따라 국가의 중대사

48) 孫家洲, 앞의 글, 467~468쪽.
49) 《高麗史》 권 128, 列傳 35, 李淑.
50) 《高麗史》 권 124, 列傳 37, 鄭方吉 附 姜融.
李能和, 〈朝鮮巫俗考〉(《啓明》 19, 1927), 8쪽의 姜融 누이의 경우를 들어 고려때는 상류층도 巫覡이 되었다 했으나, 강융이 官奴집안임을 간과한 것이다.
51) 《高麗史》 권 125, 列傳 38, 池奫.
52) 《高麗史》 권 89, 列傳 2, 明德太后 洪氏.
53) 《高麗史》 권 119, 列傳 32, 鄭道傳에 수록된 정도전의 상소.
54) 《高麗史》 권 128, 列傳 41, 李義旼.

를 결정했다고 한다.[55] 이의민과 김준은 무신정권의 한 시기를 대표하던 집정무인이었지만, 권력기반이 확고하지 못했던 편이다. 따라서 이들의 무격신앙은 자기의 기반이 확고하지 못한 데서 오는 심리적 불안을 해소하기 위한 방편이었다고 할 수 있다. 그러나 무격에 대한 믿음은 무신들뿐만 아니라 문신들 사이에서도 퍼져 있었으니, 충렬왕 때 鄭可臣은 과거출신 관료임에도 불구하고, 무격의 말을 믿고 왕을 권하여 나주 금성산신을 정령공에 봉하게 하고, 매년 나주의 祿米 5석을 금성산 신당에 바치게 했다.[56]

왕실을 비롯한 지배층이 이러하였으니, 피지배층에서는 巫敎가 더욱 큰 영향력을 발휘하고 있었다. 이규보가 〈노무편〉에서 이웃 노무의 집에는 "남녀가 구름같이 몰려들어 문 앞에는 신발이 가득하고, 어깨를 비비며 문을 나오고 머리를 맞대고 들어가는구나"라고 한 것은 당시 巫風이 얼마나 성행했는가를 짐작할 수 있게 한다. 그래서 심지어는 조상의 혼령을 무격의 집에 모셔 놓고 재물과 紙錢으로 제사를 지내는 풍습까지 있었으니, 이것이 조선 초기에 논란의 대상이 되었던 衛護라는 풍습이다.[57]

여기에다 영험있는 강신무가 출현했다 하면 무교에 대한 신앙은 더욱 증폭되었다. 예컨대 충렬왕 때에는 空唱巫女 세 사람이 복화술 등 신이한 행적을 보이면서 陜州를 비롯한 여러 군현을 다니자, 사람들이 다투어 나아가 제를 올렸고 지방수령들까지 동참했다고 한다.[58] 역시 충렬왕 때 금성산 신당 무녀가 신령의 말이라 하면서 공윤구라는 사람과 원나라로 간다고 하니, 나주에서는 역마를 내주었고, 조정에서는 무녀 일행을 영접할 일을 논의했으며, 그들이 지나가는 주현의 수령들은 공복을 입고 교외까지 나와 맞이하는 일도 있었다.[59] 또 공민왕 때에는 堤州에서 온 무당이 스스로를 天帝釋이라 하면서 사람들의 화복을 예언하니, 원근의 사람들이 서로 뒤질 새라 받드는

55) 《高麗史》 권 130, 列傳 43, 金俊.
56) 《高麗史》 권 105, 列傳 18, 鄭可臣.
57) 衛護에 대해서는 다음과 같은 글이 있다.
金 鐸, 〈朝鮮前期의 傳統信仰－衛護와 忌晨祭를 중심으로－〉(《宗敎硏究》 6, 韓國宗敎學會, 1990), 46~55쪽.
58) 《高麗史》 권 105, 列傳 18, 安珦.
59) 《高麗史》 권 106, 列傳 19, 沈諹.

바람에 재물이 산더미처럼 쌓였고, 天壽寺에 이르러서는 "내가 서울로 들어가면 풍년이 들고 전쟁이 멈추어 나라가 태평할 것이다. 만약 임금이 나와서 나를 맞이하지 않으면 하늘로 올라가 버리겠다"고 하니 개경사람들이 모두 혹하여 귀의함이 시장과 같았던 일도 있었다[60]

이렇듯 고려 후기에는 한 지역에 머물면서 무업에 종사하는 것이 아니라 자신의 영험을 앞세워 여러 지역을 무대로 활동하는 무격들이 출현했고, 이들은 광범위한 계층으로부터 대중적 지지와 열광적 신앙을 수렴하고 있었다.

이러한 현상이 당시의 시대적 상황과 결코 무관한 것은 아니었다. 당시 고려는 안으로는 권문세가의 발호로 말미암아 사회적 위기가 고조되고 있었고, 밖으로는 원의 압제에다가 거듭되는 외적의 침입으로 말미암아 민족의 존립마저 위태로운 지경이었다. 그 결과 민생은 도탄에 빠져 있었지만, 정상적 방법으로는 헤어날 길이 없었다. 따라서 현실의 고통에서 벗어나기 위해 초월적인 힘에 기대는 방법이 호소력을 가질 수밖에 없었고, 이로부터 현세구복적 무교에 대한 열광적인 신앙이 나타난 것이라 할 수 있다.

(4) 무격배척과 금압

그러나 고려시대는 무교에 대한 열광적 신앙으로 일관한 것은 아니었으니, 무교에 대한 배척과 금압이 시작된 것도 바로 고려 후기부터였다.

무교를 배척한 사실이 기록에 처음 등장하는 것은 인종 9년(1131)인데, 이때 日官들은 무풍과 음사의 성행이 우려되는 지경이므로 무격을 멀리 쫓아내야 한다고 왕에게 건의하였다. 그러나 일관의 건의는 제대로 실천에 옮겨지지 못했는데, 그것은 무격이 재물을 모아 권력자에게 뇌물을 바치고 사태를 무마했기 때문이었다.[61] 일관은 司天臺와 太史局에 소속되어 천문 지리 등을 담당하는 관원인데, 이들이 천문현상을 이해하는 틀은 유교적 天人感應說이었다. 따라서 일관의 무격배척은 유교적 입장에서 비롯된 것이었다고 할 수 있겠으며,[62] 때문에 충선왕 즉위년에도 무격축출을 주장했던 것이다.[63]

---

60) 《高麗史》 권 114, 列傳 27, 李承老 附 云牧.

61) 《高麗史》 권 16, 世家 16, 인종 9년 8월 병자.

62) 崔錫榮, 〈巫와 日官의 갈등에 대한 역사적 고찰〉(《比較民俗學》 13, 1996), 620~

이렇듯 국가적 차원에서 무격을 배척하자는 논의는 인종 때 바로 실현되지 못했지만, 일부 지방관들이 자신의 관할구역에서 개인적으로 무격을 배척한 것은 의종 때부터 확인된다. 의종 때 咸有一이 바로 그런 인물인데, 그는 무격을 몹시 싫어하여 橋路都監을 관장하면서 개경의 무격을 모두 교외로 쫓아내었고 민속종교의 神祠들을 많이 없애버렸다.[64] 이와 함께 무격을 배척하는 것이 점차 지식인의 미덕으로 여겨지게 되고, 죽은 사람을 기리는 墓碑나 墓誌, 또는 전기에서 이 점이 특필되기도 하였다.[65]

그래서 마침내 무격에 대한 배척이 지방관 차원이 아니라 국가차원에서 이루어지게 되는데, 그것은 무격을 개경 밖으로 축출하는 형태로 나타났다. 국가의 명에 의한 무격축출이 언제부터 실시되었는지는 알 수 없지만, 기록상으로는 명종~고종 때 활약한 이규보의 〈노무편〉에 처음 보이는 사실이며, 이 때는 대신들이 합의하고 왕이 재가함으로써 실행에 옮겨진 것이라 한다. 그리고 이러한 조치는 이후에도 여러 번 되풀이되었는데, 고종 때는 崔沆에 의해서 실시된 바 있으며,[66] 충숙왕 후8년(1339)에는 監察司에서 各部는 개경에 거주하고 있는 무격을 모두 추쇄하여 성밖으로 축출하라는 방을 내건 적도 있었다.[67]

고려시대에 있어 무격을 배척하고 무교를 금압하는 방법은 직접적인 것과 간접적인 것으로 나누어 볼 수 있다. 직접적 방법으로는 무격을 도성 밖으로 몰아내어 활동영역을 한정하는 것과 무격에게 부정적 요소가 드러나면 처벌하는 것이 있다. 이 중에서 전자의 방법은 위에서 언급한 바와 같이 지방관들에 의해 개인적으로 실시되다가, 무신집권기로 오면서 국가적 차원에서 무

628쪽.

고려시대 日官에 대한 종합적인 연구로는 다음의 글이 있다.

金昌賢, 〈高麗時代 日官에 관한 一考察〉(《史學硏究》 45, 1992).

63) 《高麗史》 권 32, 世家 32, 충선왕 즉위년 4월 갑자.

64) 《高麗史》 권 99, 列傳 12, 咸有一.

65) 金龍善 編, 〈咸有一墓誌〉(《高麗墓誌銘集成》, 翰林大 出版部, 1993), 250쪽.

李奎報, 《東國李相國集》 전집 권 35, 碑銘·墓誌, 曹溪山第二世故斷俗寺住持修禪社主贈諡眞覺國師碑銘并序.

李齊賢, 《益齋亂藁》 권 7, 碑銘, 卞韓國夫人柳氏墓誌銘并序.

66) 《高麗史》 권 129, 列傳 42, 崔忠獻 附 沆.

67) 《高麗史》 권 85, 志 39, 刑法 2, 禁令.

격을 금압하는 방법을 채택하게 된 것이다. 그리고 후자의 방법, 즉 무격 처벌에 대해서도 여러 가지 사례가 전해지는데, 명종 때 玄德秀는 安南都護副使로 있으면서 관할구역에 무격의 출입을 금지하는 한편, 여장을 하고 다니면서 풍속을 어지럽힌 男巫를 처벌했다.[68] 충렬왕 때 安珦은 상주판관으로 있으면서 공창무 3인을 처벌했고,[69] 역시 충렬왕 때 沈諹은 공주부사로 있으면서 금성산 신당무를 처벌했다.[70] 또 공민왕 때에도 柳濯과 李云牧이 제석천이라 자칭하면서 사람들을 현혹하던 무녀를 처벌한 사실이 있었다.[71]

간접적 방법이란 무격배척과 무교금압에 목적이 있는 것은 아니지만, 결과적으로 무격의 활동을 위축시키는 것인데, 여기에는 무격에게 경제적 부담을 지우거나 그 밖의 의무를 부과하는 것 등이 있다. 국가에서 무격에게 경제적 부담을 지우는 예로는 충혜왕 후 4년(1343) 閔渙이 惡少輩를 각 도에 파견하여 무격과 匠人들에게 業中貢布稅를 거두게 했다든지,[72] 우왕 13년(1387) 명나라에 보낼 말을 무격들로부터도 징발했던 적이[73] 있다. 또 그 밖의 부담을 지게 한 예로는 충렬왕 25년(1299) 개경무녀 가운데 가무에 능한 자를 뽑아 왕실가무단이라 할 수 있는 男粧에 소속시킨 사실,[74] 공양왕 때 典儀寺에서 맹인과 무격의 자식들을 악공에 충원한 사실,[75] 충혜왕 후4년 규중의 미녀를 잘 아는 것은 무격만 하지 못하다는 嬖倖들의 말을 듣고 왕이 악소배들을 보내어 盲巫들을 침학한 사실[76] 등이 있다. 또 충목왕 때 좌정승을 지낸 韓宗愈는 젊은 시절 무격이 가무하는 곳이 있으면 친구들과 짜고 음식을 빼앗아 취하도록 먹고서 楊花歌를 부르며 놀았다고 하는데,[77] 이러한 행위도 무

68) 《高麗史》 권 99, 列傳 12, 玄德秀.
69) 《高麗史》 권 105, 列傳 18, 安珦.
70) 《高麗史》 권 106, 列傳 19, 沈諹.
71) 《高麗史》 권 111, 列傳 24, 柳濯 및 권 114, 列傳 27, 李承老 附 云牧.
72) 《高麗史》 권 124, 列傳 37, 閔渙.
73) 《高麗史》 권 79, 志 33, 食貨 2, 科斂.
74) 《高麗史》 권 125, 列傳 38, 吳潛 및 권 71, 志 25, 樂 2.
75) 《高麗史》 권 119, 列傳 32, 鄭道傳.
76) 《高麗史》 권 36, 世家 36, 충혜왕 후4년 8월 무신.
77) 成 俔, 《慵齋叢話》 권 3(《大東野乘》 所收).

격들에게는 상당한 부담이 되었을 것이다.

그러나 고려시대에는 아직 巫稅 등 무격이 국가에 대해 져야 할 부담이 제도화되지 못했고, 이것의 정비는 조선시대에 와서야 이루어진다.

한편 위화도회군 이후, 급진개혁파 신진사류들이 집권세력으로 등장해서는 강도 높은 무교 배척론을 전개하였다. 예컨대 공양왕 3년(1391)에는 鄭道傳과 金貂가 왕에게 올린 상소를 통하여 무교금압의 필요성을 역설하였고,[78] 비슷한 시기에 金子粹도 상소를 올려 같은 주장을 되풀이하였다.[79] 이에 의하면 급진개혁파들은 무교금압을 이유로 ① 과도한 무교의례 비용으로 말미암은 국가와 민의 경제력의 피폐, ② 유교윤리와 배치되어 미풍양속을 해친다는 점을 들고 있다. 그래서 이들은 무교배척을 정책에 반영하여, 금령으로 명문화해야 한다고 주장하였다. 실제로 이들은 공양왕 3년 사전을 혁파하고 과전법을 시행할 때 僧尼·娼妓·盲人 등과 더불어 무격을 給田대상에서 제외하였다.[80] 결국 급진파 신진사류들의 주장은 성리학을 지도이념으로 채택한 새로운 왕조건설을 위한 정지작업의 일환이었다고 할 수 있겠다.

그러나 고려왕조의 무교금압이나 무격배척에는 문제가 있었다. 그것은 첫째, 도성내에서의 무격의 활동을 금할 뿐, 밖에서의 활동에 대해서는 별다른 제약이 없었다는 점이다. 이것은 고려왕조가 무격의 존재 자체를 부인하지 않았음을 시사하지만, 한편으로는 무교정책이 그만큼 불완전했음을 의미한다. 그래서 무격들은 국가의 단속이 느슨해지면 신도들을 찾아 개경으로 돌아왔고, 때문에 국가의 무격축출령이 거듭될 수밖에 없었다.

둘째, 국가적 차원에서 무격에 대한 처벌기준이 마련되지 못했다는 점이다. 그래서 같은 무격이라도 어떤 지방관은 믿고 따랐는가 하면, 안향이나 심양의 경우처럼 처벌하는 경우도 있었다. 따라서 고려왕조의 무교정책은 일관성이 부족한 것이었다고 할 수 있겠다.

〈徐永大〉

78) 《高麗史》 권 119, 列傳 32, 鄭道傳 및 권 117, 列傳 30, 李詹.
79) 《高麗史》 권 120, 列傳 33, 金子粹.
80) 《高麗史》 권 78, 志 32, 食貨 1, 田制 祿科田.

Ⅱ. 문화의 발달

1. 과학과 기술
2. 문자와 언어
3. 문 학
4. 역사학
5. 미 술
6. 음 악
7. 무용과 연극
8. 체 육
9. 민 속
10. 의식주생활

Ⅱ. 문화의 발달

1. 과학과 기술

1) 천문학

(1) 천문관측기구와 제도

충렬왕 34년(1308)에 書雲觀이 설치되었다. 문종 때에 司天臺와 太史局으로 분리해서 운영되던 기구가 통합되어 새로운 이름으로 바뀐 것이다. 서운관이란 이름은 그 전에는 없었던 색다른 관서명이다. 중국에도 이런 이름의 천문관서는 없었다. 고려에서 이렇게 천문관서의 이름을 새롭게 바꾼 것은 나름대로 의의를 부여할 수 있을 것이다.

서운관이란 새로운 명칭과 함께 고려의 천문·역학은 중국 의존에서 차츰 벗어나 자주적 성향을 나타내기 시작하였다. 그것은 고려 후기 천문학이 천문현상의 관측활동이 매우 활발했고, 정확한 역법체계의 확립을 위한 노력이 두드러지게 나타나고 있는 사실과 연결된다. 서운관은 하늘의 현상을 관측하고 기록하는 관서라는 뜻이다. 이것은 左傳에 나오는 書雲, 즉 춘분·추분·하지·동지에 천문현상을 관측하여 吉凶을 점치고 그 대책을 강구하여 기록한다는 뜻이다. 거기에 觀을 더했으니 서운관은 결국 書·雲·觀의 뜻을 가지고 있다.

여기에는 提點·令·正·副正·丞·注簿 등의 행정직 관리와 掌漏·視日·司曆·監候·司辰 등의 기술직 관리 20명이 소속되어 있었다. 장루는 물시계를 관장하는 전문직으로 2명이 있었고 시일은 태양의 운행을 관측하고 일시의 길흉을 관찰하는 관리로서 3명이 정원이었고, 사력은 역법의 계산과 역서의 제작을 맡은 전문직 관리로 10명, 감후는 기상관측 요원으로 3명, 사신은 시간측정 전문관리로 2명이 각각 배치되었다. 이 전문직 관리들은 그 분야의 학문과 기술교육도 맡고 있었다.

서운관은 매우 중요한 관서였다. 역법을 바로잡는 일과 천체운행을 관측하는 일은 농업사회에서 매우 중요한 과제였기 때문이다. 농사를 제때에 짓고 제사를 제때에 행하는 일들이 모두 여기서 좌우되었고, 국가와 제왕의 길흉이 여기에서 비롯된다고 생각하였다. 그래서 그것은 반드시 국가가 관장하고 통제해야 했다. 서운관은 한때, 중국의 명칭에 따라 司天監, 太史局으로 불린 일이 있었으나, 고려 말까지 보편적으로 사용되었고 조선왕조에까지 계승되어 한국의 전통적 천문관서의 대표적 이름이 되었다.

서운관에 대한 기록과 유물은 이 밖에 드러난 것이 없다. 천문관측을 위해서 어떠한 관측시설이나 관측기기가 사용되었는지도 알려져 있지 않다. 오직 한 가지 알려진 것으로 松都 滿月臺 서쪽에 있는 고려 첨성대 유물로 전해지는 석조물이 있다. 그것은 넓이 약 3㎡의 석판을 높이 3m쯤 되는 5개의 돌기둥 위에 올려놓은 상태로 남아 있다. 이 돌판으로 된 관측대의 네 귀에는 돌난간의 기둥을 세웠던 자리로 보이는 직경 15㎝ 가량의 구멍이 파여 있다. 그러니까 이 관측대는 높이 3m, 넓이 3㎡의 돌난간에 둘러싸인 모양의 석조물이었을 것으로 생각된다. 지금 서울에 남아 있는 조선시대의 관측대들의 모양을 보면 고려 때의 첨성대가 비슷한 모양의 석조물이었음을 헤아릴 수 있다.

이 천문대는 다만 고려 첨성대로 알려지고 있을 뿐, 설립연대나 관측시설 또는 관측기기에 대해서는 아무 것도 알 수 없다. 다만 고려 초부터 천문관측과 관련된 靈臺郞·司辰·監候 등의 관직이 있었고, 실제로 활동하던 기술직 관리들이 있었으므로, 그들이 쓰던 관측기기들이 있었을 것으로 짐작된다. 그 중에서 해시계와 물시계는 분명히 있었을 것이고, 그 밖의 관측기기로 혼천의나 간의와 같은 것도 생각해 볼 수 있다. 충렬왕 7년에 원에서 授時曆이 전래된 것을[1] 계기로 그 시행에 앞서 천문관측시설을 정비했을 가능성이 있다. 그리고 충렬왕 34년에 서운관이 창설되고 직제가 개편되면서 새

1) 《高麗史》 권 29, 世家 29, 충렬왕 7년 춘정월.

로운 관측시설과 관측기기가 만들어졌을 가능성도 크다. 늦어도 이 때까지는 고려 첨성대가 세워졌을 것으로 생각된다.

(2) 관측활동과 그 기록들

서운관의 가장 주요한 업무 중 하나는 천문현상을 관측하는 일이다. 天象 즉 하늘의 현상은 천체의 운행과 천체의 변화, 기상의 변화 등에서 나타난다. 그 중에서도 해와 달의 운행과 그 변화, 5행성의 운행 및 혜성과 신성의 출현은 특히 중요시되었다. 《高麗史》 天文志와 五行志에는 그 관측결과가 비교적 잘 기록되어 있다. 그 기록들은 당시의 천문사상을 바탕으로 성립된 것이기 때문에 점성술적 요소를 많이 포함하고 있는 것도 사실이다. 그러나 그 근거가 되는 천문현상과 관측결과의 기록은 과학적 가치를 인정할 수 있는 자료들이다.

서운관의 관측활동은 매우 조직적이고 치밀했으며, 정해진 제도에 따라서 꾸준히 진행되었다. 관측활동은 잘 훈련된 전문직 관리에 의해서 이루어졌고, 그 결과는 규정에 따라 관측일지에 자세히 기록되었다. 조선시대 초기에 나타나는 수준 높은 관측제도와 활동은 고려 후기 서운관에서 그 틀이 잡히고 있었던 것으로 생각된다.

그 기록들은 다음과 같이 정리된다. 먼저 들 수 있는 것은 항성의 위치에 대한 관측이다. 지금 남아 있는 기록으로는 몇 번이나 관측되었는지 알 수가 없다. 다만 《고려사》에 伍允孚가 천문도를 작성했다는[2] 기록이 있는 것으로 미루어, 육안으로 볼 수 있는 모든 항성에 대한 관측이 있었을 것으로 생각된다. 이 천문도는 고려 후기에도 활용되고 있었던 고구려 천문도의 인본과 크게 다르지는 않았을 것 같다. 조선 초기 태조 때의 기록에 의하면 고구려의 천문도는 1,400여 개의 별의 상대적 위치가 정확히 나타나 있다. 오윤부는 이 천문도를 참고했을 것이 확실하므로, 그의 천문도는 이보다 못한 것이었다고 생각되지 않는다. 그 천문도가 또 다른 특징을 가지고 있었을 것 같지만, 기록에는 그것을 알 수 있을 만한 설명이 없다. 그런데 오윤부는 충렬

---

2) 《高麗史》 권 122, 列傳 35, 伍允孚.

왕 때의 학자이다. 그의 천문도 제작은 서운관의 창설과 함께 활발해졌던 관측활동과 이어질 수 있을 것이다.

《고려사》 천문지에는 132회에 이르는 일식기사가 있다. 이 기사는 고려시대의 일식관측이 제대로 이루어지고 있었음을 말해준다. 그 중 13회는 날씨가 흐려서 관측하지 못했다는 기사도 있다. 일식의 추산이 있었다는 사실을 나타내는 기사인 것이다. 그러나 그 추산은 완벽하지 못했던 것 같다. 일식 추산을 잘못해서 처벌되거나, 혼란이 있었다는 기사가 6회나 눈에 뜨인다. 이것은 역법계산이 완벽하지 못한 데서 비롯된 착오이다. 이러한 역법계산의 약점은 후기에 이르면서 현저히 개선되고 추산도 정확해지고 있다. 아무튼 고려의 관측기록은 중세 과학사상 이슬람천문학의 관측기록에 필적할 만한 것으로 평가할 수 있다. 월식도 일식과 마찬가지로 활발하고 정확하게 관측되었다.

혜성과 客星도 열심히 관측되었다. 고려 천문학자들과 관측자들은 고려 말까지 객성 20회, 혜성(彗·孛星) 67회 합계 87회의 관측기록을 남기고 있다. 그 중에서 특히 주목할 만한 것으로는, 원종 5년(1264) 7월 2일(갑술)에 나타나서 9월 14일(을유)에 소멸되기까지 72일간에 걸친 관측기록이 있다. 이 혜성은 길이가 7~8척이나 되는 것이었다. 또 공민왕 23년(1374) 2월 26일(무술)에 동쪽에 나타났다가 45일 만에 소멸된 길이 1丈이 넘는 대혜성에 대한 기록도 있다.3)

태양 흑점의 관측기록은 특히 우리의 주목을 끈다. 日中黑子로 표현된 이 기록들은 《고려사》 천문지에 "의종 5년(1151) 3월 2일 태양에 흑자가 있는데 그 크기는 계란만 하다"는 기록을 비롯한 34회의 관측기록들이 현종 15년(1024)부터 우왕 9년(1383) 사이에 나타나고 있다. 이러한 관측은 관측활동이 정상적으로 이루어질 수 있는 시기에는 8년에서 20년을 주기로 해서 그 결과가 보고되고 있다. 의종 5년에서 충렬왕 4년(1278) 8월 사이에 나타나는 주기성이 그 좋은 보기이다. 이것은 오늘날 우리가 인정하고 있는 주기의 평균치인 7.3년~17.1년과 거의 일치하고 있다.

---

3) 《高麗史》 권 26, 世家 26, 원종 5년 7월 갑술 및 권 44, 世家 44, 공민왕 23년 2월 무술.

태양 흑점의 관측기록에서, 신종 3년(1200)부터 7년 사이의 4년 동안 매년 보고되고 있는 것은 특히 중요한 자료로 평가된다. 이것은 고려의 천문관측 관리들이 면밀한 관측활동을 하고 있었다는 좋은 보기가 된다. 또 이렇게 흑점이 계속 크게 나타나는 동안 기상이 매우 고르지 못했다는 기록이 나타나고 있는 것도 주목할 만하다. 그렇다고 고려 천문관측자들이 태양 흑점의 출현과 자연현상을 연결시켜 이론적인 설명을 한 흔적은 잘 찾아지지 않는다. 그러나 그들이, 그 현상들이 서로 연결되어 있고, 인간에게 영향을 미치는 것으로 생각한 災異觀과 자연관을 가지고 있던 시대에 활동하고 있었다는 사실에 유의할 필요는 있을 것이다. 아무튼 이 기록들은 태양 흑점과 이상기후 현상과의 관계를 나타내는 좋은 자료임에 틀림없다.

행성의 운동을 관측한 기록들도 많이 남아 있다. 그것들은 5행성과 태양과 달의 사이에서 일어나는 현상과, 5행성 사이에서 일어나는 현상, 그리고 행성과 항성과의 사이에서 일어나는 현상 등으로 분류되고 있다. 그리고 두드러진 것으로 금성이 낮에 보이는 현상이 있다.

이러한 천체관측과 함께 기상관측도 꾸준히 계속되었다. 그것들은 주로 자연현상에서 비정상으로 관측되는 것들을 이변으로 기록하였다. 햇무리와 달무리를 그 상태에 따라서 종류별로 분류하여 기록하였다. 강우현상과 강설현상, 폭풍과 태풍, 기온의 급격한 변화와 이상기온 등이 주의 깊게 관측되었다. 지진도 관측 기록되었는데, 보통 것을 지진이라고 했고 강한 것을 大震이라고 구분했다. 고려시대에는 이러한 기상현상도 모두 천문현상으로 천문관서에서 관측하였고, 함께 기록하였다.

기상관측에서 강수현상의 관측은 고려 후기의 기록에서도 제한적이기는 하지만 수량적인 측정치가 나타나고 있다. 신라시대의 기록에 이미 나타나고 있어서 그 시작은 상당히 오래된 것으로 보이는, 평지에서의 물의 깊이라는 방식의 측정치가 그것이다. 이것은 겨울에 적설량을 눈이 쌓인 높이를 재서 나타내는 것과 같은 식이다. 《고려사》 오행지에 기록된 고종 12년(1225) 5월 정축일의 강우량에 관한 기사는 그 한 보기이다. 그 기록에 의하면, 큰비가 이틀 동안이나 왔는데 평지에서의 물의 깊이가 7~8자나 되었다는 것이다. 이것은 단편적인 기록이기는 하지만, 강우량을 자를 써서 수량적으로 측정하고 있었다는 사실을 말하는 기록임에 틀림없다. 그리고 이것은 고려의 천문관서에서 농업과 밀접한 관련이 있는 강수량을 수량적으로 파악하려고 했다는 사실을 확인해 주는 기록이기도 하다.

천문·기상관측은 후기에 내려오면서 더욱 활발해지고 기록도 충실해지고 있다. 관측천문학의 발달은 고려 후기 천문학의 주요한 성과로 평가할 수 있다.

(3) 역법의 정비

曆法은 고려 초부터 독자적으로 발달하였다. 고려의 역학자들은 중국의 역법에만 의존하지 않고 독자적인 역 계산을 하게 된 것이다. 몇 차례 틀려서 처벌되는 일도 있었지만, 일식과 월식의 예보가 가능해졌고, 독자적인 일진을 표시하게도 되었다.

고종 5년에 金德明이 새로 편찬한 《高麗師星曜書》와 《高麗日曆》 등은 그 역서의 이름이 나타내듯 고려의 독자적인 역 계산으로 이루어진 역서로 보여진다. 그러나 이 역서는 전해지지 않고 그것들이 어떤 것인지를 설명한 기록도 남아 있지 않아서 그 내용을 알 수 없다.

충렬왕 6년 중국에서는 원의 郭守敬이 만든 授時曆이 시행되었다. 그리고 원의 세조는 충렬왕 7년 고려에 수시력을 보내어 채용하도록 하였다. 그것은 하나의 완성된 역법이며, 중국 천문학 최고의 성과라고 평가되는 훌륭한 역법이다. 고려의 역학자들이 수시력에 민감하게 반응한 것은 당연했다. 당의 宣明曆 이후 중국에서의 여러 번 개력에도 불구하고 선명력을 몇 백년이나 그대로 이어서 역법을 세운 고려 역학자들에게 수시력의 출현은 커다란 자극이 되었던 것이다. 그러나 고려에서 그것을 그대로 시행할 수는 없었다. 고려의 독자적 역법이 쓰이고 있었기 때문이다.

고려에서는 崔誠之를 원에 보내어 수시력을 배워 오게 했다. 또 충렬왕 24년에는 세자(후에 충선왕)가 원에 가서 수시력법을 직접 보고, 그것을 전습케 하려고 書雲正으로 있던 천문학자 姜保에게 그 계산법을 배우게 했다. 강보는 수시력의 계산에 통달하게 되었고, 그 역법의 요약 또는 주석서라고 할 수 있는 계산표를 만들어 《授時曆捷法立成》을 편찬했다. 이렇게 해서 고려는 충선왕대(1309~1313)에 수시력을 바탕으로 한 새 역법을 시행하게 되었다. 그러나 이 때 시행한 역법에서는 수시력법의 일부만이 사용되었다.

조선시대의 문헌들에 의하면, 고려의 천문관리들은 수시력의 開方術을 완전히 익히지 못해서 日月交食의 추산법을 몰라 어쩔 수 없이 선명력의 옛 방법에 의하여 그대로 추보하니 일월식의 추산에 오차가 생길 수밖에 없었다고 한다. 강보의 《수시력첩법입성》이 충목왕 2년(1346)에 간행되었지만, 그것으로 수시력의 모든 것이 고려 천문·역학자들에게 전수되지는 못한 것 같다. 《수시력첩법입성》은 수시력에 의하여 역서를 만들 때 필요한 방대한 계산을 쉽고 빠르게 해내기 위해서 만들어 놓은 수표이다. 강보는 이 계산을 해내기 위해서 필요한 수치와, 계산공식과 계산방법을 제시하고, 수표를 나열하였다. 《수시력첩법입성》의 편찬으로 고려에서 역서를 만드는 관리들은 그 복잡하고 방대한 계산을 반복하지 않아도 되었고 그 계산법도 쉽게 익힐 수 있게 되었다.

그 후, 명에서 太史院使 劉基가 만든 大統曆으로 개력하자, 공민왕 19년(1370) 명에 사신으로 갔던 成准得이 돌아올 때 명 태조가 내린 대통력을 가져와서[4] 고려도 그것을 시행하게 되었다. 그러나 대통력은 원의 至元을 曆元으로 하는 수시력을 그대로 답습한 것으로 달력의 이름만 바꾼 것이다. 고려는 형식상 개력을 해서 대통력으로 역서를 만든다고 했을 뿐, 역법의 계산은 전에 하던 방식대로 하였다. 그래서 수시력 시행 이후 있었던 역법의 문제점은 사실상 그대로 이어져, 완전히 가셔지지는 않았던 것으로 보인다.

2) 지리학과 지도

(1) 지도의 제작

기록에 의하면, 고려 후기에도 몇 가지 지도가 제작되었다. 李詹의 삼국지도, 羅興儒의 고려지도와 중국지도, 그리고 제작자가 전해지지 않은 고려도

---

4) 《高麗史》 권 42, 世家 42, 공민왕 19년 5월 갑인.

등이 그것이다. 물론 이 지도들은 남아 있지 않다. 그리고 그것들이 고려 후기에 제작된 지도의 전부는 아니다. 이런 기록들과 조선 초기의 지도와 그 기록들을 종합해 볼 때, 고려 후기에는 고려와 중국·일본·인도에 대한 상당히 정확한 지도가 있었던 것으로 생각된다. 그리고 중앙아시아와 아랍지역과 남태평양의 여러 섬들에 대한 지도적 지식이 비교적 정확히 알려져 있었다고 보여진다.

11세기 무렵까지 고려의 지도제작자들은 우리 나라 지도의 윤곽과 지형을 대체로 정확하게 그려냈던 것 같다. 그리고 고려 후기에 이르면서 고려의 지도는 정확성이 한층 높아졌다. 같은 시기에 중국에서 그려진 지도들과 조선 초에 李薈가 만든 八道圖는 이 사실을 밝혀주는 실증적 자료로 들 수 있다. 명대에 출판된 羅洪先의 廣輿圖는 13세기 말에서 14세기 초의 朱思本의 輿地圖를 거의 그대로 옮겨 놓은 것인데, 거기 들어 있는 조선지도는 13세기 이전의 고려지도의 한 사본에서 옮긴 것이다. 그리고 조선 초에 이회가 그린 조선지도는 고려 후기의 지도를 바탕으로 했다고 알려져 있다. 나홍유가 제작했다는 고려지도도 이런 것과 비슷했으리라고 생각된다.[5)]

《東文選》 三國圖 後序에 설명된 고려지도는 이 지도들과 대체로 같다는 인상을 받게 된다. 조선 태조 5년(1396)에 씌어진 이 글은 고려지도의 내용을 잘 전해주고 있다. 이 글에 의하면, 일찍부터 고려도가 있었는데, 그것은 고려의 전체적인 영역이 그려진 것이며, 산맥과 산 그리고 하천들이 자세하고 정확하게 묘사되어 있다고 한다.

산맥은 백두산으로부터 금강산을 거쳐 태백산에 이르는 큰 줄기가 있고, 산 하나 하나와 산맥의 높고 험준한 것이 나타나도록 그려져 있다고 했다. 하천은 주로 서해안의 큰 하천들만 묘사되어 있다고 하고, 이름난 하천들의 특징을 두드러지게 그렸다고 했다. 또 이 기록에는 "그윽하고 묘한 곳과 산천의 왕성한 기운이 모여 있는 곳을 지도에서 잘 볼 수 있다"고 하고, 행정구역과 주요한 도시와 부락들의 위치가 잘 그려졌다고 설명되어 있다.

고려의 지도는 후기에 이르러 그 정밀도가 훨씬 높아졌다. 지도 윤곽은

---

5) 全相運, 《韓國科學技術史》(正音社, 1976), 299~302쪽.

거의 완전하게 잡혔고, 지형 묘사와 도시들의 위치도 정확해졌다. 조선 태종 2년(1402)에 이회가 완성한 조선지도는 고려 후기의 지도를 바탕으로 해서 그렸기 때문이다. 그 지도는 바다와 산·하천·도읍 등에 채색을 했을 것으로 생각된다. 그 채색법과 색깔은 중국의 것과 달리 한국의 전통적 회화에서 볼 수 있는 부드럽고 맑은 색이었음에 틀림없다.

《고려사》에 의하면, 고려 말(14세기 중엽)의 저명한 지도제작자였던 나홍유는 고려지도와 중국지도 등 여러 지도를 그렸다고 한다. 그가 그린 중국지도가 어떤 것이었는지는 설명이 없으나, 거기에는 중국 역대 왕조들의 흥망과 국경의 변천에 대하여 쓰여져 있다고 한다. 고려의 학자들은 이 지도를 통해서 고려 이외의 또 다른 세계를 그려볼 수 있었다고 한다. 중국의 넓은 땅에 대한 여러 가지 지리적 지식을 이 지도에서 얻을 수 있었던 것 같다.

또한 고려에도 동양 중세의 불교적 세계관을 바탕으로 하여 그려진 天竺國圖 즉 인도지도가 있었다. 당의 玄奬(602~664)이 약 15년에 걸쳐 중앙아시아와 인도를 여행하고 돌아와서 쓴 여행기인《大唐西域記》에 의하여 尹誧가 만든 五天竺國圖가 그것이다. 윤보의 인도지도는 고려사람들로 하여금 종래의 중국 중심의 세계관에서 벗어나 시야를 인도와 중앙아시아에까지 넓힐 수 있게 하는데 공헌하였다.

고려학자들이 생각한 세계가 어떤 것이었는지는, 늦어도 고려 후기까지는 성립되었다고 믿어지는 세계지도로 짐작할 수 있다. 고려의 지리학자들은 세계를 하나의 둥근 원 안에 그렸다. 조선시대 중기부터 많이 만들어진 天下圖라는 이름의 세계지도는 그러한 고려사람들의 지리적 세계관을 보여주는 좋은 보기이다. 흔히 바퀴 모양 세계지도라고 불리기도 하는 이런 종류의 지도는 아랍세계의 지도에서 그 유형을 찾아볼 수 있으나 중국에서는 비슷한 것이 나타나지 않는다. 그래서 이 지도는 고려사람들이 만든 독특한 세계지도라고도 평가되고 있다. 이것은 세계를 중국을 가장 큰 대륙으로 보고 인도와 서역을, 그리고 남태평양의 여러 섬들을 바다 위에 묘사하고 있다. 그 세계는 하나의 원 안에 담겨 있는 것이다.[6]

---

6) 李 燦,《韓國의 古地圖》(汎友社, 1991), 318~320쪽.

(2) 풍수지리학

지도의 제작과 지리지의 편찬, 풍수지리학은 고려 지리학의 세 기둥이다. 그런데 고려 후기에 지리지가 편찬되었다는 기록이 없다. 전기에 있었던 몇 가지 지리지의 편찬 이후, 새로운 지리지가 편찬되지 않았을지도 모른다.

풍수지리학도 풍수지리서의 편찬만을 놓고 볼 때에는 특별히 두드러진 저술이 나타나지 않았다. 그러나 풍수지리의 연구는 여전히 활발했던 것 같고, 풍수지리설의 영향은 여전히 결정적이라 할 만큼 강력했다. 전기에 있어서와 마찬가지로 풍수지리학은 인문지리학적인 성격과 자연지리학적인 성격이 복합적으로 얽힌 종합적 지리학체계를 이어가고 있었다. 풍수지리학은 지도의 제작과 그 수법에도 큰 영향을 미치고 있었다. 지리는 땅의 이치이고 지도는 그 땅의 그림이며, 풍수는 자연이며 세계라는 생각을 바탕으로 하고 있었기 때문이다. 그래서 풍수지리학은 곧 땅의 과학이었다.

그러나 고려 후기의 풍수지리학은 기록에 나타난 것만으로 볼 때에는 별로 뚜렷한 것이 찾아지지 않는다. 예종 원년(1106)에 편찬되어 나온 《海東祕錄》에 더할 것이 없었기 때문이었을지도 모른다. 그리고 고려 풍수지리학에서 절대적 권위를 누리고 있었던 道詵의 영향도 여전했다. 조선 태조 때에 있었던 새 도성의 후보지 선정을 위한 풍수지리학의 이론적 바탕이 된 것은 모두 고려 후기부터 전해진 풍수지리서였다. 고려 서운관에 소장되어 있던 책들이었던 것이다. 《해동비록》을 비롯해서 《海東古賢讖記》·《道詵明堂記》 등이 그것이다.

풍수지리설은 고려 후기에 궁궐과 사찰, 개인주택의 건립에서, 그리고 도읍의 위치를 정하는 일이라든가, 묘지의 선택에 이르기까지 고려사람들에게 결정적인 영향을 주었다. 그리고 풍수설은 고려사람들에게 자연에 대한 부단한 관심을 불러일으켰고, 지형과 지세의 탐구를 통해서 자연에 대한 조사와 관찰 및 지형·지세의 묘사를 촉진케 했다. 그것은 특히 지도작성의 수법에서 현저하게 드러나 한국지도의 한 특징적 유형을 이루는데 공헌했다. 산을 낱낱이 그리지 않고 산맥으로 그리는 수법은 조선의 지방지도에서는 많이 볼 수 있으나, 중국에서는 墓圖를 제외하고는 거의 볼 수 없다. 이러한 조선

지도의 특색은 풍수지리에서의 묘도의 도법이 일반지도에서도 쓰이게 되면서 두드러지게 나타나게 되었는데, 그 시기는 고려 후기 이전에 이미 자리가 잡혔다고 생각된다.

풍수지리설은 지리학의 한 이론으로서 자연과 인간, 땅과 인간의 관계를 전개하여 학문적 체계를 세우고 있다는 점에서 매우 중요하다. 그것이 고려에서 전기와 후기에 걸쳐 중국의 풍수지리학과 또 다른 체계로 발전하고 있었다는 사실은 평가할 만하다. 그것이 음양오행설이나 도참설 또는 토속신앙과 연결된 해석과 얽혀서 마치 미신적인 것인 양 과소 평가하는 경향이 있었던 것도 사실이다. 그렇다고 해서 풍수지리학의 학문적 본질을 손상시키는 평가를 할 필요는 없을 것이다.

3) 인쇄술과 제지기술

(1) 고려의 목판인쇄

신라의 목판인쇄기술은 9세기 후반에는 많이 보급되어 일반 학문서까지 판각하게 되었다. 그러나 그것은 아직도 규모가 작은 것들이었다.

그러던 것이, 고려 초에 목판인쇄는 대규모로 전개되기 시작했다. 불교가 융성해지면서 사찰의 불경간행이 활발해진 것이다. 그리고 국가적인 사업으로서의 대장경의 조판사업으로 더욱 확대되었다. 현종 2년(1011) 무렵에 고려는 6천여 권에 달하는 대장경판을 만들기 시작하였는데, 그것은 성종 10년(991)에 송에서 수입된 開寶版대장경에 자극된 것이었다. 고려학자들은 이 대장경 판본의 아름다움에 끌렸고, 한편으로는 대장경판을 가짐으로써 고려의 높은 문화수준을 과시하고 싶었다. 그런데 그러한 목적보다도 더 크고 절실한 동기는 대장경을 조판함으로써 불력에 호소하여 거란으로부터 침략을 막아 국난을 타개하려는 열망이었다. 이 사업은 선종 4년(1087)에 이르러 일단락을 보게 되었다. 이렇게 국력을 기울인 대규모의 목판제작으로 고려의 목판인쇄기술은 송의 수준에까지 이르게끔 되었다. 그것은 그 시대 최고의 기술수준이었다.

이로부터 고려의 목판인쇄기술은 더욱 발전하게 되었다. 마침내 유학서적도 차츰 목판으로 간행되기 시작하였는데, 그것은 광종 15년(964)에 시작된 과거제도에 의하여 유학서적의 수요가 늘어나는 것과 이어지고 있다. 이리하여 11세기 말에는 의학 및 본초학서를 포함한 많은 책들이 중앙과 지방에서 인쇄되어 秘書閣을 비롯한 궁중의 전각들에 보존되었고 문신들에게도 배부되었다. 이 무렵에 고려는 중국과 일본 등지에서 사 모은 4천 권에 달하는 서적을 모두 간행하였다고 한다.

그런데 11세기에 만들어진 1만여 권에 달하는 대장경은 고종 19년(1232) 몽고군의 침략으로 모두 불타버렸다. 고려정부는 강화도로 옮겨가게 되어 적을 몰아내기가 점점 어려워지는 듯했다. 고려사람들은 현종 때 대장경을 만들어 부처와 하늘에 호소했던 것 같이, 다시 대장경을 조판하기로 했다. 고종 23년에 시작된 이 거창한 사업은 전후 16년에 걸쳐 81,258판의 대장경을 만들어 냈다. 이것이 지금 해인사에 보존되어 있는 팔만대장경이며, 재조대장경이라고도 한다.

이 대장경은 11세기의 초조대장경을 비롯한 송의 대장경과 거란의 대장경과 대조·교정하고 다듬어서 복각했다. 그래서 동양의 어느 漢譯 대장경보다 훌륭하다는 평가를 받고 있다. 그러나 목판 판각의 정교한 정도는 11세기 대장경보다 오히려 떨어진다고 한다. 초조대장경의 목판제작기술이 어떠했는지 알 수 없으므로 비교하기는 어려우나, 해인사의 팔만대장경 즉 재조대장경의 목판제조기술은 여러 가지 점에서 매우 훌륭한 기술상의 특징을 가지고 있다.

목판의 자재는 주로 산벚나무(山櫻)를 썼다.[7] 크기는 가로 72.6㎝, 세로 26.4㎝, 두께 2.8~3.7㎝이고 무게는 2.4~3.75㎏이다. 판목은 양쪽에 편목을 끼어 붙이고 네 귀에는 구리판으로 된 직사각형의 띠를 둘러쳤다. 이것은 판목이 뒤틀리지 않게 할 뿐만 아니라, 보존할 때 판목의 양쪽 면이 다른 판목의 표면과 밀착하지 않고 사이가 뜨도록 해서 통풍이 잘 되어 새긴 글자가 늘 깨끗이 되도록 한 것이다. 이런 제작수법은 다른 목판에서는 볼 수 없는

7) 지금까지 제주도·완도·거제도에서 나는 후박나무를 썼던 것으로 알려져 왔으나, 최근의 조사연구로 산벚나무를 썼음이 밝혀졌다.

기술이다. 이것은 목판을 온전하게 오래도록 보존하기 위한 방책이었다. 한 번 인쇄를 하고 나서 다음 번에 또 인쇄를 거듭할 수 있게 하는 방식, 즉 시간의 간격을 두고 여러 번, 여러 벌의 인쇄를 거듭하는 재생산의 인쇄기술은 처음부터 계획하고 있었던 것이다. 그 재료로 산벚나무를 썼다는 사실도 그런 배려에서 나온 것이다.

전하는 바에 따르면, 이 산벚나무를 수년 동안 바닷물에 담갔다가 소금물에 쪄서 진을 뺀 뒤 다시 수년 동안 그늘에 말렸다고 한다. 그리고 판목의 크기대로 다듬어서 글자를 새겼다는 것이다. 이러한 방법은 조선시대까지 이어진 한국의 가구용 목재의 전통적 처리방법과 같다. 그래야만 목판이 단단해져 뒤틀리지 않고 새겨놓은 글자가 갈라지지 않는다. 거기에다 또 전면에는 얇게 옻칠을 했다. 벌레가 먹지 않도록 하고 목판이 부식하지 않게 한 것이다. 또 판의 한쪽 끝에는 작은 글자로 된 경전의 이름과 권수·장수 및 천자문 순서로 된 함수의 번호가 새겨 있다. 인쇄의 능률을 높이고 판본을 조직적으로 관리·보존하기 위한 분류기술인 것이다. 8만여 장의 방대한 목판의 보존관리와 필요에 따라 인쇄를 할 수 있도록 정리하는 작업이 이루어지고 있었다.

목판의 조판형식은 주변에는 세로 24.5㎝, 가로 52㎝의 테를 둘렀다. 그러나 괘선은 치지 않았다. 한 면에는 23행의 글을 새기고 한 줄에는 14자를 새겼다. 글자의 크기는 약 1.5㎝이고 앞뒷면에 경문을 새겼다. 그러나 경판들 중에는 판본 및 뒷면의 가로·세로 길이와 행수, 자수, 글자의 크기들이 꼭 같지 않은 것들도 있다. 또 윤곽과 괘선이 있는 것, 한 면만 조각한 것도 있다. 16년이란 장기간 동안 제작하면서 나타나는 제작상의 차이가 아닌가 생각된다.

재조대장경은 그 내용이 정확하고 글씨가 아름다우며 목판제작기술이 뛰어난 세계에서 가장 훌륭한 판본이다. 그래서 그것은 고려대장경으로 널리 알려져 있다. 고려의 목판인쇄는 팔만대장경의 제작과정에서 최고의 기술수준에 도달한 것이다. 이렇게 고려의 목판인쇄기술은 불교경전의 인쇄반포에 고무되어 발전하였다. 그리고 그것은 시대에 따라 발전되어 나갔다기보다는, 그 규모와 사업의 주체, 官板과 私板 등에 따라 차이가 심하게 나타나, 기술의 발전을 단계적으로 보기는 어렵다.

(2) 청동활자 인쇄술의 발명

인쇄술은 사람이 한 자 한 자 손으로 써서 책을 만들던 일을 기계적인 방법으로 규격화된 것을 여러 벌 만들 수 있게 한 혁신적인 기술이다. 그리고 인쇄술은 목판에 의한 고정된 인쇄방법으로부터 목활자에 의한 움직이는 형태, 즉 활판으로 발전하여 보다 능률적이고 다양한 작업을 할 수 있도록 되었다. 이 목활자는 중국인에 의해서 11세기에 발명되었다. 그런데 그 목활자를 금속공예에서 경험적으로 얻은 높은 기술성과를 도입·응용하여 보다 견고하고 완전한 인쇄를 가능케 한 금속활자로 발전시킨 것은 한국인이었다.

금속활자에 의한 인쇄술은 그것을 가능케 하는 몇 가지 기술적인 노하우가 있어야 한다. 그것은 질기고 깨끗한 얇은 종이와 인쇄에 적당한 먹의 제조, 활자의 주조기술 등이 갖추어져 있어야 한다. 12세기의 고려에는 그러한 기술이 축적되어 있었다. 고려는 11세기 후반부터 많은 종이를 중국에 수출했다. 그것은 질이 좋은 종이로 정평이 나 있었다. 그리고 고려의 종이는 수출을 위한 대량 생산에서 그 품질이 더욱 향상되었다. 먹도 그러했다. 고려의 숯먹(松煙墨)은 중국에서 호평을 받았다. 이것은 유성먹으로 그 품질이 인정되고 있었는데, 고려의 먹 제조기술자들은 여러 가지 먹의 제조에 뛰어난 기술을 가지고 있었다.

그런데 고려는 인종 4년(1126)과 의종 24년(1170)의 두 차례에 걸친 궁궐의 화재로 수만 권의 장서를 불태우는 비극을 겪었다. 그런데다가 중국에서는 그 무렵 송과 금의 끊임없는 전쟁이 계속되어, 송으로부터의 서적수입도 절망적인 상태에 빠져 있었다. 결국 고려는 그들이 가지고 있던 기술로 필요한 서적을 인쇄하는 길밖에 없었는데, 적은 부수를 여러 종류 인쇄해야 할 경우, 목판인쇄는 많은 경비와 시간이 소요되는 어려운 문제가 있었다. 더욱이 고려에는 목판이나 목활자를 만드는데 알맞은 단단한 나무가 적은 편이었다.

그런데 고려에는 그 무렵에 청동이 많이 생산되고 있었다. 그리고 고려의 금속장인들은 신라 이후의 금속세공기술과 청동주조기술의 전통을 계승하여 鼓鑄法으로 훌륭한 청동범종에 명문을 주자해 낸 전통과 기술을 축적하고 있었다. 이런 기술적 바탕을 가진 고려의 장인들이 목판이나 목활자 대신에 청동으로 활자를 부어만드는 일은 매우 자연스러운 기술적 착상이었을 것이다. 여기서 목활자에서 청동활자로의 이행이 별 어려움 없이 이루어진 것이다. 그렇지만 그것은 커다란 기술혁신이었고, 새로운 발명이었다.[8)]

12세기 말에서 13세기 초에 이르는 사이, 고려에서는 마침내 청동활자 인쇄기술이 발명되었다. 고려는 이 역사적인 기술혁신으로 목판과 목활자인쇄에서 드러난 어려움을 빨리 해결할 수 있었다. 고종 26년(1239)에 간행된 것으로 기록된《南明泉和尙頌證道歌》가 그 전에 출판된 주자본을 그대로 뒤집어 새긴 책이며, 고종 21년 무렵에 간행된 것으로 전해지는《詳定古今禮》28부도 주자로 찍은 것이라는 기록은 이 시기의 청동활자인쇄를 알 수 있는 보기가 된다. 이 인본들은 지금 남아 있지 않으나 여기서 말하는 주자 즉 금속활자는 청동제활자임이 확실하다. 이 때에 부어만든 청동활자는 증도가의 중각판본으로 볼 때, 그 크기와 모양이 정연하여 비교적 정교하게 다듬어졌던 것으로 생각된다. 활자의 조판은 활자들을 괘선에 따라 식자하고 그 틈새를 밀랍으로 메워 고정시키는 방법이었다.

청동활자에 의한 인쇄기술은 13세기 이후 거의 200년 동안 기술적 개량이 별로 없는 채로 그 맥이 이어졌다. 청동활자에 의한 인쇄가 활발하게 전개된 것 같지는 않으나, 중앙관서에서 관장하던 청동활자인쇄가 차츰 퍼져서 사찰에서까지 청동활자를 만들어 쓰게 되었다. 우왕 3년(1377) 7월의 간기가 있는《佛祖直指心體要節》하권 1책은 그 좋은 보기라 할 수 있다. 이 책은 청주목 興德寺에서 주자로 찍었다고 기록되어 있어 그것이 청동활자로 인쇄되었음을 확인케 하고 있다. 현재 프랑스 국립도서관에 소장되어 있는 세계에서 가장 오래된 이 금속활자본은, 활자의 주조와 조판기술이 아직도 초기단계에 머무르고 있음을 보여주고 있다. 그것이 고려의 중앙관서에서 인쇄한 것이 아니라 지방의 한 사찰에서 간행한 것이기 때문에 그럴 수도 있다고 볼 수 있다. 그러나 조선 태종 2년(1402)에 癸未字 인본에서 나타나는 기술상의 미숙함은, 그 사이의 기술적 개량이 별로 없었음을 드러내고 있다.

고려의 청동활자에 대해서 우리가 아는 것은 별로 없다. 우리가 알고 있는

8) 全相運, 〈韓國青銅活字 印刷術 發明의 技術史的 背景〉(《硏究論文集》3, 성신여대, 1970).

것은 남한과 북한에서 고려의 청동활자라고 보고되고 있는 사례 둘이 있을 뿐이다. 하나는 지금 국립중앙박물관에 보존되어 있는 크기 1.2×1.1×0.7㎝의 㠅자이다. 고려의 한 왕릉에서 출토되었다고 전해지는 이 청동활자는 그 모양이 조선시대의 청동활자와 다르고 그 만듦새가 기술적으로 미숙한 단계인 점으로 보아 고려활자로 생각할 수도 있을 것이다. 또 하나, 북한에서 보고된 것은 개성 만월대 神鳳門터로부터 서쪽으로 약 300m 떨어진 곳에서 발견된 청동활자이다. 높이가 8㎜이고 글자가 새겨진 면이 10×10㎜인 이 활자는 아마도 '전'이라는 자로 읽을 수 있다고 한다. 주성분은 구리·주석·납이고, 규소·철·알루미늄 등이 섞여 있다고 알려져 있다. 그런데 이 활자의 모양이 어떤지는 보고되어 있지 않다. 이 청동활자들이 고려의 것이 확실하다면, 초기의 금속활자 주조기술을 가늠하는데 귀중한 자료가 될 것이다.

그 후 공양왕 4년(1392) 정월에 고려는 書籍院을 설치하여, 주자인쇄업무를 관장하는 令과 丞의 관직을 두었다.[9] 그러나 청동활자 인쇄기술의 발전에 커다란 계기가 되었을 이 전담관서의 출현은 그 기능이 시작되기도 전에 고려의 멸망으로 끝나고 말았다.

(3) 제지기술

우리 나라 종이는 고려시대에 이르면서 주로 닥(楮)을 원료로 하여 만들어졌다. 고려사람들이 삼(麻)을 원료로 하는 종이보다 닥을 원료로 하는 종이를 더 많이 만들게 된 이유는, 닥나무의 재배가 쉽고 잘 번식하며 가공도 삼보다 쉬우며 질이 좋은 종이를 만들 수 있었기 때문이었던 것으로 생각된다.

종이는 인쇄술의 발달과 함께 그 수요가 크게 늘어나게 마련이다. 12세기에 이르면서 불교경전과 역사서를 비롯한 각종 서적의 활발한 인쇄로 종이의 수요는 전에 없이 격증하게 되었다. 《고려사》에 의하면, 인종 23년(1145)부터 명종 18년(1188)까지 전국적으로 닥의 재배를 장려하고, 민간제지업도 장려했으며, 紙所라는 정부의 제지 전담관서를 설치하여 종이제조에 힘쓰도록 했다. 이 때부터 닥을 원료로 한 제지기술은 더욱더 발전하였다. 이리하여 고

9) 《高麗史》 권 77, 志 31, 百官 2, 諸司都監各色 書籍店.
《高麗史節要》 권 35, 공양왕 4년 정월.

려에서는 질기고도 희면서 적당한 두께를 가지고, 앞뒤가 다 반질반질하여 글을 쓰거나 인쇄하기에 가장 적당한 종이를 만들게 되었다. 지금 남아 있는 고려시대의 책들을 보면 그 시기의 닥종이의 질이 매우 훌륭했음을 알 수 있다. 조선시대로 이어지면서 조선종이로 자리잡힌 닥종이의 제조기술은 이 시기에 이루어진 것이었다.

그러나 고려시대의 제지기술을 자세히 알 수 있는 어떤 사료도 찾아내지 못하고 있다. 많은 종이가 중국에 수출되고 있었다는 기록에서, 그 제조기술이 우수하고 생산량도 적지 않았다는 짐작을 할 뿐이다.

4) 무기제조와 조선

(1) 화약과 화포의 전래

화약과 화포가 고려에 언제 전래되었는 지는 확실치 않으나, 대체로 14세기 전반 무렵으로 생각되고 있다. 《고려사》 병지에는, 공민왕 5년(1356)에 銃筒을 사용하여 箭을 발사하였다는 기록이 있으므로, 고려에서는 그 때에 이미 有筒式 火器를 사용할 줄 알았다. 이 총통이 고려에서 만든 것인지 확실치 않으나, 늦어도 이 무렵에 화약과 화포가 중국에서 전래된 것은 틀림없다. 이것은 중요한 사건이었다. 총통으로 발사한 전의 사정거리는 매우 컸고 화약의 폭발음은 놀라운 것이었다. 고려사람들은 새삼스레 화약병기의 위력에 놀라워했고 그 중요성을 확실히 인식하게 되었다. 그래서 고려에서는 화기의 제조와 화약의 조제법을 알아내려고 무척 노력하였다.

화약병기에 대한 절실한 필요성은, 그 당시 고려 전역에까지 확대될 기세를 보인 왜구의 섬멸을 위해서 더욱 고조되었다. 그러나 그 때까지 고려에서는 화약의 제조법을 알지 못했다. 중국에서 그것은 특급비밀이었고, 제조기술은 결코 쉬운 것이 아니었다. 공민왕 22년 11월에 고려는 어쩔 수 없이 명에 사신을 보내서 화약을 나누어 달라고 요청하였다. 왜구의 격멸을 위해서는 화약병기로 무장한 전선이 반드시 건조되어야 한다고 생각했기 때문이다. 고려는 화포로 무장한 전선을 이용하여 적극적으로 바다에 나가서 왜구의 배를 추격·나포하기로 결정했다. 그러나 명은 고려의 요청을 거절했다. 그렇지만 명에서도 왜구의 창궐로 인한 피해가 날로 극심해져 고심하고 있던 차였으므로, 고려의 그러한 요청을 거절할 수만은 없었다. 결국 그 다음해인 공민왕 23년 5월에 명은 그 때까지 극비에 부쳤던 화약원료를 태조의 지시로 나누어주겠다고 나서게 되었다. 그래서 얻어 온 것이 염초 50만 근, 유황 10만 근과 그 밖에 필요한 약품들이었다. 이것은 화약제조기술의 비밀을 알아내는데 매우 중요한 단서를 고려에 주게 되었다. 원료와 그 배합 비율의 기밀을 고려에서 알게 된 것이다.

崔茂宣의 화약제조를 위한 노력은 이러한 사회적·군사적 정세와 기술적 배경에서 경주되었다. 그는 왜구를 무찔러 없애기 위해서는 화포의 위력을 발휘하는 길이 가장 효과적일 것이라는 신념을 가지고 오랫동안 화약제조기술의 비밀을 알아내려고 노력했다. 그는 화약제조기술을 아는 중국인 李元에게 그 가장 중요한 원료인 염초를 만드는 기술을 배워서 마침내 화약제조법을 완전히 알아내게 되었다. 일설에는 최무선 자신이 원나라에서 직접 그 기술을 배웠다고 하는데, 전혀 가능성이 없지는 않았을 것으로 생각된다. 아무튼 최무선이 화약의 주원료인 염초 즉 질산칼륨을 흙에서 추출하는 기술을 실험적 방법으로 알아낸 것만은 사실이다. 그의 노력은 화약제조기술을 발명했다고 평가해도 좋을 만한 업적이라고 보는 이유가 여기에 있다. 이리하여 고려는 최무선의 화약제조법에 의한 화약제조를 위해 국가기관으로서의 火㷁都監을 두게 되었다. 그것은 우왕 3년(1377) 10월에 정식으로 발족되었다.[10] 이로써 고려는 중국에 이어 두 번째로 화약을 제조하는 기술을 가진 나라가 되었다. 화약의 자체 생산은 군사기술의 획기적인 발전으로 평가되는 것이다.

(2) 화통도감과 화기의 제조

화통도감의 발족과 함께 화약과 각종 화기의 제조는 급속도로 발전하여 대량생산의 단계에 들어섰다. 얼마 후에는 20종 가까운 화기가 제조되었고, 우왕 4년 4월에는 화기 발사의 전문적인 부대로서 화통방사군이 편성되었으며, 처음에 시도했던 바와 같이 화포를 증강하여 전선에 화포를 설치함으

---

10) 《高麗史》 권 133, 列傳 46, 신우 3년 10월 및 권 77, 志 31, 百官 2, 諸司都監各色 火㷁都監.

로써 왜구의 격퇴에 큰 위력을 발휘하게 되었다.《고려사》에는 우왕 6년의 전라도 鎭浦싸움과 9년의 珍島싸움에서 발휘한 화포의 위력을 격찬하고 있다.

고려 말에 제조된 초기의 화포는 탄환 종류를 쏘아 적을 살상하거나 목표물을 파괴하는 것을 주목적으로 한 것이 아니다. 그것은 주로 불(화)살을 발사하여 목표물을 불태우는 이른바 화공에 사용하는 것이었다. 그러니까 발사물에는 주로 火箭이 쓰였고 그 다음 단계에서 鐵彈子가 사용되었다. 초기에 철탄자 즉 탄환이 별로 사용되지 않은 이유는 발사력이 약해서 불화살의 사정거리 조차도 겨우 200보 정도밖에 안되었기 때문이었다.

화기의 종류는《고려사》에 銃筒·火箭·火筒·火㷁·火炮 등이 나타나고,《太祖實錄》에는 좀더 자세히 大將軍·二將軍·三將軍·六火·石砲·信砲·火砲·火㷁·火箭·鐵翎箭·皮翎箭·蒺藜砲·鐵彈子·穿山·五龍箭·流火·走火·觸天火 등의 모두 18종의 명칭이 나타나고 있다. 이것들은 크게 나누어 화포와 화통 등의 총통과 화전과 전 등의 발사물로 약간의 차이는 있겠으니, 그 종류의 명칭을 구체적으로 기록하고 있어 고려 말의 화기의 실상을 확실하게 해주고 있다. 다만 철탄자가 눈에 띄는데 그것이 고려 말 조선 초에 만들어진 탄환으로 새로운 것이 아닌가 생각된다. 대체로 銃·筒 등의 이름이 붙은 것은 소형화기이고 㷁은 중형, 砲 또는 炮의 이름으로 불린 것은 중화기에 속하는 것이다. 대장군·이장군·삼장군 등은 그 크기에 따라 지은 이름인데, 대장군포는 大箭을 사용하는 중화기이다. 大將軍箭은 가장 큰 것으로《戎垣必備》에는 그 길이가 11척 9촌이라고 설명되었다.[11] 이 화기들은 그 당시 중국에서 만들던 화기들의 이름과 같은 것이 대부분이다. 아마도 그 본보기도 중국의 것과 비슷한 것이었으리라고 생각된다. 고려에서 이러한 최첨단기술이 개발되고 있었다는 것은 주목할 만한 일이다.

(3) 고려의 배

고려는 초기부터 활발한 해상활동과 수군활동을 전개하고 있었다. 그래서 고려에서는 훌륭한 배들이 많이 만들어졌다고 생각된다.《고려사》와 그 밖의

11) 許善道,《朝鮮時代 火藥兵器史硏究》(一潮閣, 1994), 5~21쪽.

사료들은 그러한 사실을 밑받침 해준다.

고려의 선박은 크게 두 가지로 나눌 수 있다. 군용선, 즉 병선 또는 전함이라 불린 것과 조운선인 哨馬船과 무역선이 그것이다. 초기의 기록들에는 대형 군용선인 樓船이 등장한다. 길이가 96척이나 되고 갑판 위에 上粧을 꾸민 큰 배에 대한 기록은 고려 조선기술의 수준을 말해주는 한 보기가 된다. 또 고려의 일반 군선은 척당 탑승인원이 30명 안팎으로 알려져 있고 그런 배 100여 척이 동원된 때도 있었다고 한다.

《고려사》 병지에는 현종 원년(1010)에 戈船 75척이 건조되었다는 기록이 있다. 이 배는 선체에 철로 만든 뿔을 붙여 적선을 당파하는데 쓴 전선의 일종이다. 비슷한 시기에 고려의 배를 말한 일본여인의 기록을 전하는 일본의 사료에 의하면, 고려의 군선은 높고 크고 선체에는 철로 만든 뿔을 붙여 적선을 당파하게 되어 있다고 했다. 아마도 그 배는 과선이었을 것이고, 선체에는 쇠뿔을 많이 꽂아 놓았던 것 같다. 이 기록은 고려 전선의 우수함을 말하고 있는 것으로 해석되고 있다.

고려의 선박에 대해서는 《元史》에서도 높이 평가하고 있다. 그것은 고려에서 만든 일본원정선에 대한 평가를 바탕으로 한 것으로 생각된다. 고려에서는 원종 15년(1274)과 충렬왕 6년(1280)의 두 차례에 걸쳐 원나라의 강요에 못 이겨 1,000석을 실을 수 있는 큰 배만도 600척을 건조했다.[12] 이 배들은 고려의 조선법에 의해서 건조한 것인데, 일본원정에서 그 견고성이 실증되었다. 원나라의 전선들은 돌풍으로 모두 깨어졌으나 고려의 배들은 거의 무사했던 것이다. 그런데 그 고려의 배들은 건조기간도 짧고 비용도 적게 들었다는 사실이다. 이것은 고려식 조선기술의 우수성을 입증하는 것으로 생각되고 있다. 이 고려식 조선법이란 이른바 韓船構造에 의한 조선양식을 말하는 것이다. 그것도 중국배보다 평탄한 저판, 평면선수재, 가룡목 등으로 구조되는 평저선인 전통적 한국배로 설명된다. 이 조선법은 공비가 적게 들고 단시일 내에 배를 건조할 수 있는 것으로 특징지어진다. 《고려사》에 의하면, 고려는 3만여 명을 동원하여 불과 4, 5개월만에 크고 작은 배 900척을 건조했다. 그리

12) 《高麗史》 권 27, 世家 27, 원종 15년 춘정월·2월 갑자·4월 갑자·6월 신유 및 권 29, 世家 29, 충렬왕 5년 10월 정축·6년 11월 기유.

고 그 배들은 중국배보다 훨씬 견고했다고 중국문헌은 전하고 있는 것이다.

조운선인 초마선도 매우 큰 배였다. 이 배도 평저선으로 알려져 있는데, 《고려사》는 이 배가 1,000석의 곡물을 실을 수 있는 큰배라고 기록하고 있다. 고려의 조운선으로 일반적인 배는 적재량 200석의 평저선이었다. 그러나 무역선으로서의 고려의 배는 70명을 태운 큰배도 있었으나, 대부분은 130석~150석의 작은 배들이었던 것으로 알려지고 있다. 이것은 고려의 해상무역이 침체했던 것과도 이어지는 것 같다.

고려에서는 그들 나름의 선체구조법에 의하여 배를 만들었다. 그 특징은 개롱 또는 가룡목이라고 부르는 횡강력부재를 쓰는 조선법으로 선체의 구조가 간단하면서도 견고한 평저선이라는 데 있다. 이것은 고려선박의 중요한 특징으로 중국선박과 다른 고려의 조선기술이다. 《高麗圖經》에 씌어진 고려선박에 대한 그릇된 평가는 이런 특징을 제대로 보지 못한 데서 비롯된 것이다. 徐兢은 12세기 초에 그가 본 고려의 배에 대하여 비교적 자세한 기록을 남기고 있다. 서긍은 그가 본 고려배의 구조방식이 오히려 독특하고 우수한 조선법이라는 것을 미처 모르고 송나라 배에 비해서 그 기술이 뒤떨어진다고 생각했다. 고려배의 이러한 특색있는 조선법은 그 후 조선시대에도 이어져 한선의 주요한 구조적 특징이 되었다.[13]

5) 그 밖의 산업기술

(1) 도량형

한국의 도량형제도는 일찍부터 중국의 제도에서 많은 영향을 받았다. 그러나 고구려는 그들 나름의 자(尺)를 가지고 있어서 일본에서도 그 자가 널리 쓰이고 있었다. 그러한 자는 백제와 신라에서도 쓰인 것으로 생각되고 있는데, 이것은 삼국시대의 도량형제도가 중국의 영향을 받으면서도 그 나름의 제도를 가지고 있었음을 말해주는 것이다. 그런데 그것이 통일신라시대를 거

13) 고려의 선박에 대한 연구는 金在瑾, 《韓國船舶史研究》(서울大 出版部, 1984), 31~63쪽 참조.

쳐 고려에 어떻게 이어졌는지는 확실치 않다. 《고려사》에는 고려시대의 도량형제도에 대하여 어느 정도까지 정리할 수 있는 기록을 가지고 있다. 그러나 그 표준기의 종류나 특징을 알 수 있는 기록은 부피를 재는 그릇에 대한 것뿐이다. 그래서 고려에 길이와 무게를 재는 고려 나름대로의 표준제도가 있었는지는 확실하지 않다.

《고려사》에서 찾아볼 수 있는 도량형과 관련된 기사 중에서 다음과 같은 것은 길이와 부피·무게를 제도화한 것으로 중요한 자료이다. 즉 길이에 대해서는 《고려사》 食貨志에 "문종 23년(1069) 量田 步數를 정하였다. 밭 1結은 가로×세로를 33步로 한다. 6치(寸)는 1分, 10푼을 1자(尺), 6자를 1보로 한다. 2결은 가로×세로 47보, 3결은 가로×세로 57보 3푼, 4결은 가로×세로 66보, 5결은 가로×세로 73보 8푼, 6결은 가로×세로 80보 8푼, 7결은 가로×세로 87보 4푼, 8결은 가로×세로 90보 7푼, 9결은 가로×세로 99보, 10결은 가로×세로 104보 3푼으로 한다.[14] 밭의 측량과 관련된 이 기사는 고려시대의 1결의 면적을 분명히 하고, 그것을 잴 때 자의 단위를 나타내는 것으로, 1자(尺)가 10푼(分)이고 1푼이 6치로 등분되는 그 당시의 자의 단위를 명시한 중요한 자료이다.

또 부피를 재는 그릇에 대해서는 《고려사》 형법지에 문종 7년에 관용 말(官斛)의 규격을 정한 기사가 있다. 고려정부는 중앙과 지방의 관용 말의 길이·너비·높이·모서리를 비교하여 결정하되, 쌀을 되는 말은 길이·너비·높이가 각각 1자 2치이며, 피(稷)나 벼(租)를 되는 말은 길이·너비·높이가 각각 1자 4치 5푼이며, 가루나 장을 되는 말은 길이·너비·높이가 각각 1자 3치 9푼이며, 콩·팥을 되는 말은 길이·너비·높이가 각각 1자 9푼씩으로 한다고 했다.[15] 그러니까 이 때 정해진 되로 그릇(量器)은 4종류가 있었는데 그 크기가 모두 달랐다. 고려인들은 되는 곡물에 따라 각각 다른 됫말을 쓴 것이다.

무게의 단위로 斤을 썼다. 《고려사》에는 고종 8년(1221) 8월에 몽고사절이 요구한 수공업품의 분량을 기록한 기사에 觔이란 무게의 단위를 쓰고 있다. 이 觔은 斤과 같은 뜻이다. 《고려사》 식화지 충선왕 원년(1309) 2월의 기사 중

14) 《高麗史》 권 78, 志 32, 食貨 1, 문종 23년.
15) 《高麗史》 권 84, 志 38, 刑法 1, 문종 7년.

에 "은 1斤에 소금 64石, 1兩에는 4섬"이라는 기록에서 근과 냥이 쓰이고 있는 것을 볼 수 있다. 1근은 16냥이다.

도량형은 관에 의하여 관장되었고, 고려는 그것이 흐트러지지 않도록 노력하였다. 《고려사》에는 그러한 정부의 노력에 관한 기사가 몇 번 기록되어 있다. 그 기사에 의하면, 靖宗 6년(1040) 2월 임자일에는 담당관리에게 명하여 權衡을 정하고 斗量을 바로잡았다고 했다. 이 때 비로소 관에 의해 도량형기 또는 저울과 됫말이 바로잡혀진 듯하다. 또 정종 12년에는 매년 봄·가을 두 차례 공사의 모든 秤斛을 바로잡기로 결정했다고 한다. 1년에 두 차례 관이나 개인이 쓰는 모든 도량형기를 교정하는 일을 정례화하겠다는 것이다. 그러한 노력이 어느 정도 실질적으로 이루어졌는지 알 수 없다. 명종 3년(1173)에 李義方의 제청에 의하여 平斗量都監을 설치했다.[16] 도량형을 엄격히 관리하기 위한 기구가 세워지고, 말과 되를 쓰는 경우에 반드시 밀대를 쓰도록 하고 위반하는 자는 섬으로 귀양을 보냈으나, 1년이 못되어 그 이전대로 밀대를 쓰지 않게 되었다고 《고려사》 백관지와 형법지는 전하고 있다. 고려 후기에는 도량형과 관련된 기사가 별로 나타나지 않는다. 조선 초의 기록에 의하면, 고려 말에는 도량형기들이 상당히 흐트러진 상태에 있었던 것 같다. 기준기라 할 만한 정부 공용의 도량형기마저도 제대로 보존된 것 같지 않다.

(2) 물레바퀴

물레바퀴(水車)는 증기기관이 발명되기 이전의 가장 중요한 동력장치였다. 물레바퀴는 정곡·제분용 물레방아의 동력으로써, 그리고 관개·수리용 양수기로써 우리 나라에서도 고대로부터 널리 쓰였다. 그러나 그에 관한 기록은 많지 않다. 그래서 고려시대의 물레바퀴 사용에 대해서도 우리가 알고 있는 자료는 거의 없다.

다만 한 가지, 《고려사》에 기록된 물레바퀴 이용에 대한 기사가 있을 뿐이다. 공민왕 11년(1362)의 기사에 의하면, 중국농민들은 수차를 이용하여 한발을 이겨내는데, 우리 나라 사람들은 저수지와 제방을 쌓아 물을 끌어대는

16) 《高麗史》 권 85, 志 39, 刑法 2, 명종 3년.

것에 의존할 뿐 수차를 써서 물을 쉽게 댈 수 있다는 것을 깨닫지 못하니, 관에서 수차를 만들어 농민들에게 장려하도록 해야 하겠다고 했다. 그러니까 이 기사에 의하면, 고려에서는 물레바퀴가 관개용 양수기로서 일반화되지 못하고 있었던 것 같다.[17)]

바꿔 말하면, 고려에서는 관개수리사업으로 저수지와 洑를 이용하는 삼국시대 이래의 전통적 방법을 쓰고 있었고, 물레바퀴는 주로 탈곡·제분용 물레방아에서 이용되고 있었다는 것이다. 그래서 고려에서도 물레바퀴를 양수기로서 적극적으로 활용하도록 노력하려고 한 것이다. 그러나 그러한 노력은 성공한 것 같지 않다. 똑같은 제안과 노력이 조선시대 세종 때에도 제기되고 있기 때문이다. 그리고 물레방아에 관한 기록이 보이지 않는 것은 별로 이상할 것이 없다. 특별히 기록할 만한 기술적 개혁이 없었다는 사실을 말하는 것이다.

(3) 금속공예기술

고려의 금속공예기술은 신라 금속기술의 전통을 이어 높은 수준에 있었다. 그 대표적인 것으로 여러 불상과 범종, 그리고 향로들을 들 수 있다. 고려 초기의 청동주조기술은 天興寺 종과 曹溪寺 동종 등에서 찾아볼 수 있다. 특히 높이 1.55m의 금동대탑(호암미술관 소장)은 고려 초기 청동주조기술의 높은 수준을 말해주는 보기 드문 걸작이다.

12세기에 들어서면서 고려에서는 훌륭한 청동향로를 많이 만들어 냈다. 그 가운데 현존하는 유물로 명종 7년(1177)에 부어만든 表忠寺 靑銅含銀香垸(높이 27.5㎝, 구경 26.1㎝), 그 다음해에 제작되어 일본에 건너가 法隆寺에 수장된 金山寺香爐 등은 그 간결하고 균형있는 모양과 은상감의 우아한 문양으로 특히 유명하다. 또한 고종 원년에 만들어져 乾鳳寺에 있던 청동제은상감향로(높이 30㎝, 지름 30㎝), 충혜왕 後5년(1344)에 만든 奉恩寺소장 청동제縷銀향로(높이 33.9㎝, 지름 31.8㎝)와 충목왕 2년(1346)에 만든 청동제은입사향완(이병직 소장, 높이 28.8㎝) 등은 고려청동향로의 대표적 작품들로서 그 주조기술과 공

17) 李光麟, 《李朝水利史硏究》(韓國硏究院, 1961), 87~88쪽.

예기술은 매우 우수했다.

그러나 고려시대에 수없이 많이 만들어져 지금 남아 있는 유물도 상당한 수에 달하는 고려청동거울의 주조기술은 그렇게 훌륭하다는 평가를 받지 못하고 있다. 그런데 고려청동거울은 그 뒷면의 문양디자인에서 고려장인의 소박하면서 아름다운 솜씨를 발견할 수 있다. 그 청동의 재질이 좋지 못하고 부어만들어 낸 디자인의 섬세함에서 처지는 것은, 고려청동거울의 대량생산에서 오는 제품의 질적 저하 때문인 것으로 보인다. 그렇지만 청동거울이 널리 보급될 수 있었다는 것은 중요한 발전이었다.

이것은 청동식기류가 고려 후기에 이르러 서민들에게도 크게 보급되어 널리 사용되었다는 사실과도 이어진다. 《고려사》에 의하면, 공민왕 6년 9월에 청동으로 만든 식기류를 민간에서 많이 사용하기를 장려하는데 왕이 동의한 기사가 보인다. 이것은 금속제 식기가 크게 보급될 수 있었다는 점에서 주목할 만하다. 한국인이 놋그릇을 즐겨 쓰게 된 것은 이 무렵에 이미 시작되고 있었던 것으로 생각된다. 식기와 수저로 놋그릇을 많이 쓰는 민족은 동아시아에서 한국인뿐이다. 그러한 한국인의 전통은 고려의 금속기술과 이어지는 것이다.

고려시대의 몇 가지 청동식기류를 분석해 보면 구리와 주석만으로 된 동합금을 썼다는 것을 알 수 있다. 그 합금의 비율은 구리와 주석이 75 : 25와 80 : 20의 비율로 나타나는 담황동이다. 이런 동합금을 한국인은 흔히 놋 또는 놋쇠라고 했다. 중국에서는 이런 동합금을 高麗銅이라고 해서 질이 좋은 청동으로 높이 평가하고 있었다. 《고려사》에 의하면 원종 3년(1262) 9월에 몽고에서 사신이 와서 好銅을 구한 일이 있었는데, 赤銅을 뜻하는 것인지 물었더니 鍮石이라고 대답하기에 적동 6백여 근을 주고 유석은 고려에서 산출되지 않는다고 변명했다 한다.

고려시대에는 동합금을 만드는 기술직으로 鍮器匠 · 赤銅匠 · 銅器匠 · 白銅匠 등이 있었다. 중앙과 지방에서 일하고 있었던 이들 전문장인들은 동합금의 성분과 조성을 적절히 맞춰서 질이 좋은 금속기를 만들어 냈다. 구리와 주석에 납과 아연을 적절하게 합금했을 때 이루어지는 동합금의 금속조직의 특성을 잘 살려 전문기술직으로 분업화한 것은 특히 돋보이는 것이다. 《고려사》에 의하면 인종 2년(1124)에 고려사신이 송나라에 바친 물건 중에 白銅器가 끼어 있다. 백통은 구리와 니켈의 합금인데, 때로는 구리와 비소를 섞어서 만들기도 했다고 한다. 분석된 고려의 청동기 중에는 비소 대신에 안티몬을 섞은 것도 있다. 유기·적동·백통 등의 동합금이 《고려사》의 기록에서 찾아볼 수 있는 것은, 전문장인의 명칭과 함께 고려에서 실제로 만들어지고 있던 동합금제품의 다양함을 말해주는 것이다. 그리고 이것은 고려 금속기술의 높은 수준과도 이어지는 것이다.[18]

고려의 금속기술에서 또 하나 주목할 만한 유물로 국립중앙박물관에 전시되어 있는 몇 개의 거대한 철제불상을 꼽을 수 있다. 이 무쇠불상들은 모두 높이가 1.5m 이상이고 2.5m가 넘는 것도 있다. 이런 철제불상이 지금 국내에 50구 가량 남아 있다. 거의가 다 고려 때 부어만들어진 것이다. 고려 때 이렇게 많은 철제불상을 만들게 된 것은 구리가 부족했기 때문이라고 생각되고 있었다. 그러나 철제불상은 철을 부어내는(鑄造) 높은 금속기술이 없이는 불가능한 것이어서, 이것은 철의 주조기술의 발달에서 비롯된 것으로 해석해야 한다. 고려 때에는 제철기술의 혁신이 있었던 것이다. 그것은 한국의 오랜 금속기술의 전통을 바탕으로 이루어진 것이다.

철제불상은 청동불상만큼 섬세하게 부어만들 수는 없었으나, 무쇠가 가지는 독특한 질감과 소박함이 또 다른 아름다움과 웅대함을 나타낸다. 그러한 금속기술은 중국 이외의 다른 어느 지역에서도 가지지 못했던 고도의 주조기술이었다. 성종 15년(996)에 철전을 주조하여 사용하게 되었다는 《고려사》의 기사는, 고려의 철을 부어만드는 기술을 말하는 좋은 보기가 된다. 고려 기술자들은 거푸집으로 쇠를 부어 규격화된 작은 무쇠제품인 철전을 만들어내는 높은 기술에 도달하고 있었던 것이다.

고려 금속기술의 수준은 고려 후기의 청동활자의 주조와 화포의 주조에서도 잘 나타나고 있다. 그러한 사업은 높은 금속주조기술을 바탕으로 해서 이루어질 수 있기 때문이다. 14세기 후반 짧은 기간 동안에 많은 화포를 부어만들 수 있었다는 사실은, 금속기술과 관련된 산업기술에 있어서도 그만한

18) 全相運, 〈韓國 古代金屬技術의 科學史的 硏究〉(《傳統科學》 1-1, 1979) 참조.

기반이 있었음을 말해주는 것이다. 고려 후기의 금속기술은 이러한 측면에서도 재조명될 수 있을 것이다.

(4) 목면의 재배와 무명의 등장

고려 후기의 산업기술에서 또 하나 특기할 만한 기술혁신이 있었다. 목면이 재배되어 무명이 등장한 것이다. 이것은 우리 나라의 섬유산업기술에서 획기적인 발전이 시작되었음을 뜻한다. 목면의 재배는 공민왕 12년(1363) 원에 사신으로 갔던 文益漸이 목화씨를 가져오면서 시작되었다. 그는 그 씨를 장인 鄭天益에게 주어 심게 하였다. 두 사람의 노력으로 목화의 시험재배는 3년만에 성공하여 전국적인 재배가 가능해졌다. 목화의 대량 수확과 함께 정천익은 씨를 빼는 씨아와 실을 뽑는 물레를 만들어 솜을 만들고 무명을 짜는 기술도 개발했다. 경상도 산청에서 시작된 목면의 재배와 무명의 직조기술은 이렇게 해서 전국적으로 보급되기 시작한 것이다.

목면은 한국인에게 있어 전혀 새로운 옷감의 소재였다. 그것으로 짜낸 무명은 그 때까지 서민들의 일반적인 옷감이었던 삼베와는 비교할 수 없을 만큼 뛰어난 보온성과 부드러움을 가지고 있었다. 무명은 빠른 속도로 고려인 일반의 옷감으로 퍼져 나갔다. 그리하여 그것이 한국인의 의생활에 혁신을 가져오기까지는 반세기가 채 걸리지 않았다. 그리고 무명은 한국배의 돛을 만드는 재료로 보급되어 선박의 항해기술에도 커다란 변화를 가져오게 되었다.

(5) 새로운 청자기술의 개발

청자는 유약과 태토에 포함된 적은 양의 산화철이 환원해서 생긴 푸른색의 자기이다. 고려 도공들이 이런 청자를 개발한 것은 10세기 무렵이었다. 그리고 12세기 전반기, 고려의 청자기술은 가장 세련된 순청자를 만들어 내기에 이르렀다. 《고려사》에 의하면 고려의 도공들은 청자기와도 만들어 냈다고 한다. 고려의 요업기술이 높은 수준에 도달하고 있었던 것이다.

12세기 전반에서 중엽에 이르는 시기에 고려 도공들은 도자공예에서 새로운 경지에 들어서는 기술을 창출했다. 象嵌青磁를 개발한 것이다. 상감기술은, 그릇의 표면을 파고 그 속에 백토 혹은 흑토를 메워서 청자의 푸른 바탕에 백색과 흑색의 무늬를 장식하는 기법이다. 이것은 자기제조에서 전혀 새로운 기술이었다. 이 기술의 개발로 고려청자는 그 아름다운 푸른빛에 흑백의 선명한 도안이 화사하게 장식되기에 이르렀다. 그리고 자기의 장식기술은 그 폭이 훨씬 넓어졌다.

이 상감기술은 고려청자에 있어서 유약의 조제기술과 함께 특징있는 기술로 평가된다. 최근의 기술고고학적 분석에 의하면, 고려청자는 송·원의 청자와 유약과 태토의 성분구성, 소성온도, 소성시간과 분위기 등에서 기술적으로 다르다는 사실이 밝혀지고 있다. 고려청자는 그릇의 모양과 디자인에서뿐만 아니라, 도자기의 미세구조와 색깔에서 중국의 청자와는 다른 공정변수를 가지고 있다. 고려 도공들은 그들 나름의 청자를 만들어 내기 위해서 특색있는 기술공정과 작품의 기법을 개발한 것이다. 그리고 그들은 세계에서 처음으로 자기에 붉은색을 내는 구리의 발색기법을 창출했다.

6) 의약학과 생물학

(1) 고려의학의 자주적 발전

고려의학은 12세기에서 13세기에 이르면서 차츰 자주적 발전의 기운이 일어나게 되었다. 고려인에 의한 몇 가지 의서의 저술, 즉 金永錫의《濟衆立効方》, 崔宗峻의《新集御醫撮要方》, 그리고《鄕藥救急方》등의 출현은 그것을 말해주고 있다.《제중입효방》은 의종대에 편찬된 의서인데, 이 책은 김영석이 인종과 의종의 두 대에 걸쳐 여러 요직을 역임하면서 신라와 송나라의 의서를 참고하여 편집한 것이다. 이 책은 지금 남아 있지 않아서 그 내용을 모두 알 수는 없고, 다만 그 중의 한 처방만이 조선 초기에 편찬된《鄕藥集成方》중에 들어 있을 뿐이다. 그 처방은 풍문·중풍·반신불수를 치료하는데 솔잎 5말 가량에 소금 2되를 넣어 찐 뒤에 그것을 주머니 속에 넣어 수족이 불편한 동통의 부위에 찜질하는 것이다.

그런데 이러한 처방은 당나라의 의서인《外臺秘要》에 千金方을 인용한 여러 처방 중에 靑松葉의 즙과 청주를 혼합하여 내복하는 방문이 있을 뿐,《제중입효방》에서 보는 바와 같은 외용적 치료법은 찾아볼 수 없고, 당송의 의

학을 거의 집대성한 《聖濟總錄》에서도 찾아볼 수 없다. 이것은 《제중입효방》이 편풍증을 치료하는 기본약제로는 《외대비요》에 인용된 천금방의 솔잎을 채택하면서도 치료의 방법에 있어서는 독자적인 경험적 처방을 쓰고 있다. 이것은 한 가지 처방에서 나타난 보기이기는 하지만, 이 의서의 책이름에서도 볼 수 있는 것처럼, 여기에 실린 많은 처방들이 고려인들 사이에 널리 전해져 내려오고 있던 경험적 민간요법을 담고 있었을 가능성이 높다.

《新集御醫撮要方》은 李奎報의 서문에 의하면, 그 원본은 왕실 尙藥局 약실에 이미 있었던 것으로 신효한 처방들이 기재되어 있었다. 그것이 오랜 세월이 흘러가면서 거의 잃어버리게 됨을 최종준이 애석하게 생각하여 고종의 재가를 받아 가장 요긴한 처방들을 첨가하여 간행한 것이다. 그래서 이 《신집어의촬요방》은 실용적인 왕실의약의 처방집으로 매우 중요한 의서의 하나로 꼽혔다. 이 책은 그 후 조선시대에 진주에서 간행된 판본이 있다. 이 고려의서는 《향약집성방》에도 12개의 처방이 인용되고 있는 것으로 볼 때, 고려에서 생산되는 의약에 의한 고려인의 처방이 많이 들어 있음을 알 수 있나. 그리고 그 처방들은 조선의학으로 이어진 것이다.

이 처방들은 중국의학의 학문적 체계를 이어받고는 있지만, 그 실용방법에 있어서는 반드시 그렇지 않은 허다한 것을 발견할 수 있다. 이것은 이 책이 당·송의 의학적 지식을 단순히 발췌하거나 모방한 것이 아니고, 어느 정도의 독자적 경험이 성숙되어 나온 것을 말해주고 있다.

《향약구급방》은 이 중에서 가장 주목할 만한 책이다. 그것은 현존하는 우리 나라의 의서 중에서 가장 오래된 것이다. 이 책은 고종 23년(1236)경에 초간되고, 조선 태종 17년(1417)과 세종 9년(1427)에 각각 중간되어 조선의학의 발전에 큰 영향을 미쳤다.

이 책은 3권 1책으로 되어 있다. 그 내용은, 상권에 모든 중독증세와 급·변사, 인사불성의 치료법이 써 있고, 중권에는 외과 특히 瘡疽 및 五官科 구급증의 응급처방법이 있고, 하권에는 부인 및 소아잡방, 복약법 및 藥性相反과 古傳經驗方 등이 써 있다. 그리고 권말에 부록으로 향약 즉 고려산 의약 180종에 대한 속명이 붙어 있고 약성 및 채취법 등이 간략하게 설명되어 있다.

결국 이 책의 간행은 그 때까지 많이 쓰이던 외국산 약재 특히 중국약재들을 고려산 약재 즉 향약으로 충당하려는데 그 의도가 있었다. 이러한 고려산 약재의 개발과 연구는 종래까지 중국 의약지식에 의존하던 고식적 태도에서 벗어나서 의약의 독자적 연구와 학문체계를 세우는 일을 가능케 하는 전환점이 된 것이다. 이런 자주적 경향은 그 후에도 계속되었다. 그리하여 고려 말경에 이르러서는 향약의 지식은 本草學으로서의 학문적 체계가 서게 되어 《三和子鄕藥方》을 비롯한 《鄕藥古方》, 《鄕藥惠民方》 등, 고려의 독자적 의약학서의 출현으로 나타나게 되었다. 이것은 고려의학의 자주적 발전의 기틀이 세워졌음을 말하는 것이다.

(2) 고려의약학의 체계적 전개

12세기에서 13세기에 이르는 사이에 이루어진 고려의학의 자주적 발전은, 13세기 이후 나타난 많은 고유의 향약의서로 그 학문적 체계가 서게 되었다. 《三和子鄕藥方》·《鄕藥古方》·《東人經驗方》·《鄕藥惠民經驗方》·《鄕藥簡易方》·《診脈圖訣》 등이 그것이다. 이 여섯 가지 의서들은 모두 산일되어 없어졌으나, 《진맥도결》을 제외한 나머지 책들은 조선 초에 간행된 《향약집성방》 중에 그 처방들이 인용되어 남아 있어서 그것들을 통하여 고려 말의 향약서의 내용이 개략적으로 재구성될 수 있다. 그것들은 다음과 같이 요약된다.

《삼화자향약방》은 고려 말의 임상서로서 그 당시 의원들이 널리 쓰던 의약서였다. 이 사실은 조선 태조 7년(1398)에 성립된 《鄕藥濟生集成方》에 權近이 쓴 서문에서 다음과 같이 밝히고 있다.

> 우리 나라 풍속이 흔히 한 가지 약초로 한 가지 병을 고쳐 효를 보게 마련인 것은 많이 경험한 바다. 일찍 《삼화자향약방》이 있어 자못 간요하나 그 생략된 것을 흠으로 알았더니, 지난번 지금 判門下 權公仲和가 徐贊이란 사람을 시켜 더욱 모으고 편집해서 簡易方을 저술하였으나, 그 책이 오히려 세상에 널리 쓰이는 바 못되었다.…위로 임금의 마음을 본받아 서울에다 제생원을 두고 …(權近, 〈鄕藥濟生集成方序〉, 《東文選》 권 9).

이 서문은 《삼화자향약방》이 《향약간이방》과 《향약제생집성방》의 기본자료였음을 말하고 있다. 그리고 이 책은 그 뒤 《향약집성방》을 편찬할 때도 기초

자료로서 중요한 역할을 했을 것이다. 그것은《향약집성방》이 病門을 46대강목으로 분류하였는데 그 중에서 28강목에 걸쳐 190여 처방이나 인용되었고 부인과와 소아과에서도 30종에 달하는 처방이 인용된 것으로 짐작할 수 있다. 이와 같이《삼화자향약방》이《향약집성방》에 널리 인용된 것은 그것이 그 당시에 가장 실용적인 향약의서였다는 것을 말하는 것이다.

《향약고방》은 신라시대 또는 고려 전기에 걸쳐 전해오는 민가에서 상용하던 약방으로 된 경험의서로서《향약집성방》중에는 겨우 4개의 처방이 인용되었을 뿐이다.

《동인경험방》역시 고려 때 경험방을 수집한 것으로 위에서 본 권근의《향약제생집성방》의 서문에 의하여 알려져 있다. 이 책의 내용은 그 처방이《향약집성방》에 6개,《新編集成馬醫方牛醫方》에 5개가 인용되어 있어서 그 일부를 엿볼 수 있는데, 다소 독자적인 특색을 찾아볼 수 있다. 그러나 이 책이 전혀 고려인들의 전통적 경험방만을 수집한 것이라고 속단할 수는 없고, 비교적 다른 향약방에 비하여 실증적인 특색이 짙다는 것이 그 특징이라 하겠다.

《향약혜민경험방》도 역시 고려 때의 향약의서였다. 이 책도 지금 남아 있지 않으나 조선 태조 2년에 전라도 按廉使 金希善이 都評議使司에 한 보고서에서 각 도에 의학교수 한 사람씩을 보내어《향약혜민경험방》을 학습케 하라고[19] 기록된 것에서 이 책의 존재가 확인되고 있다. 그리고《향약집성방》중에 26개의 처방이 11문에 걸쳐 인용되고 있어 그 내용의 일부를 엿보게 한다.

《향약간이방》은 위에서 말한《삼화자향약방》에 권근이 서문에 쓴 것과 같이 삼화자방이 너무 간략하므로 권중화가 서찬에게 지시하여 그것을 더 수집·증보한 것이다. 이 책도 그 후 다시 조선 초의《향약제생집성방》의 원본이 되었다. 이 책은 고려 말에 있었던 향약에 의한 처방들을 수집한 것임은 분명하지만, 그것이 편찬된 시기도 고려 말이었는지는 사실상 확실하지 않다. 그러나 이 책에 담겨진 향약처방들은 모두 고려 때 것이 확실하므로 이 의약서를 고려의서로 다루게 된 것이다. 여기 실린 처방들은《향약집성방》에 13문에 걸쳐 50여 가지가 인용되고 있는 것으로 미루어 그 당시에 있었던

---

19)《太祖實錄》권 3, 태조 2년 2월 을해.

중요한 의약서의 하나였을 것으로 생각된다.

《진맥도결》도 공양왕 원년(1389)에 鄭道傳이 편찬한 것으로 되어 있다. 그러나 이 책은 이미 산일되어 그 내용의 전부를 알 수는 없다. 다만 李崇仁의 〈診脈圖誌〉에 의하여 이 책이 주로 진단에 필요한 제가의 맥법을 도결로써 해설한 것이라는 사실을 알 수 있을 뿐이다. 아마도 송·원으로부터 전해오는 맥법을 알기 쉽게 그림으로 해설한 책이라고 생각되고 있다.[20]

이렇게 고려 말기에 사용되던 향약의약서의 처방내용을 종합하여 보면, 그것들은 대체로 당·송의 의약학지식의 바탕 위에 성립된 한국산 약재에 의한 각종 처방이 연구·수집되어 이루어진 고려의약학의 자주적 발전의 결실을 담고 있음을 알 수 있다. 이제 고려의약학은 중국의학의 학문적 체계를 바탕으로 하면서도, 중국 의존의 일변도에서 벗어나서 독자적 발전으로 도약할 수 있는 바탕이 완성된 것이다.

(3) 의약의 교류

고려 후기의 의약지식은 원나라와의 활발한 교류에 의해서 더욱 확대되었다. 고려는 원나라를 통해서 이른바 서역사람들 즉 아랍인들과 페르샤인들의 의약지식과 그 곳의 약재에 접할 수 있었다. 그리고 그들이 가지고 있던 서유럽의 의학지식과도 접하고 있었다. 또 아랍상인들은 여러 차례 직접 고려에 와서 각종 의약재를 전해주었다.

원나라와의 교류는 충렬왕 때에 특히 활발했다. 《고려사》에 의하면 원나라에서는 여러 차례 이름있는 의사를 보내왔다. 또 고려에서는 충선왕 때 원나라의 초청으로 명의를 보내기도 했다. 약품의 교류는 더 활발했는데, 충렬왕 때만도 20차례나 되는 교류가 기록에 나타난다. 고려에서는 그 전에 송나라에 보냈던 것처럼 인삼·송자·목과·향차 등을 보냈다. 그리고 원나라에서는 주로 향약과 포도주가 수입되었다. 그러나 이 시기의 교류는 주로 두 나라 왕실의 병을 고치기 위한 왕래로 이루어져, 전기에 송나라와 있었던 것같이 폭이 넓지는 못했다.

---

20) 金斗鍾, 《韓國醫學史》(探求堂, 1966) 참조.

원나라에서 고려에 들어온 의약품 중에서 알콜류는 주목할 만한 것이다. 알콜은 소주의 형태로 고려 말에 급속도로 퍼져 나갔다. 소주를 아라기주라고 부르던 것은 알콜의 아랍어에서 비롯된 것이다. 《고려사》에는 공민왕 때 경상도원수 金續이 부하 장병들과 소주를 즐겼다는[21] 기사가 있다. 소주라는 말은 양조주와 다른 증류주를 불을 때서 증류하여 만드는 술이라는 데서 유래된 것이다. 소주를 증류하여 만드는 기구인 소주고리는 아랍사람들이 쓰던 알콜 증류기와 아주 비슷하다. 알콜은 그 증류법과 함께 원나라를 통해서 고려에 들어오고, 그것은 소주라는 새로운 술로 널리 퍼지게 되었다.

고려 후기에는 또 남방 열대지방에서 산출되는 약품들이 많이 수입되었다. 유구와 타이에서도 토산물을 바친 일이 있다. 《고려사》에 의하면 그런 특산품 중에서 약품과 관련된 것을 보내온 기사들이 충렬왕 때와 공민왕 때 7회 나타나고 있다. 남국에서 보내온 것들 중에는 향약·소목·후추·사탕 등 고려에서는 산출되지 않는 희귀한 약품들이 들어 있어 고려사람들에게 많은 자극을 주었고, 그들의 의약지식의 폭을 넓히는데 기여했다.[22]

(4) 의료제도의 변천

고려의 의료제도는 초기에 당의 제도에 의하여 정비되었던 것이, 문종 때는 송의 제도를 참작하여 다시 개혁하여 太醫監과 尙藥局을 두 기둥으로 하는 중앙의 의료기구로 정착되었다. 이 제도가 후기에 이르러 태의감이 司醫署·典醫寺 등으로 바뀌기를 거듭하고, 상약국은 奉醫署·掌醫署로 바뀌기를 거듭하는 변화가 있었다.

그러나 후기에도 중앙의료기구는 태의감과 상약국의 전통 위에 그 제도가 유지되고 있었다고 할 수 있다. 그것들이 어떻게 변하고 있었는지 적어보면 다음과 같다.

충렬왕 34년(1308)에 전의시(태의감)는 사의서로 이름을 바꾸고 提點(정3품) 2명, 令(정3품) 1명, 正(종3품) 1명, 副正(종4품) 1명, 丞(종5품) 1명, 郎(종6품)

21) 《高麗史》 권 113, 列傳 26, 崔瑩.

22) 金斗鍾, 앞의 책, 142~148쪽.

1명, 直長(종7품) 1명, 博士(종8품) 2명, 檢藥(정9품) 2명, 助敎(종9품) 2명을 두었다.[23] 이것은 문종 때의 태의감 인원과 비교할 때, 종9품 이상의 관리 2명이 늘어난 셈이다. 그리고 관직명도 많이 바뀌고 있는 것이 눈에 띈다. 사의서는 그 후 전의시로 이름을 바꾸고 제점을 없애고 영을 판사로, 랑을 主簿로 고쳐 불렀다. 제점은 원래 金의 太醫院 및 御藥院 제도에 처음으로 쓰이게 된 이름인데 그것이 원나라에 이어졌던 관직이었다. 충렬왕이 그 명칭을 제점으로 바꿨던 것은 원나라의 제도에 따랐던 것이라고 하겠다.

공민왕 5년(1356)에 전의시는 다시 태의감으로 이름이 바뀌었다. 그리고 正을 감, 부정을 소감으로 고쳐 부르고 검약을 없앴다. 그러던 것이 공민왕 11년에는 또다시 전의시가 된다. 감은 정이 되고, 소감은 부정으로 하고 검약을 도로 만들었는데, 7년 후인 공민왕 18년에는 또 바뀌어 태의감이 되어 관직명도 환원되었다.[24] 그것은 3년 만에 다시 전의시로 되돌아가서 관직명도 바꾸었다. 16년 동안에 세 번 바뀐 것이다. 원나라의 압력을 물리치려는 끈질긴 의도가 깔려 있었던 것으로 생각된다.

상약국은 봉의서로 되었다가, 충선왕 2년(1310)에 장의서로 바뀌었고 그 후 다시 봉의서로 되돌아갔는데, 영(종6품), 직장(정7품), 의좌(정9품)의 관직을 두었다. 그것이 공민왕 5년에는 尙醫局이라고 이름이 바뀌고 영을 奉御라는 문종 때의 관직명으로 바꿨다. 공민왕 11년에는 다시 봉의서라 부르고 봉어를 영으로 하였다. 공민왕 18년에는 다시 상의국으로 하고 봉어로 개칭했다가, 공민왕 21년에 봉의서로 다시 바꾸고 영으로 관직명도 바꾸었는데, 공양왕 3년에는 전의시에 병합되고 말았다.[25]

중앙의 다른 의료 관련기구인 東西大悲院과 惠民局은 오랫동안 없어졌다가 충숙왕 11년(1324)에 다시 설치하여 민중의 질병을 치료하도록 했다. 혜민국은 충선왕 때 사의서에 소속하게 했다가 공양왕 2년에 惠民典藥局으로 바꾸었다.

---

23) 《高麗史》 권 76, 志 30, 百官 1, 典醫寺 충렬왕 34년.
24) 《高麗史》 권 76, 志 30, 百官 1, 典醫寺 공민왕.
25) 《高麗史》 권 77, 志 31, 百官 2, 奉醫署.

(5) 동물의 사육

고려에서는 가축이 널리 사육되었다. 소·말·돼지·개·닭 등을 주로 길렀는데, 일반 농가에서는 사역하거나 식용을 위한 부업으로 사육하였다. 정부에서는 축산을 위해서 여러 기관을 설치하여 전담관리로 하여금 소관 사무를 관장하게 했다. 그러나 어떤 가축이 얼마나 사육되고 있었는지를 알 수 있는 기록이나 자료가 아직은 없다.

정부의 관서에서 사육·관리하는 가축류는 주로 말이었다. 말은 사람이 타는데 쓰였다. 왕의 行幸이나 여러 가지의 의식에 사용되고, 또 군용마나 역마 등으로 중요하게 쓰였다. 말을 사육하기 위하여 고려에는 10여 개 가량의 牧馬場이 설치되어 있었다. 특히 제주도의 목장은 그 규모가 가장 큰 것 중의 하나였다. 그리고 그것은 원나라에 의하여 관리되어 많은 몽고말이 방목되던 곳으로 알려져 있다. 제주목장에 대한 원나라의 간섭과 횡포는 심했지만, 그렇게 시달리면서 고려인들의 목마기술은 더 좋아지고, 품종의 개량도 있었을 것이다. 제주목장에서는 말 이외에 소·낙타·나귀·양 등도 사육되었으나, 별로 좋은 성과는 올리지 못했던 것 같다. 낙타가 사람을 태우거나 사역하는데 쓰였는지는 확실치 않다.

고려에서는 또 귀족들의 관상용 동물로 진귀한 외국산 동물들이 수입되어 사육되었다. 고려에 온 외국의 사신들이나 무역상들은 그런 동물들을 왕실에 헌상했다는 기록이 《고려사》에 여러 번 나타난다. 앵무새·공작·물소 등은 헌상품목에 자주 나타나는 것들이다. 궁중에 그러한 완상동물을 모아 놓은 동물원이 있었을 가능성이 있다.

목축과는 조금 다르지만 또 한 가지 사육된 동물이 있다. 사냥에 쓰이던 매를 기르는 기록에서 알 수 있듯이 고려에서는 매를 잘 길렀다. 매사냥이 유행하고 있었기 때문이다. 매의 사육은 그보다도 원이 늘 요구했던 海東青 즉 매의 수요를 채우기 위해서 행해지기도 했다. 해동청의 수요에 응하기 위해 鷹坊이 널리 설치되었다. 그러나 고려인의 매에 대한 생물학적 지식을 알 수 있는 자료는 거의 없다.

고려사람들의 가축에 대한 동물학적 지식은 말과 소에 관한 수의학적 처방법을 실은 馬醫方과 牛醫方으로 어느 정도 가늠할 수 있다. 조선 초기인 정종 원년(1399)에 성립된《新編集成馬醫方牛醫方》은 고려시대의 수의학적 지식의 전통을 계승한 것으로 알려져 있다. 이 책은 송·원의 마우방서와 고려인들의 경험방을 체계화한 것이다. 여기서 우리는 고려시대에 수의학에 관한 전통적 경험 처방들이 많이 실용되어 왔다는 것을 알 수 있다.

그 밖의 가축이나 동물에 대한 경험적 지식도 많았으리라고 짐작하지만 그것들을 체계화하거나 기술하는 작업을 고려사람들이 했다는 것을 알 수 있는 자료는 아직 없다.

〈全相運〉

2. 문자와 언어

1) 문 자

훈민정음이 창제되기 이전인 고려시대의 문자는 12세기 후반 이후에도 여전히 한자를 빌어 우리말을 적는 광범위한 한자차용표기체계와 정통한문이 있었을 뿐이다. 즉 借名·鄕札·吏讀·口訣의 네 가지 借字가 한문과 병행하여 사용되었다. 그러나 한문에 능숙한 지식인이 늘어나면서 점차로 차자표기보다는 외국어나 다름없는 한문이 더 큰 세력을 떨치게 되었고 차자표기는 제한된 범위에서만 사용하게 되었다. 네 가지 차자표기 가운데서 향찰에 의한 향가제작이 제일 먼저 그 맥이 끊어졌다. 이것은 시가부문의 변천과도 관련이 있을 것이지만 표기체계 자체의 번거로움도 향가의 제작을 기피하게 하였을 것이다. 차명은 원래 고유명사 표기에 쓰이던 것이었으나 고려에 오면 물건의 이름을 표기하는 방식에까지 확대되어 鄕藥名을 표기하는 수단으로 활용되었다. 13세기 중엽에 大藏都監에서 간행된 것으로 추정되는《鄕藥救急方》에는 147종의 향약명에 대한 차명표기가 실려 있다.

《향약구급방》에 실린 향약명 가운데 차명표기의 실례를 몇 개 살펴보면 다음과 같다.

借名表記	漢字表記	朝鮮朝의 한글표기
鷄 矣 碧 叱	鷄 冠	ᄃᆞᆯ ᄀᆡ 벼 슬
影 亇 伊 汝 乙 伊	蠷 蝦	그 르 메 너 ᄒᆞ 리
道 羅 次	桔 梗	도 ᄅᆞᆺ
熊 月 背	落 蹄	곰 ᄃᆞᆯ ᄇᆡ
沙 蔘 矣 角	鹿 角	사 ᄉᆞ ᄆᆡ ᄲᅳᆯ

그리고 관공서의 공문으로도 쓰이고 金石文으로도 널리 쓰이는 이두문은 실용적 필요성 때문에 더욱 활발하게 사용되었으며, 이런 이두의 통용은 조선조 말까지도 면면히 이어 내려왔다. 또한 구결도 그 전과 다름없이 지속적으로 사용되었다. 다만 고려 전기에는 사용되었다고 할 수 있는 구결자료가 없으므로 언급할 수 없었지만 12세기 후반 이후에 해당하는 고려 후기에는 釋讀口訣자료와 順讀口訣자료가 남아 있기 때문에 여기서 자세히 다루어 보고자 한다.

원래 구결은 중국에서 받아들인 불교와 유교의 한문경전을 우리말로 바꾸는 번역술의 표기방식이라고 할 수 있다.[1] 삼국시대 이래 한문원전이 우리 조상들에게 해독되었을 때 그 해독의 결과는 우리말로 번역된 글이었을 것이다. 그러나 그 번역된 글의 실체가 없기 때문에 薛聰의 경서풀이방법, 즉 明經術이 구체적으로 어떤 것이었는지 알 수가 없었다. 그런데 석독구결이 적힌 《舊譯仁王經》이 발견된 후에 석독구결의 참모습이 밝혀졌다.

먼저 《仁王經》이 어떤 불경인가를 간단히 살펴보겠다. 《인왕경》 신앙이 우리나라에 나타나기 시작한 것은 6세기 또는 7세기경으로 소급된다. 《인왕경》은 부처님의 나라 佛國土와 현세의 국토가 둘이 아니라 하나라고 하는 호국사상을 담고 있는 불경이다. 신라 진흥왕 12년(551)에 고구려에서 신라에 귀화한 惠亮法師가 百座講會를 열었다고 하는데 그 때에 인왕경을 강설했으리라 추측된다. 그 뒤 진평왕 30년(613)에는 圓光法師에 의해 《인왕경》이 강설되는 百高座講會가 열렸다고 하는 기록이 보인다. 그 무렵 圓測(613~696)도 《仁王經疏》를 지었다. 고려에 들어오면 百高座仁王道場을 90여 회에 걸쳐 열었던 것으로

1) '구결'을 '口授傳訣'의 준말로 보아 번역의 秘法을 傳授한다는 뜻으로 해석하려는 견해가 있다. 통용되는 의미는 '吐'라 하며 한문해석에 필요한 보조기능의 입겿이다. 南豊鉉·沈在箕, 〈舊譯仁王經의 口訣研究〉(1)(《東洋學》 6, 檀國大 東洋學研究所, 1976).

기록되어 있다. 현종 3년(1022)에는 內殿에 승려들을 모아 놓고《인왕경》을 강론하였고, 공양왕 2년(1390)에는 仁王佛을 별전에 안치하고 아침 저녁으로 예배하였다. 요컨대《인왕경》은 그 경전이 가르치고 강조하는 호국신앙으로 말미암아 외세에 시달리던 고려가 민족적 자주성을 지키려고 노력하는 동안, 그러한 노력에 힘을 주는 정신적 기반이 되어 있었다.

이러한《인왕경》이 1973년 12월에 忠淸南道 瑞山郡 雲山面 胎封里에 있는 文殊寺의 金銅如來坐像의 腹藏遺物로 발견되었다. 그것은《구역인왕경》상권의 목판본 경판 다섯 장에 불과한 것이었는데, 여기에 종래에는 상상하기조차 어려웠던 한자의 약자와 부호가 한문 원문의 좌우에 붓으로 써넣어져 있었다.[2] 이것이 신라시대 설총이 후생들에게 가르쳤던 경서풀이 곧 한문해석법과 통하는 것이요, 후대의 구결과 직결되는 원초적 구결의 모습임을 확인하게 되었다. 함께 발견된 다른 유품 가운데 연대가 가장 이른 것이 숙종 2년(1097)이요, 가장 늦은 것이 충목왕 2년(1346)인데,《구역인왕경》은 복장할 당시에 이미 꽤 오래된 것을 사용하였으므로 상한연대인 숙종 2년보다 앞선 시기에 간행된 것일 수도 있다. 적어도 고려 후기가 시작되는 12세기 중엽에는 그 경문 안에 적힌 구결이 기입되었을 것으로 추정된다.[3]

그런데 여기에 적힌 구결은 한문의 문장구조와 우리말의 문장구조상의 차이를 극복하기 위하여 다음과 같은 두 가지 표기 원칙을 세우고 있다.

첫째, 어순의 차이 즉 우리말 순서대로 읽게 하기 위하여 구결을 한문 원문의 오른쪽과 왼쪽에 나누어 적는다.

둘째, 왼쪽에 구결을 적음으로써 읽기를 보류했던 부분으로 연결시켜 주는 부호로서 "、"(점)을 찍었다.

그러므로 오른쪽의 구결을 따라 읽어 가다가 "、"이 나오면 왼쪽 구결이 있는 곳으로 거슬러 올라가 읽으면 자연스럽게 우리말로 바뀌게 되어 있다. 좌우로 구결을 갈라 쓰는 일과 거슬러 올라가 읽으라는 "、"을 찍는 방법으로

---

2) 가로 56㎝, 세로 31㎝의 淡黃色 韓楮紙에 匡廓 크기는 52.5㎝×22.5㎝ 목판이 인쇄되었다.《舊譯仁王經》권 상의 2, 3, 11, 14, 15의 5장으로 1행 17자 25행이 1장에 적혀 있다. 여기에 口訣만 손으로 써 넣었다.

3) 南豊鉉,〈舊譯仁王經 釋讀口訣의 年代〉(《東洋學》15, 檀國大 東洋學硏究所, 1985) 참조.

子座上如金剛山王大衆歡喜各各現無量
神通地及虛空大衆而住

한문의 통사구조를 우리말 통사구조로 바꾸게 하는 지극히 간편하고도 요령있는 방법이었다. 이렇게 풀어 읽는 구결이기 때문에 이것을 釋讀口訣이라 하게 된 것이다. 그런데 현재까지 석독구결 자료로 완벽한 것은《구역인왕경》외에《大方廣佛華嚴經》·《瑜伽師地論》·《合部金光明經》등이 세상에 알려져 있다. 이러한 釋讀(풀어읽기)의 방법은 오늘날에도 일본에서 한문을 읽는 방법으로 통용되는 것인데, 우리 나라에서도 일찍이 고려시대에 그러한 한문 해독방법이 있었음을 이《구역인왕경》의 석독구결자료가 발견되어 입증할 수 있었다(오른쪽 인용원문 참조).

이것을 해독하면 다음과 같이 순서가 조정된다.

> 大衆ㄱ 歡喜ソㄅ各ラ各ラ尒量無ヒㄱ 神通乙現ろㅌハニㄱニ
> 地ニ及ハ虛空ニノラ十大衆リ而ㅆ住ソㅌハㅣ

원문에는 量과 神通 다음에 "、"이 있고 現과 無에는 왼쪽에 구결이 붙어있다. 이것을 석독구결의 읽기방법에 따라 고쳐 놓은 것이 위의 글인데 이것을 고려시대 사람들은 자연스런 우리말로 바꾸어 읽었을 것이다. 현대어로 읽으면 다음과 같다.

> 큰 무리는 환희하여 제각기 헤아릴 수 없는 신통(력)을 나타내었으니
> (그리하여) 땅과 및 허공에 큰 무리가 머물게 되었다.

이와 같은 석독구결은 均如가 남긴 불경의 記釋에도 간간히 나타나고 있어서 석독구결의 전통은 10세기 중반까지도 소급할 수 있는 것인데,[4] 중요한 점은 한문을 해석하는 과정에서 생기는 우리말 토를 한자로 표기할 때에 처음에는 완전한 한

4) 南豊鉉, 〈釋讀口訣의 起源에 대하여〉(《국어국문학》100, 1988) 참조.

자를 충실하게 사용하였을 것이지만 조만간 위에서 볼 수 있는 바와 같이, 한자의 일부 획만을 이용하는 略體口訣을 개발하였다는 사실이다. 한문으로 된 원전의 행간에 학습자가 알아보기 쉽도록 간략하게 약체를 발전시킨 것은 한자를 이용하여 새롭고 간편한 문자를 하나 더 만들었다는 의미를 갖는다.

이 약체구결자 가운데에는 글자모양에 있어서 일본의 가다가나(片假名) 문자와 흡사한 것이 많다. 한자의 일부 획을 이용하다 보면 같은 형태의 글자를 얻게 되는 것은 얼마든지 가능한 일이다. 만일에 신라시대에도 이러한 약체구결문자가 확인된다면 그것과 일본의 가나문자와의 관련성을 생각해 볼 수 있겠지만, 현재로서는 그 가능성만 짐작할 수 있을 뿐이다.

한문을 학습하는 모든 사람들은 그 한문을 우리말로 해석하여야만 그 뜻을 완전하게 파악하는 것이 된다. 따라서 석독구결이 개발되었다는 것은 한문 원문을 거의 완벽하게 우리말로 옮길 수 있도록 되었으며 동시에 그것을 구결로 표기할 수 있었다는 것을 의미한다. 이 때에 대체로 약체구결문자를 사용하는 것이 일반적인 관행이었으므로, 거듭 강조하거니와 이 약체구결자는 훈민정음이 창제되기 이전에 통용되었던 우리 문자의 하나가 되는 셈이다. 물론 이 약체구결자는 문자로서는 많은 약점을 지니고 있다. 학풍이나 학습자의 취향에 따라 서로 다른 글자로 동일한 음을 표기하기도 하고, 또 어떤 것은 음절말 자음만을 나타내고, 어떤 것은 완전한 하나의 음절을 나타내기도 하여 정연한 체계를 세울 수 없다는 점이 모두 구결문자의 약점들이다. 훈민정음의 창제는 이러한 구결의 관점에서 보면, 구결문자의 불완전성을 깨끗하게 극복한 민족문화사상의 쾌거라고 보아야 한다.

다시 《구역인왕경》의 구결로 돌아와 살펴보면 여기에 나타난 약체구결자는 50여 개에 이른다(도판 참조). 그것들의 原字, 추정되는 대표음, 하나의 훈을 차용하였는가, 음을 차용하였는가, 또 그 略體는 원자의 초서체로부터 온 것인가, 해서체로부터 온 것인가, 또 그 약체가 필순으로 보아서 원자의 앞부분인가, 뒷부분인가, 또는 글자 전부를 그대로 이용하였는가, 일부분인가(대부분 일부분이다) 등에 대하여서는 아직 완전한 결론에 이르지는 못하였으나 지금까지의 연구성과는 다음과 같다.

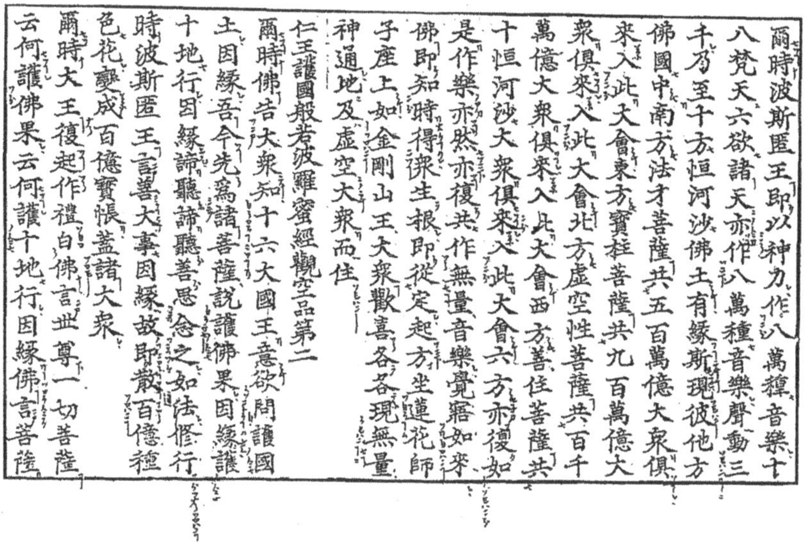
爾時波斯匿王即以神力作八萬種音樂十
八梵天六欲諸天亦作八萬種音樂聲動三
千乃至十方恒河沙佛土有緣斯現彼他方
佛國中南方法才菩薩共五百萬億大衆俱
來入此大會東方寶柱菩薩共九百萬億大
衆俱來入此大會北方虛空性菩薩共百千
萬億大衆俱來入此大會西方善住菩薩共
十恒河沙大衆俱來入此大會六方亦復如
是作樂亦然亦復共作無量音樂覺寤如來
佛即知時得衆生根即從定起方坐蓮花師
子座上如金剛山王大衆歡喜各各現無量
神通地及虛空大衆而住
仁王護國般若波羅蜜經觀空品第二
爾時佛告大衆知十六大國王意欲問護國
土因緣吾今先爲諸菩薩說護佛果因緣護
十地行因緣諦聽諦聽善思念之如法修行
時波斯匿王言善大事因緣故即散百億種
色花變成百億寶帳蓋諸大衆
爾時大王復起作禮白佛言世尊一切菩薩
云何護佛果云何護十地行因緣佛言菩薩

口訣字	代表音	本字	字形	字音	舊譯仁王經	大方廣佛華嚴經疏	大方廣佛華嚴經卷14	金光明經 卷3	釋華嚴敎分記	瑜伽師地論卷20
良	ㄱ	良	全字	音假				○		○
ハ	ㄱ/기	只	省劃	音假	○	○	○	○		○
去	거	去	全字	音假	○	○	○	○		○
ナ	겨	在	省劃	訓假	○	○	○	○		○
ロ	고	古	省劃	音假	○	○	○	○		○
人	과	果	省劃	音假	○	○	○	○		○
尒	금	彌	省劃	訓假	○	○	○	○		○
印	ᄀᆞᆺ/ᄀᆞᆮ	印	全字	訓假			○			
十	긔/희	中	省劃	訓假	○	○	○	○		○
這	ᄀᆞᆮ/ᄀᆞᆽ	這	全字	訓假	○		○			
丁	ㄴ	隱	省劃	音假	○	○	○	○		○
隱	ㄴ	隱	全字	音假					○	
乃	나	那	省劃	音假	○	○	○	○		○
又	노	奴	省劃	音假	○	○	○	○		
卜	누	臥	省劃	訓假	○	○	○	○		○
ヒ	니	尼	省劃	訓假	○	○	○	○		○
ㅌ	ᄂᆞ	飛	省劃	訓假	○	○	○	○		○
斤	ᄂᆞᆯ	斤	全字	音假			○			○
丨	다	多	全字	音假	○	○	○	○		○

口訣字	代表音	本 字	字 形	字 音	舊譯仁王經	大方廣佛華嚴經疏	大方廣佛華嚴經卷14	金光明經 卷3	釋華嚴敎分記	瑜伽師地論 卷20
如	다	如	全字	訓假					○	
丁	뎌	宁	全字	音假	○	○	○	○		○
刀	도	刀	全字	音假	○	○	○	○		○
斗	두	斗	省劃	音假	○	○	○	○		○
豆	두	豆	全字	音假					○	
矢	디	知	省劃	音假	○	○	○	○		○
の	ᄃᆞ	入	全字	訓假	○		○			
入	ᄃᆞ	入	全字	訓假		○	○	○		○
厶	ᄃᆡ	矣	省劃	訓假	○	○	○	○		○
矣	ᄃᆡ	矣	全字	訓假			○			
乚	ㄹ	乙	省劃	音假	○	○	○	○		○
罒	라	羅	省劃	音假	○	○	○	○		○
灬	로	以	全字	訓假	○	○	○	○		○
禾	리	利	省劃	音假		○				
扌	리	利	省劃	音假	○		○	○		○
立	ㅁ	音	省劃	音假						○
亣	ㅁ	音	省劃	音假	○	○	○	○		○
ケ	며	彌	省劃	音假	○	○	○	○		○
勿	믈	勿	全字	音假		○				
邑	ㅂ	邑	全字	音假		○				○
火	ᄫ	火	全字	訓假	○	○	○	○		○
心	ㅅ	止	全字	音假			○	○	○	
七	ㅅ	叱	省劃	訓假	○	○	○	○		○
氵	사	沙	省劃	音假	○	○	○	○		○
亣	셔	立	省劃	訓假			○			
立	셔	立	全字	訓假		○	○			
彳	셔	徐	省劃	音假	○	○	○	○		○
二	시	示	省劃	音假	○			○		○
易	ᄉᆞ	賜	省劃	音假		○	○	○		
白	ᄉᆞᆲ	白	全字	訓假	○	○	○	○		○
阝	아	良	省劃	音假	○	○	○	○		○
与	여	與	省劃	音假		○				
亠	여	亦	省劃	音假			○	○		○
⺀	여	亦	省劃	訓假	○	○	○			
亦	여	亦	全字	音假					○	
之	예	之	全字	訓假	○	○	○	○		○
乊	오	乎	省劃	音假	○					
乛	오/호	乎	省劃	音假	○	○	○			○
刂	이	是	省劃	訓假	○	○	○	○		○

口訣字	代表音	本 字	字 形	字 音	舊譯仁王經	大方廣佛華嚴經疏	大方廣佛華嚴經卷14	金光明經 卷3	釋華嚴敎分記	瑜伽師地論卷20
ラ	이/의	衣	省劃	音假	○	○	○	○		○
㐧	자히	第	全字	訓讀	○					
造	지ᇫ	造	全字	訓假			○			
亝	져	齊	省劃	音假	○	○	○	○		○
下	하	下	全字	音假	○	○	○	○	○	○
ノ	호	乎	省劃	音假	○	○	○	○		○
好	호	好	全字	音假					○	
亐	히	兮	省劃	音假	○	○	○	○		○
ソ	ᄒᆞ	爲	省劃	訓假	○	○	○	○		○
亽	?	?	?	?		○	○	○		○
弋	?	?	?	?		○				
巴	?	?	?	?	○					
甲	?	?	?	?		○				
毛	?	?	?	?	○					
于	우	于	全字	音假	○			○		
子	ᄌᆞ	?	?	?	○	○	○			○

이 구결토를 유형별로 나누면 格助詞와 用言의 活用語尾 및 接尾辭 등으로 갈라볼 수 있는데, 실제의 문맥에서 우리말로 바꾸었을 때 학습자가 편하게 읽는 것이 주목적이었기 때문에 생략과 탈락이 심하게 드러난다. 《구역인왕경》의 경우에, 토의 총계는 314개에 이르고 있다. 따라서 한문을 우리말로 풀이하고자 할 때에 얼마나 세밀한 부분에 이르기까지 표기하려고 하였으며, 또 그것이 가능하였던가를 충분히 확인할 수 있다. 유감스러운 것은 이 《구역인왕경》의 구결자료와 시기상 연계되는 다른 자료가 충분치 않아 좀더 완벽한 해독을 위해서는 세월을 기다려야 한다는 점이다. 《구역인왕경》의 구결토 일부를 예시해 보면 다음과 같다.5)

(1) ㄱ(2:8)　　(2) 乙(2:1)

(3) 乙ソㄱヒカソナ丨(14:16)　　(4) 丨ソㄱ(14:12)

(5) 丨ソナ丨ソ=下(14:14)　　(6) のㄱ(15:3)

(7) の乙ソ丨八白ろㄱの〻(11:22)　　(8) ノ(14:5)

---

5) (　)의 숫자는 앞의 것이 張이고 뒤의 것이 行이다(곧 2:8은 二張 八行이다). 그리고 제일 처음 나오는 것 하나만을 예로 들었다.

(9) ノソニロト1丁リ3(3:20)	(10) 3(3:18)
(11) 3ロ1のッソろ丨(11:2)	(12) ろ(3:18)
(13) ろ巨ハニ1ニ(3:14)	(14) 七(2:1)
(15) ヒソ矛尸ロノ矛1の以こ(15:5)	(16) ニ1(2:14)
(17) ニト1リナ丨(14:13)	(18) リ(2:1)
(19) リ亏ソ分ソ1のッこ(5:15)	(20) こ(2:4)
(21) ニノ矛リソ白ろ1ム(2:5)	(22) 人(11:1)
(23) 人ソニトろ1の乙ソく(3:17)	(24) ラ(2:3)
(25) ラノ1乙ソく(15:8 欄外)	(26) ナ1(11:20)
(27) ナハニ下(2:3)	(28) ッ(2:9)
(29) ッソニ分(11:9)	(30) トろ(15:8)
(31) ト1ソ皿(11:23)	(32) 十(2:3)
(33) ハ(2:5)	(34) 刀(2:13)
(35) 分(3:19)	(36) ソ(3:24)
(37) ソヒ彳ソニト1リ3ヒロソ巨ハニ分(2:)	(38) ロハニ1(11:11)
(39) 巨ハニ1(2:6)	(40) 巨刀ソナ丨(11:19)
(41) 氵(2:13)	(42) 氵ナ亠ヒ丨(15:19)
(43) 去(14:8)	(44) 下(3:22)
(45) 于(2:21)	(46) 尸矢ヒソ3(15:9)
(47) 尔(2:7)	(48) 尔ソ1(11:25)
(49) 亠(15:6)	(50) 亐(2:9)
(51) 毛ソ巴ハ(2:23)	(52) 矢(3:3)
(53) 矢リナ1リ分(15:4)	(54) 白(3:17)
(55) 白3ロろこソ1乃(3:17)	(56) 多ソ3(15:21)
(57) 多ソ矛ナ丨(3:24)	(58) 当ヒ(15:7)
(59) 亏(2:13)	(60) 這(2:5)

《구역인왕경》에서 볼 수 있는 것과 같은 석독구결은 점차 쇠퇴하는 대신에 順讀口訣이 발달하였다. 한문 원문을 훼손시키지 않은 채 우리말로 바꾸는 작업은, 구결토를 오른쪽과 왼쪽에 나누어 적어야 하고 "·"을 찍어서 풀이를 유보하고 왼쪽에 구결토를 적었던 敍述語계통의 말을 거슬러 올라가 읽어야 하는 번거로움을 갖고 있었다. 그러므로 한문독해력이 향상됨에 따라 語句 단위로 끊어서 읽는 단순화한 구결이 나타나게 되었다. 이것이 이른바 순독구결이다. 오늘날 우리가 알고 있는 대부분의 구결자료는 순독구결인데,

이러한 순독구결자료는 아무리 오래된 것이라 할지라도 《구역인왕경》보다 시기상으로 앞서는 것은 없다. 이것은 석독구결이 간명하게 투식화하면서 순독구결로 한문의 해독법이 바뀌었음을 뜻하는 것이다.

고려시대 순독구결자료로 가장 오래된 것은 安東本《南明泉和尚頌證道歌》(略稱 安東本《南明集》)로서 고종 26년(1239)에 鑄字本으로 간행된 책에 역시 붓으로 써넣은 구결이 있다. 책의 간행연대에 비추어 구결자료가 13세기 이후의 것인 점은 분명하나 14세기까지 내려가지는 않을 것으로 추정된다.6) 비록 순독구결자료이기는 하나, 《구역인왕경》과 연계될 수 있는 가장 가까운 시기의 자료라는 점에서 주목되는 것이다. 여기에는 58개의 구결문자가 사용되었다.

번호	구결	본자 음
1 획		
1	ㄱ	隱 ㄴ/은
2	ㅣ	多 다
3	丶=㣺	羅 라
4	㇇=ア	面 면
5	う	良 애/에
6	㇆	也 야
7	ㄹ	乙 을
8	㇏	是 이
9	ノ	乎 호
2 획		
10	乃=尹	那 나
11	亠	亦 녀/여
12	ㄷ	尼 니
13	カ	加 더
14	丁	丁 뎡
15	刀=ヲ	刀 도
16	斗	斗 두
17	入	入 ᄃ/드
18	ム	矣 듸
19	又	奴 로/노
20	刂=禾	利 리
21	㫊	旀 며
22	ア	〃面 면
23	七	叱 ㅅ
24	ニ	示 시
25	ㄗ	阿 아
26	ム=㇆	〃也 야
27	ト	臥 와
28	㇋	衣 의/ᄋᆡ
29	ソ	爲 ᄒᆞ
3 획		
30	口	古 고
31	去	去 거
32	ㅌ	飛 ᄂᆞ
33	大	大 대
34	土	地 디
35	㣺=丶	〃羅 라
36	以	以 로
37	广	麻 마
38	久=㫊	旀 며
39	士	士 ᄉᆞ
40	氵	沙 사
41	△也=㇆	也 야
42	才=亽	於 어
4 획		
43	△尹=乃	〃那 나
44	宁	宁 뎌
45	△斗=斗	〃斗 두
46	月	月 ᄃᆞᆯ
47	禾=刂	〃利 리
48	火	火 ᄇᆞ
49	亽=才	〃於 어
50	午	午 오
51	兮	兮 히
5 획		
52	可	可 가
53	叻=カ	〃加 더
54	次	波 ᄇᆞ
55	舍	舍 샤
56	△爲=ソ	〃爲 ᄒᆞ
6 획		
57	亦=亠	亦 녀/여
8 획		
58	△厓	厓 애/에
총목록		58종

6) 金斗燦, 《高麗版 南明集의 口訣研究》(檀國大 博士學位論文, 1987). 이 《南明集》은 뒤에 논의할 《直指心體要節》보다 140년이나 앞서 鑄字本으로 간행되었다.

위의 약체구결자를 이용하여 표시한 격조사, 활용어미 등 문법형태는 모두 251종에 이르는데, 이것은 《구역인왕경》과 비교하면 그 숫자가 상당히 감소된 것이다. 구결토의 이와 같은 감소현상은 석독구결이 순독구결로 바뀌면서 한문독법에 엄청난 단순화가 이루어졌음을 나타내는 것이라 하겠다. 이 단순화는 한문의 상당부분을 우리말 어휘체계 안에 받아들였기 때문일 수도 있고 익숙한 부분에 대해서는 구결토를 생략해도 해석상에 지장을 느끼지 않았기 때문일 수도 있다. 그만큼 한문은 고려 후기에 오면 그 이전보다 훨씬 광범위하게 보급되고 이해되었음을 나타낸다.

이 안동본《南明集》에 나오는 구결자를 다시 가나다순으로 정리하면, 토에 나타나는 우리말 발음 49종을 표기하기 위하여 모두 45자의 한자가 응용되었음을 알 수 있다.

ㄱ. 可(가) 去(거) 口(고)
ㄴ. ㄱ(ㄴ) 乃(나) 匕(니) 㐊(ᄂᆞ)
ㄷ. 丨(다) 大(대) 力(더) 㔾(뎌) 丁(뎡) ⺈(도) 斗(두) 土(디) 入(ᄃᆞ) 月(ᄃᆞᆯ) 厶(ᄃᆡ)
ㄹ. 乙(ㄹ) 㕥(라) 又(로) 灬(로) 利(리)
ㅁ. 广(마) 人(며) 㐅(면)
ㅂ. 火(ᄫᆞ) 次(ᄫᆞ) 古古古 南南南 たたた
ㅅ. 七(ㅅ) 舍(샤) 二(시) 士(ᄉᆞ)
ㅿ. 氵(ᅀᅡ)
ㅇ. 卩(아) 㫆(애/에) 丷(야) 㐅(어) 亠(여) 午(오) 卜(와) "ㄱ(은) "乙(을) 乀(이)
　 ⺕(의/ᄋᆡ)
ㅎ. ㇒(호) 兮(히) ソ(ᄒᆞ)
합 계 吐表記 49자 / 借用字 45자

* ·표는 訓讀字, "는 重出字, 無표시는 音讀字이다. ( )에 口訣의 한글표기 音相을 추정하여 넣되 그 대표적인 것만으로 한다.

위의 구결자를 이용하여 만든 구결토를 문법형태별로 보면 격조사는 주격 3가지 외에 속격·처격·대격·구격 등이 있으며 5가지 특수조사 및 보조사(주제·방편·지목·강세·양보), 8가지의 연결어미(설명·병렬·조건·대조·양보·인과·가상·역접), 그리고 4가지의 종결어미(평서·의문·명령·감탄)로 정리할 수 있다. 이 정도의 문법형태라면《남명집》을 이해하는 데에는 아무런 불편이 없었을 것이다. 한편 13세기 중엽의 구결로 추정되는 이러한 문법형태의 확인은 아직 미해결로 남아 있는《구역인왕경》의 문법형태를 추정할 수 있는 디딤돌로 작용할 뿐만 아니라 후대의 구결자료들이 어떻게 변모하였는가를 알아볼 수 있는 기반으로서의 의미도 갖는다.

《남명집》에 이어 고려 후기의 구결자료를 보여주는 책은《直指心體要節》이다. 이 책은 세간에 세계 최초의 금속활자본으로 알려진 것인데 우왕 3년(1377)에 간행되었다. 고려 말의 曹溪大禪師 景閑(白雲和尙)이 역대의 이름난 스님들의 偈·頌·讚·銘·書·詩·法語·說法 가운데서 禪의 핵심을 깨닫는데 필요한 내용들을 발췌하여 만든 것으로《白雲和尙抄錄佛祖直指心體要節》이 원래의 책이름이다. 모두 39장으로 되어 있는 것인데 그 첫 장은 떨어져 나갔고, 가운데 18장에 약체구결토가 군데군데 부분적으로 적혀 있다. 또 구두점도 찍혀 있다. 이 책이 간행된 뒤에 어느 학습자가 처음에는 구두점만 찍었다가 그 후에 또 다른 학습자가 구결토를 붙인 것으로 생각된다.7) 전편에 다 기록된 것이 아니므로 불완전하기는 하지만, 14세기 말엽의 순독구결이 어떤 것이었는가를 이해하는 데에는 부족함이 없다. 그 목록을 정리하면 구결자의 전모는 아래와 같다.

번호	약자	전자	음
1 획			
1	𠃌=卩	隱	ㄴ
2	丨	多	다
3	丶=厶	羅	라
4	ラ	良	애
5	ㄱ=フ	也	야
6	乙	乙	을
7	㇏	是	이
8	ノ	乎	호
2 획			
9	乃	那	나
10	ヒ	尼	니
11	刀	刀	도
12	斗	斗	두
13	入	入	드/ᄃᆞ
14	厶	矣	ᄃᆡ
15	又	奴	로/노
16	了	了	료
17	刂	利	리
18	尒	旀	며
19	丆	面	면
20	ニ	示	시
21	厂	厓	애
22	亠	亦	여
23	卜	臥	와
24	卩=𠃌	"隱	은
25	ラ	衣	ᄋᆡ/의
26	ソ	爲	ᄒᆞ
3 획			
27	口	古	고
28	去	去	거
29	ㅌ	飛	ᄂᆞ
30	大	大	대
31	圡	地	디
32	厶=丶	"羅	라
33	士	士	ᄉᆞ
34	小	小	쇼
35	氵	沙	사
36	方	於	어
37	土	土	토
4 획			
38	斤	斤	늘
39	ホ	等	ᄃᆞᆯ
40	亣=立	立	셔
41	户	所	소
42	午	午	오
43	五	五	오
5 획			
44	可	可	가
45	氐	底	뎌
46	矢=知	知	디
47	禾=刂	"利	리
48	叱	叱	ㅅ
49	佘	舍	사
8 획			
50	果	果	과
51	知	"知	디
9 획			
52	要	要	려
53	彔	彔	록
합계		略字 53자	
		全字 49자	

7) 金斗燦,〈直指心體要節의 口訣에 대하여〉(《國語學》16, 1987).

아래 표에서는 위의 약체구결자로 이루어진 구결토를 자료에 나타난 그대로 싣고, ( )에는 그 원자와 추정되는 한글표기를 함께 싣는다(숫자는 장, a, b는 전후면 '복'은 2회 이상 나타남을 표시한다).

〈1 획〉
ㅋ(良/애·에)29b복 30a복
ㅋㄗ(良隱/앤·엔) 32a
ㄹ(乙/올) 2a 30b
ㄹソ又叱丨(乙爲奴叱多/을ᄒᆞ놋다) 19a
ㄹソㅌヒ(乙爲飛尼/을ᄒᆞᄂᆞ니) 19b 29b
ㄹロ(乙古/올고) 30a
㇏(是/이 主格) 2a복 12a
㇏ヒ(是尼/이니) 35a
㇏リ五(是利五/이리오) 30b
㇏ㅅ(是羅/이라) 30b
ノ丶(乎羅/호라) 12a
ノ7ム(乎隱矣/혼ᄃᆡ) 35b복
ノ7土(乎隱地/혼디) 32b
ノㄹ土ヒ丶(乎乙地尼羅/홀디니라) 34a
ノヒ(乎尼/호니) 34a 35a
ノム(乎矣/호ᄃᆡ) 2a 12a
ノリ丶(乎利羅/호리라) 32a

〈2 획〉
乃(乃/나) 2a복
ヒ(尼/니) 2a 31a
ヒ丶(尼羅/니라) 2a복 30a
刀(刀/도) 2a
入ㄹソ尒(入乙爲旀/들ᄒᆞ며) 29b
入ㄹソ又丶(入乙爲奴羅/들ᄒᆞ노라) 29b
又(奴/로 具格) 2a복 19b
リ五(利五/리오) 32a 32b
リ午(利午/리오) 29b복 30a
广(厓/애 處格) 2a복 12a복
亠(亦ɸ/예 處格) 35a복
亠(亦/여 呼格) 35a복
亠(亦/여 感歎) 12a
ト(臥/와 共同格) 30a복 35b복
ト㇏(臥是/왜) 30a복
ㄗ(隱/은) 2a 19b
ラ(衣/의·의 屬格) 2a 30a
ソ丨可(爲多可/ᄒᆞ다가) 12a
ソつ(爲也/ᄒᆞ야) 2a복 12a
ソつ㇏叱ロ(爲也是叱古/ᄒᆞ야잇고) 19b
ソつヒ(爲也尼/ᄒᆞ야니) 33a
ソつニ尒(爲也示旀/ᄒᆞ야시며) 32a
ソつニ氐(爲也示ɸ底/ᄒᆞ야신뎌) 35a
ソつ斤ㄹ(爲也斤乙/ᄒᆞ야늘) 12a 33a
ソつ士(爲乙士ɸ/홀ᄉᆡ) 33a 34a복
ソ又7土(爲奴隱地/ᄒᆞ논디) 31a 32b복
ソ又ㄗ(爲奴隱/ᄒᆞ논) 2a
ソ又ヒ(爲奴尼/ᄒᆞ노니) 35a
ソ又叱丨(爲奴叱多/ᄒᆞ놋다) 29b 30a
ソヒ(爲尼/ᄒᆞ니) 19b복 30a복
ソヒ丶(爲尼羅/ᄒᆞ니라) 19b 30a복
ソ刀丨(爲刀多/ᄒᆞ도다) 35a
ソ刀戶ヒ(爲刀所尼/ᄒᆞ도소니) 12a
ソ了(爲了/ᄒᆞ료) 2a
ソリヒ(爲利尼/ᄒᆞ리니) 12a
ソリ又丨(爲利奴多/ᄒᆞ리로다) 34a
ソリㅅ(爲利羅/ᄒᆞ리라) 2a
ソリ士㇏(爲利ɸ士是/ᄒᆞ릴시) 34a
ソリ五(爲利五/ᄒᆞ리오) 34a
ソ尒(爲旀/ᄒᆞ며) 30a복 31a
ソ𠂉(爲面/ᄒᆞ면) 2a복 30a복
ソニヒ(爲示尼/ᄒᆞ시니) 33a 35a
ソニヒ丶(爲示尼羅/ᄒᆞ시니라) 2a

ソ二刂匕(爲示利尼/ᄒᆞ시리니) 34a
ソ二尓(爲示旀/ᄒᆞ시며) 2a
ソ二卩氐(爲示隱底/ᄒᆞ신뎌) 35a
ソ亠丶(爲亦羅/ᄒᆞ여라) 12a
ソ卩大(爲隱大/ᄒᆞᆫ대) 34a
ソ厺入卩(爲去入隱/ᄒᆞ거든) 32b
ソロ(爲古/ᄒᆞ고) 19b 29b
ソㅌ丨(爲飛多/ᄒᆞᄂᆞ다) 32b
ソㅌ匕(爲飛尼/ᄒᆞᄂᆞ니) 30a복 30b
ソㅌ匕丶(爲飛尼羅/ᄒᆞᄂᆞ니라) 30a 30b
ソ大(爲大/ᄒᆞ대) 33a
ソ亽(爲羅/ᄒᆞ라) 2a 34a
ソ小立(爲小立/ᄒᆞ쇼셔) 35a
ソ小立(爲小立/ᄒᆞ쇼셔) 34a 35a복
ソ禾亽(爲利羅/ᄒᆞ리라) 30b
ソ舍厶(爲舍矣/ᄒᆞ샤ᄃᆡ) 12a 34a
ソ要丨(爲要多/ᄒᆞ려다) 34a

〈3 획〉

ロ(古/고 接續) 2a 12a
ロ卩(古隱/곤) 31b
大(大/대) 2a복
大卩(大隱/댄) 32a 34a
亽(羅/라) 2a 19b복
亽斗(羅斗/라두) 30a복
亽ソ匕(羅爲尼/라ᄒᆞ니) 35b
亽ロ(羅古/라고) 31b
氵(沙/사) 2a 34a

才丨(於多/어다) 30b
才乙(於乙/어늘) 29b 34a
才乙氵(於乙沙/어늘사) 29b
才匕(於尼/어니) 32a
厺乙(去乙/거늘) 12a 29b
厺㇏亽(去是羅/게라) 32b
厺匕(去尼/거니) 29b 30b
厺匕五(去尼五/거니오) 12a
厺入卩(去入隱/거든) 2a복 30a
厺ホ(去等/거든) 34a
土彔(土彔/토록) 12

〈4 획〉

午(午/오 接續) 32a
午(午/오 疑問語尾) 35a
五(五/오 接續) 2a복 30a
五(五/오 疑問語尾) 34a 34b

〈5 획〉

可(可/가 疑問語尾) 2a 34a복
矢叱ソㄱ(知叱爲也/딧ᄒᆞ야) 32b
矢叱ソ匕(知叱爲尼/딧ᄒᆞ니) 31a
禾午(利午/리오) 30b
禾五(利五/리오) 33a

〈8 획〉

果了氐(果隱底/관뎌) 35a
知叱ソ匕(知叱爲尼/딧ᄒᆞ니) 30b

합 계 略字吐 108
全字吐 103

위의 구결토를 면밀히 검토하면 최소한 3명의 학습자가 각기 다른 시기에 적어 넣은 것들이 섞여 있음을 판별할 수 있다. 처음 두 사람의 것은 14세기 말로 추정되며 끝의 것은 한글창제 이후의 구결토로 확인된다. 이 책이 고려 말에 간행되었기 때문에 구결자료가 여말선초에 걸치는 것은 당연한 일인지도 모른다.

이와 같은 폭넓은 구결토의 사용실태는 고려 후기의 문자생활을 특징짓는 중요한 현상이 아닐 수 없다. 앞에서도 언급한 바와 같이 한글창제의 저변에는 구결문자의 광범위한 사용과, 그 불완전성이 동시에 작용하고 있었던 것이다.

2) 언 어

고려 후기는 고려가 몽고(원)와 힘을 겨루면서 민족적 자주성을 유지하기 위하여 끊임없이 노력한 시대에 해당한다. 고려는 13세기에 접어들면서 강성해진 몽고로부터 노골적인 압박을 받아 오다가 마침내는 그 침입으로 말미암아 강화도로 도읍을 옮기는 등 피 어린 항쟁을 벌였다. 결국 몽고에 져서 80여 년간 몽고의 간섭을 견뎌야 하는 곤경에 빠지게 되었고 따라서 고려사회 전반에 미친 몽고의 영향은 크나큰 것이었다.

원의 전성기에는 고려의 태자는 원의 서울인 북경에 머물러 있었고 임금이 승하하면 원나라 공주와 결혼하여, 그 원나라 부인을 데리고 새로이 임금이 되어 개경으로 부임하는 것이 관례가 되다시피 하였다. 그 무렵 고려의 임금은 모두 忠자로 시작되는 원의 諡號를 받았는데 25대 충렬왕으로부터 30대 충정왕, 그리고 31대 공민왕에 이르기까지 7명에 이르는 임금이 모두 원나라 서울에 인질로 잡혀가 살다가 몽고말에 능숙한 사람이 되어 고향으로 돌아왔다. 그들 가운데 충렬왕·충선왕·충숙왕·충혜왕·공민왕 다섯 왕은 원의 공주를 왕비로 맞이하였다.

이러한 역사적 사실들은 13·4세기에 고려의 언어가 몽고어를 새로운 외래어로 받아들이게 되었다는 것을 의미한다. 국어사의 관점에서 보면 국어어휘가 고유어와 한자어라는 이중체계를 유지하다가 고려 후기에 이르러 몽고어를 외래어로 받아들임으로써 드디어 국어어휘가 고유어·한자어·외래어의 삼중체계를 확립한 시기가 되는 것이다.

임금이나 태자가 원나라 왕실에 머물러 살았다는 것은 왕족 한두 사람의 몽고어 습득을 뜻하지는 않는다. 그들에게 딸려 있는 많은 수행인이 함께 생활하였을 것이요, 거기에 호종하는 귀족 및 지식인의 활동도 전제되지 않을 수 없다. 그런 사람으로는 元卿과 李齊賢을 손꼽을 수 있다.《高麗史》列傳에 의하면 원경은 성품이 호쾌하고 말타기와 활쏘기를 좋아했으며 어려서부터 몽고어를 배워 여러 번 충렬왕 및 공주를 따라 원에 가서 살면서 원 世

祖의 총애를 받았다고 되어 있다. 세조는 항상 그를 '나린 가라(narin gara, 納麟哈剌)'라는 별명을 붙여 부르며 귀여워하였는데 사람을 대하여 말하고 행동하는 것이 자상하고 민첩하기 때문에 '나린'이라 하였고 검은 수염이 윤기있고 아름다워 '가라'라 하였다는 기록이 있다.[8] 이 '나린 가라'를 우리말로 바꾸면 '민첩하고 귀여운 검은 수염쯤' 되겠는데 직역하면 '민첩한 까망'이다. 이러한 낱말이 《고려사》에 기록될 정도라면 고려사회에 몽고어가 얼마나 큰 세력으로 유행하였는가를 미루어 짐작할 수 있다. 또 이제현(1287~1367)은 고려 말의 문인학자로 그의 저서 《益齋亂藁》·《益齋集》·《櫟翁稗說》 등은 고려 말의 문학과 제반 학문의 깊이와 넓이를 헤아리는 데 없어서는 안될 귀중한 책들이다. 그가 원나라 서울에서 당대의 대학자들과 교류한 것은 그의 몽고어 실력이 어느 정도였는가를 짐작케 한다. 그는 충숙왕 원년(1314)에 원에 머물러 있던 충선왕이 萬卷堂을 세우고 그를 부르자, 그 곳 燕京(지금의 북경)에 가서 원의 姚燧閻·趙孟頫 등과 함께 고전을 연구하였다.

이와 같은 고려 후기의 사회·문화적 제반 분위기로 보아 상당량의 몽고어가 유행어의 성격을 띠고 통용되었을 것이나, 그것들이 그 당시의 문헌에는 전하는 것이 없다. 조선왕조에 들어와 편찬된 《高麗史》·《龍飛御天歌》·《飜譯朴通事》·《訓蒙字會》 등에 산만하게 흩어져 있을 뿐이다. 이들 몽고어로부터 들어온 외래어들은 흥미롭게도 특정한 어휘영역에 몰려 있다. 그것들은 주로 말·매 및 군사에 관련된 용어들이다. 전통적인 문화사회의 용어들은 몽고사회에서도 한자어를 그대로 사용하였을 것이므로, 몽고어로서 고려사회에 통용될 수 있었던 것은 유목민족 특유의 물질문화 요소들일 수밖에 없었을 것이고 그것은 말·매를 중심으로 한 군사용어에 집중되었다. 물론 이들 어휘는 현대국어에서는 실용성을 상실하고 대부분 死語의 신세를 면치 못하였으나, 고려 후기의 사회상을 반영하는 증거어의 구실을 하고 있다. 지금까지의 이 시기 몽고외래어로 확인된 어휘를 살펴보면 다음과 같다.[9]

첫째 말(馬)과 관계되는 어휘

---

8) 《高麗史》 권 124, 列傳 37, 元卿.

9) 이 분야에 관한 대부분의 연구성과는 李基文, 《國語 語彙史 硏究》(東亞出版社, 1991) 제9장에서 제13장에 집중적으로 정리되어 있다.

① 가라(몰)

검은 색 말을 뜻하는 낱말이다. 《譯語類解》에 '黑馬 가라몰'(下 28)이라 되어 있고 《飜譯朴通事》에 五明馬를 '가라간쟈ᄉᆞ죡뵉앳몰'(上 27)이라 되어 있다. 몽고어 gara가 일반적으로 黑을 뜻하나 국어에서는 오직 말 종류에만 적용된다는 사실이 몽고어로부터의 차용임을 증명한다.

② 간쟈(몰), 간져(몰)

흰줄박이 말(玉面馬)을 뜻하는 낱말이다. 《老乞大諺解》에는 破臉馬를 간쟈몰(下 8)이라 하였고, 《譯語類解》에는 線臉馬(빰에 흰줄이 있는 말)(補編 48)라 하였다. 《飜譯朴通事》에는 '가라간져ᄉᆞ죡뵉앳몰'이라 하여 '간져'로 표기되었다. 몽고어 galǰan은 '말 앞머리의 흰줄무늬'를 가리키는데 이 낱말의 차용으로 생각된다.

③ 고라(몰)

누른색 말을 뜻하는 낱말이다. 《譯語類解》에 '黃馬 고라몰'(下 28)이라 하였고 《飜譯朴通事》에는 土黃馬를 '고라몰'이라 하였다. 몽고어 gula '누른 색'에서 차용된 것이다.

④ 구렁(몰)

밤색 말을 뜻하는 낱말이다. 《老乞大諺解》에는 '구렁몰 栗色馬'(下 8)라 하였고, 《飜譯朴通事》에는 栗色白臉馬를 '구렁쟘불몰'(上 63)이라 하였다. 몽고어 küreng은 짙은 갈색을 가리킨다.

⑤ 아질게(몰)

애기 말(兒馬)을 뜻하는 낱말이다. 《訓蒙字會》 馬字註에 '兒馬 아질게몰'(上 19)이라 되어 있고, 《蒙語類解》에는 '兒馬 수몰, 아질가 모리'(下 30)라는 기록이 보인다. 몽고문어 aǰirɣ-a(兒馬)에서 차용하였을 것이다.

⑥ 졀다(몰)

붉은 색 말을 가리키는 낱말이다. 《飜譯朴通事》에는 '赤馬 졀다몰(上 42·63)'이라 하였고 《老乞大諺解》에도 '赤馬 졀다몰'(下 8)이라 되었다. 중세몽고어 je'erde(赤馬)에서 차용한 것으로 생각된다.

⑦ 공골(몰)

누른 색 말을 가리키는 낱말이다. 이 낱말은 17세기 이후의 문헌인 《老乞大諺解》(下 8), 《漢淸文鑑》(14·22) 《譯語類解》(下 28) 등에 '黃馬 공골몰' 또는 '土黃馬 공골몰'로 표기되었고 16세기 문헌으로는 《飜譯老乞大》(下 8)에만 보인다. 고라(몰)과의 색깔 차이가 있을 것이지만 문헌에 구별하여 설명된 것이 없어 알 수가 없다. 몽고문어에는 gongɣor로 나타나고 《元朝秘史》에는 gongqor로 나타난다.

⑧ 셜아(몰)

은갈색이 도는 흰 말을 가리키는 낱말이다. 《老乞大諺解》(下 8), 《譯語類解》(下 28), 《飜譯老乞大》(下 9)에 모두 "셜아몰"이라 적혀 있다. 중세몽고어 sirɣa에서 온 단어라 생각된다. 《飜譯老乞大》(下 9)에는 '白馬'를 '셜아몰'이라 하였으나 순수한 백마를 뜻하는 것은 아니었다. 《譯語類解》(下 28)에 銀褐馬를 '셜아몰'이라 했고 백마는 '빅셜아몰'이라 하였음을 보아 그것들이 구별되었음을 알 수 있다.

⑨ 가리운(몰)

말갈기 색깔이 검은 말을 가리키는 낱말이다. 《老乞大諺解》(下 8)와 《譯語類解》(下 28)에는 '가리운 몰'이라 되어 있고 《漢淸文鑑》(14·22)에는 '가리온 총이몰'(黑鬃青馬)이라 되어 있어 17, 18세기에 '가리온'과 '가리운'의 두 형태가 있었음을 보인다. 몽고문어의 qaliɣun, 중세몽고어의 qali'un에서 차용한 것이라 믿어진다.

⑩ 부루(몰)

은회색 말을 가리키는 낱말이다. 《譯語類解》(下 28)·《同文類解》(下 37)에 '江紗馬 부루몰'이라 보인다. 몽고문어의 buɣural~buɣurul에서 온 것으로 생각된다.

⑪ 녹 대

이 낱말은 현대 제주도 방언으로 굴레(마소의 목에서 고삐에 걸쳐 얽어 매는 줄)를 가리킨다. 《蒙語類解》(下 15)에는 '籠頭 바구레 ○녹토 一云 두룹치'라 되어 있는데 이것들은 몽고문어의 noɣto와 dörübči에 정확하게 대응하는 것으로 보아 제주도 낱말 '녹대'는 바로 몽고문어 noɣto의 차용이라 생각된다.

⑫ 가 달

이것 역시 현대 제주도 방언에서 재갈[鐵銜]을 뜻하는 낱말인데 단독으로는 쓰이지 않고 '가달석'(가운데로 꼬부려 접고 양끝을 馬銜에 접어 매고서 말 위에 타 앉을 때에 말머리를 이리저리 돌리는 데 쓰는 고삐줄)이라는 낱말 속에 남아 있다. 《元朝秘史》와 《華夷譯語》에 qada'ar(轡頭)이 있으므로 이 낱말의 차용이라 생각된다.

이상으로 말(馬)과 관련된 낱말 12개가 국어의 어휘자산으로 고려 후기 이래 오늘날까지 그 잔영을 남기고 있음을 확인하였다. 이들 낱말은 거의 전부 현대국어에서는 생명을 잃었으나 고려 후기에서 조선왕조에 걸쳐서는 중요한 낱말로 활용되었다.

둘째 매(鷹鶻)와 관계되는 어휘

⑬ 갈지게

누른 색 매를 가리키는 낱말이다. 《訓蒙字會》에 '黃鷹 갈지게'(上 15)라 되어 있고 《譯語類解》에도 '黃鷹 갈지게'(下 25)라 되어 있다. 중세몽고어 qarčiɣai

에서 온 것이다.

⑭ 나 친

'나친이'라는 낱말로 큰 매의 일종이다. 《訓蒙字會》에는 '나친曰鴉鶻'(上 15)이라 되어 있고 《譯語類解》에는 '鴉鶻 나친이'(下 25)라 되어 있다. 몽고문어에 način으로 되어 있으나 원래 이 낱말은 터키어의 lačin에서 온 것으로 생각된다.

⑮ 도롱태

새매의 한 가지를 가리킨다. 《金剛經三家解》에 '體字는 도롱태라'(4, 34)라는 구절이 있고 《南明集諺解》에 '도롱태(鴘子)(上 6)가 나오며 《訓蒙字會》에도 鴘 도롱태숑'(上 15)이라 적혀 있다. 《元朝秘史》와 《華夷譯語》에 모두 turimtai로 되어 있고 몽고문어에는 turimtai, turumtai, durimtai의 세 가지로 나타난다.

⑯ 보라(매)

가슴털이 보라색을 띤 매의 일종이다. 《訓蒙字會》에 '秋鷹 보라매'(上 15)가 있고 《譯語類解》(下 25), 《同文類解》(下 24) 《漢淸文鑑》(13, 50) 등에도 모두 '秋鷹 보라매'라 되어 있다. 여기의 '보라'는 중세몽고어 boro에서 온 것이다. 현대국어에서 '보라 색'의 '보라'는 바로 이 낱말이다. 아마도 몽고외래어에서 현대에까지 살아 남아 있는 낱말은 이것이 유일한 것이 아닐까 싶다.

⑰ 숑 골

흔히 우리 時調에 '숑골매'로 나타나는 매의 일종이다. 《訓蒙字會》에는 '海靑숑골'(下 15)이라 되어 있고 《新增類合》에는 '鶻 숑고리 골'(上 12)이라 적혀 있다. 몽고문어에는 šingqor와 šongqor의 두 가지가 나오고 《元朝秘史》에는 šiŋqor이라 보인다.

⑱ 익더귀

토기사냥을 잘하는 매라하여 兎鶻이라고도 하는 매의 일종이다. 《訓蒙字會》(上 15) · 《譯語類解》(下 25) · 《漢淸文鑑》(13, 50)에 모두 '兎鶻 익더귀'라 되어 있다. 몽고문어의 itelgü에서 온 것일 터인데 형태상의 변형이 일어났음을 보인다.

⑲ 튀 곤

누른 빛 도는 흰빛 매를 가리키는 낱말이다. 《訓蒙字會》(上 15)와 《譯語類解》(下 25) 에 모두 '白黃鷹 튀곤'으로 나타난다. 몽고문어의 tuiɣun에 대응하는 것이다.

위에 논의한 7개의 매 이름 이외에도 한글문헌에는 찾아볼 수 없으나 《新增鷹鶻方》 및 《世宗實錄》에는 '照骨, 結外' 등이 더 나온다. 고려 후기에서 조선조에 걸쳐 매사냥이 얼마나 중요한 생활의 일부였는가를 생각하게 한다.

셋째 군사용어에 속하는 어휘

⑳ 고도리

화살촉을 가리키는 낱말이다. 《訓蒙字會》(中 29)에 髐·髇·骲의 새김말로 나타나는데 《蒙語類解》(上 36)에 '撲頭 고도리 ○고도리'라 되어 있어 몽고 차용어임을 알 수 있다. 몽고문어에 ɣodoli로 나오고 《元朝秘史》에 qodoli가 보인다.

㉑ 바오달

군대 幕舍, 軍營을 가리키는 낱말이다. 《訓蒙字會》(中 8)에 '營 바오달영'이라 되어 있고 '바오달 티다(下營)', '바오달 터 營盤' 등의 예를 들고 있다. 몽고문어에 baɣudal이 있고 중세몽고어 형태는 'ba'udal이었을 것으로 추정된다.

㉒ 바 톨

勇士라는 뜻의 낱말이다. 《龍飛御天歌》에 아기바톨[阿其拔都]이란 사람이름이 나오고 그 註記에 '아기는 우리말의 어린아이를 가리키고 바톨은 몽고어로 용감하여 맞설 자가 없는 이를 가리킨다'고 되어 있다. 《元朝秘史》에 ba'atur, 《華夷譯語》에 ba'atur이 보이는데 모두 勇士의 뜻이다.

㉓ 오뇌·오늬

활가락지를 가리킨다. 《楞嚴經諺解》(9, 20)에는 '括온 삸오뇌라'라고 되어 있고 《訓蒙字會》(中 28)에는 '彄 활오늬 구'라 되어 있다. 몽고문어에 onu, oni의 두 형태가 있다.

㉔ 털 릭

武官의 군복을 가리킨다. 후대에 '天翼'으로도 적히고 중국어로 '帖裏'라 적히기도 하였으나 몽고문어 terlig에 소급하는 낱말임이 분명하다.

이 밖에도 몽고외래어로 고려 후기 이래 우리 나라에서 사용된 것으로 알려진 낱말은 더 있다. 궁중에서 임금에게 올리는 진지 즉 御膳을 '수라'라 하는데 이것은 중세몽고어 "šülen(湯)"에서 유래한 것으로 믿어진다. 그리고 각종 관직명 내지는 工匠人 명칭에 사용되었던 "－色"(茶色·馬色·書房色·世子吉禮色 등)은 몽고문어 bičigeči(書史)에 소급하는 것으로 밝혀졌다. 또한 제주도 방언에서 작은 산을 "오름"이라 하는 것도 분명히 몽고어에 유래하는 것으로 알려져 있다. 이와 같은 일련의 사실들은 고려 후기의 언어가 얼마나 많이 몽고어를 새로운 외래어로 받아들였는가 하는 사회현상을 반영한다. 또한 이렇게 받아들인 외래어는 표면적으로는 사라져버렸지만 그 앙금이 얼마나 오래도록 남아 있는가 하는 것도 알 수 있다.

고려 후기에 일어났던 몽고어의 유입은 국어어휘사에서 이렇게 커다란 족적을 남겼다. 물론 이 시기에 우리 나라에서 몽고어학습의 열풍이 불었음도 짐작할 수 있다. 충렬왕 21년(1295) 정월에는 원에서 蒙古字敎授가 개경에 파견되어 몽고어학습에 임한다. 또 충숙왕 11년(1324)에는 고려의 학자 安軸이 원의 制科에 급제하여 遼陽路 蓋州判官이 되는 등 고려사회가 몽고문화와 몽고의 생활풍습에 깊이 빠지는 현상이 일어났다. 그러나 원의 멸망과 함께 몽고어의 유행은 서서히 자취를 감추게 되었다.

몽고외래어와 《鄕藥救急方》의 자료들은 13세기 중엽의 고려어를 반영한다. 그러나 그 당시의 언어형태를 보여주는 자료는 존재하지 않고 15세기 이후 조선조에 이르러 훈민정음이 창제된 다음에 기록된 것은 14세기 동안에 상당한 音韻變化를 입은 것으로 짐작되지만 자료가 없어 자세히 언급할 수 없음이 유감이다. 여기에서는 단지 된소리계열의 등장, 반치음 △의 형성, 音節末 자음의 內破化, ㅅ(s)음 앞에서의 ㄹ(l)탈락 등이 발생하였음을 언급하는 데 그치려 한다.

〈沈在箕〉

3. 문 학

1) 설화와 민간전승

고려 후기에도 많은 설화가 있었음은 물론이나, 설화가 문학에서 차지하는 공식적인 위치는 전례 없이 격하되었다. 怪力亂神은 말하지 않겠다는 재래 유학의 합리주의가 상당한 설득력을 굳혔는 데다가 한 걸음 더 나아가서 新儒學이 등장하자, 효자나 열녀설화가 아닌 것이라면 비판의 대상이 되거나 관심 밖으로 밀려나지 않을 수 없었다. 글을 쓴다면 설화를 정착시키는 것을 우선적 과업으로 삼아서 사상적인 문제까지 다루던 시대가 청산되었고, 설화에 의거하지 않고서 역사나 사회를 거론하고, 인륜도덕을 수립하는 단계로 들어섰다. 그 시대의 사정을 서술한 문헌이 과거 어느 때보다도 많아졌지만, 설화자료는 어디서도 찾아보기 어렵다.

고려시대에 관한 전반적인 사정을 정리해 준 《高麗史》가 《三國遺事》는 물론 《三國史記》와도 성격이 달랐다는 점도 함께 고려할 필요가 있다. 《고려사》를 편찬할 때에는 정확한 史料가 비교적 풍부하게 남아 있었던 탓도 있지만, 신유학의 관점에서 합리적이고도 비판적인 역사를 서술하고자 했기에 이념수립을 위해서 부정하거나 긍정해야 할 긴요한 내용을 지닌 설화가 아니라면 관심밖에 두었고, 그런 것들마저도 원래의 모습을 그대로 남기려고는 하지 않았다. 이런 이유에서 문헌에 남아 있는 고려 후기의 설화자료는 더욱 빈약할 수밖에 없었는데,[1] 《고려사》편찬에서 보인 사고방식은 조선왕조가 들어서자 비로소 나타난 것이 아니고 그전부터 계속 성장하고 있었다.

《補閑集》 끝머리에는 예사롭지 않은 두 편의 이야기가 실려 있다. 그 중 나중 것을 먼저 들어보기로 한다. 어느 노승이 소년으로 변신한 호랑이를 따라서 호랑이 굴에 갔다가 죽을 뻔했다. 호랑이무리가 벌을 받게 되었을 때 그 호랑이는 자기가 벌을 감당하겠다고 하고, 약속된 장소에서 노승이 지닌 창으로 자살을 한 다음에, 사람으로 태어나 노승의 제자가 되었다. 그리고는 어디 가서 신통한 술법을 얻었다 한다. 崔滋는 논평을 달아서, 그것이야말로 괴이하고 허탄한 이야기인데, 앞일을 안다는 호랑이스님이 있다는 소리가 세상에 퍼져 있으니, 노승의 제자만 그렇다는 것도 믿을 수 없다고 했다.

이 이야기는 신라 때의 일이라고 하는 〈金現感虎〉의 변형이라고 할 수 있다. 金現이라는 청년과 호랑이처녀가 노승과 호랑이소년으로 바뀌었다. 그런데 여기서는 호랑이스님의 신이한 자취에 관심을 갖게 한다. 호랑이스님이 머물렀던 절의 이름을 따서 日嚴師라고 불렀는데, 일엄이라는 승려가 도통을 해서 눈먼 자를 보게 하고 죽은 자를 살려낸다 해서 명종까지 숭앙을 했다는 사건이 《高麗史》의 林民庇傳에 보인다. 이런 자료에서 오랜 전승이 새롭게 이용되어 道僧에 대한 신앙과 연결되었던 사정을 알아볼 수 있는데, 최자는 가벼운 비판을 했을 뿐이고, 그 이상의 의미를 추구하지는 않았다.

또 한 가지 괴이설화라 할 수 있는 것은 최자가 열 살 때인 신종 원년

---

1) 張德順, 《韓國說話文學硏究》(서울大 出版部, 1970)에서 《高麗史》 소재 설화를 분류했다.

(1198)에 있었던 사건으로 전한다고 했다. 李寅甫라는 사람이 산천에 제사지내는 관직을 맡아 浮石寺에 묵었을 때 오래된 우물의 귀신이 아름다운 여자의 모습을 하고 나타나 잠자리를 함께 했으며, 그 뒤에 떼어버리기 힘들었다는 것이다. 최자는 이 이야기에 대한 논평을 하면서, 괴탄하기 그지없는 사건에 말려든 이인보의 처사를 나무랐다. 위에서 든 사례와 합쳐서 생각하면, 사람과 동물, 사람과 귀신이 얽혀서 인연을 이룬다는 이야기가 거듭 형성되었음을 알 수 있고, 그런 이야기가 배격된 사유도 엿볼 수 있다.

민간에 전해지는 이야기 가운데 상층에서 특히 긍정적으로 평가한 것은 보은담이다.《보한집》중권에는 개가 술에 취해서 자고 있는 주인을 구출하느라고 몸에 물을 묻혀 끄다가 죽었다는 이야기의 첫 예가 보이고, 거기에 다른 사연이 덧붙어 있다. 주인이 개 무덤을 만들었고, 짚었던 지팡이를 꽂아 두었더니 나무가 되어 자랐다고 했다. 이 일이 전해지자 시를 지어서 개를 찬양한 사람도 있고 집권자 崔瑀는 개의 전기를 지어, 세상사람들로 하여금 은혜를 갚을 줄 알아야 한다는 교훈이 되도록 하라고 했다 한다. 이상과 같은 내용의 설화는 사회질서를 수립하는 데 알맞은 교훈을 포함하고 있다고 보았던 것이다.

《櫟翁稗說》에도 동물의 보은담이 두 편 실려 있다. 고려 초에 徐神逸이라는 사람이 화살에 꽂혀 도망치고 있는 사슴을 구해 주었더니 꿈에 신령이 나타나 그 사슴이 자기 아들이라면서 보답으로 자손이 재상이 되게 해주겠다고 한다. 과연 그대로 되었으며, 徐熙는 바로 서신일의 손자라는 것이다. 그 다음 이야기는 근래의 일이라고 하면서, 朴世通이라는 사람이 지방의 현령이 되어 나갔다가 거북같이 생긴 큰 생물이 잡혀서 죽게 된 것을 구해 주었더니, 역시 꿈에 어떤 노인이 나타나 자기 아들을 살린 은공에 보답하기 위해서 3대가 재상이 되도록 해준다고 했다는 것이다. 그대로 되었음은 물론이고, 손자대에 와서는 주색에 빠져 기회를 잃고 거북을 원망하는 시를 지었더니, 그날 밤에 거북이 꿈에 나타나 소원이 얼마쯤은 성취될 것이라는 말을 했다는 대목이 보태져 있다.

이런 이야기는 특정가문에서 자기네의 득세를 합리화하고 자랑하고자 퍼뜨렸을 듯하고, 하층에 이르기까지 널리 공감을 얻기는 어려웠을 것이다. 꿈을 통해서 신령스러운 세계와 관계를 맺는다는 요소는 함께 지니면서도 이와는 반대되는 설화가 《역옹패설》에 보인다. 어느 권력있는 집안에서 양민을 억지로 종으로 만들자 그 사람이 재판을 담당하는 관서인 典法司에 고소를 했는데, 전법사의 책임자인 金㥠라는 자가 원통한 사정을 알면서도 권력이 두려워 부당한 판결을 했더니, 꿈에 하늘에서 칼이 내려와 전법사의 관리들을 모조리 내리찍었다는 것이다. 그 결과 김서를 비롯한 여러 사람이 병들어 죽었다는 것이 결말이다. 여기서 상하층의 설화가 갈라졌던 사정을 엿볼 수 있다. 李家黨이라는 도적에 관한 이야기는 상층의 입장에서 서술되어 있는데, 하층에서는 아주 다른 말을 했을 것 같다.

《고려사》는 열전을 편찬하면서 孝友·烈女·方技 조항을 두어 뚜렷한 지위를 차지하지 못한 인물이라도 행실이 문제될 수 있으면 다루고자 했다. 그러나 도술을 부린다든가 하는 신이한 행적 때문에 관심의 대상이 될 수 있는 인물을 방기 항목에다 소개해 놓았으리라는 기대가 적중하지 않고 거기서 사실을 열거한 기사나 찾을 수 있으며, 다른 대목에서도 어디까지나 실제로 있었던 일을 정리하는 가운데 더러 설화가 보여 관심을 끄는 정도이다.

裵氏니 文氏니 하는 여인네가 왜구에게 몸을 더럽히지 않으려고 목숨을 버렸다는 사연은 이야기 자체야 단순하지만 민족수난의 처참한 현장을 나타내준다는 데서 의미를 찾을 수 있다. 그 가운데 배씨 이야기는 李崇仁이 〈裵烈婦傳〉을 써서 널리 알렸다. 그런가 하면, 효우대목에 들어 있는 金遷이라는 사람이 겪은 일은, 실화로 볼 수 있는 요소가 적지 않게 있으면서도 파란곡절이 중첩되어 흥미를 자아낸다. 몽고병이 쳐들어와서 자기 어머니가 잡혀가자 갖은 고생을 다한 끝에 그 나라로 가서 마침내 어머니를 찾아서는 거듭되는 난관을 물리치고 모셔왔다는 사연이 납득할 수 있는 전개를 갖추고 있다.

고려 후기에 시작되었던 특이한 설화 한 가지가 李穀의 강원도 금강산 기행문 〈東遊記〉에 언급되어 있다. 이곡은 胡宗旦이 사방을 돌아다니며 비문을 갉아버리고, 사찰의 종 같은 것들을 못쓰게 만들었다는 이야기를 들은 바 있었는데, 현지에서 그 증거를 확인할 수 있었다고 썼다. 호종단은 예종 때인 1110년대에 중국으로부터 고려에 와서 벼슬을 하고 귀화한 사람으로, 이야기에 나타난 바와 같은 짓을 했을 까닭이 없다. 그런데도 200년 정도의 세월이 흘러 충정왕 원년(1349)에 쓴 글에 그런 내용이 상당한 신빙성을 가진 듯이 서술되어 있으니, 배후에 숨은 의미가 무엇인지 궁금하지 않을 수 없다. 《東國輿地勝覽》을 보면, 제주도 祀廟條에서 말하기를, 호종단이 제주도에서 땅의 정기를 누르고 돌아가는데 한라산 산신의 아우가 매가 되어 돛대 머리로 날아오르니 배가 파선되어 죽었다는 이야기가 전한다고 했다. 《동국여지승람》을 간행한 해는 조선 성종 17년(1486)이다. 그 사이에 口傳이 이렇게까지 변한 것을 근거로 삼아 원래 의미를 거슬러 짐작할 수 있다.

巫歌의 모습이 역사서에 남아 있으리라는 기대는 애초에 가질 수 없을 것 같지만, 고려 후기에는 특이한 사태가 조성되어 그렇지 않다. 신유학이 등장하면서 무속을 완강하게 배격하려는 운동이 일어났고, 《고려사》를 편찬할 때 무속의 폐해를 비판하는 것과 함께 이러한 운동을 평가하는 데 힘쓰자고 필요한 사례를 여럿 들었기에, 뜻밖에도 그런 쪽에 이용할 만한 자료가 있다. 더구나 일반 민중은 난세를 맞이하여 소망을 풀어줄 구원자의 출현을 기대했기에 제석이나 미륵으로 자칭하는 무당 또는 승려가 거듭 출현해 민심을 장악했다. 서로 다른 방향에서 세상을 구하겠다는 구세주 무당과 신유학 강경파 사이의 충돌이 심각히 벌어졌다.

李奎報는 무당을 못마땅하게 여기며, 〈老巫篇〉이라는 長詩를 남겼는데, 거기 나타나 있는 굿의 모습도 이와 같은 추측을 뒷받침해 준다.

여자는 무당, 남자는 박수가 되어서는,	女則爲覡男爲巫
'내 몸에 신이 내렸다'고 스스로 일컫지만,	自言至神降我軀
내가 들으니 우습고 서글플 따름이다.	而我聞此笑且吁
굴 속에 든 천 년 묵은 쥐가 아니라면,	如非穴中千歲鼠
틀림없는 숲 속 꼬리가 아홉되는 여우일세	當是林下九尾狐
…	…
나무를 얽어 다섯 자 남짓한 감실을 만들어	緣木爲龕僅五尺
입버릇처럼 스스로 제석천이라 하지만,	信口自道天帝釋
제석천황은 본래 육천 위에 있거늘	釋皇本在六天上
어찌 네 집에 들어가 누추한 구석에 머물 것이냐	肯入汝屋處荒僻

(李奎報, 《東國李相國集》 전집 권 2, 古律詩, 老巫篇並序).

시에 앞서서 序를 써서, 이웃에 늙은 무당이 있어 날마다 많은 사람을 모아 굿을 하니 견딜 수 없었는데, 나라에서는 명을 내려 서울 밖으로 내모니 기쁘다 하고, 그런 무리는 모두 없어져야 한다는 생각에서 이 시를 짓는다고 했다. 그런데 비판하느라고 쓴 시에서 굿하는 모습이 확인된다. 인용하지 않은 대목까지 살펴보면, 무신의 그림을 걸어놓고 야단스러운 분장을 하고, 작두를 타기도 하는 것이 거의 다 후대의 무속과 다름이 없으니, 무가의 가짓수나 사설도 크게 변하지는 않았으리라 짐작할 수 있다.

다음 시기에 이르러서 문제가 된 사례들은, 앞에서 든 일엄의 경우와 상통하는데 탄압이 심해졌다. 충렬왕 때 공주에 지방관으로 나간 沈諹이 무당을 다스렸다는 이야기다. 즉 錦城大王으로 일컬어지는 巫神이 하강해서 강신무가 생겨나게 했고, 무당은 어느 남자와 간통하고 함께 上國에 간다고 했으며, 따르며 섬기는 무리가 고을마다 가득했다는 사건이 보인다. 安珦이 상주에 가서 무당을 다스리고, 禹倬이 영해에 부임하자 八鈴神이라고 하는, 방울로 상징되는 무신의 사당을 헐어 없앴다는 것은 신유학을 정착시키면서 무속에 대한 투쟁이 더욱 완강하게 전개된 사정을 말해준다. 그 밖에도 상소를 올리거나 하며 무속을 배격한 자료에서 당시의 상황을 더욱 구체적으로 알아볼 수 있으나 긴요하지 않기에 구체적인 검토는 하지 않겠다.

비슷한 사례가 여럿 더 있지만, 가장 주목할 만한 것은《고려사》權呾傳에 딸려 있는 權和의 대목에 나와 있다. 권화는 權近의 형인데, 우왕 때 청주목사가 되어 妖民 伊金을 처단했다. 이금은 고성 출신으로, 미륵불이라고 자칭하면서 민심을 선동해, 지나는 고을마다 수많은 신도를 모이도록 하여 청주에 이르렀다가 권화에게 잡혔다. 이금에 관한 기사는《고려사》鄭道傳의 열전에서도 찾을 수 있어 참고가 된다. 권화가 맡아서 처단할 때까지 이금이 사방을 다니며 했다는 말이 남아 있기에 들어보기로 한다.

> 나는 석가부처를 불러올 수 있느니라.
> 신령에게 빌고 제사를 올리는 자,
> 쇠고기 · 말고기를 먹는 자,
> 재물을 사람들에게 나누어주지 않는 자는
> 누구나 죽으리라.

내 말을 믿지 않으면
삼월이 되자 해와 달이 모두 빛을 잃으리라…
내가 손을 쓴다면
풀에서 푸른 꽃이 피어나고,
나무에 곡식이 열리리라.
한 번 심어 두 번 거두기도 하리라
…
내가 산천의 신령들을 보내면
왜적을 잡을 수 있으리로다.

이금을 무당이나 승려라 하지 않고, 「요민」이라고만 했다. 이금이 기존의 신앙을 오히려 타파하고 나선 예언자이고 구세주임을, 스스로 했다는 말에서도 알아볼 수 있다. 자기는 석가를 불러올 수 있다고 했으니, 석가보다 높은 자리에 있다는 말이다. 자기가 아닌 다른 신령에게 빌고 제사를 올리면 징벌을 받는다고 했다. 무당들도 다른 신령에게 빌고 제사를 올리면 징벌을 받는다고 했다. 무당들도 이 말에 따라 다른 신들을 버리고 이금을 받들었다고 한다. 위에서 인용한 바와 같은 예언은 예사말로 하지는 않았을 것이다. 곡조를 붙여 노래로 읊어야 높이 숭앙될 수 있는 위엄을 차리고, 신령스러운 분위기를 조성할 수 있었을 것이다. 그래서 한문으로 남아 있는 말을 노래 형태로 되돌려서 풀어 보았다.

고려시대의 연극에 관해서는 자세하게 알 수 없다. 국가에서 공연하는 歌舞百戲에는 연극이라고 할 것이 포함되지 않았던 것 같다. 연극은 민간연희로 전승되고 창조되었을 듯하다. 민간연극의 모습을 나타내주는 소중한 자료를 《고려사》 廉興邦傳에서 찾을 수 있다. 염흥방은 혹독한 수탈을 일삼은 벼슬아치였는데, 어느 날 길거리에서 어떤 사람이 優戲를 하면서 세력이 대단한 집 종이 백성을 괴롭히며 소작료를 거두는 장면을 보고서도 뜻하는 바를 알아차리지 못하고 즐거워하기만 했다는 것이다. 간략한 기록이나 길거리에서 하는 민간연극이 있었음을 입증해 줄 뿐만 아니라, 풍자의 수법을 사용했다는 증거도 갖추고 있다. 염흥방은 자기와 같은 무리에 대한 반감을 나타내는 연극을 보면서도 뜻하는 바를 알아차리지 못했다고 하니, 겉 다르고 속 다른 풍자적 수법을 택하지 않고서야 그럴 수 없다.

기록에는 전혀 남아 있지 않은 민간연극의 더욱 깊은 층위는 농촌마을에서 전승되는 탈춤이었을 것이다. 후대의 자료를 통해서 그 예를 찾아보자면, 경북 안동군 河回마을의 탈춤을 주목할 필요가 있다. 이 마을에는 고려 중엽까지 許氏, 그 후에는 安氏, 조선 초기부터는 柳氏가 살았다고 하는데, 지금까지 보존된 탈은 허도령이 만들었다 한다. 평소에는 마을 신당에 모셔 놓고 신을 나타낸다고 숭상을 하고, 탈춤을 출 때는 꺼내 쓴다. 그 중 양반·선비·중·이매 등의 탈의 경우, 만든 수법을 보아도 무척 오래 되었으리라고 인정된다. 대사에도 높은 벼슬을 '門下侍中'이라고 하는 부분이 있는데, 이는 고려시대의 용어이다. 이런 근거에서 하회탈춤의 역사는 거슬러 고려 후기까지 올라간다고 할 수 있다.

하회탈춤 같은 것은 농사가 잘되게 하기 위해 마을사람들이 정기적으로 거행하는 마을굿에서 유래했다. 원래는 마을 수호신이 하강했다는 것을 나타내기 위해서 탈을 쓰고 춤을 추었었는데 그런 관습이 미처 청산되지 않은 채 탈이 양반을 풍자하고 하층민의 생활을 문제삼는 데서 함께 쓰여서, 굿에서 극으로의 이행을 입증해 주고 있다. 마을굿에서 유래하여 굿의 한 절차로 공연된 연극은 아주 오래 전부터 있었으리라고 생각된다. 물론 고려 후기에도 전국적으로 널리 분포되었으리라고 상상해 볼 수 있으나, 그 이상의 증거는 없다. 어쩌면 고려 후기에 이르러서 농촌탈춤이 지배층에 대한 반감을 나타내고 풍자를 하려는데 뚜렷한 진전을 보였으리라고 볼 수도 있지만, 그것은 추정으로 그칠 수밖에 없다.

우리 민속극은 탈춤과 꼭두각시놀음으로 이루어져 있다. 이른 시기부터 그 둘이 구비되었으리라고 짐작되고, 고려의 꼭두각시놀음도 행방을 추적해 볼 만한데, 마침 적절한 자료가 발견된다. 《高麗史節要》를 보면 의종 17년(1163) 2월에 송도 거리에서 꼭두각시놀음인 듯한 놀이를 벌이더라고 한 기사가 있다. 두 패로 나뉘어서 풀각시 같은 것을 만들어서 비단옷을 입히고, 계집종도 꾸며 서로 재주를 다투니 구경꾼들이 잔뜩 모여들었다는 것이다. 그러나 대사까지 갖추었는지는 알 도리가 없다. 그런가 하면, 이규보의 시에서는 의심할 바 없이 꼭두각시놀음을 보고 지은 다음과 같은 시가 전한다.

조물주가 사람 놀리기를 꼭두각시처럼 하는데,	造物弄人如弄幻
달인은 꼭두각시를 제 몸인 듯 보는구나.	達人觀幻似觀身
인생살이는 꼭두각시놀음과 한가지라,	人生幻化同爲人
끝내 누가 옳고 누가 그르다고 하겠느냐.	畢竟誰眞復匪眞
위아래 보고, 찡그리고 펴며, 신체의 미묘함 갖추니,	俯仰嚬伸具體微
누가 마음의 장인이라 하늘 재주를 빼앗았는가	孰將心匠奪天機
사람도 기운 하나로 꿈틀거리며 살아가다가	人緣一氣成蚩蠢
기운 빠지면 꼭두각시놀음 마친 것과 같게 되나니.	氣出還同罷幻歸

(李奎報,《東國李相國集》 후집 권 3, 古律詩 觀弄幻有作).

시에 나타난 바를 정리하면, 꼭두각시는「幻」이라고 하며 꼭두각시놀음은「弄幻」이라고 하고, 놀이꾼은「巧人」이라 했다. 이규보가 관심을 가지고 살핀 바는 놀이꾼의 재주가 놀랍다는 것이다. 꼭두각시가 움직이는 모습이 하나하나 교묘하다고 했으며, 다른 시에서는 "단청을 모았다가 순식간에 거두어버리네"라고 하여, 후대의 꼭두각시놀음에서 절을 짓고 허는 장면 같은 것을 묘사하면서 그 재주에도 감탄했다. 그러나 연극적 내용에 관해서는 아무런 언급이 없고, 인생살이도 생각해 보면 꼭두각시놀음과 다름없다는 말만 하고 말았다.

2) 속악가사

삼국시대에도 이미 그랬지만,《고려사》樂志에 소개되어 있는 고려의 악은 두 가지 점에서 예사 음악과 다르다. 국가에서 관장하며 궁중에서 전승하는 것만 포함되어 있다. "무릇 樂은 풍속의 교화를 이룩하고, 공덕을 나타낸다"고 한 데서 기능에 따라 그 범위를 한정한 취지가 잘 나타나 있다. 악은 음악 자체만이 아니고, 춤·놀이·말로 된 노래 등을 두루 포괄하는 복합체이다. 중세의 지배체제를 장식하는 국가적인 음악문화 복합체가 면면하게 전승되는 과정에서 高麗樂이 일정한 역사적 위치를 차지했다는 사실을 염두에 두고 그 성격과 내용을 구체적으로 살펴보자.

고려의 악은 雅樂·唐樂·俗樂으로 이루어져 있다. 그 가운데 노랫말이 우리 문학인 속악에는 〈風入松〉·〈夜深詞〉·〈紫霞洞〉처럼 노랫말이 한문으로 된 것도 있는데, 앞의 둘은 언제 지었는지 모른다고 《고려사》에 주석이 달려 있다.

내용을 살펴보면, 〈풍입송〉은 "海東天子는 지금의 帝佛이며, 하늘을 도와서 세상을 다스리려고 오셨다"고 서두에서부터 고려의 자주적인 기상을 자랑하고 있다. 그런 자부심은 고려 전기의 한창 시절, 어쩌면 광종 때쯤에 어울리는 것이다. 〈야심사〉는 임금과 신하가 화락하게 어울리는 즐거움을 다루었으니 이것은 또한 안정을 구가하는 태평성대의 모습이다. 맨 끝에 소개해 놓은 〈자하동〉은 원나라의 간섭을 받았던 기간 동안 부귀를 독점한 권문세족의 사치스러운 생활을 잘 나타내는 노래로서 蔡洪哲이 지은 것이다. 시대 변화의 추이에 따라 속악의 구성이 달라졌던 것은 당연한 일이다.

그런데 문제는, 《고려사》 악지에 소개되어 있거나 《樂章歌詞》·《時用鄕樂譜》 등에서 자료를 얻을 수 있는 국문으로 된 속악가사, 그 가운데서도 조선조에 들어와서 이른바 男女相悅之詞라 하여 배격된 것들이 언제, 어떤 이유에서 채택되었으며, 그 성격이 무엇인가 하는 데 있다. 이런 작품군을 속요 또는 高麗俗謠라고 해도 무방하겠으나, 그런 명칭은 예전에 쓰지 않던 것이고, 성격을 미리 규정짓는 결함이 있다고 지적되므로, 오랜 관습에 따라서 俗樂歌詞라고 일컬으며 논의를 계속해 보자.[2] 삼국에서 물려받은 것과 한문으로 된 것은 편의상 함께 거론하지 않으면서 고려 속악가사의 성격을 살펴보기로 한다.

고려 속악가사는 궁중의 악곡이고 잔치를 벌인다든가 하는 기회에 唐樂呈才와 대칭되는 속악정재를 공연하면서 불렀다. 당악정재에서 볼 수 있는 우아한 기품은 버리다시피 했고, 남녀의 사랑을 숨김없이 다룬 것이 커다란 비중을 차지한다. 그 가운데는 창작된 것도 있으리라고 생각되며, 〈雙花店〉을 한 예로 들 수 있으나, 이런 작품마저도 왕조의 위엄이나 상층문화로서의 품격을 지니지 않고 있으며, 음란한 내용임을 부인할 수 없다. 임금의 안

---

2) 고려의 속악가사에 대한 주석은 梁柱東, 《麗謠箋注》(乙酉文化社, 1947) 및 朴炳采, 《高麗歌謠釋 硏究》(宣明文化社, 1968)에서, 연구는 국어국문학회, 《高麗歌謠硏究》(正音社, 1979) 및 金烈圭 外 編, 《高麗時代의 歌謠文學》(새문사, 1981) 등에서 다루었다.
조규익, 《高麗俗樂歌詞·景幾體歌·鮮初樂章》(한샘출판, 1993)은 근래 연구사와 작품이해를 재정리한 글이다.

녕을 송축한다고 하는 노래라도 그런 명분과는 어울리지 않는 내용을 지니고 있어서 주목된다. 궁중의 속악 또는 향악은 어느 시대에나 있었지만, 고려 속악가사는 앞뒤의 어느 시기에서도 비슷한 예를 찾을 수 없는 것들이다.

이런 노래는 고려 후기에 채택되었을 것 같다. 고려 전기에 애써 이룩한 왕조의 위엄이나 이념적 질서가 무신란과 몽고란을 겪고 나서 무너지자, 속악에서도 이에 상응하는 변화가 일어났을 것 같다. 특히 원이 간섭하던 기간 동안에는 국왕이 부귀에 탐닉하는 무리인 권문세족과 어울려 오랜 관례와 어긋나는 흥미거리를 찾았다. 그것을 위해 원나라 놀이도 가져오고 창작도 했지만, 궁중과 민간 양쪽을 왕래하는 악공·기녀 등을 매개로 해서 민간전승인 놀이나 노래 중에서 필요한 것을 받아들여 개조하는 것이 새로운 소재를 얻는 가장 손쉬운 방법이었을 것이다. 그런 상황에서 채택된 속악가사는 지배체제의 이념적 긴장이 와해된 모습을 너무나도 잘 나타내주기에 조선이 건국되자 비판하고 정리하는 작업을 서두르지 않을 수 없었다.

속악가사는 그 원천을 따진다면 하층문화와 깊은 관련을 가지고 민요의 모습을 적지 않게 지니고 있지만, 일단 그 시대 특유의 상층문화로 변모되고 속악정재의 공연방식에 따라서 개편되었으므로, 이중적 성격을 지닌다 하겠다. 작품의 편차나 표현에서부터 그 점을 구체적으로 확인할 수 있다. 가령 〈動動〉이나 〈鄭石歌〉는 임금에게 아뢰며 축복하는 사설로 만들기 위해 처음 한 章이 덧보태졌을 듯하다. 〈滿殿春別詞〉에서 잘 나타나는 바와 같이, 궁중에서 필요로 하는 노래의 구성에 맞추기 위해 여러 가지 서로 다른 사설들을 모아 노래 한 편을 만든 것처럼 보이는 작품도 있다. 그런가 하면, 〈靑山別曲〉 같은 것은 원래 일정한 餘音을 되풀이하며 사설은 얼마든지 더 열거할 수 있었을 터인데, 여덟 장으로 고정시켰다. 음란한 놀이에 어울리는 말이 많은 것도 민요의 실상을 충실하게 반영한다고 하기는 어려우며, 그 점은 이제현의 〈小樂府〉와 비교해 보더라도 쉽게 드러난다.

그러나 속악가사에 민요계통의 노래가 대폭 표현될 수 있었던 것은 국왕이나 권문세족이 어떤 생각을 가지고 그랬던 간에 획기적인 의의를 가진다. 차례와 표현을 고치는 데 한계가 있었고, 남녀상열지사로 음란한 놀이를 벌이고자 했어도 향락추구와는 무관한 생활 자체의 자연스러운 감정에서 우러나오는 사랑의 노래를 아주 바꾸어 놓을 수는 없었으며, 민중의 어려운 처지를 하소연한 사연을 다 제거할 수도 없었다. 형식만 하더라도, 章 또는 聯이 나누어져 있고 그 사이에 여음이 끼어 들며, 대체로 보아 세 토막씩으로 짜여져 있는 노래는 민간전승의 저류에 머무르고 있다가 그 때 비로소 표면으로 부상해서 적지 않은 파문을 일으켰다.

장 또는 연이 나누어져 있고, 여음이 개재하는 형식은 민요에서 흔히 볼 수 있는 것 중 하나이며, 한 사람이 사설을 맡고 다른 사람 여럿이 또는 혼자 여음을 되풀이하거나 사설을 여럿이서 돌림노래로 부르는 데 소용되는 것이다. 향가시대에는 그 존재마저 확인되지 않던 이런 형식은 당악정재에 자극을 받아 만들어진 속악정재의 음악적 구성에 적합하기에 대거 채택되었을 것이다. 景幾體歌에서도 기본적으로 같은 형식이 보이는 것은 음악적 요건이 서로 상통했기 때문이 아닌가 한다.

〈處容歌〉는 《고려사》 악지에 신라 때 생긴 것이라고 밝혔으면서도 삼국속악에다 넣지 않고 고려속악이라고 했다. 오래 전승하는 동안에 원래의 모습과는 달라졌기에 그렇게 취급하지 않았나 싶다. 신라 때의 원형도 노래만이 아니며 춤과 놀이까지 갖춘 복합체이고, 연극적인 요소도 적지 않게 지니고 있었던 것으로 생각된다. 그리고 고려에 이르러서는 다면적 성격이 속악정재라는 것으로 일단 정리가 된 다음, 시대와 상황에 따른 변이를 보였다. 속악정재는 재래의 전승을 당악정재와 대응될 수 있게 다듬은 놀이이며, 궁중에서 요구하는 기풍에 맞는 짜임새를 갖추게 한 것이라고 다시 규정할 수 있다. 이런 조건은 처용놀이가 민간연극의 발전과정과는 맞지 않게 격식화되도록 하는 구실을 했으리라고 보아 마땅하다.

처용놀이는 예사 속악정재와는 다르게 굿으로서의 기능을 줄곧 지녀왔으며, 〈처용가〉는 굿노래이다. 李穡이 재앙을 물리치는 놀이를 읊은 시 〈驅儺行〉의 소재로 삼은 근거가 거기에 있다. 조선시대에 들어와서 처용놀이를 섣달 그믐날 궁중에서 거행하는 儺禮의 한 절차로 제도화한 데서도 오랜 전통이 확인된다. 신라 헌강왕 때의 처용굿은 망국의 불안한 조짐을 재앙 또는 질병이라고 여기며 공연했었는데, 고려에 들어와서는 거기 상응하는 어떤 주제가 부각될 수 있었던가 생각해 보면, 강화도로 피난을 간 조정에서 처용놀이를 하면서 몽고침략의 격퇴를 기원했을 것이라고 하는 견해를 일단 주목하게 된다.

《악장가사》에 수록된 것을 보면, 노래의 형식은 장 또는 연의 구분이 보이지 않고 대체로 보아 한 줄이 네 토막인 것 같지만 줄을 나누기도 어려워 산만한 편이다. 무가에서 흔히 볼 수 있고 민요에서도 기본형식의 하나일 수 있는 것이 일찍 표면화한 예라 하겠으며, 후대의 가사와 상통하는 데가 있다. 내용에 따라서 단락을 나눌 때는, 설명인가 대화인가 하는 점을 기준으로 삼을 필요가 있다. 첫 단락은 설명이다. 처용을 소개하고, 처용의 모습을 머리에서 발까지 차례로 묘사한 다음에, 감탄하고 찬양하는 말을 늘어놓았다. 발은 "界面 도ᄅᆞ샤" 넓어졌다고 했는데, 이 말은 단골들이 거주하는 자기 영역을 순회했다는 뜻이다. 둘째 단락은 처용이 하는 말이다. 누구누구를 불러서 신코를 빨리 매라고 했으니, 집으로 급히 돌아가야 할 일이 생겼다는 뜻으로 짐작되지만 확실하게 이해되지는 않는다. 돌아갔을 때 벌어진 광경이 셋째 단락에서 처용의 독백으로 나타나 있는데, 신라 〈처용가〉에서도 볼 수 있던 것이다. 처용이 주저하고 있을 때, 넷째 단락에서는 "熱病神이ᅀᅡ 膾人가시로다" 하며 부추기는 말이 나온다. 처용이 열병신을 물리치는 巫神으로서의 기능을 되살렸다. 고민하는 모습이 아니고, 후덕하지도 않다. 그러나 처용 자신이 처음부터 능동적으로 나서지는 않았으며, 계속 찬양하고 부추긴 결과일 따름이다. 마지막 단락에서는 산이며 들이며, 천리 밖으로 처용을 피해 달아나는 것이 열병신의 발원이라고 해서, 재앙을 물리치는 일이 뜻하는 대로 성취된다고 선언했으나, 거기 이르기까지 서술자의 개입이 너무 많다.

《고려사》 악지에는 속악을 기술하면서, 악기를 소개한 다음에 〈舞鼓〉라는 것을 먼저 들었다. 〈무고〉는 舞隊라는 무리가 춤을 추고, 악공이 악기를 연주하는 동안에 기녀들이 〈井邑詞〉를 노래하는 놀이이다. 〈무고〉는 놀이하는 절차를 보아 속악정재의 표준이 될 만하기에 먼저 소개한 듯한데, 놀이 이름과 노래 이름이 다른 점이 주목된다. 〈정읍사〉는 백제에서 유래한 노래라고 했지만, 〈무고〉라는 이름의 놀이는 원래부터 노래와 함께 전승되지 않았고, 고려 때에 생겼을 것이다. 이러한 사실은 노래와 놀이의 관계를 두루 살피는 데 적지 않은 도움이 된다.

두번째로 소개한 것이 〈동동〉이다. 이 경우 〈동동〉이 노래이자 놀이여서 둘을 구별할 필요가 있을 때는 노래는 〈動動詞〉라고 했고, 놀이는 〈動動之戲〉라고 했다. 놀이를 하는 절차는 〈무고〉의 경우와 대체로 같다고 하고서 설명을 덧붙였다. 《樂學軌範》에는 더 자세한 해설과 함께 노래 본문까지 실어 놓았으므로, 그 쪽을 참고하면 세부적인 사항까지 알아낼 수 있다. 그런데 나서서 춤을 추는 기녀 둘이 〈동동사〉 起句를 선창하면, 다른 기녀 여럿이 나머지 대목을 받아 부른다고 한 점이 주목된다. 기구는 제1장으로 제2장 이하 12장까지와 부르는 방식이 달랐다.

> 德으란 곰빅예 받줍고　　福으란 림빅예 받줍고
> 德이여 福이라 호놀　　나ᄋᆞ라 오소이다
> 　아으 動動다리

이런 말로 되어 있는 기구 또는 제1악장은 복이며 덕을 바친다면서 받는 이를 찬양한다. 《고려사》 악지에서는 설명이 일단 끝난 다음에 다시 주를 달아 "동동지희는 그 가사에 頌禱하는 말이 많으며, 대체로 仙語를 본받았다"고 했다. 여기서 말하는 仙은 國仙이며, 화랑일 터이다. 무속과도 관련된 신라 화랑의 전통을 이은 국선이 팔관회 등을 거행할 때 임금의 덕과 복을 송축하는 관습이 이어졌다 하겠다. '곰비', '림비'는 뒤와 앞을 뜻한다고도 하지만, 신령님과 임금님으로 보는 편이 더 적합하다. 신령님과 임금님께 덕이며 복을 바치러 나온다는 사연이 아닌가 싶다. 당악정재에서는 중국판 신선이 임금의 수명을 축수하지만, 여기서 말하는 신령은 나라의 수호신이어서 먼저 일컬어지며 임금과 함께 숭앙되었다고 보는 것이 좋겠다.

그런데 그 다음 제2장 이하는 정월에서 섣달까지 계절의 변화나 명절의 도래를 들고서, 그 때마다 님이 생각난다는 사연으로 이루어져 있으며, 달이 바뀌는 데 따라서 장이 구분되는 달거리 형식을 택했다. 한 장이 끝날 때마다 여음이 삽입되는 것도 후대의 달거리에서 흔히 볼 수 있는 바이다. 서술자는 여성이며, 님은 남성이다. 임금을 님으로 삼고 사랑을 하소연한다고 보아서는 도무지 어울리지 않는다. 4월 대목에서는 님을 「錄事님」이라고 했다. 녹사라면 서리이니 궁중에서 부르는 노래에서 내세우기는 적합하지 않다. 오늘날까지도 민요로 전승되고 있는 것과 같은 달거리 사랑노래를 가져다가 궁중의 정재에서 부르는 속악가사로 삼았다고 보아야 녹사의 등장을 이해할 수 있다.

正月ㅅ 나릿 므른 아으　　　　어져 녹져 ᄒᆞ논ᄃᆡ
누릿 가온ᄃᆡ 나곤　　　　몸하 ᄒᆞ올로 녈셔

정월 노래는 이처럼 절창이어서 계속 새로운 풀이를 해도 다 설명되지 않는다. 정월이라 겨울과 봄이 엇갈리기에 얼다가도 녹고, 녹다가도 어는 '나리' 물과 이별만 당하고 있는 자기 신세가 너무나도 다르다는 것을 깨닫자, '누리' 가운데 나서 홀로 살아간다고 한탄하게 되었다. 그렇게 말하는 뜻이 커서 비극적 감회가 깊고 넓은 메아리를 얻는 데 이르렀다고 하겠다. 궁중정재를 위한 수식에서 얻은 구절이라 하기는 어려울 터이고, 민요의 진수가 보여주는 절실한 표현이라고 하는 편이 타당할 것 같다.

2월 이하의 노래에서는 달마다의 명절이나 행사를 열거했는데 2월·6월·7월 및 8월의 경우에 명절이 보름이다. 7월 보름은 백중이고, 8월 보름은 가배라 해서 특별히 일컬었다. 이 밖의 다른 명절은 5월 5일의 수릿날과 9월 9일이다. 계절의 순환이 정서변화와 밀착되고, 특히 보름을 숭상하는 관습에 따라서 노래 사연을 마련하는 특징은 농경문화의 저층에 논거를 두고 민요에서 구체적인 모습을 드러낸다. 그런데 자연을 노래하면서 인생살이를 문제삼는다. 자연의 순환에서는 예정된 순서에 따라 기쁨이 어김없이 다가오는데, 인생살이는 그렇지 못해서 명절을 맞이할수록 이별의 슬픔이 더욱 절감된다는 것은 자연과 인생을 견주어 나타내는 민요의 기본 주제이다. 한 줄이 세 토막으로 이루어져 있으면서 마지막 토막을 이루는 음절수는 최소한으로 한정되어, 변화가 있고 활달한 느낌을 주는 율격도 민요의 기본형식 중의 하나이다.

〈동동〉 다음 순서로는 〈無㝵〉를 소개하고, 그 놀이를 하면서 〈無㝵詞〉를 부른다고 했다. 〈무애〉라면 일찍이 元曉가 불렀다고 한 노래인데, 노랫말이 어디에도 전하지 않는다. 설명 끝에 주를 단 데서는, 놀이가 서역으로부터 유래하고, 가사는 불가의 말이 많이 들어있다고 했다. 서역에서 유래한 놀이라고 했으면서도 당악정재로 분류하지 않은 것을 보면 오래 전에 토착화되었음을 알 수 있다.

《고려사》 악지에서 정재의 절차를 설명한 것은 〈무고〉에서 〈무애〉까지이다. 그 다음에 나오는 〈西京〉부터는 노래가 생긴 유래를 알려준다든가 노래에서 다른 한역시를 통해서 보여주는 데 그쳤을 뿐이고, 악기를 연주하고 춤을 추는 방식에 관해서는 말이 없다. 놀이를 하는 절차가 앞에서 든 것들과 그리 다르지 않아서 그랬을 수도 있고, 노래를 노래로만 부르는 경우가 많아서 그랬을 수도 있는데, 어느 쪽인지 판단하기는 어렵다. 놀이노래가 아니라고 할 수는 없겠으나, 놀이노래로 다룰 만한 단서는 발견되지 않는다.

다만 〈三藏〉과 〈蛇龍〉이라고 한 것은 사정이 다르다. 이 두 노래는 한역해 놓은 사설을 보건대 《악장가사》에 전하는 〈쌍화점〉의 일부가 아닌가 하는 견해도 있는데, 어떤 놀이를 하면서 불렀던가를 설명을 해놓았고, 《고려사》에서 찾아서 보충할 수 있는 자료도 적지 않다. 여러 가지 기록을 종합해서 간추려 보면, 충렬왕 때의 倖臣 吳潛(처음 이름은 吳祈)·金元祥 등이 내시 石天補·石天卿 따위와 함께, 놀이에 탐닉하는 성미인 왕을 기쁘게 하느라고 온갖 음란한 놀이를 할 때 〈쌍화점〉을 지어냈음을 알 수 있다. 기생·관비·무당을 선발해 男粧別隊라는 놀이패를 따로 모으고, 놀이를 공연하기 위한 제반 시설을 마련했다는 설도 있다. 이러한 사실은 〈쌍화점〉이 창작한 노래임을 입증해 준다. 그 몇 사람의 합작이거나 오잠의 작품일 것이다. 이에 따라서 속악가사를 속요라고 하며, 그 모두가 민요에서 유래했다고 하는 선입견은 마땅히 재검토해야 한다는 주장이 일어났다. 그뿐만 아니라 〈쌍화점〉놀이는 예사 속악정재로 볼 것이 아니라, 가극임을 인정해야 한다는 견해도 대두되었다. 노랫말을 두고서 한쪽에서는 수준 높은 상징을 갖춘 풍자시라고 하고, 또 한쪽에서는 음란하고 퇴폐적인 가극의 대사라고 했다.

〈비두로기〉 또는 〈維鳩曲〉·〈相杵歌〉·〈엇노래〉 또는 〈思母曲〉은 서로 비슷한 점이 있다. 정재를 하면서 불렀다는 증거는 없으며, 장이 나누어져 있지 않은 짧은 형식이다. 이 두 가지 특징은 서로 무관한 것이 아니다. 정재를 하면서 부르는 노래라면 여음을 경계로 해서 여러 장이 연속되어 있어야 한참 지속되는 절차를 감당하기 알맞다. 반드시 장이 나누어져 있지는 않더라도, 어느 정도 길어야 한다는 것은 필수적인 요건이 아닌가 싶다. 그런데 이 노래 세 편은 모두 긴 노래의 한 장에 해당하는 길이밖에 안된다. 속악가사는 분명히 짧은 노래와 긴 노래 두 가지 것으로 이루어져 있다.

〈履霜曲〉은 어떤 부류에 속한다고 해야 할지 다소 막연한 노래이다. 장이 나누어져 있지 않다는 점에서는 〈상저가〉·〈엇노래〉 따위와 같으나, 길이가 훨씬 길다. 어찌 보면 사뇌가 형식과 상통하는 바 있는 듯하고, "아소 님하"라는 감탄구를 여음이 아닌 본문에 내놓은 다음에 결말을 마련하는 수법도 그런 각도에서 관심을 가질 만하다. 줄을 나누고 토막을 분간하는 일정한 규칙이 보이지 않은 채 말이 계속 이어진다는 점에서는 〈처용가〉와 같은 부류를 이룬다고 할 수 있다.

내용은 서술자인 여자가 오지 않는 님을 그리워하는 것이다. 그러면서 님과의 기약을 따라야지 다른 길을 택할 수는 없다고 한다. 그런 각오가 애처롭고 섬세한 느낌과 함께 나타나 있다.

「서리 밟는 노래」라고 한 제목에서부터 주위의 풍경과 마음의 상태가 적절하게 호응하면서, 시각적인 표현효과도 아울러 잘 갖추고 있다. 음란한 장면을 상상할 수 있으며, 그래서 궁중속악으로 채택되었을지 모르나, 진실되고 절실한 사랑의 노래라고 보는 편이 타당하다.

〈滿殿春別詞〉라고 한 노래는 《악장가사》에 장을 나눈다는 표시를 하고 실어 놓았으나, 장과 장 사이에 여음이 삽입되지 않았다. 장을 나누는 표시만 없다면 〈이상곡〉과 비슷하다고 하겠다. 〈이상곡〉은 한 줄을 몇 토막으로 볼 것인가 하는데 일정한 규칙이 발견되지 않아서 특이하다고 했는데, 〈만전춘별사〉의 율격 또한 그렇다. 제4장까지는 네 토막씩 석 줄로 되어 있어서, 광의의 시조라고 할 수 있다. 제5장은 네 토막 석 줄이 두 번 되풀이되어 여섯 줄을 이룬다. "아소 님하 遠代平生애 여힐 술 모ᄅᆞᄋᆞᆸ새"라는 말은 따로 구분되어 있어서, 그것까지 보태면 모두 여섯 장이다. 각 장을 이루는 사설은 어느 것이나 님과 이별하지 않고 사랑을 계속 누리고자 하는 소망을 나타내고 있으며, 그런 뜻이 마지막의 말로 총괄되었다 하겠다. 대체적인 내용이나 마무리를 하는 말이나 〈이상곡〉의 경우와 적지 않은 공통점이 있다.

〈鄭石歌〉는 첫 장에서 "딩아 돌하 當今에 계샹이다"라고 한 "딩아 돌하"에서 따온 말을 노래 이름으로 삼았다. 그 말이 무엇을 뜻하는지 우선 의문이나, 아마도 鉦과 磬, 다시 말하면 징과 돌이라는 악기를 사람처럼 일컬은 것 같다. 정과 경을 울리며 노는 풍류는 임금님을 위한 것이니 당금에도 계신다고 했을 것이다. 그리고는 "先王聖代에 노니ᄋᆞ와 지이다"라고 해서, 옛적 훌륭한 제왕의 덕을 그대로 이은 시대에 놀고자 한다고 했다. 임금 앞에서 놀이를 벌이는 것을 그렇게 칭송했다고 보아 마땅하다. 그 점에서는 〈동동〉의 서두와 상통하고, 향악정재를 하면서 부른 노래임을 알 수 있다.

《악장가사》에서는 〈가시리〉라고 하며 전문을 소개한 노래는 《시용향악보》에서는 〈歸乎曲〉이라고 일컫고 한 대목만 소개하였다. 이 노래는 길이를 본다면 짧은 노래에 속한다고 하겠다. 그러나 장을 나누는 표시가 분명하게 보일 뿐만 아니라, 장과 장 사이에 여음이 삽입되어 있다는 점에서는 〈서경별곡〉이나 〈청산별곡〉과 다름이 없다.

가시리 가시리잇고 나ᄂᆞᆫ
ᄇᆞ리고 가시리잇고 나ᄂᆞᆫ
  위 증즐가 大平盛大

날러는 엇디 살라 ᄒᆞ고
ᄇᆞ리고 가시리잇고 나ᄂᆞᆫ
  위 증즐가 大平盛大

잡ᄉᆞ와 두어리마ᄂᆞᄂᆞᆫ
선ᄒᆞ면 아니 올셰라
  위 증즐가 大平盛大

설은 님 보내ᄋᆞᆸ노니 나ᄂᆞᆫ
가시ᄂᆞᆫ ᄃᆞᆺ 도셔 오쇼셔 나ᄂᆞᆫ
  위 증즐가 大平盛大

전문이 이것뿐이다. 보내고 싶지 않은 님을 보내야 하는 심정을 소박하게 나타냈으니, 수준 높게 다듬은 표현이 없다고 해서 낮추어 볼 필요도 없다. 어느 대목이든 쉽게 이해되지만, 나타난 말이 얼마 되지 않기 때문에 오히려 숨은 사연을 짐작하게 한다. 서러운 님을 보내니 가는 듯이 돌아오라고 한 대목은 두 가지 뜻으로 해석할 수 있다. 노래하는 여자를 서럽게 하는 님에게 하소연하는 말이기도 하고, 무언가 드러나 있지 않은 곡절 때문에 서럽게 떠나야 하는 님이기에 그렇게 당부할 수밖에 없다는 말이기도 하다.

〈西京別曲〉은 《고려사》 악지에서 〈西京〉이라고 하고 〈大同江〉이라고 한 노래 두 편과 깊은 관련이 있을 것으로 여겨진다. 한역을 통해서 악지에 소개한 그 두 편의 내용은 〈서경별곡〉과 상당한 거리가 있지만, 〈서경별곡〉 또한 「西京」이라고 시작되는 대목과, 「大同江」이라고 이어지는 대목으로 나누어도 어색해지는 것은 아니다. 민요에서는 사설이 달라지기도 하고, 바뀌지기도 하고, 끊어 부를 수도 있고, 이어 부를 수도 있었는데, 속악가사로 편입되면서 장편으로 연결된 것만 《악장가사》에 전한다고 보아 마땅하다.

제1장을 보면 "西京이 아즐가 西京이 셔울히 마르는 위 두어렁셩 두어렁셩 다링디리"라고 하고, 그 다음에 한 장이 끝났다는 동그라미 표시가 있다. 첫 마디가 되풀이되고 그 사이에 "아즐가"가 있는 것은 민요를 궁중에서 필요로 하는 악곡으로 개편할 때 음악적인 필요에 의해서 생긴 변화일 것이다. "위 두어렁셩" 이하의 여음 또한 민요에서 볼 수 있는 것이라기보다는 악기의 구음이라고 하는 편이 타당하다. 사설 자체만 간추리면, "西京이 셔울히 마르는"이라고 하는 말뿐이다. 이것만으로는 노래 한 장이 끝났다고 할 수 없다. 말이 그 다음으로 이어져서 비로소 무엇을 말하는지 밝혀진다.

西京이 셔울히 마르는　　닷곤듸 쇼셩경 고요마른
여희므론 질삼뵈 ᄇ리시고　　괴시란듸 우러곰 좃니노이다

여기까지 가야 내용으로 보아 한 단락이 끝난다. 민요상태에서는 그 다음에 여음이 있었을지 모른다. 율격을 고려해서 띄어쓰기를 하니, 한 줄이 세 토막씩 된다. 대뜸 서경부터 들먹이는 것은 많은 사연을 암시한다. 서경은 자랑스러운 고장이고, 개경에 못지 않은 곳이나, 서경백성들은 거듭 고난을 겪어야만 했을 것이다. 갖가지 억울한 사유로 자기 고장을 떠나야 하는 사람들이 이어져서, 대동강가에서 부르는 이별의 노래가 끊어지지 않았다. 鄭知常이 한시로 남긴 이별의 노래도 같은 맥락에서 이해해야 할 것이다. 그런데 이 노래는 민요 가락에 얹어, 일반 백성 그 가운데서도 여인네가 겪은 이별의 고난을 바로 나타냈다. 노래하는 여인은 자랑스러운 고장 서경을 버릴 수 없다. 그러나 님이 떠나서 이별을 당한다면 길쌈하던 베를 버리고서라도, 계속 사랑해 준다면 울면서 따르겠다고 했다. 길쌈하는 여인의 일상생활을 송두리째 말해주는 것이다. 생활을 버리고 사랑을 따르겠다고 했으니 비극을 자초하는 발상이라 하지 않을 수 없다. 그 다음 대목에 이르러서는 더욱 절실한 표현을 얻었다.

구스리 바회예 디신돌 긴힛산 그츠리잇가
즈믄 히를 외오곰 녀신돌 信잇돈 그츠리잇가

구슬이 바위에 떨어지면 깨지는 아픔이 얼마나 크고 조각조각 날카롭게 빛나는 모습이 얼마나 영롱할까 생각하게 한다. 그런데 그 다음 말에 구슬을 꿴 끈은 끊어지지 않고 서로의 믿음도 지속된다고 하면서 파탄을 거부하는 전환을 보여주었다. 천 년을 홀로 지내도 믿음은 변하지 않는다고 했으니까 반전이 더욱더 큰 설득력을 갖는다. 이 대목은 〈정석가〉에 삽입되어 있으며 이제현의 〈소악부〉에는 한역되어 있다. 따로 부르는 노래이기도 했겠지만, 〈서경별곡〉에 들어가 절정부분을 이루면서 한층 더 두드러진 표현효과를 가졌다.

그리고는 대동강 장면이다. 그렇게까지 노래를 했어도 님은 떠나가기에 거듭되는 이별의 현장 대동강이 펼쳐진다. "大同江 너븐디 몰라서 빈내여 노혼다 샤공아"라고 한 첫마디는 쉽게 이해된다. 그 다음에 "네가시 럼난디 몰라셔 녈빈예 연즌다 샤공아"라고 한 대목은 뜻풀이를 두고 논란이 있다. "너는 여자가 음란한 줄 몰라서"라고 널리 알려져 있지만, "네까짓 것이 주제넘은 줄 몰라서"라고 풀이하는 편이 더욱 그럴 듯하다.[3] 님은 아직 강을 건너지 않았는데도, 그 다음 줄에서는 강 건너편의 꽃을 님이 꺾으리라는 데까지 상상이 미쳤다. 꽃은 여자를 가리킨다. 님이 다른 여자를 택할지도 모른다는 불안까지 겹쳐 애꿎은 사공을 나무라기만 했다.

〈青山別曲〉은 《악장가사》에 실려 있으며 《시용향악보》에 앞머리가 보일 뿐이고, 다른 문헌에는 도무지 언급된 바 없어 그 위치나 성격을 밝히자면 노래 본문에 매달리지 않을 수 없다. 그런데 풀이하기 어려운 대목이 적지 않을 뿐만 아니라, 노래 본문이 무엇을 말하는지 명확하지 않아 논란은 많고 합의는 어렵다.

---

3) 서재극, 〈고려노래 되새김질〉(《白江徐首生博士回甲紀念論叢》, 螢雪出版社, 1981) 참조.

살어리 살어리랏다 青山애 살어리랏다
멀위랑 ᄃᆞ래랑 먹고 青山애 살어리랏다
얄리얄리 얄랑셩 얄라리얄라

제1장을 들면 이렇다. 넉 줄씩, 세 토막으로 구성되어 있는데, 줄 수는 안정감을, 토막 수는 율동감을 지니고 있다 하겠다. 한 장이 끝나면 여음이 삽입되어 있다. 이러한 규칙은 제8장에 이르기까지 그대로 유지된다. 세 토막 중에서 마지막 것은 앞의 둘보다 짧은 편이어서 한층 경쾌한 느낌을 주는 것도 거의 그대로 되풀이된다. 반복되는 말이 많아 같은 생각을 거듭 다짐하는 수법도 계속 사용된다. 여음은 힘차고, 밝고, 유려하다. 《시용향악보》에 실린 〈大國〉에서도 거의 같은 모습으로 다시 쓰였지만, 악기의 구음으로 보자면 무리가 있고, 후대의 "아리랑 아라리오"로 이어진 민요 본래의 여음이 아닌가 싶다.

그런데 청산에 살았으면 하는 말이 무엇을 뜻하는가 하는 것이 문제이다. 청산은 혼탁한 속세와 대립되는 말인가 아니면 농사짓고 사는 마을과 대립되는 말인가 하는 것이 구체적인 쟁점이다. 청산이 속세와 대립되는 말이라면, 머루나 다래는 속세가 싫다고 자진해서 도피한 사람이 얻을 수 있는 정신적인 위안을 상징한다. 청산이 마을과 대립되는 말이라면, 마을에서 살아갈 길이 없기 때문에 산에 들어가서, 다른 것은 없으니 머루나 다래라도 따먹고 연명해야 할 사정을 나타낸다. 제6장에서는 바다에 가서 "ᄂᆞᄆᆞ자기 구조개"를 먹고 살았으면 하는 말을 다시 했기에, 두 가지 경우를 함께 살필 일이다. "ᄂᆞᄆᆞ자기"는 해초의 일종이고, "구조개"는 굴과 조개이니 정신적 위안이나 품위와는 거리가 멀 것 같고, 연명을 하는 데 소용된 식품이라 보아 마땅하다.

그렇다면 이 노래는 세속에서 물러나 자연을 찾자는 선비가 부른 것도 아니고, 실연을 해서 괴로워하는 심정을 나타낸 것도 아니며, 고려 후기에 거듭 일어난 전란 때문에 자기 마을에서 머물 수 없게 된 유랑민의 처지를 나타낸다고 보는 것이 타당할 듯하다. 제2장에서 새를 보고서 "널라와 시름 한 나도 자고 니러 우니노라"라고 한 심정도 그런 형편에 비추어 이해할 수 있다. 더욱 문제가 되어온 제3장을 좀더 명확하게 설명할 수 있는 길도 함께 열린다.

가던 새 가던 새 본다.　　　　　　물 아래 가던 새 본다
잉 무든 장글란 가지고　　　　　　물 아래 가던 새 본다

물 아래로 날아가던 새를 본다면 말이 되지 않고, 어미를 의문형으로 풀이해도 설명이 궁해지기는 마찬가지이다. 여기서의 새는 밭이랑을 뜻하는 '사래'의 축약형이고, "가던 새"는 「갈던 사래」로 보아, 물 아래 하류지방에서 경작하던 사래를 이끼 묻은 쟁기를 가지고 바라본다고 하면 뜻이 쉽게 통한다. 논밭을 버리고 산으로 쫓겨났으니 쟁기에 이끼가 묻었을 것이다. 그래도 지난날을 잊을 수 없어서 아래쪽을 내려다보는 심정을 이렇게 하소연하지 않았나 싶다. 제5장에서 밤이면 외로움을 더 느낀다든가, 제6장에서 미워할 사람도 사랑할 사람도 없다든가 한 말은 난리를 만나 뿔뿔이 흩어져야만 했던 사정 때문에 비탄에 잠긴 것이라고 생각해 볼 수 있다.

그러나 이런 해석을 지나치게 밀고 나가는 것은 무리이다. 이 노래는 원래 〈청산별곡〉이 아니고 〈얄라리얄라〉라고 하던 것이 아니었을까 싶다. 여음은 언제나 같지만, 거기 붙을 수 있는 사설은 정해져 있지 않았을 것이다. 유랑민의 한탄이 주조를 이룬다 해도 그와 관련을 가진 다른 사연도 등장할 수 있었으리라는 것은 후대의 〈아리랑〉을 보더라도 납득이 간다. 그런데 궁중 속악으로 편입하는 과정에서 노래 이름을 〈청산별곡〉이라고 품위있게 짓고, 사설은 여덟 장으로 추려 어느 정도 말을 다듬고 순서를 정했을 것이다.

제5장에서 "어듸라 더디던 돌코"라 하며 돌을 던진다 하고, 그 돌을 맞아서 운다는 것은 그 자체로 이해가 되지 않는다. 그렇다고 해서 돌이 무엇을 상징한다고 해석할 것은 아니고, 그 당시의 어떤 풍속, 예컨대 石戰과 관련된다고 보는 편이 나을 성싶다. 자기 심정이 석전에서 몰려 돌을 맞고 있는 것과 다름이 없다는 뜻일 듯하다. 제6장에서 사슴이 짐대에 올라 해금을 켠다는 구절의 경우에는, 시적 표현을 위한 역설로 볼 필요가 없고, 사슴으로 분장한 사람이 등장하는 놀이의 한 장면을 노래했으리라는 추정이 이미 지지를 받고 있다.

제8장에서 한 말은 술을 권하며 잡으니 어찌 하겠느냐 하는 것으로 요약된다. 술로 근심을 잊을 수밖에 없다는 뜻이라는 데 동의할 수 있다. 잡힌

사람은 남자이며, 어찌 하겠느냐 하며 노래하는 서술자는 여성이라는 견해도 근거가 있다. 여러 장으로 이어지는 노래에서 서술자가 바뀌는 것은 민요에서 흔히 있는 일이다. 그러므로 이 대목이 노래 전체의 결론이라고 보아서, 사실은 모두 다 술노래라고 하는 것은 무리라 하지 않을 수 없다.

조선 초기에 고려에서 물려받은 속악을 정리하여 아악을 새로 제정하면서, 〈만전춘별사〉·〈서경별곡〉·〈청산별곡〉의 곡조는 이용하고, 사설은 배격했다. 〈만전춘〉 곡조를 〈定大業〉 가운데 〈順應〉 또는 〈赫整〉이라는 기악곡에 쓰고, 〈서경별곡〉과 〈청산별곡〉은 각기 〈靖東方曲〉과 〈納氏歌〉를 얹어 부르는 곡조로 삼았다. 곡조는 살리면서 사설을 배격한 이유는 사설이 남녀상열지사라는 데 있었고, 그 구실이 어느 작품에서나 한결같이 적용될 수 있는 것은 아니었다. 〈만전춘별사〉라면 분명히 그렇고, 〈서경별곡〉도 그렇게 간주될 수 있으나, 〈청산별곡〉은 거기 해당되는 것은 아니지만, 민중생활의 모습을 그대로 나타냈기에 난잡하다고 생각했을지 모른다.

3) 경기체가·시조·어부가·가사

고려 후기의 지배세력은 권문세족이라 할 수 있으며, 신흥사대부가 이에 대항하는 세력으로 성장한 것이 또한 그 시기의 특징이었다. 그런데 권문세족은 무신란·몽고란을 겪고 원나라의 간섭이 지속되는 동안에 정상적이라 할 수 없는 기회를 잡아 권력과 토지는 차지했지만, 상층문화를 재건할 수 있는 능력을 가지지 못했으며, 중세적인 지배체제를 위기로 몰아 넣었을 따름이다. 원의 부마 노릇을 하며 홍겨운 놀이나 찾는 왕을 부추겨 이념적 긴장은 풀어버리고, 왕조의 위엄은 돌보지 않으면서 유흥적이고 향락적인 노래를 민간전승에서 찾아 궁중으로 끌어들이고, 같은 풍조의 창작을 덧보태기도 했다. 그래서 전에 볼 수 없었던 노래와 놀이가 속악가사로, 속악정재로 등장하게 되었던 것이다. 신흥사대부는 이에 불만을 가지고, 상층문화를 가다듬고 지배체제를 정비할 수 있는 이념을 마련하고자 했다.

신흥사대부가 나서서 상층의 시가문학을 새롭게 일으키려는 데서 중세 전기문학과는 구별되는 중세 후기문학의 두드러진 특징이 구현되었다. 그래서 나타난 것이 景幾體歌·時調·歌辭이다. 향가시대가 끝난 다음에 조성된 상층 시가문학의 위기를 극복하고, 경기체가·시조·가사가 공존하는 갈래체계를 마련하면서 문학사의 커다란 전환을 이룩했다. 그러나 그 전환은 결과를 보면 선명하게 정리될 수 있지만, 일거에 명확한 의도를 가지고 계획된 것이 아니었다. 기존의 문학적 관습과 다각도로 얽힌 상황에서 단계적으로 모색하지 않을 수 없었으며, 신흥사대부의 출현과 성장 자체가 그렇듯이 상당한 우여곡절을 겪어야만 했다. 어떤 영역은 禪宗의 승려들이 앞서서 개척했는데 나중에 사대부문학으로 수렴되기도 했다.

경기체가의 첫 작품으로 알려진 〈翰林別曲〉은 속악가사와 그리 다를 바 없는 것처럼 보인다. 최씨무신정권에서 벼슬하는 문인들이 놀면서 즐기려고 지은 노래이며, 음란하다고 할 수 있는 놀이를 소재로 삼기도 했다. 그런 문인들은 신흥사대부의 선구자라고 할 수 있지만 사대부다운 이념을 마련해서 시가문학의 새로운 기풍을 마련하는 데까지 나아갈 단계에 이르지 않은 것이 분명하다. 이 사람 저 사람이 한 대목씩 지어 부르는 동안에 어쩌다가 생겼을 법한 노래인데, 그 형식과 표현방법이 이어진 결과 경기체가라고 하는 새로운 갈래가 성립되었다.

崔忠獻이 집권하고 있던 고종 초기에 향락적인 기풍의 속악가사가 어느 정도 궁중에 들어와 있었는지는 의문이다. 권문세족이 속악가사의 모습을 온통 바꾸어 놓기 전이었기 때문이다. 그러나 〈한림별곡〉은 규범이나 도리 같은 것은 돌보지 않고 오직 즐기고자 부른다는 점에서나, 장을 나누고 여음에 상당하는 것을 삽입하는 형식에서나, 속악가사에서 흔히 볼 수 있는 바와 상통하는 성격을 갖추고 있으며, 《고려사》 악지에서는 그것 또한 속악가사의 하나로 들었다. 이러한 사실은, 〈한림별곡〉이 장차 속악가사로 부각될 민간전승과 밀접한 관련을 가지고 만들어졌으면서, 또한 이미 궁중의 놀이를 위해 채택된 속악의 음악적 형식을 따르지 않았던가 하는 추측을 자아낸다.

원래 지방향리였던 신흥사대부는 농민과 가까운 관계를 가지고 행정의 실무를 담당하는 기능인이어서 사물이나 사실을 중요시했다. 문학적 교양과 학식을 갖추어 중앙정계로 진출했을 때에는 그러한 사고방식을 살려 「能文能

吏」임을 자랑하고, 고려 전기 문벌귀족의 이념을 극복하면서 당시의 권문세족과 맞서고자 했다. 李奎報나 그 주변의 인물들은 아직 뚜렷한 자각을 못한 상태였으나 이러한 쪽으로 방향을 잡는데 필요한 선구적 활동을 하면서 假傳이나 경기체가를 새로운 갈래로 성립시켰다. 그 후에 거듭 모색되고 표명된 신흥사대부 특유의 사고방식은, 鄭道傳이 사람은 하루도 「處事接物」을 하지 않고서는 살아갈 수 없다고 하면서 心·身·人·物의 관계를 올바르게 파악하는 것을 새로운 이념의 핵심적 명제로 삼은 데 잘 요약되어 있다.4)

그러나 사물을 중요시하면서 자아를 세계화하는 것만으로는 문학창작이나 이념설정이 온전할 수 없었다. 가전을 짓는 데서도 사물의 내력이나 쓰임새를 사람의 경우와 함께 다루어서 교훈이나 위안을 찾으려 했고, 경기체가 또한 사물에서 감흥을 찾으면서 서정적인 요소를 배제할 수 없었다. 「처사접물」의 마땅한 도리를 찾거나, 사물과 혹은 타인과의 관계를 따지는 것은 자기 자신의 심신 또는 심성에서 제기되는 내면적인 문제를 다루기 위한 방안이다. 그래서 한편으로는 객관적인 것과 주관적인 것을, 또 한편으로는 사실에 속한 것과 원리를 이루는 것을 함께 추구하는 과정에서, 理氣哲學을 이룩하자는 모색이 심화되고, 밖에서 들어온 학설이 적용되었다.

그래서 사대부에게는 교술시와 함께 서정시가 필요했다. 교술시인 경기체가와 서로 맞서기도 하고 보완하기도 하는 관계를 지닌 서정시는 時調였다. 시조는 경기체가에 이어서 나타났으며, 경기체가만으로는 감당할 수 없는 또 다른 표현영역을 개척하는데 참으로 긴요한 구실을 하고, 신흥사대부가 역사의 전환기를 맞이해서 더욱 심각하게 지니게 된 내면의식의 문제를 절실하게 다룰 수 있도록 했다. 우리말 서정시를 다시 이룩한 것은 교술시의 경우보다 더욱 큰 의의와 사명을 가졌다고 할 수 있다. 서정시는 이미 향가, 특히 사뇌가를 통해 고도의 수준에 이르렀으므로 그 전례를 어떻게 받아들여야 할 것인가가 문제였고, 한시에서 그것대로 완벽한 형식과 표현을 자랑하고 있었으므로 거기 맞서서 어떤 대안을 내놓을 수 있는가 하는 것도 어려운 과제였다.

---

4) 趙東一, 〈景幾體歌의 장르적 성격〉(《學術院論文集》 15, 1976) 참조.

시조는 이 두 가지 과제를 아주 현명하게 해결했기에 우리말 시가의 갈래를 주도하는 위치를 차지하는 데까지 이르렀으며, 오늘날도 그 생명력이 지속되고 있다. 사뇌가와 견주어 볼 때, 다섯 줄이 세 줄로 줄어들었다. 처음 네 줄이 그 반수인 두 줄로 변하고, 마지막 한 줄은 그대로 있는 셈이다. 그렇게 하면서 숭고하기 이를 데 없는 이상을 추구하던 사뇌가의 기풍을 일상적인 삶의 영역에서 우아함을 추구하는 쪽으로 바꾸어, 신라 때부터의 귀족과 고려 후기 이래의 사대부가 미의식에 있어서 어떤 차이점을 갖는가 선명하게 알 수 있게 한다. 또 한편으로 한시의 絶句는 네 줄인데 시조는 세 줄로 끝나 한층 더 묘미를 갖는 점이 한시와의 경쟁에서 중요한 구실을 했다.

그런데 시조는 누가 일시에 창작해낸 형식이 아니다. 네 토막이고 세 줄인 노래가 원형이라 한다면, 그렇게 규정할 수 있는 광의의 시조는 일찍부터 있었다. 〈井邑詞〉에서 모습을 드러낸 바 있고, 〈만전춘별사〉에서도 같은 형식이 보인다. 오늘날의 민요에는 물론 현대시에서도 있을 수 있는 것이다. 오랜 형식이 전승되어 오다가, 종장이라고 하는 세째 줄의 처음 두 토막이 사뇌가의 마지막 줄에서 보인 전례를 재현한 것 같은 특이한 짜임새를 갖게 되자 비로소 협의의 시조가 독립된 갈래로서 정립되는 데 필요한 형식을 얻었다. 그 시기가 언제인가는 잘라 말하기 어려우나, 고려 말기의 작품이라고 알려지며 남아 있는 것들은 형식과 내용 양면에서 시조가 자리잡게 되었음을 알려주고, 신흥사대부가 시조의 주인이었음을 입증해 준다.

歌辭의 성립을 이해하는 데는 더 많은 문제점이 가로놓여 있다. 가사가 고려 말에 성립되었다는 견해는 懶翁和尙 惠勤의 〈僧元歌〉가 발견되어 인정받게 되었으나, 향찰표기가 당대의 것이 아니어서 문제가 있다. 몇 가지 국문가사는 오래 구전되다 정착되었으므로 혜근의 작품인지 의심스럽다. 그런데 한문으로 전하는 더 이른 시기의 노래 가운데도 고려 후기에는 가사와 어느 정도 상통하는 형식의 노래가 적지 않게 성행했음을 입증해 주는 것들이 있다. 그런 작품은 선종의 승려들이 한시의 기존 격식을 파괴하면서 禪詩를 찾는 한편 우리말 노래를 지어 불렀기에 생겨나지 않았던가 싶고, 그렇다면 그 연원과 성격에 대해서는 좀더 자세한 고찰이 필요하다.

〈한림별곡〉은 《고려사》 악지에 속악가사의 하나로 소개되어 있으며, 《악장가사》에 전문이 실려 있다. 이 노래는 경기체가의 특징을 잘 나타내고 있어서 언제나 논의의 중심으로 등장한다. 李滉은 "翰林別曲類"라는 용어를 사용한 적이 있는데, 〈한림별곡〉을 그 갈래의 대표적인 예로 보았기 때문이다. 이 작품에서부터 "…별곡"이라는 말이 노래 이름에 들어가 있으므로, 경기체가 대신에 별곡체라는 말로 갈래이름을 삼자는 주장도 있으나 널리 채택되지는 않고 있다. 이 작품에서 "…景 긔엇더ᄒᆞ니잇고"라는 대목이 되풀이되고, 다른 데서는 "景幾何如"라고도 한 관례에 근거를 두고 「경기체가」라는 용어가 창안되어 널리 쓰이고 있다.

《악장가사》에서는 〈한림별곡〉을 고종 때의 '諸儒'가 지었다고 했다. '한림'이란 말은 조정에서 벼슬을 하면서 문학적인 재능을 발휘하는 선비를 일컬었으므로, 여러 유학자라는 뜻의 '제유'와 사실상 그리 다른 말이 아니다. 이처럼 작자의 지위와 수, 그리고 창작시기가 명시되어 있으므로 작품을 구체적으로 고찰하는 데 아주 유리한 조건이 마련된 셈이다. 고종 때라는 데 만족하지 않고 더욱 따져 본 결과, 고종 3년(1216)을 창작연대로 보는 견해가[5] 유력히 대두되었다. 그 시절에 최충헌정권에서 벼슬을 하던 문인들이 함께 놀면서, 한 대목씩 지어 부르는 돌림노래를 짓지 않았던가 한다. 한자와 국문이 병기되어 있는 대목은 편의상 한자쪽만 인용하기로 한다.

> 元淳文 仁老詩 公老四六　　李正言 陳翰林 雙韻走筆
> 冲基對策 光鈞經義 良鏡詩賦　　위 試場 人景 긔엇더 ᄒᆞ니잇고
> 琴學士의 玉笋門生 琴學士의 玉笋門生　　위 날조차 몃부니잇고

이처럼 사람 이름과 장기를 열거했다. 兪元淳은 문, 李仁老는 시, 李公老는 사륙문이 각기 뛰어나고, 李奎報와 陳澕는 쌍운주필의 재주가 있고, 劉冲基의 대책이나 金良鏡의 시부가 또한 유명하니, 이런 문인들이 과거를 본다면 그 광경이 대단하지 않겠느냐고 하는 말이다. 거기 이어서, 琴儀가 과거를 관장하면서 배출한 급제자들은 옥으로 된 죽순처럼 쟁쟁하고, 자기를 비롯하여 몇이나 되는가 하면서 수가 많다고 자랑했다. 이 대목을 지어서 부른 사

5) 金東旭, 〈翰林別曲의 成立年代〉(《韓國歌謠의 硏究(續)》, 宣明文化社, 1975) 참조.

람은 금의에게 뽑혀서 과거에 급제하고, 유원순 이하 여러 문인과 더불어 재능을 발휘하며 함께 모여 놀았음에 틀림없으나, 자기 이름과 장기는 들지 않았기에 누군지 밝혀지지 않는다.

그 다음 장은 다른 사람이 불렀을 것 같다. 유원순에서 김양경까지 모두 일곱 사람의 이름을 열거했는데, 그들 중에서 한 사람이 한 장씩을 더 보태어 모두 8장까지 늘어났을지도 모른다. 제1장은 문학창작을 다루었다면, 제2장은 서적을, 제3장은 글씨를 소재로 삼아서 같은 방식으로 노래를 전개했다. 여기까지 등장시킨 사물은 문인의 생활에서 필수적인 것들이고, 자랑거리로 삼을 수 있다. 그 다음의 제4장은 술을, 제5장은 꽃을, 제6장은 음악을, 제7장은 경치를 노래해서 풍류스럽고 흥겨운 생활을 장식해 주는 것들을 들었다. 그리고 끝으로 제8장에서는 남녀가 손잡고 함께 그네를 타고 노는 광경을 그렸다. 그런 놀이를 실제로 하면서 즐겼으리라고 생각된다.

〈한림별곡〉이 나온 지 한 세기 정도 지나서 安軸(1282~1348)이 〈關東別曲〉과 〈竹溪別曲〉을 지었다. 안축의 작품은 여럿이 놀이를 벌이는 기회에 들뢸 노래를 짓지 않고 혼자서 창작한 경기체가의 첫 예라는 점에서 소중하다. 뿐만 아니라 신흥사대부가 경기체가를 통해서 새로운 사고방식을 표현한 명백한 자료라는 점에서 더욱 주목된다. 원래 지방향리였던 집안에서 태어나 중앙관계에 진출한 안축이 나아가서 정치를 할 때의 생각을 〈관동별곡〉으로 나타내고, 물러나 자기 고장을 자랑하는 말을 〈죽계별곡〉에 담았다. 조선시대의 경기체가 또한 이 두 방향으로 나아갔다.

〈관동별곡〉은 충숙왕 15년(1328)부터 그 다음해까지 江陵道 按撫使가 되어 나갔을 때 지은 것이다. 〈죽계별곡〉과 함께 《謹齋集》에 수록되어 있으며, 임지에 가서 민심을 살피고 시대의 병폐가 무엇인가 파헤친 내용을 담은 기행시집으로서 《근재집》의 서두를 장식하는 〈關東瓦注〉와 밀접하게 관련된다. 어찌 보면 〈관동와주〉에서 수십 편의 한시로 다룬 바를 요약한 것이 〈관동별곡〉이라 할 수 있다. 우선 1장에서 그 지방을 다스리는 임무를 맡아 행차하는 거동을, 그리고 유의해야 할 바를 다짐했다.

〈죽계별곡〉은 언제 지었을까는 확실하지 않으나, 작품의 배경이 되는 작자의 고향 順興이 순흥부로 승격되고, 거기에 충목왕의 胎가 안장되는 일이 작자가 세상을 떠나던 해인 충목왕 4년(1348)에 있었던 것을 증거로 그 해가 창작연대라고 하는 견해가 유력하다. 그 두 가지 사실이 작품 창작의 직접적 동기가 되었다고 볼 수 있기 때문이며, 왕의 태가 안장된 것은 작품에 언급되어 있다. 그렇다면 이 노래는 안축이 자기 일생을 마무리하면서 지었다고 볼 수 있다. 〈관동별곡〉의 경우처럼 창작 의도와 전체적인 내용이 제1장에 가장 잘 나타나 있으므로, 그 대목을 인용해 본다(풀이를 앞으로 싣는다).

죽령 남쪽, 안동 북쪽, 소백산 앞,	竹嶺南 永嘉北 小白山前
천년 흥망에도 한결같은 풍류, 순흥성 안,	千載興亡 一樣風流 順政城裏
년데 없는 취화봉, 천자의 태를 갈무리한 곳	他代無隱 翠華峰 王子藏胎
아, 중흥을 한 광경, 그것이야말로 어떤가	爲 釀作中興景 幾何如
맑은 기풍의 집, 두 나라에 벼슬함이여	淸風杜閣 兩國頭御
아, 산수가 맑고 높은 광경, 그것이야말로 어떤가	爲 山水淸高景 幾何如

이처럼, 신라가 망하고 고려가 흥하는 1,000년 동안 한결같은 풍류를 이어온 고장이며, 다른 곳에는 없는 왕자의 태를 갈무리한 곳을 자기가 들어서 중흥을 했다고 자랑했다. 자기가 청백리로서 깨끗한 정치를 하면서 원과 고려 두 나라에서 벼슬했기에 산수의 격조를 더 높였다고 했다. 고유명사를 계속 나열하다시피 하고 설명은 생략되어 있는데도 이런 복합적인 생각이 나타나 있는 것에서, 경기체가는 신흥사대부가 득의에 찬 기백을 과시하는 데 보다 잘 어울리는 갈래였음이 명확히 나타난다.

이 노래는 5장으로 이루어져 있는데, 제2장 이하는 일정한 순서를 따랐다고 보기 어렵다. 제2장에서는 사찰의 누각·정자 등을 찾아서 기녀들과 어울려 노는 광경을 다루었다. 제3장에서는 향교에서 글을 배워 유학을 익히고, 철 따라 시를 읊고 음률을 즐기는 광경을 자랑하고, 향교의 스승을 보내고 맞는 광경도 거기 곁들였다. 제4장에서 기생들과 어울려 놀다가 헤어져 멀리 두고 생각하는 심정을 읊었으며, 제5장에서는 성스러운 태평성대이니 사철 즐거운 놀이를 벌이자고 했다. 그러나 자기 고장의 아름다운 풍속을 말한 대목은 얼마 되지 않고, 부귀에 겨워 절경을 찾으며 질탕한 놀이를 벌인다고 한 사연이 커다란 비중을 차지한다.

「時調」라는 명칭은 조선 후기에 이르러 비로소 널리 쓰이게 되었고, 시절가 또는 새로 유행하는 노래를 뜻한다. 그 전에는 「短歌」라고 했는데, 이 말도 고려시대까지 소급될 수 있을지 의문이다. 그러나 처음에는 무엇으로 부르며 그 특징을 어떻게 의식했건, 오늘날 시조라는 이름으로 널리 일컫고 있는 문학갈래는 고려 후기 또는 말기에 생겨났으리라고 보는 데 의견이 거의 일치하고 있다. 물론 시조형식의 연원은 매우 오래 되었으리라고 보아 마땅하지만, 이른바 종장 서두에서 볼 수 있는 특이한 규칙까지 갖추도록 형식을 가다듬고 특정 작가가 나서서 자기 작품으로 창작한 상층문학 갈래인 시조는 그 때쯤 역사적인 형성을 보게 되었다.[6]

시조는 경기체가처럼 한문 어구를 열거해서 표기할 수 없고, 향찰로 정착된 바도 없기 때문에 이른 시기의 작품을 다루는 데 적지 않은 지장이 있다. 몇 백 년 동안 구전되다가 비로소 국문으로 기록된 것들을 두고서 작자를 살피고, 작품론을 전개하자면 쉽사리 해소될 수 없는 근본적인 어려움이 가로놓여 있다. 《青丘永言》 이하 여러 시조집을 보면, 삼국시대나 고려 전기 사람들이 지었다는 시조도 몇 편 전하지만, 모두 후대인의 擬作이라고 보는 것이 관례이다. 그러나 고려 후기에 이르면 시조를 남겼다는 작자가 많아질 뿐만 아니라, 후대인의 의작이라고 보기 어려운 것이 나타난다. 그 첫 예는 禹倬(1263~1342)이 지었다는 다음과 같은 두 편이다.

春山에 눈 노기ᄂᆞᆫ ᄇᆞ람 건듯 불고 간 ᄃᆡ 업다
져근덧 비러다가 ᄆᆞ리 우희 불이고져
귀 밋틔 ᄒᆡ 무근 서리를 녹여볼까 ᄒᆞ노라

ᄒᆞᆫ 손에 가시를 들고 ᄯᅩ ᄒᆞᆫ 손에 막ᄃᆡ 들고
늙ᄂᆞᆫ 길 가시로 막고 오ᄂᆞᆫ 白髮 막ᄃᆡ로 치랴ᄐᆞ니
白髮이 제 몬저 알고 즈럼길로 오더라

6) 김수업, 〈시조의 발생시기에 대하여〉(《時調論》, 一潮閣, 1978)에서는 시조가 16세기에 들어서서 생겼다고 했으며, 김병국, 〈시조 발생의 문학사적 의의〉(《고려시대의 가요문학》, 새문사, 1982)에서는 16세기에 시조가 생겼을 가능성까지 아울러 검토하였다.

우탁은 오래 산 사람이기는 하지만, 후대의 누구나 이런 노래를 우탁에게 가탁해서 지어야 할 이유는 없다. 《고려사》 열전에서나 구전자료에서나 우탁은 淫祀를 섬긴다거나 하는 못마땅한 풍속을 타파하는 데 열을 올린 신유학파 중에서도 특히 강경한 입장을 취했다는 것으로 알려져 있을 따름이니, 늙음을 두고 이런 표현을 했다는 것은 오히려 의외일 수 있다. 그런데도 이 두 편은 후대인이 〈嘆老歌〉라고 불렀듯이 늙음을 한탄하는 사연을 묘미있는 표현으로 나타내고 있어서 뚜렷한 개성이 인정된다. 이 작품은 여러 시조집에서 한결같이 우탁이 지었다고 하거나 작자를 표기하지 않았을 따름이지, 다른 사람을 작자로 제시한 것은 하나도 없다. 작품의 주제는, 세월이 흘러 늙음이 닥친다든가 하는 것을 사람의 힘으로 막을 수 없으니 순리를 따라야 하며, 헛된 욕심에 사로잡히지 말아야 하는 것이 지혜라 할 수 있다고 했다. 우탁은 《周易》에 정통했다고 하는데, 《주역》에 근거를 두고 그런 생각을 다졌을 수 있다. 그러나 고려 말에 지어졌다고 추측되는 시조들 중에서 그런 방향으로 나아간 예는 오히려 흔하지 않다. 신흥사대부가 시조를 필요로 했던 더욱 절실한 이유는 나아가 세상을 바로잡지 못하고 번민하는 심정을 토로하자는 데 있었다. 우탁과 같은 시대 사람이며 후배인 李兆年(1269~1343)이 지었다고 하는 다음과 같은 작품이 그런 것이다.

梨花에 月白하고 銀漢이 三更인지
一枝 春心을 子規야 알랴마는
多情도 病인 양ᄒᆞ여 좀 못 일워 ᄒᆞ노라

배꽃에 달이 밝고, 은하수도 삼경이 되어 기울어졌으니 모든 것이 고요하기만 한데, 자기는 도저히 해소할 수 없는 정감 때문에 두견새와 함께 잠을 이루지 못한다고 했다. 이런 사연은 작자가 정치를 비판하다가 고향으로 밀려나서 충혜왕의 잘못을 걱정한 심정을 하소연한 것으로 이해할 수 있다. 이 시조를 수록한 자료집 몇 군데에서 이미 그런 암시를 한 바 있다. 작자가 고향으로 밀려난 시기는 충혜왕 복위 2년(1341) 이후이니 만년의 작품이 아닌가 하는 견해가 있다. 그렇다면 못다 이룬 참여의지 때문에 안정을 찾지 못한 점이 우탁의 작품과는 대조적이다.

이처럼 자연에서 소재를 찾아 홀로 느끼는 번민을 나타낸 것 같은 시조가 그 시대의 격동과 깊이 연결되는 의미를 지닌 예는 그 뒤에도 이따금씩 보인다. 다음과 같은 사연으로 전하는 李存吾(1341~1371)의 시조도 그렇게 이해될 수 있다.

구름이 無心툰 말이 아ᄆᆡ도 虛浪ᄒᆞ다
中天에 ᄯᅧ 이셔 任意로 ᄃᆞᆫ이면서
구타야 光明ᄒᆞᆫ 날빗츨 ᄯᆞ라가며 덥ᄂᆞ니

이 작품은 어느 시조집에서나 작자를 밝히고 있으며 거의 예외 없이 이존오가 지었다고 했으니, 작자를 의심하지 않아도 좋을 성싶다. 마지막 구절은 "덥허 무슴 ᄒᆞ리요"라고 한 것이 오히려 많으나, "ᄯᆞ라가며 덥ᄂᆞ니"라고 하는 편이 구름에 대한 원망을 보다 강하게 나타낸다. 말뜻에 따라 풀이한다면, 광명한 햇빛을 구태여 가리는 구름을 원망했을 따름이고, 그 이상 더 어렵게 생각할 여지가 없지만, 표면의 뜻이 너무 명백하기 때문에 도리어 그렇게 노래한 속셈을 짐작해 보지 않을 수 없게 한다. 이럴 때에 작자가 겪었던 시련이나 고민을 생각하게 되는 것이 오랫동안 통용되어 온 시조의 이해방식이다.

이조년이나 이존오가 살았던 시대에는 고려왕조를 넘어뜨리려는 움직임은 아직 나타나지 않았지만, 공민왕의 뒤를 우왕·창왕이 잇자 사정이 달라졌다. 신흥사대부는 두 진영으로 나뉘어, 급진파는 새로운 왕조를 이룩하고자 했으며, 온건파는 고려를 향한 충절을 버릴 수 없어서 고민에 사로잡혔다. 이 때 崔瑩(1316~1388) 같은 무장은 오랜 문벌을 자랑하는 귀족세력의 마지막 수호자로서 고려를 지키려다가 처형되었으며, 신흥사대부의 사상을 지도하는 위치에 있었던 李穡(1328~1396)은 온건파로서의 고민을 지니고 수난을 겪어야만 했다. 이 두 사람이 각기 남긴 시조 또한 정치적인 상황과 밀접한 관련을 가지며, 서로 대조적인 기풍을 보여준다.

綠駬霜蹄 솔지게 먹여 시내물의 씨셔 ᄐᆞ고
龍泉雪鍔을 들게 ᄀᆞ라 두러메고
丈夫의 爲國忠節을 세워볼가 ᄒᆞ노라

이렇게 노래한 최영의 시조는 그 표현을 보면 대수로운 것이 아니다. 어려운 한자말이 두 번 나오지만, "綠駬霜蹄"는 좋은 말이고, "龍泉雪鍔"은 이름난 칼이다. 시조를 짓기 위해서 새삼스럽게 찾아낸 것은 아니고 흔히 쓰던 문구였을 것이다. 하고 싶은 말을 그대로 토로하니 시조를 이루었다 하겠다. 최영과 같은 구귀족에 속하는 사람은 시조를 창안하는 데 가담하지 않았지만, 신흥사대부쪽에서 지어 부르는 노래의 격식을 어렵지 않게 받아서 그 쪽 동향에 맞서서 고려를 끝까지 지키겠다는 각오를 나타냈을 수 있다. 그렇다면 이 작품은 시조의 작자층이 확대된 증거일 수 있으며, 또 한편으로는 무장의 기개를 나타낸 시조의 첫 예라는 점에서도 흥미롭다.

> 白雪이 ᄌᄌ진 골에 구룸이 머흐레라
> 반가온 梅花ᄂᆞᆫ 어ᄂᆡ 곳의 퓌엿ᄂᆞᆫ고
> 夕陽의 호올노 셔셔 갈 곳 몰나 ᄒᆞ노라

백설이 잦아지고 구름이 험한 골짜기는 작자가 당면하고 있는 고난을 적절하게 상징하고 있으며, 그와는 반대가 되는 반가운 매화는 무엇이라고 한정해서 풀이할 수 없는 포괄적인 의미를 가지기 때문에 많은 것을 생각하게 한다. 석양은 그리고 있는 풍경에 어울려 선택된 말에 그치지 않고 왕조의 마지막 시기를 암시하는 의미를 지닌다.

고려가 망하고 조선왕조가 서는 과정이나, 그 직후의 상황에서 시조가 상당한 구실을 했던 것은 널리 알려진 바와 같다. 뒷날 조선왕조의 태종이 된 李芳遠(1367~1422)이 鄭夢周(1337~1392)의 속셈을 떠보느라고 〈何如歌〉라는 이름으로 알려진 시조를 짓자, 정몽주는 이에 대해서 〈丹心歌〉라고들 하는 시조로 응답했다는 것은 후대 문헌에 거듭 오른 일화이다. 이 밖에 邊安烈(1334~1390)의 〈不屈歌〉도 있었는데, 원래의 모습대로 전해지지는 않는다.

고려 말에 시조와 함께 생겨나 후대까지 맥락이 이어진 또 한 가지 새로운 노래 갈래가 漁父歌이다. 어부가는 그 때나 지금이나 원래 어부의 고기잡이에 소용되는 민요인데, 어부 노릇을 흉내내면서 흥취를 즐긴다는 假漁翁의 노래로 바뀐 것이 있어 상층 시가의 한 갈래가 되었다. 충목왕 때 정승으로 은퇴한 金永旽(?~1348)이 어부가를 즐겨 불렀다고 하고, 조선 초까지 살았던 사대부 孔俯(?~1416)는 어부가 창으로 이름이 높았다 한다. 그 무렵부터 어부가에서의 어부는 조정에서 벼슬하는 관원과 정반대의 길을 택한 고결한 인물로 간주되는 상징적 의미를 지녔다. 세상에서 뜻을 펴지 못하는 사대부가 강호를 찾아 자연의 흥취를 즐기면서 어부가를 부르고 짓던 관례가 후대까지 계속 이어졌다.

《악장가사》에 어부가 한 편이 실려 있는데, 조선시대에 들어와서 표기되었으나 고려 때의 모습을 전한다고 생각된다. 여섯 줄로 갈라 적을 수 있는 노래 12장이 모여 전편을 이루었다. 한 장씩 보면 시조의 갑절쯤 되는 분량이고, 전편은 가사처럼 길어 단시와 장시의 이중성격을 지닌다고 할 수 있다. "빅 떠라 빅 떠라", "닫 드러라" 하는 등으로 어부가 하는 말을 넣고, "지곡총 지곡총 어ᄉᆞ와"는 변함없이 되풀이해 배를 저으면서 부르는 듯이 기분을 내고 물가 경치를 그리는 한문 문구를 열거했다. 후대에 개변된 형태를 보더라도 문학작품으로는 창작의 폭이 좁다 하겠다.

가사가 고려 말에 생겨났으리라는 추측은 전부터 있었고, 나옹화상 혜근(1320~1376)이 지었고 후대에 국문으로 표기된 노래인 〈西往歌〉·〈尋牛歌〉 같은 것들을 그 증거로 들곤 했다. 그러나 자료의 신빙성 때문에 의문을 가지는 신중론이 우세한 편이었는데, 근래에 역시 혜근의 작품인 〈승원가〉가 향찰로 표기된 형태로 발견되어 증거가 보완되었으며, 이 자료가 논의의 초점으로 등장했다.7)

〈승원가〉는 네 토막씩 202줄이고, 마지막으로 두 토막 한 줄이 첨가되어 있다. 한 토막을 이루는 글자 수는 대체로 세 자 아니면 네 자여서 후대의 가사와 형식이 다를 바 없다. 모두 여섯 대목으로 나누어서 내용을 살필 수 있다. 첫 대목에서는 포교를 하면서 흔히 하는 말을 했다면, 그 다음 두 대목에서는 구체적이고도 비근한 사실을 들어서 인생이 무상하다는 것을 실감나게 나타냈다. 병들어 죽게 되면 누가 대신할 수 없으며, 심판을 받는다는 것을 차례대로 그렸다. 넷째 대목은 절정에 해당하는 것으로서, 지옥과 극락의 모습을 절간 벽화에서 볼 수 있는 바와 같이 자세하게 묘사했다. 그 뒤를

7) 金鍾雨, 〈懶翁和尙僧元歌〉(《國語國文學》 10, 釜山大, 1971)에서 이 작품을 처음 소개했다.

이어서 다섯째 대목에서는 불법을 열심히 닦을 것을 권고했고, 여섯째 대목에서는 전체의 내용을 총괄했다. 여기서 불법을 닦으라고 한 말을 들어보면, 노래를 지은 의도를 다시 확인할 수 있다.

> 유식 무식 귀천간에 소업을 폐치 말고　有識無識貴賤間厓 所業乙弊治末古
> 농부거든 농사하며 노는 입에 아미타불　農夫去加隱農事何面 遊難口厓阿彌陀佛
> 직녀거든 길쌈하며 노는 입에 아미타불　織女去加隱績三何面 遊難口厓阿彌陀佛

〈승원가〉라는 이름을 보면, 〈佛元歌〉·〈法元歌〉도 있어야 불·법·승이라고 하는 삼보를 두루 노래해야 짝이 맞을 것 같으나, 다른 둘은 발견되지 않았다. 그 대신에, 이미 말한 바와 같이 혜근이 지었다는 노래로서 구전되다가 후대에 국문으로 정착되었다고 하는 것이 몇 편 더 있다. 〈서왕가〉가 둘이고, 〈심우가〉도 둘 있으며, 〈樂道歌〉라는 것까지 보탤 수 있다. 이런 노래는 과연 혜근이 지었는가 의심할 수 있고, 어느 정도 원형을 보존하고 있는가도 문제이지만, 담고 있는 내용이나 수법이 〈승원가〉와 상통한다. 그리고 그 계통을 이어서 후대에도 불교가사가 적지 않게 나타났으며, 〈回心曲〉 같은 것은 민요에 편입되어 상두노래로 널리 불려지기도 한다.

4) 불교문학

고려 전기에 귀족불교인 교종, 특히 화엄종이나 천태종이 불교계를 지배하던 시대에는 선종의 명맥이 실낱같았다고 한다. 지방의 변두리 사찰로 밀려나고, 사상의 발전도 이룩하지 못했다. 중앙의 귀족에 대해 반감을 지녔지만, 반감을 당당한 비판으로 발전시킬 능력은 가지지 못했다. 그러다가 무신란이 일어나자 사정이 달라졌다. 귀족불교의 사원은 경제력이나 군사력에 있어서도 귀족세력과 밀착되어 있었으므로 무신정권이 그대로 둘 리 없었다. 그 무렵 知訥이 나서서 曹溪山 修禪社를 창설하고 불교혁신운동을 일으켰다. 기존의 귀족불교를 정면으로 비판하고, 선종을 내세워 새로운 불교를 일으키려고 했다. 慧諶을 위시한 뛰어난 후계자들이 그 성과를 발전시켜 불교혁신운동이 문화 전반의 방향을 새롭게 정립하는 데 결정적인 구실을 하기에 이르렀다.

그러자 교종 쪽에서도 白蓮社를 거점으로 천태종을 새 시대의 기풍에 맞게 다시 살리고자 해서, 결사운동이 일반화되었다. 고려가 원나라에 복속된 기간 동안에는 선종의 승려들이 원나라를 드나들면서 중국 선종인 臨濟宗을 받아들여 기존의 선종과 융합시켰다. 선종의 여러 유파를 曹溪宗으로 통합해서 오늘날까지 이어지는 맥락의 원류를 만든 것도 이 때의 일이다.

선종의 고승이 한 말이나 부른 노래를 적어서 모은 책을 흔히 語錄이라고 한다. 거기 수록된 내용에는 글로 지은 것도 있고, 禪詩라고 할 수 있는 것도 적지 않아 성격이 한결같지 않다. 어떻게 하면 기존의 격식을 벗어나서 기발하기 이를 데 없는 비유나 역설로 무지를 깨우칠까 하고 모색하다가, 말이나 글을 철저히 불신하면서도 문학적 표현의 새로운 영역을 개척하는 주목할 만한 성과를 다양하게 이룩했다. 격조 높은 명문을 본받아야 한다든가, 전거나 고사를 활용해서 수식을 해야 한다든가 하는 생각은 아예 버리고, 느끼고 깨달은 바를 그대로 살려 쉬우면서도 전혀 뜻밖인 표현을 하고자 했다. 문학의 표현을 두고 그 동안 되풀이되어 온 논쟁에 그 나름대로 종지부를 찍으면서, 문학의 전환을 이룩하는 데 커다란 구실을 했다.

어록이란, 말을 받아쓴 글이니 구어체에 가까워지지 않을 수 없다. 그런데 중국 선종에서 마련한 구어체 한문을 가져와도 우리말을 그대로 살릴 수는 없는 것이 고민이었다. 선시는 노래부르는 대로 적어도 무방하다. 한시이기는 하지만 격식에 맞지 않고 그 원형은 가사와 같은 것이 아니었겠는가 추측을 자아내게 하는 작품이 나타났다. 후대에 와서는 사대부의 국문시가로 자리를 굳힌 가사를 고려 말에 승려들이 먼저 만들어냈으리라는 구체적인 증거도 있다. 이처럼 선종의 대두와 더불어 한문학의 문학이 일상적이며 직감적인 표현을 하는 데 불편하다는 것을 절감하고 국어문학을 다시 모색하지 않을 수 없게 되었다.[8]

혜심은 처음에 관리로 진출하고자 했던 사람이다. 유학을 공부하고 문장에 힘써 과거길에 한 단계 들어섰으나, 개경을 버리고 멀리 지눌이 머문 곳

8) 고려 후기 불교문학에 관해서는 다음의 책이 참고가 된다.
印權煥, 《高麗時代 佛敎詩의 硏究》(高麗大 民族文化硏究所, 1983).
李鍾燦, 《韓國의 禪詩》(高麗篇)(二友出版社, 1985).

을 찾아가 출가하였다. 그리고는 다시 개경에 나타나지 않겠다는 맹세를 지켰다. 지눌의 사상을 문학을 통해서 구체화하고 표현한 사람은 혜심이다. 혜심은 유학을 불교에 아우르고자 했다. 유학이란 이치를 따지고 문장을 쓰는 활동을 아울러 가리키는 말이다. 그런 방면에서 새롭게 이루어지고 있는 성과에 상당한 관심을 가지고 보조를 맞추면서 자기 임무를 수행하고자 했다. 假傳이 생겨나자 자기도 〈竹尊者傳〉과 〈氷道者傳〉을 지어서, 불교수행을 하는 사람을 대나무와 얼음에다 비유했다. 그런가 하면, 〈漁父詞〉를 내놓아 후대 사대부문학이 광범위하게 계승될 연원을 이루었다.

더욱 힘써 했던 일은 불교문학을 정리하고 다시 일으킨 것이었다. 우선《禪門拈頌》을 편찬했는데, 역대 선가문학의 자료를 집성한 책이다. 자료도 소중하다 하겠으나, 서문에서 편 논의는 더욱 주목할 만하다. 부처의 마음은 문자에 의거하지 않고 전해졌지만, 그렇다고 해서 공부하는 사람들을 헛된 침묵에다 내맡겨 놓을 수는 없으므로, 역대 조사들이 수고를 아끼지 않고 "묻기도 하고, 들어 보이기도 하고, 무엇으로 대신하게 하기도 하고, 판별하기도 하고, 읊거나 노래부르기도 해서, 심오한 이치를 드러내 후인에게 전해 주었다"고 했는데, 이 말은 선가문학의 여러 갈래를 살핀 것으로 이해된다. 묻기도 한다는 것은 禪問答이다. 아주 엉뚱한 말을 주고받아 헛된 집착을 깨치는 것이다. 혜심의 어록에도 그런 것이 아주 많다. 때에 따라서 즉흥적으로, 줄거리도 없고 이치에도 닿지 않는 문답을 하는 것은 특히 室中對機라고 했다. 실중대기는 연극처럼 보이지만 연극은 아니다. 들어 보인다는 것은 일화를 통한 전달이다. 무엇으로 대신하게 한다는 것은 비유를 통한 해명이다. 읊거나 노래부른다는 것은 偈頌이니 선시니 하는 노래이다. 혜심은 스스로 이 모든 갈래를 다채롭게 이용했는데 그 자취가《眞覺國師語錄》에 풍부하게 남아 있다.

지눌이 수선사를 열 때 거기 동조한 인물에 了世가 있다. 요세의 후계자인 天因은 자기 스승에 비해 오히려 더 큰 업적을 이루었다. 어려서부터 영리했고 문장이 뛰어나, 처음에는 과거를 통해 진출하려고 했으나 마지막 단계에서 뜻을 이루지 못해 요세를 찾아가 삭발했다. 한때는 수선사로 가서 혜심의 문하에서 참선을 하다가 다시 백련사로 돌아가 요세의 후계자가 되고,

스승이 못다 이룬 바를 완수해서 백련사로 하여금 수선사에 못지 않은 영향력을 가질 수 있게 했다.

천인의 서술로는 《靜明國師詩集》이 있었다고 하나 전하지 않는다. 《靜明國師後集》이라는 것 한 권은 잔본만 남아 있다. 이런 단편적인 자료를 통해서도 사상과 문학을 알아볼 수 있지만, 더욱 중요시해야만 할 것이 《東文選》에 실린 시문이다. 《동문선》에는 시 18수와 문 6편이 실려 있어 승려의 작품으로는 아주 많은 편이다. 그 점은 혜심의 작품이 한 편도 실리지 않은 것과 좋은 대조를 이룬다. 혜심의 선시는 일반 문인이 인정하기 어려웠다 하겠고, 천인의 시문은 조선시대에 들어와서 《동문선》을 편찬할 때도 상당한 평가를 받을 수 있었으니, 성격이 서로 다르다는 것을 분명히 알 수 있다.

天頙은 천인의 후계자이다. 과거에 급제하여 문장으로 이름을 떨쳤으나 세상을 등지고 요세를 찾아가 승려가 되었다. 천인과 함께 요세의 문하에서 활약하다가, 천인이 죽은 다음에 그 자리를 이어받았다. 후대까지 시인으로서 널리 알려진 편이다. 《동문선》에는 釋眞靜이라고 소개된 시 다섯 편이 실려 있다. 그런데 "眞靜"은 "眞淨"의 오기로 생각된다.

천책을 높이 평가한 사람에 丁若鏞이 있다. 정약용은 강진 백련사에서 귀양살이를 할 때 천책의 작품을 얻어 보고, 〈題天頙國師詩卷〉이라는 글을 썼다. 거기에서 천책의 시는 아름다우면서도 굳세어서 성글거나 담박하기만 한 병통이 없으며, 이로 미루어 볼 때 공부와 재주도 아울러 칭찬할 만하다고 했다. 그리고 고려 때까지의 시인 셋을 들라면, 최치원·천책·이규보를 들어야 한다고 하면서 천책을 다른 두 사람과 같은 위치로 높였다.

천책의 후계자는 而安이고, 그 다음이 雲默이다. 이렇게 대가 이어지는 동안에 백련사는 전날의 영향력을 가지지 못하게 되었고, 운묵을 이은 사람은 누군지 그 다음의 소식은 전하지 않는다. 그런데 운묵은 〈釋迦如來行蹟頌〉이라는 이름의 장편서사시를 남겼다. 운묵의 생몰연대는 밝혀지지 않았지만, 그 작품은 충숙왕 15년(1328)에 만들어졌다고 발문에 명기되어 있다. 상권에서는 석가의 일대기를, 하권에서는 불교가 중국으로 전해진 경위를 다루고, 아울러 신앙의 자세를 말했다. 모두 五言詩 776구이다.

冲止는 조계산 수선사에서 지눌·혜심의 뒤를 이은 사람이다. 그 곳에서

국사가 열 여섯이나 났다 하는데, 충지는 여섯번째로 圓鑑國師이다. 호는 宓庵이라 했다. 명문에서 태어났으며 19세 때 이미 과거에 장원을 하고 벼슬길에 들어섰다가 승려가 되어 세상을 잊고 묻히고자 했다. 그런데 충지처럼 탁월한 능력을 가진 사람이 교단을 맡으면서 수선사의 선종은 활기를 되찾을 수 있었으니 묻히기만 한 것은 아니고, 더구나 그 당시의 긴박한 시대상황이 충지를 산중에 머물도록 내버려두지 않았다.

충지의 글을 모은 《圓鑑錄》이 오늘날까지 전하고 있다. 혜심의 경우에 볼 수 있는 바와 같은 어록은 아니고 문집이라 할 만하다. 수록된 작품은 성격이 다양해서 선시도 있고 자기 스스로 개척한 전에 볼 수 없었던 형식의 노래도 있으며, 일반 문인의 수법을 그대로 사용해서 지은 시문 또한 적지 않다. 그 어느 쪽에서도 대단한 역량을 발휘했다. 《동문선》에는 釋圓鑑이라는 이름으로 19수의 시와 釋宓庵이라는 이름으로 51편의 문이 수록되어 있어서 모두 70편이 전한다. 승려의 작품으로는 가장 많은 수이며, 천인의 경우를 훨씬 능가한다.

충렬왕 6년(1280) 원은 고려조정을 괴롭혀 일본원정을 위해 영남 해안지방에서 전함을 만들고, 군수물자를 모으며 특히 그 곳 백성들을 가혹하게 부리고 수탈했다. 다른 문인들은 내심으로만 고민하는데 충지가 나서서 그 참상을 시에 담았다. 〈嶺南艱苦狀〉이라는 이름의 장시가 바로 그것이다. 충지는 〈東征頌〉이라는 원의 일본원정을 찬양하는 시도 지었는데 그런 그가 다른 한편으로 어찌 이런 작품을 내놓았는가 의아하게 생각할 수 있겠으나, 읽어보면 이 쪽이 진실을 나타냈음을 알 수 있다.

팔이 있는 자 묶이었으며,	有臂皆遭縛
어느 등줄기에 채찍을 맞지 않았으랴.	無脢不受鞭
찾아오는 분들 대접이야 예사 일이고,	尋常迎送慣
밤낮으로 물자운송이 이어진다.	日夜轉輸連
소나 말도 등이 온전하지 못하고,	牛馬無完脊
인민의 어깨는 쉴 겨를이라고는 없다.	人民鮮息肩

바닷가에서 전함을 만든다고 원나라 관원이 계속 내려오고, 부역은 평소의 100배나 되는 참상을 이렇게 나타냈다. 그런 짓을 3년이나 계속하는 동안 농부마저 사공으로 징발되고, 바닷가 사람들은 살아날 수 없게 되었다는 것이

다. 그래도 남은 자를 뽑아 일본정벌에 내몰자 다음과 같은 광경이 벌어졌다고 했다.

처자는 땅에 주저앉아 울고,	妻孥啼躄地
부모의 통곡은 하늘에 울부짖는다.	父母哭號天
유명이 갈라지는 줄 뻔히 알거니,	自分幽明隔
목숨 보존을 어찌 기대할 수 있나.	那期性命全
남은 이는 오직 노인과 어린아이,	孑遺唯老幼
억지로 살자니 갖은 고생이라.	强活尙焦煎
읍마다 반은 도망친 집들이고,	邑邑半逃戶
마을마다 밭은 다 황폐했구나.	村村皆廢田
누구네 집이라 쓸쓸하지 않고,	誰家非索爾
어디라 소연하지 않을 것인가.	何處不騷然

〈趙東一〉

4. 역사학

1) 각훈의《해동고승전》

(1)《해동고승전》의 편찬

《海東高僧傳》은 고종 2년(1215) 무렵 화엄종 승려 覺訓이 왕명을 받아 편찬한 우리 나라 고승들의 전기이다.[1] 현재 그 일부인 流通篇 2권만이 전해지고 있으며, 전체 권수나 편명 등에 관해서는 알 수가 없다.

---

1)《海東高僧傳》에 관한 연구는 다음과 같은 글이 있다.
黃浿江, 〈海東高僧傳〉(《新羅佛教說話硏究》, 一志社, 1976).
金相鉉, 〈海東高僧傳의 史學史的 性格〉(《藍史鄭在覺博士古稀記念東洋學論叢》, 高麗苑, 1984).
金烔佑, 〈海東高僧傳에 관한 再檢討〉(《南都泳博士華甲紀念史學論叢》, 太學社, 1984).
金承鎬, 〈僧傳의 敍事體制와 文學性의 檢討〉(《韓國文學硏究》 10, 東國大, 1987).
章輝玉, 《海東高僧傳硏究》(民族社, 1991).

오늘날 전하고 있는《해동고승전》2권은 삼국시대 고승들의 불교유통에 관한 사실을 전하는 중요한 자료인데, 본문 가운데 "順道가 고구려에 들어올 때로부터 지금까지 844년이 지났다"고 한 기록에 의거해 그 편찬시기를 고종 2년경으로 추정하고 있다. 이는 金大問의《高僧傳》이 쓰여졌던 시기로부터 대략 500여 년 이후에 해당한다. 이 때문에 500여 년 동안의 역사적 공백을 메워야 했을 뿐 아니라, 불교 자체의 입장이나 국가적 견지에서도 새로운 시각과 체계적인 서술에 의한 고승전의 편찬이 요구되었을 것인데, 이것이 바로《해동고승전》편찬의 일차적 동기로 생각된다.

《해동고승전》이 편찬되기 70여 년 전에는 왕명에 의해《三國史記》가 쓰여진 바 있다. 유교사관을 토대로 편찬된《삼국사기》에는 불교사에 관한 기록이 소략했다. 더구나 불교수용 이래 많은 사람들이 이를 신봉하고, 또한 불법이 끊임없이 전해졌다고 인식하고 있던 입장에서 보면, 고승전의 정리는 당시의 중요한 과제가 아닐 수 없었을 것이다. 그리고《해동고승전》이 비록 왕명에 의해 편찬되었지만, 여기에는 기록을 남겨 후세에 전하기를 원했던 각훈 자신의 역사의식이 반영되어 있다.

각훈은 "불교가 이미 중국 前秦으로부터 우리 나라에 들어와 행해졌기에 송·제시대에 웅당 호걸들이 많이 있었을 것이고, 중국으로 가서 불법을 물었던 자 또한 적지 않았을 것임에도 당시의 사가들이 기록을 남기지 않았음은 한이 될 뿐"이라고 애석하게 여겼듯이 그는 우리 나라 불교사 편찬의 필요성을 절감하면서 이름을 잃어버린 고구려 승려에 대한 기록을 남기고 있다. 또한 그는 인도에의 求法에 나섰던 승려들의 전기를 서술하면서 "비록 이역 땅에서 몸을 버리고 돌아오지 못했지만, 그 공명은 뛰어남이 이와 같으니, 어찌 그 이름을 죽백에 올려 후세에 보이지 않을 것인가"라고 하기도 했다. 이처럼 각훈은 역사기록의 중요성을 잘 인식하고 있었으므로 고승전을 편찬하라는 왕명은 그 뜻을 펴는 좋은 계기가 되었던 것 같다.

(2) 각훈의 생애와 편찬배경

《해동고승전》의 찬자인 각훈의 생애를 자세히 알 수 있는 기록은 전하지 않는다. 다만 그와 교유했던 당시 고려 후기 문인들이 언급한 단편적인 기록을 통해서 그의 한두 가지 모습을 더듬어 볼 수 있을 뿐이다. 각훈은 젊은 시절 李仁老(1152~1220)와 함께 놀았던 동년배였고, 고종 17년경에 사망하였다. 따라서 각훈은 무신집권시기에 속하던 12세기 후반으로부터 13세기 전반에 활동하였을 것이다.

각훈은 興王寺 및 靈通寺 등을 중심으로 활동한 화엄종의 고승이었다. 개경의 흥왕사는 2,800칸이나 되는 거대한 사찰로 당시 화엄종의 중심도량이었고, 영통사도 대각국사 義天의 비가 있던 화엄종의 대찰이었다. 그와 함께 교유했던 문인 崔滋는 각훈을 '華嚴月首座'로 부르기도 하였는데, 수좌는 교종법계 중에서도 높은 위치에 해당한다. 즉 교종의 법계는 대선→대덕→대사→중대사→삼중대사→수좌→승통의 순서로 되어 있었는데, 수좌와 승통의 법계는 왕사나 국사에 추대될 수도 있었다. 각훈의 법계가 수좌에 해당했고, 영통사의 주지를 역임하였으며, 李奎報가 그의 부음을 듣고 지은 시 가운데 "이제 법문의 동량 꺾였으니, 후학은 누구를 의지해서 十玄緣起를 토구하랴" 고 했던 구절이 전하는 것으로[2] 볼 때, 각훈이 당시 불교계에서 차지하였던 위치를 짐작하고도 남겠다.

화엄종은 고려 전기에 크게 융성했던 대표적 종파였지만, 무신란(1170) 이후 그 세력이 약화되었다. 무신들의 등장은 왕실 및 귀족과 밀접한 관련을 맺고 있던 화엄종 등의 교종세력에 많은 타격을 가져다주었기 때문이다. 흥왕사의 승통 寥一은 승려들과 더불어 무신제거의 음모를 꾸몄다는 혐의를 받기도 했다.[3] 이처럼 초기 무신집권기는 각훈이 크게 활동한 시기에 해당하는데, 당시 불교계의 타격과 항쟁 등 어수선한 분위기는 그에게도 적지 않은 영향을 주었을 것이다. 그러나 최씨집권기에 이르러 화엄종은 어느 정도의 세력을 유지하고 있었던 것 같다. 대장경을 간행할 때에 교정을 담당했던 守其와 均如의 저술을 보판으로 간행했던 天其 등의 활동이 돋보이기 때문이다. 왕명에 의한 각훈의 《해동고승전》 저술도 이러한 분위기에서 가능했다고 생각된다.

각훈은 비록 승려였지만 화엄교학뿐만 아니라, 儒學에 많은 이해를 갖고 있었으며 문장에도 뛰어났다. 그가 유학에 관한 이해를 갖고 있었음은 《해동

2) 李奎報, 《東國李相國集》 전집 권 16, 次韻文禪師哭覺月首座.
3) 《高麗史》 권 129, 列傳 42, 崔忠獻.

고승전》의 贊에서 확인할 수 있고,[4] 그가 문장에도 조예가 깊어 당대 문인들에게 두루 알려졌음은 다음과 같은 기록으로 알 수 있다.

① 홍왕사의 月上人은 매우 총명하고 문장도 좋아하여 眉叟와 교유하면서 스스로 호를 高陽醉髡이라고 칭하였다(林椿, 《西河集》 권 2, 贈月師幷序).
② 시를 지음에 賈島의 풍이 있었다(李仁老, 《破閑集》 권 중, 華嚴月師).
③ 餘事로 문장에 조예가 깊어 詩文이 士林에 전하며 일찍이 《海東高僧傳》을 지었다(崔滋, 《補閑集》 권 하, 華嚴月首座).
④ 각월수좌는 일찍이 詩評을 지었고, 《高僧傳》을 엮었다(李奎報, 《東國李相國集》 전집 권 16, 次韻文禪師哭覺月首座).

이상은 교유했던 문인들의 각훈에 관한 평이다. 각훈은 《해동고승전》 이외에도 시평을 썼다고 하지만 하나도 전하는 것이 없다. 그는 당대의 뛰어난 문인 李仁老·李奎報·林椿 등과 교유했고, 시랑 趙沖과도 인연이 있었다.

각훈은 승려지만 술을 상당히 즐기고 시를 아는 풍류인이었던 듯하다. 그가 스스로 부른 '高陽醉髡'은 '高陽酒徒'에서 유래한 '술 마시는 승려'의 뜻으로 사용된 것 같다. "매일 고상한 이와 취하고 보니 그 풍류 고양취도란 호에 걸맞다"고 한 임춘이나, "고맙게도 스님이 눈 속에 술을 사와 산속의 하룻밤을 빌려주누나"라고 한 이규보의 시구 등으로도 이 점은 확인된다.

단편적인 기록에 의해서나마 각훈의 자취를 더듬어 보았다. 그는 대개 12세기 후반부터 13세기 초기까지 영통사·홍왕사 등에서 활동한 화엄종의 고승으로 그의 법계는 수좌였다. 그는 화엄학은 물론 유학 등에도 많은 이해를 가졌고, 또한 시문에도 능해서 당시의 대표적인 문인들과 교유했던 풍류인이었다고 하겠다.

(3) 《해동고승전》의 특징과 문제

각훈은 《해동고승전》을 편찬하면서 중국 양·당·송의 세 고승전을 참고했다. 그러나 "옛날 양·당·송의 고승전에는 모두 譯經篇이 있으나 우리 나라에서는 번역한 사실이 없기 때문에 이 科를 두지 않는다"고 하였듯이 중

4) 《海東高僧傳》의 贊에는 《周易》·《詩經》·《書經》·《論語》·《孟子》 등에서 인용한 것이 상당히 많다.

국 고승전의 역경편을 대신하여《해동고승전》에서는 유통편을 설정하여 편찬체제에 차이를 두고 있다. 따라서《해동고승전》의 체제는 중국 세 고승전의 체제를 참고한 것이 분명한 사실이지만 그대로 모방한 것은 아니고 필요에 따라 달리 편찬한 것임을 알 수 있다.

《해동고승전》 유통편의 論에는 圓光으로부터 大覺國師에 이르기까지의 구법에 의한 불법 전래에 대해 언급하면서, "順道가 중국으로부터 고구려에 들어온 지 지금 844년이 되었다. 道가 스스로 넓혀지는 것이 아니고, 사람에 의해 넓혀지는 까닭에 유통편을 지어 뒷사람에게 보이는 것"이라고 했다. 이것은《해동고승전》에 수록된 마지막 고승은 각훈이 찬술할 당시에까지 미치고 있었음을 알게 해준다. 또한 최자가 李允甫로부터 들었던 默行者의 傳을 지어 僧史(즉《해동고승전》)에 빠진 것을 보유하려 했던 것도,[5]《해동고승전》에는 편찬 당시까지의 고려 고승이 수록되어 있었을 가능성을 시사해 준다.

이처럼《해동고승전》은 불교수용으로부터 고종 2년경까지 840여 년 동안의 우리 나라 고승들의 전기이다. 따라서 이 책의 분량은 상당히 많았을 것으로 생각된다. 삼국시대까지의 고승전으로 끝나고 있는 현존 유통편 권 1·2는 완전한 것이 아닌 듯하다. 유통편 전체에 대한 저자의 견해를 피력하고 있는 論에서 순도가 고구려에 온 지 지금까지 844년이 된다고 하면서 원광·자장·의천 등의 구법과 유통에 대해서 언급하고 있기 때문이다. 1과가 1권으로만 구성되었더라도 10권이 되는데, 실제로는 이보다 더 많은 분량이었을 것이다.

현존하는 유통편의 구성은 삼국 불교의 전래와 수용에 관한 것과 구법고승에 관한 것으로 되어 있다. 또 구법고승전의 경우도, 覺德으로부터 安含까지는 중국에 구법했던 승려들이고, 阿離耶跋摩로부터 마지막 玄太까지 모두 인도로 구법의 길을 갔던 승려들에 대한 기록이다. 아마도 원래의 유통편에는 논에서 언급한 원광·자장·의천 등에 관한 전기도 수록되어 있었을 것 같다.《해동고승전》 중에 원광전이 실제로 있었던 것은 일연의 언급에 의해 확인할 수 있다. 이 밖에도 元曉와 嚴莊에 관한 기록, 신문왕 때의 憬興, 경

5) 崔 滋,《補閑集》 권 하, 華嚴月首座.

덕왕 때의 李純·郁面 등에 대해서 서술되어 있었음은《三國遺事》나《法華靈驗傳》등에 의해서 확인된다.

현존《해동고승전》유통편은 몇 종의 사료를 활용하여 서술했다. 국내자료로는《삼국사기》·《殊異傳》·《花郎世紀(記)》·《耆老記》등의 전적과, 阿道·安含 등의 비문과 高得相의 詩史, 吳世文의《歷代歌》등의 영사시류가 있고, 중국의 전적으로는《法苑珠林》, 양·당·송의 세 고승전, 義淨의《大唐西域求法高僧傳》등이 인용되었다. 불교수용 초기에 관한 정보의 결핍과 현존《해동고승전》의 적은 분량 등을 감안한다면 여기에 인용된 사료가 결코 적다고 보기는 어렵다. 그리고 그가 참고로 했던 모든 전적이나 사료를 일일이 다 밝혔다고도 보기 어렵다. 현존《해동고승전》에는 15개의 주가 있는데, 인용된 원전에 있던 것을 그대로 옮겨 쓴 경우와 각훈 이후의 필사자에 의해서 첨가된 후주 등 4개를 제외하면, 각훈이 직접 단 주는 10여 개에 불과하다. 그의 자주는 이설의 소개, 문자의 이동, 지명의 비정, 서술방법에 대한 언급 등으로 되어 있다. 이처럼 각훈은《해동고승전》의 서술에 있어서 인용한 전거를 밝혀 기록했고, 주를 통해서 자신의 견해를 객관적으로 분명히 하고자 했다. 이외에도 그는 찬을 활용하여 주인공의 생애를 칭송하기도 했다. 이러한 서술방법에 의해 역사가로서의 각훈의 자세를 확인할 수 있다.

그러나《해동고승전》에는 몇 군데 오류가 보인다. 일찍이 一然은《삼국유사》에서《해동고승전》중의 몇 가지 잘못을 지적하면서 "뒷사람들이 의심하고 잘못 알게 했으니, 그 얼마나 무망한 짓인가"라고 강하게 비판하기도 했었다.[6] 아무래도 각훈의 역사서술에 어느 정도의 문제는 없지 않은 것 같다. 아리야발마로부터 현태에 이르는 서역으로 갔던 신라의 구법고승들에 대한 전은 의정의《대당서역구법고승전》을 기본사료로 하여 쓴 것인데, 이를《해동고승전》의 서술과 대조해 보면 몇 가지 문제점이 드러나고 있다. 이는 각훈의 서술이 주도면밀하지 못했기에 빚어진 문제로 생각된다.

《해동고승전》의 문체 및 서술방식을 검토하고서, 이 책의 성격은 다른 승전들에 비해 보다 월등한 사전적 지향이 강해서 문학이나 철학보다 역사적

6)《三國遺事》권 4, 義解 5, 寶壤梨木.

서술 지향이 두드러진다는 견해가 있다.[7] 《해동고승전》을 문학의 측면에서 바라볼 때, 문학적 서술이기보다는 역사적 서술 지향이 두드러져 보일 수 있음은 당연한 결론일지 모른다. 그러나 이 책에 대한 평가의 기준을 역사적 측면에 옮겨 놓으면 다분히 문학적인 서술이 돋보인다. 물론 이것은 이 책을 재는 잣대가 다름으로 해서 생겨난 차이일 수 있다. 각훈의 《해동고승전》 서술은 사료의 검토나 비판, 혹은 선별보다 문학적인 표현이나 윤문에 치우친 감이 없지 않다. 그 한두 사례를 보기로 한다.

유통편 권 2의 智明傳은 전거를 밝히지 않았지만, 이것이 《삼국사기》를 근거로 한 서술임은 거의 확실하다. 《삼국사기》에는, 진평왕 7년(595)에 고승 지명이 陳나라에 가서 불법을 구했고, 동왕 24년에 입조사 上軍을 따라 지명이 귀국했는데, 왕이 그의 계행을 존경하여 대덕을 삼았다는 간단한 기록이 있을 뿐이다. 이를 각훈은 자신의 상상으로 장황하게 윤색하고 있다. 지명은 진평왕 7년부터 24년까지 17년간 진나라에서 유학했다. 각훈은 이 연대를 기록하고서도, "훌훌 한번 떠나 어느새 10년인데 학문은 이미 진수를 얻어 그 마음은 전등하기에 간절하였다"고 서술하고 있다. 이 경우 10년 운운의 표현은 문학적일 수는 있어도 역사적인 서술이라고 보기는 어렵다. 각훈의 이와 같은 서술방법은 《대당서역구법고승전》의 신라 구법승들에 관한 기록을 토대로 하여 쓴 아리야발마 등의 전에서 두드러지게 나타난다. 같은 자료에 의해서 서술하고 있는 《삼국유사》의 경우와 비교해 보면 그 윤색은 더욱 더하다. 번거롭기에 그 원문의 인용을 생략하지만, 단순히 글자수만을 비교해 보아도 이 점을 알 수 있다. 《구법고승전》 중의 아리야발마전은 78자로 되어 있는데 《삼국유사》는 이를 71자로 서술했고, 《해동고승전》에서는 186자로 늘려 기술했다.

《해동고승전》의 서술이 문학적 표현에 많이 의지하고 있는 것은 각훈이 문장에 뛰어나 당시 유명한 문사들과 교유하고 있었던 사실과 무관하지 않을 것이다. 각훈은 객관적 사료를 있는 그대로 제시해 보여주기보다 주관적으로 처리해 버린 경우도 없지 않았다. 한림 薛某가 지은 안함의 비명을 소

---

7) 金承鎬, 《韓國僧傳文學의 硏究》(民族社, 1992), 153쪽.

개하면서, 그는 "비문에 이끼가 침식하여 4, 5자가 없어졌으므로 분간할 수 있는 글자만 대강 취하여 짐작으로 문장을 만들어 적었다"고 했다. 이것은 그가 사료를 주관적으로 처리한 구체적인 사례이다. 한 글자라도 가감 없이 있는 그대로 금석문을 인용하려 했던 일연에 비하면, 각훈의 서술 태도는 다분히 주관적이라고 할 수 있다.

(4) 각훈의 역사인식

유통편의 논은 우리 나라의 불교유통과 더불어 인도 및 중국에서의 유통에 대해서 언급한 것이다. 그리고 현존《해동고승전》에 수록된 正傳 18편 중 11편에 찬을 덧붙였다. 논과 찬에는 각훈의 역사인식, 특히 불교유통에 대한 인식이 나타나고 있다.《해동고승전》의 찬은 사찬이고 사평이다. 이것을《삼국사기》의 논이나《삼국유사》의 찬과 비교한다면 논에 더 가깝다.《삼국유사》의 찬은 찬양이나 찬송의 의미를 가진-앞에 기록한 산문의 내용을 운문으로 요약하거나 되풀이한-重頌의 성격이 강한 편인데,《해동고승전》의 찬은 고승들의 덕업에 대한 찬미의 성격이 강하다. 이제 찬을 중심으로 각훈의 역사인식을 살펴보기로 한다.

각훈은 우리 나라의 불교사를 중국과 대등한 입장에서 인식하고 있는데, 당시 고려불교의 발전을 토대로 한 민족문화에 대한 자긍심이 반영되어 있기도 하다. 그는 삼국의 불교유통에 기여한 고승들을 중국의 인물에 비교하면서 그 업적을 평가하고 있다. 그 비교는 중국과 대등한 입장을 취하기도 하고, 때로는 우리 나라의 고승이 더 훌륭했다고 강조하기도 했다. 그는 고구려에 불교를 전한 순도를 竺法蘭과 康僧會와 같은 인물이라고 평했고, 신라에 불교를 전한 아도를 진의 利方이나 한의 摩騰보다 높이 평가했다. 각훈은 우리 나라에 불법을 전한 순도 및 아도를 중국에 불법을 전했던 축법란·가섭마등·이방·강승회 등에 견주어서 그 덕을 드러내고자 했던 것이다.

그는 또한 각덕과 지명의 중국 구법을 季札이 周왕실에서 음악을 보았던 것과 공자가 노자에게 禮를 물었던 것과 같은 것이 아니겠느냐고 평가했고, 원광이 世俗五戒를 가르친 것을 慧遠이 노장을 인용하여 강론했던 것과 대비하고, 살생유택은 殷의 湯이 그물의 3면을 터놓고 고기를 잡던 것과 仲尼

가 잠든 새를 활로 쏘지 않은 것과 다르지 않다고 평했다. 그리고 진흥왕이 불교를 공인한 것은 후한의 명제가 불교를 중국에 편 것과 조금도 다를 바가 없으며, 신라승의 인도 구법은 곧 法顯과 玄奘의 자취를 좇은 것이라고 평했다. 신라고승의 활동을 중국의 뛰어난 역사인물과 견주어 평가함으로써 그 위덕을 더 고취하려는 의도가 없지 않았다. 각훈은 또한 불교사의 전개와 관련하여 유통편의 논에서, "周에서 근원이 흘러 漢에서 갈라졌으며, 晋과 魏에서는 양양하였고, 唐에서는 한만하였으며, 宋에서 물결이 일어 우리 나라에 와서 깊이 흘렀다"고 이해하였으며, 또 "세상사람들이 진흥왕을 양무제에게 비교하지만 어떻게 양무제가 진흥왕을 따를 수 있겠는가"하고 반문하는 그의 평가를 통하여 각훈의 인식의 바탕에는 당시 고려불교 및 민족문화에 대한 자부심이 깊게 뿌리박고 있음을 알 수 있다.

각훈은 우리 나라의 불교수용에 대해서 機緣이 있었기에 가능했던 것이라고 인식했다. 기연을 따라 교화했다거나 세상의 도리가 서로 도왔다고 하는 것은 불교가 전래될 무렵의 이 땅에는 좋은 계기가 마련되어 있어서 불교를 받아들일 만한 제반 조건이 성숙되어 있었다는 것이다. 우리 나라의 불교유통에 대한 각훈의 이와 같은 인식은 전교자들의 노력은 물론 그것을 수용할 수 있는 비옥한 토양이 준비되어 있었다는 것이 된다. 이것은 이 나라가 불교와 인연이 많은 곳이라는 불국토사상과도 무관하지 않았다고 하겠다.

각훈은 우리 나라에 불교가 두루 유통될 수 있게 된 사실을 크게 찬탄했다. "道는 스스로 퍼지는 것이 아니라 사람으로 말미암아 퍼지는 것임을 뒷사람에게 보여주고자 한 것"이 유통편을 설정한 뜻이었다. 그는 순도가 서역의 자비로운 등불을 전하고 동방의 慧日을 높이 밝혀 우리에게 인과의 법칙을 보여주고 화복의 이치를 가르쳐 주었다고 했다. 불교의 유통이 사람들의 눈을 뜨게 하고 선을 닦게 함으로써 결국 세상을 두루 도운 결과라는 각훈의 인식은 불교의 홍포라는 의도와 무관하지 않다고 하겠다. 결국 불교의 홍포는 고승들의 전법과 교화에 의한 것이었음을 강조했는데, 순도가 자비와 인욕으로 중생을 제도했다거나 마라난타가 온갖 어려움을 무릅쓰고 인연을 따라 교화했다는 등의 찬이 모두 그렇다.

각훈은 고승들의 신이하고 특이한 행적을 강조하여 그들의 덕을 찬양했다.

곧 고승들의 이적을 강조함으로써 그 업적을 더욱 드러내고자 했던 것이다. 어느 종교에도 신앙적 靈異가 없지 않았지만, 불교에서는 불보살의 신이한 변화와 특이한 일을 말함으로써 종교적 감동을 주고자 했었다. 각훈이 고승의 이적을 강조한 것도 고승들의 행적을 찬탄하여 종교적 감동을 촉발시키려는 뜻에서였을 것이다. 요컨대 사관에 의해 편찬된 대부분의 관찬사서들이 유교사관에 기초하여 쓰여지고 있던 13세기 전반에 승려 각훈은 민족문화의 자주성을 강조한《해동고승전》을 지었다. 이 사실만으로도 그의 사학사적 위치는 확고하다고 할 수 있다.

〈金相鉉〉

2) 〈동명왕편〉의 역사인식

(1) 〈동명왕편〉 저술의 배경

〈東明王篇〉은 명종 23년(1193) 李奎報가 저술한 장편 서사시이다.[1] 이 시는 1,400여 자의 本詩와 2,200여 자의 註로 구성되었는데, 동명왕이 태어나기 이전의 과정과 탄생할 때의 신비한 모습 및 그가 시련 속에서 역사적 대업을 성취해 가는 과정을 묘사하였다.

이규보가 고구려의 시조인 동명왕의 이야기를 시로 짓게 된 동기에 대해서는 이미 여러 가지 지적된 바가 있어[2] 이를 바탕으로 〈동명왕편〉에 나타난 역사의식을 종합적으로 고찰해 보고자 한다.

이규보는 의종 22년(1168)에 黃驪縣(지금의 여주)에서 호부낭중 李允綏와 金壤郡人 金氏 사이에서 태어났다. 그의 가계는 이규보 이전에 대해서는 자세한

---

1) 張德順은 〈東明王篇〉을 英雄敍事詩로 보았다(張德順, 〈英雄敍事詩 東明王〉,《人文科學》5, 1960, 101~123쪽).

2) 李佑成, 〈高麗 中期의 民族敍事詩〉(《韓國의 歷史認識》상, 創作과批評社, 1975), 148~190쪽.
朴菖熙, 〈李奎報의「東明王篇」詩〉(《歷史敎育》11・12, 1969), 179~200쪽.
河炫綱, 〈高麗時代의 歷史繼承意識〉(《韓國의 歷史認識》상, 1975), 191~211쪽.
卓奉心, 〈「東明王篇」에 나타난 李奎報의 歷史意識〉(《韓國史硏究》44, 1983), 5~106쪽.

기록이 없는 것으로 보아 집안이 한미하였음을 알 수 있다. 이규보는 9세 때에 이미 신동으로 그의 천재적 자질이 알려졌고 22세 때에는 司馬試에 수석으로 합격하였으며, 이듬해 禮部試에 同進士로 급제하였다. 그는 급제 후 관직을 얻지 못하였는데 이것은 무신란 이후 문인들을 박대한 사회상을 반영한 것으로, 몇 년 동안 시와 술로 비참한 나날을 보내야 했다.[3] 그러한 가운데 부친을 여의고 천마산에 우거하면서 스스로를「白雲居士」라 하고 〈白雲居士錄〉과 〈白雲居士傳〉을 짓고 2년 후인 26세 때는 〈東明王篇〉을 지었다.

이규보는 최충헌집정기에 겨우 관직에 나갔고 그 후 최씨정권에 중용되었다. 그는 최씨정권과 밀착하여[4] 몽고에 보내는 국서를 작성하는 등 많은 시문을 지음으로써 이름을 날렸으며, 재상에까지 올랐다가 70세에 물러났다. 그리하여 그는 후세의 사가들로부터 권력에 편승하여 아부한「崔氏門客」이라는 貶評을 받기도 했다. 사실 우리는 그의 문집에서 당시의 체제와 질서를 따르고 지키려는 이규보의 모습을 역력히 볼 수 있다. 그러나 그는 생애를 통하여 청렴결백으로 일관했으며[5] 격량의 시대를 살아가면서 자기시대의 문제를 외면하지 않고 직시하려는 실천적 지성인의 모습도 지니고 있었다.

이규보가 〈동명왕편〉을 저술할 당시는 바로 李義旼이 최고집권자였는데, 그 아래에서 고충을 겪고 있었던 다른 문인들과 마찬가지로 그도 개인적으로 불우한 처지에 놓여 있었다. 시기적으로도 무신정권의 성립기인 명종대는 왕권이 위축될 수밖에 없었으며, 국가행정의 문란 등으로 인하여 전국 각지에서 민란이 발생했다. 이규보 역시 이런 민란 및 수탈행위에 시달리는 백성들에 대하여 깊은 관심을 나타내고 있다.[6]

이규보는 이와 같은 명종 말기의 혼란한 시대상황 아래서 정치적 · 사회적 문란을 목도하였으리라 짐작된다. 즉 이의민이 집권하고 있는 동안 유약하고

---

3) "인생 한 세상이 어찌 그리 괴로운가. 賦를 지어도 추천해 줄 사람없고 벼슬을 얻어도 하찮음이 恨되네"라고 노래하였음을 통해 잘 알 수 있다(李奎報, 《東國李相國集》 전집 권 3, 留醉閔判官光孝家主人走筆贈之).

4) 朴菖熙, 〈李奎報의 본질에 대한 연구〉 Ⅲ(《外大史學》 3, 1990), 17쪽.

5) 朴菖熙, 위의 글, 8쪽.

6) 30여 편이 넘는 그의 〈道場齋醮疏祭文〉(《東國李相國集》 권 28)에서 민란이 속히 평정되길 바라는 그의 심정을 읽을 수 있다.

나태한 명종의 모습을 보아온 이규보는 굳건한 기상의 고구려 시조에 대한 시를 지음으로써 왕에 대해 간접적인 비판을 가한 것으로 보인다. 아울러 스스로 자기 몸을 보존할 수밖에 없었던 무인집정기를 살아가는 문인의 한 사람으로서, 〈동명왕편〉을 저술하여 국가의식을 강조함으로써 집권층에 아부한 것은 아닐까 한다. 그러나 무신정권 아래에서 대부분의 문인들이 무신란 이전을 회고하는 입장에 머물러 있었으나,[7] 이규보는 중국의 신화와 견주어도 손색이 없는 고구려 시조의 신이한 이야기를 통하여 시대적 관심을 이끌어냈던 것이다. 즉 그가 자기시대의 문제를 극복하기 위하여 〈동명왕편〉을 썼을 것이라는 이규보에 대한 긍정적 평가로부터 출발하여, 이것이 표출하고 있는 역사의식을 밝혀 보고자 한다.

(2) 〈동명왕편〉에 나타난 역사의식

가. 전통적 신이사관의 추구

〈동명왕편〉은 이규보 개인의 창작이 아니라 민간전승으로 내려온 설화에다 《舊三國史》 東明王本紀를 토대로 쓴 서사시이다. 그 구성은 동명왕 탄생 이전의 계보를 밝힌 서장과, 그의 출생으로부터 종말까지를 묘사한 본장 및 동명왕을 계승한 유리왕의 즉위에 관한 종장의 세 부분으로 이루어져 있다.

이것을 《三國史記》의 동명왕에 관한 기록과 비교해 보면, 우선 〈동명왕편〉에서는 《삼국사기》에 생략된 神異事가 널리 강조되고 있다. 이와 관련하여 이규보는 〈동명왕편〉에서 《구삼국사》에 보이는 동명왕의 怪力亂神의 내용을 삭제한 金富軾에 대하여 비판하고 있다. 김부식은 유교의 합리적인 도덕윤리를 역사의 척도로 설정함으로써[8] 믿을 수 없는 비합리적인 신이한 일은 삭제해 버렸다. 뿐만 아니라 김부식이 삼국의 선조에 대하여 《삼국사기》에서 신라인은 小昊 金天氏의 후예이므로 金氏라 하였고, 고구려도 高辛氏의 후예이므로 高氏라 하여 모두 중국 성인의 후예로 상정한 것을[9] 반박했다. 한편 解慕漱를 天帝의 아들로, 그리고 동명왕을 천제의 손자로 인식한 《구삼국사》의 인

---

7) 金哲埈, 〈高麗時代의 歷史意識의 變遷〉(《韓國文化史論》, 1976), 145쪽.
8) 李基白, 〈三國史記論〉(《文學과 知性》 7-4, 1976), 62~73쪽.
9) 《三國史記》 권 28, 百濟本紀 6, 義慈王 論曰.

식에 대하여 이규보는 《구삼국사》도 國史이므로 허탄한 것을 전하지는 않았을 것이라고 강조하면서, 김부식이 이 사실을 크게 축약하였으므로 자기가 마땅히 기록해 두어야 한다고 밝히고 있다.

또한 그는 동명왕에 대한 신이는 사람을 현혹시키는 것이 아니라 실로 '創國의 神迹'이라 하고, 荒淫하고 奇誕스러운 일인 데도 오히려 노래로 옮어서 후세에 보이고 있는 白樂天을 예로 들고 있다. 즉 이규보는 동명왕에 관한 기술을 통한 고구려의 창업을 성스러운 것으로 하여 이것을 오래도록 보존시키고자 했던 것이다.

다음으로, 이규보는 고구려 시조의 이야기가 중국 개국시조의 神異事에 비하여 부족함이 없음을 나타냈다. 이러한 의도에서 그는 중국 제왕들의 신이한 탄생과 업적을 〈동명왕편〉의 첫 부분과 마지막 부분에서 예시하고 있으며, 아울러 천제→(천제의 아들인)해모수→(천제의 손자인)동명왕으로 연결되는 동명왕설화를 음율화한 것이라 생각된다.

〈동명왕편〉에서 추구하고 있는 이러한 비유교적인 양상은 의종대의 金寬毅의 저술에서도 나타나는데, 그의 《編年通錄》은 그 서술에 있어서 유교적 색채가 전혀 없음이 지적된 바 있다.[10] 이것은 의종 때의 상황을 반영하는 것이다. 즉 정치적으로 문신세력에 반대하는 기운이 사상적으로는 비유교사상의 강조로 나타나게 된 것이며, 이러한 경향은 무신란 이후 더욱 강화되었을 것이다. 왜냐하면 무신들은 대체로 불교·음양설·도참설·토착신앙 등을 신봉하였으므로 체질적으로 반유교적일 수밖에 없기 때문이다. 그리고 이규보도 사상면에서 제약이 없는 당시의 신앙형태를 두루 수용하였음을 그의 작품세계를 통하여 엿볼 수 있다. 따라서 이규보가 〈동명왕편〉을 쓰면서 儒敎史觀에 입각한 《삼국사기》를 외면하고 神異史觀에 입각한 《구삼국사》를 존중하게 되었는가를 이러한 시대적 맥락 속에서 알 수 있다. 즉 무신집권 이후 고려인들의 역사인식체계가 유교사관에서 신이사관으로 전환한 것이라 생각된다.

〈동명왕편〉에 나타난 이와 같은 신이사관은 그 후 一然에게서도 찾아볼 수 있다. 그는 삼국 시조의 탄생설을 조금도 괴이하지 않은 것으로 보고 긍

10) 河炫綱, 〈高麗 毅宗代의 性格〉(《東方學志》 26, 1981), 14쪽.

정적으로 받아들이고 있다. 이것은 이규보가 동명왕의 신이한 사적을 신비하고 성스럽게 간주한 것과 동일한 입장인 것이다. 그리고 〈동명왕편〉에 나타난 고대 전통에로의 복귀는 우리의 고대사를 중국이 아닌 天과 직결시킨 일연의 역사의식과 그 궤를 같이한다고 보여진다.

이들이 이처럼 신이를 표방하고 나선 이유는 앞에서 언급했듯이 유교의 合理主義史觀에 대한 비판의 뜻으로 보인다. 유교적 모화사상은 제도와 문화면에서 자기 나라의 것을 열등하게 여기고 중국의 것을 흠모하는 경향이 있기 때문이다. 따라서 《삼국사기》의 편찬목적과 성격이 그러했기 때문에 이규보가 그 오류를 시정하기 위하여 고구려신화를 주장했고, 일연도 그 첫머리에 단군신화를 실어 고조선의 인식에서 한국사의 첫 출발점을 찾고 있다고 할 수 있다.[11] 이와 같이 역사적 신이에 대한 새로운 인식은 우리의 역사를 자주적인 입장에서 새롭게 이해하려는 노력이었으며, 주체적 역사를 창조하기 위해 동명왕의 신이사를 민족혼의 근원으로 파악한 전통적 신이사관은 〈동명왕편〉을 특징지워 주는 역사의식이라 하겠다.

그러나 이규보가 비유교적 신이사관만을 고수한 것은 아니다. 그의 활동을 일관되게 뒷받침해 준 사상 중의 하나는 유교였으며, 그는 儒者로서 입신하여 유교적인 통치의 구현에 적극적으로 동참했다. 또한 그는 무신정권에 대하여 거부하기보다는 깊이 참여하였으며, 일생 동안 문필활동을 통하여 치국의 경륜을 밝히고자 하였다. 그 가운데 이규보는 治者, 특히 군왕의 윤리를 엄격히 밝히고 있다. 그것은 〈동명왕편〉을 다음과 같이 끝맺는 데서도 알 수 있다.

> 알았노라 守成君은 大小事에 조심하고 寬仁으로 왕위를 지키고, 예의로서 백성을 교화하여 길이길이 자손에게 전하여 나라살림 무궁하리.

이렇듯 그는 守成君은 관인과 예의로 나라를 다스려 길이 전해야 한다는 정치윤리를 제시함으로써 후세에 권계를 삼고자 했던 것이다. 그리고 〈동명왕편〉을 지은 이듬해의 작품인 〈開元天寶詠史詩〉[12]에서도 국정의 모든 책임

11) 金哲埈, 〈高麗 中期의 文化意識과 史學의 性格〉(《韓國古代社會研究》, 知識産業社, 1975), 427쪽.

12) 李奎報, 《東國李相國集》 전집 권 4.

은 군왕에게 달려 있다고 하면서, 후세의 역사적 사건을 대조해 보임으로써 역사의 교훈으로 삼으려고 했음을 엿볼 수 있다.

이러한 고찰을 통하여 이규보가 〈동명왕편〉을 쓴 명종 말기에 역사적 설화성을 내포한 시를 지음으로써 국가적 차원의 민족의식을 표출하려 하였으며, 동시에 신성한 창업의 계승과 발전에는 합리적인 윤리관이 필요하다는 것을 나타냈음을 알 수 있다.

그리고 합리적 윤리관을 강조한 것은 《삼국사기》의 편찬목적 가운데 자기 역사를 재인식시키고 역사사실의 기록에서 권계를 찾으려 했던 점[13]과도 상통하는 면이 있다. 그러므로 이규보의 〈동명왕편〉이 단순히 《삼국사기》적 역사의식의 반발에서 나왔다고[14] 하기보다는, 김부식이 《삼국사기》를 찬술했던 인종대와 〈동명왕편〉이 지어진 명종 말기의 역사의식의 상이점에서 파악해야 될 것이다.

김부식이 활약하던 인종대의 시대적 환경을 고려해 볼 때, 그가 《삼국사기》에서 신이사를 배제하고 유교의 합리적인 도덕윤리를 강조한 것은 당연한 일이었다.[15] 그러나 유교사관에 입각한 경우에 나타나는 자기 전통문화의 빈곤화와 축소화를 감안할 때, 이규보는 이러한 성격을 지닌 유교사관보다는 오히려 전통에의 복귀라는 신이사관에 역점을 두어 국민들에게 자부심을 고취시키려 했던 것으로 생각된다. 그리고 이와 같은 역사의식의 양상을 무신란 이후 무신들의 지배로 전환되어 가는 시대적 맥락 속에서 찾을 수 있으며, 이규보의 전통적 신이사관은 그 후 일연에게 이어졌다.

(3) 고구려 계승의식의 표방

고려왕조는 고구려적 이념과 신라적 전통이라는 이중적 성격에서 출발하였다. 따라서 고려 전기의 역사인식체계에는 고구려 계승의식과 더불어 신라의 계승이라는 이원적 계승의식이 유지되어 왔다.[16]

---

13) 申瀅植, 《三國史記 硏究》(一潮閣, 1981), 357쪽.
14) 金哲埈, 앞의 글, 387~427쪽.
15) 李基白, 앞의 글, 862~873쪽.
16) 李佑成, 〈三國史記의 構成과 高麗王朝의 正統意識〉(《震檀學報》 38, 1974), 204~206쪽.

그러나 명종 말기에 이르러 삼국의 시조 중에서 고구려 시조의 영웅담이 이규보에 의하여 재현되고 있음이 주목된다. 그러므로 여기에서는 〈동명왕편〉에 내포되어 있는 고구려 계승의식에 대하여 검토하고자 한다.

고려왕조가 국호를 통하여 내세웠던 고구려 계승의식은 고려의 건국 당시 松岳을 중심으로 하는 옛 고구려영역 주민들의 고구려 지향적인 토착의식에 기초한 것이었다.[17] 그 후 이러한 경향은 고려의 창업 이래 줄곧 추진되어 온 고구려 故土의 수복에 대한 회원 및 발해의 흡수, 徐熙와 거란과의 담판[18] 등에서 찾아볼 수 있다. 이와 더불어 《高麗圖經》과 《宋史》 등에 보이는 "高麗本曰高句麗"[19]라는 기사로도, 외국에서는 대체로 고려를 고구려의 계승자 내지 동일왕조로 인식하였음을 알 수 있다.

그리고 고려왕조에서 고구려 시조인 동명왕에 대한 봉제사를 행했다는 사실이 이러한 이해를 더욱더 확인시켜 주고 있다. 당시 서경에는 동명왕의 祠宇가 있었으며, 이미 국초부터 그에 대한 일정한 제례의식이 마련되었다.[20] 뿐만 아니라 개경의 東神祠에 봉안된 東神聖母가 朱蒙의 母인 河伯女였음을[21] 보아도 고구려 國母神信仰이 그대로 지속되었음을 알 수 있다. 이와 같이 고려시대에까지 계속되어 온 동명왕에 대한 숭앙은 전통적인 자기문화에 대한 자각과 신뢰가 바탕이 된 것이며, 고려인의 고구려 계승의식을 반영한 것이라 하겠다.

그러나 김부식을 중심으로 한 세력이 정권을 담당하게 된 인종대의 시대적 상황은 조금 달랐던 것 같다. 《삼국사기》가 편찬될 무렵에는 신라의 문물과 전통을 긍지로 지녀온 문신귀족이 정국을 지배하게 되었으며, 김부식은 전통적인 자주의식마저 잔해하는 독선을 자행하였다.[22] 이러한 김부식의 태도는 역사인식의 체계가 인종대에 이르러 신라 계승을 표방하는 방향으로 바뀌었음을 나타내주는 것이다. 다시 말해서, 그 당시에는 현종의 金氏出自說이 나

17) 金光洙, 〈高麗朝의 高句麗 繼承意識과 古朝鮮 認識〉(《歷史教育》 43, 1988), 93쪽.
18) 《高麗史》 권 94, 列傳 7, 徐熙.
19) 徐　兢, 《高麗圖經》 권 2, 世次 王氏.
20) 金光洙, 앞의 글, 96쪽.
21) 徐　兢, 《高麗圖經》 권 17, 祠宇 東神祀.
22) 李佑成, 앞의 글, 205~206쪽.

올 만큼 신라 계승의식이 팽배하였던 것으로 보인다.

이러한 고려 전기의 역사인식은 무신란을 거치면서 커다란 변화를 초래하게 되는데, 바로 이것을 명종대에 들어와서 지식인을 대표한다고도 할 만한 이규보의 〈동명왕편〉에서 볼 수 있다. 그는 《구삼국사》 동명왕본기를 읽고 황당기괴한 것으로 간주했던 동명왕의 이야기를 만세에 길이 남을 아름다운 일로 재인식하게 된다. 이규보는 〈동명왕편〉 서문에서 고구려 시조설화를 '幻'이 아니고 '聖'이며, '鬼'가 아니고 '神'으로 깨닫게 되는 자신의 인식상의 전환을 밝히고 있다.[23]

이것은 무인들이 집권한 이후 그 이전의 문신귀족들이 추구했던 신라 계승의식에 대신하여 고구려 계승의 역사인식이 표방된 것이라 생각된다. 그래서 이규보는 이러한 시대조류에 부응하여 무인들의 체질과 어울리는 웅대한 기상의 고구려 시조의 영웅담을 시로 지어 고구려 계승의식을 주장했던 것이다. 이와 같은 사실은 그가 신라 중심의 《삼국사기》와 달리 고구려의 중요성을 강조하고 있는 《구삼국사》를 〈동명왕편〉 저술의 근거문헌으로 선택한 이유를 나타내주는 것이기도 하다.

이규보는 자신의 문집에서도 자국의 강토를 널리 확장하고 싶은 염원을 토로하고 있으며, 東明舊壤을 회복하고자 한 태조의 이념을 들어서 호국의 간절한 심정을 나타내고 있다.[24] 이것은 고려가 건국한 이래 꾸준히 추구해 온 東明故土의 수복에 대한 열망이 이규보에까지 이어져 왔음을 알게 해준다. 그리고 이러한 사실은 그가 〈동명왕편〉에서 표방한 고구려 계승의식과도 상통하는 바가 있으며, 이규보 스스로 동명왕의 이야기가 백성들 사이에 널리 알려져 있음을 밝힌 것은 명종대의 역사인식의 동향을 나타낸 것이라 하겠다.

이것과 연관지어 《삼국사기》가 遼·金의 국가적 위협을 목도한 경험의 소산이었음은 밝혀진 바 있다.[25] 그러나 《삼국사기》에는 적극적인 영토회복의 의사표시가 없었기 때문에 이에 대한 극복이 〈동명왕편〉의 기본자세가 된 것은 아닐까 한다. 즉 이규보는 요나 금과의 비굴한 외교관계 아래서 살

---

23) …亦初不能信之 亦以爲鬼幻 及三復耽味 漸涉其源 非幻也乃聖也 非鬼也乃神也.

24) 卓奉心, 〈李齊賢의 歷史觀〉(《梨花史學研究》 17·18, 1988), 342쪽.

25) 申瀅植, 앞의 책, 8쪽.

아가면서 신라 위주의 《삼국사기》적인 나약한 입장보다는 요동에 웅거했던 고구려의 정신을 표방함으로써 12세기 전반기의 역사의식을 극복하려 했으리라 생각된다.

이상에서 〈동명왕편〉에 나타난 역사의식을 자아의식에 입각한 전통적 신이사관과 고구려 계승의식이라는 두 측면에서 고찰해 보았다. 이규보가 〈동명왕편〉을 저술한 동기에 대하여 스스로 "천하로 하여금 우리 나라가 본래 성인이 살던 곳임을 알게 하려고 한다"고 밝히고 있듯이, 그는 이러한 활동을 통하여 우리 나라가 본래 성인의 나라임을 밝혀서 국민들로 하여금 민족적 자부심을 갖도록 했던 것이다.[26]

13세기에 들어와 몽고의 침입을 받게 되면서 국사에 대한 인식이 크게 확대되어 갔으니, 강대한 이민족의 침입은 단군을 민족 공동의 시조로 하는 역사의식을 낳게 하였으며, 우리 고대사회의 역사적 변천에 관심을 기울이게 하였다. 그리하여 일연은 우리의 고대사를 중국이 아닌 天과 직결되는 역사로 파악하게 되었고, 李承休는 자국의 역사가 중국과 구별되는 생활영역에서 진행되었음을 밝히게 되었다.

이규보는 막연한 국가의식을 내세운 《삼국사기》의 인식체계보다는 실질적인 고구려의 계승을 표방함으로써 고려의 역사적 위치를 확립하고자 했다. 그리고 〈동명왕편〉에 나타난 전통적 신이사관과 天에의 연결인식은, 그 후 일연과 이승휴에게 전승되어 우리 역사의 독자성을 강조하게 되었다는 점에서, 이규보의 〈동명왕편〉이 지니는 사학사적 의의를 찾아볼 수 있겠다. 그러나 이규보는 민족사의 주체적 창조를 위하여 동명왕 1인에 한정하여 시로 노래하였던 것이 일연에 계승되어서는 삼국 전체로 확대되었으며, 이승휴는 민족의 시조로서 단군신화의 내용을 구체화시켜 갔던 것이다. 그리고 이규보가 인용한 《구삼국사》 동명왕본기가 〈동명왕편〉의 分註로 2,200자 정도 남아 있는데, 이 단편적 逸文이 《구삼국사》의 현존하는 전문으로 사료로서의 원전적 가치를 지닌 점이 주목되고 있다.

〈卓奉心〉

---

26) 그러나 이것은 고구려의 시조만을 韻律化한 것이므로 아직까지 부족적·지역적인 한계를 벗어나지 못하였다는 것이다(李佑成, 앞의 글, 1975, 176쪽).

3) 일연과 《삼국유사》

우리 나라의 고대사에 관한 기초적인 역사문헌은 金富軾의 《三國史記》와 一然의 《三國遺事》가 있다. 고려시기의 대표적 관찬사서인 《삼국사기》는 김부식의 정치적 입장과 학문적 배경을 고려할 때, 유교적 합리주의에 입각하여 편찬된 것이다. 그러나 《삼국유사》는 승려가 만들었다는 점만으로 불교사가 중심이 된 역사기록 정도로 쉽게 이해할 수는 없다. 그리고 불교적 색채가 농후한 神異的 사실을 담고 있으면서도 《삼국사기》에서는 볼 수 없는 역사적 사실을 생생하게 기록한 《삼국유사》의 서술태도는 상당한 해석상의 문제가 남는다.

역사가가 남긴 역사서는 과거의 史實을 수집하고 단순히 편집한 史例모음집과는 성격이 다르며, 항상 역사인식의 문제가 깔려 있기 마련이다. 다시 말하면 역사가가 그 시대에서 차지하는 사회적 위치와 입장은 그가 저술한 역사서가 담고 있는 역사인식의 기반을 올바르게 이해하는 기반이 되리라 믿는다. 이러한 이해의 방향은 《삼국유사》와 일연에게도 마찬가지로 적용될 수 있을 것이다.

일반적으로 《삼국유사》에 대한 높은 사학사적 평가에도 불구하고 정작 禪僧의 길을 걸었던 일연의 행적에 대해서는 충분한 설명을 갖지 못하고 있다. 일연의 생애가 중요한 것은 그가 역사가이기 이전에 승려라는 사실에도 기인하겠지만, 그가 생존한 시기(1206~1289)가 민족사상의 일대 격변기에 위치한다는 사실과도 밀접하게 관련된다. 따라서 《삼국유사》에 대한 연구는 이미 많은 성과가 있기 때문에 《삼국유사》 자체에 대한 언급은 줄이고 주로 일연을 중심으로 다음과 같은 점을 살펴보고자 한다. 첫째, 일연의 생애를 통해 불교계에서 그의 위치와 그가 소속된 迦智山門이라는 교단이 부각되는 과정이다. 둘째, 그의 저술과 비문의 禪問答을 중시하여 그의 사상적 경향을 추적하고, 《삼국유사》에서 표현되는 다양한 사상조류의 배경을 그의 사상적 면모에서 찾을 것이다. 셋째, 그가 생존했던 때에 仁興社에서 간행한 《歷代年表》를 계기로 조성된 《삼국유사》의 찬술기반과 그 내용에 대한 문제이다.

(1) 일연의 생애와 사상적 경향

普覺國尊 一然의 생애를 알려주는 기본적인 자료는 일연의 비 앞면과 뒷면에 있는 기록이다. 현존하는 비석이 殘碑로 되어 있으나 앞면은 이전의 필사본에 의해 崔南善의 〈三國遺事解題〉를[1] 위시한 여러 자료집에 널리 수록되어 쉽게 접할 수 있었으며, 더욱이 근래에는 완전한 탁본이 발견되어 필사본의 일부 틀린 글자가 수정되기에 이르렀다.[2] 뒷면의 陰記도 마찬가지 사정이나 필자는 이에 관련되는 기록들을 참고하면서 단편의 탁본을 대조하여 불완전하나마 그 음기의 전문을 복원하고자 시도한 바가 있었으며[3] 이후 최근에도 이에 대한 논의가 끊이지 않고 있다.[4]

그러면 일연의 생애를 추적하기에 앞서 일연의 비 앞면(이하 〈일연비문〉으로 칭함)에 나타나는 그의 생애와 관련된 몇 가지 판독상의 논의점을 지적하기로 한다. 첫째, 일연이 원종 2년(1261)에 왕의 명에 의하여 당시 수도인 강화도에 부름을 받고 禪月社에 머물면서 開堂했을 때 '遙嗣牧牛和尙'했다는 구절이다. 종래의 필사본에 '遙'자를 '逢'자로 잘못 판독한 결과 "一然은 迦智山門의 법통을 계승했기 때문에 知訥의 嗣인 慈眞圓悟國師를 만났다"라고[5] 한 해석까지 있었으나 '멀리 牧牛和尙, 즉 지눌을 계승했다'는 해석이 옳다고 하겠다. 이 자료를 통한 가지산문 출신인 일연과 修禪社와의 관련 여부는 뒤에서 언급할 것이다. 둘째, 일연 아버지의 이름은 金彦弼임이 확실하다. 셋째, 일연의 행장과 음기를 찬술했으며 또 일연의 비를 건립한 인물은 眞靜大

---

1) 崔南善, 〈三國遺事解題〉(《啓明》 18, 1927 ; 《新訂三國遺事》, 1946 ; 《六堂崔南善全集》 8, 玄岩社, 1973, 18~43쪽).

2) 一然碑의 앞면에 대한 탁본 중 비석이 파손되기 이전의 완전한 것으로는 최근에 발견되어 한국정신문화연구원에 소장된 것이 있다. 이를 1981년에 소장처에서 영인하여 배포하였다. 또 일부이긴 하지만 善本인 것으로는 朴永弴 소장본이 있다(《文化財》, 月刊文化財社, 1979. 10, 참조).
최근에는 일연비 탁본과 비첩을 종합, 정리한 자료집을 간행하기도 하였다(中央僧伽大學 編, 《麟角寺普覺國師碑帖》, 1992).

3) 蔡尙植, 〈普覺國尊 一然에 대한 硏究〉(《韓國史硏究》 26, 1979 ; 《高麗後期佛敎史硏究》, 一潮閣, 1991).

4) 金相鉉, 〈麟角寺 普覺國師碑 陰記 再考〉(《韓國學報》 62, 一志社, 1991).
朴永弴, 〈신자료를 통해서 본 麟角寺普覺國師碑陰記〉(《비블리오필리》 3, 1992).

5) 閔泳珪, 〈三國遺事解題〉(《韓國의 古典百選》-《新東亞》부록 -, 1969. 1).

禪師 淸玢임이 확인되었다.

위의 사실 중에서 일연과 진정대선사 청분과의 관계는 당시 가지산문의 동향을 이해할 수 있는 실마리가 된다. 청분은 후에 寶鑑國師로 추증되는 混丘(1251~1322)와 같은 인물이며,[6] 이외에도 《삼국유사》에는 '無極老人'으로 또 일연비의 음기(이하 〈일연비음〉으로 칭함)에는 山立이라는 이름을 가지고 있다. 〈일연비문〉과 〈일연비음〉에 나타난 일연과 청분의 관계를 살펴보면, 청분은 일연이 생존한 때에는 그의 직계문도가 아니었으나 일연의 사후 그의 행장을 지어 충렬왕에게 바친다든가, 또 일연이 입적한 해에 일연이 이미 주석한 바 있는 雲門寺의 주지직을 맡는다든가, 또한 일연의 비를 건립한 충렬왕 21년(1295)에 일연이 말년을 보낸 麟角寺의 주지로 있으면서 寶鏡寺와 內願堂의 주지직까지도 겸임한 것을 미루어 볼 때, 충렬·충선왕 양대에 걸쳐 왕실과 밀접한 관계를 맺은 가지산문의 핵심적 승려임을 알 수 있다. 추측컨대 청분은 일연과 함께 가지산문의 출신으로서 일연의 직계문도는 아니지만 일연을 정점으로 가지산문이 크게 등장하여 불교계의 교권을 장악하게 되자, 일연의 입적을 계기로 하여 그의 제자를 자처하면서 후계자로 추대된 인물이 아닌가 한다.[7]

청분 즉 보감국사 혼구가 일연의 직계제자가 아니라는 사실은 《삼국유사》의 초간시기에 대한 이해에도 밀접하게 연관된다. 현 학계에서는 《삼국유사》의 초간시기를 일연이 생존한 때로 보는 설과 그가 죽은 뒤 혼구에 의해 이루어졌다는 견해로 나뉘어 있다. 앞에서 지적한 바와는 달리 혼구가 일연이 생존했던 때의 직계문도라면 일연이 생전에 이미 간행한 《삼국유사》를 그렇게 오랜 기간이 지나지 않았음에도 불구하고 굳이 부기를 수록하면서까지 새로이 간행할 필요는 없었을 것이다. 또한 당시의 판각기술이나 몽고와의 대전쟁을 겪은 뒤의 인적·물적 여건으로 보아 재간행된 것으로 보기는 힘들다. 결국 《삼국유사》는 일연이 남긴 많은 저술 중에 포함된 것으로서 卷子本이나

6) 李齊賢, 《益齋亂藁》 권 7, 碑銘 有元高麗國曹溪宗慈氏山瑩源寺寶鑑國師碑銘(《東文選》 권 118).

7) 불교계에서는 승려로 입문할 때부터의 恩弟子가 있고, 직접 입문한 제자는 아니더라도 뒤에 法弟子가 된 사례는 무수히 많다. 混丘는 후자의 경우에 해당한다고 할 수 있다.

折帖本 형식으로 분권을 하지 않고 내용항목 순으로 제1~9까지 만들어 놓은 것을, 그가 죽은 뒤 일연의 계승자로 자처한 혼구가 자신의 의견을 보충하여 5권으로 분권한 登梓本을 만들고 이를 토대로 초간한 것이라고[8] 보는 것이 논리상 타당할 것이다.

이상의 자료에 나타나는 몇 가지 문제점에 대한 예비지식을 토대로 일연의 생애를 검토해 보자. 일연이 생존했던 시기는 최씨집정기에서 대몽항전기를 거쳐 몽고의 간섭이 시작되는 시기로서 국내외적으로 변동기에 해당한다. 이 시기 불교계의 판도는 원 간섭기의 초반에 책봉된 국사·왕사를 통해서 그 윤곽을 짐작할 수 있다.[9] 국사·왕사로 책봉된 사실은 개인적 차원의 영예라기보다는 전 교단의 판도와 깊은 관련이 있는데, 원 간섭기 초에 일연이 국존에 책봉되었다는 사실은 그가 속한 가지산문이 불교계의 중심교단으로 부각되었음을 의미한다.

가지산문은 신라 말에 道義가 당에 유학하여 받아들인 禪法에 기초한 종파인데, 나말여초에 지방세력에 의해 적극적으로 수용되었고 일시적으로는 교단의 중심세력이 되기도 했지만, 고려사회가 집권적 귀족체제를 지향하는 과정에서 선종이 후퇴함으로써 그 명맥을 겨우 유지하였다. 그러다가 가지산문은 인종 즉위년(1122)에 왕사로 책봉된 學一(1052~1144)이 출현하여 한때 중심교단으로 부각된 적이 있으나, 일연이 출현한 시기까지 미미한 존재에 불과하였다. 다만 인종 7년에 학일이 운문사에 은퇴하여 머문 이후 이 지역이 가지산문의 중심지로 부각된 계기가 된 것으로 생각한다.[10]

그러면 일연의 생애를 통해서 가지산문의 등장배경과 과정을 살펴보자. 일연은 최충헌이 집권할 때 경주의 속현인 章山郡(현재의 慶山)에서 출생하였는데, 뒤에 아버지 김언필이 左僕射를 추증받고 어머니 이씨는 樂浪郡夫人으

---

8) 柳鐸一, 〈三國遺事의 文獻變化 樣相과 變因〉(《三國遺事硏究》 상, 嶺南大, 1983).

9) 許興植, 〈高麗時代의 國師·王師制度와 그 機能〉(《歷史學報》 67, 1975 ; 《高麗佛敎史硏究》, 一潮閣, 1986).

10) 특히 雲門寺와 연접한 石南寺(경남 언양 소재)에는 신라 말에 조성된 八角圓堂型의 道義國師浮圖(보물 369호)가 남아 있고, 또 石南寺가 소재하고 있는 산이름이 迦智山으로 불리고 있는 것은 운문사 일대가 가지산문의 근거지였음을 시사해 준다.

로 봉해진 사실로 미루어 그 출신은 이 지역의 독서층이거나 향리층이었던 것 같다. 그의 처음 이름은 見明이고 자는 晦然이었다가 뒤에 一然으로 바꾸었다. 일연은 9세에 海陽(현 光州) 無量寺에서 취학했으나 승려로서 정식으로 입문한 것은 14세에 설악산 陳田寺의 大雄長老에게서였다. 본래 진전사는 가지산문의 개창자인 도의가 은거한 곳으로서 가지산문의 주요사찰이었다. 가지산문에 입문한 이후 일연의 생애는 다음의 네 시기로 크게 나누어 볼 수 있다.

첫째, 包山의 여러 사찰에서 주석하던 시기(1227~1248), 둘째, 鄭晏의 초청에 의하여 남해 定林社와 지리산 吉祥庵에 거주하던 시기(1249~1260), 셋째, 원종의 명에 의해 선월사에 주석한 이후 경상도의 여러 사찰에서 주석하던 시기(1261~1276), 넷째, 충렬왕의 명에 의해 운문사에 주석하다가 국존에 책봉되고 입적할 때까지의 시기(1277~1289)로 나눌 수 있다.

제1기는 정치적으로 최충헌을 이어 崔瑀(怡)가 정권을 담당하던 시기로 대몽항쟁기와 일치한다. 청·장년기의 일연으로서는 수행에 힘썼겠지만 현풍의 琵瑟山에서 약 22년간을 보내는 동안 그렇게 뚜렷한 행적을 남기지 못했다. 다만 몽고병이 침입하여 일연이 난을 피할 때의 영험을 기록한 것으로서, 〈일연비문〉에 "병신년(고종 23; 1236) 가을에 병란이 있어 師는 이를 피하고자 하여 「文殊五字」를 마음속으로 염송하면서 감응이 있기를 기대하였는데, 갑자기 벽에서 문수의 현신이 나타나서 이르기를 '無住에 거처하라'고 하였다"는 대목이 있을 뿐이다.

이러한 행적은 같은 해에 재조대장경을 간행하기 위한 大藏都監이 설치되고 백련사에서 白蓮結社文을 반포한 것과 비교하면 일연의 소극적 면모를 나타내는 것이다. 이는 學一이 말년에 운문사에서 구축한 가지산문의 세력이 운문사 주위 지역의 계속적인 對武人抗爭으로[11] 그 세력이 위축된 것과도 관련되리라 본다.

제2기는 일연이 정안을 매개로 최씨정권과 연결되면서 개인으로서는 수선사와 사상적 연관을 가지게 된 시기이다. 이러한 계기를 마련해 준 정안은 무

---

11) 金光植, 〈雲門寺와 金沙彌亂〉(《韓國學報》 54, 1989).

신란 이후에 등장한 鄭世裕의 손자이며, 그의 아버지인 鄭叔瞻은 최우의 장인이라는 점에서, 최씨정권과 정안의 집안은 밀접한 유대를 가졌음을 말해준다. 그는 한때 晋陽의 수령으로 나갔으나 뒤에 최우가 정권을 전횡하는 것을 싫어하여 남해에 은거하면서 불교를 깊이 믿어 개인재산을 희사하고 대장경 간행에도 참여한 인물이다.[12] 그리고 그는 고종 10년(1223)에 남해에 江月庵을 창건하여 수선사 2세인 慧諶에게 법문을 청할 만큼 그와 깊은 교류를 맺었으며[13] 최우가 죽은 뒤 崔沆에 의해 일시 등용되었다가 결국 죽음을 당한다.

이즈음에 정안이 일연을 초청한 연유는 잘 알 수 없다. 아무튼 이 시기 일연의 행적은 가지산문이 최씨정권과 연결되는 계기를 만들었다는 점과 고종 38년에 완성된 대장경조판 중 南海分司에서의 작업에 일연과 그의 문도들이 참여한 것이 아닌가 하는 점 등을 말해준다. 특히 수선사와의 사상적 교류를 맺는 계기를 마련하였다는 점에서 의의가 깊다.

제3기는 정치사적으로 최씨정권이 전면적으로 붕괴되고 강화도정부가 몽고에 항복함으로써 몽고와 화해의 분위기로 접어든 시기이다. 이 때 원종이 즉위하면서 선월사에 일연을 초청한 것은 정치적 차원에서 불교계를 재편하기 위한 조처의 일환으로 생각된다. 여기에 일연은 목우화상 즉 지눌을 계승한 것으로 표현될 만큼 크게 부각되었다. 중앙정계와 직접 연결됨에 따라 이를 바탕으로 일연은 경상도의 여러 사찰에 주석하면서 가지산문의 재건에 힘썼다. 예컨대 원종 9년(1268)에 왕명에 의해 雲海寺에서 선·교종의 명승을 모아 大藏落成會를 주관한 것은 단적인 예이다. 특히 이 기간 중에 仁弘社(뒤에 인흥사로 사액)에 머물면서 《삼국유사》를 찬술하기 위해 예비작업으로서 《역대연표》를 간행한 점은 주목된다.

제4기는 고려가 원에 예속되고 원이 일본을 정복하기 위해 고려에 가중한 부담을 지워 사회상이 극도로 피폐한 시기이다. 이 때 원에 예속된 고려왕실로서는 그 이전의 체제에서 주류를 이루던 불교계를 일단 정리해야 할 필요성을 가졌으며, 그 의지의 일단이 일연을 불교계의 정점으로 하여 가지산문을 핵심적 교단으로 지원하는 것으로 나타났다. 즉 충렬왕 7년(1281)에 왕이

---

12) 《高麗史》 권 100, 列傳 13, 鄭世裕 附 晏.
13) 《眞覺國師語錄》(《韓國佛敎全書》 6, 東國大 出版部, 1984), 3쪽.

경주에 갔을 때 일연은 행재소에 초청 받아 갔으며, 그 후 최고의 승직을 얻게 된다. 일연이 경주에 불려갔을 당시 불교계의 피폐된 사정은 승려들이 뇌물로써 승직을 얻어 '綾首座'·'羅禪師'로 불리고 처를 가진 승려가 반이라는 조소적인 표현에[14] 의해서도 그 실태를 짐작할 수 있다.

일연이 국존이 된 이후 인각사에서 2회의 九山門都會를 개최한 사실은 가지산문이 禪宗界, 나아가서 전 불교계의 교권을 장악한 것으로 파악된다. 가지산문과 함께 이 시기 불교계의 양대세력으로서 天台宗의 妙蓮寺계통이 등장하여 교권장악을 위한 대립상을 보이기도 하였으나,[15] 고려 말 가지산문에서 太古普愚가 출현하여 중국의 臨濟禪을 도입함으로써 불교계의 통합을 시도할 정도로 가지산문은 원 간섭기 불교교단의 중심세력이었다.

이상에서 불교계의 동향과 정치사의 흐름에 주목하면서 일연의 생애가 지닌 면모를 살펴보았다. 특히 가지산문의 대두는 중앙권력을 배경으로 교권을 장악할 수 있었던 일연의 위치와 밀접한 함수관계가 있었음을 알게 되었다 한편 일연이 세속적인 중앙정계와 연계를 맺게 된 것은 그 자신이 갖는 불교계의 위치도 작용했겠지만 그의 檀越의 역할도 중시하지 않을 수 없다.

고려시기의 지배계층은 공통적으로 사원을 그들의 願堂으로 장악하여 면세지로서의 寺院田을 확보하는 현실적 욕구뿐 아니라 사후의 세계에서도 안식을 보장받으려는 신앙적 욕구까지 가지고 있었다. 더욱이 이들은 특정한 승려와 맺어진 유대를 기반으로 그가 소속된 종파세력을 장악하기도 하였다. 이러한 의미에서 특정의 승려와 종파세력을 지원하는 단월의 출신을 검토하는 것은 나름의 의의가 크다.

일연의 생애를 통해서 중요한 그의 단월은 鄭晏과 朴松庇를 비롯한 〈일연비음〉에 보이는 인물들이다. 앞서 살핀 바와 같이 정안이 일연을 초청한 것은 일연계통이 수선사와 사상적 교류를 맺는 계기가 되었다는 점에 의의가 깊다. 뒤에 강화도 선월사에 초청되어 일연이 '遙嗣牧牛和尙'이라는 표현이 가능했던 것도 바로 이러한 연유이다. 그리고 정안과 함께 일연계통이 대장

14) 《高麗史》 권 29, 世家 29, 충렬왕 7년 6월 계미.
15) 蔡尙植, 〈妙蓮寺의 창건과 그 성격〉(앞의 책), 191~192쪽.

경조판에 참여하였으며, 이를 계기로 독자적 판각활동을 할 수 있는 기반을 마련한 점도 지적하지 않을 수 없다.

이에 비해 정치적으로 일연이 중앙정치무대로 진출할 수 있는 계기를 마련한 장본인은 박송비를 포함한 〈일연비음〉에 나타나는 단월이라고 할 수 있다. 박송비는 德原(경북 영해)의 향리 출신으로 軍伍에 적을 두어[16] 장군으로 입신한 후 고종 45년에 柳璥·金俊 등과 함께 최씨정권을 제거하는 거사에 참여하여 고위관직을 역임하게 된다. 그 후 김준이 집권하게 되자 일시 파직되었으나 다시 복귀된 인물이다. 일연과 박송비의 행적은 다음에서 보듯이 유기적인 관계를 맺고 있다. 일연이 대선사가 된 고종 46년은 박송비 등에 의해 崔竩가 제거된 다음해이고, 그 뒤 왕명에 의해 선월사에 거주하다가(원종 2년) 경북 영일의 吾魚社로 내려오게 된 원종 5년은 박송비가 일시 몰락하고 김준이 권력을 장악한 해이다.[17] 그러다가 왕명에 의해 운해사에서 禪教名德으로 하여금 대장낙성회를 열게 하고 이를 일연이 주맹한 원종 9년은 김준이 제거된 해이다. 이처럼 일연이 중앙정치무대에서 부각될 수 있었던 것은 박송비의 지원에 의한 것이었으며, 이를 통해 볼 때 일연의 정치적 입장은 최씨정권과 김준 등과는 그 이해관계를 달리하며 왕정복고를 지지하는 입장에 있었는지도 모른다.[18] 그 까닭에 《삼국유사》에서 일연은 三別抄의 대몽항쟁을 '賊難'으로 표현하였을 것이다.[19]

일연의 단월로서 박송비를 제외한 나머지는 일연이 최고의 승직을 걷게 된 단계에 관계를 맺은 인물들로서 이들과 일연과의 구체적인 교류관계를 볼 수 있는 자료는 없다. 다만 이들은 東征軍을 격려하고자 충렬왕이 경주에 행차한 전후의 시기에 경상도와 경주의 지방관을 역임한 인물들이 많다.

이상에서 일연의 행적을 살펴보았으므로 다음은 그의 사상적 경향을 살펴보자. 이 방면의 연구는 자료가 거의 없어서 단정하기 어렵지만 근래 일연이

---

16) 《高麗史》 권 130, 列傳 43, 金俊.

17) 鄭修芽, 〈金俊勢力의 形成과 그 向背〉(《東亞硏究》 6, 西江大, 1985).

18) 여기서 왕정복고로 표현한 것은 최씨정권의 몰락에 따라 무인정치가 상대적으로 위축되었다는 것을 의미할 뿐 왕권이 절대적으로 신장되었다는 것은 아니다.

19) 《三國遺事》 권 3, 塔像 4, 前後所將舍利.

중편한 《重編曹洞五位》가 발굴되고[20] 그와 관련된 기록이 남아 있어 그의 사상적 단면을 엿볼 수 있을 것이다. 또 이를 위해서는 〈일연비문〉과 《삼국유사》 소재의 '讚'이 중요하지만, 찬은 禪詩의 성격을 띠기 때문에[21] 사상적 경향을 추적하기 어려우므로 〈일연비문〉을 중심으로 검토할 생각이다.

일연이 看話禪에 바탕한 선승이라는 사실은 쉽게 발견된다. 즉 고종 23년 가을 몽고병란을 피하기 위해 '阿羅婆遮那'라는 '文殊五字呪'를 염송하다가 문수보살의 감응을 받아 無住庵에 거주하고 그 이듬해에 妙門庵에 거주하게 된다. 일연은 이 때 "늘 '중생의 세계도 멸하지 않으며 부처의 세계도 늘어나지 않는다'라는 화두를 참구하였다. 홀연히 하루는 활연한 깨달음이 있어 말하기를 '내가 오늘 三界가 幻夢과 같음을 알게 되었으며, 대지에는 가는 티끌 만큼의 걸림이 없다는 것을 알았노라'고 한" 것처럼 화두(公案)의 參究를 통해서 깨달음을 얻고 있다. 일연의 이러한 면모는 입적하기 직전에 남긴 임종문답에서도 발견할 수 있다.

일연은 이후 정안의 추청에 의해 남해 정림사에 거주하게 된 것을 계기로 간화선에 더욱 몰입하게 된다. 일연이 정림사로 처음 왔을 때는 이미 수선사의 2세인 慧諶이 입적한 뒤이지만, 혜심이 편찬하고 그의 제자가 보충한 《禪門拈頌》이 남해분사에서 간행된(1244~1248) 직후이기 때문에 일연은 분명히 그 책을 열람하였을 것이다. 이는 일연이 편집한 《禪門拈頌事苑》(30권, 失傳)과 혼구가 중편한 《重編拈頌事苑》(30권, 失傳)이 혜심의 《선문염송》을 계승한 것으로 추정되기 때문이다. 이와 같이 일연은 혜심의 《선문염송》을 통해 사상적으로 간화선에 더욱 심취했을 것이며, 이를 기화로 수선사계통을 계승한 것으로 자처하였을 것이다.[22]

---

20) 閔泳珪, 〈一然의 重編曹洞五位 二卷과 그 日本重刊本〉(《人文科學》 31·32, 延世大 人文科學硏究所, 1974).
——, 〈一然重編 曹洞五位 重印序〉(《學林》 6, 延世大, 1984).

21) 印權煥, 〈一然의 讚詩〉(《高麗時代 佛敎詩의 硏究》, 高麗大 出版部, 1983).
金周漢, 〈三國遺事 所載 讚에 對하여〉(《三國遺事硏究》 상, 嶺南大, 1983).

22) 일연은 《禪門拈頌》뿐 아니라 혜심의 語錄까지도 열람할 만큼 혜심을 존숭하고 있었으며, 이는 혜심이 쓴 시의 일부를 《삼국유사》에 수록한 것에서 알 수 있다. 혜심의 경우도 일연과의 직접적인 교우관계는 확인할 수 없지만 가지산문과 접촉한 흔적은 발견된다.

이상과 같이 일연이 선승으로서 간화선에 깊이 심취하였음은 분명하나, 〈일연비문〉에 일연을 가리켜 "修禪하는 여가에 다시 대장경을 읽고 제가의 章疏를 깊이 연구하였으며, 한편 儒書를 섭렵하고 아울러 백가서에도 관통하였다. 이에 의해 방편에 따라 사물을 이롭게 하고 종횡으로 妙用을 발휘한 지 무릇 50년이나 되었다"는 표현이라든가 '禪林虎嘯 敎海龍吟'이라는 평가를 볼 때, 그는 수선만을 고집하는 인물은 아니었던 것 같다. 이는 〈일연비음〉에서 혼구가 일연을 가리켜 "화상의 門風은 광대함을 모두 갖추어 헤아릴 수 없다"고 표현한 것과도 맥락이 닿는다.

이러한 일연의 사상적 경향은 그가 20대의 수학기를 지낸 비슬산의 사상적 경향과 관련되리라 생각한다. 역대로 다양한 불교신앙의 자취가 남아 있던 비슬산에서 감수성이 예민한 20대의 수학기를 보낸 일연은 직접적이든 간접적이든 다양한 신앙경험을 할 수 있는 분위기를 맛보았을 것이다. 결국 《삼국유사》의 찬술 배경에는 유학과 기타 사상체계를 광범하게 포용하고 있던 그 자신의 사상적 경향과 깊이가 작용하고 있었다고 할 수 있다.

이러한 경향을 알려주는 자료로 《삼국유사》와 함께 일연이 직접 관계한 저술 중에서 현전하는 것으로서 근년에 발굴된 《중편조동오위》가 있다. 일연은 고종 43년(1256)부터 중국 曹洞宗의 기본서인 《曹洞五位》의 보완에 착수하여 원종 원년(1260)에 《중편조동오위》를 초간하였다. 《조동오위》는 洞山良介(807~869)가 제창한 것에 曹山本寂이 주를 더하여 유포함으로써 조동종의 기본서가 된 저술이다.[23] 이러한 성격을 띤 《조동오위》를 단지 일연이 편수했다는 사실만으로 그의 선사상의 경향을 조동종에 가깝다고[24] 할 수는 없다. 늦어도 13세기 초에는 고려사회에 전래되었던 《조동오위》를 일연이 중편한 의도는 당시 대표적인 선사상으로 풍미하던 간화선과 다른 계통의 선사상인 조동선을 적극 수용함으로써 여러 갈래의 선사상을 융합하고 조화시키려는 것에 있었기 때문이다.[25]

23) 蔡楨洙, 〈五家七宗禪의 歷史的 性格〉(《丁仲煥博士還曆紀念論文集》, 東亞大, 1974), 382~386쪽.

24) 閔泳珪, 〈一然과 陳尊宿〉(《學林》 5, 延世大, 1983), 5쪽.

25) 일연이 禪宗의 일파인 雲門宗계통의 저술로서 일종의 事典이랄 수 있는 《祖庭事苑》을 편수한 것도 그의 사상을 반영하는 것이다. 이는 어느 특정 사상에만 머무르지 않는 그의 태도를 단적으로 보여주는 것이다.

한편 일연은 다양하면서도 포용력이 있는 사상적 경향을 가졌음에도 불구하고 원종 5년 인홍사에 주석한 이후에는 특히 신앙면을 강조하게 된다. 이 때 他力的인 관음신앙을 통한 공덕과 다라니신앙을 통한 신비적 요소까지도 표방한 것으로 추측되는데, 이를 적극적으로 해석하면 오랜 전란에 지친 민중들로 하여금 신앙적 활로를 갖도록 하기 위한 현세구원적 의미가 컸다고 하겠다. 이는 뒤에서 언급하겠지만《삼국유사》를 찬술한 직접적인 동기가 된 것은 아닌가 한다.

(2)《삼국유사》의 찬술기반

일연이 선종승려임에도 불구하고 그의 저술 중 가장 많이 읽히는《三國遺事》는 왜 성격을 달리하는 것일까라는 의문에 부딪히게 된다.《삼국유사》는 물론 기본적으로 역사서의 성격을 가지고 있는 것이지만 불교의 내용과 관련시켜 보면, 선종계통의 저술은 아니며 불교신앙적 측면을 강조하기 위한 의도로 저작된 것이라 할 수 있다.[26] 그렇다면 그의 사상적 경향에서도 그러한 단면을 발견할 수 없을까. 앞서 언급하였지만 어느 시기보다도 원종 5년에 인홍사로 옮겨간 이후인 그의 말년이 주목되어야 한다고 생각한다. 당시의 사회상황의 변화에 따라 일연 자신도 선사상을 축으로 하면서도 신앙적 측면을 강조하는 방향으로 돌아서지 않을 수 없었을 것이다.[27]《삼국유사》의 찬술도 이러한 분위기에서 이룩된 것으로 보이기 때문이다.

이러한 각도에서 인홍사 이후 일연의 사상적 경향을 추적해 보면 충렬왕 4년(1278) 인홍사에서 간행되었으며 현재 해인사의 寺刊板으로 소장된《역대연표》가 중요한 실마리를 던져주고 있다. 이 자료를 매개로 하여 일연의 사

---

26) 金煐泰,《三國遺事 所傳의 新羅佛敎思想硏究》(東國大 出版部, 1979).
金相鉉, 〈三國遺事에 나타난 一然의 佛敎史觀〉(《韓國史硏究》 20, 1978).

27) 李基白, 〈三國遺事 紀異篇의 考察〉(《新羅文化》 창간호, 東國大, 1984)와 〈三國遺事 王曆篇의 檢討〉(《歷史學報》 107, 1985)에 의하면《三國遺事》 王曆·紀異篇은 다분히 국가·국왕 중심의 기록으로 되어 있다고 한다. 이는 일연이 왕정복고가 이루어진 1260년대 전후에 부각된 인물임을 말해주는 것일지도 모른다. 당시의 왕정복고는 몽고에 의한 고려의 몰락을 의미하지만, 왕정복고를 지지하는 일연으로서는 정치·사회변동기를 맞이하여 사상적으로 나름의 대응을 하지 않을 수 없었을 것이다.

상적 경향과 《삼국유사》의 찬술기반을 살펴볼 수 있다.28)

《역대연표》는 중국과 그 주변 민족에 의해 건설된 여러 나라의 역대 왕명과 연호를 정리하여 수록하고, 그 말미에 신라·고구려·백제·고려의 순서로 왕명과 재위년수를 밝히고 우리 나라의 연호를 부기하고 있다. 《역대연표》를 《삼국유사》의 찬술을 위한 것으로 볼 수 있는 직접적인 근거는 없지만, 일반적인 연표의 성격과 《역대연표》의 내용을 고려할 때 이 자료는 《삼국유사》의 선행작업으로 이루어진 것으로 생각한다. 이 자료의 작업기간은 우리 나라의 역대 왕명과 그 재위년수를 기록한 부분을 참고한다면 충렬왕 즉위년~충렬왕 4년(1274~1278) 사이임을 알 수 있다.

그리고 이 자료가 갖는 《삼국사기》와 《삼국유사》와의 관계는 삼국의 역대 왕명과 재위년수를 기록한 부분에서 판명할 수 있다. 이 자료는 삼국에 관한 부분은 《삼국사기》 연표의 기재방식을 따르고 있다. 이 사실을 《삼국유사》의 찬술과 관련시켜 해석한다면, 이 자료는 《삼국유사》의 선행작업으로 삼국에 해당되는 부분은 일단 《삼국사기》를 저본으로 하여 정리한 것으로 헤아려진다. 이는 《역대연표》가 《삼국사기》 연표만을 따랐기 때문에 伽倻에 대한 일체의 언급이 없을 수밖에 없었던 것에 비해, 이 자료를 토대로 만든 《삼국유사》에서는 왕력편의 독립항목으로 '駕洛國'을 설정한다든가 또는 〈駕洛國記〉를 독립된 자료로 수록하여 보충한 태도를 통해서도 알 수 있다.

다만 이 자료가 《삼국유사》를 찬술하기 위한 선행작업이었다는 중요한 근거는 이 자료와 《삼국유사》 王曆篇의 기재양식이 일치한다는 점이다. 비록 삼국에 관한 내용은 《삼국사기》를 따랐다고 하더라도 이 자료의 간행을 계기로 하여 일연과 그의 문도들이 우리측의 많은 자료를 입수, 정리하고 《삼국사기》에서 소홀한 내용을 보충하여 《삼국유사》의 찬술에 임했을 것으로 보인다.

그렇다면 《역대연표》를 간행한 인흥사는 어떠한 사원인가. 일연이 원종 5년에 영일의 吾魚社에서 이 곳으로 옮겨올 당시까지도 인흥사는 대규모의 사원은 아니었다. 그러나 일연의 불교계에서의 위치나 충렬왕 즉위년에 원래

28) 蔡尙植, 〈至元 15(1278) 仁興社刊 《歷代年表》와 《三國遺事》〉(《高麗史의 諸問題》, 1986 ; 앞의 책, 1991).

仁弘社이던 명칭을 仁興社로 사액한 사실로 미루어 볼 때, 일연이 거주한 시기(1264~1277)에 그 규모가 크게 확장된 것으로 짐작된다. 그렇지만 인홍사의 성격을 더 이상 파악하기에는 자료의 제약으로 어렵다. 또 《역대연표》의 성격으로 보아서도 인홍사가 소속된 종파가 가지산문이라 하여 단순히 선사상만을 표방하는 사원이라고 단정할 수 없는 형편이다.

이와 관련하여 현존하는 자료로서 《역대연표》와 비슷한 시기에 인홍사에서 간행하였거나 인홍사와 관련되는 승려가 주관하여 간행한 3종의 판본이 주목된다. 이들은 ①《大悲心陀羅尼經》(충렬왕 19년), ②《法華經普門品》(충렬왕 원년; 禪厸寫), ③《人天寶鑑》(충렬왕 16년; 包山 禪厸題) 등을 들 수 있다.

위의 자료 ②·③에 보이는 禪厸의 「厸」자는 「隣」의 古字이며 隣은 麟과도 통용된 사실을 생각하면, 禪厸은 〈일연비음〉의 문도 중에 나타나는 '仁興社 禪麟'과 동일인이다. 이는 자료 ③에 수록된 일연의 後識와 선린의 발문에서 뒷받침된다. 이로써 선린은 일연의 문도임을 알 수 있다. 《역대연표》와 자료 ①·②·③ 등이 인홍사에서 간행된 사실은 분명하다고 하겠는데, 그렇다면 이러한 판각을 치를 수 있는 기술적인 여건은 만들어져 있었는지 살펴보기로 하자.

자료 ③을 간행할 때에 선린이 쓴 발문에서 "내(선린)가 지난 해(1289) 봄에 國師(일연)를 찾아뵈러 인각사에 갔는데 국사께서 나에게 이르기를 '人天寶鑑錄은 실로 학자의 보물이다. 내가 찍어서 유포하고자 하는데 네가 필사할 수 있겠느냐'고 하셨다. 나는 그 때 눈이 어두워 못하겠다고 사양했다"라는 구절을 접할 수 있다. 이로 보면 선린은 필사에 능했으며 일연이 입적할 당시에는 이미 노년기에 접어든 인물임을 알 수 있다. 자료 ③은 뒤에 바로 선린과 그의 문도로 생각되는 大直과 惠圓에 의한 공동작업으로 판각되긴 하였다.[29] 이와 같이 인홍사를 중심으로 필사에 뛰어난 선린과 판각기술집단이 존재하여 독자적인 판각활동을 담당할 수 있는 여건이 마련되었다는 것은 그 의의가 깊다.

---

29) 《人天寶鑑》 판본의 板心에 이들의 이름이 보인다.

이는 일연계통이 13세기 중반 무렵의 대장경조판에 가담하였을 가능성을 간접적으로 시사하는 것이며, 나아가 《삼국유사》의 초간도 인흥사를 중심으로 이들에 의해 이룩되었을 가능성을 말해주는 것이다. 특히 선린은 13세기 중반 전후의 젊었을 시절 그의 스승인 일연을 좇아 南海分司都監에서 직접 필사와 판각에 참여한 인물인지도 모른다.

다음은 《역대연표》가 어떤 사상적 경향 속에서 간행된 것인지를 살펴볼 차례이다. 이를 직접 설명해 주는 것은 《역대연표》보다 3년 전에 간행된 자료 ②로서 일연이 인흥사에 머물 때 간행된 것이다. 《普門品》은 《法華經》의 제25품으로서 원래 명칭은 《妙法蓮華經觀世音菩薩普門品》이며, 독립된 경전으로 취급하여 《관음경》이라 할 정도로 관음신앙의 근본경전이다. 그 내용은 관세음보살의 위신력을 설한 것이며 현세구원적·실천적 성격이 두드러진다.[30] 이러한 사실은 당시 일연과 그의 문도들이 현세구원적 관음신앙에 심취한 사실을 반영하는 것이다. 이런 경향은 자료 ①에서도 찾아진다. 《大悲心陀羅尼經》은 《千手千眼觀世音菩薩廣大圓滿無碍大悲心陀羅尼經》의 줄인 이름이며, 간단히 《千手經》이라고 하여 일상화된 경전으로서 《보문품》과 더불어 실천적 관음신앙을 대표하는 경전이다. 이렇듯 13세기 후반기에 인흥사가 현실적 구원과 실천적 성격을 띤 관음신앙을 표방하면서 다라니신앙을 강조한 것은 무엇보다도 이 시기가 거의 30년에 걸친 대몽항쟁이 실패로 끝나고 원 간섭기로 고려사회가 재편되어 가는 시기라는 점과 관련된다.

이와 같은 상황에서 왕정복고의 주도세력의 지원을 받고 있던 일연은 최씨정권을 비롯한 무인세력에 대해서 비판적 입장을 견지했을 것이다. 이러한 맥락에서 이들에 의해 가장 큰 피해를 입었다고 판단된 민중의 처지를 깊이 인식하였을 것이며, 한편으로는 이들을 왕정복고의 지지기반으로 인식했을 수도 있다. 따라서 일연은 이러한 민중의 처지에 공감하면서, 현실적 차원에서의 구원과 희망을 갖게 하기 위한 신앙적 노력의 일환으로 이러한 성격을 띤 불교를 표방했던 것은 아닌가 한다.

한편 이민족의 침략이 야기한 민중의 고통과 복속국으로 전락된 현실은

---

30) 법성, 《백화도량에로의 길》(경서원, 1982).
鄭炳三, 〈統一新羅 觀音信仰〉(《韓國史論》 8, 서울大 國史學科, 1982).

일연에게 있어서 민족의 위기감으로도 발전했을 것이며, 이에 대한 대응의식에 의해 《삼국유사》의 저술을 시도했을지도 모른다. 결국 실천적·현실적 성격을 띤 관음신앙이나 밀교의 다라니신앙에 바탕한 이 시기 일연의 사상적 편향은 현실인식의 산물이며, 이는 궁극적으로 《삼국유사》 찬술의 사상적 배경이라고 할 것이다.

한편 《삼국유사》의 찬술배경과 관련하여 《삼국유사》가 과연 일연 단독의 저술일까라는 의문을 가지지 않을 수 없다. 이와 관련하여 "不用意한 一漫錄이기에는[31] 너무나 널리 두루 고증한 각고가 기울여져 있다. 그 인용된 書目은 오히려 《삼국사기》 50권보다 더 다양·치밀하며, 일연 자신이 직접 답사하여 목도하고 점검한 것도 상당수에 달해 《삼국유사》는 실로 장기간에 걸친 용의주도한 노력에 의한 것으로 보지 않을 수 없다"라는 견해가 있다.[32] 물론 현재로는 이 견해와 마찬가지로 별 의심 없이 일연 단독의 찬술 정도로 인식하고 있는 실정이다.[33]

그러나 《삼국유사》 권 5에만 일연 찬술이라는 기록이 보일 뿐[34] 다른 기록은 없다. 앞에서 언급한 바와 같이 인홍사에서 《역대연표》를 만든 사례는 《삼국유사》를 일연의 단독찬술이라고 볼 수 없게 한다. 최소한 일연과 그의 문도들이 공동으로 작업한 산물이 《삼국유사》라는 생각이다. 다시 말하면 일연이 선승으로서 몇 십년 동안 《삼국유사》를 목표로 하여 자료를 수집·정리했다고 볼 수는 없다는 생각이다. 무엇보다도 일연은 수행승의 길을 걸어갔던 인물인 것이다. 이러한 견해를 뒷받침하는 것으로 일연이 《삼국유사》를 찬술한 그의 만년의 불교계 판도를 생각하지 않을 수 없다. 앞에서 언급한 바와 같이 가지산문이 당시 불교계의 중심교단이었음은 다 아

31) 崔南善, 앞의 글.

32) 金泰永, 〈三國遺事에 보이는 一然의 歷史認識에 대하여〉(《慶熙史學》 5, 1974 ; 《韓國의 歷史認識》 상, 創作과批評社, 1976, 128~129쪽).

33) 대표적인 연구는 다음과 같다.
閔泳珪, 〈三國遺事解題〉(앞의 책, 1969. 1).
李基白, 〈三國遺事의 史學史的 意義〉(《震檀學報》 36, 1973).
金相鉉, 〈三國遺事에 나타난 一然의 佛敎史觀〉(《韓國史硏究》 20, 1978).

34) 《三國遺事》 권 5의 첫머리에 '國尊曹溪宗迦智山下麟角寺住持圓鏡冲照大禪師一然撰'이라는 기록만 보인다.

는 사실이다. 이를 미루어 볼 때 일연은 인흥사에 머문 이후 당시 시대적 상황에 의해 《삼국유사》를 목표로 하여, 물론 경상도지역이 중심이긴 했지만 가지산문의 판도를 이용하여 전국적으로 자료를 수집하고, 이를 그의 문도들과 공동으로 정리하여 찬술했다는 설명이 더 설득력이 있지 않을까 한다.[35] 《삼국유사》가 관찬이 아니면서도 방대한 자료의 수집과 내용의 충실성을 가질 수 있었던 배경은 바로 일연을 정점으로 가지산문이 불교계의 중심교단으로 부각된 측면을 감안하지 않을 수 없다.[36] 따라서 《삼국유사》는 일연의 단독찬술로 보기보다는 일연을 중심으로 한 그의 문도들에 의한 공동작업의 산물이라고 하지 않을 수 없다.

이와 같이 《삼국유사》를 일연 단독의 찬술이라기보다는 그의 문도와의 공동작업의 산물이라고 한다면 《삼국유사》가 갖는 사학사적 의미는 종래의 견해와는 다른 방향에서 검토할 필요가 있는 것이다. 가령 사학사적 의미와 관련하여 줄곧 《삼국유사》에 나타나는 神異的 요소에 관한 이해라든가,[37] 체제를 둘러싼 사서로서의 성격문제 등은 논란의 대상이 되어 왔다.

그러나 《삼국유사》는 당시의 시대적 산물이자, 당시 불교계의 사상적 흐름과 역사인식을 반영한 것이라는 전제를 염두에 둘 필요가 있다. 총체적으로 파악할 때 《삼국유사》는 13세기 말의 민족적 모순이 극대화되었을 때 당시 불교계를 통괄하던 불교지식인들의 역사의식을 반영한 것이라 할 수 있다. 따라서 《삼국유사》의 서술태도와 신이적 요소 등을 두고 복고적이라든가 전진적이라는 평가는 쉽게 내릴 수 없다고 생각한다. 다시 말하면 고려 중기의 시대적 상황을 반영한 관찬사서인 《삼국사기》와 단순하게 비교하는 태도

---

35) 물론 《三國遺事》에 一然이 직접 자료를 수집한 것으로 추측되는 예가 보이긴 하지만, 만년의 일연으로서 방대한 자료수집과 집필은 불가능에 가까운 일이었을 것이다. 그의 문도들과 함께 당시의 시대적 상황을 고민하면서 불교계를 통괄하던 迦智山門의 기반을 충분히 이용하였을 것으로 보는 것이 순리일 것이다.

36) 가령 慧諶이 禪의 公案을 집대성한 《禪門拈頌》의 경우도 수선사가 당시 불교계의 중심교단이었기 때문에 가능했다고 할 수 있다.

37) 신이적인 요소를 복고적인 의미를 지닌 것으로 평가한 견해(李基白, 앞의 글, 1973)와 이에 비해 불교의 영험을 강조함으로써 신앙심을 고무시키고 이를 통해 정신사적 의미를 발견하기 위한 의도라고 한 견해(金相鉉, 앞의 글, 1978)로 크게 나눌 수 있다.

는 고려해야 한다고 생각한다.

이상에서 《삼국유사》의 찬술기반을 사상적 측면과 당시 불교계에서 가지산문이 크게 부각된 측면을 중심으로 살펴보았다. 이를 종합하여 정리하면 다음과 같다.

일연의 《삼국유사》는 좁게는 한국역사학의 고전적 저술이고, 넓게는 한국학분야의 잊혀질 수 없는 불멸의 금자탑이다. 비록 《삼국유사》의 내용 중에는 현대인의 과학적 안목으로는 쉽게 이해할 수 없는, 예컨대 단군신화를 비롯하여 불교적 색채가 농후한 신이적 사실이 다수 포함되어 있어서 결함으로 오해될 수 있겠지만, 그러한 서술태도가 오히려 《삼국유사》가 갖는 가장 큰 성과의 하나라고 할 것이다. 단군신화에 나타나는 사회상이 그러하며, 불교와의 관련을 중심으로 기술된 민중의 신앙과 생활상에 관한 구체적이며 풍부한 신이적 기사 등이 또한 그러하다. 따라서 《삼국유사》는 가치가 높은 民族誌의 성격을 갖기에 충분하다고 할 수 있다.

그러나 그 의의만을 일방적으로 높이 평가하거나 혹은 그 반대의 입장에 서기보다는 무엇보다도 그 의의를 정확하게 진단할 수 있는 비판적 안목과 일연과 《삼국유사》를 둘러싼 객관적 상황에 대한 조명이 대전제로서 요구된다. 선승으로서의 길을 걸어가게 된 일연의 행적과 사상, 그리고 당시의 시대상황을 추적하게 된 이유가 여기에 있다.

민족사상의 격동기를 살아가면서 겪게 된 일연의 부침은 그가 소속된 가지산문의 향배와도 일치하며 나아가 불교계의 상황변동과도 그 맥락을 같이 한다. 일연은 고려사회가 이민족의 간섭 아래 들어가게 되는 시점에 중앙정계의 실력자의 후원에 힘입어 화려하게 각광받고 불승으로서는 최고승직자의 길을 걷게 된다. 그러나 이민족의 간섭이 가져온 민중의 고통과 참담한 사회상황은 일연으로 하여금 신앙면을 강조하는 방향으로 사상적 전환을 하지 않을 수 없게 하였고, 그 결과 그가 귀착한 세계는 현세구원적 관음신앙의 표방과 민중의 삶을 역사서의 형태로 승화시킨 《삼국유사》의 찬술로 나타난 것이다. 이것이 곧 시대상황이 빚어낸 역사가로서의 일연과 선승으로서의 일연의 합치점이었다.

〈蔡尙植〉

4) 《제왕운기》의 편찬

(1) 《제왕운기》편찬의 배경과 동기

《帝王韻紀》는 李承休가 충렬왕 13년(1287)에 제작한 역사시이다. 그 구성은 상·하 2권으로 되어 있다. 상권에는 序에 이어 盤古, 三皇五帝, 夏·殷·周 삼대와 秦·漢을 거쳐 宋·金·元의 흥기에 이르기까지의 중국역사의 요점을 7言으로 노래하고 있다. 하권은 東國君王開國年代와 本朝君王世系年代의 2부로 나누었다. 전자에서는 序에 이어 地理紀, 檀君의 前朝鮮, 箕子의 後朝鮮, 衛滿의 찬탈과 漢四郡, 그리고 삼한을 계승한 신라·고구려·백제의 삼국과 후고구려·후백제, 그리고 발해의 고려에의 통합에 이르기까지는 다시 7言古詩로 노래하였다. 후자에서는 고려의 역사로서 王建 선조의 世系說話에서부터 이승휴 당대인 충렬왕대까지 읊고 있다.

그런데 상·하권의 각각에는 시의 사이사이에 註를 첨가하여 역사의 줄거리를 이해하기 쉽도록 배려하고 있다. 뿐만 아니라 국내외의 각종 역사서들을 인용하여 그 근거를 밝혔고, '史臣曰'의 형식으로 史論까지 덧붙이고 있어[1] 단순한 문학작품으로 보다는 역사서로서의 가치가 돋보이는 작품이다. 단지 시의 형식을 빌린 것은 이 작품이 대중에게 쉽게 불려질 수 있게 하려는 의도였을 것이다.[2] 역사를 시로 읊는 서사시의 등장은 고려 후기 역사서술의 한 특징으로서, 그러한 경향은 역사서술을 제약하는 시대적 요인 즉 무신정권의 횡포와 원의 간섭을 극복하려는 의지의 소산으로 지적되고 있다.[3]

이승휴가 살았던 시기도 바로 무신집권 말기에서 몽고침입 초기인 13세기 전 시기에 해당된다. 그는 星州 加利縣 출신으로 되어 있으나 그의 행적의

---

1) 상권에는 '史臣曰'형식으로 전개되는 6개의 사론이 있고, 하권에도 史臣曰 自古聖人 不係本宗 而以德立姓者尙矣라고 한 사론이 있다.

2) 鄭求福, 〈고려시대의 역사의식〉(《傳統과 思想》 4, 韓國精神文化硏究院, 1990), 211쪽.

3) 金相鉉, 〈高麗後期의 歷史認識〉(韓國史硏究會 編, 《韓國史學史의 硏究》, 乙酉文化社, 1985), 86~89쪽.

대부분은 외가가 있던 강원도 三陟에서 발견된다. 그의 가계도 이승휴 이전에 대해서는 전혀 알 수 없고, 삼척 頭陀山 계곡의 초가집에서 몸소 경작했던 생활로 보아 한미한 가문 출신의 신진사대부였던 것으로 추정된다.[4)]

그는 사상적으로 유교 외에 불교와 도교까지도 섭렵했고 특히 만년에는 불교에 심취하여 《內典錄》이라는 불교관계의 저술을 남겼다고 한다. 그러나 이것은 현존하지 않으며 《帝王韻紀》와 《動安居士文集》에 수록된 약간의 시문이 남아 있을 뿐이다.[5)]

고종 39년(1252)에 29세의 늦은 나이에 등제하였으나 그 후에도 10여 년간이나 은둔해 있다가, 원종 5년(1264)에서야 비로소 李藏用·柳璥의 천거로 慶興府 書記로서 관직에 복귀되었고, 충렬왕대부터는 본격적인 정치활동을 하게 된다. 그 후 그는 두 차례에 걸친 元使行을 통해 중국과 고려의 문화적 차이를 체험할 수 있었다. 그리고 귀국 후에는 곧 閤門祗侯·監察御史와 右正言에 차례로 임명되었다. 그는 이 어사와 정언의 대간직을 통해 현실비판의 안목을 길러 三別抄의 亂이 일어났을 때는 軍에 물자가 공급되지 않아 백성에게서 함부로 거두는 사태가 일어나고, 빈번한 축조사업으로 백성의 생활이 더욱 어렵게 되었음을 상소했다가 파직될 뻔한 위기에 처하게 된다.

이승휴가 다시 楊廣·忠淸道按察使로 부임했을 때는 지방행정의 문란과 민폐를 직접 목격하고 부정한 관리 7인을 탄핵했다가 원한을 사서 좌천되기도 했다. 다시 殿中侍史로 등용되었으나 충렬왕 6년에 왕의 실정과 附元輩들을 비판하는 상소를 했다가 다시 파면되어 은둔하게 되었다. 그리고 7년 후 왕에게 올리기 위해 제작한 것이 《제왕운기》이다.

이처럼 그는 16년간의 짧은 정치활동 중에서도 현실에 대한 날카로운 비판력을 견지하고 惠政을 실천하려고 노력하였다. 바로 그와 같은 정치성향 때문에 충선왕이 친원세력가들의 횡포를 시정하기 위한 개혁정치를 실시하

4) 《高麗史》 권 106, 李承休傳과 《新增東國輿地勝覽》 권 28, 星州條를 보면 加利縣人 小孤力學 高宗朝登第라고 되어 있고 《典故大方》 권 1, 萬姓始祖編에는 加利李氏 始祖 李承休로 되어 있다.

5) 《動安居士集》은 雜著 一部와 行錄 四卷 등이다. 공민왕 8년(1359)에 次子 衍宗이 엮어 펴냈다는 이 至正本이 1939년 朝鮮古典刊行會에서 영인되었다.

였을 때 그 주체세력으로 발탁되게 되었던 것이다.[6] 충선왕의 개혁정치가 비록 실패했으나 기존의 권문세족 중심의 체제를 부인하고 신진사대부에 의한 정치를 지향했다는 점에서 상당한 평가를 받고 있다.[7] 그러므로 이승휴의 짧은 기간에 걸친 정치활동은 당대에는 인정받지 못했으나 장차 역성혁명의 주체가 될 신진사대부계층의 현실인식과 그 개혁의 방향을 제시했다는 이 점에서 의의를 찾을 수 있으며 그의 역사관을 검토하는 이유도 바로 이 점에 있다고 생각된다.

이처럼 이승휴의 고난스러웠던 정치활동에서 얻은 현실인식은 《제왕운기》 찬술의 직접적인 배경이 되었던 것이다. 이러한 사실은 그가 스스로 《제왕운기》를 제작하게 된 문제의식이 고려 당대의 현실에서 비롯되었고, 그것은 孔子가 《春秋》를 지은 의도와 같다고 했던 것을 통해서 잘 알 수 있다.[8]

공자가 《춘추》를 저술한 목적이 亂臣賊子를 징계하려 했던 것이었다면, 이승휴가 경계하고자 했던 상황은 어떤 것이었을까. 그것은 그가 은둔하기 직전에 올린 상소 내용을 통해 알 수 있다.[9] 즉 그가 은둔하기 직전의 현실은 원의 비호 아래 등장한 세력가들이 국정을 좌우하였으므로 왕권이 실추되고 국가재정이 궁핍해졌다.[10] 게다가 빈번한 토목공사와 기근으로 인해 민생은 더욱 곤궁해졌음에도 불구하고, 왕은 이런 현실을 외면한 채 사냥과 연

---

6) 충선왕은 1298년 詞林院을 설치하여 개혁의 중추기관으로 삼고 신진사류를 추진세력으로 삼았다. 이 때 文才와 吏用의 자질이 당대에 비할 자가 없으며 忠諫의 기질과 절개까지 겸비하였는데 불행히 때를 만나지 못해 산속에서 헛되이 지낸다고 하여 詞林侍讀左諫議大夫充史館修撰官知制誥를 제수하여 불러들였다. 그러나 이미 李承休 나이 75세였으므로 연로함을 이유로 사양하였다(《高麗史》 권 106, 列傳 19, 李承休 참조).

7) 閔賢九, 〈高麗後期 權門世族〉(《한국사》 8, 국사편찬위원회, 1974), 47쪽.

8) 李承休, 《帝王韻紀》 권 하.

9) 《高麗史》 권 106, 列傳 19, 沈諹
《高麗史節要》 권 25, 충렬왕 6년.
劉璟娥, 〈李承休의 生涯와 歷史認識〉(《高麗史의 諸問題》, 三英社, 1986), 554쪽에서 그 10가지의 상소 내용을 정치·지방행정·경제·사회면으로 분류하여 도표로 작성해 놓았다.

10) 李承休가 올린 상소 중에 尹秀에 대한 비판이 있는데 윤수는 鷹坊을 통해 출세한 부원세력가이다. 또 그의 비판대상이 된 別監·忽只·鷹坊도 모두 元의 요구에 의해 설치된 기관이었다.

회만을 일삼고 있는 상황이었다.[11] 이런 현실 속에서 《제왕운기》를 펴낸 구체적인 의도는 첫째 부원배들의 횡포에 대항하여 왕실의 권위와 정통성을 내세우려 했던 것이며,[12] 둘째는 이런 현실을 직시하고 경계할 것을 왕에게 깨우쳐[13] 궁극적으로 강력한 왕권을 중심으로 국가질서를 회복하기 위한 가치관을 제시하려 했다는 것이다.

그런데 《帝王韻紀》의 서술목적이 부원세력가들을 응징하려 했다는 점에서 그 이면에는 원에 대한 저항의식도 포함되어 있었을 것이다. 그러나 元使行을 통해 당시 세계 대제국으로 발전해 가고 있던 원의 인적·물적 자원을 목격한 그로서는 직접적인 대항을 선언할 수는 없었기 때문에 원의 정치적 간섭은 일단 수용할 수밖에 없었던 것이다.

따라서 문화와 전통만은 보존·유지하기 위한 역사서술이 필요했던 것이며, 그것이 "耳目에 환히 익혀져 風詠으로 펴지게 되어" 민족의식을 고취하는 수단이 되기를 바랐던 것이다. 그래서 《제왕운기》의 구성도 2권으로 분리하여 중국사와 대등한 우리 역사를 노래했고 강역도 중국과 구별되는 영역임을 밝히고 있다.[14] 또한 우리 민족은 중국인과 다른, 동일한 조상의 다 같은 후손이라는 동족의식을 가다듬게 되었고, 민족의 시조로서 단군을 인식하게 되었던 것이다.

(2) 《제왕운기》에 반영된 역사관

《제왕운기》의 내용을 보다 구체적으로 분석하여 상고사·삼국사·고려사, 그리고 중국사 서술에 반영된 역사관의 성격을 살펴보겠다. 우선 서에 이어 지리기를 설정한 후 단군·한사군 및 삼한에 관한 서술을 중심으로 한 삼국사 이전의 상고사를 국사체계 속에 편입시켰다. 《제왕운기》의 상고사 인식은

---

11) 충렬왕의 실정에 대한 기사는 《고려사》에 산재해 있으나 특히 동왕 世家 말미의 史臣贊에도 언급되고 있다.

12) 李承休, 《帝王韻紀》, 進呈引表.

13) 李承休, 《動安居士集》, 雜著一部, 寄晉陽牧伯李尙書諱惟書.

14) 李承休, 《帝王韻紀》, 東國君王開國年代에서는 "遼東別有一乾坤 斗興中朝區以分"이라 했고, 鄭求福, 〈高麗後期의 歷史認識과 敍述〉(《韓國史論》 6, 國史編纂委員會, 1979), 53쪽에서도 그같은 견해를 피력하고 있다.

6년전에 저술된 《三國遺事》의 그것과 비교할 때 그 특징이 더욱 뚜렷해진다. 《삼국유사》는 단군조선에 관한 사실을 불교적 입장에서 재구성해 놓은 데 반해, 《제왕운기》는 민간신앙적 입장에서 전래되어 온 단군신화를 그대로 수용하고 있고 그 개국연대도 《삼국유사》와는 달리 중국과 대등하게 인식하고 있다.

또한 한사군 및 삼한의 여러 나라에 관한 서술에서도 두 사서는 차이를 보이고 있다. 즉 《삼국유사》는 馬韓·二府·七十二國·樂浪郡·北帶方·南帶方·靺鞨·渤海·伊西國·五伽倻·北扶餘·高句麗·卞韓·百濟·辰韓에 이르는 사이에 홍망했던 나라들을 그의 변동과 역사적 관련성을 전혀 고려하지 않고 잡다하게 열거하고 있다.[15] 그러므로 단군의 후예들이 세운 소국들과 중국세력에 의해 설치된 郡國들이 명확히 구분되지 않고 있으며 삼한의 민족도 단군족으로 연결시키지 못하고 있다.[16] 그에 반해 《제왕운기》에서는 한사군을 중국인이 지배한 시기로 이해하고, 그것의 설치로 인해 단군족이 입은 해독을 강조하고 있어 민족 중심의 역사의식을 느낄 수 있다.

이와 같은 두 사서의 상고사 인식의 차이는 참고한 자료가 다르다는 점에서도 기인한다고 생각된다. 즉 《삼국유사》는 古記類도 참조하고 있으나 그와 동시에 《後漢書》·《唐書》·《魏書》와 같은 중국측의 기록을 더 많이 참조하고 있다. 그런데 《제왕운기》는 단군이나 삼한에 관한 내용은 거의 전적으로 〈檀君本紀〉·〈東明本紀〉 등의 고기류에 의존하고 있다.

단군과 기자에 관한 역사서는 고려 중기까지 전해오고 있었고 그에 관한 숭배도 민간신앙으로서 고려 후기까지 지속되고 있었다. 그런데도 《三國史記》에 단군과 기자에 관한 언급이 없는 것은 金富軾이 서경파 중심의 풍수지리를 신봉하던 세력이 일으킨 妙淸의 亂을 응징하려는 의도에서 《삼국사기》를 저술하였기 때문일 것이다.[17] 즉 당시까지 전해오던 단군이나 기자에 관한 기록도 서경 및 고구려 그리고 민간신앙적 입장이라고 해석하여 취사선택

15) 河炫綱, 〈高麗時代의 歷史繼承意識〉(《韓國의 歷史認識》 상, 創作과 批評社, 1976), 208쪽.

16) 韓永愚, 《朝鮮前期史學史硏究》(서울大 出版部, 1981), 27쪽.

17) 金哲埈, 〈高麗中期의 文化意識과 史學의 性格〉(《韓國의 歷史認識》 상, 創作과 批評社, 1976), 107쪽.

과정에서 빠뜨린 것이라고 볼 수 있겠다.[18)]

《제왕운기》의 삼국사에 관한 주된 내용은 삼국 각국의 창업시조의 신이한 탄생설화와 멸망의 원인에 대한 것들이다. 그 비중은 고구려에 관한 내용이 가장 자세하다. 《삼국사기》의 내용과 비교한 결과 몇 가지 특징이 엿보인다. 첫째, 《삼국사기》에서는 삼국의 시조를 중국계와 연결시키고 있는데[19)] 대하여, 《제왕운기》에서는 天孫으로 이해하였고 삼국은 단군족으로 구성된 삼한을 계승한 것으로 보고 있어 삼국의 시조도 결국 단군족의 후손임을 암시하고 있다.[20)]

둘째, 삼국 각국의 멸망 원인에 대해 《삼국사기》에서는 중국에 대한 사대외교를 수행하지 않았다던가, 혹은 중국의 예법을 준수하지 않았던 점을 들고 있다.[21)] 그러나 《제왕운기》에서는 오히려 외세의 간섭을 국가멸망의 원인으로 보고 있다. 특히 주목할 만한 것은 《삼국사기》에서는 다루지 않은 발해를 고구려의 계승자로 인정하고 그 후손이 고려에 귀순한 사실을 밝히고 있는 점이다.

고려시대에 관한 서술은 고려왕실의 세계설화에서부터 시작된다. 그 내용은 金寬毅의 《編年通錄》이나 洪灌의 《世紀》와 《本紀》와 같은 비유교적인 사서들을 주로 참조하여 작성하였다.[22)] 그런데 후에 李齊賢은 김관의의 《편년통록》의 내용 중 國姓도 道詵의 말을 듣고 王氏로 고쳤다는 점과, 懿祖의 妃가 龍女라는 설 등에 대해 비판하고 있다.[23)] 이러한 이제현의 비판은 유교적 윤리관이나 도덕적 지식에 의해 설화나 전설적인 것을 배격하고 합리적 해석

18) 朴光用, 〈箕子朝鮮에 대한 認識의 변천〉(《韓國史論》 6, 서울大 國史學科, 1980), 254쪽.
한편 金哲埈, 〈蒙古壓制下의 高麗史學의 動向〉(《考古美術》 129·130, 1976), 8~12쪽에서는 《帝王韻紀》도 '去浮辭 取正理' 한다는 원칙하에 생명력있는 전통문화를 외면한 사대적인 사서로 보고 있는데, 이 견해는 《帝王韻紀》의 내용을 면밀히 검토하지 않은 피상적인 비판이라고 생각된다.

19) 《三國史記》 권 28, 百濟本紀 6, 의자왕 말미.

20) 李承休의 《帝王韻紀》 권 하에서, 신라는 辰韓을, 고구려는 馬韓을, 백제는 弁韓을 계승하였다고 보았다.

21) 《三國史記》에서는 고구려멸망의 원인으로 내부의 학정, 지세의 불리, 隋와 唐에 대한 불손한 태도를 들고 있다. 백제멸망의 원인에 대해서도 의자왕의 학정 이외에 蘇定方軍의 협공을 들고 있다.

22) 金寬毅와 洪灌이 지은 사서의 성격에 대해서는 劉璟娥, 앞의 글, 564쪽 참조.

23) 李齊賢, 《櫟翁稗說》 전집.

을 내리려고 했던 의식의 소산으로 보인다.[24] 그와는 달리 이승휴는 민간에 전래되어 온 신화나 고려왕실의 세계설화를 그대로 채용하였다고 생각된다.

다음에는 태조에서 충렬왕대까지의 守成君의 계보를 밝히고 각 왕대마다의 배향공신을 들어 노래하고 있다. 반면에 金致陽·康兆·李資謙·鄭仲夫·李義旼·崔忠獻 그리고 林衍 등에 대해서는 폄론하고 있다. 이들은 모두 왕을 위협하여 자의로 폐위시킨 자들이며, 정중부·이의민·최충헌·임연 등의 비판을 통해 특히 무신정권에 대한 부정적 태도를 엿볼 수 있다.

지금까지 살펴본《제왕운기》의 한국사 인식의 사학사적 의의는, 첫째 한국사의 출발점을 단군으로부터 잡고 삼국의 시조까지도 단군족으로 이해하였다는 점이다. 그리하여 신라의 경순왕이 태조에 귀순한 연대를 新羅紀 말미에 '檀君으로부터 지금까지 3218년'이라고 하여 단군조선에서 고려시대에 이르는 역사를 단군기원이라는 기준에 서서 계통적으로 인식하였던 것이다. 이러한 의식은 역사의 시작을 삼국 이전까지도 거슬러 올라가지 못하고 삼국의 시조를 중국계와 연결시킨《삼국사기》에 비해 한국사 인식의 시야가 확대된 것이며, 자주적 역사의식이 강조된 것이다.

고려 후기 사학사상에 나타난 민족사에 대한 자긍의식과 독자성에 대한 인식은 李奎報가 동명왕설화를 시로 지어 고구려 시조 1인을 하늘에 연결시킨 〈東明王篇〉에서 비롯되었다.[25] 그 후 一然은《삼국유사》에서 삼국 시조 전체의 신이한 탄생설화까지도 긍정적으로 수용하여 더욱 확대하였다.[26] 그리고 이승휴는 고려의 창업까지도 천명에 의해 이루어졌음을 강조하고 단군에서 충렬왕대에 이르는 대민족서사시를 제작하여 한층 심화시켰던 것이다.

둘째《삼국사기》에는 제외되어 있고《삼국유사》에서는 말갈족의 국가로 이해하고 있는 발해를 고구려의 계승자로 보고 그 후손들이 고려에 흡수·통합되었음을 서술한 것은 고구려의 활동무대였고 발해의 옛 영토였던 만주 일대가 우리의 영역이었다는 관점을 나타낸 것이라 할 수 있다. 그와 관련하

24) 鄭求福, 〈李齊賢의 歷史意識〉(《震檀學報》 51, 1981), 248쪽.

25) 卓奉心, 〈東明王篇에 나타난 李奎報의 歷史意識〉(《韓國史硏究》 44, 1984), 91~92쪽.

26)《三國遺事》권 1, 紀異 2, 叙.

여 동명왕의 개국지를 西京으로 고증하고 있는 점,[27] 자신이 비록 문신이었으나 묘청의 난을 평하하는 기사가 보이지 않는 점 등은 개국 초 이래 서경을 중시하는 북진주의 정신을 계승한 것이다.

다음에는《제왕운기》상권의 중국사 내용을 분석하면 이승휴의 중국문화에 대한 인식과 대외관을 살펴볼 수 있다. 그는 먼저 정통론을 중국사에 직접 적용하고 음양오행설에 입각하여 왕조변천의 원리를 해석하였다. 그것은 一亂의 시대가 지나고 一治의 시대가 반드시 오리라는 현실극복의 의지를 유교사관이 아니라 민중의 의식을 대변하는 오행적 역사관에서 찾고자 한 데서 나온 것이다.[28] 그는 또《춘추》를 역사서술의 모범으로 삼았으므로 중국사 서술에 있어서는 칭원법도《춘추》의 예에 따라 踰年稱元法을 사용하였다. 그러나 한국사 서술에 있어서는 即位年稱元法을 그대로 사용하였다. 그러한 점은 중국의 전통사학을 존중하면서도 무조건 수용하지 않고 우리의 역사사실을 그대로 직서한 것으로,《삼국사기》의 서술방식을 계승하여 한국 전통사학의 방법론을 정착시키는데 기여하였다고 생각된다.[29]

그가 중국사에 첨가한 사론들을 보면 우선 선조의 聖·賢·享·忠·義·積善·四知清德·儉德에 의해 건국되고 그 후손이 번성하게 되었다고 한 것이다. 이는 충렬왕의 실정과 권세가들의 횡포를 목격하고 군신이 아울러 갖추어야 할 덕목을 제시한 것으로 보인다. 이처럼 유교적 정치이념을 채용하는데 있어서도 고려 당시의 정치사회상황에 비추어 사회질서와 윤리의 확립에 적합한 것을 선택적으로 강조하고 있다.

한편 그의 대외관을 살펴보면 원나라 이전에는 송나라만을 중화의 문화국으로 인식하고 있을 뿐 거란에 대해서는 북진책을 지지하는 입장이었다. 또한

---

27) 李承休,《帝王韻紀》권 상, '開國馬韓王儉城(今西京也)'라고 하였는데 물론 그것은 역사적 사실로는 잘못된 고증이다.

28) 음양오행설은 풍수지리도참사상과 함께 고려 일대를 통해 지방사회의 전통적 생리를 갖고 일반민중의 의식을 대변하는 사유형태로서 보수적 유교정치이념에 반발하고 있었다고 한다(崔柄憲, 〈高麗時代의 五行的 歷史觀〉,《韓國學報》13, 1978, 一志社, 23~23쪽).

29) 金富軾의 그러한 편사의식은 당시 사대환경이나 유교적 가치관의 획일적 의식 속에서도 자아발견을 위한 노력으로 지적된 바 있다(申瀅植,《三國史記研究》, 一潮閣, 1981, 375쪽).

금나라의 여진족에 대해서도 마찬가지로 문화의식의 토대 위에 일시적으로 굴복하는 현실적인 태도를 취한 고려 전기 문신들의 입장을[30] 계승하고 있다.

그런데 원에 대해서만은 '개벽 이래 비유할 바 없는 나라'로 칭송하는가 하면, 원 간섭하의 충렬왕대를 '百代에 듣기 어렵고 萬代에 보지 못함이 일시에 뭉쳐 있다'고 하면서 밝은 시절 만나 스스로 기쁘다고 미화하고 있다.[31] 바로 이와 같은 對元觀이 그의 역사관 전체에 대해 부정적인 평가를 내리게 하는 근거가 되고 있다. 즉 사대적인 태도라고 보거나 현실타협적인 역사관이라는 견해가[32] 바로 그것이다.

그러나 元使行을 통해 양국의 세력관계를 객관적으로 평가할 수 있었던 그로서는 고려국의 존속 근거를 원만한 대원관계를 유지하는 데서 찾을 수 밖에 없었을 것이다. 그로 인해 고려와 원의 정치적 관계만을 능동적으로 강조하게 된 것이다. 원이 무신 임연에 의해 폐위되었던 원종의 왕위를 복위시켜 준 사실과 고려가 원의 부마국이 됨으로써 양국관계가 긴밀해진 사실들에 대해 언급하고 있다.[33] 그러나 我君同德이라 하여[34] 고려와 원을 문화적인 면에 있어서는 동등하게 인식하고 있고, 특히 삼국멸망의 원인에 대해 외세의 간섭을 들고 있는 것은 당시의 상황과 관련해 볼 때 원에 대한 경계의 의미가 포함된 것이라고 생각된다.

더구나 경순왕이 귀순하여 두 왕을 섬기게 되었다고 비난한 것은 고려국의 입장에서 끝까지 몽고에 저항할 것을 암시한 것으로 볼 수 있다. 한편《삼국사기》가 고구려·백제의 멸망 원인을 드는데 중국측의 입장에 서 있는 것과 비교해 볼 때, 이승휴의 역사관을 사대적이라고 단정짓기는 어렵다. 오히려 당시 정세로 보아 元帝國에 대한 불가능한 비판을 역사 속에서 비유적으로

---

30) 이와 같은 고려 전기 문신들의 입장에 대해서는 金哲埈, 〈益齋 李齊賢의 史學〉(《韓國古代社會硏究》, 知識産業社, 1975), 435쪽 참조.

31) 李承休, 《帝王韻紀》, 進呈引表.

32) 李佑成, 〈高麗中期의 民族敍事詩〉(《韓國의 歷史認識》 상, 創作과 批評社, 1976), 187쪽.
邊東明, 〈李承休의 《帝王韻紀》 撰述과 그 史書로서의 性格〉(《震檀學報》 70, 1990).

33) 李承休, 《帝王韻紀》 권 하, 本朝君王世系年代.

34) 李承休, 《帝王韻紀》 권 상, 幷序.

드러냄으로써 경계를 삼으려는 의도가 엿보인다.

그리고 다른 한편으로 중국문화에 대한 자국문화의 독자성과 그 계승을 강하게 주장하였다. 이것은 대원관계에 있어서의 정치·군사적 열세를 중국과 구별하는 독자적 역사전통을 가진 민족임을 강조하는 문화의식으로 만회하려는 의도에서 나왔을 것이다. 그러나 충렬왕 중엽 이후부터는 附元勢力이 원의 침략정책에 편승하여 사회와 민중을 유린하기에 광분하였고 이해관계에 따라 파벌을 지어 국왕을 폐위하려는 암투마저 벌이고 있었다. 또한 원은 고려를 그들의 한 직할성으로 편입시키려고 하므로 고려국의 존속자체가 위태로운 형편이었다. 이러한 시대상황은 원 간섭 초기에 이승휴가 제시한 문화적 저항의식만으로 몽고의 간섭을 배제하고 국내의 모순을 개혁하는 데는 한계가 있었다. 여기서 신진사대부들은 성리학을 현실인식과 새로운 지배질서 모색의 사상적 기반으로 삼게 되었다. 그리고 이들이 내세운 개혁론은 더욱 왕권중심, 국가위주의 방향을 취했던 것이다.[35] 바로 그 점은 이승휴가 성리학의 영향을 받지는 않았으나 강력한 왕권을 중심으로 국가질서를 회복코자 했던 의지와도 통하는 것이다.

또한 민족의 역사전통에 대한 심화된 인식도 성리학적 소양을 가진 이들 사대부층에 전승되어 단군기원의 역사의식으로 발전되었으며[36] 공민왕대 요동수복의 역사적 당위성도 그 곳이 단군 이래 우리의 강토였다는 사실에 근거하고 있었다.[37] 그 후 조선왕조가 들어서자 곧 이 국조숭상에 대한 여론이 일어났으며 세종대에는 단군을 국조로서 제사하게 되었고[38] 이른바 정사에도 國祖로 기록하기에 이르렀다.[39] 그리고 이후 오늘에 이르기까지 한국사의 시작을 단군조선으로 잡게 되었고 5천년 민족의 유구한 역사전통에 대한 긍지를 지니게 되었다.

---

35) 金泰永, 〈高麗後期 士類層의 現實認識〉(《創作과 批評》 12-2, 1977), 347쪽.

36) 李 穡, 《牧隱詩藁》 권 17, 君子라는 시에서, "戊辰年에 단군이 統緖를 드리운 지가 오래되었다"고 하였고, 또 《高麗史》 권 112, 白文寶傳에도 "…단군에서 지금까지 3600년이 되었다"라고 하였다.

37) 《高麗史》 권 114, 列傳 27, 池龍壽.

38) 金泰永, 〈朝鮮初期 祀典의 成立에 對하여〉(《歷史學報》 58, 1973), 105~134쪽.

39) 《世宗實錄地理志》, 平安道 平壤府(《世宗實錄》 권 154).
徐居正, 《東國通鑑》, 外紀.

이승휴의 역사관은 궁극적으로 사대적인 것 혹은 자주적인 것으로 양분하여 평가될 수 없다. 즉 《제왕운기》의 서술목적이 대내적으로 왕권강화를 통해 국가질서를 회복하려는 데 있었으므로 실정한 군주, 왕권에 도전한 신하, 그리고 외세의 간섭을 국가멸망의 징후로 강조하여 역사의 교훈성을 나타내고 있으며 군·신이 갖추어야 할 유교적 정치이념도 제시하고 있다. 이러한 특징들은 《삼국사기》에 나타난 유교적 가치관에 의한 포폄 위주의 역사관을 계승한 것으로 유교사관적 성격을 나타내 주는 것이라고 볼 수 있다.

그러나 거란이나 여진보다 더욱 강포한 원의 정치적 간섭을 받게 되면서, 《삼국사기》에 반영된 지배층 중심의 유교사관에 입각한 역사서술로는 현실극복을 위한 범국민적인 정신적 기준을 제시할 수 없었다. 따라서 《삼국유사》에 반영된 전통적 역사관을 계승하여, 민간신앙이나 고기류를 통해 전승되어 온 단군신화와 삼국시조의 신이한 탄생설화를 역사적 사실로 재인식한 새로운 방향의 국사를 서술하게 된 것이다. 이처럼 민족과 국가의 입장에서 조화를 이룬 유교사관과 전통적 역사관은 조선시대에 민족문화를 체계적으로 정리하는 바탕이 되었다.

〈劉璟娥〉

5) 민지의 《본조편년강목》

(1) 《본조편년강목》의 편찬과 그 성격

《本朝編年綱目》은 충숙왕 4년(1317) 원로대신 閔漬에 의해 찬진된 사서로, 국조 元德大王(文德大王, 이름은 損乎述 또는 寶育)으로부터 고종 때까지의 사실이 42권에 나뉘어 편찬되었다. 원래 이 책의 편찬은 충숙왕 원년 “태조 이래의 실록을 약찬하라”는 상왕인 충선왕의 뜻에 따라 민지와 權溥 두 사람이 맡게 된 것이었지만, 그 후 사정상 민지 혼자서 이 일을 맡아 3년 후인 충선왕 4년 《본조편년강목》이라는 이름으로 내놓게 되었다.[1]

《본조편년강목》은 우리 나라 최초의 綱目體 사서로서 주목되어 고려 후기

---

1) 《高麗史》 권 107, 列傳 20, 閔漬.

를 통하여 중시되었으며, 조선 초에 《高麗史》를 편찬하는데 크게 쓰였다. 이 책은 이미 편찬되어 있던 역대실록이 기본자료로 되었지만 그 밖에 金寬毅의 《編年通錄》과 《碧巖錄》 등의 稗書를 인용했고, 여러 가지 所傳도 인용하였다고 한다.[2] 그 성격은 이보다 앞서 민지 등에 의해 편찬된 《世代編年節要》가 聖骨將軍 虎景大王으로부터 원종 때까지를 다룬 것에 비하여, 보다 사실에 가까운 국조 원덕대왕을 그 서술의 상한으로 잡고 또 원종대보다 객관적 서술이 가능한 고종대를 하한으로 하였다는 점에서 그 객관성에 있어 진일보한 사서라 하겠다. 물론 이 책이 전해지고 있지 않아 완전한 것을 알 수는 없지만 고려왕실의 선대세계를 기록한 《고려사》 권 1의 高麗世系에 인용되어 있는 내용을 통해 알 수 있듯이 설화적 성격이 강했던 것으로 보인다.

이미 지적하였듯이 민지는 《본조편년강목》의 편찬에 앞서 《세대편년절요》를 편찬한 바 있다. 민지는 충렬왕 25년(1299) 9월에 同修國史에 임명되었다. 이때 監修國史에는 宋玢이, 修國史에는 安珦이 함께 임명되었는데 민지가 鄭可臣의 《千秋金鏡錄》을 증수하라는 왕명을 이 무렵에 받았을 것으로 추측된다. 왕명을 받고도 사서편찬의 여가를 얻지 못하던 민지는 훗날 권부와 더불어 교열하고 편찬해서 《세대편년절요》라고 이름했다.[3] 아마도 충선왕 즉위년(1308)쯤에 이 사서의 편찬이 완료되었을 것이다. 이 해 12월에는 賀正使 趙璉으로 하여금 《세대편년절요》와 《천추금경록》을 원에 가져가게 했다는 사실에서[4] 확인할 수 있다.

민지는 7권의 《세대편년절요》와 함께 世系圖를 그려 아울러 바쳤다. 민지의 묘지명에 의하면 그는 역대의 치란을 도표로 나타냈다고 한다. 즉 충선왕이 세자로 있을 때 민지는 왕으로 하여금 앞서간 시대의 사실을 간명히 이해하도록 왕조의 변천, 立都立號의 내용, 그 치란의 상태 등을 하나의 도표에 여러 가지 색을 사용하여 편람하기 쉽게 제작하니 충선왕이 이를 매우 귀중하게 여겼다고 한 것이 그것이다. 그런데 민지의 이 세계도에 대해서는

2) 閔賢九, 〈閔漬와 李齊賢〉(《斗溪李丙燾博士九旬紀念韓國史學論叢》, 知識産業社, 1987), 349쪽.
3) 《高麗史》 권 107, 列傳 20, 閔漬.
4) 《高麗史》 권 33, 世家 33, 충선왕 후원년 12월 무오.

하나의 독립된 저작인 歷代圖로 이해하는 경우와[5] 《세대편년절요》에 부록되어 있던 세계도였을 것으로 파악하는 견해로 나뉘어 있다.[6]

한편 충숙왕 원년(1314) 정월에 민지와 권부에게 태조 이래 실록의 略撰을 명한 바 있다.[7] 이 때의 약찬실록을 《세대편년절요》와 같은 내용으로 추측하는 견해가 있는데, 편찬자가 같고 편년체로 절요하면 약찬실록이 되기에 같은 내용일 수 있다는 것이다.[8] 그러나 《세대편년절요》는 이미 충렬왕 34년(1308) 12월 이전에 완성되어 있었으므로 충숙왕 원년에 쓰여진 약찬실록과 《세대편년절요》는 별개의 사서로 보는 것이 타당할 것 같다.

충숙왕 4년에 찬진된 《본조편년강목》이 42권에 이르는 방대한 사서였으나 이 책 역시 빠진 부분이 많아 충목왕 2년(1346) 왕명에 따라 李齊賢·安軸·李穀·安震·李仁復 등에 의해 증수되었다. 하지만 이 또한 전해지지 않고 있어 그 보완과 수정의 정도는 알 수 없다.

《본조편년강목》은 그 서명을 통해 편년체와 강목체를 합친 형태였을 것으로 짐작된다. 아마도 역사적인 여러 사실을 연대순으로 서술하되, 그 중에서도 더욱 중요한 것과 정통에 합당하는 것을 綱으로 설정하고 그에 따른 내용이나 구체적인 사실 등을 目으로 설정하여 기술했다고 생각된다. 李穡이 "국사를 윤색하여 강령과 조목을 나눈 일은 실로 일세에 독보였다"[9]고 평했던 것도 이 때문이었을 것이다. 강목체는 찬자의 주관이 강하게 반영되고 정통론이 강조되는 서술체제이다. 이렇게 민지가 正名論·正統論이 강한 강목체로 역사를 서술한 것에는 당시 瀋王黨의 책동을 견제하면서 고려의 정통성을 강조하려 했던[10] 그가 살다 간 시대적 상황과 무관하지 않을 듯하다.

(2) 민지의 생애와 기타 저술

《세대편년절요》와 《본조편년강목》을 편찬한 민지는 문인학자로서 뿐 아니

5) 閔賢九, 앞의 글, 344쪽.
6) 許興植, 〈閔漬의 詩文과 史學〉(《敎育硏究誌》 30, 慶北大, 1988), 65쪽.
7) 《高麗史》 권 34, 世家 34, 충숙왕 원년 정월 을사.
8) 許興植, 앞의 글, 65쪽.
9) 李 穡, 《牧隱文藁》 권 8, 默軒先生文集序.
10) 許興植, 앞의 글, 66쪽.

라 관료로서도 활발한 활동을 하였다. 따라서 그의 생애는 정치외교가로서의 활동과 문인학자로서의 역할로 나누어 살펴볼 수 있다.[11)]

무신집권기에 가문을 일으킨 驪興閔氏 閔令謨의 5대손인 민지는 18세인 원종 7년(1266) 과거급제 후 중견관료로서의 여러 관직을 두루 거치고 충렬왕 말기에는 재상의 반열에까지 올라 충선왕 즉위년 僉議政丞으로 치사하였으며 이 때 《본조편년강목》을 편찬하였다. 민지는 충렬왕 때 대표적 외교문서는 그에 의해 작성되었다고 할 정도로 문한관으로서 외교문서의 작성과 사서편찬 등의 일을 도맡았다. 더구나 원에 상주하기 곤란한 일에도 적극적으로 나서 표문을 지어 고려 관민의 뜻을 간절히 전하기도 하였다.[12)] 예를 들면 충숙왕 10년 吐蕃으로 유배된 충선왕의 귀환을 위해 쓴 〈請還太尉王表〉와 〈獻都堂書〉가 바로 그것이다.

민지의 활동은 충렬왕대에 두드러지며, 충선왕과의 관계는 왕이 세자였을 때 그가 사부였음에도 불구하고 대립했던 것 같다. 그는 충선왕이 세자일 때인 충렬왕 16년(1290)에 鄭可臣과 함께 세자를 수행하여 원에 가 있을 때, 마침 원 조정에서 交趾에 대한 용병을 논의하는데 참여하여 정책결정에 영향을 미쳤다. 즉 군사를 동원하여 정벌하기보다는 사신을 보내 항복하도록 하는 것이 옳다고 하여 세조의 공감을 얻고 翰林直學士의 직을 받았으며, 원이 두 번이나 실패한 일본정벌을 결행하려 하자 충렬왕 9년 왕을 수행하여 원에 가서 일본원정의 불필요함을 역설하여 전함 건조를 중지토록 하기도 했다. 이처럼 민지는 외교적으로도 원의 交趾 및 일본에 대한 정벌계획을 중지시키는 데 일정한 역할을 하였으며, 또 앞서 밝혔듯이 만년에는 토번으로 귀양가 있던 충선왕을 방환시키기 위하여 노력하기도 했다.

증손 子復에 의해 그의 시문을 모은 《默軒先生文集》이 간행되기는 하였으나 현재는 이색이 지은 그 서문만 전해지고 있다. 이색은 묵헌의 문장을 평해 "마치 물이 쏟아져 내리듯 거침이 없어 배우는 이가 지금까지도 으뜸으

11) 閔漬의 생애와 관력에 대한 자세한 기록은 《高麗史》 권 107, 列傳 20, 閔漬傳과 李齊賢이 쓴 〈有元高麗國推誠守定保理功臣三重大匡判僉議府事右文館大提學監春秋館事上護軍驪興府院君贈謚文仁閔公墓誌銘幷序〉 참조.

12) 閔賢九, 앞의 글, 342쪽.

로 삼는다"고 했다.[13]

민지는 《세대편년절요》나 《본조편년강목》과 같은 사서 이외에도 불교와 관련된 비문을 비롯하여 사적기·영험기·서문 등 불교에 관한 여러 기록을 남겼다. 충렬왕 21년에는 왕명을 받아 普覺國師 一然의 비문을 지었다. 비록 왕명에 의해 비문을 지었지만, 《三國遺事》의 저자 일연의 역사의식과 민지의 역사의식에는 공통점이 있다고 보는 것이 일반적인 견해이다. 또 충렬왕 32년에는 〈大藏經移安記〉를 썼다. 이는 2년 전 고려에 왔던 남송의 鐵山 紹瓊이 강화 普門社에 봉안되어 있던 대장경 3본 중 許評 부부에 의해 인출된 1본을 얻어서 江西의 仰山으로 옮긴다는 내용이다. 이 기록으로 민지는 임제종 楊岐派의 고승 철산과도 교유했음을 알 수 있다.[14]

그가 쓴 사적기로는 충렬왕 23년에 쓴 〈金剛山楡岾寺事蹟記〉가 전해지고 있다. 유점사의 승려가 유문과 구전 등을 모은 뒤 민지에게 청하여 사적기를 썼다고 한다. 이 밖에 충렬왕 31년에는 〈楓岳山長安寺事蹟記跋〉을 썼고, 2년 뒤에는 〈寶盖山石臺記〉를 썼다. 그는 또 금강산과 보덕굴을 시로 읊기도 했는데, 보덕굴시는 칠언절구이고, 금강산시는 7언 250구 1,750자나 되는 장편이다.[15] 그리고 충렬왕 33년에 〈五臺山月精寺事蹟〉을 썼다. 원래 신라방언으로 전해오던 기록을 이 절의 청에 의해 한문으로 고쳐 쓴 것이었다. 충숙왕 2년(1315)에는 〈國淸寺金堂主佛釋迦如來舍利靈異記〉를 썼고, 동왕 13년에는 指空의 《禪要錄》에 서문을 썼다. 지공은 이 해 봄 고려에 와서 3년간 체류하다가 원으로 간 인도출신의 고승이었다. 당시 79세의 노학자 민지는 "자신이 늙고 병들었으나 門弟로 참여했으므로 굳이 사양할 수 없어서 지공의 행적을 간단히 기록한다"고 했다.

(3) 민지의 사학사적 위치

비록 현전하지는 않지만 《본조편년강목》은 《고려사》의 고려세계에 세 차례 인용되어 있는 내용이 모두 설화적인 내용을 담고 있어 설화적 성격이 짙었

13) 李 穡, 《牧隱文藁》 권 8, 默軒先生文集序.
14) 許興植, 《高麗佛敎史硏究》(一潮閣, 1986), 706~717쪽 참조.
15) 이들 여러 기록은 《楡岾寺本末寺志》에 수록되어 전한다.

던 사서로 보인다. 뿐만 아니라 태조가 道詵으로부터 배웠다는 다음의 내용 역시 설화적이다.

> 민지의 편년에 이르기를, '태조의 나이 17세에 도선이 다시 와서 뵙기를 청하고 말하기를, '족하가 百六의 운수에 응하여 天府名墟에 태어났으니 三季의 창생이 그대의 넓은 구제를 기다린다"고 하면서 出師·置陣·地理·天時의 법과 산천에 제사 드려 感通保佑하는 이치를 가르쳐 주었다'고 하였다(《新增東國輿地勝覽》 권 4, 開城府 상, 形勝).

따라서 민지는 이제현에 의해 많은 비판을 받았는데 이는 그의 사학의 설화성 때문이었을 것이라는 견해가 있다.[16] 이외에도 민지에 의해 쓰여진 불교관계 기록에는 많은 불교설화나 신앙영험이 수록되어 있다.

국청사는 천태종의 중심 사원으로 충숙왕 즉위년으로부터 2년에 걸쳐 중창하고 금당에 석가여래상을 봉안한 바 있다. 이 때 관음상 앞에서 기도하여 사리를 얻었던 일이며, 點眼할 때 날씨와 관련된 神異, 나성범회 때의 우물이 맑아진 기이한 일 등에 관하여 자세히 기록한 것이 〈國淸寺金堂主佛釋迦如來舍利靈異記〉의 내용이다.[17] 〈유점사사적기〉에서는 서역으로부터 배에 실려서 우리나라로 왔다는 53佛설화를 자세히 소개했고, 〈보개산석대기〉에서는 옛 기록과 구전을 인용해서 창건연기설화를 기록했다. 이처럼 민지는 신앙영험이나 기이한 설화를 아무 거리낌없이 기록했는데, 崔瀣가 53불설화를 황당한 이야기라고 하면서 웃음거리로 취급했던 경우와는 판이한 것이었다.

민지는 성리학 수용 초기에 살았지만, 성리학에 완전히 젖어들지 않고 전통을 계승한 사학자였기 때문에 비판을 받기도 했다.

> 민지는 시문에 대한 재주가 약간 있었지만, 속습이 많고 심술이 바르지 않아 內人을 아첨하여 섬기고, 또한 성리학을 알지 못하여 그 논함에 성인에 위배됨이 있었으며, 심지어 朱子의 昭穆論을 잘못이라고 하였으니, 소견이 이와 같이 편벽되었다(《高麗史》 권 107, 列傳 20, 閔漬).

---

16) 閔賢九, 앞의 글, 349~350쪽.

17) 《東文選》 권 68, 記 國淸寺金堂主佛釋迦如來舍利靈異記.

일찍이 이제현도 昭穆에 관한 민지의 서술을 비판한 바 있다. 소목이란 종묘의 神位次序를 말하는 것으로, 주자는 소목의 위치를 변경할 수 없다는 不遷論을 주장했는데, 민지는 주자의 이 견해에 찬성하지 않았던 것이다. 고려에서는 太廟에 대한 편이성을 생각하여 소목에서도 형제가 각각 소목으로 갈리는 예가 있었고, 같은 왕의 위패가 소에서 목으로 바뀌기도 하였다. 따라서 민지의 소목론은 고려에서 전통적으로 계승되어 온 특수한 현실성을 그의 역사서술에 반영한 것으로 보아야 할 것이다.[18)]

이처럼 민지가 주자학에 완전히 젖어들지 않았던 데에는 그의 활동시기가 주자학 수용 초기에 해당했던 이유도 있었겠지만, 그의 불교신앙과도 관계가 있을 것이다. 그는 法喜居士라고 자처하고, 79세 만년에는 "자신이 늙고 병들었으나 指空의 문도에 참여했다"고 할 정도로 불교를 믿었다. 그가 불교에 관한 여러 기록을 남기고, 《본조편년강목》에 《벽암록》 등의 禪書를 인용했던 것은 우연이 아닐 것이다. 아무튼 민지가 성리학자들의 강목체를 수용하면서도 성리학에 깊이 물들지 않고, 고려의 전통을 계승했던 인물이라는 평가는[19)] 그의 사학사적 위치와 관련하여 시사해 주는 바 크다고 하겠다.

〈金相鉉〉

6) 이제현의 《국사》

(1) 《국사》의 편찬과 그 성격

《國史》는 공민왕 6년(1357) 李齊賢이 白文寶·李達衷 등의 사관과 함께 집필을 분담하여 편찬하기로 한 紀傳體의 고려시대사이나 완성되지 못하였다. 게다가 집필된 원고마저도 홍건적의 침입으로 대부분 분실되고 이제현이 집필한 부분만이 남아 《高麗史》 편찬에 이용되었다. 그러나 오늘날에는 《국사》를 편찬할 때 쓴 史贊과 宗室傳序 및 諸妃傳序가 전해지고 있을 뿐 역사서술 부분은 남아 있지 않다.

---

18) 許興植, 앞의 글, 67쪽.
19) 許興植, 위의 글, 68쪽.

《국사》 편찬에 앞서 이제현은 충목왕 2년(1346)에 왕명에 따라 安軸·李穀·安震·李仁復 등과 함께 閔漬의 《本朝編年綱目》을 증수했고, 충렬·충선·충숙왕의 三朝實錄 편찬에 참여하기도 하였다. 뿐만 아니라 충혜왕 3년(1342)에는 趙頔 잔당의 횡포를 꺼려 정치일선에서 물러나 있으면서 《櫟翁稗說》을 편찬한 바 있기도 하다. 하지만 그는 완전한 당대사가 없음을 늘 유감으로 여겨왔던 것 같다.

> 이제현은 일찍부터 國史가 갖추어지지 않았다는 것을 유감으로 여겨왔다. 그리하여 白文寶·李達衷과 함께 紀年傳志를 만들기로 하였다. 이리하여 이제현은 태조로부터 숙종에 이르기까지, 백문보와 이달충은 예종 이하를 편찬하기로 하였는데, 백문보는 겨우 예종·인종의 두 왕조에 대한 원고를 필하고 이달충은 원고를 착수하지도 못하였다. 그러나 왕이 남방으로 피난할 때에 모두 흩어져 없어지고 오직 이제현이 편찬한 太祖紀年만이 현존한다(《高麗史》 권 110, 列傳 23, 李齊賢).

이와 같이 관직에서 물러나 있던 공민왕 6년 71세의 이제현은 紀年傳志, 즉 기전체의 당대사인 고려국사를 계획하고 그 스스로는 태조로부터 숙종 때까지를, 백문보와 이달충은 예종 이하를 분담하였다. 비록 관직에서 물러나 있던 그였지만 공민왕 6년이란 공민왕의 반원정책을 추진한 이듬해였다는 사실에서 원의 간섭 이전 고려시대사를 정리하여 고려왕조의 재건을 희망한 것은 아닌가도 싶다.[1] 하지만 이 국사 편찬계획은 이제현 외에는 책임을 완수하지 못하였다. 백문보는 겨우 예종·인종의 두 왕대를 초했고, 이달충은 역사서술을 시작도 하지 못한 상태였는데 그마저 홍건적의 침입으로 집필된 대부분의 원고는 흩어지고 다행히 이제현의 원고가 남아서 《고려사》 편찬에 자료가 되기도 했다. 따라서 이제현의 또 하나의 저서처럼 보이는 《史略》은 《국사》의 편찬을 위해 그가 분담해서 집필했던, 태조로부터 숙종 때까지의 草稿에

---

1) 卓奉心, 〈李齊賢의 歷史觀－그의 史贊을 중심으로－〉(《梨花史學硏究》 17·18, 1988), 332쪽.
한편 왕조가 아직 멸망하지 않았는데도 왕조사의 정리를 서두른 것은 아마도 당시의 사회가 불안하였으므로 實錄의 유실을 염려한 데서 나온 것으로 보기도 하였다(鄭求福, 〈李齊賢의 歷史意識〉, 《震檀學報》 51, 1981; 《高麗時代 史學史 硏究》, 西江大 博士學位論文, 1985).

붙였던 이름인 것으로 생각된다. 물론 《국사》와 《사략》의 관계가 명확한 것은 아니다.[2] 그러나 "이제현이 《국사》를 편찬하여 《사략》이라 이름 붙여 흥망성쇠의 대개를 약술하였으니 당세의 귀감을 삼고자 함이었다. 초고를 갖추었지만 책이 완성된 것은 아니었다"는 실록의 기록과[3] "《사략》이 肅王에 그쳤고 소략했다"는 평가[4] 등으로 이 두 사서의 연관성을 짐작할 수 있다.

이 밖에도 그의 사학과 관련있는 저작으로 〈忠憲王世家〉, 〈威烈公金公行軍記〉 등이 전해지고 있다.[5] 따라서 고려 후기 최고의 지성이며 역사가인 이제현에 의해 주도된 《국사》의 성격과 그 역사인식을 살피기 위해서는 비록 한계가 있으나 현재 남아 있는 사료 즉, 《국사》를 편찬할 때 쓴 史贊을 중심으로 그의 역사인식을 짐작해 보지 않을 수 없을 것 같다.[6]

사찬이란 각 왕의 정치적 업적을 평하는 총평으로 이제현이 쓴 태조로부터 숙종에 이르는 15왕에 대한 사론은 《고려사》에 14편,[7] 《高麗史節要》에 17편, 《益齋亂藁》에 15편[8]이 전해지고 있다.[9] 이를 내용별로 구분하면 ① 왕실기강에 관한 기사를 포함하여 왕위계승에 관한 사론 ② 역대 왕의 치적 및 군신과의 관계에 대한 사론 ③ 거란과의 관계를 비롯한 대외관계에 관한 사론 ④ 기타 토지 및 과거제도와 불교관계에 관한 사론이 단편적으로 들어 있다.[10]

이제현의 사찬 가운데 왕위계승에 관한 기사가 실려 있는 것은 태조·혜

---

2) 邊太燮은 "史略은 紀年傳志와 동일한 것이거나 아니더라도 그의 초고를 가지고 약술한 史書일 것"이라고 한 바 있다(邊太燮, 《「高麗史」의 硏究》, 三英社, 1982, 163쪽).

3) 《世宗實錄》 권 80, 세종 20년 3월.

4) 鄭 摠, 〈高麗國史序〉(《東文選》 권 92, 序).

5) 鄭求福, 앞의 글.

6) 李齊賢의 史論은 왕의 世家에만 붙여졌다는 점과 각 왕의 정치를 총평한 것만이 남아 있기 때문에 그의 사상을 연구하는 데에는 한계가 있다. 따라서 고려왕조사에 대한 그의 인식을 이해하기 위해서는 이 사론 이외에 〈忠憲王世家〉와 《櫟翁稗說》 기록을 보완적으로 이용하여야 할 것이다(鄭求福, 앞의 책, 198쪽).

7) 《高麗史》 숙종 세가에는 이제현의 贊이 없다.

8) 李齊賢, 《益齋亂藁》 권 9 하, 史贊.

9) 李齊賢의 《益齋亂藁》와 《高麗史節要》의 사찬을 비교하면 내용에 약간 차이가 있는데, 특히 성종과 현종에 대한 찬에서 차이가 있다.

10) 이하의 李齊賢의 역사인식에 대하여는 주로 卓奉心, 앞의 글 및 鄭求福, 앞의 책을 주로 참고하여 서술하였다.

종·정종·성종·목종·문종·헌종·숙종에 대한 찬이다. 특히 그는 태조 왕건이 포악한 궁예 밑에 있으면서도 민심이 기울어 將士들의 추대를 받아 왕위에 올라 고려를 창건한 사실을 宋太祖가 後周의 선위를 받은 것에 비유하여 고려 태조의 건국과 송의 건국을 동일시하여 정통성을 부여하고자 하였다.[11] 그리고 혜종대 왕위계승을 둘러싼 분쟁에 대하여는 그 책임을 신하 즉, 王規에게 돌림으로써[12] 왕권을 손상시키려 하지 않았다. 특히 문종의 경우를 예로 들면서 순조로운 왕위계승을 하였기 때문에 전후 80년 동안 국가가 눈부신 발전을 할 수 있었다고 보았다.[13]

그런데 왕위계승의 방법에 있어서는 형제상속보다는 부자상속을 보다 정통적인 것으로 인식하였다. 그러나 그 계승방법의 정당성보다는 왕실의 안정을 우선적으로 중시하여 강력한 왕권을 중심으로 한 국가질서의 회복을 열망하였다.[14]

이러한 왕권강화에 대한 인식은 이제현이 살던 당시의 여원관계와 무관하지 않은 듯하다. 즉 충선·충숙·충혜·충목왕대에 가해진 고려왕의 교체와 입조요구 및 吐蕃으로의 유배와 같은 원의 횡포를 체험한 그로서는 하늘로부터 정통성을 부여받은 고려왕실의 왕권확립과 이에 의한 왕실기강의 확립과 왕조의 지속을 갈망하지 않을 수 없었을 것이다.

또한 이제현은 사찬을 통하여 역대 왕들의 치적을 평가함으로써 유교적 왕도정치이념을 강하게 드러내고 있었다. 군왕의 덕정에 대한 평으로는 태조·성종·현종·덕종·문종·순종·선종의 찬이, 군신과의 관계를 통한 통치 결과를 평한 것은 혜종·광종·성종·경종에 대한 찬이 있다. 이제현이 주장한 유교이념에 입각한 왕권의 덕목으로는 첫째 浮誥를 버리고 독실을 힘쓰며, 둘째 옛것을 좋아하고 마음으로 백성을 새롭게 하며, 셋째 정치에는 게으름과 조급함을 경계하며, 넷째 몸소 행하고 마음속으로 깨달아 덕화가 남에게 미치게 할 것을 제시하였다. 즉 "인군이 천명만 믿고 욕심을 멋대로

11) 《高麗史》 권 2, 世家 2, 태조 25년 말미 李齊賢贊曰.
12) 《高麗史》 권 2, 世家 2, 혜종 2년 9월 말미 李齊賢贊曰.
13) 《高麗史》 권 9, 世家 9, 문종 37년 7월 말미 李齊賢贊曰.
14) 《高麗史節要》 권 7, 숙종 10년 10월 말미 李齊賢贊曰.

부려 법도를 파괴하면, 비록 나라를 얻었을지라도 반드시 잃고 만다. 그러므로 군자는 세상이 다스려졌을 때에 장차 요란하게 될까 생각하고, 편안할 때에 장차 위태하게 될까 생각하여 끝을 삼가하기를 처음과 같이하여 일으켜 준 천명을 보답하는 것이다"[15]라고 하며, 왕위에 오른 후에 정치를 잘하려는 노력이 왕위 유지에 중요한 요인임을 강조하였다. 이러한 강조는 비록 그의 직접적인 표현은 없으나 왕위를 지키지 못한 충혜왕과 충정왕의 경우를 직접 체험한 것과 관련이 있을 듯하다.

국가통치를 군주가 혼자서 할 수 없으므로 군주는 신하를 발탁해 써야 하는데, 이제현은 인재의 발탁이 정치에 아주 중요한 것임을 강조하고 있다. 그는 광종의 경우를 들면서 광종이 과거제를 실시하여 선비를 뽑은 일 등 즉위 초에 베푼 선정에도 불구하고 훈신들에 대하여 잔혹한 살상을 가한 군왕으로 변하게 된 것은 임금을 선한 길로 이끌지 못한 신하의 잘못 때문이라고 비판하였다.[16] 이러한 이제현의 입장은 경종찬에서도 나타난다. 그는 경종이 시행한 토지제도에서 폐단이 일어나게 된 것은 당시 신하 가운데 성현의 말로써 임금을 독려한 자가 없었기 때문이라고 파악하였다.[17]

이처럼 이제현은 왕권의 존엄을 강조하면서 덕정의 효과는 그를 보필하는 신하의 자질에 따라 다르게 나타난다고 보았다. 이러한 그의 君臣觀은 당시 원의 위협을 받고 있던 왕권을 보호하기 위하여 왕을 지고한 존재로 부각시키고, 신하는 인군을 정성으로 섬겨야 한다는 소극적인 군신관을 남기게 되었다고 평가받고 있다. 이러한 소극적인 군신관은 국가의 주권이 상실되고 瀋王派의 국왕폐립 음모가 끊이지 않았던 충숙왕~충목왕대의 시대적 상황을 체험한 그로서 고려국왕의 수호가 곧 국권의 수호로 인식되었기 때문으로 보인다.[18]

다음, 이제현의 대외관이 나타나 있는 사찬은 태조·성종·덕종·정종찬으로 주로 대거란과의 관계가 대부분이다. 이는 《국사》 편찬에서 이제현이 담당한

15) 《高麗史節要》 권 3, 현종 22년 말미 李齊賢曰.
16) 《高麗史節要》 권 2, 광종 26년 말미 李齊賢贊曰.
17) 《高麗史節要》 권 2, 경종 6년 7월 말미 李齊賢贊曰.
18) 金泰永, 〈高麗 後期 士類層의 現實認識〉(《創作과 批評》 44, 1977), 331쪽.

부분이 대거란과의 관계가 복잡하게 나타났던 시기였기 때문으로 보인다. 이제현은 충선왕과의 대화를 통하여 태조가 거란에서 보낸 낙타를 굶겨 죽인 것은 오랑캐의 간사한 계책을 꺾으려 한 것이거나, 혹은 후세의 사치를 막으려 하였거나 어떤 은미한 뜻이 있었을 것이라고 하면서 충선왕으로 하여금 그 본뜻을 알아낼 것을 권하고[19] 있다. 또한 태조가 후삼국을 통일하기 이전부터 여러 차례 서도에 가서 북변을 순수한 의도는 고구려의 옛 영토를 다 석권하기 위함이었다고 논하였다.[20] 태조가 유훈으로 남긴 회복에 대하여 주목한 이제현은 〈東明王篇〉에 보인 李奎報의 고구려 계승의식을 비롯하여 《帝王韻紀》와 《三國遺事》에서 드러낸 자기 역사에 대한 자부심과 궤를 같이하는 것이라고 평가할 수 있다.

이제현의 사찬 가운데 대외관이 가장 잘 나타난 것은 靖宗贊이다. 정종에 대한 찬은 모두 대외관계 기사로 되어 있다. 태조로부터 정종에 이르는 대외정책을 개괄하면서 태조가 거란에 대하여 욕심이 많고 사나우므로 깊이 경계하고자 그랬을 것이라 하여 崔承老의 「五朝政績評」과 같은 입장을 나타내고 있다. 하지만 현종이 거란과의 우호를 파기한 사실에 대하여는 최승로의 환난을 미리 방지하는 조치로 평가한 것과 달리 바람직한 계책이 아닌 것으로 간주하고 있었다. 이에 대하여 최승로의 입장을 자주적인 외교관으로, 이제현의 입장을 사대적인 대외관으로 구분 짓는 경우가 있지만 이는 시대적 상황을 고려하지 않은 결과로 보인다. 즉 거란의 침입을 받기 이전에 살았던 최승로의 입장과 원의 정치적·경제적 간섭하에 살았던 이제현의 입장은 다르게 나타날 수밖에 없었을 것이다. 따라서 그는 거란과 단교해야 한다는 강경론보다는 화친을 국가안녕의 기본조건으로 파악하였으며 원만한 관계 유지만이 고려를 지킬 수 있는 최선의 방책이라고 생각하게 되었던 것이다.

그렇다고 해서 거란을 정통으로 인정하고 있는 것은 아니었다. 어디까지나 그는 송을 정통왕조로, 요와 금을 오랑캐로 인식하였다. 반면 그가 접했던 원에 대해서는 고려와 마찬가지로 本朝로 인식하고 고려가 원과 同文의 나라가 된 것을 다행스럽게 여기고 있었다. 이렇게 이제현의 대외관에는 자

19) 《高麗史》 권 110, 列傳 23, 李齊賢.
20) 《高麗史》 권 2, 世家 2, 태조 25년 말미 李齊賢贊曰.

주적인 면과 현실유지를 위한 명분 위주의 소극적인 면이 병존하고 있는데, 이는 나라를 유지하기 위한 평화적인 외교관계 정립의 중요성을 강조하였기 때문이었다. 아울러 고려의 문화가 중국과 대등한 나라라는 문화의식을 표방함으로써 북방민족의 낮은 문화에 대한 우월감을 강조하고 있었다. 또한 고려의 문화에 대한 자존의식은 왕조가 400여 년이나 지속되었다고 역사의 유구성으로도 확인시키고 있었다. 그는 吐蕃에 유배되어 있던 충선왕을 구제하기 위하여 올린 상소문이나, 立省策動에 반대하여 올린 상소문에서도 한결같이 고려왕조가 개국 후 400여 년이나 되었다는 점을 누누이 강조하였다.[21]

끝으로 그는 왕들의 지나친 불교신앙을 비난하였다. 물론 그는 개인적으로 불교와 관련을 맺고 있었듯이 불교신앙 자체를 부정한 것은 아니다. 단지 불교가 일반 백성에게 끼칠 수 있는 현실적 병폐를 지적하고 있었던 것이다. 왕의 지나친 불교신앙이 복을 구하는 올바른 길이 아니었다는 것과 국가경제를 위축시켰다고 보았기 때문이다.[22]

(2) 이제현의 생애와 기타 사서

益齋 李齊賢은 고려 후기의 대표적인 학자이며 정치가였다. 나아가 당대의 최고 역사가로서도 활약한 바가 컸기 때문에 그에 대한 관심과 연구는 많은 편이다.[23]

---

21) 《高麗史》 권 110, 列傳 23, 李齊賢.

22) 李齊賢, 《益齋亂藁》 권 9 하, 定王贊·文王贊.
이제현의 사찬에는 이외에도 토지제도와 과거제에 대하여 자신의 견해를 단편적으로 언급하고 있었다. 이에 대한 자세한 서술은 鄭求福, 앞의 글 및 卓奉心, 앞의 글 참조

23) 이제현의 생애와 활동 및 사상에 대하여는 다음과 같은 글이 있다.
金庠基, 〈李益齋의 在元生涯에 대하여〉(《大東文化硏究》 1, 成均館大 大東文化硏究院, 1963).
金哲埈, 〈益齋 李齊賢의 史學에 對하여〉(《東方學志》 8, 延世大, 1967 ; 《韓國古代社會硏究》, 知識産業社, 1975, 428~482쪽).
金泰永, 앞의 글.
鄭求福, 앞의 책, 163~225쪽.
鄭玉子, 〈麗末 朱子性理學의 導入에 대한 試考〉(《震檀學報》 51, 1981).
閔賢九, 〈益齋 李齊賢의 政治活動〉(《震檀學報》 51, 1981).
卓奉心, 앞의 글, 327~375쪽.

이제현은 검교정승 李瑱의 둘째 아들로 태어나 15세인 충렬왕 27년(1301)에 成均試를 거쳐 과거에 합격했고, 22세에 藝文春秋館을 시작으로 71세에 문하시중으로 치사하기까지 50여 년 동안 관직생활을 하다가 공민왕 16년(1367)에 81세로 사망하였다. 특히 그는 28세 때인 충숙왕 원년(1314)에 원의 수도 燕京으로 가서 충선왕을 시종하여 萬卷堂에 머물면서 원의 유명한 문인들과 교유하여 학문과 식견을 더욱 넓혔다. 그리고 원나라에 머물던 10여 년 동안 중국의 각지를 여행하고 많은 견문을 쌓기도 했다.

그가 34세 때인 충선왕 7년에는 知密直司事가 되었고, 이 해에 귀국하여 지공거가 되어 과거를 주관하기도 했다. 충선왕이 토번으로 귀양가 4년이나 풀려나지 못했을 때 이제현은 원의 승상이던 拜住에게 글을 올려 충선왕의 방면과 환국을 탄원하기도 했고, 직접 유배지로 찾아가 왕을 위로하기도 했다. 또한 입성책동이 일어나자, 이제현은 원에 글을 올려 입성책동의 부당성을 강조하여 그것을 저지시키는 데 공헌하기도 하였다. 그는 39세에 정당문학이 되었지만, 40대에는 정치 일선에서 물러나 있던 때가 많았다.

그러나 그의 나이 58세 때인 충목왕 즉위년(1344)에는 判三司事가 되어 개혁정치에 참여했고, 충정왕대를 거쳐, 공민왕이 즉위한 뒤에는 7년 동안에 4번이나 정승의 직에 올라 국정에 참여하였다. 관직에서 물러난 71세 이후에도 중대한 국사에는 자문에 응하였다.

이처럼 이제현은 충렬왕부터 공민왕에 이르는 7대에 걸쳐 관직에 있었다. 이 시기는 원의 간섭이 계속되었고, 국내에서는 입성책동 등 자체의 분열과 정치적 갈등에 휩싸이기도 했었다. 그러나 반원정책을 적극적으로 펴고 있던 공민왕대에 수상으로 있었던 점은 주목되기도 한다.

그는 국내의 정치·경제적 개혁을 통해서 국가질서를 회복하려고 했었다. 따라서 《국사》, 《증보편년강목》, 충렬·충선·충숙왕의 삼조실록, 《역옹패설》, 〈김공행군기〉, 〈충헌왕세가〉 등 이제현에 의해 편찬된 여러 사서에 그의 현실인식이 반영되었을 것이다.

《역옹패설》은 이제현이 충혜왕 후3년(1342) 曺頔잔당의 횡포로 정계에서 물러나 있던 시기에 편찬한 책으로 전·후집 각각 2권씩으로 되어 있다. 전집 2권은 주로 40여 항목에 걸쳐 당대의 역사적 사실을 기술하였으며, 후집

2권은 시에 대한 자신의 평론을 싣고 있다.

〈김공행군기〉는 고종 3년(1216)부터 5년 동안 고려에 쳐들어온 거란의 金山·金始 왕자의 무리를 격퇴시킨 金就礪장군의 전투기록이다. 편찬시기를 정확히 알 수 없지만 이에 붙인 사론이 《역옹패설》에 실린 점으로 보아 그의 나이 55세(충혜왕 후3년) 이전에 쓰여졌을 것이다. 행군기 사론의 요지는 이 전투에서 고려가 성공할 수 있었던 것은 400년간의 전통을 지닌 고려 역대 왕들의 신령이 음으로 도와주었으며, 당시 최씨무신정권 아래 강한 군사는 중앙에 있고 변방의 군사는 연약했는데도 성공할 수 있었다는 사실과 김취려의 능력과 품성이 장군으로서 뛰어났다는 점을 강조하고 있었다.

〈충헌왕세가〉는 태조부터 충선왕까지 역사를 다룬 세가라 할 수 있는데, 그 편찬시기는 충숙왕 12년(1325) 이후 충혜왕 5년 사이로 추정된다. 태조부터 명종까지의 역사를 閔漬와 權溥가 쓴 《世代編年》에서 발췌하여 썼으며, 나머지 충헌왕, 즉 고종부터 충선왕까지의 기술은 이제현이 직접 서술하였다. 책명을 〈충헌왕세가〉라 하였지만 고종에 대한 기록보다는 충선왕에 대한 기록이 더 자세하다. 저술동기에 대하여는 원에 충선왕의 시호를 청하기 위한 것으로 보는 입장과 원에서 고려의 왕조사를 물을 때 답하기 위하여 저술된 것으로 보는 입장으로 대별되고 있다.[24]

이외에도 이제현은 《金鏡錄》을 지었다고 한다. 조선조 순조 14년(1814) 金魯應이 쓴 〈益齋先生年譜〉에는 이제현이 공민왕 6년(1357)에 《금경록》을 지었다고 했고, 李睟光의 《芝峰類說》에도 이제현 등이 지은 《해동금경록》 1권이 있다고 하였다. 그러나 이 사서가 정말 이제현의 저술이었는지는 확인하기 어렵다.[25]

(3) 이제현의 역사서술과 그 인식

끝으로 이제현의 역사서술과 그 방법에 대한 특징을 요약하면 다음과 같이 지적할 수 있다.

---

24) 鄭求福, 앞의 책, 189~190쪽.

25) 今西龍은 "李仁復·李穡 등의 《金鏡錄》을 잘못 말한 것"이라고 보았고(〈王氏高麗朝に於ける修史に就いて〉, 《高麗及朝鮮史硏究》, 國書刊行會, 1974), 邊太燮은 "李睟光이 본 《海東金鏡錄》이 정말 李齊賢의 것인지, 아니면 그의 《史略》인지, 아니면 李仁復·李穡의 《금경록》을 잘못 말한 것인지 분명치 않다"고 했다.

이제현은 우리 나라 역사상 처음으로 정통론에 대한 이해를 갖고 있었다는 사실이 주목된다. 그의 학문적 소양은 성리학적 토대 위에 있었고, 그의 史眼은 명분론과 정통론에 입각한 성리학적 春秋史觀의 지반 위에 있었다고 하겠다. 그는 "사서를 편찬함에 있어서 춘추를 본받지 않는다면, 그것이 옳은지 모른다"라고 했고, "한의 呂后와 당의 則天武后를 帝紀에 나열한 班固와 歐陽修의 사필이 과연 춘추필법을 얻었다고 하겠는가"라고 비판하였으며 후일 주자의 강목을 보고 자신의 견해가 옳았음을 자랑스럽게 여기었다.[26] 그러기에 그가 "사서를 읽을 적에 筆削의 대의는 반드시 춘추를 본받았다"는 묘지명의 기록은 믿어도 좋을 것이다.[27]

둘째, 이제현은 역사서술에 있어서 역사를 객관적으로 서술하려 하였으나 개서하기도 하였다. 그 예로 혜종 이하 여러 왕의 묘호를 '宗'자에서 '王'자로 개서하였는데, 이는 원 간섭기 그의 비자주적 의식성향을 보여주는 것이다. 그가 《국사》를 편찬하였던 시기가 공민왕의 반원정책이 노골적으로 드러난 공민왕 6년 이후의 일이었음에도 불구하고 그의 역사서술에는 반원적 색채가 전혀 보이지 않고 있다. 이 점은 그가 반원의식을 아직 역사의식으로 승화시키지 못한 것이 아닌가 하는 의문을 받게 하고 있다.

셋째, 그는 고려에서 卽位年稱元法을 썼던 당시의 관례를 무시하고 踰年稱元法에 의해 개서하였다. 즉 〈충헌왕세가〉의 기록과 〈김공행군기〉에서 기년의 기록이 당시의 금석문에 기록된 기년과 달리 현전하는 《고려사》나 《고려사절요》의 기년과 일치하고 있다. 이처럼 즉위년칭원법을 도덕적인 관점에서 부당하다고 생각하여 개서한 것은 역사적 객관성보다 도덕적 측면을 더 중시한 경우라고 생각된다.

넷째, 그는 설화나 전설에 의존한 역사의 기록을 배격하고 합리적 서술을 시도하였다. 그가 태조의 세계에 대하여 金寬毅의 설을 부정하고 새로운 자료에

---

26) 李齊賢, 《益齋亂藁》 권 3, 則天陵.
——, 《櫟翁稗說》 후집 1, 歐陽永叔.

27) 金哲埈과 金泰永은 이제현이 춘추사관에 입각하였다고 하는데, 鄭求福은 그에게 춘추적 인식이 보인다고 해서 春秋史觀이라고 규정할 수는 없다고 한다. 그러나 李穡이 쓴 〈묘지명〉에도 '처음 공이 사서를 읽을 적에 필삭의 대의는 반드시 춘추를 본받았다'고 한 점에 유의할 필요가 있을 것이다.

의해 역사해석을 새롭게 하고 있는 것이라든가, 현종이 신라왕실의 후예라는 점을 김관의와 민지의 설을 버리고 金富軾의 설을 따른 점, 원의 《經世大典》에 고려측 기록이 잘못된 것을 시정한 점에서 그의 합리적인 역사연구 태도를 읽을 수 있다.

이제현은 八關會·燃燈會·仙郞 등의 전통신앙은 경시하고 유교문화를 높이 평가하는 입장에 있었다. 이러한 입장은 유교의 합리주의적 사관으로부터 비롯된 것이었겠지만, 전통사상에 대한 부정적 견해는 반드시 전진적으로만 평가될 수 없고, 비자주적이라고 할 수도 있는 것이다. 그러나 반원, 자주적 성격을 지니는 개혁의 측면에서는 상당히 중요한 배후인물이었을 것이라는 견해도 있다.[28]

끝으로 그는 그가 살고 있던 당대사의 기술과 그가 살았던 왕조사를 정리하는데 주력한 것이 그의 역사학의 특징 가운데 하나로 지적할 수 있겠다. 그는 당대의 역사인 충렬·충숙·충선왕의 실록을 편찬하는 책임을 맡았으며, 개인적으로는 비록 책 전체가 역사서술로만 이루어진 것은 아니지만 《역옹패설》을 기술하였다. 이러한 경험 위에서 그는 비로소 기전체 《국사》의 편찬을 통하여 고려왕조사를 통괄하고자 하였던 것으로 보여진다.

요컨대 이제현이 서술한 역사는 當代史라는 공통점을 지니고 있다. 이것은 그의 역사서술의 목적이 현실문제의 해결에 있었기 때문이라고 풀이된다.[29] '理亂興衰의 대략을 서술한 《사략》이 당세의 귀감을 삼고자 함이었다'[30]고 평가되는 것도 그 한 예라고 할 수 있다.

그 당시 현실에서 볼 때 가장 중요하고 근본적 문제였던 원과의 관계에 대해서는 소극적이고 고식적이었다는 평을 면하기 어려운 점이다. 이는 그가 중국 중심의 세계관에 심화되어 있었기 때문이라고 이해된다.[31] 뿐만 아니라 "그의 사학이 사대를 합리화시키는 것"[32]이라는 평가를 받기도 한다.

〈金相鉉〉

---

28) 閔賢九, 앞의 글, 238쪽.
29) 鄭求福, 앞의 책, 263쪽.
30) 《世宗實錄》 권 80, 세종 20년 3월.
31) 金泰永, 앞의 글, 343쪽.
32) 金哲埈, 앞의 글, 481쪽.

7) 기타 역사서의 편찬

(1) 실록의 편찬

고려에는 초기부터 時政의 기록을 관장하는 史館, 즉 春秋館이 있어서 실록을 항례적으로 편찬해 왔으며,[1] 고려 후기에 편찬된 실록은 다음과 같다.

명종 16년(1186)경, 文克謙·崔世輔·林民庇·兪升旦·金良鏡 등에 의해 《毅宗實錄》이 편찬되었다. 《高麗史》 의종세가에는 임민비·유승단·김양경 등의 사론이 실려 있는데, 이는 아마도 《의종실록》에서의 전재일 것으로 보인다. 고종 14년(1227) 9월에 편찬된 《明宗實錄》은 감수국사 崔甫淳 이하, 수찬관 김양경·유승단·任景肅·李奎報·權敬中·趙文拔 등이 연도별로 분담하여 집필하였다. 《고려사》 명종세가 16년으로부터 18년 사이에 권경중의 사론이 수록되어 전해지고 있다.[2] 원종 8년(1267) 10월, 李藏用을 비롯한 柳璥·金坵·許珙 등에 의해 신종·희종·강종의 《三代實錄》이 편찬되었다.[3] 이는 최씨무신정권의 횡포와 몽고의 침략 등으로 인해 실록의 편찬이 늦어진 것으로 보인다. 충렬왕 3년(1227) 5월에 감수국사 유경, 수국사 원부, 동수국사 김구 등이 왕명을 받아서 《高宗實錄》을 편찬했다.[4] 그런데 이 《고종실록》은 30여 년 후인 충선왕 원년(1309)에 고쳐 쓰여졌고, 원에서 준 고종의 시호에 따라 《忠憲王實錄》이라고 개칭했다.[5] 충선왕 3년에 편찬되었던 《忠敬王實錄》은 20년 후인 충혜왕 원년(1331)에 다시 편수되었다.[6] 충경왕은 원이 준 원종의 시호이다. 충숙왕 원년(1314)에 정승으로 치사한 閔漬와 찬성사 權溥는 왕명을 받아 태조 이래의 실록을 약찬했다.[7] 충목왕 2년(1346) 10월 李齊賢·安軸·

---

1) 《高麗史》 권 76, 志 30, 百官 1, 春秋館.
2) 《高麗史》 권 22, 世家 22, 고종 14년 9월 경진·권 99, 列傳 12, 崔甫淳·권 101, 列傳 14, 權敬中 및 권 102, 列傳 15, 趙文拔.
3) 《高麗史》 권 26, 世家 26, 원종 8년 10월 임오.
4) 《高麗史》 권 28, 世家 28, 충렬왕 3년 5월 임인.
5) 《高麗史》 권 33, 世家 33, 충선왕 원년 2월 무인.
6) 《高麗史》 권 34, 世家 34, 충선왕 3년 11월 경자 및 권 36, 世家 36, 충혜왕 6년 9월 병신.
7) 《高麗史》 권 34, 世家 34, 충숙왕 원년 정월 을사.

李穀·安震·李仁復 등은 왕명을 받아 충렬·충선·충숙왕의 《三朝實錄》을 수찬했다.[8] 《고려사》 충숙왕 및 충혜왕세가에는 李衍宗·張沆·許應麟·兪思廉·白文寶·元松壽 등의 사론이 수록되어 있다. 따라서 이들 또한 《삼조실록》의 편찬에 참여했다고 보여진다. 공양왕 3년(1391) 정월, 李穡과 李崇仁에게 명하여 실록을 편수하고자 했으나 시행되지 못했다.[9]

이상 살펴본 바와 같이 고려 후기 220여 년 16왕 가운데 9왕의 실록이 편찬되었지만 충혜·충목·충정·공민·우·창·공양왕 등 7왕의 실록편찬에 대한 기록은 보이지 않는다. 비록 그 편찬에 관한 구체적 기록은 확인되지 않지만 충혜·충목·충정왕의 실록은 고려 말에 편찬되었을 가능성이 있다. 왜냐하면 조선 태조 때의 실록편찬이 공민왕으로부터 시작되고 있는 데서 이와 같은 추측을 갖게 한다. 아울러 공민왕 이후 4대의 실록은 고려 때에는 편찬되지 못한 것을 알 수 있다. 더욱이 공양왕 3년 정월에 鄭夢周가 왕에게 "근대사가 모두 수찬되지 못했다"고 했던 것도 이 때문이었을 것이다. 물론 사초는 전해지고 있었고, 이는 태조 초에 鄭道傳·鄭摠·尹紹宗·李行 등이 공민왕 이후 공양왕까지의 실록을 편찬한 기본사료가 되었다.[10]

(2) 기타의 역사서

고려 후기에는 현존하는 것 이외에도 많은 역사서가 편찬되었다. 충렬왕 때 鄭可臣은 《千秋金鏡錄》을 편찬하였다. 이 책은 虎景大王으로부터 원종까지를 서술한 고려 당대사였다. 충렬왕 16년(1290) 세자가 원에 갈 때 그는 민지와 함께 왕을 수행했는데, 원의 세조가 고려의 풍속과 세대의 서로 전함과 理亂의 사적을 물었을 때 이에 답했고, 4년 후 원의 成宗이 한림학사 撒剌蠻을 시켜 고려가 귀부한 시기를 물을 때 답한 것이라던가,[11] 평소 자신이 거처하는 곳을 雪齋라고 편액하고 賢士大夫와 함께 매일 고금의 일을 논의했

---

8) 《高麗史》 권 37, 世家 37, 충목왕 2년 10월 경신.
9) 《高麗史節要》 권 35, 공양왕 3년 정월.
10) 《太祖實錄》 권 3, 태조 2년 정월 무오·권 14, 태조 7년 6월 병진 및 권 27, 태조 15년 5월.
11) 《高麗史》 권 105, 列傳 18, 鄭可臣.

다고 한 것에서 정가신은 고려역사에 상당히 밝았던 것으로 생각된다. 그 후 이《천추금경록》은 왕명에 따라 민지와 권부(또는 보)에 의해 증수되어《世代編年節要》 7권으로 개편되었다.[12] 이《세대편년절요》와《천추금경록》은 충선왕 즉위년(1308) 12월에 하정사 趙璉를 통해 원에 전해졌다.[13]

공민왕 20년(1371)에 왕은 이인복과 이색 등에게 명하여《本朝金鏡錄》을 증수토록 했는데,[14] 아마도 이 책은《천추금경록》을 가리키는 것으로 짐작된다. 이《增修本朝金鏡錄》은 靖宗代까지를 서술한 것으로 그 내용이 소략하다는 지적을 받았다.[15] 그럼에도 불구하고, 이 책은 훗날 정도전·정총 등이《高麗國史》를 편찬할 때 많은 참고가 되었다.[16]

충렬왕 10년 6월 감수국사 元傅, 수국사 許珙·韓康 등이《古今錄》의 편찬을 시작해서 5개월 만인 10월에 완성했다.[17] 2년 후 다시 충렬왕은 直史館 吳良遇 등에게 명해《國史》를 편찬케 하였는데, 이는 원에 바치기 위한 사서였다.[18] 그러나 이 사서가 언제 완성되었는지, 또 원나라에 보냈는지는 기록이 없다. 한편 공민왕 6년(1357) 왕은 이인복에 명하여《고금록》을 편찬시켰다.[19] 그런데 이인복은 이미 충렬·충선·충숙왕의《삼조실록》및《증수본조금경록》의 편찬에도 참여했던 인물이다. 이 밖에도 충렬왕 19년에 고려에 왔던 원의 사신 王約이 돌아가《高麗志》4권을 저술했다고도 한다.

金寬毅가 의종 때《王代宗錄》을 편찬한 이후에도 왕실세보류의 사서가 몇 차례 더 편찬되었다. 고종 때에 활약한 任景肅은《璿源錄》을 지었는데, 종실의 세보를 기록하면서 宗女와 宗子를 함께 열기하였다.[20] 충렬왕 21년경 동수국사였던 任翊은 교지를 받아서《선원록》을 편찬하였다.[21] 이외에도 왕실

---

12)《高麗史》권 107, 列傳 20, 閔漬.
13)《高麗史》권 33, 世家 33, 충선왕 즉위년 12월 무오.
14)《高麗史》권 43, 世家 43, 공민왕 20년 5월 계유.
15) 鄭 摠, 〈高麗國史序〉(《東文選》권 92, 序).
16)《世宗實錄》권 22, 세종 5년 12월.
17)《高麗史》권 29, 世家 29, 충렬왕 10년 6월 병자.
18)《高麗史》권 30, 世家 30, 충렬왕 12년 11월 정축.
19)《高麗史》권 39, 世家 39, 공민왕 6년 윤9월 을사.
20) 李齊賢,《益齋亂藁》 권 9 하, 史贊 宗室傳序.
21)《高麗史》권 95, 列傳 8, 任懿 附 翊.

세보류의 사서로는《王代宗族記》·《聖源錄》등이 있었는데, 그 저자 및 찬술 시기가 명확하지 않다. 이《왕대종족기》및《성원록》에는 김관의의《왕대종록》의 기록과는 다른 내용이 있었고, 이제현은 이 두 책을 인용하면서 김관의의 설을 비판하기도 했다.[22] 또한 불교사와 관련된 사서도 몇 종 간행되었다. 李藏用은《禪家宗派圖》를, 一然은《祖派圖》2권을 각각 저술했는데, 아마도 이 두 책은 선종의 계보를 도표화한 것으로 짐작된다. 이장용은 經史·陰陽·醫藥·律曆 등에 두루 통했고, 특히 그는 불교를 독실하게 신앙하여《華嚴錐洞記》를 윤색하기도 했다.[23] 이색은 이《조파도》를 보고, "우리 동방의 韻釋으로 중국에 들어가 법을 이어받은 이가 대대로 끊어지지 않았다.《傳燈錄》을 읽고《조파도》를 보면 그것을 알 수 있다"고 했다.[24]

眞靜國師 天因은 원종 9년경에《海東法華傳弘錄》4권을 편찬했다. 이 책은 그 책명과 현전하는 일부 내용으로 미루어 볼 때 삼국시대 이래 고려 원종까지의 법화신앙에 대한 영험담을 수록했던 것으로 보인다. 완전하지는 않지만 이 책에 수록되었던 8항목이《法華靈驗傳》에 인용되어 전해지고 있다. 천태종의 천인은 법화신앙을 홍포하기 위해서 우리 나라에 법화신앙이 퍼지게 된 역사와 靈異한 신앙을 강조했을 것으로 생각된다.

충숙왕 15년(1328) 雲默無寄에 의해 지어진 장편 서사시《釋迦如來行蹟頌》2권이 현재까지 전해지고 있다. 천태종 백련사계의 운묵은 새로 입문한 승려들이 석가의 행적과 교설의 내용을 쉽게 알아서 참다운 불자가 될 수 있도록 도우려는 의도에서 이 행적송을 지었다. 이 서사시는 5언 776구 3,880언 상하 2권으로 된 장편으로 단락 곳곳에 장문의 주를 덧붙였다. 상권에서는 석가 일대의 사적을, 그리고 하권에서는 불교가 동점하는 역사적 사실을 읊었다. 운묵은 당시 불교계 현실에 대해서 강한 위기의식을 갖고 당시 불교와 불자들의 병리적 현실을 신랄하게 비판하였다. 권세에 영합하여 부귀를 탐하는 승려들에 대하여 그는 다음과 같이 비판하기도 했다.

22) 李齊賢,《櫟翁稗說》전집 1.
23)《高麗史》권 102, 列傳 15, 李藏用.
24) 李　穡,《牧隱文藁》권 8, 序 送絶上人序.

> 어떤 비구는 불교가 금하는 법을 어기고, 오랫동안 이식하여 재산을 많이 가지게 되었으며, 혹은 왕공·대신 등 세도에 붙어 스스로 부강을 믿고 남의 빈약을 능멸하고, 음란을 탐하고 술을 즐기며, 혹은 외서를 찬양하고, 속인들과 벗하여 서로 창화하거나 혹은 잡희·바둑·장기·금슬·퉁소·피리 등 여러 좋지 않은 법을 즐긴다. 이처럼 뜻에 맡겨 저지르지 않는 악이 없다. 아아, 이들이 어찌 선악의 업보를 알지 못한다고 말하겠는가. 利養心이 강한 탓에 임의로 하는 것이다(雲默, 〈天台末學雲默和尙警策〉, 《釋迦如來行蹟頌》 권 하 ; 《韓國佛敎全書》 6, 541쪽).

운묵은 당시 불교계의 잘못된 현실을 직시하면서 "급하고 급하다. 위태롭고 위태롭다"고 강조했다. 이에 그는 불제자라면 불법의 흥망성쇠를 마땅히 알아야 하며 또한 그것은 거울이 될 것이라는 생각에서 이 서사시를 썼던 것이다. 이 시는 당시 불교에 대한 현실인식이 잘 반영되었다는 점에서 주목된다.

이상에서 살펴본 바와 같이, 고려 후기에는 20여 종의 사서가 편찬되었다. 이 중에는 詠史詩도 있고, 불교사서도 있다. 또한 기존 사서에 대한 승보, 혹은 개찬도 있었고, 원의 사서 進貢에 대한 요구에 응해서 편찬된 것도 있다.

〈金相鉉〉

8) 고려 후기 역사서술의 특징

(1) 무신집권기 사학의 위축

무신집권시기 史官의 활동은 크게 위축되어 사실을 직서하기도, 반무신적 사필을 들기도 어려운 형편이었다. 따라서 대부분의 사관들은 현실에 적응하여 무신들과 영합하기도 했다. 《毅宗實錄》을 편찬할 때에 의종의 시해사실을 숨기기 위해 상장군 崔世輔를 同修國史로 삼았던 예에서[1] 이 시기 역사서술에 가해졌던 무신들의 횡포를 알 수 있다. 文克謙이 최세보에게, "무관이 동수국사가 된 것은 공으로부터 시작되었다"고 희롱하였듯이, 무관이 사관이 되었던 적은 일찍이 없었다. 따라서 의종을 시해한 李義旼이 집권하고 있던

1) 《高麗史節要》 권 13, 명종 13년 12월.

시기에 편찬된 《의종실록》은 사실대로 쓰여지지는 않았을 것이다.

최씨집권기에도 사정은 마찬가지였다. 신종·희종·강종의 《三代實錄》이 최씨집권시기에 편찬되지 못했던 것도 우연만은 아닐 것으로 생각된다. 이 시기에는 사관이 史草를 기록하지 않은 채 공백으로 남겨 두는 경우도 가끔 있었다. 즉 任睦은 백지의 사초를 남겼고, 元傅 또한 사초를 바치지 않은 적이 있었다.[2] 이같은 사실은 직서를 용납하지 않던 무신들에 대한 무언의 항변이었을 수도 있다. 그러나 《高麗史節要》의 사론에서 지적한 바와 같이, "그 말의 누설을 두려워하여 무신의 擅權을 생략해 버렸던 것은 실록편찬을 맡았던 사신의 죄이기도 하다"[3]라거나, "최충헌의 후한 은혜를 입고, 어찌 그 악을 후세에 전하겠는가"라고 하면서 사초를 기록하지 않았던 사관 兪千遇의 경우나,[4] 崔怡의 공적을 과장한 5, 6권의 책을 써서 그에게 바쳤던 史館修撰 朴暄 등의 행위는,[5] 그들의 직분에 대한 기만이며 아부였다. 일부 옛 문인들과 신진사인들이 무신집권하에서 행정에 참여했지만, 이미 이들은 불의와 비리와 모순에 타협하면서 분주하게 명리를 찾아 헤매는 인간상으로 변해 있었다. 따라서 이들로부터 올바른 역사서술을 기대하기란 어려웠던 것이다.

무신집권기에 나타난 사서, 혹은 이와 관련이 있는 문헌으로는 〈東明王篇〉·《海東高僧傳》·《歷代歌》·《海東法華傳弘錄》·《璿源錄》 등이 있었다. 하지만 사관들에 의해 국가적 사업으로 편찬된 역사서는 거의 없는 형편이다. 《해동고승전》이 비록 왕명에 의해 편찬되었다고 하지만, 覺訓은 사관이 아닌 승려였고, 任景肅은 사관이었지만 그의 《경원록》이 국가적 사업으로 편찬되었는지는 알 수 없다. 이 시기에 나타난 몇 가지 사찬서가 있다고 하더라도 불교사서나 영사시 정도였고 국사류는 없었다.

이상에서 살펴본 바와 같이 무신집권기의 역사서술은 국가적 사업으로서 사관에 의한 사서편찬이 크게 위축되어 있었다고 하겠다.

---

2) 《高麗史》 권 107, 列傳 20, 元傅.
3) 《高麗史節要》 권 14, 신종 3년 12월.
4) 《高麗史》 권 105, 列傳 18, 兪千遇.
5) 《高麗史》 권 125, 列傳 28, 朴暄.

(2) 역사서술에 대한 원의 간섭

무신집권시기에 위축되어 있었던 역사서술이 원의 간섭시기에 이르러 활발하게 이루어졌다. 실록의 꾸준한 편수는 물론이고, 통사류의 편찬 또한 상당수 있었다. 이러한 현상은 흔히 '자주의식의 내연'이나, '민족의식의 발로', 혹은 '강대한 외압에 대처하여 왕조를 지키려는 노력의 소산' 등으로 설명되기도 한다. 그 대표적인 예를 《三國遺事》에서 볼 수 있다.

한편으로는 고려의 역사서술에 대한 원의 간섭도 있었다. 원은 실록 및 통사류 등 고려역사서의 진공을 요구하고 있었고, 고려는 원의 이러한 요구를 거절하기 어려웠던 것 같다. 충렬왕 4년(1278), 원의 中書省에서는 고려의 累朝事跡 및 臣服한 기간, 사신의 명목, 국왕의 친조연월 등을 구체적으로 기록하여 바치도록 고려에 요구해 왔었다.[6] 원의 이와 같은 요구가 國史院의 통보로 인한 것이었음과 고려의 누조사적까지를 알고자 했던 것으로 보아, 고려의 역사를 구체적으로 파악하고자 한 것이었음을 짐작할 수 있다. 충렬왕 12년 왕은 直史館 吳良遇에게 《國史》의 편찬을 명했는데, 이것은 원에 바치기 위해서였다.[7] 그리고 충렬왕 21년에는 수국사로 치사한 任翊과 사관수찬관 金賆 등이 왕명으로 편찬한 원의 《世祖事蹟》을,[8] 동왕 33년에는 선대실록 185책을,[9] 또한 충선왕 즉위년(1308)에는 《세대편년절요》 및 《금경록》을 각각 원에 바쳤다.[10] 특히 선대실록을 원에 보내려 했을 때 많은 사람들이 "祖宗의 실록을 타국에 내보내는 것이 마땅치 못하다"고 반대하였다.[11] 그럼에도 불구하고 선대실록까지를 원에게 바치지 않을 수 없었던 것은 원의 강한 요구 때문이었을 것이다.

元 世祖는 고려사신 鄭可臣을 불러 고려의 풍속, 세대의 相傳, 理亂의 자취

---

6) 《高麗史》 권 28, 世家 28, 충렬왕 4년 7월 정해.
7) 《高麗史》 권 30, 世家 30, 충렬왕 12년 11월 정축.
8) 《高麗史》 권 31, 世家 31, 충렬왕 21년 3월 정사.
《高麗史節要》 권 21, 충렬왕 21년 10월.
9) 《高麗史》 권 32, 世家 32, 충렬왕 33년 11월 병술.
10) 《高麗史》 권 33, 世家 33, 충선왕 즉위년 12월 무오.
11) 이 선대실록 185책은 충선왕 4년(1312)에 다시 고려로 송환되었다(《高麗史》 권 34, 世家 34, 충선왕 4년 5월 임인).

등을 묻고 장시간 열심히 들었다고 한다.[12] 원의 成宗 또한 고려의 귀부시기를 물었던 적이 있다.[13] 이러한 관심은 고려역사서의 진공요구로 나타났으며 고려의 내정간섭을 위한 자료획득은 물론, 고려의 역사서술에 대하여 통제와 간섭을 위한 것으로 생각된다. 충숙왕 12년(1325)에 원의 중서성은 국사원의 요구에 따라 成吉思汗 이래로 공이 있는 자를 사서에 초록하여 보내라고 고려에 요구해 왔던 것도[14] 그들의 고려지배에 필요한 자료를 얻어내려는 것이었다고 하겠다. 고종 및 원종의 실록은 훗날 《충헌왕실록》과 《충경왕실록》으로 개찬되었다. 이 두 실록의 개찬이 원의 간섭에 의한 것이었음은, 忠憲王 및 忠敬王이 고종과 원종의 시호였던 사실만으로도 쉽게 짐작되는 일이다.

원의 간섭과 압력으로 인한 사서의 개편은 통사류의 경우도 마찬가지였다. 《고금록》·《금경록》 등의 경우에서 알 수 있듯이 고려 후기에는 역사서를 고쳐서 편찬하는 경우가 가끔 있었다. 즉 문종 및 헌종대에 활동했던 朴寅亮은 《고금록》 10권을 편찬했었다.[15] 그런데 충렬왕 10년(1284)년에 權溥 등도 또한 《고금록》이라는 같은 이름의 사서를 편찬했다. 정가신의 《千秋金鏡錄》은 충렬왕의 명에 의해 閔漬 등이 증수하여 《世代編年節要》라 했다. 원의 간섭시기의 이같은 사서개편의 표면적 이유는 빠진 것을 보충하는 것으로 밝히고 있다. 그러나 이것을 '원을 의식한 보정'이거나 '원의 압력에 의한 개편'으로 추측하는 경우가 있다.[16] 이 시기에 개편되었던 사서들이 반원적이고 자주적인 방향에서의 개혁이 추진되고 있던 공민왕대에 이르러 다시 한 번 개찬되고 있음은 주목되는 사실이다.

이상에서 살펴본 바와 같이, 원 간섭기에 상당수의 사서가 편찬되었지만, 이를 '민족의식의 발로'로만 보기는 어렵다. 관찬사서의 경우, 원의 사서 진공요구에 따라 편찬되거나, 또는 원의 간섭으로 사서가 개편되기도 했다. 하지만 《삼국유사》와 같은 사찬사서는 민족의식이 분명히 드러나고 있어 더욱

---

12) 李齊賢, 《益齋亂藁》 권 9 상, 世家.
《高麗史》 권 105, 列傳 18, 鄭可臣.
13) 《高麗史》 권 31, 世家 31, 충렬왕 20년 5월 갑인.
14) 《高麗史》 권 35, 世家 35, 충숙왕 12년 12월 계미.
15) 《高麗史》 권 95, 列傳 8, 朴寅亮.
16) 井上秀雄, 〈高麗時代の歷史編纂〉(《日本文化硏究所報告》 16, 1980).

돋보이는 사서라 하겠다.

(3) 고려 말 사관제도의 보강

반원적이고 자주적인 의식이 고조되고 있던 공민왕 이후 역사서술에 대한 관심 또한 새롭게 대두되었다. 공민왕 18년(1369)경에 정언 李詹은 史典之法에 대한 문제를 상소한 바 있다. 그는 "실록에 기록한 것이 陰晴의 日歷뿐, 선왕의 행적과 국가가 출척한 법전 등은 잃어버린 것이 많다"고 했다. 또한 "실록의 편찬에 사견이 가미됨에 시비가 엇갈려 세상에서 바로잡지 못한다"고 실록편찬의 문제를 지적하기도 했다. 그 까닭은 사신을 멀리한 때문이라는 것이다. 따라서 그는 "사신을 近侍로 하여 임금의 언동과 시행함을 모두 쓰게 하고 諸司가 사건을 갖추어 보고하여 이를 기록하게 할 것"을 간하였다. 이에 왕은 사관의 근시를 허락하였다.[17] 공양왕 원년(1389)에 사관 崔蠲 등은 사관제도의 개편을 건의하기도 했다. 사관의 인원이 적을 뿐 아니라, 그 품계도 낮기 때문에 궁중의 일과 묘당에서 논의한 득실에 관한 일 등을 갖추어 기록하지 못하기 때문에 사초를 충실히 기록할 수 있게 사관제도를 새로이 정비할 것을 건의했고, 이것은 곧 받아들여졌다.[18]

공양왕 3년 왕이 정월 경연관에서 "지금 사람들이 중국 고사만 알고 본조의 일은 알지 못하는 것이 옳은가"라고 개탄하니 鄭夢周는 "근대의 역사도 모두 편찬하지 못했고, 선대의 실록도 자세하거나 충실하지 못하니, 청하건대, 편수관을 두어 通鑑綱目을 모방해서 역사를 편수해 省覽에 대비하소서"라고 하니, 왕은 이를 받아들였다.[19]

이상에서 살펴본 바와 같이, 고려 말에 본조사 및 실록 등에 관한 높아진 관심, 사실의 충실한 기록과 직서 등의 문제가 새롭게 제기된 것은, 무신집권기 및 원 간섭기의 역사서술에 대한 반성으로부터 가능했던 것이고, 동시에 이것은 자주의식의 발로였다고 할 수 있다. 고려 말 역사서술에 대한 이 같은 새로운 관심은 통사류의 증수, 혹은 개찬에까지 미치고 있었다.

---

17) 《高麗史》 권 117, 列傳 30, 李詹.
18) 《高麗史》 권 76, 志 30, 百官 1, 春秋館 및 권 137, 列傳 50, 신우 원년 3월.
19) 《高麗史》 권 117, 列傳 30, 鄭夢周.

충목왕 2년(1346) 왕명에 의해 이제현 등은 민지의 《編年綱目》을 증수한 바 있다. 고려를 원과 구별하려는 자주의식의 발로에 의해 《편년강목》이 증수된 것이라는 견해는 일리가 있을 것이다.[20] 교서에 나타나듯이 《편년강목》의 증수는 고려의 개국 이래로 역사를 중외에 널리 반포하려는 의도로부터 출발하였기 때문이다.

공민왕 6년 왕명에 의해 李仁復이 편찬한 《古今錄》은 반원정책 이후의 역사서술로서 주목된다. 이것이 박인량의 《고금록》이나 권부의 《고금록》과 어떤 관련이 있는지는 쉽게 판단하기 어렵다. 만약 권부의 《고금록》 편찬이 원의 간섭 때문에 박인량의 《고금록》에 대한 개편이었다면, 이인복의 《고금록》 편수는 권부의 《고금록》에 대한 자주적 입장에서의 개편이었다고 볼 수 있다. 또한 공민왕 10년에 이색·이인복 등이 왕명에 의해 《本朝金鏡錄》을 증수한 것은 주목된다. 정가신의 《본조금경록》은 충렬왕의 명으로 민지 등에 의해 《세대편년절요》로 증수된 바 있는데도 불구하고, 정가신이 그것을 다시 증수한다고 하는 것은 《세대편년절요》에 대한 불신이었다고 생각해 볼 수도 있기 때문이다. 아무튼 고려 말에 이르러 역사서술에 대한 새로운 인식이 있었고, 이것은 자주의식과 무관하지 않다고 생각된다.

(4) 고려 당대사의 정리

원의 간섭시기에 편찬된 통사류의 관찬사서들은 당대사, 즉 고려왕조사에 관한 것이 대체로 많았다. 오양우의 《국사》, 원부 등의 《고금록》, 이인복의 《고금록》 등이 당대사인지 아닌지는 알 수 없다. 하지만 나머지 대부분의 사서들은 모두가 고려 당대사였다. 정가신의 《천추금경록》, 민지가 문성대왕으로부터 고종대에 이르는 고려사를 편찬한 《本朝編年綱目》, 이제현 등이 빠져버려 없는 부분을 보충한 《增修編年綱目》 등은 모두 당대사였다. 그리고 이제현 등이 편찬에 착수했던 《국사》도 태조 이래의 당대사였다. 뿐만 아니라 충숙왕 원년(1314)에 민지 등이 태조로부터의 실록을 약찬했던 것도 당대사의 정리라는 성격과 무관하지 않다. 이처럼 원 간섭기에 편찬된 대부분의 통사

20) 閔賢九, 〈益齋 李齊賢의 政治活動〉(《震檀學報》 51, 1981), 233쪽.

류가 고려 당대사였다. 왕조가 망하기도 전에 당대의 왕조사를 정리한 것은 특이한 예이다. 이같은 현상을 원 간섭시기의 문화적 위기의식에서 비롯되었을 것이라는 견해는[21] 당시의 절박한 현실문제를 감안할 때 주목할 만하다.

충목왕 2년 《편년강목》의 증수를 명하는 교서 첫머리에서 "태조께서 개국하신 지 이제 429년이 되었다"고 고려의 개국연대를 새삼 상기시키고 있으나, 이제현이 "시조 王氏가 나라를 창건한 지 400여 년이 되었고, 사직의 신령이 남모르게 돕고 있다"[22]고 강조한 것 등에서는 고려의 종묘사직을 지켜가고자 하는 자주적 의식이 보이고 있음이 사실이다. 그리고 원 간섭 이전과 그 이후의 시기를 구분해서 보려고 하는 의식 또한 원 간섭 이전의 고려 당대사 정리에 대한 관심을 높였던 것으로 생각된다. 고려 후기의 역사서술이 대체로 현실문제를 타개하고자 하는 데서 출발했던 것도 당대사 정리에 대한 관심으로 기우는 한 요인이 되었을 것이다.

(5) 역사의 문학적 표현

고려 후기에 나타난 몇 가지 사찬서의 경우는 자유롭고 새로운 방법에 의해 서술되고 있었다. 특히 역사를 시로 읊은 詠史詩의 등장은 주목할 만하다. 무신집권시기에 쓰여졌던 李奎報의 〈東明王篇〉 및 吳世文의 《歷代歌》, 그리고 원 간섭기에 등장한 李承休의 《帝王韻紀》와 雲默無寄의 《釋迦如來行蹟頌》 등이 그것이다. 이외에도 高得相의 영사시와 오세문의 三百韻詩가 있으며, 이규보가 지은 삼백운시는 이의 次韻이다.

명종 25년(1195)경, 오세문과 이규보는 삼백운이나 되는 장편시를 쓴 적이 있다. 신라의 역사 등 거의 모두를 고사를 인용하여 썼던 오세문의 삼백운시는 영사시에 가까운 것이었으리라 생각된다. 이규보가 화답한 시에도 신라의 역사를 64구에 걸쳐 읊고 있다.[23] 그리고 고종 6년(1219)경에 쓰여졌을 것으로 생각되는 오세문의 《역대가》도 그 제명이나 삼백운시의 성격 등을 감안

---

21) 鄭求福, 〈高麗後期의 歷史認識과 敍述〉(《韓國史論》 6, 國史編纂委員會, 1981), 54쪽.
22) 李齊賢, 《益齋亂藁》 권 6, 在大都上中書都堂書·門下侍郎平章事判吏部事贈謚威列公金公行軍記.
23) 李奎報, 《東國李相國集》 전집 권 5, 古律詩 次韻吳東閣世文呈誥院諸學士三百韻詩.

할 때 우리 나라의 역사를 포함하는 영사시류였을 것이다. 충숙왕 15년(1328)에 운묵이 쓴 《석가여래행적송》은 5언 776구, 3,880자에 달할 뿐만 아니라 자세하고도 많은 분량의 주를 병기한 장편의 불교서사시이다. 고구려 시조 동명왕의 영웅적 생애를 읊은 〈동명왕편〉이 영웅서사시라면, 단군 이래 민족사의 전개과정을 읊은 《제왕운기》가 민족서사시라고 하는 것은 이미 널리 알려진 사실이다.

이러한 영사시들을 다른 역사서와 나란히 놓고 평가한다는 것은 문제가 있다. 창작의도나 그 서술방법이 처음부터 달랐기 때문이다. 따라서 이들 영사시가 역사서로서는 한계와 제약이 있지만, 이것은 역사의 문학화라는 점에서 그 의의를 찾아볼 수 있다.

영사시는 역사인식을 감격적으로 서술하기에 적합한 형식이다. 〈동명왕편〉에서 동명왕의 신이한 사적이, 그리고 《제왕운기》에서 단군신화가 자유롭게 서술될 수 있었던 것도 또한 영사시가 갖는 이러한 특징과 무관하지 않다. 영사시는 보다 많은 사람들에게 역사적 교훈을 전파할 수 있는 장점이 있다. 이규보가 "천하로 하여금 우리 나라가 본래 성인의 고장임을 알게 하기 위해서"라고 했던 것이나, 이승휴가 "이목에 환히 익혀져 풍영으로 퍼지게 될 것"을 바랐던 것도 이 까닭이었다. 역사가 갖는 교훈적 측면이 역사가 대중성을 띠어야 하는 중요한 이유라면, 이승휴가 《제왕운기》를 저술하여 후인의 권계로 삼으려 했던 것이나, 운묵이 《석가여래행적송》이라는 거울을 통해 新學沙彌之輩의 몽매를 깨우치려 했던 것은 의미있는 일이었다.

번거로운 역사적 사실을 간략하게 전달할 수 있는 것도 영사시가 갖는 한 특징일 것이다. 이승휴가 "호한한 고금전적들의 내용을 요긴함을 추려 시로 읊는다면 보기에 편하지 않겠는가"라고 했던 것이라든가, 운묵이 "간략함에 의하여 더 많은 것을 알 수 있게 하려 했던 것"은 영사시의 이같은 이로운 점에 착안한 것이었다. 요컨대 역사적 교훈을 시대에 저촉될 염려가 적은 시에 담아 전달함으로써 현실에 대한 은근한 비판을 가하고자 했던 것의 대표적인 시로서 〈동명왕편〉과 《제왕운기》를 들 수 있겠다.

〈金相鉉〉

5. 미 술

1) 건 축

고려 후기에 들어서면 전기에 활발했던 사찰의 창건이나 重修 등 불교건축 활동은 주춤해지는 경향을 나타내기는 하나 선왕이나 왕후의 願堂건립 등의 사업은 계속되었다. 그리고 몽고침입으로 한때 도읍을 강화도로 옮기게 됨에 따라 필연적으로 江都宮闕의 건립과 이에 따른 성곽축조 등의 활동도 있을 수밖에 없었다.

목조건축의 양식을 살펴보면 전기에는 통일신라시대 건축을 계승하고 송·요와의 교류를 통한 영향으로 얼마간의 변화와 발전은 있었을 것이나 새로운 건축양식의 도입이나 창조는 볼 수 없었다. 그러나 후기에 들어서서는 그 초기부터 새로운 건축의 양식적 요소의 도입에 의한 새로운 건축양식의 창조가 있었고, 이 시기 말기에는 다시 또 다른 새로운 건축양식이 도입되어 이들 두 양식의 건물이 그 뒤의 우리 나라 목조건축 특히 권위적 건물의 주된 건축양식으로 정착되었다.

먼저 고려 후기의 건축활동을 개관하고, 불충분한 자료밖에 남아 있지 않으나 그것을 통한 강도궁궐의 양상을 살펴보겠다. 이어서 새로 창조되고 또 도입된 건축양식의 정착 경위와 양식적 특징을 살피고 아울러 현존하는 이 시기 목조건물을 개관토록 한다.

(1) 건축활동

명종대에는 開城의 地德이 쇠약해져서 나라 안이 혼란하므로 도읍을 옮겨야 한다는 천도설에 대항하여 풍수지리사상에 입각한 三蘇說이 일어났다. 개성 주변 세 곳의 명산의 각 명당에 궁궐을 짓고 왕이 이 곳을 때때로 巡駐하면 개성의 지덕이 회복된다는 주장에 따라 명종 4년(1174)에 北蘇로 箕達山, 左蘇로 白岳山, 右蘇로 白馬山을 정하여 그 곳에 궁궐을 건립하였다. 명종 5년에는 도성 서쪽 鳳鳴山 밑에 의종의 원당으로 海岸寺를 창건하고 왕의 眞影을 안치하였다. 그러나 명종 11년에는 무신들을 싫어했던 의종의 원당이 도성 서쪽에 있는 것이 부당하다는 무신들의 주장에 따라 도성 동쪽에 있던 吳彌院을 宣孝寺로 고쳐서 眞殿을 건립하고 의종의 진영을 그 곳으로 옮겼다. 명종 9년에는 원년 10월에 화재로 소진된 궁궐의 중수공사에 착수하여, 12년 9월에 穆親殿과 麗正宮을 완성시키고, 16년 4월에 羅景門을 낙성하여 궁궐의 중수사업을 일단락지었다.

고종대에 들어서는 14년(1223)에 乾元寺를 창건하였고, 19년 6월에는 몽고의 침입을 피하여 강화도로 도읍을 옮겨 그 곳에 궁궐과 관아건물을 건립하고 성곽을 정비하였다. 고종 30년에는 고려의 호국사찰인 興國寺를 강화도에도 건립하고, 37년 정월에는 開豊郡 昇天府에 궁궐을 건립하였으며, 8월에는 강화궁궐의 中城을 축조하였다. 고종 46년 2월에는 摩尼山에 離宮을 건립하기도 하였다. 그러나 4월 몽고에 강화를 청해 태자 倎(뒤에 원종)을 보내고, 이 해 6월에는 강화성곽의 내성과 외성을 헐게 하고, 이 달에 고종은 승하했다. 같은 해 11월에는 개성의 궁궐을 새로 건립하고 정비하기 시작하여 개경환도에 대비하였다. 원종 3년(1262) 10월에는 태조가 창건한 彌勒寺와 功臣堂을 중수하였다.

충렬왕 2년(1276)에는 왕비인 齊國大長公主의 궁궐을 건립하기 위하여 원에 工匠을 청해 그 다음해에 壽寧宮을 건립하였고, 충렬왕 8년에는 妙蓮寺를 창건하였다. 충선왕 3년(1311) 9월에는 원 晉王의 원당으로 興天寺를 창건하였고, 또 모후인 제국대장공주의 원당으로 그의 궁이었던 수령궁을 희사하여 旻天寺로 만들었다.

공민왕 7년(1358) 3월에는 개성의 외성을 수축하고, 9년 11월에는 홍건적의 난을 피하여 臨津縣 白岳에 신궁을 지어 왕이 한때 살기도 하였다. 또 공민왕 15년 5월에는 王輪寺 동남쪽에 魯國大長公主의 影殿을 건립하였다.

이 밖에 이 시기에도 계속 고승이나 귀족들에 의한 창사활동이 있었다. 강종 원년(1212)의 眞覺國師에 의한 海南의 花芳寺 창건이 있고, 고종 32년에는 崔怡에 의해 강화도의 禪源寺가 창건되었다. 공민왕 17년에는 玄昱國師에 의하여 黃州에 心源寺가 창건되고, 우왕 10년(1384)에는 李成桂에 의해서 安邊에 釋王寺가 창건되기도 하였다.

(2) 강화궁궐 및 성곽

江華宮闕의 위치는 현재 궁지로 전해지는 강화읍 官廳洞인 松嶽山 아래에 있었던 것으로 생각되고 있으나 그 곳에 어떤 궁궐건물이 어떻게 배치되고 어떤 관아시설이 있었는지에 대해서는 잘 알려지지 않고 있다. 그러나 지형을 비롯하여 궁전이나 사찰들은 모두 송도의 것을 모방하여 만들었고 여러 가지 행사도 개성에서와 같았다고 전해진다.

《高麗史》나 《高麗史節要》 등에 기록된 강화궁궐이나 궁전·관아 등의 이름을 보면 대강 다음과 같다. 본 궁궐은 西宮으로 불렸으며 송악산 밑에 있었고 그 밖에 延慶宮·壽昌宮·龍岩宮·麗正宮·今旦洞宮·辰岩宮 등의 별궁 이름이 보인다. 궁전건물 이외에는 御醬庫·太常府·輸養都監·景靈殿·國子監·九曜堂·太廟 등의 관아나 시설들의 이름을 볼 수 있다.

> 江華府 東南의 亭子山(見了山) 밖 궁터는 4, 5리 안에 있고 많은 건물들의 터와 담장, 초석 기와들이 널려 있는데 大廟洞이나 都監洞의 이들이 이것이다(《江華府志》 권 하, 古蹟 麗宮舊墟).

마치 강화궁궐이 이 곳에 있었던 것처럼 기록하였는데 이것은 당시 매우 중요한 역할을 한 별궁인 연경궁이 있었던 곳이었고, 여러 건물터들은 이 별궁에 관련된 시설들이며, 여기에 태묘와 도감건물이 있었기 때문에 궁궐터로 오인된 것으로 생각되고 있다.[1)]

강화성곽은 강화궁궐 즉 서궁을 중심으로 내성과 중성·외성 등 세 겹으로 축조되었으며 모두 토축인 점이 개성도성과 아울러 고려의 성곽축조 방법의 특징이다. 이들 성곽 가운데 내성과 외성은 몽고와의 강화가 이루어지자 고종 46년에 몽고에서 파견된 감독관의 감시하에 궁궐건물과 아울러 철폐되어 그 흔적조차 거의 남기지 않았다. 내성은 강화궁궐과 거의 같은 시기에 축조된 것으로 생각되며 그 길이는 3,874자라고 했다. 그 지역은 지금의 松嶽山·新門里·南山里 일대를 둘러싼 범위로서 조선시대에 축조한 강화성

---

1) 尹龍赫, 《高麗對蒙抗爭史硏究》(一志社, 1991), 164~170쪽.

과 일치하고 현 강화성 북문이 내성에 연결된 門址였던 것으로 보인다. 외성은 고종 20년에서 24년에 걸쳐 축조된 土壘로서 길이 37,036자라고 한다. 그 범위는 佛恩面 三成里·西門洞·洞岩里·新峴里·德城里를 비롯하여 강화도의 동쪽 해안 일대를 돌았으며, 조선시대에 축조된 德津鎭과 甲串墩은 외성에 속하는 해협수비시설이 있었던 곳으로 생각되고 있다.[2] 중성은 고종 37년에 축조하기 시작하였는데 둘레가 2,960여 칸이고 그 곳에 대소 17개소의 문이 있었다고 한다. 그 범위는 지금의 仙源面 大門洞의 大門峴을 남문자리로 하고, 仙否里·倉里·神井里·智山里 및 府內面 菊花里·玉林里 일대를 포함한 성이었던 것으로 알려져 있다.

(3) 목조건축

고려 후기에 들어서자 이전과는 다른 새로운 양식의 목조건물이 나타나기 시작하였다. 그것은 중국 華南지방에서 성행하던 한 목조건축양식의 영향을 받아 나타난 양식이며, 일반적으로 주심포집이라고 불리는 柱心包樣式이다. 또한 이 시기 말에는 중국 中原이 몽고에 의해 점거되자 원래 중국 華北지방에서 성행하던 또 하나의 새로운 건축양식이 고려와 원과의 교류를 통하여 고려에 도입되었으며, 그것이 일반적으로 다포집이라고 불리는 多包樣式이다.

이들 새로 도입 정착된 두 양식의 건축은 우리 나라 근세의 목조건물의 양식을 양분할 만큼 성행하였으며, 현존하는 우리 나라 고건물 가운데 특히 권위적 건물의 대부분을 차지하게 되었다. 이와 같이 도입된 두 양식의 이름이 주심포집과 다포집으로 불리게 된 것은 다포양식이 도입된 뒤에 이들 양식을 구별하기 위해서 쓰여지게 된 것이라고 생각된다. 그것은 다포집이 도입되기 이전의 斗栱을 갖는 목조건축은 거의 모두 柱心包 즉 기둥 위에만 斗栱이 架構되는 건물뿐이었으므로 다포양식이 도입되기 이전에는 주심포집이라는 이름이 만들어지지 않았을 것이기 때문이다.

주심포양식과 다포양식은 그것이 도입된 시기와 경위가 서로 다르고 도입

2) 文化財硏究所,《文化財案內文案集》2 (文化財管理局, 1986), 172·186쪽.

된 초기에는 이질적인 양식이었으나, 이 시기 말기에는 이미 그 세부양식과 가공기법이 일부 절충되기 시작하였다. 그러나 근본적인 양식의 특징은 고수하였으며, 중국 및 똑같은 계열의 양식을 도입하여 정착시킨 일본과도 다른 우리 나라 고유한 건축양식으로 정착되었다.

가. 주심포양식

柱心包樣式이란 건물에 가구되는 斗栱이 기둥 위에만 설치되는 건축양식을 말한다. 「包」는 「包作」 또는 「貢包」 등으로 불리는 두공을 말하는 것이며, 두공이 柱心 즉 기둥 위에만 있는 양식이란 뜻이다. 이 양식을 그 뜻대로만 본다면 고구려나 백제 또는 신라에서 고려로 전해진 목조건축도 거의 모두 두공이 기둥 위에만 배치되었던 것으로 생각되기 때문에 그 때의 건물들도 주심포집이라고 할 것이다. 그러나 고려 전기 이전의 목조건물이 남아있지 않고, 또 그들 건물과 새로 도입 정착된 주심포양식의 건물과는 두공의 모습이 전혀 달랐을 것으로 짐작된다. 그 밖의 건물형식도 달랐던 것으로 생각되니까 이것을 건축양식명으로 사용할 때는 고려 후기에 들어서자 중국 화남지방에서 새로 도입되고 정착한 뚜렷한 양식적 특징을 갖는 건축에만 사용하여야 할 것이다.[3)]

새로운 건축양식인 주심포양식이 고려에 들어오게 된 것은 중국대륙의 정세변화와 관련된 것으로 보인다. 12세기 송이 금의 압박으로 중원에서 쫓겨 남쪽의 臨安으로 도읍을 옮겼으나 고려는 남송과의 교류를 계속하여 송의 상인들의 고려 출입도 여전하였다. 이러한 과정에서 중국 화남지방에서 성행하던 한 새로운 건축양식이 우리 나라에 들어온 것이라고 생각된다.

이 양식의 건축은 원래 매우 큰 보칸을 갖고 건물 내부에 기둥이 없는 넓은 공간을 만드는데 적합한 가구형식을 가지며, 두공의 장여(혀)를 최대로 활용한 구조였던 것으로 보인다. 화남지방에서 이와 같은 건축을 그대로 도입한 일본에서는 東大寺 南大門과 같은 두공 出目이 6출목이나 되는 거대한 건물을 건립하는데 활용했다. 그러나 고려에서는 그대로 도입되어 정착한 것

3) 학계 일부에는 이를 양식명으로 인정치 않고, 「주심포계」건물이라고 하고, 다포양식을 「다포계」건물이라고 하는 이도 있다.

이 아니었다. 고려 전기에 있었던 재래의 건물에 새로 도입된 양식적 요소가 부가되어 새 건축양식을 이루었다. 즉 그것은 화남지방에 있던 주심포양식의 기원이 된 건축과는 전혀 다른 우리 나라에서만의 독특한 건축양식이었다. 그것은 단번에 완성된 양식이 아니고 과도적 양식의 건물이 시도된 뒤에 비로소 하나의 완전한 건축양식으로 자리잡게 되었다고 생각된다. 그와 같은 사실은 12세기 말 또는 13세기 초에 건립된 것으로 생각되는 鳳停寺 極樂殿이 두공의 檐遮 형식이나 보의 모습, 천장이 가설되지 않은 연등천장 등이 화남지방에서 성행하던 주심포양식의 처음 양식으로 만들어졌을 뿐이다. 그리고 그 밖의 기둥이나 柱枓(頭) 및 臺工의 모습은 신라에서 고려로 계승되어 발전한 재래의 건축양식을 지녔고, 浮石寺 無量壽殿에서 비로소 주심포양식이 확립되었음을 보여주고 있기 때문이다.

이상의 부석사 무량수전에서 확립된 주심포양식의 특징은 다음과 같다.

첫째, 斗栱은 기둥 위에만 가구되며 두공의 출목은 2출목을 넘지 않는다. 다만 규모가 큰 건물이면 두공의 첫 출목이 기둥 위에 놓인 주두 위에 첫 출목의 첨차가 짜여지나, 작은 건물의 경우는 첫 출목의 첨차는 기둥머리에 끼워진 昌枋의 빨목이 되고 주두 위에는 2출목째의 첨차가 짜여진다.

둘째, 주두와 소로 굽이 反曲된 곡면으로 만들어지며 굽받침을 갖는다. 다만 이 굽과 굽받침은 조선 초기부터 곡면이 없어지고 경사된 평면으로 만들어지며, 굽받침이 없어져서 마치 다포양식의 주두나 소로의 모습으로 변한다.

셋째, 두공의 첨차 끝은 경사지게 절단되고, 첨차 하단부는 쌍S자 모양으로 조각된다. 시기가 내려오면 이 첨차 끝의 경사가 점점 심해지고, 쌍S자 모양의 조각도 더욱 복잡해진다.

넷째, 보(樑)의 단면이 윗변이 넓고 아랫변이 좁은 역사다리꼴로 만들고, 그 모를 둥글게 깎으며, 보의 양 끝은 키와 폭이 작아져서 기둥에 꿉힌다.

다섯째, 천장을 가구하지 않고, 지붕 서까래가 노출되는 이른바 연등천장으로 만든다. 따라서 屋蓋가구가 노출되기 때문에 모든 옥개가구재도 장식적인 의장으로 만들어지며 대공은 포대공 또는 花盤 등 장식적 요소가 많은 部材를 사용한다.

이 밖에도 현존하는 주심포양식의 건물을 볼 때 지붕을 맞배지붕으로 만든 것이 많고, 기둥은 비교적 배흘림이 강한 굵은 기둥을 사용하는 경향이 있다. 맞배지붕이 많은 것은 현존하는 주심포양식의 건물이 비교적 규모가 작은 것이 많기 때문에 나타난 현상으로 보이며, 배흘림이 강하고 굵은 기둥은 주심포양식의 건물이 지붕 무게를 주심의 두공을 통하여 기둥으로만 지탱하는 구조이기 때문인 것으로 보인다.

나. 다포양식

多包樣式이란 건물에 가구되는 두공 즉 包作이 많은 형식의 건축양식을 말하는 것이며, 주심포양식과는 달리 두공이 기둥 윗부분과 기둥 사이 상부에 1구 이상 가구되는 양식을 말한다. 원나라가 중원을 차지하면서 그들의 발상지였던 화북지방에서 성행하던 두공을 많이 가구하여 장중하고 위풍있게 보이는 건축양식을 중원으로 가져다가 그들의 궁궐 등에 즐겨 채택하고 있었는데 이 건축양식이 고려로 들어오게 된 것이다.

다포양식이 도입되고 정착되는 과정은 주심포양식의 경우와는 달리 원에서 건립되고 있던 다포양식의 건물이 그대로 고려로 옮겨지게 된 것으로 생각되고 있다. 그것은 충렬왕 2년(1277)에 왕비인 제국대장공주를 위한 수령궁을 건립하는데 원의 기술자를 불러들여 공사를 진행했다는 사실에서 알 수 있다. 원의 기술자에 의해 건립된 궁전이라면 그 당시의 정세로 보아 당연히 원에서 성행하고 있던 장중하고 위풍있는 건축양식인 다포양식의 건물로 건립되었을 것이고, 또 그 건물의 모습은 원에서 만들어지고 있던 다포양식의 건물과 똑같은 건물이었을 것이다.[4]

다포양식이 도입된 직후에는 원의 그것과 똑같은 형태의 건물을 짓게 된 것으로 믿어지나, 얼마 지나지 않아 주두나 소로 굽의 반곡된 곡면이 경사진 평면으로 변하는 등 세부 양식에 변화를 나타내면서 고려 멸망 직전에서 조선 초기에는 궁궐의 주요 건물이나 도성의 문루와 사찰의 주요 법당 등에 채택되고, 중기 이후에는 권위를 세우려는 건물에 널리 채용되었다. 고려의 다포양식의 건물은 똑같은 건축양식을 도입하여 정착시킨 이른바 일본의 禪宗樣(또는 唐樣)이나 중국의 이 계통의 건물과도 다른 독특한 양식으로 정착하게 된 것이다.

---

4) 杉山信三, 《韓國の中世建築》(相模書房, 1984), 375~379쪽.

다포양식이 고려에 도입된 직후에 세워진 목조건물은 남아 있지 않으나 고려 말기에 건립된 목조탑을 세부에 이르기까지 충실히 모각하여 건립한 敬天寺 十層石塔에서 도입된 직후의 다포양식의 목조건물의 모습을 짐작할 수 있다. 이 석탑에 조각된 두공의 주두나 소로 굽은 분명히 반곡된 곡면을 나타내고 있으며, 일본의 선종양으로 된 건물에서도 주두와 소로 굽이 곡면으로 처리되고 있는 점으로 보아 원래의 다포양식의 두공은 주두와 소로 굽이 반곡된 곡면으로 만들어졌던 것이라 하겠다.

그러나 현존하는 모든 다포양식의 건물은 이미 변화된 상태로 정착된 양식을 지닌 건물뿐이다. 이들 변화 정착된 우리 나라 다포양식의 양식적 특징은 다음과 같다.

첫째, 기둥 위와 창방 위에 넓고 두툼한 平枋을 돌리고 그 위에 두공을 설치하며, 보통의 경우 두공을 기둥 위와 기둥과 기둥 사이에 1구 이상 설치하는데, 이를 空間包라고 한다.

둘째, 두공의 출목은 3출목이 넘는 경우도 있고, 건물의 내부와 외부의 출목이 같은 것이 일반적이나, 내부출목이 외부출목보다 1출목 더 나가는 경우도 있다. 이것은 천장을 좀더 높게 가구하기 위한 방법이다.

셋째, 두공의 주두와 소로 굽을 경사진 평면으로 만들어 굽받침이 없고, 첨차 끝의 절단면과 下角部 전체를 하나의 弧形으로 만들거나 하각부만을 호형으로 만든 이른바 翹頭形으로 만들며, 건물에서 앞으로 돌출되는 첨차 즉 제공첨차의 2출목 첨차부터 그 위에 짜여지는 첨차 끝은 牛舌 또는 쇠서라고 불리는 끝을 단면 5각형으로 가늘게 만들어 밑으로 경사지게 한다.

넷째, 보의 단면은 장방형이며, 보 양끝에서도 보의 키를 줄이지 않고 폭만을 줄여 기둥에 끼운다.

다섯째, 건물 내부에 천장을 가구하며 많은 경우 格子천장으로 꾸민다. 따라서 옥개가구는 천장에 의해 가려지기 때문에 옥개가구재들은 장식적 의장을 가하지 않는다.

이 밖에도 다포양식의 건물은 많은 경우 지붕을 팔작지붕으로 만들며, 맞배지붕의 경우에는 건물 측면에 두공을 가구하지 않는 것이 원칙이다. 또 일반적으로 기둥은 비교적 배흘림이 약하고 가는 기둥을 사용한다. 다포양식

자체가 장중하고 위풍있는 양식이며, 이 분위기에 팔작지붕이 잘 조화될 뿐만 아니라 지붕 처마가 사방으로 내려오기 때문에 건물 측면에도 두공을 가구할 수 있어 건물을 더욱 장중하게 만들기 때문에 팔작지붕이 많았던 것으로 보인다. 기둥의 배흘림이 약하고 가는 것은 다포양식의 건물이 구조적으로 지붕 하중을 두공을 통하여 평방에 전달하고, 평방에서는 기둥과 벽체에 고루 하중을 전달하는 구조였던 것과 관련이 있다. 따라서 상대적으로 기둥이 지탱하여야 하는 하중이 적기 때문인 것으로 생각된다.

다. 건물유구

鳳停寺는 慶北 安東郡 西後面 台庄洞에 있다. 봉정사내의 극락전(국보 제15호)은 조선 초기에 건립된 다포양식으로 대웅전 서쪽에 있는 법당인데, 거의 12세기 끝무렵이나 13세기 초에 건립된 것으로 보인다. 그것은 정면 3칸, 측면 4칸의 맞배지붕으로 된 주심포양식에 속하는 건물이다.

이 건물은 앞에서 말한 바와 같이 주심포양식이 하나의 건축양식으로 확고하게 정착되기 이전의 과도적인 건물이다. 곧 두공의 첨차나 옥개가구는 중국 화남지방에서 도입된 주심포양식적 요소를 보이며, 그 밖의 부분은 신라에서 고려로 전해진 재래의 건축적 요소를 지닌 우리 나라 유일의 목조건물이다. 이 건물은 1973년에 실시한 해체수리 때의 조사에 의하여 수리하기 전의 건물 전면에 설치되었던 툇마루는 후대에 설치한 것이며, 건물 앞면 주칸에 짜여진 띠살4분합문도 후대에 개조한 것을 알게 되었다. 원래는 좌우 夾間에 살창으로 된 창문이 있었고, 중앙칸에 두 짝의 판문으로 된 출입문이 있었던 사실이 밝혀져서 수리할 때에 원래의 모습으로 복원하였다. 또 해체조사에서 건물 중앙칸 宗道里 밑에서 공민왕 12년(1363)에 옥개부분을 중수했다는 기록이 발견되어 종래 우리 나라에서 가장 오래 된 건물이라고 알려진 부석사 무량수전보다 좀 더 일찍 건립된 건물일 가능성이 큰 것으로 추측케 해준다.

이 건물의 특징은 전형적인 주심포양식의 건물에 비해 가늘고 배흘림이 약한 기둥과, 기둥 위의 주두 굽이 반곡된 곡면으로 만들어지고 굽받침이 없는 점이다. 또 大樑 위에서 中樑을 받치는 대공이나, 중량 중앙에서 종도리를 받치는 대공, 그리고 기둥 창방 중앙에서 장혀[長舌]를 받치는 대공이 모두 고구려에서 볼 수 있었던 人字形대공이 변화하고 발전하여 장식적 의장이 많아진 花盤이 나타나기 이전의 대공형식으로 되어 있다. 이런 특징은 모두 신라에서 고려로 계승된 목조건물의 양식적 요소들이라고 생각되고 있다. 이 밖에도 기둥 위의 두공의 첫 출목의 첨차 즉 초제공 위에서 도리방향으로 장혀를 걸고, 그 위에 좌우로 전개된 첨차 즉 大檐을 놓았으며, 外目道里 밑에 행공첨차 없이 직접 단장혀[短長舌]가 도리를 받도록 한 점이 매우 고식의 가구법을 나타내는 것으로서 부석사 무량수전 등에서는 볼 수 없는 것이다. 두공은 2출목이며 첨차 끝이 수직에 가까우나 약간 내경시켜 절단되었고, 첨차 하단이 간결하게 S자를 연속시킨 모양으로 조각되었고, 옥내에 천장가구 없이 연등천장으로 꾸민 점 등은 주심포양식의 양식적 요소를 나타낸 것이다(〈사진 1〉·〈사진 2〉 및 〈도면 1〉).

浮石寺는 慶北 榮州郡 浮石面 北枝里에 있으며, 신라 문무왕 16년(676)에 義湘大師에 의해 창건되었다고 전한다. 경내에는 신라시대에 건립한 삼층석탑과

〈사진 1〉 鳳停寺 極樂殿 前景

〈사진 2〉 鳳停寺 極樂殿 외부두공

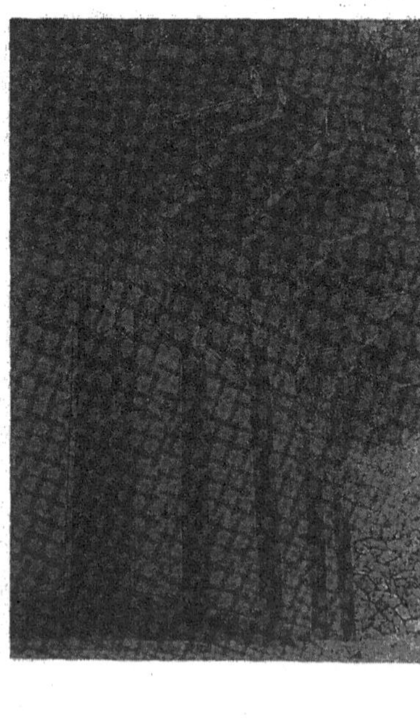

〈도면 1〉 鳳停寺 極樂殿 단면도

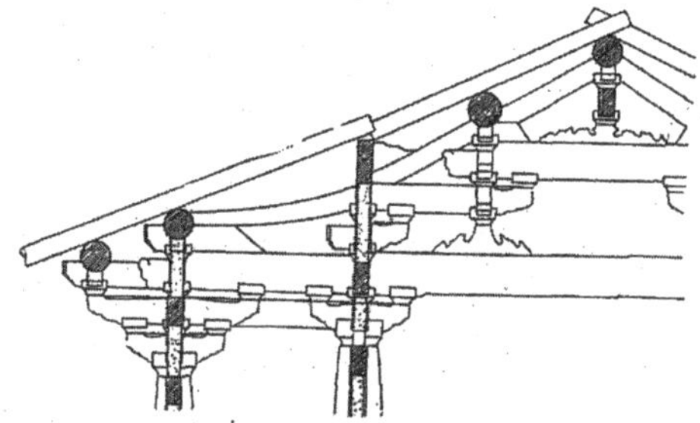

* 尹張燮, 《韓國建築史》에서 옮김

석등, 당간지주 등이 있고, 목조 건물로는 무량수전과 공민왕 22년(1333)에 건립된 祖師堂이 있다.

무량수전은 13세기 초에 건립된 부석사의 본전 건물이며, 정면 5칸, 측면 3칸의 팔작지붕으로 된 주심포양식의 건물 중에서 가장 규모가 큰 건물이다. 1916년에 실시된 해체수리공사에서 발견된 명문에 의하면 우왕 2년(1376)에 중건된 것으로 기록되어 있다. 그러나 조사당과의 양식적 비교를 통해 적어도 조사당 건물보다 100년 내지 150년 앞서서 세워진 건물일 것으로 추정된다. 이 건물은 앞에서 말한 바와 같이 현존하는 목조건물로 볼 때, 양식상으로 봉정사 극락전과 같은 과도적 양식을 거쳐 우리 나라의 완전한 주심포양식을 확립시킨 건물이라고 생각되며, 주심포양식의 모든 특징을 갖춘 표본적인 건물이다.

건물은 배흘림이 강한 굵직한 기둥 위에 내외 2출목의 주심포양식 특유의 두공을 올렸다. 두공은 주두와 소로에 굽받침이 있고, 첨차 끝은 봉정사 극락전의 첨차보다 더 경사가 심해지고, 첨차 하단의 연속된 S자형 조각도 그 곡이 더 뚜렷해졌다. 內陣 高柱 위에는 역시 2출목 형태의 두공을 올려 대량 끝을 받치며, 대량 역시 주심포양식 특유의 단면이 모가 둥근 역사다리꼴로 만들어졌다. 대량 위의 좌우로는 포대공을 올려 宗樑(마룻보) 끝을 받치며, 종량 위쪽 중앙에는 사다리꼴 모양의 부재 위에 접시받침과 조각된 헛첨차를 겹친 마루대공과 직선적인 부재로 된 소슬합장이 마루도리를 받치는 간결한 가구로 이루어졌다. 천장은 연등천장으로 지붕연목의 밑바닥이 건물 내부에 드러나게 했다(〈도면 2〉 및 〈사진 3〉·〈사진 4〉).

건물 내부에는 특이하게 서쪽에 치우쳐서 불단을 만들어 그 위에 동향한 塑造如來坐像을 안치했다. 여래좌상의 手印은 釋迦如來를 나타내는 모습이다. 그러나 법당명이 무량수전이며 불상이 동향한 점으로 미루어 무량수불 즉 阿彌陀如來를 나타낸 것으로 보고 있다.

〈도면 2-1〉 浮石寺 無量壽殿 정면도

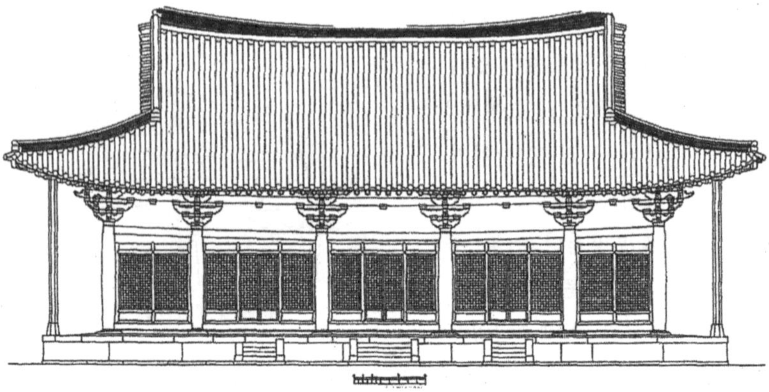

〈도면 2-2〉 浮石寺 無量壽殿 종단면도

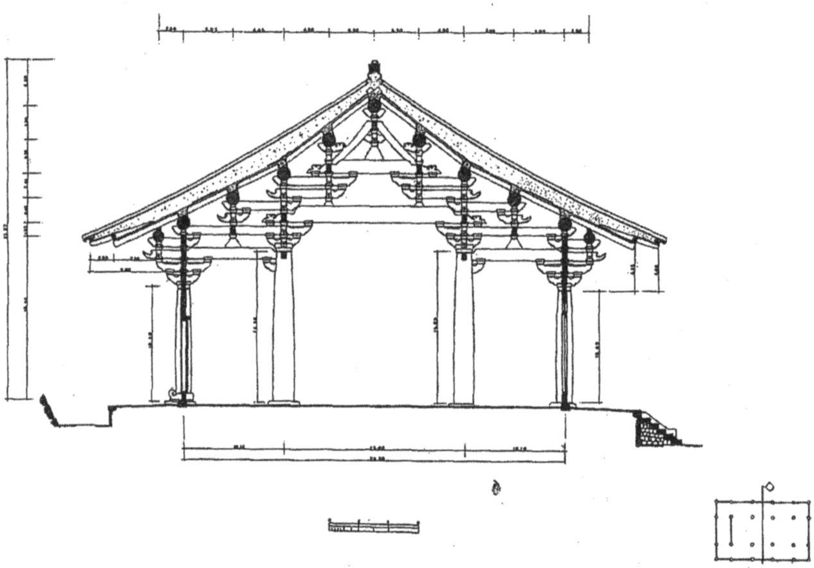

* 文化財管理局, 《韓國의 古建築》 3에서 옮김

건물 전면의 중앙칸과 좌우 협칸은 모두 격자살문의 4분합이며 양 측칸은 같은 격자살로 된 큼직한 창문을 끼웠다. 그러나 이 부분은 조선시대에 들어와서 개조된 것으로 보이며, 원래는 복원된 봉정사 극락전이나 뒤에서 말할

〈사진 3〉 浮石寺 無量壽殿 외부두공

〈사진 4〉 浮石寺 無量壽殿 내부가구

조사당 또는 銀海寺 居祖庵 靈山殿의 경우와 같이 출입문은 판문이고 창문은 살문이었던 것으로 생각된다.

부석사 조사당은 정면 3칸, 측면 1칸의 맞배지붕으로 된 주심포양식에 속하는 규모가 작은 건물이다. 건물 내부에는 부석사를 창건했다는 의상대사의 진영을 봉안하였다. 이 건물은 1916년의 해체수리공사에서 발견된 명문에 의하면 우왕 3년(1377)에 건립된 건물임이 밝혀졌다.

건물은 무량수전에 비해 배흘림이 약한 기둥 위에 주두를 올리고, 2출목째의 첨차 밑을 창방 뺄목으로 만들어진 첫출목의 첨차가 받친 2출목 두공으로 이루어졌다. 따라서 건물 내부는 주두 위의 첨차만이 나와 1출목이 된다. 두공은 주두나 소로에 굽받침이 없고, 첨차도 그 끝은 경사지게 절단되었으나 하단에 연속된 S자형의 조각이 없는 주심포양식의 기본적 형태를 갖고 있지 않다. 이것은 이론이 있기는 하나[5] 건물의 규모가 작기 때문에 번잡한

5) 杉山信三, 위의 책, 403~407쪽.

〈도면 3-1〉 浮石寺 祖師堂 정면도

〈도면 3-2〉 浮石寺 祖師堂 서측면도

* 文化財管理局, 《韓國의 古建築》 3에서 옮김

〈사진 5〉 浮石寺 祖師堂 내부가구

彫飾을 생략하여 나타난 모습으로 생각된다. 대량은 기둥 위의 두공이 지탱하며 대량의 뺄목은 앞뒤로 뻗어 외목도리 밑을 두공의 2출목 소로와 같이 받쳤다. 대량 위에는 앞뒤에 포대공을 두고 종량을 받치게 했으며, 이 종량 양 끝에서 中道里를 받는다. 종량 중앙에는 키가 큰 사다리꼴로 된 부재 위에 접시받침을 올린 마루대공과 곡선재로 된 소슬합장이 마루도리를 받친다. 건물 정면 중앙에 판문이 있어 출입문으로 삼고, 좌우 측칸에는 살문으로 된 창이 장치되었다(〈도면 3〉과 〈사진 5〉).

修德寺는 忠南 禮山郡 德山面 斜川里에 있으며 신라시대 智命大師에 의해 창건되었다고 한다. 일설에는 백제시대의 法燈을 이어온 사찰이라고도 하고, 경내에서 백제시대의 수막새기와가 출토되었다고 한다.

대웅전은 정면 3칸, 측면 4칸의 맞배지붕으로 된 주심포양식의 건물로서, 1937년에 실시된 해체수리공사에서 건물의 화반 하단과 첨차 하단에 기록된 묵서명에 의해 충렬왕 34년(1308)에 건립된 건물임이 확인되었다. 건물의 가구수법이 부석사 무량수전과 흡사하고 세부양식 역시 비슷한 점이 많아 두 건물을 비교함으로써 건립시기의 차이에 따른 양식과 수법의 차이를 짐작할

〈도면 4 - 1〉 修德寺 大雄殿 정면도

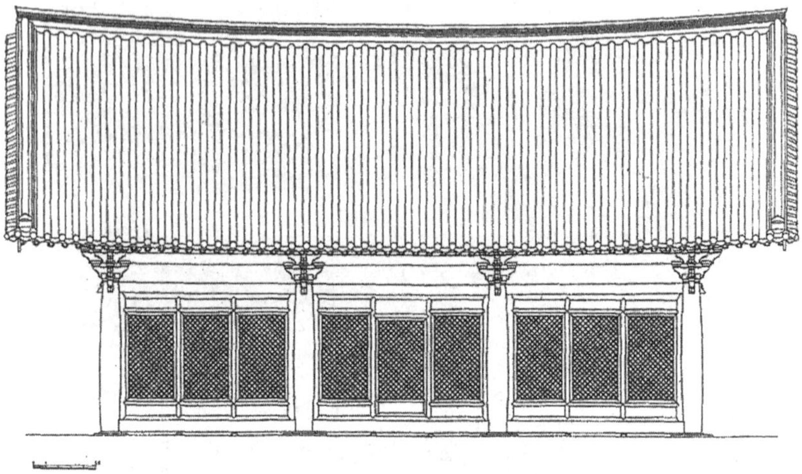

〈도면 4 - 2〉 修德寺 大雄殿 동측면도

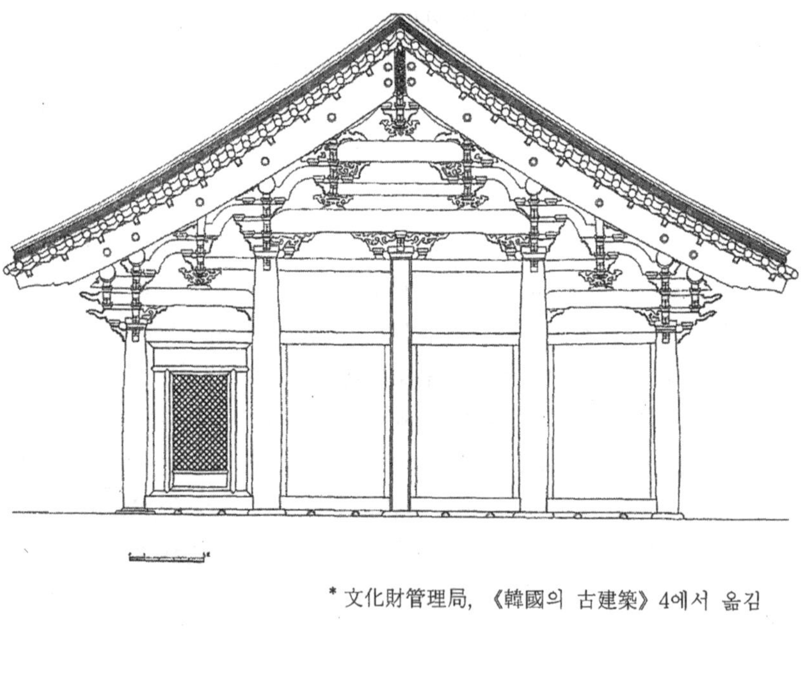

* 文化財管理局, 《韓國의 古建築》 4에서 옮김

〈사진 6〉 修德寺 大雄殿 前景

〈사진 7〉 修德寺 大雄殿 옥개가구

수 있고 실제 건립연대를 알 수 있는 건물이다. 따라서 우리 나라 건축사연구에 있어서 매우 귀중한 표준적 자료가 되고 있다.

건물의 기둥은 부석사 무량수전보다는 덜하나 굵직하며 배흘림도 강하다. 두공은 첫출목의 첨차를 주두 밑의 창방 뺄목으로 만든 2출목이고 주두와 소로에는 굽받침이 있다. 건물 양 측면에서는 앞뒤의 두 高柱 사이에 각주를 세워 이런 기둥이 대량을 지탱하고 고주와 平柱 사이를 繫樑으로 연결하였다. 또 이들 기둥 위와 주간 상부에는 지붕을 구성하는 도리가 가구되고, 마루도리는 대량 위 앞뒤에 놓인 포대공이 받치는 종량 중앙에 놓인 포대공 형식의 마루대공과 곡선재로 된 소슬합장이 지탱하고, 그 앞뒤의 도리들은 큰 곡률로 굽어진 牛眉樑에 의해 연결되어 있는데, 이들 기둥과 각종 가구재에 의해 형성된 구성의 아름다움은 우리 나라 목조건물의 정수라고 할 수 있다. 건물의 전면은 모두 사격자문의 3분합문으로 되었고, 건물 외부는 단청이 거의 퇴락되었으나 내부에는 건립 당시의 것으로 보이는 녹색이 주가 된 매우 고식의 단청이 잘 남아 있다.

이 건물과 부석사 무량수전과의 양식적 차이점 가운데 두공의 형식은 두 건물간의 규모의 차에 의한 것으로 보인다. 그 밖에 기둥의 굵기나 건물 내부의 첨차나 포대공이 모두 상부에 조식이 많은 波蓮文으로 꾸며진 부재를 사용하고, 소슬합장이 곡선재로 된 것, 도리를 연결한 우미량 등은 부석사 무량수전에 비해 건립시기가 늦은 것을 나타내주고 있다(〈도면 4〉·〈사진 6〉 및 〈사진 7〉).

銀海寺는 慶北 永川郡 淸道面 新源洞에 있으며, 신라 헌덕왕 원년(809)에 惠哲國師에 의해 개기되고 당초에는 海眼寺라 했던 것으로 전해진다.

은해사에 딸린 居祖庵의 靈山殿은 정면 7칸, 측면 3칸의 길다란 건물로 맞배지붕으로 된 주심포양식의 건물이다. 건물 중앙칸에는 3분합의 격자살문의 출입문이 있고 양단의 두 칸씩에는 살창이 가구된 고식의 형태를 간직하고 있다. 건물의 가구수법은 매우 간결하여 측면 중앙칸의 두 고주 앞뒤에 평주를 세우고 고주는 대량을 받치고 평주와 고주 사이에는 계량을 걸었다. 두공은 창방 뺄목이 첨차가 되고 주두 위에 끼워진 헛초공 밑을 첨차 끝에 놓인 소로가 받치는 형식의 1출목 두공이다. 그리고 주두 위의 헛초공 끝이

〈사진 8〉 銀海寺 居祖庵 靈山殿 前景

〈사신 9〉 銀海寺 居祖庵 靈山殿 내부

앙혀[仰舌] 모양으로 만들어지고, 건물 내부로 나온 첨차는 조식된 파련문으로 만들었다. 주두와 소로 굽은 경사진 평면으로 만들고 굽받침이 소멸되나 첨차 모습은 전형적인 주심포양식의 특징을 지녀, 이 이후에 세워지는 주심포양식의 두공 모습이 된다.

이 건물에서 가장 특징적인 점은 평주의 주두 밑에서 나온 첨차가 길고, 이 첨차 밑에 밀착하며 기둥 몸에 끼워진 草栱이 이를 받쳐 마치 상하 부재가 일체가 된 키가 높은 첨차같이 보이는 것과, 대량 중앙에서 종도리를 받치는 마루대공이 가늘고 키가 큰 사다리꼴의 부재 위에 초공을 갖는 이중으로 된 포대공 형식을 갖는 점이다(〈사진 8〉·〈사진 9〉). 한편

영산전 건물의 건립시기를 조선시대 초기로 보는 견해도 있으나 그 양식이 간결하고 견실한 점과 고식적인 요소를 남긴 점으로 보아 고려시대 말엽 건립되었다는 견해가 일반적이다.

江陵 客舍門은 江陵市 龍岡洞에 있는 객사 대문으로서 우리 나라에서 가장 오래된 최고의 문건물이다. 문은 정면 3칸, 측면 2칸의 맞배지붕으로 된 주심포양식이다. 기둥은 앞뒷줄에 배흘림이 큰 圓柱를 세우고 가운데 줄에는 方柱를 세워 문비를 장치하였다. 기둥에는 2출목의 두공을 올렸으며, 그 첫 출목의 첨차는 주두 밑에 나온 창방의 뺄목으로 만들었다. 두공의 주두나 소로에는 굽받침이 있고, 첨차 역시 주심포양식의 특징적인 모습으로 만들어졌다. 대량은 이들 기둥 위에 걸렸고, 그 끝에 짜인 첨차가 외목도리 밑의 장혀를 받쳤다. 대량 위 앞뒤에는 포대공을 올려 그 첨차가 바깥으로 길게 뻗어 柱心道里 밑을 받치는 계량같이 만들어지고 이 포대공이 종량을 받쳤다. 종량 끝은 중도리를 받치고 종량 중앙에는 두터운 사다리꼴의 대공을 올려 마루도리를 받치며 소슬합장은 없다(〈도면 5〉).

〈도면 5〉 江陵 客舍門 서측면도

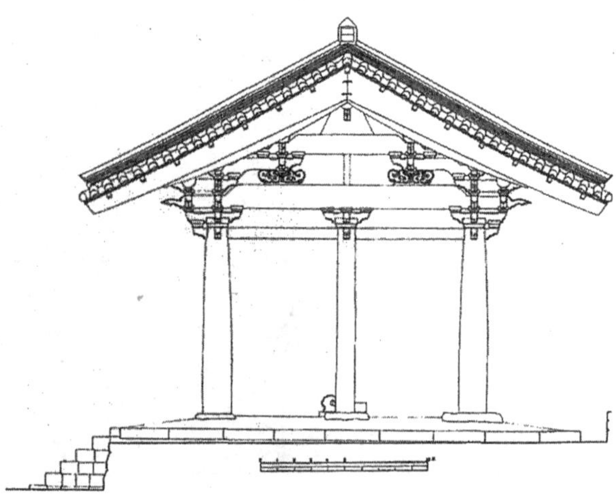

* 文化財管理局, 《韓國의 古建築》 5에서 옮김

成佛寺는 黃海道 黃州郡 州南面에 있다.[6] 성불사 경내의 極樂殿은 정면 3칸, 측면 2칸의 맞배지붕으로 된 주심포양식 건물이다. 이 건물은 후대의 보수로 세부에 다포양식적 요소가 첨가되었으나, 두공의 주두나 소로에 굽받침이 있는 등 가구형식에 강릉 객사문과 비슷한 점이 많다. 다만 두공의 2출목째의 첨차 끝이 다포양식의 쇠서같은 모습으로 개조된 부분이 있다. 또 대량 위에서 종량을 받치는 대공이나 종량 중앙에서 마루도리를 받치는 마루대공은 수덕사 대웅전의 그것과 형식이 비슷하나 좀더 장식적 요소가 많다.

같은 경내의 應眞殿은 일제시대에 이루어진 수리공사에서 묵서명이 발견되어 중종 25년(1530)에 개수되었다는 것을 알게 되었다. 건물은 정면 7칸, 측면 3칸이며 맞배지붕으로 된 주심포양식의 건물이었으나 조선시대의 개수공사 때에 건물의 앞뒷면을 다포양식으로 개조한 건물이다. 건물 내부의 옥개가구에 남은 두공이나 포대공 등은 전형적인 주심포양식의 모습을 잘 남기고 있다(〈도면 6〉).

〈도면 6〉 成佛寺 應眞殿 내부 중앙기둥 두공

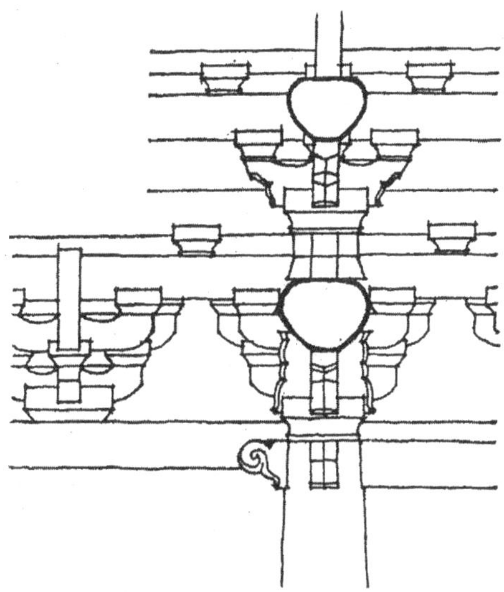

* 杉山信三, 《韓國の中世建築》에서 옮김

心源寺는 黃海道 黃州郡 龜洛面에 있다. 이 절의 본전인 普光殿은 釋王寺 應眞殿과 아울러 고려 말에 건립된 다포양식의 목조건물 가운데 지금까지 남아 있는 단 두 채의 건물로서 희귀한 것이다. 건물은 정면 3칸, 측면 3칸의 팔작지붕으로 된 다포양식이다.

두공은 기둥 위와 창방 위에 돌려진 평방 위에 짜여지고, 출목은 내·외 3출목이다. 이 건물의 가장 큰 특징은 건물 측면에 배치된 두공이 건물 隅柱

6) 北韓에 있는 목조건물의 소재지는 옛 지명임. 또 北韓소재 목조건물의 내용은 杉山信三의 위의 책의 내용과 수록된 도면을 참고로 작성한 것이다. 이하 마찬가지이다.

위의 것을 제외하고는 모두 기둥 위치와는 관계없이 등간격으로 배치된 점이다. 이와 같은 두공의 배치방법은 건물 측면에서는 미적 효과를 크게 의식하지 않고 순수한 구조적 요건 즉 상부 하중을 고르게 기둥과 벽체에 전달하려는 역학적 고려에서라고 생각되며, 아울러 다포양식상 두공 배치의 시원적 이념을 나타낸 것이라고도 생각할 수 있다. 두공의 모습은 주두와 소로굽이 이미 반곡된 곡면을 나타내지 않고 경사진 평면으로 만들어지고, 제공첨차는 짤막하고, 그 등이 약간 곡을 갖는 매우 간결한 초기적인 쇠서의 모습을 나타내고 있다(〈도면 7〉). 이와 같은 두공 배치방법으로 된 건물은 조선 광해군 7년(1615)에 중창된 강화도의 傳燈寺 대웅전에서 볼 수 있을 뿐이다.

건물 내부에는 격자천장을 가구했다. 건물내에는 이 건물과 같이 만들어진 것으로 보이는 화려한 불단과 닫집이 있다. 이 건물의 건립연대는 공민왕 23년(1374)이라고 전한다.

〈도면 7〉 心源寺 普光殿 두공

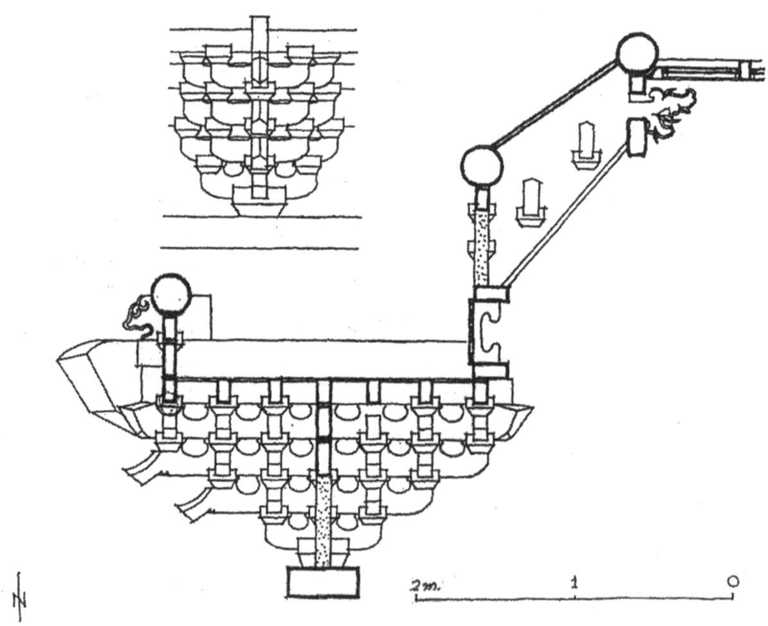

* 杉山信三, 《韓國의の中世建築》에서 옮김

釋王寺는 咸南 安邊郡 文山面에 있으며 이성계가 등극하기 이전인 우왕 12년(1386)에 창건한 사찰이라고 한다.

이 절에 있는 應眞殿은 정면 5칸, 측면 2칸의 맞배지붕으로 된 다포양식의 건물이다. 두공은 내・외 모두 2출목의 매우 간결한 형식이다. 이 건물은 다포양식이기는 하나 두공을 기둥 위와 각 주간에 1具씩 배치하여 좌우로 짜여진 첨차를 좀 길게 만들고 있으나 두공과 두공 사이 간격이 넓어 일반적 다포양식의 건물과 같은 화려하고 웅장한 느낌이 없고 소박한 느낌을 나타내고 있다. 이것은 상부 하중을 하부에 전달하는데 꼭 필요한 정도의 두공만을 배치하여 단순히 미적 또는 권위적인 모습을 바라지 않은 것으로 역학적 필요를 중시한 건실한 건축이념에서 나타난 양식이라고 보여진다.

〈金正基〉

2) 석소물과 조각

(1) 석조물

후기에 이르러서도 석조미술품은 계속 조성되었으며 조형물에 따라서는 전기보다 오히려 다양한 양식과 다채로운 장식 문양이 첨가된 경향이 두드러지는 것을 알 수 있다. 이러한 현상은 불교미술이 좀더 토착화되면서 각 지역 나름의 지방적 특색이 반영됨으로써 나타난 것이 아닌가 한다. 조성되는 석재의 경우 전기에는 화강암 일색이었으나 후기에 이르게 되면 점판암・대리석 등의 새로운 석재가 재료로 선택되었던 것을 볼 수 있어 후기의 특성은 석재를 통해서도 알 수 있다.

오늘날 남아 있는 고려 후기의 석조물들을 전기에서와 같이 石塔・石造浮屠・石燈(長明燈)・石碑・幢竿支柱 등으로 분류하여 살펴보면 다음과 같다.

가. 석 탑

통일신라시대의 石塔은 佛國寺 多寶塔이나 華嚴寺 四獅三層石塔 등 대체

---

* 건축의 사진은 申榮勳 編著,《國寶》9・11집에서 옮김.

로 몇몇의 특수하게 다른 모양의 석탑이 있지만 그 전형의 定型인 4각형 중층의 불국사 삼층석탑(일명 釋迦塔)을 대표로 들 수 있는 획일성을 갖는다. 대략 시대가 내려오면서 사원의 규모가 좁아짐에 따라 주위 환경과의 조화가 고려되면서 석탑도 규모가 작아지는 경향이 있다. 그리고 세부적 장엄장식이 공예적 기교를 통해 화려하게 발전하는 느낌이 있어도 신라 일대를 통하여 그 근본적인 형태상의 변화는 별로 보이지 않는다. 또 그러한 양식상의 주류는 고려의 창업기까지 이어지고 있는 것이다. 그러나 고려사회의 새로운 성격이 두드러지기 시작하는 11세기부터 양식상 전대에 비해 현저한 변화를 보이고 있으니 이러한 고려석탑의 새로운 양상은 대략 다음과 같이 정리해 볼 수 있다. 즉 지방적 특색을 두드러지게 나타내고 있으며, 각양각색의 새로운 특수형식이 나타나고 있다. 그리고 고려 후기에까지 이러한 경향은 계속된다.

가) 백제계 석탑류

이러한 석탑의 실례를 찾아볼 때 신라땅이던 경상도지방에서는 신라시대 석탑의 계통을 충실히 계승한 것과 달리 백제땅이던 충청남도와 전라북도지역에서는 백제시대 석탑의 양식을 따르고 있는 것이 많다. 즉 전북 益山의 彌勒寺址石塔, 충남 扶餘의 定林寺址五層石塔이 백제시대에 건조된 석탑인데, 이 곳 전북이나 충남지방에서는 고려시대에 이르러 탑을 건조할 때 이와 같이 백제석탑계의 양식을 가미한 고려석탑을 세웠는데, 몇 基의 예를 들면 다음과 같다.

충남지방의 경우, 扶餘 無量寺五層石塔(보물 제185호), 扶餘 長蝦里三層石塔(보물 184호, 〈사진 1〉), 舒川 庇仁五層石塔(보물 224호), 公州 鷄龍山男妹塔 등이 있다. 그리고 전북지방에는 益山 王宮里五層石塔(보물 제44호), 井邑 隱仙里三層石塔(보물 167호), 金堤 歸信寺三層石塔, 沃溝 竹山里三層石塔 등이 세워졌다.

이들 백제계의 석탑은 특히 옥개석의 양식이 모두 板石形의 낙수면석이다. 그리고 대개의 경우 그 밑의 받침부가 별석으로 조성된 목조가구의 일면을 보이고 있는 점 등이 한번 보아 익산 미륵사지석탑이나 부여 정림사지오층

〈사진 1〉 扶餘 長蝦里三層石塔

보물 184호

석탑의 각 부를 모방하고 있음을 알 수 있어, 백제석탑계의 고려석탑이란 용어를 사용하게 된 것이다.

이와 같이 백제의 옛땅에서만 볼 수 있는 백제석탑양식을 따른 고려시대 석탑의 건립현상은 물론 고려불교가 전대인 신라시대에 비해 보다 대중화되고, 불사건축과 그 미술이 아울러 선대의 중앙집중에서 벗어나 좀더 지방에까지 파급되고 한층 토착화되어 각기 그들 나름대로의 특색이 나타나게 된 결과라고 할 수 있겠다.

실제 각 석탑양식을 살펴보았을 때 부여 장하리삼층석탑의 특이한 면은 다음과 같다.

첫째, 기단부가 장대한 판석을 여러 장씩 결구한 층단형 기대를 구축하고 있으므로 일반형 석탑의 전형적 양식인 건축기단과는 전혀 다르다.

둘째, 탑신부가 초층탑신의 엔타시스양식이나 네 모서리에 方柱를 배치하여 마치 隅柱와도 같은 표현을 하고 있는 것은 특히 주목된다.

셋째, 각층 옥개석이 밑면의 받침단이 목조가구 일면을 보이고 있는 것은 이러한 유형의 석탑에서만 볼 수 있는 특수한 형식이라 하겠다. 그리고 개석이 광대한 판석으로 이루어졌다든가 혹은 옥개 상면에 높직하게 2단의 굄대를 마련하여 그 윗층의 탑신을 받도록 하되 위축된 상부 옥개석을 좀 높이 보이도록 하며 나아가 석탑의 전체적인 균형을 도모하고자 한 意匠은 크게 주목해야 될 것이다.

김제 귀신사삼층석탑의 특이한 면은 다음과 같다.

첫째, 기단부는 일반적 석탑에서 볼 수 있듯이 단층이나 혹은 2층의 건축기단이 아니고 여러 장의 장대석으로 결구한 지대석형의 대석을 겹쳐 쌓아 층단형을 이루고 있다. 그리고 그 정상에 탑신부를 받치는 굄대가 기단부 층단형과 같은 형태로 마련되고 있는 점은 기단부의 略式化의 한 과정에서 주목되는 양식이다.

둘째, 탑신부에서 초층탑신이 네 모서리에 방주를 1주씩 세워 우주로 대신하고 있으며 그 사이에 판석 1장씩을 끼워 도합 8장의 석재로 구성된 것은 이와 같은 백제계 석탑에서 볼 수 있는 하나의 공통된 형식이라 하겠다.

세째, 옥개석 받침부가 1장의 판석만으로 받치게 한 약식은 옥개 하면의 목조가구의 양식을 보다 간추리고 있는 일면이라 하겠다.

넷째, 초층탑신을 제외한 그 윗층부의 탑신이 높직한 굄대 1단을 마련하여 탑신을 받고 있음은 초층에 비하여 지나치게 낮아진 상부 탑신을 다소라도 높게 하여 보다 균정한 조형미를 유지하며 전대의 유구를 보다 많이 계승하려는 의장에서 취해진 것으로 생각된다.

부여 무량사오층석탑이나 익산 왕궁리오층석탑은 고려 초에 건립된 것으로 추정되어 백제 옛땅에서의 백제계 석탑의 건립은 고려 전기부터 있었음을 알 수 있으나 오늘날 남아 있는 실례로 보아 후기에 이르러 더욱 성행하였던 것으로 짐작된다.

나) 4사자석탑

강원도 洪川 읍내에 옮겨 세운 掛石里四獅子三層石塔(보물 540호, 〈사진 2〉)은 이 시기에 건립한 것이 아닌가 추측하고 있다.

四獅子塔이란 4座의 사자를 기단부 네 귀퉁이에 1좌씩 배치하여 그 위의 탑신부를 받치도록 구성한 형태를 말한다. 그리하여 이들 4사자는 모두 상층기단 네 귀퉁이에 앉고, 그 머리 위에 상층기단 갑석을 놓아 그 위에 탑신부를 건조하도록 되어 있다.

이 홍천 괘석리사사삼층석탑은 전형적 양식을 잘 보여주고 있는 것으로 그 특징을 정리하면 다음과 같다.

첫째, 기단부의 하층기단이 1석으로 조성되어 네 면에 고려식의 眼象과 화문이 조식되어 주목된다.

둘째, 특히 상층기단에 4좌의 石獅子가 배치되어 특수양식을 대표하고 있

〈사진 2〉 洪川 掛石里四獅子三層石塔

보물 540호

는데 현재는 결실되었으나 본래 중앙에 1구의 尊像을 안치하여 이러한 사자탑류의 규범에서 벗어나지 않고 있다. 그리고 四獅像도 활달한 형태임이 주목된다.

셋째, 상층기단 갑석 상면의 탑신 굄대는 별석의 굄을 삽입한 것 같이 높직하게 마련되어 이색적인 면을 보이고 있다. 특히 2단 가운데 하단의 굄은 內曲과 갑석형을 모각하여 신라시대 탑신의 굄대와도 비슷하게 조출하였음이 특이하게 느껴진다.

다) 다각형탑

특수형식의 석탑으로 異型石塔인 4사자석탑을 살펴보았는데, 이러한 신라적 이형 석탑의 예는 사실상 극히 한정되고 대개는 개별적인 것에 그쳤다. 그에 비해 고려 후기에 이르기까지 나타나는 특수한 형식으로서 전체적인 변화를 보이는 예로는 다음에 열거하는 석탑에서와 같이 4각형의 범주를 벗어나 다각형으로, 그리고 다층으로 변하고 있는 형태이다. 그런데 이러한 석탑에서 대략 8각형의 석탑은 그 나름대로 하나의 유형으로도 볼 수 있다. 이에 비하여 6각형인 평안남도 大同郡의 元廣寺址六角七層石塔(平壤 大同公園內 육각칠층석탑, 〈사진 3〉)은 좀더 특이한 형이라 하겠다. 이렇게 4각형의 기본형을 벗어나 평면이 다각으로 변한 석탑의 유례를 몇 가지 들어보면, 永明寺八角五層石塔(평남 平壤市 慶上里 錦繡山), 廣法寺八角五層石塔(평남 大同郡 林原面 廣法寺境內), 普賢寺八角十三層石塔(평북 寧邊郡 北薪面 下杏里 妙香山 普賢寺境內), 栗里寺址八角五層石塔(원위치는 평남 大同郡 栗里面, 현재는 日本 東京 大倉美術館 소장), 元廣寺址

六角七層石塔(원위치는 평남 大同郡 古平面 元廣寺址, 일명 間似亭六角七層石塔 혹은 平壤驛前石塔) 등이 있다.

이 석탑들은 모두 고구려 옛땅에 세워진 것인데, 역시 고려시대에 이르러 지방적 특색이 드러나는 좋은 예라 하겠다.

평면이 8각인 탑은 고구려시대에 건립된 平壤 淸岩里寺址에서 8각탑지를 확인하여 이미 삼국기부터 있었던 평면구도와 같음을 알 수 있었다. 그리고 평면 8각은 통일신라 하대의 석탑인 到彼岸寺三層石塔의 기단부에 이미 나타나고 있었으며, 고려 전기의 8각탑으로 月精寺八角九層石塔을 살펴본 바 있다. 그러므로 고려 전기부터 건립된 평면 8각석탑은 후대에까지 이어졌는데 고려시대에 이르러 나타난 지방적 특색일 뿐 아니라 하나의 전통적 건탑 양상으로도 이해해야 할 것이다.

고구려 옛땅에 남아 있는 석탑 중 대표작인 묘향산 보현사팔각십삼층석탑을 살펴보면 3단의 높직한 기대석을 중첩하고 그 위에 단층기단을 설치하여 13층의 탑신을 구성하였다. 그리고 정상에 相輪을 장식하고 있어 고려시대의 석탑으로는 가장 층수가 많으면서 완형을 보이는 석탑의 하나라고 할 수 있겠다. 이 탑에서 느껴지는 특징을 적으면 다음과 같다.

첫째, 기단부는 3단의 기대석 측면에 須彌壇과 같은 문양을 가득히 조식하여 基底부터 장식적 의장을 볼 수 있으며 기단은 또 상·하대에 仰·伏蓮을 새겨 마치 불상대좌와도 같은 형식을 이루고 있음을 곧 알 수 있다.

둘째, 탑신부는 초층부터의 身·蓋石의 체감이 아주 적은 편이어서 세장한 탑신을 이루고 있다. 그러나 개석이 광대하지 않으므로 세장하여도 불안하지 않으며 오히려 전각의 반전과도 잘 조화되어 전체적으로 경쾌한 느낌마저 주고 있다.

셋째, 정상은 청동제의 연화좌 위에 상륜부를 올리고 있는데 이것도 이 석탑에서 볼 수 있는 또 하나의 특징이라고 하겠다.

그리고 평양역전석탑이라 일컫는 대동군 원광사지육각칠층석탑은 높직한 3단의 기대석 위에 건조되었다. 이 석탑에서 볼 수 있는 특징적인 면은 다음과 같다.

첫째, 기단부는 6각의 지대석 위에 3단의 기대를 중첩하고 그 위에 단층기단을 구성하였는데, 상·하대가 앙·복련석으로 이루어져 곧 불대좌형임을 알 수 있다. 면석에는 각 면에 兩隅柱뿐으로 소박하나 하대석은 복엽복련이고 8隅에 귀꽃문이 조식되어 매우 화사한 기단을 이루고 있다.

둘째, 탑신부는 각 층 탑신석의 각 면에 양우주가 모각된 것 이외에 중앙에 龕室을 마련하고 좌불을 조각하여 장엄한 탑신을 이루고 있다. 각 탑신석의 체감율이 적은 편이고 세장하여 안정감이 없을 것 같으나 옥개석이 광대하지 않고 또 각 면의 감실로 인하여 불안감은 전혀 없다.

〈사진 3〉 大同郡 元廣寺址六角七層石塔

셋째, 정상부는 露盤 위에 仰花와 寶珠로 장식되어 제대로의 부재를 갖추고 있음을 알수 있다. 이 석탑은 화사한 기단부, 탑신부의 장엄, 그리고 상륜 등이 잘 조화되어 고려시대의 석탑으로는 우수한 작품인 동시에 가장 특징적 양식과 수법을 보이는 대표작의 하나라고 하겠다.

라) 원형석탑

삼국이나 통일신라기와 달리 고려시대에는 4각형의 평면이 6각 혹은 8각으로 변형된 석탑들이 나타나는 한편 원형의 평면을 보이는 석탑도 등장한다. 전라남도 和順郡 道巖面 多塔峰 塔·像群 중의 雲住寺圓形多層石塔(보물 제798호, 〈사진 4〉)과 원주형 석탑은 그 좋은 유례라 하겠다. 이 곳 다탑봉에는 운주사가 있고 이 절의 남쪽 낮은 계곡을 따라서 곳곳에 크고 작은 각종의 석탑과 불상이 배치되어 있어 이른바 천불천탑이라 일컫는데, 이것은 道詵國師가 하룻밤 사이에 천불천탑을 세웠다는 전설에 의한 이름이다. 이 곳에는 양식이 다른 석탑이 산재하여 일반형 석탑 이외에 模塼石塔, 異型石塔 등 현재 18기의 석탑이 서 있다. 이와 같이 많이 집중적으로 건립한 석탑은 다른

〈사진 4〉 雲住寺圓形多層石塔

보물 798호

곳에서 유례를 찾을 수 없으니 아마도 고려시대 造塔信仰의 실례를 보는 것이 아닌가 생각된다. 특히 고려시대에 이르러 풍수설이 유행함에 따라 산곡간으로 불사나 건탑을 유치한 실례, 지방세력의 건탑 사실 등을 이 유적에서 찾을 수 있는 것이 아닌가 하여 크게 주목해야 될 것이다. 또한 조형적인 면에서 이 원형탑 2기는 전대의 4각형과는 전혀 다른 원형의 평면을 이루고 있어 이 시대에 나타난 각양각색의 새로운 특수형식의 하나이며 원형다층석탑은 지대석, 기단부부터 탑신부의 身·蓋石에 이르기까지 모두 원형을 이루고 있다. 그러나 기단의 면석만은 10각이어서 이채롭다. 이 석탑의 구성은 지대석 위에 높직한 원형 굄을 각출하고 10각형의 면석을 받았으며, 그 위에 갑석을 놓았는데 갑석 측면에는 仰形의 연화문을 線刻하고 있다. 갑석 상면에는 별다른 시설 없이 탑신부를 받치고 있는데 각 층의 탑신석에는 측면에 雙條線이 둘려졌고 옥개석과 같이 상층부로 올라감에 따라 완만하게 체감되어 마치 탑의 상륜과 같은 형식을 보이고 있다. 탑의 구성이나 전체적인 형태에 있어 색다른 석탑으로서 고려적인 특성을 잘 나타내고 있는 유례라고 하겠다.

원구형 석탑은 일견하여 4각형의 기단 위에 탑신을 구성한 것 같으나 실제는 그렇지 않아 주의를 요한다. 즉 기단면석은 4隅柱가 뚜렷하고 높직하며 갑석은 8각의 판석으로 이루어졌는데 별다른 조식은 없다. 그 위의 탑신부는 신·개석의 구별이 없이 원형석괴 4석을 규격순으로 올려놓았을 뿐이다. 이

석괴의 형태는 상·하면이 평평하여 마치 물동이와도 같은데 별다른 조식이 없다. 이 석탑을 일명 卵形塔이라 일컫는데 이 石塊의 형태에 따른 것으로, 이렇듯 없어진 7石까지 원형 석재를 올려놓고 보면 마치 석탑의 상륜부와도 같은 느낌을 줄 것이다. 하부로부터 4각형과 8각, 원형이 중첩된 평면으로 이루어진 전혀 색다른 석탑인데 그런 대로 잘 조화되어 눈에 서툴지 않으며 기발한 건조기법을 보이는 석탑의 하나라고 하겠다.

마) 부분적 변형탑

고려시대에 이르면서 나타난 또 하나의 특징적 석탑은 탑의 전체적 변형은 아니고 부분적으로 새로운 변화를 보이고 있는 것이 있다. 이를테면 석탑의 탑신부에 연화석 등으로 굄대를 마련하거나 기단갑석 그 자체가 연화대로 이루어지고 또는 각 층에 굄돌을 끼어 마치 공예탑과도 같은 인상을 주는 석탑들이다.

이들의 굄대는 그 형태상으로 보아 석탑을 웅장하게 나타내려는 것이기보다는 역시 공예적인 특수성을 보이고자 한 듯하다. 기단부가 연화대로 이루어지고 그리하여 마치 佛座臺와도 같은 작풍을 보이는 것은 앞에서 6각·8각 등의 변형 석탑에서 살펴본 바 있으며 이들의 연화기단부도 일종의 공예탑적 일면을 보이고 있는 것이라 하겠다. 이 다각의 연화기단부는 신라 하대에 건립된 鐵原의 到彼岸寺三層石塔에서 볼 수 있는데 이러한 점 또한 주목해야 할 것이다.

이와 같은 8각원당형의 기단부는 고려 전기에 건립된 五臺山 月精寺八角九層石塔, 앞에서 살펴본 대동의 율리사지팔각오층석탑, 묘향산 보현사팔각십삼층석탑 등에서도 볼 수 있었던 바 이들 지역이 모두 도피안사삼층석탑이 서 있는 철원과 반드시 가깝다고 할 수는 없다 하더라도 역사적 내지 지역적으로 연결시켜 살펴볼 수 있지 않나 하는 점이다. 그 연원은 철원에서 상대로 거슬러 올라간 고구려에까지 살펴볼 수 있는 것이 아닌가 생각되는데 고구려 옛절터인 평양의 淸岩里寺址와 대동군의 元吾里寺址에서 평면 8각의 탑지가 이미 확인된 바 있어 더욱 그렇게 느껴진다.

이제 열거하려는 굄대를 끼워 넣은 공예탑들도 일견하여 강원도와 전라도 등 일정지역에 치우쳐 건립된 느낌을 주고 있으니 이것 또한 이 시대 특성의 하나로 지역적 특성을 고려하지 않을 수 없는 것이다. 그 대표적인 예를 열거하면, 開心寺址五層石塔(보물 53호, 현종 원년 ; 1010), 春川七層石塔(보물 77호), 求禮論谷里三層石塔(보물 509호), 橫城鴨谷里三層石塔, 興國寺址石塔(현종 12년), 妙香山 普賢寺九層石塔(靖宗 10년 ; 1044), 서울 弘濟洞五層石塔(보물 166호, 靖宗 11년), 江陵 神福寺址三層石塔(보물 87호), 南原 萬福寺址五層石塔(보물 30호, 문종대), 潭陽邑內里五層石塔(보물 506호)이다. 이 가운데서 서울 홍제동 오층석탑과 강릉 신복사지삼층석탑에서는 탑신부에까지 높직한 굄돌을 1단씩 끼어 놓아 조형상 특이하고도 흥미로운 양식을 보이고 있다.

앞에 든 석탑들 가운데 춘천칠층석탑과 만복사지오층석탑, 담양읍내리오층석탑은 후기의 건립으로 추정되고 있으나 이 밖의 탑들은 전기에 건립된 것으로 추측하고 있는데 이러한 점에서 보면 역시 부분적 변형의 석탑도 전반기부터 나타나고 있었음을 알 수 있다.

〈사진 5〉 井邑 泉谷寺七層石塔

보물 309호

이 밖에 부분적인 변형의 예로 전북 井邑市 德川面 望帝里의 泉谷寺七層石塔(보물 309호, 〈사진 5〉)을 들 수 있는데 이 탑은 일견하여 옥개석이 상·하로 둥글게 조성된 것으로 보이는 특이한 형태이다. 즉 탑신부에서 方柱形의 석재를 결구하여 초층 탑신석을 세장하게 조성하되, 그 내부에 積心石을 다지고 있는 점은 드문 일이라 하겠다. 특히 각 층의 옥개석에서 낙수면이 평박하거나 전각의 반전이 미약한 것은 간혹 유례를 볼 수 있는 것이지만, 옥개석 하면에 앙련문을 조식하여 화사한 옥개받침부를 이루고 있는 점은 이례적인 양식일 것이다. 그것도 연화문 이외에 다른 문양을 혼용하지 않고 초층부터 7층까지

받침부 전면에 앙련으로만 장식하였다. 이러한 점에서 장식적인 의장을 충분히 엿볼 수 있으므로 일종의 공예탑이라고도 할 수 있다.

〈사진 6〉 淨岩寺七層模塼石塔

보물 410호

바) 전탑 및 모전석탑

이 시기에 이르러서도 역시 전기와 마찬가지로 塼塔이나 模塼石塔의 건립은 별로 볼 수 없다. 전탑이나 모전석탑은 석탑을 건립하기에 앞서 전과 모전석을 생산하여야 하기 때문에 실제로 건탑활동에 지장이 있었던 것이다. 현재 이 시기에 건조된 모전석탑으로 강원도 旌善郡 東面 古汗里 咸白山 기슭의 淨岩寺七層模塼石塔(水瑪瑙塔, 보물 410호, 〈사진 6〉)을 들 수 있다. 이 탑은 절의 경내에서 약 100m 떨어져 함백산(1,573m) 비탈에 건립되었는데 이 곳에서 많이 채굴되는 수성암류의 석회암을 한변의 길이 30㎝~40㎝의 대·소 塼形으로 다듬어 축조한 것이다. 「瑪瑙」는 불교에서 말하는 7寶의 하나인데, 사적기에 의하면 신라 慈藏法師가 창건한 사찰이라 하며 탑내에는 불사리를 비롯하여 여러 가지 성보를 봉안하였다고 한다.

이 탑은 전체의 높이 9m로 기단부·탑신부·상륜부로 나누어 볼 수 있는데, 4각형의 기단은 화강암으로 6단을 이루었으며 6단 중 상·하 3층의 석질과 구성에서 차이를 보이는 것은 창건 이후의 개수로 인한 듯하다. 초층 탑신 남쪽면에는 중앙에 화강암 석주로 문틀을 마련하고 문비를 달았는데 이 문비에는 중앙에 음각선을 그어 두 짝을 만들고 그 중심에는 쇠문고리를 달아 놓았다. 옥개받침은 1층이 7단이며 상층에 올라가면서 1단씩 감소되었고 낙수의 층단 또한 초층의 9단에서 7층의 3단에 이르기까지 1단씩 감소되었다. 각 층의 옥개 네 귀퉁이에는 풍경을 달았던 구멍이 있으며 어느 귀퉁이에는 지금도 풍경이 달려 있다.

상륜부는 청동제로 조성하였는데 노반부터 높이 1.7m의 擦柱에는 꽃무늬를 돌린 보륜 5단과 보개·보주 등이 남아 있어 거의 완전한 형태를 보이고 있다. 또한 찰주로부터 4층 옥개에 이르기까지 철쇄를 걸어 놓았는데 이것은 法住寺 捌相殿 상륜부와 흡사한 것이다.

사적기에 의하면 창건 당시 이 탑을 건립했다고 하나 그렇게 생각되지는 않는다. 즉 조선시대에 이르러 〈乾隆四十三年戊戌仲春 水瑪瑙寶塔重修事蹟〉, 〈大淸同治十三年甲戌五月 水瑪瑙寶塔重修誌〉 등이 남아 있는 것을 보면 이 탑은 여러 차례 중수를 거듭하여 온 것으로 보인다. 특히 1972년도에 전면 해체·복원작업이 있었던 바, 이 때 탑내에서 사리장치와 5장의 塔誌石이 발견되었는데 모두 조선시대의 것이었다. 그러므로 이 모전석탑의 건립연대는 역시 고려 후반으로 추정하게 된다.

사) 청석탑

청석탑은 점판암으로 건조한 탑을 말하는데 재료의 특수성에서 가능하였다고 믿어진다. 얇은 층위를 다수 중적시키고 또 세부에 섬세한 선각을 곁들이기도 한 공예적 기교가 보이는 그 나름대로 하나의 유형을 얻고 있는 것이다. 그런데 이러한 청석탑은 이미 신라 말에 세워진 것으로 추정되는 海印寺願堂庵多層石塔(보물 518호)에서 그 선례가 보인다. 그리고 고려 초반에도 金山寺六角多層石塔의 예를 보이고 있으므로 후반에 이르러 많은 청석탑이 건조되었음은 당연한 일이라 하겠다. 청석탑은 신라 하대에 비롯된 것이나 본격적인 건립은 고려시대의 일이라 하겠으며 武陵里多層石塔(강원 寧越 水周面), 桐華寺念佛庵多層石塔(대구 八公山), 法華庵多層石塔(경남 昌寧 靈山面), 大谷里靑石塔(경북 義城 多仁面), 神心寺多層石塔(충남 牙山 鹽峙面), 法住寺妙寂庵多層石塔(충북 報恩 內俗離面), 普門寺靑石塔(강원 原城 板富面), 蒼龍寺多層石塔(충북 忠州 直洞) 등과 같은 청석탑들이 보고되고 있다.

그런데 이러한 유형의 석탑은 석재 자체가 크지 못하므로 모두 소규모인데 석질이 또한 연하여 각 부재가 파손 혹은 결실되어 완전한 형태는 거의 없다. 그리고 이들 청석탑의 기단부는 모두 화강암으로 형성되고 탑신부 이상만이 점판암인데 이것도 아마 석재의 결핍 때문이고 또한 견고한 기단구축을 위한 일이 아닌가 생각한다. 위에서 열거했듯이 우선 8기의 청석탑을 살필 수 있겠는데 사실상 이 석탑들은 그 규모나 형태 등이 거의 같으므로 기단부가 높게 구성되고 면석까지 갖춘 무릉리다층석탑과 기대석으로만 이루어진 동화사염불암다층석탑의 2기만을 살펴보고자 한다.

무릉리다층석탑은 다른 예와 같이 화강암으로 구성된 기단부와 흑색 점판암재로 건조한 탑신부로 구분할 수 있겠는데 이 탑의 기단부는 화강암재로 건립한 일반형 석탑의 기단과 같이 이루어져 일반적인 청석탑의 기단과는 다르므로 주목된다. 이 탑에서의 특징적인 양식 수법을 보면 다음과 같다.

첫째, 기단부에서 화강암으로 기단을 구성하되 지대석 상면에 기단을 괴는 굄대가 마련되었고 면석에는 양우주와 1撑柱가 각출되었다는 것이다. 대개의 청석탑은 화강암재의 기단을 마련하나 장대한 모양대로 2~3장을 중첩하는 것이 통례인데 이 탑에서는 그렇지 않다. 그리고 갑석의 조성에서 특히 주목되는 것은 하면에 副椽이 모각되었는데 이것도 또한 드문 일이다.

둘째, 탑신부에서 옥개석 상·하면에 方框을 만들어서 탑신을 고정시킨 수법이 주목되거니와 탑신 각 층의 측면 圓圈 안에 梵字가 음각되고 있는 것도 또한 색다른 면이다. 특히 전각의 반전이 경쾌한 모습을 보이고 있어서 일견하건대 신라와 고려시대의 화강암재 석탑과도 같음은 건조연대가 많이 내려가지 않을 뿐만 아니라 둔중한 다른 예와는 특이한 것이라 하겠다.

동화사염불암다층석탑은 탑신부에서 탑신을 잃어버리고 옥개석만이 남아 기단 위에 놓여 있는데 각 층 옥개석의 날카로운 轉角과 낙수면의 단아한 형태, 그리고 각 부의 양식수법으로 보아 건조연대는 역시 고려시대로 추정되며 뛰어난 작품으로 생각된다.

이 석탑이 보여주는 양식상 특징은 다음과 같다.

첫째, 전체적으로 보아 기단부는 화강암재로 구성되고 탑신부는 점판암으로 건조하여 이른바 청석탑의 특징을 보이고 있다.

둘째, 기단부의 형태가 면석과 갑석 등을 구비한 건축기단이 아니고 2단의 석단을 기대로 구축한 층단식으로 이루어진 것이 주목되는데 이것은 이 시대에 일반적으로 유행한 청석탑들의 공통적 특징의 하나이다.

〈사진 7〉 敬天寺十層石塔

국보 86호

아) 대리석탑

고려시대에는 1기뿐이며 말기에 건립되었지만 새로운 형식의 석탑으로 敬天寺十層石塔(국보 86호, 충목왕 4년; 1348, 〈사진 7〉)을 거론하지 않을 수 없다. 이 석탑은 당시의 추세로 미루어 원대의 喇嘛的 영향에 의해 만들어졌다고 하겠지만, 일면 당시 고려의 불교미술을 대표할 수도 있는 것으로 그 재료 및 건조양식과 각 부의 기교에서 보다 독창적인 면을 보이고 있다.

이 석탑은 각 부재가 회색의 대리석인데 일제침략기 일본인들의 불법적인 반출로 말미암아 현재 지대석은 없다. 탑의 구성은 기단부 위에 탑신과 상륜부가 건조되었는데 각 부는 그 평면과 부재의 구조 등에서 각기 특수한 양식과 수법을 보이고 있다.

기단부는 2층으로 이루어졌는데 그 평면은 4面斗出星形의 亞字形 형식을 취하고 있다. 각 층의 면석에는 각기 佛·菩薩·人物·草花·蟠龍 등을 양각하였으며, 각 모서리에는 節目圓柱形을 모각하였다. 갑석은 각 층이 같은 형식으로서 측면은 굽형을 돌출시키고 상·하에는 연화문을 조식하였는데 3층위의 갑석만은 상단부에 난간을 돌리고 그 위에 탑신부를 받치고 있다. 이것은 아마도 다른 일반형 석탑에서와 같이 탑신굄대와도 같은 의장에서의 가구인 것 같다.

탑신부는 10층으로 이루어졌는데 그 평면은 초층과 2·3층은 기단과 같이 4면두출성형의 아자형을 이루었고 그 위의 4층부터는 4각형이다. 4층부터의 체감은 없는 편이나 초층과 2·3층에서는 언뜻 보기에 감축을 느끼게 한다. 탑신의 구조는 각 탑신 위에 옥개석을 중적하였다. 탑신석의 각 모서리에는 원주형을 모각하고 각 층, 각 면에는 12會相을 조각하여 불·보살·천부 등 기타의 物像을 빈틈없이 조각하였다. 그리고 각 층의 탑신 하단부에는 높직한 난간을 돌렸는데 이것은 탑신굄의 의장일 것으로 여겨진다. 각 층의 옥개석은 하면에 多包집 형식의 枓栱형태를 모각하고 상면 낙수면부는 八作집 형태의 지붕모양과 기왓골이 표현되어 곧 목조건축물의 그것을 연상케 한다. 그리고 3층에서 이중의 옥개를 이루고 있어서 이것은 마치 화려한 전각을 모조한 것 같은 인상을 주어 더욱 목조가구로서의 흥미를 끌며 주목되는 것이다. 그리고 각 층의 추녀도 일관하여 전각부에 이르면서 곡선을 보이고 반전을 일으켜 경쾌한 형태를 이루고 있다.

상륜부는 단조로운 형식으로 정상에 구성되었는데 평면 원형으로 노반과 연주문형의 覆鉢, 그리고 양련으로 된 仰花가 있고 그 위에 보탑형과 보주가 있다. 그런데 이들 상륜의 각 부재는 그 형태가 우리 나라 탑의 상륜형식과는 달리 오히려 원대의 라마적 수법을 엿볼 수 있는 것이 특징적이다.

이 석탑은 언뜻 보아 세장하고 또 불안정한 느낌을 주는 것 같으나 3단의 기단부와 3층까지의 탑신이 안정된 아자형을 이룬 평면이고 또 3층까지의 체감이 현저해 오히려 경쾌하고 날씬한 안정감을 주고 있다. 그리고 각 부재 세부의 조각은 부분에만 그치지 않고 기단·탑신부 할 것 없이 전면에 물상이 조각되었는데 이 彫鏤는 장려하고 변화가 풍부하며 전체의 균형 또한 아름답다. 이렇듯 장중풍려한 기상을 발휘한 석탑은 유례가 없는 것으로서 고려시대의 석탑 중 가장 특이하고도 섬세한 기교를 보이고 있어 희귀하다 하겠다. 그런데 이 석탑은 앞에서도 말한 바와 같이 각 부에서 원대의 라마적 수법을 엿볼 수 있다. 이것은 당시의 여건으로 보아 원나라의 영향이 다분히 작용하였을 것이므로 곧 짐작할 수 있는 일이다. 그러나 건탑의 전체적인 면에서 보았을 때 평면의 구도와 탑신부 각 부재의 형식·수법 등은 다분히 고유한 석탑양식으로 정착되고 있음을 알 수 있으니, 이 역시 선인들의 놀라운 예술적 창의력에 감탄하지 않을 수 없다.

이 석탑은 대리석 석재로 건탑하되 목조건축물의 각 부를 모각하고 또 각 부재에 불·보살의 變相을 빈틈없이 새겨서 그야말로 건축과 조각의 양면을 다 같이 특이하게 구비하고 있는 일품이라 하겠다. 그리하여 이후 조선 초기의

圓覺寺址十層石塔(현재 서울 파고다공원 소재)으로 그 양식이 이어지고 있어 역시 토착화한 증거를 보이고 있으며, 또한 이러한 형식이 한때 유행되었던 시대적 특수양식이었음을 알 수 있는 진귀한 석탑이라 하겠다.

나. 석조부도

고려 후기에 건조된 것으로 추정되는 浮屠塔은 상당수에 달하고 있다. 그러나 이들 가운데서 일반적으로 잘 알려져 있어 누구나 짐작할 수 있는 국가지정유물 중에서 건조연대가 뚜렷하여 이른바 절대연대를 가지고 있는 후기의 부도는 우선 寶鏡寺圓眞國師浮屠(보물 430호, 고종 11년;1224, 〈사진 8〉), 麟角寺寶覺國師塔(보물 428호, 충렬왕 21년;1295, 〈사진 9〉), 神勒寺普濟尊者石鐘(보물 228호, 우왕 5년;1379, 〈사진 10〉), 令傳寺址普濟尊者舍利塔(보물 358호, 우왕 14년, 원 위치는 강원도 原州市), 太古寺圓證國師塔(보물 749호, 우왕 11년, 〈사진 11〉), 舍那寺圓證國師石鐘(우왕 12년) 등의 6基를 들 수 있다.

이 부도탑들은 모두 그 주인공과 소속 사원이 확실하며 특히 그에 따른 탑비가 건립되어 있으므로 그 주인공인 大德들의 모든 행적을 살필 수 있고 건조연대를 확실히 알 수 있다. 따라서 같은 시기에 건립한 연대미상의 부도들을 고찰하고 그 연대를 추정하는데 하나의 기준이 되는 중요한 자료들이다.

그 가운데 보경사원진국사부도와 인각사보각국사탑은 신라 이래 석조부도의 전형적 양식인 8각원당형을 잘 계승하고 있는 부도이며 신륵사보제존자석종과 사나사원증국사석종은 전대의 석종형 부도 양식을 잘 본받고 있는 부도라 하겠다. 그러나 영전사지보제존자사리탑과 태고사원증국사탑은 변형된 이형적 부도로 주목을 끈다. 이 부도들을 전형양식·석종형·변형양식 등으로 나누어 살펴보면 다음과 같다.

가) 전형적 8각원당형 부도

寶鏡寺圓眞國師浮屠는 평면 8각을 기본으로 한 전형적인 양식으로, 다음과 같은 특징을 가진다.

첫째, 기단부 하대가 3단으로 이루어졌으나 상단에만 蓮瓣이 조각되고 하부 2단에는 아무런 조식이 없는 간략화된 하대석이며, 윗 부재인 중대석에도 조각이 없고 상대에만 앙련을 돌리고 있다.

둘째, 탑신이 유난히 길어 안정감이 없어 보이며 자물통을 조각함에 있어서 문비의 모각이 없다. 그리고 각 면에도 세장한 양우주뿐이며 아무런 조각이 없다.

셋째, 옥개석에 기왓골이나 연목 등 아무런 표식이 없고 추녀의 반곡과 전각의 반전이 심하여 중후한 느낌을 주고 있다.

넷째, 상륜부재는 완전하며 이 부도에서는 가장 화려한 조식들을 보이고 있다.

다섯째, 널찍하게 4각형의 塔區를 마련하고 부도를 세웠는데 역시 국사로 추증된 고승이어서 높은 산 중턱에 탑기를 마련하고 석단을 구성한 것 같다.

인각사보각국사탑은《三國遺事》를 지은 一然禪師의 부도탑이다. 선사는 희종 2년(1206)에 출생하여 충렬왕 15년(1289)에 입적한 고승이다. 선사가 입적하자 왕은 매우 슬퍼하여「普覺國師」라 시호를 내리고 탑호를「靜照」라 하였다. 보각국사탑비는 현재 경북 軍威郡 古老面 華北洞의 麟角寺 경내의 석비보호각에 보존되어 있으나 거의 파손되어 碑身의 刻字 중 알아볼 수 있는 것은 앞·뒷면을 다 합해도 얼마 안된다. 그러나 月精寺 소장의 사본을 옮겨 놓은 전문과, 근년에 한국정신문화연구원에서 그 전문 및 탑본 전문을 原寸으로 소개하고 있어 비문 내용과 일연선사의 행적 및 부도탑을 파악하기에는 충분하다.

이 부도탑은 8각원당의 기본형을 갖추어 기단부와 탑신·옥개석 등이 모두 8각으로 이루어졌으며 그 특징을 살펴보면 다음과 같다.

첫째, 널찍한 지대석 위에 기단부를 형성하였는데 線彫이기는 하나 상·하대에 앙·복련을 조식하고, 중대석에는 각 면에 동물상을 조각하여 전체적으로 장식적인 기단을 형성하고 있다.

둘째, 탑신부에도 문비형과 사천왕상·보살상 등을 조각하여 기단부와 함께 장식적 의장을 잘 보여주고 있다.

셋째, 탑신부에서 주목되는 것은 정면의 "普覺國師 靜照之塔"이라는 2행의 명문으로 이 부도탑의 주인공을 곧 알 수 있게 한다.

넷째, 옥개석은 기왓골이나 연목 등이 없이 중후하나 8귀퉁이 전각에 귀꽃문이 있어 다소 장식적임을 느끼게 한다.

〈사진 8〉 寶鏡寺圓眞國師浮屠

보물 430호

〈사진 9〉 麟角寺普覺國師塔

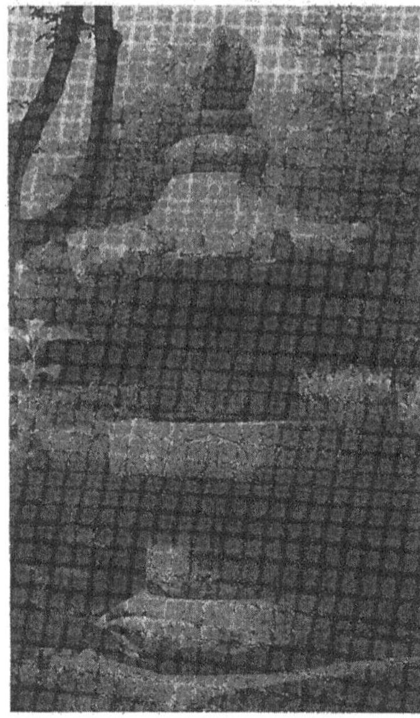

보물 428호

〈사진 10〉 神勒寺普濟尊者石鐘

보물 228호

다섯째, 상륜부는 그리 화려하지 않으나 보개와 앙련대가 있고 화염에 쌓인 보주가 있어 간략하지만 약간의 장식을 보이고 있다.

나) 석종형 부도

우선 神勒寺普濟尊者石鐘을 살펴보면 넓은 건축기단을 축조하고 그 윗면 外周에는 장대석을 돌려 갑석을 삼았는데 앞면과 양측면에 계단을 마련하였다. 기단의 윗면 중앙에 2장의 판석을 얹어 2단의 탑신굄을 마련하였는데 탑신과 접하는 곳에는 몰딩이 조각되었다. 탑신은 鐘形에서 퇴화되어 위가 잘라진 포탄처럼 되었는데 그 祖形이 종형이라는 것은 누가 보아도 쉽게 이해할 수 있다. 탑신의 표면에는 조식이 없고 상·하는 수평을 이루었다. 탑의 정상부분에는 화염문을 모각한 낮은 보주가 장식되어 있을 뿐이다.

이 석종을 중심으로 앞쪽에는 석등이, 뒤쪽에는 탑비가 있고 절의 서북쪽으로 한강이 굽어보인다. 당초부터 경치가 좋은 이 언덕 일대를 묘역으로 정했었음을 알 수 있다.

이 석종형 부도는 고려 말기의 명승이었던 懶翁 普濟尊者의 묘탑이다. 이러한 형식의 묘탑 중 고려 전기의 것으로는 金山寺石鐘이 있는데, 인도의 불탑형식에서 착안한 것으로 추측된다. 고려시대에 이러한 형식이 유행하였고 조선시대에는 이보다도 간략화되고 형식화된 석종형 부도가 더욱 유행하게 된다.

이 부도는 고려 말의 석종형 부도형식을 대표할 만한 작품이라고 할 수 있다. 즉 고려 초기의 석종형 부도인 금산사석종과 같이 웅장하지는 못하지만, 광대한 기단을 형성하였고 2단의 굄대를 마련하였다는 점에서 금산사석종 이래의 고려시대 석종형 부도형식의 궤를 벗어나지 않았다. 이 부도탑은 특징적인 면을 살펴보면 다음과 같다.

첫째, 이 부도는 신라 이래 전형양식으로 계승되고 있는 8각원당의 일반형과는 달리 석종형을 이루고 있다. 물론 석종형 부도는 통일신라시대의 太和寺址十二支像浮屠와 고려시대 초기의 금산사석종이 있으나 8각원당형에 비하면 이제까지는 극히 소수였다. 이 보제존자석종과 같이 높고 널찍한 건축기단을 축조하고 그 중심부에 석종형 탑신을 세운 선례는 금산사석종이다. 그런데 이 선례와 비교해 보면 기단과 그 주변의 장엄을 비롯하여 탑신부에 이르기까지 비교가 되지 않을 정도로 간략화되어 있다는 점이다.

둘째, 금산사석종은 앞에 불탑이 건립되어 있어 戒壇과도 같은데 비해, 보제존자석종은 승려의 부도이므로 건조하게 된 의도부터가 다르다. 그러나 축단과 주변의 장엄은 고사하고라도 탑신만을 볼 때에 석종형에서 퇴화된 둔중감을 보제존자석종에서 곧 느낄 수가 있다.

셋째, 앞면과 양측면에 계단을 마련하고 있어 선례와는 또 다른 점을 보이고 있다.

다음으로 舍那寺圓證國師石鐘은 현재 경기도 楊平郡 玉泉面 龍川里 龍門山 기슭의 사나사 경내에 원증국사사리석종비와 함께 서 있다. 1장의 4각형 지대석 위에 1장으로 조성한 4각형 대석이 놓이고 그 위에 1석으로 조각된 석종형 탑신을 안치한 일반적인 석종형 양식이다.

대석에는 측면과 상면에 여러 가지 문양이 조식되어 있는데, 측면에는 각면에 眼象과도 같이 3구의 장방형 額이 모각되었다. 그러므로 측면은 마치 양우주와 2주의 탱주가 각출된 것처럼 보이며 상·하단에 갑석형의 굽이 돌려진 것으로 보인다. 상면은 네 귀퉁이마다 같은 수법으로 운문과 원좌형 화판을 조식하였는데 산모양으로 3원좌를 배치하고 그 양측에도 운문을 조각하여 화사한 모서리를 이루었다. 중앙에는 큼직한 원좌형으로 각출한 1단의 원호 받침이 있어 탑신을 받치고 있는데 그 주변에는 원형받침을 따라 21판의 홑잎복련이 돌려졌다.

탑신은 1.22m 높이의 평면 원형의 석종형으로 상·하단은 거의 같은 크기이며 중간부가 배흘림의 통식을 보이고 있다. 탑신 표면에는 아무런 조식이나 명문이 없다. 상륜부는 별다른 장식 없이 탑신 정상에 보주만을 조성하였는데 탑신 상부를 약간 평평하게 다듬고 그 위에 원추형의 보주를 돌출시켰다.

이 석종형 부도가 보여주는 단조로운 형태가 고려 전기와는 다른 말기적 특징을 잘 나타내주고 있는 것이다. 이것은 이후 조선시대에 이르러 크게 유행하는 석종형 부도의 祖形이 된다고 할 수 있겠다.

다) 변형양식

8각원당형의 전형양식에서 벗어난 부도를 말한다. 우선 令傳寺址普濟尊者

舍利塔을 보면 부도라고 하기보다는 4각형 중층의 일반형 석탑과 같이 모든 부재의 평면이 4각형이며 2층기단 위에 3층의 탑신을 건립하고 정상부에 상륜을 장식한 형식이어서 언뜻 보아 불탑이 아닌가 착각한다. 탑신부는 身·蓋石을 각 1석씩으로 조성하여 중적하였는데 각 층의 탑신석에는 양우주가 정연하게 모각되고 각 층의 옥개석 받침은 4단씩이다. 상륜부는 노반과 복발·보륜·보개 등이 놓여 있어 일반형 불탑의 양식을 그대로 구현한 것이 특이한 점이다.

이와 같이 평면이 4각형을 이룬 부도탑은 전기에 건조한 法泉寺智光國師玄妙塔에서 이미 살펴본 바 있다. 그런데 이렇게 변형된 특수한 형태의 부도탑이 어찌하여 강원도 원주에 건립되었을까 하는 문제가 있겠는데, 이것 또한 지광국사현묘탑과 관련시켜 볼 때 그 원래의 위치가 원주로 같은 지역임이 주목된다. 즉 고려시대의 석탑에서 나타난 지역적 특성이 석조부도에서도 드러나고 있는 것이라 하겠다.

〈사진 11〉 太古寺圓證國師塔

보물 749호

다음으로 太古寺圓證國師塔은 기단 위에 탑신을 안치하고 정상에 상륜을 장식하였는데 평면구성은 부분적으로 같지 않다.

첫째, 기단부는 하대석부터 4각·8각·원형 등의 부재로 이루어져 종래의 8각원당형, 혹은 4각형 등 기단의 통일된 형태에 비하여 통일성이 없어 보인다.

둘째, 탑신은 역시 석종형을 연상케 하는 간결한 형태이다.

셋째, 옥개석에 있어서 다소 장식적인 면을 보이고 있으나 중후함이 드러나는 점이며 상륜부에 있어서도 또한 그러하다.

〈사진 12〉 神勒寺普濟尊者石鐘 앞 石燈

보물 231호

다. 석 등

石燈은 사찰에서 법당이나 불탑 앞에 설치하는데, 불타의 광명을 상징하는 뜻에서 「光明燈」이라고도 한다. 고려시대에 이르러 능묘 앞에도 석등을 설치하게 되었을 때, 주택에서와 같이 「長明燈」이라 부르게 되었다. 현재 사찰에 건립된 고려 후기의 석등은 그리 많지 않으며 건조연대가 확실한 것으로는 신륵사보제존자석종 앞 석등(보물 231호, 우왕 5년 ; 1379, 〈사진 12〉)을 대표로 들 수 있다.

이 석등은 전형양식에서 다소 변형된 형태를 보이고 있는데 火舍石은 蠟石으로 조성되었으며 다른 부재들은 화강암으로 조성되었다. 8각형의 지대석 위에 弧形의 높은 굄과 1단의 낮은 받침을 갖춘 연화대석을 하대로 삼고 그 위에 竿柱와 蓮華上臺를 마련하였는데 이 상·중·하대는 1석으로 조성된 것이다. 상·하대의 연화문은 16판씩의 앙·복련이며 간주석은 낮은 중대형으로 8귀퉁이에 連珠形의 우주가 각출되고 각 면에는 안상과 화문을 장식하였다. 화사석은 납석으로 조성하여 높직한 굄대가 하단에 마련되어 있는데 8귀퉁이에 원주가 모각되고 蟠龍紋이 장식되었다. 8면에 火窓이 개설되었으며 상면에는 각면에 飛天이 조각되고 상단에는 창방과 평방이 모각되었다.

옥개석은 중후한 화강암으로 조성되었는데 처마와 전각의 반전이 경쾌하다. 상륜은 표면에 연판이 조각된 복발이 있고 그 위에 2단의 보륜과 큼직한 연봉형의 보주가 있다. 이 석등은 고려 말기의 대표적인 양식이며 한편 조선시대 장명등의 祖形이라고도 할 수 있다.

라. 석 비

고려 전반기까지는 통일신라시대 석비의 전형양식을 이어받아 귀부 위에 탑신을 세우고 이수를 올려놓은 형태였다. 그러나 후반기에 이르면서 이와 같은 신라양식의 주류는 한편에서 그 양식이 이어지고, 한편으로는 큰 변화를 일으키게 되었다. 곧 신라시대의 기본형태를 완전히 떠나 귀부 대신 장방형의 비좌가 생기는가 하면 옥개석도 석탑의 옥개석과 유사한 장방형 옥개석이 나타나게 되는데, 경북 漆谷郡 北三面 崇島洞의 僊鳳寺大覺國師碑(보물 251호, 숙종 6년 ; 1101)와 같은 유례에서 볼 수 있다.

그리고 기왓골을 나타낸 가옥형 옥개석, 혹은 옥개석을 생략하고 비신 상부의 좌·우 모서리를 그대로 둔 것과 죽인 것 등의 여러 형식이 나타났으니 그 예로 경기도 龍仁郡 水枝面 新鳳里의 瑞峰寺玄悟國師塔碑(보물 9호, 명종 15년 ; 1185)와 경북 迎日郡 松羅面 中山里의 寶鏡寺圓眞國師碑(보물 252호, 고종 11년 ; 1224) 등을 들 수 있다. 이러한 변형적인 여러 양식은 고려 말기에 이르면서 더욱 성행하여 경기도 驪州郡 北內面 川松里의 神勒寺普濟尊者石鐘碑(보물 229호, 우왕 5년 ; 1379, 〈사진 13〉)와 神勒寺大藏閣記碑(보물 230호, 우왕 9년) 등의 유례를 볼 수 있다.

선봉사대각국사비는 복련과 앙련을 조각한 장방형의 대석 위에 비신을 세웠고 螭首는 옥개형으로 바뀌었으며 각 면에 당초문양을 장식하였다. 그러나 이보다 뒤에 건조된 서봉사현오국사탑비는 옥개석이 생략되고 비신 상단의 양쪽 귀퉁이를 귀접이 한 圭形의 비신으로 변하고 대석도 장방형으로 생략된 형식을 보이고 있다. 이러한 점에서 이 석비는 고려 중기 이후부터 나타나는 圭首形으로 개석과 여러 조식을 생략한 고려 후기 석비의 새로운 계통을 보여주는 좋은 예라 하겠다.

후기에 들면서 세워진 보경사원진국사비에서는 역시 비신의 상단 양끝을 귀접이 한 규수형으로 변해지고 있다. 그러나 비좌는 아직 龜趺 위에 마련되어 있어 주목되는데 귀부라 하여도 전대의 힘있는 조각은 볼 수 없으며 여의주를 물고 용두화한 귀두와 귀갑문은 형식에 불과한 모습으로 변하였다.

고려 말기에 건조된 신륵사보제존자석종비와 신륵사대장각기비는 역시 이 시기 석비의 형태를 잘 보여주고 있다. 보제존자석종비는 4각형의 널찍한 지

〈사진 13〉 神勒寺普濟尊者石鐘碑

보물 229호

대를 구축하고 그 위에 2단의 높직한 대석을 놓았으며 1석으로 이루어진 상·중·하대석을 그 위에 놓았는데 상·하대에는 앙·복련이 장식되어 있다. 비신은 좌·우에 석주를 세우고 그 안에 대리석 비신을 끼워 특이한 양식을 보이고 있다. 개석은 낙수면이 기왓골로 이루어져 목조건축의 지붕을 연상케 한다. 후자는 같은 경내에 있으나 다소 시대가 뒤진 탓인지 대석이 간략화되었으며, 옥개석에도 기왓골이 생략되어 있다. 그러나 비신의 안전을 위하여 양쪽에 세운 석주는 당시의 특징적인 형태로 두 석비가 같은 형식을 보이고 있다.

마. 당간과 지주

幢竿은 幢을 달아 두는 장대이다. 이 장대를 세우기 위하여 양쪽에 지탱하는 지주를 세우고 그 중간에 당간을 세우는데 대개는 석재나 철재로 세우고 있다.

그런데 당이란 본래 사찰의 마당이나 문전에 꽂는 旗幢의 일종이다. 속칭 掛佛이라 하는데 그 표면에 불화가 그려져 있으며 사찰에서 기도나 법회 등의 의식이 있을 때 당간 정상에 달던 것이다. 그리하여 이 불화의 旗幟를 당간에 달아 불사를 수행하였다. 그러므로 신라 이래 고려시대에 이르기까지 사찰마다 당간을 세워 법회에 임했으므로 당간이 많이 있었을 것이지만, 그 동안 여러 전란으로 말미암아 파손되어 거의 없어지고 지금은 당간을 지탱하고 있었던 그 지주만이 남아 있다. 그리고 이 당간과 지주는 일단 건조되면 그것이 그대로 전승되는 유물이어서 시기마다 건조되는 것은 아니었다. 그러므로 고려 후기에 이르러 건조된 당간은 아주 희소하다.

이 시기에 건조된 당간과 지주로는 전남 潭陽郡의 邑內里石幢竿*(보물 505호, 〈사진 14〉)을 꼽을 수 있다.

이 당간과 지주는 단층으로 된 기단 위에 건립되어 있는데 장방형으로 된 기단 윗면은 약간 경사를 이루었다. 길쭉한 측면에는 아무런 조각이 없으며 윗면 중앙에 장방형으로 된 1단의 굄을 마련하여 竿臺와 두 지주를 받치게 하였다.

두 지주는 4각형의 돌기둥으로서 80㎝의 사이를 두고 남북으로 마주 서 있는데 하단부는 기단 받침대 안에 묻혀 있으므로 형태를 알 수 없다. 지주는 별다른 장식이 없으나 외면에 縱線文이 양각되어 있다. 당간은 세장한 8각돌기둥 3개를 연결하였고 그 위에는 원형의 철당간을 올렸는데 마디의 표식이 뚜렷하다. 8각돌기둥의 연결방법은 통식으로, 상·하석의 연접부를 반으로 깎고 중간석의 양쪽 끝을 또한 반으로 깎아 서로 밀접시켜 각기 鐵製帶로 돌려 고정시켰다. 그리고 연결부분에는 상·하에 원형 竿孔을 관통시켜 보다 단단히 고정되도록 돕고 있다. 당간 상단부에는 금속제의 보륜이 이중으로 장식되고 풍경같은 장식이 달려 있는데 현재는 두 개

〈사진 14〉 潭陽 邑內里石幢竿

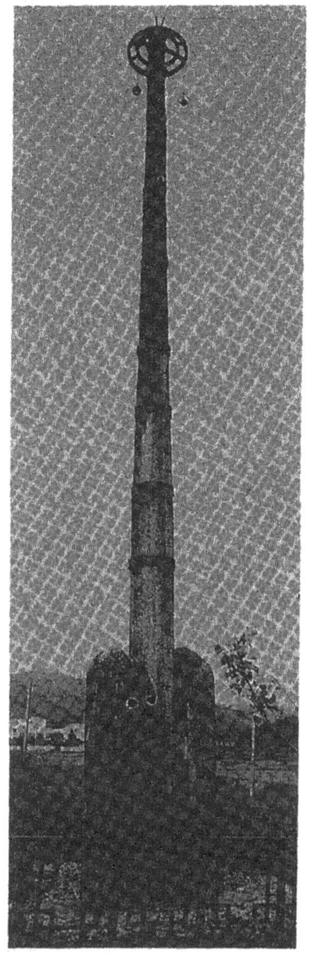

보물 505호

* 이 당간의 바로 옆에 1좌의 석비가 서 있는데, 그 비문에 의하면 현재의 석당간은 조선 헌종 5년(1839)에 중건한 것임을 알 수 있다. '大風折以木代立'이란 명문으로 보아 큰 바람으로 넘어진 것을 이 때 다시 복원한 것으로 생각된다. 바람에 부러진 것을 나무로 대신 세웠다 하였으니 현재 8각의 석당간 위에 원형의 철당간이 보이는 것이 철통 안에 木心을 세우고 그 밖으로 철통을 씌운 것이 아닌가 생각된다.

가 남아 있다.

정상에는 삼지창과도 같은 예리한 철침이 솟아 있어 마치 피뢰침의 인상을 주는데 이와 같은 여러 가지 부속물을 고찰해 볼 때 이 당간은 장식적인 유구가 잘 남아 있는 귀중한 실례라 하겠다.

두 지주는 나지막하여 역시 후기적 현상임을 알 수 있는데 여기서 주목되는 것은 외측면 중앙에 굵게 새긴 종선문이다. 이것은 신라 이래 고려 전기에 이르기까지 흔히 장식된 당간지주의 전통적 양식이라 하겠다.

(2) 조 각

고려 전기까지 선대의 불상조각 양식과 기법, 조상활동이 어느 정도 계승되어 상당한 유례를 보이고 있다. 그러나 후기에 이르면서 조상활동이 많이 위축되어 유품이 몇 점 남아 있지 않아 선대의 양식 수업의 전승은 자연히 어려운 일이었다. 그것은 대장경의 조판과 불경의 사경이 크게 유행하면서 불상조성의 의욕을 퇴조시킨 결과가 아닌가 생각된다. 한편 이 시기의 조각에서 주의를 끄는 것으로 능묘조각이 있다.

불상조각은 불상조성의 재료에 따라 金銅佛·鐵佛·塑造佛·夾紵漆佛·木佛 등으로 크게 구별하여 고찰하겠다. 그리고 능묘조각은 능묘의 장엄물이기 때문에 주로 석조물이 될 것이다. 다만 불상에서 磨崖佛이 거론되지 않은 것은 대체로 전반기에 많이 유행하였을 뿐 후기까지는 미치지 못하여 이렇다 할 유품이 없기 때문이다.

가. 석불상

고려 전기에는 거대한 석불과 신라의 양식수법을 계승한 석불 등이 전국 각지에 조성되었음을 볼 수 있다. 몽고의 영향을 받게 된 후기에 이르러는 전기와 같은 불상조성이 성행하지 않았다. 몇 구의 유례가 있지만 거대하거나 신라양식을 본받은 작풍은 전혀 찾아볼 수 없다. 예컨대 安國寺址石佛立像(보물 100호, 〈사진 15〉), 益山古都里石佛立像(보물 46호) 등은 머리 위에 원통형의 관모를 쓰고 그 위에 넓적한 보개를 얹어 놓았다. 이 불상들은 전기에 조성된 충남 논산의 灌燭寺石造彌勒菩薩立像, 부여의 大鳥寺石造彌勒菩薩立

〈사진 15〉 安國寺址石佛立像

보물 100호

像 등과 동일한 형식의 석상으로 같은 지역성을 보이고 있다. 그러나 높이가 4m~5m에 불과하여 전기에 만들어진 10여m 높이의 불상에 비하면 규모가 훨씬 작아졌음을 알 수 있다. 그리고 형식화된 相好와 동체 각 부의 처리가 전기 석불과 달리 치졸해졌다.

우선 안국사지석불입상을 살펴보면 三尊像인데 중앙 본존불은 머리가 원통형이며 상호는 4각형에 가깝게 넓죽하다. 감고 있는 직선적인 긴 눈과 납작한 코, 다물고 있는 입 등은 마치 장승과도 같은 인상을 주며, 이러한 인상은 동체의 조각에도 잘 나타나 있다. 이 불상의 동체는 인체라는 관념이 전혀 없어지고 길다란 장대석을 깎아 세운 것 같으며, 여기에 억지로 갖다 붙인 듯한 팔과 손도 역시 비현실적이라 하겠다. 오른손은 가슴에 대고 있으며 왼손은 배에 붙여 엄지와 중지를 맞대고 있는데 아미타불의 中品中生印을 표현한 것 같다. 귀는 길지만 목은 짧고 三道는 없어졌다. 衣紋은 마멸이 심하여 잘 보이지 않으나 긴 종선문인 것 같다. 머리 위에는 큼직한 장방형의 갓을 쓰고 있다. 우협시보살은 허리까지 묻혀 있는데 관과 상호·동체 등이 본존불과 흡사하며 좌협시보살도 머리만 파괴되었을 뿐 역시 동일하다. 三尊 모두 대좌가 묻혀 있어 어떤 형태인지를 알 수 없다. 5m 가까이 되는 거상으로, 지방에 유행하던 고려불의 塊體化된 전형적 불상양식을 잘 반영하고 있다.

다음으로 익산고도리석불입상은 2구인데 같은 형태로서 하나의 사다리꼴 석주에 대좌와 의문, 그리고 손과 얼굴을 겨우 나타내고 있을 뿐이다. 따라서 불상이라기보다는 동리를 수호하는 무속적인 석상이라고 일컫는 것이 더 적절하다. 넓은 대좌에서부터 좁은 머리까지 완전히 사다리꼴을 이루고 있는데, 머리 위에는 4각형의 판석이 있으며 그 밑에는 4각형의 높은 관을 쓰고 있다. 상호도 역시 4각형에 가까우며 여기에 가는 눈과 짧은 코, 작은 입을 표현하여 인상적이다. 목은 겨우 하나의 선으로 묘사하고 있는데 얼굴과 어깨가 그대로 연결되고 있다. 어깨는 인체의 어깨라기보다 머리에서 대좌까지의 사다리꼴을 형성하는데 불과할 뿐 다른 의미는 없는 것 같다. 동체는 사다리꼴의 석주에 불과할 뿐 굴곡은 전연 없으며 팔도 표현되지 않은 데다 두 손은 배에 붙이고 있어 사실성은 없다. 法衣는 通肩이지만 목에서부터 발목까지 앞이 터진 두 줄의 도포 같은 긴 옷을 걸쳤을 뿐 별다른 문양은 없다. 대좌도 불상과 동일석인데 앞면만 약간 깎아 좌대같은 모양을 만들었다. 사다리꼴의 석주형 자세나 비사실적 조각수법, 그리고 도포 같은 법의나 두 손을 맞잡고 있는 것 등은 분묘의 석인상 중 문관석과도 흡사하다.

이 밖에 전남 和順郡 道岩面 龍岡里의 雲住寺가 있는 골짜기를 천불천탑이라 하여 현재도 100여 구의 석불이 주변 일대에 보존되어 있다. 이 곳은 고려 전기 이후에 조성된 석조물들로 가득 차 있는데 100여 구의 입상과 좌상이 한결같이 동체가 평면적이고 의문이 도식적이어서 선대의 불상조각과는 조상으로나 조각기법상 비교가 안된다.

이상에서 고려 후기의 석불을 살펴보았으나 모두 그 규모나 기법이 위축되고 졸렬해졌다. 이러한 석불조성의 위축현상은 여섯 차례에 걸친 몽고의 침입, 이후 몽고의 지나친 내정간섭, 말기에 이르면서 국내정치가 문란해지고 사회정세가 불안해짐에 따른 영향이 큰 때문이 아닌가 생각된다.

나. 금동불상

이 시기에 조성된 금동불·보살상에서 腹藏品이 발견되어 확실한 조성연대를 알 수 있는 것은 長谷寺金銅藥師如來坐像(보물 337호, 충목왕 2년 ; 1346, 〈사진 16〉), 瑞山 文殊寺金銅阿彌陀如來坐像(충목왕 2년), 瑞山 浮石寺金銅觀音菩薩坐像(충숙왕 17년 ; 1330, 현재 日本 對馬島 觀音寺의 主尊으로 봉안)을 들 수 있다. 이 밖에 禪雲寺地藏菩薩坐像(보물 280호), 唐津 申庵寺金銅佛坐像(보물 987호, 〈사

〈사진 16〉 長谷寺金銅藥師如來坐像

보물 337호

진 17〉)도 이 시기에 조성된 것으로 추정하고 있는데, 이 불상들은 대체적으로 동체의 균형이 잡혀 있고 법의는 자연스럽게 조각되어 있어 가히 당시의 금동불을 대표할 만하다.

우선 장곡사금동약사여래좌상을 살펴보면 螺髮의 머리 위에 둥글고 큰 肉髻가 있으며 상호는 약간 긴 편으로 근엄한 표정을 짓고 있는데 동체와 조화를 이루고 있다. 통견 법의는 두터워 동체의 굴곡이 나타나 있지 않으나 예리한 刻線의 의문은 비교적 사실적으로 표현되어 단정한 느낌을 준다. 깊게 노출된 가슴에는 裙衣의 매듭이 보이며 手印은 오른손을 들어 엄지와 장지를 서로 맞대었으며 왼손은 수평으로 들어서 藥壺를 받치고 있다. 이 불상은 후기 양식의 주류를 이루는 조형적 특징을 갖추고 있어 고려시대 조각사연구에 귀중한 자료가 된다.

부석사의 금동관음보살좌상도 원만한 상호와 균정한 동체, 가슴의 瓔珞, 양손의 팔찌 등이 세련되어 이 시기의 대표적 보살상이라 하겠다.

당진 신암사금동불좌상은 나발의 머리 위에 큼직한 육계가 있으며 원만한 상호는 白毫와 두 눈썹 사이, 콧마루, 입과 입술 등 각 부위가 정제되어 있다. 양쪽 귀는 긴 편이 아니나 목에 삼도가 돌려 있어 근엄한 느낌을 준다. 입(술)이 다소 작은 편이나 은은한 미소가 담겨 있어 자비로운 표정도 느낄 수 있다. 법의는 통견이며 양팔에 걸쳐 무릎을 덮었고 裙衣帶 밑에는 배꼽부분 주위에 결대가 보인다. 수인은 오른손을 어깨에 들어 손바닥을 밖으로 하고 拇指와 中指를 잡고 있으며 왼손은 팔꿈치와 수평으로 들어 손바닥을 위로 하여 무지와 중지를 잡고 있다. 앉은 자세는 結跏趺坐하여 오른발이 나와

〈사진 17〉 唐津 申庵寺金銅佛坐像

보물 987호

있는 吉祥坐로 단정한 자세이다.

이 금동불좌상은 여래상으로 어깨와 가슴이 당당하고 동체도 세련되어 古式의 일면을 보이고 있다. 더욱이 무릎의 두툼하고 안정감있는 자세에서 역시 이 시기를 대표할 수 있는 금동불로 생각된다.

고려 후기에 조성된 불상양식 가운데 특이한 것 역시 원나라와의 빈번한 교섭에서 유입된 라마적 양식이다. 이러한 양식의 불상은 티베트·네팔계통의 불상들과 연관되는데 익산 출토의 金製如來坐像, 泉隱寺金銅佛龕內 金銅如來坐像, 국립중앙박물관 소장의 至順4年銘 金銅觀音·勢至菩薩立像(충숙왕 2년 ; 1333) 등에서 라마적 요소를 찾을 수 있다. 이들 불상은 대좌에서 앙련과 복련이 대칭적으로 맞붙은 연화좌를 이루고 있는데 이러한 양식은 고려 전기에는 볼 수 없었던 새로운 점이다. 보살의 동체 전면에 영락이 장식되어 있는 것도 이국적인 면이라 하겠다. 이러한 특징은 고려 후기에 원대의 불상에서 비슷한 예를 찾아볼 수 있기 때문에 이 시기의 특수한 정치적 배경과 연관되는 고려 후기 불상조각의 특징이라고도 할 수 있겠다.

다. 철불상

철불도 이 시기에는 많은 유례를 볼 수 없는데 靑陽 雲藏庵鐵造菩薩坐像(보물 986호, 〈사진 18〉)이 고려 후기의 작품으로 주목을 끈다. 충남 靑陽郡 斜陽面 溫岩里 雲藏庵에 이 불상이 있는데, 암자의 앞 골짜기 길가에 있던 것을 1900년경에 암자를 중수하고 옮겨 봉안하였다고 한다.

현재 보살좌상의 머리에는 화염보주로 장식된 화려한 보관을 쓰고 있으나

〈사진 18〉 靑陽 雲藏庵鐵造菩薩坐像

보물 986호

이것은 근년에 새로 만든 것이라 한다. 보관 밑으로 곱게 빗은 보발은 좌·우에서 양쪽 귀 밖으로 흘러 몇 가닥으로 흩어져 어깨 앞뒤로 늘어져 있다. 상호는 원만하며 미간의 백호와 두 눈썹 사이, 콧마루, 입과 입술 등이 정제되었다. 양쪽 귀는 목에까지 늘어져 삼도와 어울려서 근엄한 느낌을 준다. 天衣는 통견이고 양팔에 걸친 의문은 두 무릎을 덮고 있으며 자세는 결가부좌하여 오른발을 내놓은 吉祥坐이다. 영락장식은 앞가슴을 화려하게 조각하였는데 이러한 영락은 양쪽 무릎에까지 표현되어 있다. 수인은 오른손을 어깨까지 들어 손바닥을 밖으로 하고 무지와 약지를 잡고 있으며 왼손은 팔꿈치와 수평으로 들어 손바닥을 위로하여 무지와 중지를 잡고 있다.

앞가슴의 영락장식 밑에는 거의 배꼽부분에 이르러 군의의 결대가 보이며 천의의 의문은 앞면뿐이 아니고 동체의 뒷면에까지 섬세하게 표현되어 있다. 이러한 양식 등은 고식을 보이는 것으로, 이 시기에까지는 전승되었던 불상으로 추정되어 당시의 대표적 철불이라 하겠다.

라. 소조불상

이 시기의 塑造佛도 별로 남아 있는 것이 없으며 현재 東國大學校 박물관에 소장되어 있는 높이 12㎝ 내외의 羅漢佛頭가 알려져 있다. 이 頭像은 강조된 양 볼이나 큰 코와 고려불상 특유의 입 등을 볼 때 고려 후기 불상으로서는 우작에 속하는 작품이다. 양쪽 눈에 많은 손상이 있으나 균형이 잡혀 있고 나한의 성격을 잘 표현한 소조상이라 하겠다.

마. 협저칠불상

현재 국립중앙박물관의 소장품 2구가 전해지고 있다. 본래 덕수궁미술관 소장의 夾紵觀音菩薩坐像인데 머리에 보주가 달린 높은 관을 썼으며 상호는 단아하고 의문의 표현도 고려 후기 불상으로서는 우수한 편이다. 가슴에는 라마식 불상에서 흔히 볼 수 있는 형식의 장신구가 길게 늘어져 있어 주목을 끈다.

또 하나의 협저관음보살좌상은 한쪽 다리를 늘어뜨리고 다른 한쪽 다리는 대좌 위에 세워서 한쪽 팔을 받치고 있는 상이다. 상호의 조형은 양쪽 눈은 감고 작은 코, 입 등에서 매우 어색한 감을 주며 의문 역시 둔하다. 이것은 같은 형태의 금동불상을 모방한 것이지만 그 기법은 금동불상을 따르지 못한다. 협저불상의 유품으로는 고려시대의 것이 가장 오래된 것이므로 일찍부터 조성된 금동불에 그 기법이 따르지 못함은 당연한 결과일 것이다.

바. 목조불상

이 시기의 목조불상도 남아 있는 것이 많지 않으며 경기도 華城郡 南陽面 北陽里의 鳳林寺木造阿彌陀佛坐像(보물 980호, 공민왕 11년 ; 1362, 〈사진 19〉)이 조성연대를 알 수 있는 대표적인 목불로 주목되고 있다. 현재 봉림사 법당의 주존으로 봉안되어 있는데 대좌나 광배 등은 없으며 두툼한 보료 위에 안치되었다. 나발의 머리 위에 두툼한 육계가 있고 상호는 원만한 편으로 이마에 백호가 있으며 두 눈썹 사이, 콧마루, 입과 입술 등이 정제되었다. 양쪽 귀는 긴 편이 아니나 목에 삼도가 돌려져 있어 근엄한 느낌을 준다. 법의는 통견으로 양쪽 어깨로부터

〈사진 19〉 鳳林寺木造阿彌陀佛坐像

보물 980호

흘러내린 의문이 양팔에 걸쳐 흘러 무릎을 덮고 있다. 배꼽부위에서는 군의의 옷자락이 보이며 그 의문은 앞으로 흘러내렸다. 수인은 오른손을 위로 들어 무지와 중지를 잡고 있으며 왼손은 배꼽부위에 들어 손바닥을 위로하여 무지와 중지를 잡고 있다. 결가부좌하여 오른발을 왼쪽 무릎에 노출시키고 있음은 통식이다. 이 좌상은 전체적으로 보아 단아한 형태로 동체는 단정하면서도 장중한 느낌을 주고 있다.

1978년 늦가을 改金佛事를 하기 전에 이 목불을 조사할 때, 복장품에서 至正年間의 墨記가 나와 조성연대와 개금연대 등을 알 수 있었다. 이 기록에 의하여 공민왕 11년을 조성의 하한연대로 추정할 수 있게 되었으며, 또한 이 불상이 無量壽如來, 즉 아미타여래상임을 알게 되었다. 현재 남아 있는 고대의 목불이 전무한 상태인데 이렇듯 조성연대를 알 수 있는 고려시대 목불의 확인은 대단히 중요한 사실이다.

사. 능묘조각

고려 후기의 陵墓로 유명한 것은 공민왕의 玄陵과 魯國公主의 正陵이다. 이 밖에 다른 왕의 능도 있으나 대부분 퇴락이 심하여 조각품들을 살피기가 어렵다. 고려왕릉의 일반적인 형식은 신라시대의 제도를 계승하여 石獸·文人石·武人石·石床을 능 앞에 배치하였는데 다만 고려시대의 특징은 신라시대에는 없었던 장명등을 설치한 것이다. 봉토 밑으로는 석조의 護石을 돌리고 그 표면에 여러 가지 조각을 하였다. 능의 위치는 경사진 곳이며 능 앞은 장대석으로 여러 단의 축대를 쌓고 단을 따라 석수·문인 등을 배치하였다. 이러한 점에서 현릉과 정릉은 고려왕릉을 대표할 만큼 장엄한 규모를 자랑할 만하다.

현릉과 정릉은 동·서로 나란히 있는데 두 봉분을 따로 난간을 돌렸다. 능 앞에는 3단의 축대가 있고 계단이 설치되었다. 상단에는 난간 주위에 石羊과 石虎가 배치되고 봉분 앞에는 각각 석상과 望柱 한 쌍이 있다. 중간 층단에는 능 앞에 각각 장명등이 있고 좌·우로 문인석 두 쌍이 있으며 하단에도 좌·우에 문인석 두 쌍이 있다. 호석은 표면에 조각이 장려한데 하대석과 갑석에는 연화문이 조각되고 柱石에는 三鈷鈴, 면석에는 雲文을 가득히 조식한 가운데 관복을 입은 獸冠人身의 12지신상 입상을 조각하였다.

이들 조각은 고려 후기의 조각에서는 보기 드문 대작인 동시에 걸작이라 하겠는데 장식이 지나치게 번다하고 석인의 등이 앞으로 굽는 등 시대적 특징을 잘 반영하고 있다. 장대한 규모에 비하면 조각기술은 퇴보된 것으로 보이지만 고려 후기의 조각을 대표하는 것으로 주목해야 하겠다.

〈鄭永鎬〉

3) 서 화

(1) 회 화

가. 일반회화

고려 후기의 일반회화는 元의 간섭을 받기 시작하는 원종 원년(1260)을 분기점으로 해서 그 이전과 이후의 두 시기로 나누어 살펴볼 수 있다.[1] 무신들이 집권했던 명종대(1171~1197)에서 고종대(1214~1259)까지의 약 1세기간의 일반회화는 문종 연간부터 급성장한 기반 위에서 왕실과 새로운 지식계층으로 대두된 문사들, 그리고 이 시기에 다시 부상된 禪宗승려들을 중심으로 보다 심화되었다. 특히 문사들은 앞선 시기 문신들의 고대적 귀족성과 문벌성이 약화되고 문인학자적 기능이 강화된 중세적 관료지식인으로 등장하여, 그림을 시문과 함께 자신들 상호간의 감흥교환과 심성도야 등의 내적 자원을 확충하는 매체로 즐겨 활용했었기 때문에 이를 그리고 수집하고 완상하는 풍조를 크게 진작시켰다.

이러한 풍조는 이들 신진문사들이 중세적 지성의 이상적 모델로 적극 추구했던 北宋代 사대부들의 문인화사상과 이념의 본격적인 수용을 통해 더욱 촉진되었다. 그 중에서도 蘇軾에 대한 숭배는 崇蘇熱을 이룰 정도로 매우 높았기 때문에 그를 중심으로 강조되었던 '詩畵一律論'과 '神似論'을 비롯하여 '胸中成竹論'과 '身與竹化論', '心手相應論'과 같은 문인화론의 영향을 많이 받았다. 그리고 그림을 소재로 하는 題畵詩文類도 소식에 의해 크게 성행되면

---

1) 洪善杓, 〈고려시대의 일반회화〉(《韓國美術史》, 藝術院, 1984), 281~287쪽.

서 學蘇풍조에 따라 이 무렵부터 본격적으로 다루어지기 시작했으며, 이를 통해 회화이론이 지식계층 사이에서 널리 활용되었다.2)

무신집권기를 통한 회화이론의 전개는 李仁老에 의한 詩書一律論의 본격적인 파급을 비롯하여 林椿·丁鴻進·陳澕·崔滋(1188~1260) 등도 일정한 기여를 했지만, 보다 투철한 의식과 이론을 통해 자신의 견해를 표명했던 인물은 李奎報였다. 무신집권기의 대표적인 문사로 당대 최고의 시인이었던 이규보는 그림을 보고 평가하는 안목이 매우 높아서, 본인 스스로 "작품을 보는 눈이 망령되이 높다"고 했다. 또 "늙은 장사꾼이 물건을 알아보는 것 같고", "품평은 나만한 이가 없다"고까지 호언했을 정도로 대단한 자부심을 가지고 있었다. 그는 이러한 식견과 소식을 중심으로 강조되었던 북송대 문인화론에 대한 깊은 이해를 바탕으로 고려시대 회화이론의 전개에 가장 중요한 역할을 했었다. 그리고 그의 이와 같은 회화에 관한 이론적 견해는 우리 나라 그림이 감상화로서의 성격과 기반을 다시며 정착하는 데 계도적 구실을 했을 뿐 아니라, 겉만 꾸민 '紛紛한 俗畵'를 숭상하던 종래의 회화풍토를 비판하고 중세적 회화가 수행해야 할 실천적 지침으로 제시되었다는 점에서도 각별한 의의를 지닌다.3)

무신집권기에는 이와 같이 북송대의 회화이론과 文人畵觀의 확산으로 이와 관련된 화풍이 크게 풍미하게 된다. 대나무·소나무·전나무 등 문인취향 화목의 유행이 눈에 띄고 또 鄭得恭·安置民·李仁老·金君綏 등 문인화가들의 활동도 두드러졌다. 그 중에서도 특히 낭중과 홍문관학사, 비서감 등을 지낸 정홍진의 경우 더욱 현저하여, 그의 墨竹畵는 고려뿐 아니라 중국에서까지 명성이 자자했으며, 북송 최고의 묵죽화가인 文同을 능가한다고 평가되었을 정도로 높은 경지를 이룩했었다.4)

이 당시의 묵죽화 역시 전하는 유작이 없어 그 구체적인 양태를 파악하긴 어렵다. 다만 이들 문사들이 사물의 겉모습보다는 生成化育하는 자연적 창생력을 갖추고 있는 참모습을 그릴 것을 중시한 점이라든가 북송의 소식과 문동,

2) 洪善杓, 〈高麗時代의 繪畵理論〉(《考古美術》 187, 1990), 7쪽.
3) 洪善杓, 〈李奎報의 繪畵觀〉(《美術資料》 39, 國立中央博物館, 1987), 28~45쪽.
4) 李奎報, 《東國李相國集》 후집 권 5, 古律詩 次韻丁秘監而安和前所寄詩以墨竹影子親訪見贈幷序.

〈도판 1〉 歲寒三友圖

* 海涯, 14세기, 絹本水墨, 131.6㎝×98.8㎝(日本 妙滿寺 소장)

또 이들을 추종한 남송의 湖州竹派 문인화가들의 화풍을 참고로 삼았던 점 등으로 미루어 볼 때 대상물의 기운 생동하는 생명력의 유출을 강조한 그러한 그림이었을 것으로 추측된다. 그리고 시대가 다소 내려가지만 14세기경 제작된 日本 西福寺 소장의 〈觀經序品 變相圖〉 속의 전각 안에 그려져 있는 병풍의 묵죽과 고려 말 또는 조선 초의 화가로 추정되는 海涯가 그린

〈歲寒三友圖〉 등을 통해 그 편영을 엿볼 수 있다(〈도판 1〉). 이들 그림에 표현된 묵죽의 경우, 규칙적인 竹葉의 배합이라든가 서예성의 가미, 가는 줄기의 모습 등에서 조선 초기 묵죽화풍과 관련된 특색이 발견된다.

한편 명종이 문신들에게 명하여 瀟湘八景의 시를 짓게 하고 李寧의 아들인 李光弼에게 그 시의 내용에 따라 그림을 그리게 했다고 하는데, 이것도 당시 팽배해 있던 詩畵一律思想의 조류를 반영해 준다. 이광필이 그렸던 〈소상팔경도〉의 화풍은 아마도 宋迪을 중심으로 북송 말에 성행된 潑墨山水風의 소상팔경도와 비슷하지 않았을까 생각된다. 송적이 활동했던 당시 이녕이 북송에 다녀온 바 있었고 또 그가 가르쳤다고 전하는 王可訓이 송적의 영향을 받은 소상팔경을 그린 바 있었고 또 이러한 그의 화적이 고려에 전개되었던 사실 등으로 미루어 이와 같은 추측이 가능하다고 본다. 이러한 소상팔경도는 무신집권기 무렵부터 대두하기 시작하여 '江南景' 理想山水의 대표적 화제로서 17세기까지 성행했을 뿐 아니라, 〈松都八景圖〉를 비롯한 八景圖類 실경산수의 전개에도 많은 영향을 미쳤다.[5)]

무신집권기의 회화는 승려화가들의 활동과 더불어 문인적 교양을 겸비하고 있던 선승과 불교에 우호적이었던 문사들이 서로 어울려 그림을 완상하고 휘호하며 교유하던 풍조를 통해서도 활기를 더해 갔다. 韓生이 인물을 그리고 정홍진이 대나무를 그린 〈水墨白衣觀音圖〉를 소장하고 있던 禪師인 幻長老가 이규보에게 찬문을 구했던 사실은 이러한 풍조를 말해주는 좋은 예이다.[6)] 이 관음도는 水墨禪宗畵 계통이었을 것으로 생각되는데, 대나무가 배경에 그려져 있었다는 점으로 미루어 보아 아마도 13세기 남송의 牧谿가 그렸다고 전하는 일본 圓覺寺 소장의 〈白衣觀音圖〉와 유사한 형식이 아니었을까 싶다. 이러한 백의관음도를 특징짓고 있는 절벽으로 채워진 배경이라든가 흑백대비가 심하고 거친 묵법, 바위에 기댄 인물의 포즈 등은 조선 초기 姜希顔의 〈高士觀水圖〉에 적지 않은 영향을 미쳤던 것으로 생각된다.[7)]

---

5) 우리 나라 소상팔경도의 흐름에 대해서는 安輝濬, 〈韓國의 瀟湘八景圖〉(《韓國繪畵의 傳統》, 文藝出版社, 1988), 162~248쪽 참조.

6) 李奎報, 《東國李相國集》 후집 권 11, 贊 幻長老以墨畵觀音像求予贊.

7) 洪善杓, 〈仁齋 姜希顔의 高士觀水圖研究〉(《정신문화연구》 22, 1985), 99~103쪽.

이와 같이 무신집권기를 통해 일반회화는 새로운 문화담당층으로 대두된 문사들을 비롯한 지배계층의 교양과 교제수단의 하나로 여겨지는 등 그 기반을 보다 공고히 구축하였다. 또 이들을 통하여 소식을 중심으로 전개된 북송대의 문인화론과 문인적 취향의 화목들이 뿌리를 내리게 되었다. 그리고 소상팔경도와 같은 수묵풍 이상산수의 대두와 승려화가들의 활동 및 수묵선종화의 성행도 눈에 띈다.

일반회화는 원나라 간섭기인 원종대(1260~1294)부터 고려 말기에 이르기까지 학자적 관료로 크게 성장한 신흥사대부들의 성향과 밀착되어 더욱 심화되었다. 그리고 이들의 이념으로 새롭게 수용된 性理學은 그림에 대한 지식인들의 가치관과 이론을 체계화하는 데 중요한 구실을 하였다. 조선시대 회화발달의 배경도 이러한 사대부들의 회화관에 기초하였다고 하겠다.[8)]

이 시기를 통해서는 李承休(1224~1301), 安軸(12282~1348), 李齊賢(1287~1367), 李穀(1298~1351), 李穡(1328~1396), 李詹(1345~1405) 등의 신흥사대부들이 그림에 대한 견해를 표명한 바 있다. 이들 중 이승휴는 그림을 六藝의 하나로 보았는데, 이는 곧 고려 후기를 통해 지식인들의 갖추어야 할 필수교양으로 부각되었던 회화가 당시 사회에서 뿌리를 내리고 정착되었음을 시사한다고 하겠다. 그리고 회화에 대해 높은 식견을 지니고 있었던 이색은 산수화에 관한 상당수의 題畵詩文을 통해 처사적 성향을 짙게 띠고 있던 신흥사대부들의 친자연적 경향을 강조했었다. 그는 또한 그림에서 기상과 함께 의장을 중시했으며, '繪事後素'에 대한 논의에서는 "素는 바탕의 문채가 없는 것을 말하는 것으로 능히 5가지 채색을 잘 받는 것이다"라고 하면서, "그렇기 때문에 성품에 비유하면 가라앉아 움직이지 않고 순수전일하여 잡것이 없고 五常의 전체가 되는 것이다"라고 하였다. 이러한 입장은 인격의 완성을 우선 중시하는 관점에서 朱子에 의해 주석된 성리학적 儒家思想의 견해를 반영한 것이다.[9)]

이와 같은 이론적 기반 위에서 전개된 고려 말기의 일반회화는 원과의 관계가 밀접해짐에 따라 중국화의 유입이 다시 활발해지면서 새로운 자극을

8) 洪善杓, 〈朝鮮初期의 繪畵觀〉(《第3回 國際學術會議發表論文集》, 韓國精神文化硏究院, 1985), 598~601쪽.

9) 洪善杓, 앞의 글(1990), 7~8쪽.

받게 되었다. 특히 충선왕이 이제현 등과 함께 燕京에 萬卷堂을 짓고 그 곳에서 趙孟頫·朱德潤과 같은 중국 문인화가들과 가졌던 교유와 여러 화적을 직접 본 경험, 그리고 魯國大長公主가 고려에 올 때 가져온 서화를 비롯하여 양국 왕실간의 혈연적 결합에 따른 왕족들의 내왕을 통해 이루어졌던 회화 교류가 이 시기의 화풍형성에 적지 않은 영향을 주었을 것으로 믿어진다.

이렇게 유입된 원대의 화풍에는 남송적 요소가 짙게 내포되어 있었을 것으로 추정하고 당시의 고려화단에 남송 院體畵風이 이제현 등의 만권당계 문인학자들에 의해 대거 수용되었다고 보는 견해도 있다.[10] 그러나 이 시기의 고려회화에 영향을 미쳤을 조맹부와 주덕윤 등의 문인화가들이 남송적인 경향만을 보였던 것도 아니고 또 원말 4대가의 화풍을 제외한 원대의 대체적 흐름이 남송 원체화풍 위주로 전개되지 않았음에 유의할 필요가 있다고 하겠다. 원대 회화의 일반적 흐름은 전대 요소들의 융합 즉 북송의 李郭派화풍과 남송 화풍의 절충적 경향이었으며, 비슷한 혼합과정에서 형성된 墨面과 여백의 대비가 심한 강렬한 墨調와 거칠며 방일한 필치, 그리고 공간의 평판화 등을 특징으로 하는 이른바 前浙派的 양식을 주류로 하였다.[11] 특히 조맹부와 주덕윤을 비롯한 이들 주변의 문인화가들은 이러한 화풍과 관련이 있으며, 충선왕과 이제현도 이들과의 교유를 통하여 비슷한 경향과 접했을 가능성이 큰 것이다.

이제현의 〈騎馬渡江圖〉는 이와 같은 절충적 경향의 일면을 부분적으로나마 반영하고 있다(〈도판 2〉). 물론 이 그림에는 연경을 중심으로 유행하였던 원대 원체화풍의 영향이 가장 크게 나타나 있다.[12] 그러나 근경의 한쪽 구석으로 景物이 많이 치우쳐 있는 변각적 구도인 점과, 소나무의 크게 굽은 모습, 車輪葉法의 침엽과 같은 남송의 馬夏派的 요소와 함께 주덕윤의 〈山水圖〉와 唐棣의 〈山水圖〉의 나무 모습과 비교적 유사해 보이는 가지만 남은 裸木들에 깃들어 있는 이곽파의 잔영이 혼재해 있는 것은 원대의 절충적 경향으로 보아도 좋을 듯싶다. 그리고 절벽의 표면에 구사된 성긴 필치와 화면의 하단 중앙에 윗부분만 작게 돌출된 토파의 배치 등은 후대의 절파화풍에서 주로 볼 수 있는 요소로서 주목된다.

---

10) 金起弘, 〈朝鮮中期畵風研究의 淵源的 考察〉(《澗松文華》 26, 1984), 42~44쪽.
11) 鈴木敬, 《明代繪畵史研究 : 浙派》(東京大 東洋文化研究所, 1968), 39~62쪽.
12) 安輝濬, 〈韓國山水畵의 發達研究〉(《美術資料》 26, 1980), 19~20쪽.

〈도판 2〉 騎馬渡江圖

* 李齊賢, 14세기, 絹本水墨, 73.6㎝×109.4㎝(國立中央博物館 소장)

〈도판 3〉 雪景山水圖

* 작가미상, 14세기, 絹本水墨, 34.5㎝×94.9㎝(日本 相國寺 소장)

일본의 相國寺에 소장되어 있으며 고려시대 14세기경의 작품으로 추정되고 있는 작가 미상의 〈雪景山水圖〉는 남·북송 혼합적 경향에 바탕을 둔 이러한 전절파적 화풍을 좀더 잘 보여준다(〈도판 3〉). 화면의 좌반부에 경물들이 치우쳐 있고 반대편이 비교적 소략하게 다루어진 구도는 곽희의 전칭작인 〈江山雪霽圖〉와 함께 남송대 목계의 그림으로 전칭되고 있는 〈漁村夕照圖〉와 비슷하다. 묵법은 원대에 그려진 것으로 추정되는 夏珪의 전칭작들과 유사한데, 전절파의 영향을 받아 이 그림이 흑백대비가 더 심하고 거칠다는 데 차이점이 있다.

이와 같은 경향과 관련하여 일본에서 고려시대의 작품으로 간주되고 있는 高然暉 전칭의 〈夏景山水圖〉와 〈冬景山水圖〉 2폭도 주목된다. 〈하경산수도〉는 주산들이 米點으로 처리되어 있어 이 시기에 남종화계 米法山水畵風의 수용을 입증해 주기도 한다.[13] 그런데 〈동경산수도〉에 보이는 필선의 굵고 가늘기의 차이가 심한, 거친 윤곽선이라든가 강렬한 묵조, 공간의 평판화 등은 禪餘양식과 함께 원대 전절파 양식의 특징을 반영하고 있으며, 원대의 이곽파화가 曹知白의 〈群峯雪霽圖〉도 화풍상의 거리가 비교적 가깝게 느껴진다.

고려 말기에는 이러한 경향의 이상산수 이외에 實景山水畵에서도 좀더 다양한 전통을 형성했었다. 名勝名所圖계열에서는 〈금강산도〉와 〈關東圖〉 등이 본격적으로 그려지기 시작했으며, 사대부들의 성장과 관련하여 이들의 卜居현장을 다룬 〈梅雪軒圖〉와 〈獨谷燕坐圖〉, 〈獨谷散步圖〉와 같은 別墅幽居圖계열과 〈元岩讌集圖〉 등의 野外雅集圖계열의 실경산수화가 새롭게 대두되었다. 특히 〈금강산도〉의 경우는 曇無竭보살이 사는 불교의 성지로 금강산의 명성이 높아지면서 직접 참배하기 어려운 원 황실 등에서 그림으로나마 그 경관을 배견하고자 하는 소망과 결부되어 제작되기 시작했었다.[14] 충렬왕 33년(1307)에 魯英이 그린 〈阿彌陀九尊圖〉 뒷면 상단의 〈담무갈보살예배도〉는 당시 금강산그림의 편모를 살펴볼 수 있는 귀중한 자료이다(〈도판 4〉). 검은 칠을 한 나무판에 金泥로 그려진 이 그림의 상단부에는 태조 왕건이 금강산 절고개에서 담무갈보살에게 예배드리는 장면과 함께 正陽寺 뒷산으로 추정되는 금강산의 뾰족한 암봉들이 묘사되어 있다.[15] 험준하고 날카로운 고산준봉들의 전반적인 양식은 북송대 이곽파화풍의 대가였던 許道寧의 화법을 연상시키

13) 安輝濬, 〈韓國南宗山水畵의 變遷〉(《三佛金元龍敎授 停年退任紀念論叢》 Ⅱ, 一志社, 1987), 17~18쪽.
14) 洪善杓, 〈金剛山그림의 실상과 그 흐름〉(《月刊美術》 4, 1987), 57~59쪽.
15) 文明大, 〈魯英筆 阿彌陀九尊圖 뒷면 佛畵의 再檢討〉(《古文化》 18, 1980), 2~12쪽.

〈도판 4〉 曇無竭菩薩禮拜圖

* 魯英, 1307년, 黑漆金泥小屛, 21㎝×13㎝(國立中央博物館 소장)

기도 한다. 그러나 위에서 밑으로 길게 죽죽 그어 내린 필치는 조선 후기의 鄭敾이 금강산의 암산을 묘사할 때 사용했던 垂直皴과 상통되고 있어 그 전통이 이미 고려 말기에 형성되었음을 추측케 한다.

이 시기에는 인물화도 보다 다양해져 鑑戒性을 띤 〈三綱行實圖〉와 〈孝子圖〉를 비롯하여 道釋人物畵·故事人物畵·궁궐행사도·풍속인물화의 선구적 의의를 지닌 〈豳風圖〉 등이 그려졌으며, 초기부터 고려시대 인물화의 대종을 이루었던 초상화의 유행이 더욱 확산되었다. 초상화의 경우 화원들뿐 아니라 문인화가들과 왕에 이르기까지 즐겨 다루었으며, 공민왕의 경우는 노국대장공주와 廉悌臣·李岡·尹澤 등 여러 군신들의 초상과 자화상까지 그릴 정도로 애호했었다.

당시의 초상화로는 현재 安珦(1243~1306)의 초상이 전하고 있다(〈도판 5〉). 右顔九分面으로 나타낸 반신상의 안향 초상화는 그가 죽은 지 12년 후인 충숙왕 5년(1318)에 형상을 그려서 문묘에 모시고 致祭케 하기 위해 왕의 명에 의해 興州守 崔琳이 都目에 의거 묘사케 한 것이다. 얼굴의 윤곽을 가늘고 연한 붉은 선으로 나타냈는데 이러한 기법은 조선시대에 볼 수 없는 高麗的인 특징으로 간주된다.[16] 그러나 옷의 윤곽과 주름을 가늘고 유연한 선으로 간결하게 요약하고, 음영 없이 線描 위주로 처리한 화법은 조선 초기 초상화 양식으로 이어받아 발전된다.

고려 말기의 인물화풍은 이 밖에도 공민왕이 그린 것으로 전하는 〈天山大獵圖〉(〈도판 6〉)와 〈圍碁圖〉 중의 인물묘사법을 통해 부분적으로나마 엿볼 수 있다.[17] 〈천산대렵도〉의 인물들은 〈安珦像〉에서 볼 수 있는 가늘고 섬세한 붉은 선으로 얼굴의 윤곽이 잡혀 있다. 그리고 〈위기도〉 인물의 옷주름은 일종의 釘頭鼠尾描로 되어 있으며, 모두 정확한 묘사와 예리한 필력을 보이고 있어 당시 인물화가 상당히 높은 수준으로 전개되었음을 알 수 있다. 그리고 이 시기의 고분벽화의 인물기법 중에서 水落岩洞 1호분에 그려진 人面人身의 12지신상들이 윤곽선으로 묘사되는 白描法으로 다루어지고 있는데 북송대 李公麟의 백묘화법의 경향을 위주로 확산되었을 가능성이 큰 것이다.[18]

16) 安輝濬, 《韓國繪畵史》(一志社, 1980), 74쪽.
17) 安輝濬, 〈高麗時代의 人物像〉(《考古美術》 180, 1988), 9~13쪽.
18) 安輝濬, 위의 글, 14쪽.

〈도판 5〉 安 珦 像

* 작가미상, 1318년, 絹本彩色, 137㎝×29㎝(順興 紹修書院 소장)

〈도판 6〉 天山大獵圖(殘片)

* 傳 恭愍王 , 14세기, 絹本彩色, 24.5㎝×21.8㎝(國立中央博物館 소장)

이와 같이 원나라 간섭 이후의 고려 말기 일반회화의 경향과 화풍은 그 이전에 형성된 기반 위에서 조맹부의 화풍을 비롯한 새로운 원대의 양식이 유입되어, 보다 다양하고 심화된 모습으로 전개되었다. 그리고 이러한 전통은 곧바로 조선 초기로 이어져 조선시대 회화발달의 근간을 이루게 되었다.

나. 불교회화

불교회화는 고려시대 불교미술의 핵심분야로 개국 초기부터 활발하게 제

〈도판 7〉 阿彌陀如來圖

* 自回, 1286년, 絹本彩色, 203.5㎝×105㎝(日本 島津家 舊藏)

작되었지만, 일본을 비롯한 국내외에 전하고 있는 寫經畵를 제외한 본격적인 불화 130여 점은 거의 대부분 14세기에 그려진 것이다.[19] 이들 현존 불화들은 아미타여래도와 관음보살도·지장보살도 등이 주종을 이루고 있는데 이러한 현상은 당시 사찰중수기의 대부분이 미타전·관음전·지장전이었던 것과 맥락을 같이하는 것이다. 즉 극락왕생을 비롯한 壽福·救苦·救災 등 미래의 안락과 현세의 평안을 기구하는 신앙경향에 배경을 두고 있었던 것으로 보인다.[20]

이 시기의 불교회화 가운데 가장 많이 남아 있는 것은 아미타여래도이며, 獨尊과 3尊·9尊형식으로 그려져 있다. 그리고 내용상으로는 본존불이 앉아서 설법하는 모습의 존상도와 염불하는 중생을 서서 서방극락으로 맞이해 가는 모습의 來迎圖 두 종류로 크게 나누어 볼 수 있다. 아미타독존내영도는 일본

19) 李東洲 監修, 《高麗佛畵》(中央日報社, 1981).
菊竹淳一·吉田宏志 共編, 《高麗佛畵》(朝日新聞社, 1981).
洪潤植, 《高麗佛畵의 硏究》(同和出版公社, 1984).
文明大, 《고려불화》(열화당, 1991).
菊竹淳一·鄭于澤, 《高麗時代의 佛畵》(시공사, 1996).
20) 李東洲, 〈高麗佛畵 : 幀畵를 중심으로〉(《高麗佛畵》), 198쪽.

의 香川 萩原寺 소장본, 京都 正法寺와 東海庵 소장본 등이 있는데, 그 중에서도 佐賀 島津家舊藏의 〈아미타여래도〉가 대표적인 양태를 지니고 있다(〈도판 7〉).

이 그림은 충렬왕의 총신으로 당시의 권력가였던 廉承益이 왕과 왕비의 수복과 함께 자신의 극락왕생을 위해 발원한 것으로 충렬왕 12년(1286) 自回에 의해 제작되었다. 아미타신앙 중에서도 來迎思想을 반영하고 있는 이 그림은 제작연기가 있는 본격적인 고려불화 중 가장 이른 예로, 궁정양식의 탁월한 격조와 더불어 14세기 불화풍의 선구적 양식을 보여준다.[21] 화면을 가득 채우고 있는 아미타여래가 팔을 길게 뻗어 내영자를 포용할 듯 한 三曲의 자세는 자비로움으로 넘쳐 있다. 얼굴을 비롯한 팔과 발은 가늘고 유려한 선으로 나타낸 데 반해, 옷주름은 굵고 강한 필선으로 처리하여 대비효과를 통한 변화와 조화를 추구하였다. 채색은 어두운 갈색 비단 바탕 위에 朱·綠靑·群靑의 3색과 백색과 金泥의 밝고 호화로운 안료를 사용하여 화사하면서도 장엄한 분위기 연출과 함께 화면 뒷편에서 복채하는 裏彩法과 금니의 적절한 사용을 통해 찬란하면서도 부드러운 고려불화 특유의 색조를 창출하였다. 이러한 채색법은 노란색과 밝은 황토색, 코발트색을 주로 썼던 중국과 일본 불화와 구분되는 것으로 이 시기 불교회화의 우수성과 독창성을 대변해 주는 특징적 요소라 하겠다. 그리고 붉은 가사자락에 금니로 시분된 寶相華圓文의 정교한 양태와 명암법으로 두드러지게 묘사된 연꽃의 입체적인 모양 등도 이러한 고려불화의 성가를 높여 주는 구실을 한다. 이와 같은 특징들과 함께 아미타여래의 머리와 얼굴의 자연스러운 모습과 裳衣자락의 靑磁象嵌雲鶴文梅甁에서 볼 수 있는 회화적인 구름무늬 등이 충렬왕 26년(1300) 무렵을 전후하여 궁정양식을 형성했으며, 이러한 경향은 14세기 중엽 무렵부터 형식화의 길을 걸었다.

이 밖에 아미타내영도로는 勢至菩薩과 觀音菩薩을 脇侍로 하는 3존도와 다른 보살이 더 첨가된 9존도 형식이 적지 않게 남아 있다. 그런데 그 중에서도 일본의 大阪 法道寺 소장 〈아미타삼존도〉와 名古屋 德川美術館 소장의 〈아미타구존도〉, 京都 淨敎寺 소장의 〈아미타구존도〉 등이 표현기법과 품격, 도

21) 鄭于澤, 《高麗時代 阿彌陀畵像の硏究》(永田文昌堂, 1990), 15~39쪽.

상 등에서 13세기 말엽부터 14세기 중·후반의 양식경향과 함께 고려적인 특징을 잘 보여준다.[22)]

이러한 양상은 아미타여래가 앉아서 설법하는 모습을 나타낸 존상도 계열의 불화를 통해서도 엿볼 수 있다. 특히 3존도와 9존도의 경우 다른 예배용 존상도들과 마찬가지로 상하 2단 구도를 특징으로 한다. 화면을 상하단으로 뚜렷이 구분하여 상단에는 본존불만을 단독으로 배치하고 협시상과 권속들은 하단부에 나누어 그려 넣는 구성법이다. 이러한 기법은 조선시대에는 볼 수 없는 고려시대의 특징적 요소로, 당시 신분계층간의 현격한 격차를 반영한 표현으로 풀이되고 있다.[23)] 아미타여래존상도 계열의 年記가 있는 대표적 작품으로 일본의 東京 根津美術館 소장의 〈아미타독존도〉(충렬왕 32년 ; 1306)와 山形 上杉神社 소장의 〈아미타삼존도〉(충선왕 원년 ; 1309), 埼玉 法恩寺 소장의 〈아미타삼존도〉(충숙왕 17년 ; 1330), 奈良 松尾寺 소장의 〈아미타구존도〉(충숙왕 7년) 등이 있다.

이 밖에도 아미타신앙과 관련된 불화 중 주목되는 것으로 《觀無量壽經》의 내용을 압축해서 묘사한 觀經變相圖가 있다. 관경변상도는 이 경전이 설해지는 동기를 도해한 觀經序品變相, 극락세계의 16觀을 그린 觀經本變相의 두 종류가 있는데, 일본의 京都 大恩寺 소장의 覺先이 그린 〈觀經序品變相圖〉(충선왕 4년 ; 1312)와 敦賀 西福寺 소장의 〈觀經序品變相圖〉, 薛冲 등이 그린 京都 智恩院 소장의 〈觀經本變相圖〉(충숙왕 10년), 西福寺 소장의 〈觀經本變相圖〉 등이 현재 전하고 있다.[24)] 이들 그림은 모두 정연하고 치밀한 구성과 화려한 채색과 정교한 형태묘사를 통해 뛰어난 기량을 반영하고 있다. 특히 인물과 건물·나무·화초 등의 표현에서는 당시 화가들의 탁월한 院體風 사실력이 엿보인다.

이 시기를 통해 아미타관계의 그림 다음으로 많이 그려졌던 불화는 관음보살도이며, 그 중에서도 水月觀音圖가 대종을 이루었다.[25)] 14세기 고려 수월관음도

---

22) 鄭于澤, 위의 책, 159~178쪽.
23) 文明大, 〈魯英의 阿彌陀·地藏佛畵에 대한 考察〉(《美術資料》 25, 1979), 56쪽.
24) 菊竹淳一, 〈高麗時代觀音畵像の表現〉(《東アジアの考古學と歷史》 상, 1987), 579~585쪽.
25) 李東洲 監修, 앞의 책, 도판 27 및 文明大 해설 참조.

〈도판 8〉 水月觀音圖

* 徐九方, 1323, 絹本彩色, 165㎝×101.5㎝(日本 泉尾博物館 소장)

는 현재 27점쯤 남아 있는데 원대의 湯載가 쓴 《畵鑑》에도 고려의 관음화상은 매우 정교하다고 했듯이 모두 수작들로 그 중 일본 京都 泉屋博古館 소장의 徐九方이 그린 〈水月觀音圖〉(충숙왕 10년)가 널리 알려져 있다(〈도판 8〉).

수월관음도는 화엄경의 入法界品에 나오는 善財童子가 진리를 구하기 위해 南印度의 바닷가에 있다는 補陀洛迦山으로 관음보살을 찾아가 예배드리는 장면을 그린 것이다. 물위에 솟아 있는 침식이 심한 바위 위에 반가좌의 측면한 자세로 관음보살이 비스듬히 앉아 있고, 선재동자는 그 대각선 하단의 對岸에 작게 그려진 모습으로 합장한 채 서 있다. 이러한 구성은 고려시대의 수월관음도에서만 볼 수 있는 독특한 방식으로 고려 후기 좌상형식의 일반적 유형이다. 구도는 관음보살에서 선재동자로 이어지는 대각선 축을 기본으로 하면서 여기에 頭光과 身光의 원형과 두 그루 대나무의 수직적 요소를 가미하여 화면의 풍부한 변화와 함께 존상화로서의 기능적 효과를 높여주고 있다. 꽃무늬가 화려한 보관을 쓰고 있는 관음보살의 눈과 입은 작게 묘사되었으며 부드럽고 투명한 흰 紗羅와 붉은 빛의 天衣에 시문된 둥근무늬와 거북무늬와 함께 각종 치레장신구들이 매우 섬세하게 그려져 있다. 그리고 색조는 배경의 어두운 갈색과 대조적으로 화려한 색으로 화사하게 처리하여 돋보이도록 하였다. 바위의 경우도 청록색 바탕에 금색으로 조광효과를 내어 입체감을 증진시켰으며, 필선은 전체적으로 굵고 가늘기의 차이가 없는 鐵線描를 사용했으나 대상물의 질감에 따라 선의 강도를 조절함으로써 변화를 주었다. 이러한 요소들은 배경의 암초와 염주를 들고 있는 모습, 淨甁을 받치고 있는 수반의 투명한 표현과 더불어 고려 수월관음도에서만 볼 수 있는 독특한 도상적·기법적 특징을 이룬다. 전체적으로 섬려하면서도 우아한 격조 또한 14세기 전반 고려불화의 우수성을 그대로 반영하고 있다.

수월관음도 중에는 이러한 반가좌형식 이외에도 東京 淺草寺 소장의 慧虛가 그린 〈水月觀音圖〉와 같이 서 있는 입상 형식의 특이한 예가 있다. 이 그림은 버들잎 모양의 광배에 둘러싸여 오른손에 버들가지를 든 채 왼편으로 발을 옮겨 놓는 듯한 관음보살의 유연한 자태가 특히 돋보인다. 투명한 옷자락과 문양들, 각종 장신구와 지물 등 하나하나가 모두 더할 수 없이 정교하고 능란하게 다루어져 있으며, 색조의 조화와 필선의 유려함 또한 고려적인 특색을 잘 드러내 보여준다. 양식적으로는 충선왕 2년에 金祐文 등이 그린 〈수월관음도〉(일본 佐賀 鏡音神社 소장)와 상통되고 있어 이 무렵에 제작된 것으로 추정된다.

이 시기를 통해서는 아미타신앙의 유행과 더불어 지장신앙도 크게 성행했으며 이에 따라 상당수의 지장보살도가 그려졌다. 특히 지장보살은 지옥에 떨어져 고통받는 중생들을 인도하여 극락정토나 해탈의 길로 이끌어 준다. 따라서 관음보살과 함께 당시 가장 인기있던 보살로 많이 조성되었으나 현재 전하는 작품은 10여 점 정도이다. 이들 지장보살도는 지장독존도와 지장삼존도, 지장보살과 권속그림, 地藏十王圖 등의 네 가지 형식으로 나눌 수 있는데 그 중 지장독존도와 지장시왕도가 대종을 이루었다.[26]

지장보살 단독으로 그려지는 지장독존도는 고려시대에 특징적으로 조성되었던 형식으로, 일본 根津美術館 소장의 〈지장보살도〉가 그 대표적인 예이다(〈도판 9〉). 화면 가득히 배치된 지장보살은 손에

〈도판 9〉 地藏菩薩圖

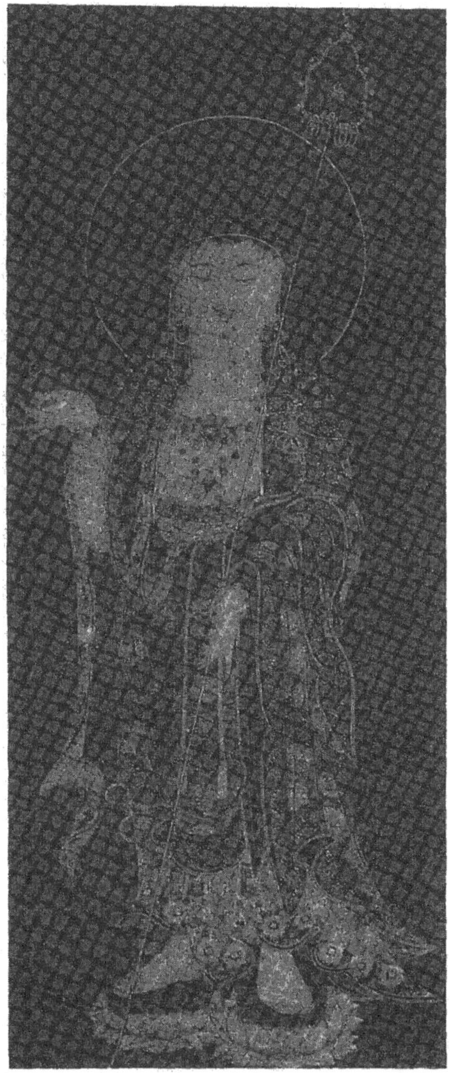

* 작가미상, 14세기, 絹本彩色, 105.1㎝×45.9㎝ (日本 德川黎明會 소장)

26) 金廷禧, 〈高麗末・朝鮮前期地藏菩薩畵의 考察〉(《考古美術》 157, 1983), 34~36쪽.

특유의 지물인 寶珠와 錫杖을 들고 얼굴은 정면향에 몸은 3/4측면으로 약간 비튼 모습으로 서 있다. 머리에는 두건을 쓰고 있는데, 이러한 도상은 중국이나 일본에서는 볼 수 없고, 중앙아시아의 Turfan과 敦煌에서 종종 보이는 것으로 고려시대 지장보살도의 특징적 요소로 주목되고 있다. 둥글고 환한 얼굴은 고려의 귀공자를 연상시키는 우아하고 넉넉하면서도 화려함을 자아내고 넓은 가슴과 신체는 당당한 느낌을 준다. 이 작품은 화사하면서 은은한 색조와 정교하면서도 유려한 필치 등에서 고려불화의 독자적 특색과 뛰어난 격조를 반영하고 있다.

그런데 가늘고 긴 눈과 작고 야무진 입을 비롯한 안면 모습과 가사 가장자리의 牡丹唐草文, 두건의 둥근 꽃무늬, 연꽃대좌의 양식 등으로 보아 14세기 초엽에 제작된 것으로 추정된다.[27]

이러한 지장독존도와 함께 많이 그려졌던 지장시왕도는 지장보살을 주존으로 하여 梵天·帝釋天을 비롯한 四天王과 道明尊者·無毒鬼王의 권속에 十王을 첨가한 형태로, 고려시대부터 조선시대에 걸쳐 가장 널리 제작되면서 지장보살도의 주류를 이루었던 것이다. 여기서 시왕은 대부분 관을 쓰고 笏을 든 모습이지만 第5閻羅大王은 면류관을 착용하고 第10五道轉輪大王은 갑옷에 투구를 쓴 모습으로 표현되는 것이 일반적이다. 14세기의 고려시대 지장시왕도로서 현재 알려진 것은 모두 3점인데 제작시기에 따른 양식상의 차이를 다소 드러내고 있다. 그러나 엄격한 2단 구도에 옅은 황색과 녹색, 금색 등의 밝고 화사한 색조의 은은한 사용과 정교하고 화려한 각종 문양의 시문 등에서는 공통된 특징을 보여준다.

지금까지 살펴본 이러한 불화들 외에도 이 시기의 작품으로 悔前이 충정왕 2년(1350)에 그린 〈彌勒下生經變相圖〉(일본 和歌山 親王院 소장)을 비롯하여 제석천과 범천, 사천왕 등의 護法神將들을 그린 경북 영주 浮石寺 祖師堂의 벽화, 주로 수묵으로 그린 羅漢圖들, 紺紙에 금니나 은니로 다루어진 사경화들이 고려시대 불교회화의 우수성과 다양성을 반영하며 몇 점씩 알려져 있다.[28] 이

---

27) 金廷禧, 위의 글, 36~37쪽.

28) 文明大, 앞의 책, 22~49쪽.

柳麻理, 〈高麗時代 五百羅漢圖의 硏究〉(《韓國佛敎美術史論》, 民族社, 1987), 249~287쪽.

박도화, 〈高麗金銀泥寫經畵의 樣式考察〉(《考古美術》 184), 19~38쪽.

와 같이 고려 후기의 불교회화는 아미타여래도와 관음보살도·지장보살도 중심으로 전개되면서, 14세기 중엽경부터 점차 형식화의 길을 걸었다. 그러나 전반적으로 고려적인 도상과 기법을 창안하고 뛰어난 사실력과 세련된 미의식을 통해 당시 동아시아 최고의 수준을 보여주었다. 이러한 고려불화의 전통은 조선 초기에도 얼마간 계승되었으나 억불정책으로 그 이전의 우수한 수준에는 미치지 못한 채 조선시대의 특징으로 변모되었다.

(2) 서 예

고려 후기의 서예는 명종대부터 고종 말년(1259)까지의 무신집권기를 통해 일반회화와 마찬가지로 지식층의 심성양성과 교양적 기능의 하나로 널리 성행되었다. 특히 이규보는 草書작품을 보고 "乾坤을 뒤흔들어 造化를 구사하니 열 폭 비단에 하얀 연기가 피어난다"고 하였다. 이것은 서예를 천지음양의 배합이라는 우주적 원리를 기반으로 이루어졌다고 여긴 것으로 회화와 동질의 창작이론을 통해 인식하기도 했다. 그리고 그는 〈東國諸賢書訣評論序〉라는 글을 통해 우리 나라의 명필들을 神·妙·絶의 3품으로 나누어 평하고 그 가치를 논함으로써 우리 나라의 서예이론과 서예비평의 새로운 지평을 열었다. 이규보는 이 글에서 金生과 坦然·崔瑀·柳伸을 神品四賢으로 꼽아 가장 높게 평가했으며, 품평의 최고 기준을 창작에서 극치의 경지로 일컬어지는 인위로는 도저히 이를 수 없고 천연적으로 저절로 우러나 이루어진 상태에 두고 있었다.[29]

무신집권기에는 이러한 이론적 경향과 교양적 매체로서의 심화를 통해 서예활동이 활발하게 전개되었지만 현존하는 유물은 금석문과 사경 이외에 찾아보기 힘들다. 특히 당시 최고의 명가로 손꼽히던 최우와 유신을 비롯한 文克謙·李仁老 등의 유작이 전혀 알려져 있지 않고 있어 이 시기 서예의 실상을 구체적으로 파악하기 어려운 실정이다. 다만 崔詵(?~1209)이 쓴 〈龍壽寺開創記〉(명종 11년; 1181)를 비롯하여 淵懿의 〈龍門寺重修記〉(명종 15년), 參知政事를 지낸 柳公權(1132~1196)의 〈瑞峰寺玄悟國師碑〉(명종 15년)와 〈直指寺大藏殿

29) 洪善杓, 앞의 글(1987), 43쪽.

碑〉(명종 16년), 翰林學士를 지낸 金孝印(?~1253)의 〈寶鏡寺圓眞國師碑〉(고종 11년 ; 1224)와 〈松廣寺眞覺國師圓炤塔碑〉(고종 22년) 등의 비문글씨를 통해 볼 때 앞 시기 탄연체의 영향이 지속되면서 시대가 내려올수록 점차 顔眞卿體의 장중한 분위기가 살아나는 경향으로 전개되었음을 알 수 있다.[30)]

〈도판 10〉 文殊寺 藏經閣碑

* 李嵒, 1327년, 탁본부분

고려 후기의 서예는 원종대부터 한문학을 비롯한 詩·書·畵의 전반적인 발달에 따라 더욱 확산되고 심화되었으며, 서풍도 밀접해진 원과의 문화교류를 통해 당대 제일의 서화가 趙孟頫의 松雪體가 성행하게 되었다.[31)] 서예에서 晉·唐으로의 복고를 주장했던 조맹부의 송설체는 자유롭고 분방한 송대 서풍의 반작용으로 형성된 바르고 아름다운 독특한 서체로, 연경의 만권당을 중심으로 이루어졌던 당시 고려·원과의 서화교섭을 따라 국내로 유입되었다.

이와 같이 송설체는 고려 말기를 통해 전래되어, 이제현과 性澄, 공민왕, 李岡(1337~1351), 崔興孝 등이 뛰어난 솜씨를 보였다. 이들 중에서도 명성이 가장 높았던 서예가는 李嵒(1297~1364)이었다. 左政丞에까지 올랐던 李嵒은 묵죽과 함께 楷·行·草 3法 뿐 아니라 篆書에까지 뛰어났던 당대 최고의 서화가였다. 특히 조맹부의 필법정신을 체득한 이는 杏村(이암) 한 사람 뿐이라는 평을 들었을 정도로 고려 말기 송설체의 일인자로 손꼽혔다.[32)] 그가 쓴 淸平山 文殊寺藏經閣碑(충숙왕 14년 ; 1327)의 글씨는 송설체 대가로서의 그의

30) 崔完秀, 〈韓國書藝史綱〉(《澗松文華》 33, 1987), 57쪽.
31) 任昌淳, 〈韓國書藝概觀〉(《書藝》, 中央日報社, 1981), 182쪽.
32) 吳世昌, 《槿域書畵徵》(啓明俱樂部, 1928), 29~30쪽.

성가를 입증해 준다(〈도판 10〉). 이와 같이 이암을 중심으로 수용되고 풍미했던 송설체는 조선 초기로 계승되어 크게 성행하면서 18세기 초까지 그 영향력이 지속되었다.

〈洪善杓〉

4) 공 예

(1) 도자공예

가. 12세기 후반부터 13세기 전반－절정기

의종과 명종으로 이어지는 12세기 후반은 고려 귀족사회의 절정기이며, 몰락기였고 전환의 시기였다. 의종의 사치스러운 활동들과 의종 24년(1170)에 일어난 무신의 난으로 인한 지배세력의 변화는 고려사에 있어서 하나의 큰 전환기였다. 문신귀족 중심에서 무신귀족 중심으로 지배세력이 바뀌면서 고려사회 전체적으로 동요를 일으킨 농민들의 난, 노비들의 난으로 이어지며 무신들의 권력쟁탈과정으로 전철되는 사회의 모습이 이루어진다.

12세기 후반의 青瓷편년에 기준이 되는 자료로는《高麗史》世家의 다음과 같은 기록이 주목된다.

> 여름 4월 초하루 丙申日에 대궐 동쪽의 離宮이 완성되어…또 민가 50여 채를 헐어내고 太平亭을 짓고 태자에게 명하여 현판을 쓰게 하였다. 그 정자 주위에는 이름난 화초와 특이한 과수를 심었으며 기이하고 화려하면서도 보배롭고 즐길 만한 장식물들을 좌우에 진열하고 정자 남쪽에는 못을 파 거기에 觀瀾亭을 지었으며, 그 북쪽에는 養怡亭을 축성하여 청기와(青瓷)를 덮었고 그 남쪽에는 養和亭을 지어 종려나무로 지붕을 이었다(《高麗史》권 18, 世家 18, 의종 11년).

청자에 관한 위의 기록은, 1927년 개성 滿月臺의 高麗宮址에서 수습된 青瓷瓦片들과 1964~65년 국립박물관에서 발굴·조사한 康津 沙堂里窯址 출토의 다양한 청자와편들로 입증되었다. 이들 청자와편들은 青瓷陽刻牡丹紋수막새, 青瓷陽刻唐草紋암막새를 비롯하여 청자음각모란문이 꽉차게 施紋된 청자와편들로 약간의 象嵌技法이 시문된 청자편과 함께 조사되었다.[1] 이들 청자

1) 崔淳雨,〈高麗青瓷瓦〉(《美術資料》13, 國立中央博物館, 1969).

와편은《고려사》의 기록과 개성 만월대 고려궁지 그리고 강진 사당리요지의 출토품과 들어맞는 가장 기준이 되는 자료인 것이다. 문양은 굵은 음각선으로 비스듬히 넓게 시문하여 마치 양각처럼 표현되는 모란당초문이 꽉차 있으며, 음각당초문의 경우도 정교하고 예리하다. 양각의 수법도 잎맥까지 나타낼 정도로 정교하며 틀로 찍어낸 후 조각칼로 다듬어 나타냈다. 釉色은 보다 짙은 담녹색이었고 硅石받침으로 정교하게 제작된 청자들은 長陵 출토로 전해지는 청자보다 조금씩 컸으며 釉에는 氷裂이 나타나고 있다. 이들 청자와 편들과 함께 출토된 청자들 중에는 세 발 달린 향로편들과 상형의 오리, 양각의 三足鼎片, 탁잔편이 있어 주목되었다.

사치와 향락을 좋아했던 의종연간에 화려한 청자로서 음각·양각·투각·상형의 수법이 채택되기 시작하였음은 충분히 가능한 사실로, 실제로 뛰어난 고려청자의 명품들이 의종연간의 작품들이었던 것이다. 그리고 의종 11년 청자기와가 제작되던 시기에 특이한 음각·양각·투각의 청자와 함께 器面의 일부분에 흑백상감한 상감청자편이 발견되었다.[2] 靑瓷陰刻象嵌寶相花紋盌의 내면 口緣에 白象嵌으로 唐草紋帶를 돌린 문양이 음각의 寶相花紋과 함께 나타나 있는 것과 靑瓷透刻象嵌七寶香爐의 투각청자에 점이 백상감된 예가 있어 상감청자의 발생이 이 시기 전후에 시작되었음을 보여주고 있어 주목된다(〈사진 1〉).

〈사진 1〉 靑瓷透刻象嵌七寶香爐

國立中央博物館 소장

1990년 11월에 발굴·조사된 扶安 鎭西里窯址에서 무문·음각의 국화문, 양각의 화문, 청자편과 함께

2) 鄭良謨, 〈高麗陶磁の窯址と出土品〉(《世界陶磁全集》18, 小學館, 1978), 196~200쪽.

백상감의 당초문·雷紋이 기면 일부에 시문된 초기 상감청자편이 조사되었다.[3)]

대체로 의종 연간에는 음각·양각·투각·상형의 청자가 상감청자보다 훨씬 많이 제작되었으며, 고려청자의 창의적인 다양한 기형과 문양·翡色의 유색 등이 이 시기에 나타나는 공통된 특색이라고 할 수 있다.

12세기 후반의 청자자료에는 명종 11년(1181)에 제작된 것으로 추정되는 青瓷陰刻象嵌牡丹紋「辛丑」銘 벼루와 신종 원년(1198)의 承安三年銘墓誌와 함께 宋子淸墓에서 출토된 청자잔과 白瓷淨甁의 예가 있다.

13세기 전반은 의종 24년 무신의 난 이후 정권을 잡은 무인들 사이에서 내분이 일어나 쉴새없이 정권이 교체되다가 명종 26년 崔忠獻에 의해 정권이 안정된 후 崔瑀·沆·竩에 이르는 4대 62년간 다스려진 최씨무신집권시대였다. 또한 이 시기는 동아시아에서 몽고세력이 흥기하여 일대 변동이 일어나고 있었으며, 차츰 고려와의 관계에 불화가 감돌면서 고종 18년(1231)부터 몽고의 침입이 시작되었다. 이에 대해 최우정권은 단호히 항쟁할 것을 결의하고 고종 19년 강화도로 도읍을 옮겨 고종 46년 몽고와의 강화가 맺어질 때까지 항쟁은 계속되었다.

특히 남송과의 단절로 인해 문화의 자극이 없어지고 그 때문에 고려청자 특유의 기형과 문양이 발전되는 양상을 보여준다. 12세기 후반에 이은 상감청자의 발전은 이러한 외부의 문화적인 자극이 없어지고 고려 자체내의 요청에 따른 발전의 양상으로 高麗化의 모습을 보여주고 있다.

이 시기의 대표적인 청자로는 명종의 智陵에서 출토된 청자들을 들 수 있다. 청자접시·青瓷陰刻蓮瓣紋盌·青瓷退酒器·青瓷陽刻牡丹紋접시·青瓷陽刻雲紋盌·青瓷象嵌荔枝紋대접·青瓷象嵌菊花紋접시 등 12점이 있다.[4)] 청자상감여지문대접의 경우 내만된 넓은 口部와 둥근 몸통, 한층 밝고 맑아진 투명한 青瓷釉, 문양의 경우 내외면에 꽉 차게 포치된 施紋, 규석받침 자국이 잘 모여 있으며, 무문·음각·양각의 청자가 상감청자보다 더 많다.

---

3) 1990년 10월~11월까지 2개월간에 걸쳐 圓光大 馬韓百濟研究所에 의해 발굴조사되어 보고서 준비중에 있는 가마터이다.

4) 野守健, 《高麗陶磁の研究》(淸閑舍, 1944), 14~17쪽.

〈사진 2〉 **靑瓷象嵌雲鶴紋梅甁**

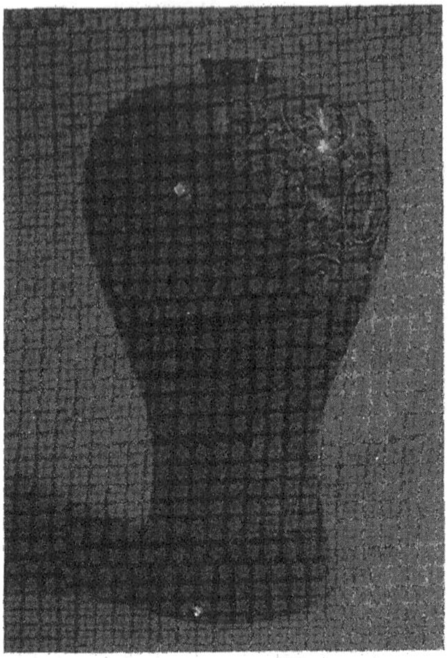

澗松美術館 소장

이 시기의 청자로 추정되는 扶安柳川里窯産 고려청자편(이화여대박물관 소장)들은 12세기 후반의 청자를 포함하며 13세기 전시기에 걸치는 것으로 매우 다양한 기형과 문양을 보여주고 있다.[5] 각종 투각의 墩과 臺片들, 음각의 장구·합·주전자·접시·잔·매병들과, 양각의 접시·대접·병·항아리 등 다양하며, 상감기법으로 완성된 陶板·매병·술병·합·탁잔·주전자·완·화분·대접과, 그 밖의 鐵畵·鐵白畵의 예, 백자·상감백자 등이 다채롭게 출토되었다. 문양의 경우도 雲鶴紋·菊花紋·牡丹紋·蒲柳水禽紋·茘枝紋·蓮花紋 등 다양하며 유색은 녹색이 짙은 청자유와 투명한 청자유가 함께 주류를 이루고 있다. 기벽은 두꺼워져 가고 있으며, 굽다리의 규석받침도 커져 가고 말끔히 마무리하지 않은 예도 있다. 큰 기형의 경우 점토가 섞인 모래받침으로 받쳐 구운 梅甁·壺片의 예가 많아진다. 이처럼 기형과 문양에서 중국적 요소가 사라지고 고려적인 기형과 문양의 세계가 확대되고 전개되어 가는 것이 이 시기의 도자에서 주목되는 점이다. 이 시기에 제작된 대표적인 도자의 예로는 靑瓷象嵌雲鶴紋梅甁(간송미술관소장, 〈사진 2〉)과 靑瓷象嵌葡萄童子紋銅彩瓢形주전자 및 승반(국립중앙박물관소장)이 있다.

강진 사당리와 부안 유천리에는 자기소가 설치되어 所民을 중심으로 만들어진 청자를 비롯한 도자기는 別貢의 貢物로서 국가에 바쳐져 사용되었다.[6] 전자의 경우 長興倉에, 후자의 경우 安興倉에 집결시킨 도자기는 조운에 의

---

5) 梨花女大博物館, 《扶安柳川里窯 高麗陶瓷》(梨花女大 博物館, 1983).

6) 北村秀人, 〈高麗時代の所制度について〉(《朝鮮學報》 50, 1969).

해 해로로 개경에 올려 보내면 고려왕실과 관청·귀족 등에 공급되어 쓰여졌다. 예종 3년(1108)에는 공물이 과다하여 장인들이 어려움을 겪고 도망하는 사태가 발생하였다.

> 예종 3년 2월에 왕이 명령을 내리기를 "경기의 州·縣들에서는 常貢 이외의 徭役이 많고 무거워서 백성들이 이를 고통으로 여겨 날마다 점점 도망해 간다. 담당 관청에서는 그 공물, 부역의 다소에 대하여 해당 界首官들과 토의하고 적당히 제정하여 시행하도록 하라. 銅·鐵·瓷器·紙·墨 등의 雜所에서 別貢으로 바치는 물품을 거둠이 극도로 과중하므로, 匠人들이 고통을 견디지 못하여 도피하게 되었다. 담당 관청에서는 各所에서 바치는 別貢·常貢의 물품의 다소를 헤아려 결정하여 나에게 아뢰어 결재를 받도록 하라"고 하였다(《高麗史》 권 78, 志 32, 食貨 1, 貢賦).

강진 大口面은《東國輿地勝覽》에 의하면 大口所가 있던 곳이므로 고려시대에는 자기소가 있었던 것으로 짐작된다. 그리고 부안 유천리요의 경우 그 주위로 토성을 쌓았던 흔적이 남아 있다. 고려왕실 및 관청이 필요로 하는 도자기의 수요에 따라 자기소의 소민이 수축이 되어 청자를 비롯한 도자기를 제작하고 그 완성품을 所의 관리가 맡아 별공으로 공급하는 체제였다. 고려시대 자기소는 기술집단으로서, 다른 鐵所·紙所·墨所 등과 함께 운영된 것으로 알려지고 있다.[7] 현존하는 청자 중에 보이는 '孝文'·'孝久刻'·'孝光'·'照淸造' 등의 銘文은 12~13세기 부안 유천리자기소에서 청자를 제작하던 자기장의 이름들이다. 성은 보이지 않고 '孝'를 공통으로 하고 있어 주목된다. 특히 일본에 있는 靑瓷陰刻蓮唐草紋淨甁의 굽 안바닥에 음각된 '孝久刻' 명으로 보아, 12세기 후반 의종 연간에 넓게 음각하여 양각처럼 나타내 보이는 특이한 시문방법을 새기던 대표적인 자기장의 이름으로 보여 흥미롭다 하겠다.

나. 13세기 후반 이후－쇠퇴기

원종과 충렬왕에 의해 다스려지던 13세기 후반은 격동기로 100여 년간의

---

7) 權丙卓, 〈高麗後期 陶瓷器所의 經營形態〉(《傳統陶瓷의 生産과 需要》, 嶺南大 民族文化硏究所, 1980), 57~58쪽.

〈사진 3〉 靑瓷陽刻蓮瓣紋銅彩瓢形주전자

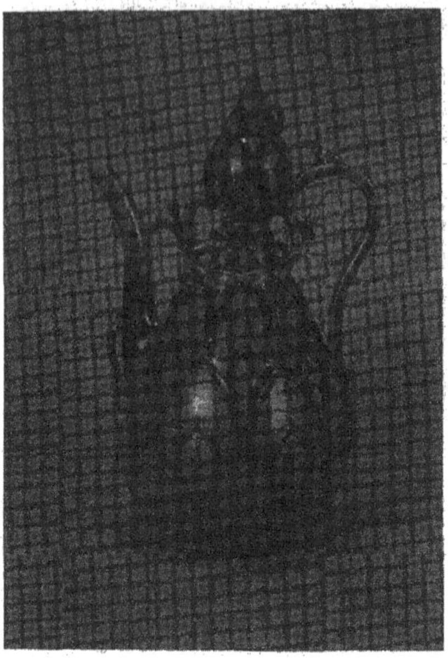

湖巖美術館 소장

무신정권(1170~1270)이 붕괴되고 몽고와의 화의가 성립하여, 그에 반대하는 三別抄에 의해 원종 11년부터 14년까지 항쟁이 계속된다. 그 이후 몽고의 간섭하에 들어간 고려는 원종 15년(1274)과 충렬왕 7년(1281) 일본원정에 참여한다. 그리고 충렬왕 원년부터는 원의 강요에 따라 전반적인 중앙관제의 개정을 보게 되고 그 이후 원의 경제적 수탈과 몽고식의 습속·언어가 유행하게 된다. 원의 세력에 배경을 둔 권문세족에 의한 고려의 신지배층의 성장은 고려도자에 있어서 원대 도자의 기형·문양이 반영되는 결과를 가져오게 된다.

이 시기에 기준이 되는 도자자료는 고종 44년(1257)에 죽은 최항의 묘지와 함께 출토되었다고 전하는 靑瓷陽刻蓮瓣紋銅彩瓢形주전자(호암미술관 소장, 〈사진 3〉)와, 《고려사》의 기록에 나타나는 畵金靑瓷에 관한 자료이다. 이 청자주전자는 표주박모양의 몸통에 외면은 연꽃잎을 양각하였고, 동자와 연줄기를 중간에 부착시켰으며 연꽃잎에 붉은 銅彩를 설채하였다. 그리고 점토가 섞인 耐火土받침으로 받쳐 구운 것으로 기벽이 두껍다. 이 주전자에서 주목되는 것은 고종 44년경까지도 상형의 주전자가 적정한 비례로 만들어졌고, 동채를 설채한 구체적인 예이며, 그리고 유색은 녹색이 짙게 시유되었다는 점이다.

한편 화금청자에 관한 기록은 다음과 같다.

① 仁規가 일찍이 畵金磁器를 (황제께) 바친 일이 있었다. 世祖가 "금으로 그림을 그리는 것은 그릇이 견고해지라고 하는 것인가"를 물었다. 조인규가

"다만 채색하는 것뿐입니다"라고 답하였다. 또 "그 금을 다시 쓸 수 있느냐"라고 묻자, "자기란 것은 쉽게 깨어지므로 금도 역시 그에 따라서 파괴되고 맙니다. 어찌 다시 쓸 수 있겠습니까"라고 대답하였다. 세조가 그 대답을 좋게 여겨 지금부터는 자기에 금으로 그림을 그리지 말고 진헌하지 말라고 명하였다(《高麗史》 권 105, 列傳 18, 趙仁規).

② 郎將 黃瑞를 元에 보내어 金畵甕器·野雉와 耽羅의 소고기를 바쳤다(《高麗史》 권 31, 世家 31, 충렬왕 23년 정월 임오).

①, ②의 기록으로 보아 조인규가 원의 세조를 만난 것으로 추정되는 충렬왕 15년(1289)부터 충렬왕 23년 사이에 화금자기가 만들어졌음을 알 수 있는데, 이에 부합되는 화금자기로는 개성 만월대 궁터에서 발견된 靑瓷象嵌猿兎紋畵金扁壺(〈사진 4〉)와 靑瓷象嵌牡丹唐草紋畵金대접을 들 수 있다.

이 화금청자편호는 마름모꼴의 문양대를 구획한 것과 편호의 형태 그리고 양쪽 옆면에 해바라기꽃 모양의 寶相唐草紋의 등장과, 담청색으로 바뀌고 있는 유색, 두꺼워진 기벽 등을 특징으로 들 수 있다. 이러한 예로 보아 1290년대를 전후로 히여 원대 도자의 기형과 문양의 영향을 받고 있으며, 특히 충렬왕은 사치와 유락을 좋아하던 왕으로서 화금청자 등 특이한 도자가 많이 만들어졌음을 알 수 있다.

〈사진 4〉 靑瓷象嵌猿兎紋畵金扁壺

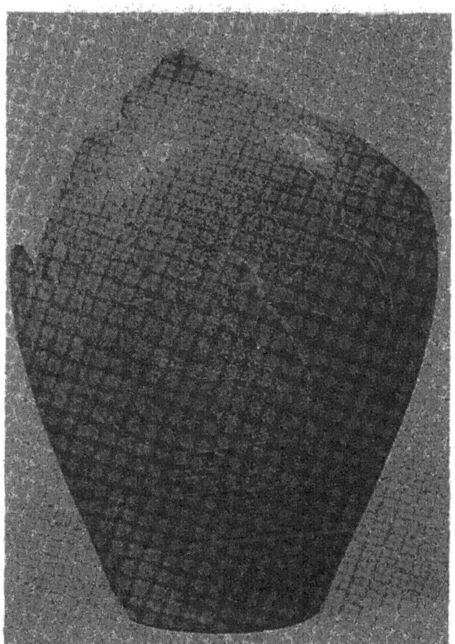

國立中央博物館 소장

충선왕·충숙왕에 의해 다스려지던 14세기 전반은 원나라 세력에 배경을 둔 권문세족에 의해 이끌어지던 시기였다. 무신정권이 붕괴된 후 대두한 이들은 고려 후기의 지배세력으로서 높은 관직을 차지하고 정치권력을 장악하였으며 경제적으로는 광대한 농장을 소유하는 대토지소유자였다. 또한 이 시기에 고려와 원과의 긴밀한 관계는 왕실과 상류층을 중심으로 원의 법속·의복·변발·혼인 등을 통해 깊어졌으며, 성리학이 수용되고 새로운 불교(라마교)가 받아들여진다. 귀족들의 불교신앙의 한 형태로서 이 시기에 뛰어난 高麗佛畵가 제작되고 寫經이 성행하여 널리 알려진 대로 오늘날 국내외에 많은 예가 남아 있다.[8] 이처럼 권문세족에 의해 고려불화의 제작과 사경이 성행하는 화려한 일면을 간직한 이 시기에 고려도자에도 원나라 도자의 기형과 문양이 널리 반영되기 시작한다. 원의 靑華白瓷에 흔히 보이는 쌍봉문·보상당초문·파도문·용문·어문 등이 고려청자에 나타나며,[9] 吉州窯産도자에 보이는 굵은 음각선으로 간결한 문양을 나타낸 후 鐵釉가 시유되는 철유자기 등이 제작된다.

이 시기 도자의 모습을 보면, 기형에서는 梅甁이 줄어들고 측면이 편평한 廣口壺 등이 많이 만들어지며, 대접은 저부가 깊어지고 각이 진 조그만 접시류들이 많아지며, 口部가 내만된 기형이 많아진다. 기벽은 두꺼워지고 유색은 담청색·회청색계로 바뀌고 있다. 상감의 무늬는 산만한 구도로 되거나 필치가 조잡해지고, 같은 문양의 반복 사용으로 도안화되기 시작하여, 종속되는 문양에는 이미 印花技法으로 문양을 시문하는 방법이 널리 쓰이기 시작한다. 포류수금문·운학문·여지문·국화문 등이 그대로 쓰이고 있으나 간략해지고 운학문의 경우 雨點紋으로 변화하기 시작한다. 굽다리는 두껍고 굽 안바닥에 규석받침이

〈사진 5〉 靑瓷象嵌蒲柳水禽紋「己巳」銘대접

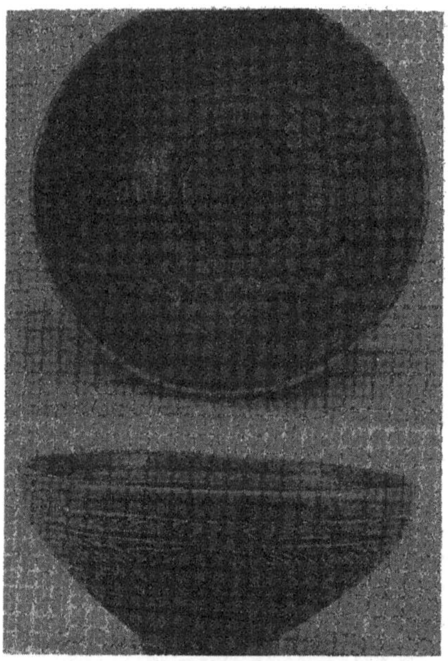

國立中央博物館 소장

8) 安輝濬, 《韓國繪畵史》(一志社, 1980), 75~80쪽.
9) 中野徹, 〈元·明靑華白磁の文樣〉(《陶磁講座》 7, 雄山閣, 1973).

나 모래받침으로 받쳐 구워진다.

이 시기로 추정되는 干支의 명문이 있는 대접·접시의 예를 보면, 국립중앙박물관 소장의 靑瓷象嵌蒲柳水禽紋「己巳」銘대접은 내만된 낮은 대접이다(〈사진 5〉). 그런데 대접 안바닥에 흑상감으로 표기하고 그 주위에 二重緣帶와 如意頭紋帶를, 내측면에는 대칭으로 연못가의 버드나무와 갈대·오리를 포치하였고, 외면에는 두 겹의 원 안에 국화를 네 곳에 배치하고, 그 외면을 당초문대로, 위아래 면에는 草紋帶와 蓮瓣紋帶를 간결하게 나타냈다. 유색은 회청색계의 청자유가 얇게 시유되었으며, 이러한 대접 외에도 안바닥이 움푹 파인 반원형의 대접, 각이 진 접시, 잔 등에 이러한 干支銘靑瓷가 나타난다. 己巳銘은 충숙왕 16년(1329), 庚午銘은 충숙왕 17년, 壬申銘은 충숙왕 복위 1년(1332), 癸酉銘은 충숙왕 복위 2년, 甲戌銘은 충숙왕 복위 3년, 壬午銘은 충혜왕 복위 3년(1342), 丁亥銘은 충목왕 3년(1347)으로 추정된다. 특히 강진 사당리요지에서 이러한 간지명의 청자가 거의 대부분 출토되었으며, 至正(1341~1367)銘과 함께 정해명대접편이 출토되었는데 문양의 포치가 다른 간지명편과 유사하다.10)

굽나리에는 커진 규석받침과 모래받침으로 받쳐 구워졌으며 胎土에 모래가 섞이고 거칠어진다. 문양에 있어 특이한 보상당초문이 이어져 꽉차게 채워진 壺·盒·鉢·甁 등이 보이며, 운봉문·용문·어문 등이 널리 쓰이고 있다.

공민왕·우왕으로 이어지는 14세기 후반은 전환의 시기였다. 원·명의 교체가 이루어진 이 시기에 지배세력인 권문세족에 도전하는 새로운 사회세력이 대두하였는데 이들이 바로 신흥사대부였다. 신흥사대부들은 권문세족의 정치권력 독점과 농장확대에 따른 정치·경제·사회적 혼란을 시정하기 위해 개혁정치를 주장하였다. 이들은 지방의 鄕吏 출신이 많았으며 점차 중소지주로 성장하고 과거를 통하여 중앙의 관리로 진출하여 왕권강화를 꾀하는 공민왕 때에 그들의 개혁정치를 추진해 갔으며, 결국 신흥무인들의 협력으로 고려에 대신하여 조선왕조를 세우게 되는 것이었다. 이 시기 40여 년간에 걸친 왜구들의 극심한 침략과 홍건적의 침입으로 어려움을 겪지 않을 수 없었

10) 尹龍二, 〈干支銘 象嵌靑瓷의 製作時期에 관하여〉(《海剛陶磁美術館圖錄》 2, 1991), 114~118쪽.

다. 특히 왜구의 침입으로 인해 해안가 50리 안에서는 사람이 살 수 없을 지경이었다. 이 때문에 해상의 조운이 끊겨 정부는 재정이 곤란하게 되었을 뿐 아니라 바닷가의 농민들은 계속된 약탈 속에 많은 어려움을 겪게 되었다. 이러한 시대적 모습이 이 시기의 고려도자에 반영되게 된다.

새로운 지배세력으로 등장하는 신흥사대부들의 요구에 따라 도자도 실생활에 널리 쓰여질 수 있도록 튼튼하고 실용적인 그릇의 다량생산이 필요해지기 시작한다. 신흥사대부들은 성리학을 그들의 생활이념으로 삼으면서 검소하고 실용적이며 합리적인 생활을 추구하게 된다. 또한 그들은 전국적인 세력분포를 보이고 있었다.

유기 대신 사기・목기를 전용하라는 《고려사》의 기록처럼[11] 실용적 도자기의 다량생산이 요구되었다. 때마침 왜구의 침략으로 해안가에서 사람이 살 수 없고 조운을 통해 개경으로 운반되던 稅船이 왜구의 습격을 받아 조운이 막히게 되었으므로 육로를 통한 육운이 요청되던 때였다.[12] 강진・부안의 해안 가에 위치해 있던 이 시기의 가마들은 왜구의 침략으로 파괴되고 말았다. 그리하여 이들 새로운 지배세력의 요구와 왜구의 침입으로부터 안전을 확보해야 하는 필요성에 따라 전국적으로 내륙지방 곳곳에 가마가 설치되고 도자기생산에 일대 변화가 일어났다.

이러한 변화의 기반이 확대되어 나타난 것이 조선 세종 6년(1424)부터 세종 14년에 걸쳐 조사되어 《世宗實錄地理志》에 수록된 324개소에 달하는 陶瓷所의 가마들이다.[13]

이 시기의 도자로 알려진 것은 강진 사당리요지에서 至正銘과 함께 출토된 靑瓷象嵌柳蓮紋梅甁片과 공민왕 14년(1365)에 사망한 공민왕비의 능인 「正陵」銘의 청자상감대접 그리고 강원도 원주 令傳寺址三層石塔내에서 우왕 14년(1388) 洪武銘의 석판과 함께 발견된 靑瓷象嵌重圈紋대접, 金剛山 月出峰 출토의 공양왕 3년(1391) 洪武銘의 白瓷鉢・白瓷香爐 등의 자료가 있다.

11) 《高麗史》 권 85, 志 3, 刑法 2.
12) 羅鍾宇, 〈高麗末期의 麗日關係 －倭寇를 中心으로－〉(《全北史學》 4, 1980).
13) 尹龍二, 〈粉靑瓷窯址의 分布와 特色〉(《梨大博物館圖錄》 13 : 粉靑沙器, 1984), 112~116쪽.

1350년대 제작된 것으로 추정되는 靑磁象嵌柳蓮紋梅甁은 잘록한 모습의 훌쭉한 매병으로 구부는 外反되었고, 胴上部에는 간략해진 유문과 연화를 대칭으로 나타내고, 위아래에는 큼직한 연판문대를 두르고 있다. 유색은 암녹색으로 변하였으며 釉面은 거칠다.[14] 이와 같은 14세기 후반의 매병은 15세기 전반 粉靑瓷梅甁의 모체가 된다. 「정릉」명 청자상감대접은 간지명의 청자보다 간략해졌으며 특히 중심되는 문양으로 특이한 모란당초문을 내측면 네 곳에 포치시킨 형태로, 이후의 대접문양의 주류를 이루게 되며 이러한 모란당초문은 14세기 전반의 문양이 간략하게 변하기 시작한 것이다.

또한 우왕 14년의 청자상감중권문대접은 간략해진 상감문양의 대접으로 굵은 모래받침으로 받쳐 구운 것이 주목되는데, 14세기 말의 수많은 가마에서 주로 이러한 예가 발견되고 있어 그 추이를 짐작케 해준다. 백자발의 경우는, 공양왕 3년 홍무명의 것이 15세기 백자발의 원형을 보여주는데, 14세기 말에 硬質의 백자가 존재한다는 점과 담청을 머금은 白瓷釉가 거친 태토 위에 시유된 조선 초기의 백자와 비슷한 것이 특징이다.

이 시기는 도자에 있어 새로운 전환의 시기로, 이 때에 촉진된 도자의 실생활화는 뚜렷한 변화의 조짐이었다. 따라서 왜구의 침입으로 인해 폐쇄된 강진·부안요를 대신하여 수많은 실용적인 도자를 제작하는 가마들이 전국의 내륙지방에 세워졌으며 대량생산의 기반이 조성되었다. 이러한 기반 위에 15세기 전반의 세종연간에 도자가 그 전성기를 맞이할 수 있었다. 그 구체적인 증거로 《세종실록지리지》에 실린 324개소에 달하는 도자소는 곧 이은 조선시대 분청자·백자제작의 모체가 되었던 것이다.

(2) 금속공예

고려시대에는 많은 청동제 생활용구와 불교용구들이 만들어졌다. 그런데 銅鏡·수저 등 생활용구는 시기를 구분하기 어려운 점이 있으며, 대부분 고려 전기의 금속공예 항목에서 이미 설명하였다.[15] 그러므로 후기의 금속공예는 주로 불교용구를 다루었다.

---

14) 鄭良謨, 앞의 책.

15) 尹龍二, 〈공 예〉(《한국사》 17 : 고려 전기의 교육과 문화, 국사편찬위원회, 1994).

고려 후기에는 원의 침입을 겪으면서, 부처의 도움으로 이민족을 물리치려는 목적으로 대장경을 조성하는 등의 대규모 佛事가 행해졌다. 그리고 원의 간섭기에는 원의 문화 및 라마교의 영향으로 많은 변화가 일어났는데 공예품에서도 변화를 찾아볼 수 있다.

銅鐘은 12세기에 고려의 독특한 양식이 정립되어, 鐘肩 위에 蓮瓣臺와 같은 立花장식이 붙고 때로는 音管 위에 球形장식이 부착되며, 대체로 鐘口가 넓어져 口徑에 대한 鐘高의 비율이 전기에는 1.2 내지 1.1로 낮아지며 후기에는 구경 40㎝ 미만의 소형이 되는 동시에 구경과 종고가 비슷해져 신라종의 전통이 변화된다. 또한 鐘身에는 飛天 대신에 여래·보살 등의 입상이 배치되어 투박스러워진다.

고종 9년(1222)에 만들어진 扶安 來蘇寺鐘은 높이 1.03m로 12세기 종의 양식을 충실히 이어받아 종구가 벌어지기 시작하였고, 음관 위에는 구슬이, 종견에는 입화장식이 각각 붙어 있다. 문양대는 寶相花紋으로, 蓮花座에 앉은 삼존불이 조각되어 있으며 윗면에는 寶蓋가 하늘을 날고 있다.

또 14세기에 만들어진 海南 大興寺鐘(충목왕 2년 ; 1346)과 奉恩寺의 長興寺銘鐘도 모두 이러한 고려종의 양식을 따르고 있다. 다만 개성 남대문에 걸려있는 演福寺鐘은 그 명문에 의해 알 수 있듯이 원의 工人에 의해 만들어진 원나라 형식의 범종으로, 鈕筒도 없고 乳廓·飛天 등도 없으며 종구도 八花形으로 되어 있다.

香爐는 또는 香垸이라고도 부르며, 불교행사·의례에서 향을 피우는데 쓰였고 銀入絲 등의 기법으로 장식되었다.

금강산 乾鳳寺향로는 고종 원년(1214)에 만들어졌는데, 높이 30㎝이다. 향로의 몸체에 梵字紋이 네 개 있는 것은 12세기에 만들어진 表忠寺향로와 같으나, 공간을 장식하고 있는 작은 보상화문이 문양이면서도 회화적인 구도와 형태를 가지고 있어 畵金靑磁의 문양과 통하는 점이 있다. 이에 비하면 충혜왕 5년(1344)에 만들어진 봉은사향로는 보상화문이 완전히 문양화되어 퇴색하고 있다.

金鼓는 절에서 대중을 집합시킬 때 사용하던 도구이다. 13세기 이후 만들어진 금고로는 신종 5년(1202)의 蒲溪寺금고, 희종 2년(1206)의 德周寺금고,

고종 5년의 貞祐6年銘금고, 고종 39년의 玉泉寺금고 등이 있다. 그런데 이 중 포계사·덕주사금고는 표면에 동심원을 그려 4구로 나누고 중앙에서부터 연밥·연꽃·당초의 문양 등을 양각하였다. 그런데 정우6년명금고는 경기도 안성군 二竹面 奉業寺 터에서 발견된 것으로, 지름 61㎝인 큰 작품에 속하며 형식이 약간 다르다. 즉 표면을 동심원으로 3구로 나누고 중앙에는 연밥을, 그 주변에는 연꽃을 양각하여 2구를 채우고 넓은 바깥 공간에는 如意頭紋과 飛雲紋을 배치하여 전체가 시원스러워 보인다.

14세기에 제작된 것으로는 충렬왕 31년(1305)의 大德銘금고, 藥師寺금고(1322, 일본 京都 智恩寺 소장), 충숙왕 14년(1327) 泰定銘금고 등이 있는데, 점차 문양이 조잡해지는 경향이 나타난다.

搖鈴은 불교의식에서 목탁과 같이 독경할 때 많이 사용되는 것으로 밀교계통에서 널리 쓰였다. 고려시대에는 금동 또는 청동제요령이 남아 있다.

이 중 松廣寺에 소장되어 있는 금동요령의 긴 몸통은 4각형으로 각 면이 팽창되어 거의 원형에 가깝고, 각 면에는 구획선 안에 위를 향한 용 한 마리씩을 양각하였는데 그 수법은 대담하다. 어깨에는 각 면에 밑으로 늘어진 연꽃이 있다.

국립중앙박물관이 소장하고 있는 금동요령은 몸통이 마치 서양종과 같고 위에 4鈷形의 손잡이 끝이 있으며 8菱形을 이룬 각 능단에는 보살상과 사천왕상·인왕상을 양각하고, 손잡이에는 굵은 마디가 있고 마디 위에 鬼面 4구를 양각한 금동요령도 있다. 이러한 요령은 악귀의 접근을 막는다는 의미에서 사용된 것이다.

그 외에도 원의 라마교 영향을 받은 舍利器도 고려 말에 제작되었다. 강원도 금강산 월출봉에서 발견된 銀製鍍金舍利器와 外函은 李成桂가 공양왕 3년(1391)에 시납한 것이다. 그것은 사리기 안에 원통을 안치하고 그 안에 사리용기를 넣었는데, 이 원통과 함께 발견된 청동바리에 홍무 24년의 年記와 이성계가 시납한 사유를 기록한 명문을 통해 알 수 있다. 이 사리기는 라마탑 같이 위가 넓고 밑이 좁아진 구형이고, 사방에 여래상을 1구씩 조각하고 그 사이에는 어깨에 양각된 伏蓮에서 늘어지는 장식이 있고, 꼭대기에는 4중의 傘蓋形相輪이 있다. 밑에는 은판을 오려서 만든 3중의 仰蓮이 있고, 이

전체를 받치는 받침에는 2단에 복련이 양각되고 굽은 眼象을 조각하여 8개의 발을 만들었다.

이 사리기를 넣었던 외함은 8각의 원통모양이다. 원통 하단에는 당초무늬가 양각되고 8각의 각 모서리에는 기둥모양이 있으며, 각 면에는 1구의 여래상을 음각하고 위에서 수식이 내려와 있다. 뚜껑도 8각으로 이루어져 있고, 기왓골은 2중으로 되어 있다. 한편 이를 받치고 있는 둥근 받침은 복련과 앙련을 연결한 것이다. 이 사리기와 외함의 여래상과 문양은 고려시대 불상과 문양의 특징이 남아 있다.

또 다른 라마탑형식의 사리탑이 1958년경 강원도에서 발견되었다. 전체 외형이 밑이 넓고 위로 갈수록 좁아졌고, 기단·탑신·상륜의 각 부로 구성되어 있다. 기단은 거의 원추형을 이루었고 중간에 앙련과 복련을 바로 연결하였고 그 위에 구형의 탑신부가 있다. 탑신 위에는 얇은 동판이 있는데, 그 형식이 亞出星形으로 敬天寺石塔의 기단 평면과 동일하다.

이들 사리탑·사리기가 원의 라마탑형식을 취하고 있는 것은 금강산을 중심으로 한 지역에서 발견된 사리기나 불상에서 원의 양식이 나타나는 점과도 밀접한 관계가 있을 것이다.

(3) 목칠공예

漆器는 삼국시대부터 제작이 시작된 이래, 고려시대에 이르러 螺鈿칠기가 크게 발달하였다. 특히 고려 후기에는 원의 요구에 의해 經函으로서 나전칠기를 만들어 바쳐야 했으므로 대량으로 제작되었다. 즉《고려사》에 의하면 원종 13년(1272) 원의 황후가 대장경을 넣어 둘 함을 요구하자 鈿函造成都監을 설치하였다는 것이다.[16] 현재 남아 있는 작품 중 일본에 있는 것은 모두 13세기 이후에 제작되었다고 추정되고 있는데,[17] 경함이 많은 것도 이와 관련된 사실로 보인다.

그 중 東京博物館에 소장되어 있는 立菊經函은 길이 38㎝, 폭 19.5㎝, 높이 26.5㎝의 장방형 木心苧被漆器로서 뚜껑은 銀縒線을 3중으로 돌리고 다시 나

16)《高麗史》권 27, 世家 27, 원종 13년 3월 갑진.

17) 金元龍·安輝濬,《新版韓國美術史》(서울大 出版部, 1993), 242쪽.

전의 連珠紋과 꽃 모양의 이중 테두리 안에 「大方廣佛華嚴經」이라는 나전 안의 명문이 있어 경함임이 확실하다. 이 경함이 원의 요청으로 원종 13년에 설치된 전함조성도감에서 만든 제품의 하나라고 인정되며 연대가 확실한 유례로서 귀중하다.

일본에 또 하나의 경함으로 黑漆牡丹唐草螺鈿經箱이 있는데, 비슷한 형태이면서 뚜껑이 2단으로 깎여 있고, 또 문양은 鐵畵靑瓷에서 볼 수 있는 空間恐怖式 密集牡丹唐草紋이며, 그 줄기는 銅縒線이고 花瓣에는 세밀한 선각까지 하였다. 이 작품도 14세기 무렵 제작되었을 것으로 추정되고 있다. 이 밖에도 黑漆螺鈿玳瑁莊念珠筥·黑漆菊唐草螺鈿玳瑁洲濱盒子·菊唐草螺鈿小箱·黑漆菊唐草螺鈿經箱 등이 일본에 남아 있다.

〈尹龍二〉

6. 음 악

한국음악사가 한민족의 음악역사이듯이, 고려음악사는 고려시대 한반도에 살았던 한국인이 남긴 음악문화의 역사이다. 이러한 고려음악사는 한국음악사의 전체적인 발전과정에서 중요한 위치를 차지한다고 보지 않을 수 없다. 왜냐하면 거의 5세기에 걸치는 동안 고려왕조가 통일신라의 음악문화를 계승하여 발전시켰음은 물론이고, 송나라의 음악문화를 자주적으로 수용함으로써 새로운 음악문화를 조선왕조에 물려주었기 때문이다.

외래음악의 자주적 수용과 창조적 계승은 한민족의 음악사가 시작되면서부터 보여준 문화역량의 대표적인 표본이라고 할 수 있는데, 고려시대에도 예외는 아니었다. 宋의 敎坊樂과 詞樂이 唐樂으로, 또 大晟雅樂이 雅樂으로 고려에 수용됨으로써, 고려의 당악과 아악은 한국음악사의 발전에 새로운 전기를 마련해 주었기 때문이다. 고려음악사의 중요한 의미는 바로 이러한 점에서 찾아져야 할 것이다. 또 현재까지 전승되고 있는 전통음악 중에서 步虛子와 洛陽春의 역사적 유래를 추적해 보면, 그 근원이 고려에 소개된 송나라의 교방악임을 알게 된다. 그리고 현행 宮中呈才 중의 하나인 抛毬樂이나 제례음악인 아악의 뿌리도 역시 고려시대로 소급하지 않을 수 없다는 사실에 주목해야 할 것이다.

그러나 현행 전통음악과 맥락을 같이하는 고려음악사에 대한 연구는 다른 시대에 비해서 미비한 실정이다. 그 이유는 음악사연구의 핵심인 古樂譜가 부족하기에 오직 문헌 중심의 연구밖에 할 수 없는 형편 때문이다. 《高麗史》 樂志가 기본사료임은 물론이고, 《高麗圖經》이나 《高麗名賢集》과 같은 문헌도 음악사연구의 필수적인 사료로 사용되고 있다. 그런데 이러한 문헌사료는 音樂樣式史의 연구에는 결정적 구실을 못하기 때문에, 고려음악사의 서술은 음악양식의 변천에 초점을 맞출 수 없고, 다만 음악제도와 음악문화를 중심으로 삼지 않을 수 없다.

고려시대의 음악문화는 크게 鄕樂·唐樂·雅樂의 세 갈래로 나누어 개관할 수 있다. 고려의 향악과 당악은 통일신라의 전통에 뿌리를 두고 있지만, 아악은 고려조정에 소개된 송나라의 大晟雅樂에서 유래되었다. 이런 세 갈래의 음악문화 이외에 鼓吹樂과 伎樂이라는 새로운 갈래가 고려시대에 등장하였다.

고려의 향악은 통일신라의 三絃과 三竹을 전승한 바탕 위에 새로운 향악기를 첨가시킴으로써, 전과 다른 모습을 보여주었다. 향악정재에서 쓰인 아박·무고·무애 같은 향악기 및 장고·해금·피리 같은 새로운 향악기에 의해서 고려의 향악은 다양한 모습으로 전개되었다. 평조와 계면조라는 향악의 음악적 특징이 고려시대에 확립되었고, 당악정재와 대칭을 이루는 향악정재가 고려시대에 등장함으로써, 향악의 개념은 고려시대를 거치는 동안에 확대되지 않을 수 없었다. 이렇듯 넓은 의미로 확대된 개념의 향악은 모두 왕립음악기관인 大樂署의 右部에서 연주되었다.

향악의 경우처럼 당악의 개념도 고려시대에 더욱 확대되었다. 통일신라의 당악은 당나라에서 수입된 음악문화를 가리켰지만, 고려의 당악은 신라의 당악전통 위에 송나라의 음악문화를 첨가시킨 결과물이었다. 그러므로 고려시대 당악의 개념이 광의로 해석되어야 하는 변천과정을 거쳤다는 사실에 주목해야 한다. 고려 당악의 기둥은 송나라의 교방악과 사악으로 구별되는데, 이러한 당악의 전통은 조선왕조의 당악정재를 통해서 후대에 전승되었다. 이렇게 고려조정에 수용된 당악은 대성아악의 수용과 함께 고려음악사의 발전에 중요한 계기를 만들었다.

대성아악의 등장은 한국음악사의 큰 흐름을 새로운 방향으로 전개시키는 역사적 사건이었다. 12세기 이전의 음악문화는 향악과 당악으로 구성되었지만, 대성아악의 출현으로 인하여 아악이라는 새 물줄기가 고려음악사에 새로 형성되었기 때문이다. 비록 송의 대성아악이 고려에서 변천과정을 거치기는 했지만, 후에 신흥사대부들에 의해 그 아악전통이 조선 초기의 아악부흥으로 이어지게 되었고, 그 결과가 현행 문묘제례악이나 종묘제례악의 뿌리가 되었다.

한편 향악·당악·아악의 세 주류 이외에 고취악과 기악이라는 작은 물줄기가 고려음악사에 본격적으로 등장하였다. 衛仗이나 鹵簿의식에서 국왕의 거둥이나 행차 때 사용된 행악계통의 고취악이 연주되었다. 歌舞百戱로 알려진 伎樂과 雜技와 같은 공연예술은 팔관회·연등회·나례의식과 같은 궁중행사와 함께 성장하였다. 고려의 고취악 및 기악과 잡기는 조선시대에 이르러 새로운 관례로 음악문화로 발전하는 결정적인 계기를 마련했기 때문에, 그 음악사적 의미가 결코 과소평가될 수 없다. 이와 같은 음악문화의 대부분이 고려조정을 중심으로 전개되었기 때문에 왕립음악기관의 제도사적 측면을 개관하지 않을 수 없다.

1) 왕립음악기관의 제도와 활동범위

고려의 왕립음악기관은 대략 大樂署·管絃房·雅樂署로 압축될 수 있다.[1] 12세기 송나라의 대성아악이 소개되기 이전까지, 왕립음악기관의 右部에서는 향악을 관장하였고, 左部에서는 당악을 담당하였다. 이렇듯 우부와 좌부에서 관장하는 향악과 당악을 합쳐서 兩部樂이라고 불렀으므로,[2] 고려의 양부악은 좌부악 곧 중국계의 당악과 우부악 즉 향악의 총칭이었다.

---

1) 宋芳松, 《樂掌謄錄硏究》(嶺南大 民族文化硏究所, 1980), 16~26쪽.

2) 《高麗史》 권 17, 世家 17, 의종 6년 정월 계축 및 권 68, 志 22, 禮 10, 老人賜設儀.

(1) 대악서·관현방·아악서의 유래와 체제

大樂署는 고려의 왕립음악기관 중에 가장 먼저 설립되었다. 목종(997~1009) 때 令이라는 관직을 둠으로써 행정체제를 갖춘 대악서는 음악행정을 주로 관장했던 음악기관이었다. 이 대악서는 음악행정을 담당했던 관리 및 왕이 전용했던 많은 수의 女妓와 樂工을 거느렸던 음악기관이었는데, 인종 원년(1123) 당시 대악서 소속의 여기는 모두 260명이었다.[3] 대악서 명칭은 충렬왕 이후 여러 차례 바뀌다가 결국 멸망할 때에는 典樂署라는 명칭으로 조선왕조에 전승되었다(〈표 1〉).

〈표 1〉 대악서 설립 이후 명칭의 역사적 변천[4]

연 대	음악기관	관원·관직명·인원·품계
목종(997~1009)	대악서	영
문종(1046~1083)	대악서	영 1명(종7품) 승 2명(종8품) 사 6명 기관 2명 산사 1명
충렬왕 34(1308)	전악서	영 2명(정7품) 장 2명(종7품) 승 2명(종8품) 사 2명(종8품) 직장 2명(종9품)
		영 2명(정7품) 직장 2명(종7품) 승 2명(종8품) 사 2명(종8품) 부직장 2명(종9품)
공민왕 5(1356)	대악서	영 2명(정7품) 장 2명(종7품) 승 2명(종8품) 사 2명(종8품) 직장 2명(종9품)
공민왕 11(1362)	전악서	위와 같음
공민왕 18(1369)	대악서	위와 같음
공민왕 21(1372)	전악서	위와 같음

3) 徐 兢,《高麗圖經》권 40, 同文 樂律.

4) 宋芳松,《韓國音樂通史》(一潮閣, 1984), 150쪽의 〈표 2〉 또는 宋芳松,《高麗音樂史硏究》(一志社, 1988), 47쪽의 〈표 4〉에서 옮김.

管絃房은 대악서의 설립 이후 두 번째로 세운 왕립음악기관이었다. 관현방은 문종 30년(1076)에 설립되었다가 공양왕 3년(1391)에 폐지될 때까지 315년 동안 음악활동을 주로 관장하였다. 관현방은 음악인들의 연습과 교육을 목적으로 설립되었기 때문에, 이 음악기관은 음악행정을 주로 관장했던 대악서와 구별되었다. 음악행정을 담당했던 관리를 거느리지 않았지만, 관현방에는 음악교육과 연습을 관장했던 여러 樂師들이 소속되어 있었다. 나라의 녹봉을 받던 악사들로 생·당비파·장고·방향·박 같은 당악기의 악사들이 있었고, 중금·향비파·향피리를 가르친 향악기의 악사들도 관현방에 소속되어 있었다. 악기연주자들 이외에 관현방에는 인종 원년 당시에 170명의 女妓들도 소속되어 있었다.5)

〈표 2〉 대악서·관현방 소속 악사의 급료6)

급 료	악사의 업무 및 인원
米 1科 10石	唐舞業 겸 唱詞樂師 1명, 笙業師 1명, 唐舞師校尉 1명
米 1科 8石	御前兩部都廳
米 1科 7石	琵琶業師校尉, 閣門使同正
米 2科 8石	杖鼓業師 2명, 唐笛業師 2명, 鄉唐琵琶業師 각 1명, 方響業師校尉 1명, 篳篥業師 1명, 歌舞拍業師 1명, 中笒業師 11명

雅樂署는 세 왕립음악기관 중에서 가장 늦게 설립되었다. 공양왕 3년(1391)에 종묘의 樂歌를 익히기 위해서였다.7) 이렇게 설립된 아악서는 그 이듬해 고려왕조의 멸망으로 말미암아 전악서와 함께 조선왕조의 음악기관으로 계승되었다.

(2) 왕립음악기관의 음악인과 활동범위

대악서와 관현방은 모두 실제로 음악과 무용을 맡았던 연주자들을 거느리고 있었다. 음악연주를 담당했던 음악인은 악공과 악사들이었고, 무용은 敎

5) 徐 兢, 《高麗圖經》 권 40, 同文 樂律.
6) 宋芳松, 앞의 책(1980), 20쪽의 〈표 2〉에서 옮김.
《高麗史》 권 80, 志 34, 食貨 3, 祿俸.
7) 《高麗史》 권 77, 志 31, 百官 2, 典樂署.

坊女妓들에 의해서 연주되었다. 왕립음악기관의 음악인들은 여러 명칭으로 불리었는데, 工人이 가장 널리 사용된 듯하고, 樂工과 伶人이라는 명칭이 사용되기도 하였다.[8] 아악서를 제외한 대악서와 관현방에는 많은 수의 女妓들이 소속되었는데, 이들이 궁중에서 공연한 노래와 춤은 敎坊樂·妓樂·女樂으로 기록되었다.[9] 이러한 공연활동에 관련된 여기들은 妓·官妓·娼妓로 기록되었고, 또 敎坊이라고도 불렀다.[10]

나라의 큰 행사가 있을 경우에는 대악서 소속의 악공과 관현방 소속의 악공이 함께 음악활동을 전개하였다.[11] 대악서 소속의 여기들은 비록 왕의 전용이었지만, 악공의 경우처럼 국가적인 행사에서는 관현방 소속의 여기와 함께 노래와 춤을 추었다. 대악서와 관현방 소속의 악공들 중에서 많은 경력을 쌓은 후에 오를 수 있었던 가장 높은 지위가 바로 樂師였다. 이러한 고려시대 악공과 여기의 전통은 조선왕조의 음악기관에 그대로 전승되었다.

악공이나 악사의 사회적 신분은 후대로 내려갈수록 차츰 낮아졌기 때문에, 나중에는 사회적으로 천시되는 계층인 맹인이나 巫師의 자손 중에서 악공이 선발되었다.[12] 그래도 악공의 최고지위였던 악사는 악공보다는 높은 사회적 대접을 받았음(〈표 2〉)이 확인되지만, 악사의 녹봉은 대악서의 令(종7품)에 비해서 1/3 수준이었다.[13] 이러한 악공이나 악사의 전통은 거의 그대로 조선왕조의 왕립음악기관으로 전승되어 사회적으로 악공이나 악사들이 제대로 대우를 못받았지만, 궁중에서의 활동범위는 다양하였다.

고려시대 국가적인 규모로 거행되었던 제례의식은 여섯 가지로 구분될 수 있는데, 圜丘·社稷·太廟·先農·先蠶·文宣王廟가 그것이다. 원구는 天壇에서 하늘에 제사하는 제례의식이고, 땅신과 곡신신에게 풍년을 기원하는 제

8) 宋芳松, 《韓國古代音樂史硏究》(一志社, 1985), 338·360~361·366쪽 참조.
9) 宋芳松, 위의 책, 339·341·364쪽.
10) 宋芳松, 위의 책, 338·341·376쪽.
11) 《高麗史》 권 18, 世家 18, 의종 21년 4월 무인 및 권 19, 世家 19, 의종 24년 정월 신사.
12) 宋芳松, 앞의 책(1988), 50~58쪽 참조.
13) 宋芳松, 위의 책(1988), 57쪽.

사가 사직이며, 역대 고려왕의 위패를 모신 종묘에서 지내는 제사가 태묘였다. 선농은 농사신 神農氏에게 지내는 제례의식이고, 양잠을 처음으로 시작했다는 西陵氏에게 지내는 제사가 선잠이며, 문선왕묘는 공자의 위패를 모신 사당에서 제사하는 의식을 뜻한다.

여섯 가지 제례의식에 따르는 음악의 종류가 각각 달랐고, 또 제사절차에 사용된 제례음악 역시 서로 구분되었다.[14] 예종 11년(1116) 大晟雅樂이 송나라에서 고려조정에 소개된 이후에도, 향악이 여러 제례의식에서 연주되었다. 원구·사직·태묘·선농·문선왕묘의 亞獻·終獻·送神의 절차에서 아악이 연주된 것이 아니라 향악이 연주되었다.[15] 그리고 제례의식을 거행하는 시일도 여섯 가지로 서로 달랐으니, 예컨대 태묘에서 정기적으로 지낸 時享은 매년 음력 2월·5월·8월·11월 네 번이었으며, 1년 동안의 농사일을 고하는 臘享은 동지 이후 세 번째 戊日에 제사를 지냈다. 태묘의 제향처럼 원구·사직·선농·선잠·문선왕묘의 제향일이 서로 달랐음은 물론이다.

제례의식 이외에 악공과 악사들의 음악활동과 관련된 궁중의식은 바로 朝儀와 宴享이다. 궁중에서 임금이 문무백관을 거느리고 일정한 의식절차에 따라서 거행하는 조회의식이 바로 조의이다. 천자의 뜻을 알리는 詔書를 영접할 때, 태후를 책봉할 때, 왕후와 왕태자를 책봉할 때, 중국에 表文을 올릴 때 등 기타 여러 조의에서 왕립음악기관의 악공과 악사들이 음악을 연주하였다. 이러한 경우에 연주된 음악은 궁전뜰에 벌여 놓은 軒架에 의해서만 연주되었고,[16] 의식절차에 따라서 행진계통의 음악인 鼓吹樂이 사이사이에 연주되기도 했다.

궁중에서 열리는 여러 잔치 곧 연향은 왕립음악기관의 樂歌舞와 관련되었다. 태후 책봉 후에 군신을 위한 잔치, 태자나 왕후의 책봉을 마친 후의 잔치, 왕이 군신을 위해 베푼 잔치 등과 같은 연향이 거행될 때마다 음악이 연주되었는데, 이런 연향에서도 제례의식의 경우처럼 헌가에서만 음악이 연주되었다. 공식적인 궁중연향 이외 燃燈會나 八關會와 같은 국가적 규

---

14) 《高麗史》 권 70, 志 24, 樂 1, 雅樂 登歌軒架樂迭奏節度.
15) 《高麗史》 권 71, 志 25, 樂 2, 用俗樂節度.
16) 《高麗史》 권 70, 志 24, 樂 1, 雅樂 用鼓吹樂節度.

모의 행사에서도 왕립음악기관의 연주활동이 필수적이었다. 실례를 들자면, 문종 27년(1073)의 연등회에 왕이 참석했을 때, 敎坊女弟子 眞卿이 踏沙行歌舞를 연주했고, 같은 해 팔관회를 왕이 참관했을 때에는 교방여제자 楚英이 拋毬樂과 九張機別伎를 연주하였다.[17] 답사행가무·포구락·구장기별기와 같은 춤은 모두 唐樂呈才였음을 상기할 때, 정재반주의 음악은 당악이었다.

2) 향 악

고려의 향악은 《고려사》 악지에는 俗樂이라는 명칭으로 기록되었지만, 속악의 명칭보다는 향악이 고려음악사의 서술에서 더 적합하다고 생각하는 바, 그 이유는 대략 이러하다. 첫째로 《고려사》를 편찬한 조선 초기의 유학자들이 모화사상으로 인하여 중국 아악의 대칭어로 자기 나라의 음악을 속악이라고 불렀다고 생각되기 때문이다. 둘째로 우리 나라 음악이라는 뜻의 향악이 중국인이 《고려도경》 및 《宋史》 고려전에서도 사용되고 있기 때문이다.[18]

고려향악의 개념은 통일신라에서 사용되었던 것보다 좀더 넓은 뜻으로 확대되었다. 고려조정이 통일신라의 향악을 전승하여 그 당시 귀족사회의 음악수용층이 요구했던 새로운 차원으로 그 향악을 발전시켰음이 분명하기 때문이다. 고려의 향악은 왕립음악기관의 우부에 소속되었고, 좌부의 당악과 쌍벽을 이루었다.

(1) 향악과 향악정재

가. 신라향악의 전통과 그 방향

통일신라의 향악전통이 고려에 거의 그대로 전승될 수 있었던 배경에는 태조의 十訓要가 중요한 구실을 하였다. 태조의 10훈요 가운데 여섯 번째가

17) 《高麗史》 권 71, 志 25, 樂 2, 用俗樂節度.
18) 徐 兢, 《高麗圖經》 권 40, 同文 樂律.
《宋史》 권 487, 列傳 246, 外國 3, 高麗.

팔관과 연등의 전통에 관한 것인데, 신라의 팔관과 연등의 전통을 잘 전승해야 한다는 것이었다.[19] 팔관회는 진흥왕(540~575) 때 신라의 전통적 제천의식에 불교적 요소를 가미시켜 만든 遺風으로서 나라와 왕실의 번영을 기원하던 국가적 규모의 행사였다. 연등회 역시 신라전통의 하나로 고려왕조에 전승된 유풍인데, 절에서 등불을 밝히고 임금과 백성이 노래와 춤으로 나라의 태평과 안녕을 기원하던 국가적 규모의 행사였다. 팔관회와 연등회는 모든 신라 가무의 전통을 고려왕조에 전승시키는 데 중요한 행사였으므로, 음악과 무용을 포함한 신라의 향악이 그런 행사에 아주 필수적이었다.

신라화랑 國仙이 歌舞百戱로서 龍神을 기쁘게 하여 복을 비는 의식이 바로 팔관회였는데, 팔관회의 이런 仙風은 연등회와 성격상으로 구별되었다.[20] 팔관회의 가무백희는 신라 仙郞인 국선에 의해서 거행되었으므로, 가무백희의 공연에는 南石行·述郞·永郞·安詳의 四仙樂部[21]가 반드시 포함되었다. 팔관회의 이런 가무백희의 전통이 고려 초기에는 잘 전승되다가, 후대로 내려오면서 점점 역사적 변천과정을 거치게 되었다. 팔관회의 가무백희를 연출했던 국선이 고려 초기 이후부터 차츰 사라지게 되어 예종 때에는 구하기 어려워지자, 의종 때에는 국선을 양반이나 부잣집 사람으로 대치시키게 되었고, 팔관회의 유풍은 차츰 세속화되었다.[22] 이처럼 팔관회의 가무전통을 포함한 신라의 향악은 고려시대를 거치는 동안 조금씩 변천과정을 거치지 않을 수 없었다.

태조가 후대에게 내린 10훈요 중에 첫번째가 부처의 호위에 감사하고 절을 많이 창건하라는 내용이고[23] 보면, 신라풍의 梵唄가 고려왕조에 잘 전승되었음이 분명하다. 공민왕 때 신돈이 演福寺에서 승려 300명을 뽑아서 의식을 거행하고 범패를 공연했다는 기록이 그 실례의 하나이다.[24] 고려의 범패는 중국풍이 아니고 신라풍이라는 사실이 "그들의 범패로 말하자면 사투리여서

---

19) 《高麗史》 권 2, 世家 2, 태조 26년 4월.
20) 李惠求, 〈의례상으로 본 팔관회〉(《韓國音樂序說》, 서울大 出版部, 1967), 277~296쪽.
21) 《高麗史》 권 69, 志 23, 禮 1, 태조 원년 11월.
22) 李惠求, 앞의 책, 296쪽
23) 《高麗史》 권 2, 世家 2, 태조 26년 4월.
24) 《高麗史》 권 132, 列傳 45, 辛旽.

전혀 분간할 수가 없었다"는 《고려도경》의 기록에 의해서 확인된다.25)

《고려사》 악지에 신라·고구려·백제의 향악으로 총 13곡명이 전하므로, 삼국의 향악곡들이 고려시대에 연주되었고, 또 악보에 편입되었음을 알 수 있다. 신라의 향악곡들은 東京·木州·余那山·長漢城·利見臺 등의 5곡이었고, 禪雲山·無等山·方等山·井邑·智異山 등 5곡이 백제의 향악곡이었으며, 고구려의 향악곡은 來遠城·延陽·溟州 3곡이었다.26) 삼국의 향악곡들이 대다수 지명과 관련된 점을 상기할 때, 여러 지방의 백성들에 의해서 연주되었던 민요형태의 노래를 바탕으로 삼아 예술적으로 다듬은 성악곡이라고 보면 무난할 것이다. 통일신라를 거쳐서 고려왕조에 전승된 삼국의 향악곡 중에서 방등산이 태종 2년(1402) 사대부를 위한 공사연에서 노래로 불린 사실로27) 미루어 보건대 삼국의 향악곡들은 고려시대에도 널리 연주되었고, 그 일부분은 조선왕조에도 전승되었다.

나. 고려의 향악 및 향악정재의 등장

향악이 제례의식의 아헌·중헌·송신의 절차에서 아악과 함께 연주되었던 전통은 명종 18년(1188) 이후부터 확립되었다.28) 이처럼 향악은 제례의식에서 뿐만 아니라 宰樞가 河南王의 사자인 郭永錫을 위한 잔치를 베풀었을 때, 향악이 당악과 더불어 연주되었다.29)

고려의 향악곡들은《고려사》악지에 의하면 舞鼓·動動·無㝵·西京·大同江·五冠山·楊州·月精花·長湍·定山·伐谷鳥·元興·金剛城·長生浦·叢石亭·居士戀·處容·沙里花·長巖·濟危寶·安東紫靑·松山·禮成江·冬栢木·寒松亭·鄭瓜亭·風入松·夜深詞·翰林別曲·三藏·蛇龍·紫霞洞 등 총 32곡이었다.30) 이 32곡 중 무고·동동·무애는 노래가 아닌 鄕樂呈才였음을 상기할 때, 고려시대 향악은 춤이 포함되었던 넓

25) 徐 兢,《高麗圖經》권 18, 釋氏.
26)《高麗史》권 71, 志 25, 樂 2, 三國俗樂.
27)《太宗實錄》권 3, 태종 2년 6월 정사.
28) 宋芳松,《韓國音樂通史》(一潮閣, 1984), 167쪽.
29)《高麗史》권 71, 志 25, 樂 2, 用俗樂節度.
30)《高麗史》권 71, 志 25, 樂 2.

은 개념이었다. 대부분 고려의 향악곡들은 노래였음이 분명한데, 어느 경우에 어떻게 불리었는지는 확실하지 않고, 다만 후대의 기록에 의해서 일부분이나마 살펴볼 수 있다.

태종 2년(1402) 자하동은 임금이 종친형제에게 베푼 잔치에서, 풍입송은 사신을 위한 잔치에서, 금강성은 신하를 위해서 임금이 베푼 잔치와 1품 이하 사대부를 위한 잔치에서, 또 오관산은 서인이 부모형제를 위해서 베푼 잔치에서 각각 연주되도록 예조가 상소하여 윤허를 받았다.[31] 한림별곡은 새로 과거에 급제한 사람을 위해서 베푼 술자리 곧 許參의식에서 노래로 불렸다.[32] 조선 초기의 이러한 사실로 미루어 짐작하건대, 고려의 향악곡들은 궁중잔치 및 사대부 사회와 일반 서민들의 잔치에서 노래로 불렸음이 분명하다. 고려의 향악곡은 거문고와 같은 향악기의 반주에 따라 노래로 불렸음을 풍입송의 경우를 통해서 확인할 수 있다.[33]

고려시대 향악정재의 등장은 음악사적 관점에서 다음의 세 가지 의미를 갖는 역사적 사건이었다.[34] 첫째로 향악정재가 음악사에서 앞 시대와 구분지을 수 있는 근거의 하나이기 때문이고, 둘째로는 향악정재는 향악의 반주음악을 반드시 수반했으므로 향악을 후대에 전승시키는 데 크게 이바지했기 때문이며, 셋째로 고려시대만 해도 향악의 개념 속에 呈才가 포함되어 있다는 사실 때문이다. 정재라는 말은 본래 임금 앞에서 춤과 재주를 포함한 모든 재능과 기예를 드린다는 獻技에서 유래되었는데, 이 말이 차츰 궁중무용의 대명사처럼 사용하게 되었다.[35] 향악정재라는 말은 조선 초기부터 사용되었고, 고려시대에는 그냥 향악이라는 용어 안에 정재를 포함시켰다. 그러나 음악과 무용을 구별하는 것이 고려음악사의 서술에서 편리하므로 향악과 향악정재를 구별하였다.

향악정재의 특징은 당악정재와 비교해서 다음과 같이 세 가지로 요약된다.

---

31) 《太宗實錄》 권 3. 태종 2년 6월 정사.
32) 成 俔, 《慵齋叢話》 권 4 (《국역대동야승》 권 1, 민족문화추진회, 1971, 109쪽).
33) 成 俔, 《慵齋叢話》 권 10 (위의 책, 248쪽).
34) 宋芳松, 앞의 책(1984), 179~180쪽.
35) 張師勛, 《韓國傳統舞踊硏究》(一志社, 1977), 39쪽.

첫째로 향악정재에는 긴 장대에 수술로 장식된 竹竿子를 든 무용수가 없다는 점이고, 둘째로 정재의 연주 도중에 노래부르는 致語와 口號가 없으며, 셋째로 무용수가 춤추는 도중에 노래부르는 唱詞가 한문이 아닌 국문으로 되었다는 사실이다. 《고려사》 악지에 전하는 향악정재는 舞鼓·動動·無㝵 이상 세 가지였다.[36)]

무고는 충렬왕 때 시중 李混이 寧海에 귀양갔다가 바다의 뗏목을 얻어 만든 북에서 유래되었는데, 조선시대에도 중요한 향악정재의 하나였으며, 현재까지 국립국악원에서 공연되고 있다. 무고의 주위를 즐겁게 돌아가는 무용수들의 모습이 마치 한쌍의 나비가 펄펄 날아서 꽃 주위를 감도는 듯하다고 《고려사》 악지에 기록되었다.[37)] 본래 창사의 이름에서 유래된 동동은 세종 때까지만 해도 동동정재로 알려졌으나, 그 명칭이 《樂學軌範》 권 5에서는 牙拍으로 바뀌었는데, 그 이유는 무용수들이 아박을 들고 춤을 추기 때문이었다.[38)] 《고려사》 악지에 의하면, 서역에서 유래되었다는 무애는 원효의 무애가무에 나오는 '아무 꺼릴 것이 없는 사람은 한 가지 도로써 생사를 벗어난다'는 구절과 관련되었다고 생각되는 향악정재인데,[39)] 순조 29년(1829)에 재현된 무애가 현재 전승되지 않고 있다.

다. 향악의 악조와 음악양식

거문고 등과 같은 향악기의 반주와 함께 노래로 불린 고려의 향악곡들이 어떠한 음악적 특징으로 구성되었는가라는 문제는 고악보에 의해서 해결되어야 한다. 고려 향악곡의 구조적 특징을 보여주는 것이 바로 樂調 및 장단과 종지 등을 포함한 음악양식이다. 고려의 향악곡을 전해주는 《時用鄕樂譜》와 《大樂後譜》에 의거하여 향악곡의 악조를 알기 쉽도록 정리하면, 다음의 〈표 3〉과 같다.

---

36) 《高麗史》 권 71, 志 25, 樂 2, 舞鼓.
37) 《高麗史》 권 71, 志 25, 樂 2, 動動.
張師勛, 앞의 책, 125~126쪽.
38) 《高麗史》 권 71, 志 25, 樂 2, 舞鼓.
張師勛, 위의 책, 126~127쪽.
39) 《高麗史》 권 71, 志 25, 樂 2, 動動.

〈표 3〉 《대악후보》와 《시용향악보》에 전하는 고려 향악곡

악 곡 명	대악후보	시용향악보	악 조 명	비 고
진작(정과정)	권 5	×	×	
이상곡	권 5	×	×	
만전춘	권 5	×	×	
서경별곡	×	○	평 조	
한림별곡	권 6	×	×	
서경별곡	권 6	○	평 조	
쌍화점(쌍화곡)	권 6	○	평 조	
북 전	권 7	×	×	
동 동	권 7	○	계면조	
정 읍	권 7	×	×	
자하동	권 7	×	계면조	
사모곡	×	○	계면조	
정석가	×	○	계면조·평조	
청산별곡	×	○	평 조	
유구곡	×	○	평 조	속칭 비두로기
귀호곡	×	○	평 조	속칭 가시리
상저가	×	○	평 조	
풍입송	×	○	평 조	
야심사	×	○	평 조	

위의 〈표 3〉에 나열된 향악곡들 중에서 《고려사》 악지의 것과 일치하는 곡명은 《시용향악보》의 풍입송·야심사 및 《대악후보》의 진작(鄭瓜亭)·한림별곡·동동·자하동 등 모두 여섯 곡이었다. 이 여섯 곡의 악조를 알려면, 선율의 구조적 특징을 나타내는 음계(scale)와 선법(mode)이 밝혀져야 한다. 악조의 기본 구성요소인 음계는 악곡에서 사용된 음들을 차례로 배열하여 한 옥타브 안에 몇 개의 음으로 구성되느냐에 따라서 결정되기 때문에, 우선 두 고악보에 나타난 여섯 곡의 음계를 정리하면, 다음의 〈표 4〉와 같다.

〈표 4〉 《고려사》 악지에 전하는 고려 향악곡의 음계

5음약보 / 곡 명	하5	하4	하3	하2	하1	궁	상1	상2	상3	상4	상5	비 고
야 심 사	○	○	○	○	○	○	○	○	×	×	×	5음음계
진 작(鄭瓜亭)	×	○	○	○	○	○	○	○	×	×	×	5음음계
한 림 별 곡	○	○	○	○	○	○	○	○	×	×	×	5음음계
동 동	○	○	○	○	○	○	○	○	○	×	×	5음음계
자 하 동	○	○	○	○	○	○	○	○	○	×	×	5음음계

〈표 4〉의 비고란에 표시되었듯이, 《고려사》 악지에 전하는 여섯 향악곡들은 모두 5음음계로 구성되었다. 이제 그 5음음계가 무슨 선법으로 되었나를 알려면, 각 향악곡의 악조명이 무엇인지에 대한 지식이 필요하다. 앞의 〈표 3〉에서 보는 바와 같이, 《시용향악보》와 《대악후보》 소재 향악곡의 악조는 平調와 界面調의 두 가지 선법이다. 평조와 계면조의 두 선법에 대한 최초의 이론적 설명에[40] 의하면, 이렇게 요약된다. 평조는 중국 5조 중의 네 번째 선법명인 徵調와 같고, 계면조는 중국 5조 중의 다섯 번째 선법명인 羽調와 같다고 각각 설명되었다. 다시 말해서 중국 5조의 치[徵]조로 설명된 평조는 서양음악의 솔선법(Sol mode)과 같고, 중국 5조의 우조라는 계면조는 서양음악의 라선법(la mode)과 같다고 이해하면 쉽다.

〈표 5〉 고려 향악곡의 평조 및 중국 5조의 치조와 비교표

5음약보	궁	상1		상2	상3	상4		상5
중국 5조의 치조	치	우		궁	상	각		치
12율명	임	남		황	태	고		임
양악의 솔페지오	솔	라		도	레	미		솔

〈표 6〉 고려 향악곡의 계면조 및 중국 5조의 우조의 비교표

5음약보	궁		상1	상2	상3		상4	상5
중국 5조의 우조	우		궁	상	각		치	우
12율명	임		무	황	태		중	임
양악의 솔페지오	라		도	레	미		솔	라

고려 향악곡의 음계는 모두 5음음계로 구성되었지만, 그 5음음계는 평조와 계면조라는 두 가지 선법으로 구분되었다.[41] 중국 5조의 치조로 설명된 평조라는 선법은 서양음악의 솔선법과 같은데, 〈표 5〉에 의하면 평조선법의 음정

40) 《世祖實錄》 권 48, 樂譜.

41) 악조의 명칭 및 두 선법에 대한 상론은 宋芳松, 《高麗音樂史硏究》(一志社, 1988), 85~96쪽.

관계는 장2도+단3도+장2도+장2도+단3도로 구성되었다. 중국 5조의 우조로 설명된 계면조선법은 서양음악의 라선법과 같은데, 〈표 6〉에 의하면 그 음정관계가 단3도+장2도+장2도+단3도+장2도로 구성되었다. 이러한 고려 향악곡의 두 선법은 조선왕조의 향악에 그대로 전승되었다.[42]

고려 향악곡의 두 악조가 그 당시 수도인 개성 중심의 황해도와 인근인 경기도지방의 민요선법과 밀접한 관계를 가지고 있을 것이라는 견해에 주목할 만한다. 왜냐하면 고려왕조의 멸망 이후 조선왕조의 수도가 한양이었다는 사실을 염두에 둘 때, 향악의 평조와 계면조라는 선법이 황해도 및 경기도의 민요선법과 비슷한 것은 지극히 당연하기 때문이다.[43]

고려향악의 음악적 특징을 나타내는 음악양식은 악조 이외에도 형식·종지형·장단형·속도와 같은 음악요소에 의해서도 드러나게 된다. 고려 향악곡의 하나인 정과정(眞勺)의 형식이 일종의 확대형식인데, 노래 앞 부분의 3구 끝에 '아으'라는 嗟辭로 보아 향가의 차사사뇌가 계통에 든다는 견해가 있다.[44] 군왕을 송수하는 뜻의 가사를 지닌 풍입송의 형식은 서양음악의 주제와 변주형식처럼 되었다고 하며[45], 한림별곡의 형식은 유절형식이라고 한다.[46]

고려 향악곡의 종지형은 노래에 따라서 여러 형태로 구분될 수 있다. 《시용향악보》에 전하는 청산별곡의 경우를 보건대, 노래의 끝부분인 '얄라성 얄라'의 종지형은 하4·하3·하2·하3·하4·하5로 내려가면서 마치는 하행종지형에 든다.[47] 이러한 하행종지형은 서경별곡의 '디링 디러리' 부분에서도 발견되고, 정석가의 '와지다' 부분에서도 발견된다.[48]

향악곡의 리듬과 관련된 장단도 음악양식적 특징을 보여주는 대표적인 음악요소의 하나이다. 고려 향악곡에 사용된 장단형의 종류도 종지형처럼 노래에 따라서 여러 가지로 분류될 수 있다. 16정간보의 1행에 나오는 鼓·搖·鞭·雙

42) 《樂學軌範》 권 1, 樂調總義.
43) 宋芳松, 앞의 책(1988), 96~107쪽.
44) 李惠求, 〈음악〉(《한국사》 6, 국사편찬위원회, 1975), 414쪽.
45) 張師勛, 〈풍입송〉(《國樂論攷》, 서울大 出版部, 1966), 68~69쪽.
46) 李惠求, 앞의 글, 430쪽.
47) 《時用鄕樂譜》(延世大 東方學硏究所, 1954), 靑山別曲 후면의 '얄라성 얄라'부분의 5음약보 참조.
48) 《時用鄕樂譜》 西京別曲 후면 및 鄭石歌 전면 참조.

〈악보 1〉 《시용향악보》 소재 사모곡

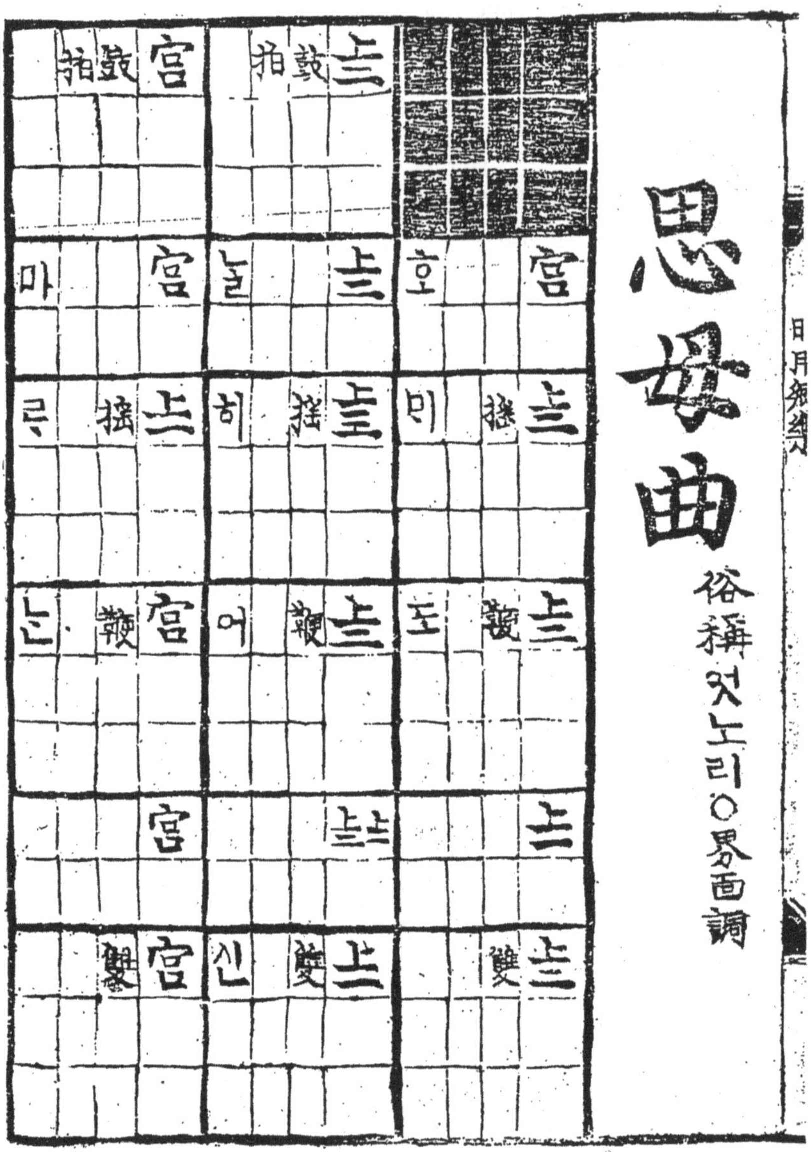

〈악보 2〉 《대악후보》 권 5 소재 진작

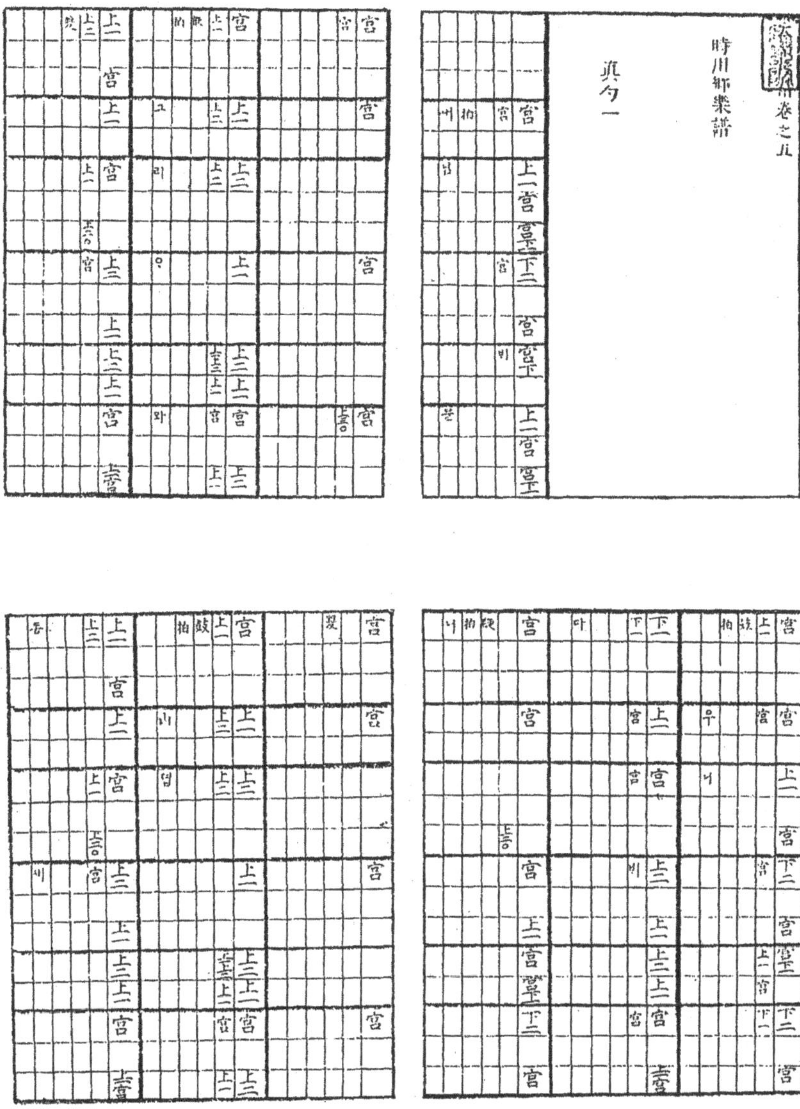

이라는 장고형이 발견되는 향악곡은 《시용향악보》의 청산별곡·유구곡·정석가·귀호곡·서경별곡·사모곡이고(〈악보 1〉), 《대악후보》의 서경별곡이다. 《시용향악보》의 쌍화곡에서도 고·요·편·쌍의 장고형이 발견되지만, 그 장고형은 16정간의 1행이 아닌 2행 단위로 되어 있다는 점에서 다르다.[49]

악곡의 빠르기 곧 템포에 관련된 표시는 《시용향악보》나 《대악후보》에 보이지 않지만, 《대악후보》 권 5의 진작에 1·2·3·4가 있고(〈악보 2〉), 《시용향악보》의 대국 1·2·3이 있을 뿐이다. 여기에 나타나는 1·2·3이라는 숫자가 《세종실록악보》나 《대악후보》의 봉황음 1기·2기·3기 또는 《악학궤범》의 정읍 慢機·中機·急機와 관련되었다면,[50] 그것은 빠르기를 나타내는 표시로 해석될 수 있다. 다시 말해서 1은 가장 느린 곡이고, 2는 중간 빠르기의 곡이며, 3은 빠른 속도의 곡이라는 해석이 가능할 것이다.

(2) 향악기와 향악활동

가. 향악기

고려의 향악기는 앞 시대에 비해서 숫자상으로 늘었기 때문에, 다양한 향악기로 연주되었던 향악도 질적으로 향상되었고, 따라서 향악의 연주양상도 새로워졌다. 여러 향악기들은 두 관점에서 조명할 수 있겠는데, 하나는 大樂署나 管絃房 같은 고려의 왕립음악기관에서 연주되었던 향악기이고, 다른 하나는 궁중 밖의 일반사회에서 연주되었던 향악기이다. 고려의 왕립음악기관에서 악공과 악사들에 의해서 연주됐던 향악기에 관한 기록은 《고려도경》과 《고려사》 악지에 전하고, 궁중 밖의 일반사회에서 연주됐던 향악기에 대해서는 《高麗名賢集》에 기록되었다. 우선 《고려도경》이 전하는 향악기와 관련된 기사는 아래와 같다.

> 중국음악의 악기는 다 중국제도 그대로이다. 다만 향악에는 고·판·생·우·피리·공후·오현·금·비파·쟁·적이 있는데, 그 모양과 제도가 약간씩 다

---

49) 宋芳松, 앞의 책(1984), 178쪽.

50) 《世宗實錄》 권 146, 鳳凰吟 1·2·3
《大樂後譜》 권 4, 鳳凰吟 1·2·3
《樂學軌範》 권 5, 時用鄕樂呈才圖譜 舞鼓.

르다. 슬의 괘가 고정되어 있어서 움직이지 않고, 또 관의 길이가 두 자나 되는 소가 있는데, 그것을 호금이라고 한다. 몸을 굽혀서 먼저 그 악기를 불면, 여러 악기들이 따라서 소리낸다(徐兢, 《高麗圖經》 권 40, 同文 樂律).

이 글에서는 12세기 초 고려의 왕립음악기관에서 사용되었던 11종의 향악기를 설명하고 있다고 볼 수 있다. 11종의 향악기 중에 琴 또는 瑟은 거문고를 기술한 것이고, 笛 또는 胡笒이라는 것은 젓대인 大笒을 의미한다고 풀이된다. 그리고 고는 腰鼓로, 판은 拍板으로, 오현은 향비파로, 비파는 당비파로, 쟁은 가야금으로 공후는 와공후로, 피리는 향피리로 각각 해석될 수 있다.[51]

이 향악기 중에서 적(胡笒)·필율·공후·고·생·우는 신라 때 향악기로 사용되었다가 고려 초기의 왕립음악기관에 수용되었는데, 고려 후기에는 대금(笛·胡笒)과 향피리(篳篥)만이 《고려사》 악지에 향악기로 기록되었다. 향비파·거문고·가얏고로 밝혀진 오현·금·쟁은 통일신라시대의 三絃전통이 그대로 전승된 결과였다. 당비파·박판·요고로 해석된 비파·판·고는 고려 후기에 이르러서는 악기의 유래에 따라서 《고려사》 악지에 당악기로 기록되었다. 요컨대 통일신라시대 三絃과 三竹의 향악기 전통이 다른 악기들과 함께 고려 전기에 잘 전승되었으나, 《고려사》 악지 편찬 당시에 당비파·박판·요고는 당악기로 분류되었고, 와공후·생·우는 향악기에서 제외되었으며, 오직 향비파·거문고·가얏고·젓대·향피리만이 향악기로 기록되었다.

여섯 줄의 거문고, 다섯 줄의 비파, 열두 줄의 가얏고, 열세 구멍의 대금, 장고, 여섯 매의 아박, 장식이 있는 무애·무고, 두 줄의 해금, 일곱 구멍의 피리, 열세 구멍의 중금, 일곱 구멍의 소금, 여섯 매의 박(《高麗史》 권 71, 志 25, 樂 2, 俗樂 樂器).

여기서 거문고·(향)비파·가얏고는 신라 삼현을 그대로 전승한 것이고, 대금·중금·소금은 삼죽의 전통을 전승한 결과이므로, 통일신라시대 향악의 중추적 구실을 담당했던 삼현과 삼죽의 전통이 고려왕조에 잘 전승되어 조선왕조로 이어졌다. 그 나머지 7종의 향악기 중에서 아박·무애·무고·박은

---

51) 宋芳松, 앞의 책(1988), 10~33쪽.

음악연주를 위한 악기라기보다는 궁중정재의 舞具였고, 장고·해금·피리는 고려시대에 새로 추가된 향악기였다.

향피리로 해석되는 피리는 《고려도경》에도 언급되었던 관악기였음을 상기할 때, 고려시대 향피리는 왕립음악기관에서 향악기의 위치를 확고히 차지하게 되었다. 장고는 고려 전기에 사용된 요고 대신에 송나라에서 수입된 이후 많이 사용하게 됨으로써, 고려 후기에는 향악기의 하나로 꼽히게 되었다. 해금은 元의 胡琴과 관련이 있을 것으로 추정되고 있을 뿐 아니라 고려 전기에는 안보이고 《고려사》 악지에 나타나는 사실로 미루어, 해금은 장고처럼 고려 후기에 향악기의 하나로 취급되었다고 생각된다.

고려의 왕립음악기관에서 연주되었던 향악기 이외에 《고려명현집》의 기록에 의하면, 고려사회에서 연주된 향악기는 신라의 삼현과 삼죽으로 요약될 수 있는데, 그 향악기들은 여러 계층의 사람들에 의해서 연주되었다. 가야금과 거문고는 고려의 문신들에 의해서 四藝의 하나로 애용되었고, 향비파는 주로 하류계층의 妓女들에 의해서 애용되었음을 상기할 때, 신라 삼현의 전통이 왕립음악기관에는 물론이고 고려사회에서도 잘 전승되었음을 알 수 있다. 신라 삼현의 경우처럼 삼죽도 고려사회의 승려와 문사들에 의해서 애용되었다.[52] 따라서 고려향악은 조정에서 수입한 송나라의 교방악과 대성아악에 눌리지 않고 제대로 전통을 유지할 수 있었다.

나. 향악 활동

향악은 본래 신라의 백성들이 즐겨 부르던 노래와 춤이었는데, 그런 가무전통이 궁중에 소개되어 노래와 춤 그리고 악기연주에 의해서 새로운 형태의 樂歌舞로 발전하였고, 후에 지배계층에 의해서 궁중의 음악문화로 정착하였다. 그런데도 신라향악의 전통을 전승한 고려의 향악을 궁중 중심의 음악문화로 언급하지 않을 수 없는 이유는 모두 문헌사료의 한계성 때문이다. 다행히 《고려명현집》은 궁중 밖의 사회에서 연주된 향악을 보여주는 문헌사료이므로, 고려사회의 향악활동이 비교적 자세하게 드러나 있다.

고려 후기 대표적 문호의 한 사람인 李奎報(1168~1241)는 무신정권 아래서 출

52) 宋芳松, 앞의 책(1988), 108~136쪽·137~164쪽.

세의 가도를 달린 문신이었지만, 특히 가야금을 즐긴 풍류객이었다. 《東國李相國集》에 전하는 몇 가지 사료를 통해 그가 가야금을 상당히 즐겼음을 알 수 있다.[53] 특히 그가 즐긴 풍류는 가야금으로 반주한 노래이거나 가야금독주곡이었다. 가야금 이외에 거문고가 고려문사들에 의해서 애용되었다는 사실은 李齊賢(1287~1367)의 《櫟翁稗說》에서 확인되며, 崔滋(1188~1260)의 《補閑集》이나 鄭夢周(1337~1392)의 《圃隱集》에 보이는 琴도 거문고로 해석된 바 있다.[54] 이규보가 官妓가 타는 비파소리를 듣고서 지은 시 가운데 기녀들이 연주한 비파는 향비파일 것이고, 향비파는 노래의 반주 또는 기악독주곡의 연주에 사용되었으리라고 짐작된 바 있다.[55]

고려문사들이 애용했던 가야금이나 거문고, 그리고 기녀들의 향비파는 모두 신라의 대표적인 세 현악기였던 사실에서 신라 삼현의 전통이 고려사회에 그대로 전승되었음을 알 수 있다. 고려사회의 삼현은 주로 노래의 반주악기로 사용됐으며, 가끔 기악독주곡을 연주하기도 했다.

중금이나 대금이 고려사회의 승려들에게 널리 불려져 묘련사의 무외국사는 젓대를 잘 불었다고 한다. 대금은 고려문사들의 풍류생활과 관련된 향악기의 하나였음을 알 수 있다. 즉 고려사회의 승려나 문신들에 의해서 연주되었던 삼죽의 음악은 주로 노래의 반주형태 또는 기악독주형태였다.[56]

3) 당악과 당악정재

고려의 당악은 통일신라의 당악과 개념상 서로 다르다. 왜냐하면 고려시대를 거치면서 당악의 개념이 변천되었기 때문이다. 통일신라의 당악은 그 용어의 뜻대로 당의 음악을 의미했지만, 고려당악의 개념은 전승받은 신라당악의 바탕 위에 송의 음악을 첨가시킨 넓은 의미로 변천되었다. 따라서 고려의 당악은 당의 음악에 한정되지 않았고, 오히려 중국음악의 뜻으로 확대

53) 李奎報, 《東國李相國集》 후집, 권 4, 寄朴學士還加耶琴·次韻朴學士仁著和蛙字韻詩·一月十五日彈琴有作.
54) 宋芳松, 앞의 책(1988), 125~126쪽 주 43·46·47참조.
55) 宋芳松, 각주 37 참조.
56) 宋芳松, 《高麗音樂史硏究》(一志社, 1988), 50쪽.

되었고, 이러한 광의의 당악이 조선왕조에 그대로 전승되었다.

12세기 송나라의 대성아악이 수입되기 이전부터 당악은 왕립음악기관의 좌부에 소속되어 있으면서, 우부의 향악과 함께 고려음악사의 주류를 이루었다. 넓은 의미의 당악이 고려시대에 이루어졌다는 사실은 음악사적 관점에서 중요시되는 사건이었다. 통일신라의 당악이 고려왕조를 거치는 동안 자주적으로 수용된 송나라의 음악문화에 의해 새롭게 발전되었기 때문이다. 그렇다면 고려음악사의 물줄기를 새로운 방향으로 전개시킨 송나라의 음악문화가 어떻게 고려에 자주적으로 수용되었을까 우리의 관심사일 것이다.

(1) 송의 교방악사와 당악정재

가. 송나라 교방악사의 등장

고려 당악의 형성에 중요한 역할을 담당했던 사람들은 고려조정에 파견되었던 송의 敎坊樂師들이었다. 송의 교방악사들은 일정한 기간 동안 고려에 머문 후에 귀국했지만, 일부는 고려조정에 머물면서 송나라의 교방악을 전수시켰다. 아래의 인용문에 의하면, 충렬왕 때의 金呂英과 충숙왕 때 그의 손자 金得雨가 송나라에서 파견되었던 교방악사의 후예들이었다. 삼국시대 고구려·백제·신라의 악사들이 일본조정에 파견되었던 것처럼, 송의 교방악사들이 고려음악사에서 중요시되고 있는 것은 고려에 새로운 음악문화가 보급되는 데 이바지한 때문이다.

> 예조에서 상언하기를, '전조의 광왕이 사신을 보내어 당의 악기와 악공을 청하여, 그 자손이 대대로 그 업을 지키게 하였는데, 충렬왕조에 이르게 되어서는 김여영이 맡았고, 충숙왕조에는 그의 손자 김득우가 맡았습니다'(《太宗實錄》 권 22, 태종 11년 12월 신축).

당악이 고려에 최초로 소개된 때는 위의 기록에 의하면 광종 때였다. 광종 이후 송의 熙寧(1068~1077)연간 및 元豊(1078~1083)연간에도 고려조정은 악사를 보내달라고 청한 바[57] 있었다. 초청된 송의 교방악사들이 고려의 왕립음악기관에 머무르면서 가르친 종목들은 주로 포구락·답사행가무 등과

57) 徐 兢, 《高麗圖經》 권 40, 同文 樂律.

같은 당악정재였고, 당악정재에 따르는 창사·구어·치어 및 반주음악에 사용되었던 생·당비파·장고·당적·방향·당피리·박 등과 같은 당악기들이었다. 이러한 당악정재와 당악기 및 노래를 가르친 교방악사들에게 주었던 녹봉이 문종 30년(1076)에 규정되었는데,[58] 당악정재와 창사를 가르치는 교방악사의 녹봉은 당악기를 가르치는 악사들의 것보다 높았다.

송나라 교방악사의 등장은 음악사적 관점에서 세 가지 역사적 의미를 지니기 때문에 중요시되어 마땅하다. 첫째로 그들은 고려 왕립음악기관의 좌부에 소속된 당악을 새로운 형태의 음악문화로 발전시키는 데 이바지했다. 둘째로 송의 교방악사가 고려조정에 당악정재를 정착시켰을 뿐아니라 향악정재의 등장에 결정적인 구실을 담당했다. 셋째 앞시대와 구분지을 수 있는 중요한 근거의 하나인 당악정재를 송의 교방악사들이 고려에 정착시켰던 것이다. 요컨대 송의 교방악사는 고려조정에 당악정재를 정착시킴으로써, 고려음악사의 물줄기를 새로운 방향으로 전개시켰고, 더 나아가 외래문화를 자주적으로 수용한 대표적 표본의 하나인 당악정재의 유산을 현재까지 전승시키는 데 크게 기여하였다.

나. 고려의 당악정재

송의 교방악사가 고려조정에 전한 대표적 음악문화의 하나가 바로 당악정재인데, 당악정재는 송의 교방악에 맞춰 공연되는 궁중무용의 총칭이다. 그 명칭이 처음으로 쓰인 때는 조선 초기이고, 《고려사》 악지에서는 당악정재가 그냥 당악의 범주 안에 포함되어 있다. 그러나 음악사 서술에서 음악과 무용을 구별해야 편리하겠으므로 당악과 당악정재를 구별하였다.

> 문종 27년 2월 을해에 교방에서 여제자 진경 등 13명이 전한 踏沙行歌舞를 연등회에서 쓰기를 청했는데, 제문을 내려 그것에 따랐다. 그 해 11월 신해에 팔관회를 차리고 왕이 神鳳樓에 행차하여 악무를 관람했는데, 교방의 여제자 초영이 새로 전래한 抛毬樂과 九張機別伎를 공연했다. 포구락은 제자 13명에 의해서, 구장기는 제자 10명에 의하여 각각 공연되었다. 문종 31년 2월 을미 연등 때, 왕이 중광전에 임어하여 악무를 관람했는데, 교방의 여제자 초영이 王母隊歌舞를 공연했다. 이 가무는 1대가 55명이며, 춤으로 네 글자를 만드는데, '군왕만세' 또는 '천하태평'이 된다(《高麗史》 권 71, 志 25, 樂 2, 用俗樂節度).

58) 이 글 1)의 (2) 〈표 2〉 참조.

교방의 여제자들에 의해서 공연된 답사행가무·포구락·구장기별기·왕모대가무는 모두 송의 교방악에 의한 당악정재들로 문종 27년과 31년 당시 팔관회와 연등회에서 공연되었다. 송의 교방악이 문종 이전에 고려조정에 소개되었음은 확실하지만, 처음 공연된 것이 언제인지는 분명하지 않다. 위에 나오는 당악정재 중에 오직 포구락만이 《고려사》에 전하고 나머지 세 가지는 전하지 않으나, 송의 교방악과 관련되어 있다는 것이다.59)

《고려사》 악지에 전하는 당악정재는 獻仙桃·壽延長·五羊仙·抛毬樂·蓮花臺의 다섯 가지인데, 모두가 당악이라는 명칭 아래 기록되어 있다.60) 이 중에서 포구락은 문종 27년에 팔관회에서, 연화대는 徐兢이 고려조정을 방문했던 인종 원년(1123)에 포구락과 함께, 또 헌선도는 의종 21년(1167)에 延興殿에서 각각 공연되었다.61) 이러한 사실에서 보듯이, 나머지 수연장과 오양선도 12세기 무렵에 이미 고려조정에서 공연되었을 것이다.

송나라 沈括의 《夢溪筆談》에 의하면, 포구락은 李愼言의 고사에서 유래되었는데, 여기들이 춤추면서 포구문에 공을 던져 넣으면서 노는 일종의 놀이를 무용화한 정재이다.62) 정월 보름날 군왕의 進酒를 축송하는 내용의 정재가 수연장이고, 일명 石枝舞라는 연화대는 당나라 때 지금의 이란 북쪽인 서역의 石國에서 유래되었다.63) 군왕을 송수하는 내용의 오양선과 헌선도는 王母와 여기들이 추는 정재인데, 조선 후기까지 공연되었으나 현재에는 전승되지 않는다.

이러한 당악정재의 공연 때 연주된 반주음악은 물론 당악이었다. 당악정재의 반주음악은 정재에 따라서 곡명이 서로 달랐다. 헌선도의 경우를 실례로 들어보면, 반주음악은 會八仙引子·獻天壽慢·獻天壽令·金盞子慢·金盞子令·瑞鷓鴣慢·瑞鷓鴣嗺子慢·千年萬歲引子·會八仙引子 등이 차례로 연주되었다.64) 연화대·수연장 등과 같은 당악정재의 반주음악도 곡명이 서로 달

59) 車柱環, 《唐樂硏究》(汎學圖書, 1976), 18쪽.
60) 《高麗史》 권 71, 志 25, 樂 2, 唐樂, 獻仙桃·壽延長·五羊仙·抛毬樂·蓮花臺.
61) 《高麗圖經》 권 40, 同文 樂律.
《高麗史》 권 18, 의종 21년 하4월 무인.
62) 車柱環, 앞의 책, 57쪽.
63) 車柱環, 위의 책, 54~55·62~64쪽.
64) 《高麗史》 권 71, 志 25, 樂 2, 唐樂 獻仙桃.

랐음은 물론이다. 당악정재는 당악의 전승에 중요한 구실을 담당했으므로, 음악사적 관점에서 중요하다.

고려조정의 당악정재는 향악정재에 비해서 다음의 세 가지 점에서 특징적이다.[65] 첫째는 긴 장대 위에 수술로 장식한 죽간자를 든 여기가 무대로 무용수들을 이끌고 나오는 점이고, 둘째로 공연의 시작과 끝에서 노래부르는 致語와 口號가 있다는 사실이며, 셋째로 공연 도중에 노래로 부르는 唱詞의 가사가 한문으로 되어 있다는 점이다. 그러나 치어와 구호 그리고 창사의 내용은 정재에 따라서 서로 달랐다.

비록 당악정재가 송나라의 교방악에서 유래되었지만, 고려의 왕립음악기관에서 새로운 음악문화로 수용함으로써 고려시대의 당악발전에 크게 기여하였다. 또한 당악정재는 향악정재의 형성에 결정적 전기를 마련했고, 고려의 당악정재는 조선의 당악 발전에 터전이 되었을 뿐 아니라, 그 일부가 오늘날까지도 전승되고 있다.

(2) 고려의 당악과 당악기

가. 《고려사》 악지의 당악곡

《고려사》 악지에 전하는 당악의 곡명은 헌선도 등 모두 48곡인데,[66] 이 48곡은 거의 모두가 송의 詞文學인 宋詞에 든다. 문학적 구조상 송사는 크게 두 갈래로 구분할 수 있으니, 첫째는 大曲이고, 둘째는 散詞이다. 문학적으로는 대곡과 산사를 총괄해서 송사라고 하지만, 음악적으로는 송의 詞樂이라고 한다.

송사의 대곡은 대체로 散序·中序·破, 이상 세 부분으로 구성된다. 정서적 내용의 산서는 일정한 박자를 지니지 않은 악곡으로서 춤을 수반하지 않는다.[67] 그러나 일명 排遍이라고 하는 중서는 일정한 박자를 지닌 악곡으로서 춤을 수반하며, 대체로 5편의 시를 노래부르도록 되어 있다. 일명 入破라

---

65) 張師勛, 〈고려시대의 음악〉(《韓國音樂史》, 대한민국 예술원, 1979), 179쪽.

66) 당악 48곡의 출전은 宋芳松, 《韓國古代音樂史硏究》(一志社, 1985), 333~389쪽 (《高麗史》 音樂記事 索引) 참조.

67) 車柱環, 앞의 책. 75쪽.

고도 하는 파는 관객을 흥분시킬 수 있는 빠른 악곡으로서, 빠른 동작의 춤을 수반하는데, 빠른 부분의 악곡을 曲破라고 하였다.[68] 《고려사》 악지의 당악 48곡 중에서 대곡에 드는 송사는 헌선도·수연장·오양선·포구락·연화대·석노교곡파·만년환만 이상 일곱인데, 앞의 다섯은 당악정재에서 이미 언급했다.

산사는 歌舞戱에 편입되어 노래로 불린 송사가 아니라 독립된 가사인데, 《고려사》 악지에 수록된 憶吹簫慢 이하 총 41곡의 당악곡명이 모두 산사에 든다. 산사들은 모두 노래로 불린 짧은 악곡이었으나, 현재는 가사만이 전하고 오직 낙양춘의 곡조가 《俗樂源譜》에 전할 뿐이다. 《고려사》 악지의 산사 중에서 작자가 밝혀진 것을 정리하면 다음의 〈표 7〉과 같다.[69]

〈표 7〉 《고려사》 악지에 전하는 송사의 작자

송사의 명칭	송사의 작자 및 비고
낙 양 춘	歐陽修(1000~1072)
월화청만	고려말 무명씨 작품
전화지령	柳永(1045년 전후인)
감황은령 제1수	趙企(약 1063~1120) 제2수도 趙企의 작품 추측
하운봉만	柳 永
취봉래만	柳 永
황하청만	晁端禮(1122년 전후인)
경 배 악	柳 永
금전락만 제2수	蘇軾(1036~1101)
제대춘만	李甲(1098년 전후인)
화심동만 제2수	阮逸(1052년 전후인)의 딸. 제1수도 동일인 작품 추측
우림령만	柳 永
낭도사령	柳 永
어가행령	柳 永
소 년 유	晏殊(991~1055)의 소년유사의 전단.

68) 車柱環, 위의 책, 76쪽.
69) 車柱環, 위의 책, 34~35쪽.

송사의 작자로 밝혀진 구양수·유영·소식·안수·조단례·조기·이갑·완일은 대개가 12세기 이전의 사람들이듯이, 《고려사》 악지의 송사 곧 당악곡은 12세기 전후에 고려조정에 소개되었을 것이다. 그 시기에 소개된 송사들은 대부분 가사만이 전하지만, 낙양춘은 가사와 음악이 함께 전하기 때문에 송사의 음악적 특징이 대략적으로나마 드러났다.[70]

나. 고려시대의 당악기

《三國史記》 악지에는 통일신라의 音聲署에서 연주된 당악기가 拍板과 大鼓 둘뿐이었고, 고고학자료로 보면, 당비파·당피리·박 세 가지였다.[71] 통일신라의 이러한 당악기들이 고려 초기의 대악서에 어떻게 전승되었는지는 문헌적 근거가 없어 분명하지 않다. 그러나 광종 때 당악기와 악공을 중국에 구했다는 기록에[72] 따르면, 송나라의 악기들이 10세기 후반에 고려조정에 소개되었음이 분명하다. 문종 27년(1073)에는 포구락 등의 당악정재가 연주되었고,[73] 곧 이어 당악기를 가르친 악사의 녹봉이 규정되었으며[74] 송의 神宗이 박판·적·피리를 고려조정에 보냈다는[75] 사실은 11세기에는 당악기가 널리 연주되었음을 입증한다. 따라서 《고려사》 악지에 실려 있는 당악기들은 11세기부터 널리 사용되었다고 보면 무난하다.

즉 방향·장고·교방고·박은 타악기에 들며, 현악기는 (당)비파·아쟁·대쟁 이상 세 종류이고, 퉁소·적·피리는 관악기에 든다. 이 10종의 당악기 중에서 관악기와 타악기는 주로 송의 교방악 곧 당악정재의 반주음악에 사용되었다. 비록 《고려사》가 조선 초기에 편찬되었지만, 이 10종의 당악기들은 11세기부터 고려의 왕립음악기관에서 수용되었던 악기들로서 당악의 발전에 크게 이바지하였다.

송나라 속악기의 하나였던 방향은 늦어도 문종 30년에 고려조정에 소개

---

70) 李惠求, 〈낙양춘고〉(《韓國音樂序說》, 서울大 出版部, 1967), 77~115쪽.
71) 宋芳松, 앞의 책, 121~138쪽.
72) 《太宗實錄》 권 22, 태종 11년 12월 신축.
73) 《高麗史》 권 71, 志 25, 樂 2, 用俗樂節要.
74) 《高麗史》 권 80, 志 34, 食貨 3, 祿俸 太樂管絃房.
75) 《高麗史》 권 9, 世家 9, 문종 32년 6월 정묘.

되어 당악정재의 반주악기로 사용되었다. 그러나 예종 9년(1114) 철방향 다섯 틀과 석방향 다섯 틀이 安稷崇에 의해서 고려조정에 소개되었는데,[76] 그것은 대성아악에서 연주된 아악기였고 잔치 때 연주되던 당악기가 아니었다. 현행 양악기의 실로폰처럼 나무틀에 두 줄로 16장의 철판을 매달아 놓은 방향은 《악학궤범》의 방향과[77] 구조적으로 같았다.

타악기의 일종인 장고·교방고·박 중에서 장고와 박은 향악기로도 사용되었던 것은 앞의 항목에서 언급하였다. 여섯 매의 나무판으로 만든 박은 통일신라 때부터 사용된 당악기의 하나였다. 잘룩한 몸통으로 만든 장고는 고려 전기의 향악에서 腰鼓 대신에 연주되었는데[78] 당악의 연주에서도 중요한 타악기로 사용되었다. 교방고는 네 다리로 만든 나무틀에 큰 북을 매달아 놓고서 북의 윗쪽을 두드려서 연주하는 타악기의 일종이었는데,[79] 주로 정재공연 때 사용되었다.

세로 잡고 부는 퉁소는 《악학궤범》에서도 당악기의 하나로 분류되었는데,[80] 여덟 구멍 중 지공은 여섯 구멍이고 두 구멍은 虛孔이었다. 젓대처럼 가로 잡고 부는 적은 《악학궤범》에서 당적이라고 했는데,[81] 여덟 구멍 중에 취구가 하나이고 지공이 일곱 개였다. 《악학궤범》에 당피리로 적힌 피리는 향피리처럼 세로 잡고 부는 관악기인데,[82] 여덟 개의 지공 중 하나는 뒤에 뚫렸고 나머지는 앞에 뚫렸다.

네 줄로 된 비파는 《악학궤범》의 당비파 도설에[83] 의하면 굽은 목을 지니고 있어서 곧은 목의 향비파와 외관상으로 구별되었는데, 이 당비파는 늦어도 문종 30년에 고려의 왕립음악기관에서 연주되었다. 일곱 줄의 아쟁과 열다섯 줄의 대쟁은 모두 가야금처럼 가로 뉘어놓고 연주하는 현악기인데, 《악학궤범》의 도설처럼[84] 조선 전기의 아쟁 및 대쟁과 같았다.

---

76) 《高麗史》 권 70, 志 24, 樂 1.
77) 《樂學軌範》 권 7, 唐部樂器圖說 方響.
78) 《樂學軌範》 권 7, 唐部樂器圖說 杖鼓.
79) 《樂學軌範》 권 7, 唐部樂器圖說 教坊鼓.
80) 《樂學軌範》 권 7, 唐部樂器圖說 洞簫.
81) 《樂學軌範》 권 7, 唐部樂器圖說 唐笛.
82) 《樂學軌範》 권 7, 唐部樂器圖說 唐觱篥.
83) 《樂學軌範》 권 7, 唐部樂器圖說 唐琵琶.
84) 《樂學軌範》 권 7, 唐部樂器圖說 大箏·牙箏.

《고려사》 악지에 전하는 10종의 당악기 이외, 《고려사》에 산견되는 당악기로 생·오현금·쌍현금·대고·箎·簫·塤이 있는데, 이 당악기들은 모두 예종 9년(1114) 송의 徽宗이 고려조정에 보낸 새 당악기였다.[85] 《고려사》 食貨志에 笙業師의 녹봉이 규정된 것을 보면, 문종 30년 생은 당악기의 하나로 연주되었음이 분명한데,[86] 고려 후기에 이르러 생은 당악기에서 제외되었다.

4) 대성아악의 등장과 그 향방

고려왕조의 건국 이래 송은 대외관계에서 정치적으로 뿐만 아니라, 문화교류와 교역관계에서도 중요한 국가였다. 음악사적 관점에서 보아 송나라 교방악사의 파견 및 교방악의 등장, 그리고 12세기 초 송나라 新樂과 大晟雅樂의 등장은 양국 문화교류의 대표적인 실례였다. 그런데 10세기 이후 고려의 대외관계는 송나라로 한정될 수는 없었고, 거란족의 요와 여진족의 금과도 외교관계를 맺지 않으면 안되었다. 송의 휘종이 예종 때에 신악을, 또 대성아악을 고려조정에 보낸 사실은 단순한 문화교류의 차원을 넘은 정치적 배려에서 나온 결과였다.[87]

대성아악의 등장은 고려음악사를 새로운 방향으로 전개시키는데 결정적으로 이바지했기 때문에, 음악사적 관점에서 보아 중요한 사건이었다. 고려왕조의 건국 이래 음악사의 주류는 향악과 당악이었지만, 12세기부터는 대성아악의 새 물줄기가 고려음악사의 주류에 합류되었기 때문이다. 송의 교방악과 사악이 당악의 물줄기를 풍부하게 만들어 주었듯이, 아악의 새 물줄기는 고려음악사의 흐름을 새로운 차원으로 발전시켰다.

---

85) 《高麗史》 권 70, 志 24, 樂 1.

86) 《高麗史》 권 80, 志 34, 食貨 3, 祿俸 太樂管絃房.

87) Keith L. Pratt, Music as a Factors in Sung-Koryo Diplomatic Relations, 1069～1126, *T'oung Pao(1976), Vol. 62, Nos. 4/5*, pp.199～218.
——, Some Aspects of diplomatic and Cultural Exchange between Korea and Nothern Sung China(《張師勛博士回甲紀念東洋音樂論叢》, 한국국악학회, 1977, 313～324쪽.

(1) 대성아악의 아악기와 악현

大晟樂 또는 大晟新樂이라고도 불린 대성아악의 명칭은[88] 송의 휘종(1101~1125) 때 왕립음악기관이었던 大晟府에서 새로 제정한 아악에서 유래되었다. 대성악은 대성부의 아악 곧 대성아악 또는 대성부의 신악인 대성신악의 준말이지만, 예종 11년에 고려조정에 소개된 이후로 대성아악이라는 명칭이 주로 사용되었다. 그런데 12세기 초 고려조정에 소개된 대성아악의 아악이란 명칭은 조선 초기에 복원된 아악과 의미상 구별되어야 마땅하다.

가. 아악기의 등장

예종 9년 고려사신 안직숭이 송을 방문했을 때, 휘종이 준 공후·박판·방향·비파·장고·쟁·적·피리 등의 신악기와 악보 및 指決圖를 가지고 귀국하였다.[89] 고려는 송의 신악기에 대한 고마움을 표시하기 위해서 賀禮使 王字之와 文公美를 송나라에 파견했을 때, 휘종은 답례로 대성부에서 새로 만든 아악기를 하례사에게 가지고 귀국하도록 하였다. 그런데 그 때가 예종 11년 6월이었으므로,[90] 대성아악의 수입연대는 예종 11년이었다.

대성아악을 위한 아악기는 크게 두 부류로 구분될 수 있다. 하나는 댓돌 위에 펼쳐 놓고서 연주하는 登歌악기였고, 다른 하나는 댓돌 아래의 뜰에 나열해서 연주하는 軒架악기였다. 등가악기는 편종·편경·일현금·삼현금·오현금·칠현금·구현금·슬·지·적·소·巢笙·和笙·훈·博拊·柷·敔 등 17종이었고, 헌가악기는 편종·편경·일현금·삼현금·오현금·칠현금·구현금·슬·지·적·소·소생·화생·우생·훈·박부·晋鼓·立鼓·축·어 등 20종이었다.[91]

대성아악의 등가악기와 헌가악기를 《악학궤범》의 아악기와 비교하면, 특종·특경·관·절고가 대성아악기에는 없다. 그러나 여덟 가지의 악기재료로

88) 宋芳松, 《韓國古代音樂史硏究》(一志社, 1985), 333~389쪽.
89) 《高麗史》 권 70, 志 24, 樂 1, 雅樂 宋新賜樂器.
90) 《高麗史》 권 70, 志 24, 樂 1, 雅樂 有司攝事登歌軒架.
91) 《高麗史》 권 70, 志 24, 樂 1, 雅樂 登歌樂器.

만든 八音이 등가악기와 헌가악기에 구비되었기 때문에, 대성아악은 완전한 아악의 편제를 갖추었다고 할 수 있다. 아악의 공연에는 아악기의 구비 이외에 佾舞에 사용되는 籥과 翟, 干과 戈 등의 舞具, 또 舞衣와 樂服 같은 의관, 그리고 麾幡 같은 의물의 구비도 필수적이었다.

나. 아악의 악현과 연주절차

궁중의식을 거행할 때 일정한 규칙에 따라서 악기를 배열하는 것을 樂懸이라고 한다. 댓돌 위에 아악기를 배열하는 것을 등가악현이라고 하고, 댓돌 아래의 뜰에 아악기를 배치하는 것을 헌가악현이라고 부른다. 악현의 규모는 임금이 친히 참석해서 제사를 올릴 때와 그렇지 않을 때가 다르다. 고려시대 국왕이 친히 태묘에서 지내는 제사에 참석했을 때의 등가악현과 헌가악현은 다음의 〈표 8〉 및 〈표 9〉과 같다.

〈표 8〉 국왕 태묘제사 참석 때 등가악현 일람표[92]

협률랑												
박부												박부
				가동				가동				
				가동				가동				
		어							축			
	옥경					악정				금종		
		슬		구현금	칠현금	오현금	삼현금	일현금	슬			
												계단 위
												계단 아래
화생	소생	지	적	적	적	적	지	소생	화생			
	소			훈	훈			소				

92) 《高麗史》 권 70, 志 24, 樂 1, 雅樂 親祠登歌軒架 登歌.

〈표 9〉 국왕 태묘제사 참석 때 헌가악현[93]

협률랑

	편경 편종 편경		편종 편경 편종	
	가 가 가	악정	가 가 가	
	가 가 가		가 가 가	
편종	슬 슬 슬 슬 슬 슬 슬 어		축 슬 슬 슬 슬 슬 슬 슬	편경
	일현금 일현금 일현금 일현금		일현금 일현금 일현금	
	삼현금 삼현금 삼현금 삼현금 삼현금		삼현금 삼현금 삼현금 삼현금 삼현금	
편경	오현금 오현금 오현금 오현금 오현금 오현금		오현금 오현금 오현금 오현금 오현금 오현금	편종
편종	칠현금 칠현금 칠현금 칠현금 칠현금 칠현금 칠현금		칠현금 칠현금 칠현금 칠현금 칠현금 칠현금 칠현금	편경
	구현금 구현금 구현금 구현금 구현금 구현금 구현금		구현금 구현금 구현금 구현금 구현금 구현금 구현금	
편경	소생 소생 소생 소생 소생 소생 소생	진고	소생 소생 소생 소생 소생 소생 소생	편종
	소 소 소 소 소 소 소		소 소 소 소 소 소 소	
편종	우생 우생 우생 우생 우생 우생		우생 우생 우생 우생 우생 우생	편경
	지 지 지 지 지 지 지 지		지 지 지 지 지 지 지 지	
편경	훈 훈 훈 훈 훈 훈 훈		훈 훈 훈 훈 훈 훈 훈	편종
	적 적 적 적 적 적 적		적 적 적 적 적 적 적	
입고				입고

국왕 대신에 신하가 태묘의 제사에 참석할 때에는 등가악현과 헌가악현이 〈표 8〉과 〈표 9〉에서 보다 규모가 훨씬 작아진다. 즉 등가악현에서 歌工의 수가 6명에서 2명으로 줄고, 4개의 적이 2개로 감소된다. 헌가악현의 경우에 아홉 틀의 편종과 편경이 세 틀로 줄고, 12명의 가공이 4명으로 줄며, 14개의 슬이 4개로 각각 감소된다.[94]

---

93) 《高麗史》 권 70, 志 24, 樂 1, 雅樂 親祠登歌軒架 軒架.

94) 《高麗史》 권 70, 志 24, 樂 1, 雅樂 有司攝事登歌軒架.

원구·사직·태묘·선농·선잠·문선왕묘의 제례의식절차는 대체로 서로 비슷한데, 모두 11가지의 절차로 구성되었다. 첫째 절차는 국왕이 제단에 들어와 손을 씻는 罍洗 또는 盥洗, 둘째는 제사를 받드는 신을 맞이하는 迎神, 셋째는 제단 위에 귀한 폐백을 차리는 奠幣, 넷째는 제물을 제단에 올리는 進饌 또는 進俎, 다섯째는 첫째 술잔을 올리는 初獻, 여섯째는 제사음식을 드리는 飮福, 일곱째는 둘째 술잔을 올리는 亞獻, 여덟째는 셋째 술잔을 올리는 終獻, 아홉째는 제단의 제물을 들어내는 徹籩豆, 열째는 신을 보내는 送神, 열한째는 제문을 불태우는 望燎이다.

국왕이 직접 참석하는 제향은 원구와 태묘뿐이었고, 그 나머지 제향에는 참석하지 않았다. 그러므로 사직·문선왕묘·선농·선잠의 제례의식에서 첫째 절차인 뇌세 또는 관세가 빠졌다. 헌가악이 연주되는 의식절차는 뇌세·영신·진조·아헌·종헌·송신·망료, 이상 일곱 절차였고, 등가악이 연주되는 의식절차는 전폐·초헌·음복·철변두 이상 네 절차였다.

제향의 의식절차에 따른 등가악과 헌가악의 연주절차는 원구·사직·태묘·선농·선잠·문선왕묘 모두가 대체로 같았지만, 연주곡명은 서로 달랐다. 태묘의 경우에 뇌세절차에서는 定安之曲이, 영신에서는 興安之曲이, 전폐에서는 順安之曲이, 철변두에서는 恭安之曲이, 송신에서는 永安之曲이 각각 헌가와 등가에서 연주되었다.95)

〈표 10〉 국왕 태묘 참석 때 연주 아악곡

절 차	주 악	아악곡명	악곡의 중심음	일 무	비 고
뇌 세	헌 가	정안지곡	무역궁		
영 신	헌 가	홍안지곡	황종궁 3성 대려 태주 응종 각 2성		
관 창	등 가	순안지곡	협종궁		
진 조	헌 가	풍안지곡		문 무	
초 헌	등 가	제실지곡	무역궁	문 무	헌가에서 崇安之曲
음 복	등 가	희안지곡		교 체	
아 헌	헌 가	무안지곡	무역궁	무 무	
종 헌	헌 가	무안지곡	무역궁		
철변두	등 가	공안지곡	협종궁		
송 신	헌 가	영안지곡	황종궁		

95) 《高麗史》 권 60, 志 14, 禮 2, 吉禮大祀 太廟·권 61, 志 15, 禮 3, 太廟 및 권 70, 志 24, 樂 1, 雅樂 登歌軒架樂迭奏節度.

윗 〈표 10〉의 태묘 초헌절차에서 諸室之曲이란 종묘의 각 실에 모신 역대 국왕의 樂章을 의미한다. 각 실의 악장은 한문으로 된 4언절구의 8구로 구성되었는데, 각 악장의 내용은 역대 국왕의 치적을 찬양한 것이다.

대성아악이 소개되었던 예종 11년에 제정된 태묘악장은 正聲과 中聲이 구별되었지만, 14세기 중엽부터는 정성과 중성의 구별이 없어졌다. 공민왕 12년(1363) 5월에 9실의 신주를 태묘에 다시 모시고 새로 지은 악장의 일부가 태조 제1실의 악장인데, 정성과 중성의 구별이 없다.

(2) 대성아악의 역사적 변천

태묘악장의 정성과 중성이라는 구분이 공민왕 12년 당시에는 없어지는 변천과정을 거쳤듯이, 대성아악도 수용과정에서 변천을 거치지 않을 수 없었다. 대성아악의 역사적 변천은 태묘의 제향에서 뿐만 아니라, 원구·사직 등의 제향에서도 있었다.

《고려사》의 기록에 의하면,[96] 첫째 명종 18년(1188) 당시 대악서와 관현방 소속의 악공들이 음악연주에 전념할 수 없는 형편이었고, 둘째 의종 15년(1161) 고려의 유신과 그릇된 악사들이 멋대로 아악연주의 순서를 바꾸었을 뿐 아니라 佾舞의 舞具 숫자를 변경시켰다. 셋째로 예종 11년 대성아악을 수입할 때 아악기와 의물만이 전해졌을 뿐이었고 아악기의 연주법이 고려의 악공들에게 전수되지 않았기 때문에, 승지 徐溫이 송에서 연주법을 익혀와 고려 악공들에게 가르쳤다.

특히 대성아악이 변천할 수밖에 없었던 이유는 셋째 사실에서 찾아져야 마땅하다. 편종과 편경을 포함한 수 십 종의 아악기 연주법이 고려 악공들에게 전수되지 못한 형편에서 대성아악의 연주가 제대로 고려조정에서 이루어질 수 없었다. 따라서 고려의 유신과 악사들이 의종 때 멋대로 아악연주의 순서를 바꾸었다는 사실도 그런 관점에서 당연한 일이 아닐 수 없었다.

태묘를 위시한 궁중제향에서 등가와 헌가의 연주절차가 확정된 시기는 의종(1147~1170) 때였지만,[97] 명종 18년에 이르렀을 적에 벌써 많은 변천이 있

96) 《高麗史》 권 70, 志 24, 樂 1, 雅樂 軒架樂獨奏節度.

97) 李惠求, 〈고려대성악의 변천〉(《韓國音樂序說》, 서울大 出版部, 1966), 149쪽.

었다. 그 이전의 것과 비교해서 바뀐 것은 첫째로 아악기의 八音 중에 금과 슬 그리고 훈과 부가 없었고, 둘째로 晋鼓가 새로 사용되었으며, 셋째로 제향절차 가운데 아헌과 종헌에서 향악이 연주되었고, 넷째로 박부가 진고와 함께 일무의 춤반주에 사용되었다는 점 등이다.

대성아악이 고려조정에 수용되는 과정에서 우리의 주목을 끄는 점은 셋째 사실에서 발견된다. 왜냐하면 궁중제향의 모든 절차에서 아악 일색일 수 없었고, 향악이 아헌과 종헌의 절차에서 연주되는 역사적 변천이 있었기 때문이다. 다시 말해서 대성아악이 수용된 후 보존 차원에서 전승만을 일삼았던 것이 아니라 고려문신들에 의해서 자주적 입장에서 고려의 사정에 알맞게 고쳐졌다는 사실은 고려음악사에서 과소평가될 수 없다.

그러나 대성아악의 변천에는 국내의 이러한 사정 이외에 대외적 요인도 크게 작용했다. 바로 고종 이후 고려조정에 미친 몽고의 정치적 압력은 대성아악의 변천에 결정적 요인의 하나로 작용하였다. 강화도로 천도한 후, 왕립음악기관의 악공과 아악기가 제대로 옮겨졌거나 또 제례음악이 개성에서처럼 때마다 거행되기 어려웠기 때문에, 대성아악의 변천은 더욱 가속화되었다. 공민왕 때 대악서의 명칭이 여러 차례 개칭되는 소용돌이 속에서 홍건적의 침입으로 인하여, 대성아악의 전통은 파탄의 지경에 이르렀다. 더욱이 공민왕 19년 명 태조가 하사한 새로운 아악기를 태묘에서 사용한 사실은[98] 대성아악의 변천을 더욱 가속화시켰다. 고려조정에서 사용한 아악기는 모두가 송에서 보낸 것들이었음을 상기할 때, 명의 아악기는 송의 아악기와 음율적으로 조화될 수 없었다. 왜냐하면 음율의 기본인 황종율관은 왕조가 바뀔 때마다 새로 제정되었기 때문이다. 따라서 명과 송의 아악기가 조화를 이룰 수 없었고, 이것이 대성아악의 변천을 일으킨 결정적 요인의 하나였다.

그러므로 14세기 무렵에 이르러 대성아악의 전통은 사실상 혼란에 빠지지 않을 수 없었고, 이러한 아악의 혼란을 바로잡기 위해서 고려조정은 공양왕 원년(1389) 樂學을 설립했고, 또 동왕 3년 雅樂署를 설립했다. 그러나 음악을 이론적으로 연구하는 악학 및 종묘의 악가를 익히기 위해서 설립된 아악서

98) 《高麗史》 권 70, 志 24, 樂 1, 雅樂 軒架樂獨奏節度.

는 대성아악의 변천이라는 대세를 바로잡지 못했고, 고려의 멸망과 함께 조선의 음악기관으로 전승될 수밖에 없었다.

5) 고취악과 기악

고려음악사의 주류는 향악·당악·아악의 세 갈래로 형성되었다. 이 세 갈래의 음악문화 이외에 고려의 귀족사회에서 연주되었던 작은 갈래의 음악문화가 있었으니, 鼓吹樂과 伎樂이 바로 그것이다. 고취악은 타악기와 관악기 중심의 음악으로서 주로 행진계통의 음악이었고, 기악은 궁중 밖의 공연예술과 관련된 음악문화를 뜻한다.

고려의 고취악은 통일신라의 전통을 전승한 것이지만, 그 유래는 삼국시대의 고취악에서 찾아져야 한다. 고려 고취악의 역사와 관련된 흔적이 삼국시대의 고고학자료 및 문헌사료에서 발견되기 때문이다.[99] 단지 고취악이 삼국시대 음악의 주류를 형성하지 못했다는 이유 때문에 관심을 끌지 못했지만, 고려왕조에 이르러 고취악은 차츰 작은 물줄기를 형성하여 음악사의 주류에 동참하기 시작했다.

(1) 고취악과 연주형태

고려조정에서 고취악이 연주된 경우는 크게 두 갈래로 구분할 수 있다. 하나는 공식적 궁중의식이고, 다른 하나는 임금의 행차와 관련된 鹵簿와 衛仗의식이다. 먼저 궁중의식을 살펴보면 첫째 국왕이 원구·선농·태묘의 제향에 참석하고 난 이후에 환궁할 때, 둘째 중국의 조서를 받을 때, 셋째 원자의 탄생을 알리는 국왕의 조서를 내릴 때, 넷째 왕태자비를 들이는 조서를 내릴 때, 다섯째 공주를 시집보내려고 조서를 내릴 때 등에는 고취악을 꼭 연주하였다. 이러한 공식적인 행사 이외에도 고취악은 노인을 위한 잔치를 베풀 때, 죄인을 사면할 때, 출정했던 군대가 개선할 때에도 연주되었다. 개선하는 군사를 국왕이 맞이할 때 고취악이 연주된 경우를 보면, 원수는 자기

99) 《三國史記》 권 24, 百濟本紀 2, 고이왕 5년 정월 및 권 43, 列傳 3, 金庾信 하.

兵衛의 고취악대를 이끌고 개선악을 울리면서 좌우 2부로 나뉘어 차례로 진열하고 고취악을 연주했는데, 광화문에 이르러 그쳤다고[100] 한다.

국왕이 수레를 타고 거둥할 때 갖추는 일정한 의식을 위장 또는 노부라고 하는데, 의종 때 제정된 노부의식과 위장의식은 의식의 성격이나 규모에 따라서 여러 종류로 구분되었다. 가장 큰 규모의 의식이 八關위장이었고, 연등회에 참석하기 위한 위장을 燃燈위장이라 불렀으며, 평상시의 행차를 위한 위장을 法駕위장이라고 했다. 노부의식도 성격에 따라서 법가노부·연등노부·팔관노부·宣赦노부 등으로 구분되었다. 법가위장의 경우 어가의 앞에 吹角군사 20명이 따랐고, 뒤에 吹螺군사 24명이 따르면서 고취악을 연주했다.[101] 연등위장에서는 취각군사 16명과 취라군사 24명이 따랐고, 팔관위장에서는 취각군사 30명과 취라군사 30명이 따랐다.[102] 위장의식에 참여한 취각군사나 취라군사는 나각이나 나발과 같은 관악기를 연주했던 군인이었지, 왕립음악기관의 악공이 아니었다. 취각군사와 취라군사의 고취전통은《악학궤범》에 의하면 전부고취와 후부고취로 전승되었다.[103]

노부의식에서 연주된 고취악은 위장이식의 것과 약간 달랐으나, 행악계통의 음악인 점에서는 서로 공통적이었다. 법가노부의 경우에, 金鉦 10개·掆鼓 10개·鼗鼓 20개 등 40개의 타악기가 포함되었는데,[104] 이러한 타악기를 연주한 사람은 위장의식에서처럼 악공이 아닌 군인들이었다. 팔관노부에서는 도고 20개·강고 10개 이외에 취각군사 10명이 포함되었기 때문에,[105] 팔관노부의 고취악에서는 관악기와 타악기가 함께 연주되었다.

(2) 기악과 잡기

고려사회에 뿌리를 두고 성장한 공연예술의 작은 갈래가 있었으니, 그것이 바로 伎樂과 雜技였다. 문헌에서 기악은 주로 歌舞雜戲 또는 기악잡희로 기록되

---

100)《高麗史》권 70, 志 24, 樂 1, 雅樂 用鼓吹樂節度.
101)《高麗史》권 72, 志 26, 輿服 儀衛 凡法駕衛仗.
102)《高麗史》권 72, 志 26, 輿服 儀衛 上元燃燈.
103)《樂學軌範》권 2, 俗樂陳設圖說 前部鼓吹·後部鼓吹.
104)《高麗史》권 72, 志 26, 輿服 鹵簿 法駕鹵簿.
105)《高麗史》권 72, 志 26, 輿服 仲冬八關會.

었고, 잡기는 雜劇伎·가무잡희·가무잡기·백희가무 등으로 불리었다.[106] 여러 명칭들이 시사하듯이, 기악과 잡기는 노래·춤·음악·재주 등의 종합적 형태의 놀이였기 때문에, 예로부터 중요시되지 않을 수 없었던 공연예술의 한 갈래였다. 고려시대 기악과 잡기의 공연예술에 관한 李穡의 시는 우리의 주목을 끌기에 충분하다.

> 오색의 비단으로 장식한 산대의 모양은 봉래산과 같고 바다에서 온 선인이 과일을 드린다. 속악을 울리는 북과 징 소리는 천지를 진동하고 처용의 소맷자락은 바람에 휘날린다. 백희의 하나인 기예곡예로 긴 장대 위에서는 평지와 같이 재주를 부리고 폭발하는 불꽃이 번개처럼 번쩍인다(李穡,《牧隱詩藁》권 33, 詩 自東大門至闕門前山臺雜劇前所未見也).

이 시를 통해 당악정재의 하나인 獻仙桃, 향악의 반주에 맞추어 춤추는 處容舞가 공연되었으며, 줄타기·불꽃놀이 등의 재주가 종목의 하나였음을 알 수 있는데, 고려사회의 가무백희는 이러한 공연종목으로 구성되어 있었다.

가. 기악과 잡기의 전통

고려사회에서 공연된 기악과 잡기의 전통은 고취악의 경우처럼 삼국시대의 공연예술에 뿌리를 두었다. 백제사람 味摩之가 일본에 전해준 伎樂이 탈춤놀이의 한 형태였으며,[107] 국선의 가무백희와 관련된 팔관회가 신라의 전통에서 유래되었다. 백제의 탈춤이나 신라의 팔관회가 통일신라 때도 수용되어 새로운 가무전통의 한 갈래로 발전하였다가, 그 전통이 다시 고려의 가무백희로 이어졌다. 인종 원년(1123) 당시 고려의 백희연주자가 수백명으로 모두가 민첩했다고[108] 한다.

고려조정의 궁중의식과 관련 아래 기악과 잡기가 공연된 경우는 세 갈래로 구분될 수 있다. 첫째는 嘉禮인 팔관회와 연등회였고, 둘째는 凶禮인 儺禮의식이었으며, 셋째는 기타의 궁중의식이었다. 국선이 가무백희로 용신을 즐겁

106) 宋芳松, 앞의 책(1985), 333~389쪽.
107) 李惠求,《韓國音樂硏究》(國民音樂硏究會, 1957), 315쪽.
108) 徐 兢,《高麗圖經》권 40, 同文 樂律.

게 하여 복을 비는 팔관회가 신라의 전통에서 유래되었으므로, 고려의 가무백희는 팔관회의 국선과 밀접한 관계를 지니고 있었다. 성종연간 당시에 사선악부가 잡기로 천시되었기 때문에[109] 팔관회의 가무백희는 국선에 의해서 공연될 수 없었고, 세속인에 의해서 공연되었다. 따라서 고려의 기악과 잡기는 11세기경부터 민간연예인들에 의해서 세속화의 과정을 거쳐서 이루어진 공연예술이었다.

2월에 등불을 밝히고 임금과 백성이 가무로 나라의 태평과 안녕을 기원하던 불교행사의 하나가 연등회였는데, 연등회에서 가무백희의 역할은 매우 중요했다. 연등회의 가무백희는 왕립음악기관에 소속된 敎坊舞隊의 춤과 함께 공연되었다.[110] 불교행사와 관련된 가무백희는 연등회와 같은 국가적 규모의 행사 이외에 절의 낙성식 때에도 공연되었다.[111]

섣달 그믐에 가면을 쓰고 나쁜 귀신을 쫓아내는 궁중의식이 나례인데, 나례의식 끝에 삽입되는 놀이판에서 가무백희가 공연되었다. 예종 때 冬季大儺儀에서 잡기가 倡優에 의해서 공연되었는데,[112] 창우의 숫자로 보아 아주 큰 규모의 나례의식이었다. 고려의 잡기는 팔관회·연등회·나례의식 이외에 다음과 같은 경우에도 공연되었다.

고려의 잡기는 위장의식에서도 필수적이었다. 법가위장의 경우를 실례로 들면, 중앙아시아의 복카라(Bokhara)지방의 기악인 安國伎, 몽고지방의 기악 곧 高昌伎, 인도의 天竺伎와 같은 외국의 기악이 공연되었다.[113] 연등위장에서도 안국기와 잡기가 공연되었다.[114]

나. 잡기의 창우와 경시서의 여기

팔관회·연등회·나례·위장의식과 관련된 고려의 기악과 잡기는 왕립음악기관의 악공과 여기보다도 민간예능인으로 알려진 창우들에 의해서 공연되었다. 궁중에서의 음악과 춤은 왕립음악기관의 악공이나 여기들에 의해서

109) 李惠求, 《韓國音樂序說》(서울大 出版部, 1967), 296쪽.
110) 《高麗史》 권 69, 志 23, 禮 11, 嘉禮雜儀 上元燃燈會儀.
111) 李惠求, 앞의 책(1957), 315쪽.
112) 《高麗史》 권 64, 志 18, 禮 6, 季冬大儺儀.
113) 《高麗史》 권 72, 志 26, 輿服 儀衛.
114) 《高麗史》 권 72, 志 26, 輿服 儀衛 上元燃燈.

공연되었을 것이겠지만, 줄타기·땅재주·불꽃놀이 등과 같은 곡예나 놀이의 공연은 전문적인 예능인들의 몫이었다. 기악과 잡기의 연예인 창우는 倡妓(또는 娼妓)·優人·禾尺才人 등 여러 명칭으로 불렸다.[115)]

고려사회에서 창우는 천인 출신의 낮은 계층에 속했다. 《鷄林類事》에 의하면, 창이란 水作 즉 무자리인 水尺을 의미했는데, 수척은 楊水尺을 가리켰고, 양수척은 백제 때부터 떠돌이생활의 柳器匠과 창우를 업으로 삼은 사람들이었다.[116)] 고려시대 가무백희의 주인공 창우들은 주로 왕족 중심의 귀족사회를 상대로 공연활동을 전개했지만, 백성을 상대로 공연활동의 범위를 차츰 넓혀가기 시작하였다.

시장의 상거래를 관장했던 京市署에 많은 女妓들이 소속되어 있었는데, 이 여기들의 임무는 주로 해상무역의 종사자들을 상대로 벌린 가무활동이었다. 고려의 대외무역활동은 예성강의 하류에 있는 碧瀾渡를 중심으로 이루어졌지만, 외래상인들은 주로 개경에 머물렀기 때문에, 그들을 상대로 벌린 연예활동도 개경에서 이루어졌다. 경시서의 여기들이 그런 연예활동의 주인공들이었는데, 인종 원년 당시 경시서 소속의 여기는 모두 300명이었다.[117)] 그러므로 그들은 궁중을 중심으로 활동했던 대악서의 여기 260명이나 관현방 소속의 여기 170명과는 공연활동의 성격상으로 서로 구분되었다.

창우의 기악과 잡희 그리고 여기들의 가무활동은 고려 말기에 이르면서 그 물줄기의 폭을 넓혀 나갔다. 원나라의 절대적 영향력 아래서 그들의 춤과 노래인 胡舞와 胡笳를 포함한 胡樂이 개경에서 성행하였고, 또 원나라의 공연예술인 胡漢雜戲도 창우의 가무백희에 제외될 수 없었다.[118)] 호악과 호한잡희와 같은 외래공연예술은 고려 후기의 창우나 여기들에 의해서 수용되었고, 그것은 고려 후기에 이르러 가무백희의 발전에 이바지하게 되었다

〈宋芳松〉

115) 宋芳松, 앞의 책(1985), 333~389쪽 참조.
116) 《高麗史》 권 129, 列傳 42, 崔忠獻.
117) 徐 兢, 《高麗圖經》 권 40, 同文 樂律.
118) 宋芳松, 앞의 책(1985), 333~389쪽 참조.

7. 무용과 연극

1) 산대잡극

(1) 연등회·팔관회와 백희

고려의 수도 開城은 정치도시요 관인도시로 백성을 위한 오락장도 점포도 없고 사찰의 종소리와 독경소리만 들렸으므로 백성들의 흥겨운 분위기는 없었다. 다만 국가명절과 각종 불교행사에서 음악·가무·백희 등으로 제불과 천지신명을 즐겁게 하여 국가와 왕실의 태평을 빌었으며, 이런 국가적 행사를 통하여 군신이 함께 즐기고, 일반 백성들까지도 이를 즐길 수 있었다.

고려의 演戲文化는 4기로 나눌 수 있다. 제1기는 신라 이래의 八關會와 燃燈會 등의 불교법회 후에 민속예능이 행해지던 시기이고, 제2기는 예종 11년(1114)에 송으로부터 새로운 악기와 大晟雅樂이 수입되어 宮中舞樂의 중국양식화가 급속도로 진행되어 민중의 호흡과는 동떨어진 궁중무악이 주가 되어버린 시기이다. 제3기는 그보다 백년 뒤인 1220년대의 몽고침입에 따라 전래된 雜戲와 삼국시대 이래의 민속연예가 충렬왕(1274~1308) 무렵부터 궁중에서 연출된 시기이다. 제4기는 고려 말에 공민왕(1351~1374)이 명의 雅樂을 수입하여 제2기로 복귀함에 따라 막을 내린다.[1)]

고려시대에 행해지던 국가제전의 큰 행사로는 팔관회와 연등회를 들 수 있다. 고려속절인 元正·上元·上巳·寒食·端午·秋夕·重九·冬至·八關 등 아홉 가지 명절 중에서 상원에 행하던 연등회(나중에는 2월 연등으로 되고, 말기에는 4월 8일에 거행)는 불사에 관한 제전이요, 仲冬에 행하던 팔관회는 토속신에 대한 제전이었다. 두 행사는 그 대상이 다를 뿐 의식절차면에서 보면 다같이 小會日과 大會日이 있어 등불을 찬란히 밝히고, 綵棚을 설치하고, 주과와 음악·가무·백희로 대축연을 베풀고, 제불과 천지신명을 즐겁게 하여

1) 金東旭,《國文學史》(日新社, 1976), 98~99쪽.

국가와 왕실의 태평을 기원하는 제전이다.[2] 팔관회는 원래 불교의 八戒[3]에 기초한 행사였으나 점차 불교색채를 떠나 도교의 색채를 띤 국가행사가 되어 고구려의 「東盟」이나 부여의 「迎鼓」 등 고대의 祭天儀禮와 신라의 八關會를 통합한 민족적 수확제의 성격을 지닌 의례가 되어 갔다.[4]

본래, 國仙(花郞)이 歌舞百戱로서 龍天을 환희에 넘치게 함으로써 복을 비는 것이 팔관회의 본질이므로[5] 조선조 궁중의 驅儺에서 處容歌舞로 재앙을 물리쳤고, 지금도 민간에서 무당이 가무에 의해 굿을 하는 것과도 본질적으로 통하는 신라 이래의 仙風(國風)의 흐름이라고 할 수 있을 것이다.

태조 원년(918)에 신라의 유풍인 팔관회를 부활시켰고, 그 四仙樂部의 고사와 선풍의 취지인 天靈과 五嶽[6]과 명산·대천과 龍神을 제사지내고, 龍天을 환열케 하여 안녕을 비는 일을 계승하였으며, 선풍인 팔관회와 事佛하는 연등회를 구별하였다. 그 후로 유교주의를 취한 성종(981~997)은 이를 폐지했으나 다시 현종(1010~1031) 때부터 부활되어 국가적 연중행사로 계속되었다. 《高麗史》에 보면 팔관회의 최성기는 靖宗(1035~1046)에서 의종(1147~1170)에 이르는 130년간이고, 명종(1171~1197)에서 고종(1214~1259)까지의 90년간은 쇠퇴기이며, 원종(1260~1274) 이후를 종말기라고 볼 수 있다. 공양왕 3년(1391) 2월에는 고려 최후의 팔관회가 거행되지만, 의종 때 이미 신라 팔관회의 위풍인 국선(화랑)은 없어지고, 세속인인 귀족이나 가산이 풍족한 집의 자제들이 이를 대행하게 되어 종교적 제례에서 세속인의 백희를 수반하는 의식으로 변모하여 차차 세속화되어 갔다.

그러면 신라 이래의 팔관회와 상원의 연등회에서 놀이로 벌이던 가무백희 또는 잡희가 어떠한 내용이었던가. 신라의 가무백희가 崔致遠의 시 〈鄕樂雜詠五首〉에 5伎로 집성되어 있듯이 고려의 백희는 牧隱 李穡(1328~1396)의 시 〈山

2) 《高麗史》 권 69, 志 23, 禮 11.
3) 속세에 있으면서 佛敎를 믿는 남자(優婆塞)와 여자(優婆尼)가 지켜야 할 여덟 가지 戒行 즉 不殺生戒·不偸盜戒·不邪淫戒·不妄語戒·不飮酒戒의 5戒와 함께 不坐高大廣牀戒·不著花鬘瓔珞戒·不習歌舞戱樂戒의 3戒를 더한 八關齋戒를 말한다.
4) 三品彰英, 〈古代祭政と穀靈信仰〉(《三品彰英論文集》 5, 平凡社, 1980), 205~206쪽.
5) 李惠求, 《韓國音樂序說》(서울大 出版部, 1967), 293~296쪽.
6) 金剛山·妙香山·智異山·白頭山·三角山.

臺雜劇〉과 〈驅儺行〉에서 그 내용을 일부나마 살필 수 있다. 또 현존한 남사당패의 풍물놀이, 버나(대접돌리기), 살판(땅재주), 어름(줄타기), 덧뵈기(탈놀이), 덜미(꼭두각시놀음) 같은 고정된 공연목록에서도 조선시대를 거쳐 전해온 잡희의 잔존을 볼 수 있다. 팔관회와 연등회 그 밖의 나라의 경사에는 채붕을 설치하고 이러한 가무백희를 상연하였다.

綵棚이란 5색비단 장막을 늘어뜨린 다락으로, 나무로 단을 엮어 만든 일종의 장식무대라고 할 수 있다. 기록에는 신라 진흥왕 때 시작된 팔관회에 "두 개의 綵棚을 설치하고 百戲歌舞를 봉정하여 복을 빌었다"고[7] 하였고, 신라의 전통을 계승한 고려 태조 원년의 팔관회에는 높이가 각각 다섯 길이 넘는 두 개의 채붕을 설치하였다고[8] 하였다. 山形 또는 산과 같이 높은 채붕은 山臺라고도 불렀다. 고려시대에는 채붕이라는 말을 많이 쓴데 비하여 조선시대 문헌에는 山棚·綵棚·山臺가 함께 쓰여지고 있다. 조선조에 이르러 그 규모가 더욱 커지고 내용도 복잡해진 데서 산대라는 말을 더 많이 쓰게 된 것 같다. 그러나 《고려사》에도 이미 '山臺樂人'[9] '山臺色'[10]이란 말이 보인다. 바로 上元 燃燈會儀에서 百戲雜技를 연행하는 사람을 산대악인이라고 칭하였고, 충렬왕 5년(1279) 庭殿山臺色을 燃燈都監에 병합시켰다는 기록이 보인다. 아마도 이것은 고려왕조의 발전에 따라 신라유습이 점차로 소멸되고, 고려사회에 알맞은 새로운 형식의 등장을 말하는 것 같다. 고려 초에는 채붕이 양측에 병립되고, 각종 假作物도 진열된 가운데서 여러 가지 연희가 상연되었다. 따라서 채붕은 그 자체가 하나의 장식물일 뿐 아니라 그것을 중심으로 하여 각종의 장식 치레를 하였으므로 사치와 기이한 볼거리를 다투었다. 그리고 조선조에 이르러서는 色絲와 色紙·色布로 대문·다리·도로 등에 장식을 하고, 그것이 더욱 발전하여 奇花異草를 장식하였으며, 또 鳥獸·人物·輪車雜像 등에 이르기까지 장치를 하니 화려한 색채는 더욱 농후하게 되어 갔다.[11] 고려시대 채붕의 예를 들어보면 아래와 같다.

---

7) 《增補文獻備考》 권 107, 樂考 18 散樂.
8) 《高麗史》 권 69, 志 23, 禮 11, 仲冬八關會儀, 태조 원년 11월.
9) 《高麗史》 권 69, 志 23, 禮 11, 上元燃燈會儀.
10) 《高麗史》 권 77, 志 31, 百官 2.
11) 梁在淵, 〈山臺戲에 就하여〉(《中央大學校三十周年紀念論文集》, 1955).

> 高宗 32년 4월 8일에 (崔)怡가 燃燈으로 綵棚을 맺고 伎樂百戱를 베풀어 밤새도록 즐기니 都人의 士女들도 구경하는 자가 담과 같이 둘러섰다. 5월에 종실과 司空 이상 및 宰樞에게 향연하였는데 채붕을 맺어 산을 만들고, 비단 장막을 베풀어 휘장을 벌이고, 가운데 그네를 매어 文綉 綵花로 장식하고 큰 분 네 개를 두어 氷峯으로 채우니 분은 모두 은테를 두르고 螺鈿하였고, 큰 항아리 네 개에 名花 10여 품을 꽂아 사람의 눈을 어지럽게 하였다. 伎樂百戱를 베풀고 八坊廂工人 1,350여 인은 사람마다 모두 성장하여 뜰에 들어와 주악하니 絃歌鼓吹가 천지를 진동하였다. 怡가 8방상에 백금을 각각 3근씩 주고 또 伶官과 兩部의 伎女와 才人에게 金帛을 주니 그 비용이 鉅萬이었다(《高麗史》 권 129, 列傳 42, 崔忠獻 附 怡).

개성에는 행정구획으로 8坊廂이 있었는데 방상마다 兩部樂 즉 唐樂과 鄕樂이 소속되어 있어, 권신인 최이가 이들 공인 즉 악인들을 동원하여 연등 때 호화로운 잔치를 베푼 것을 말하고 있다.

태조 원년에 신라유습을 부활시킨 팔관회는 채붕과 輪燈·香燈과 같은 시설뿐만 아니라 팔관회에서 놀이되던 백희가무도 함께 계승한 것은 "其四仙樂部 龍鳳象馬車船 皆新羅故事"[12]라고 한 대목에서도 알 수 있다. 즉 4仙樂部는 신라의 팔관회를 계승한 고려 건국 초의 팔관회에서 국선 화랑들의 음악가무가 중요한 일부를 차지하였던 것을 말한다. 이에 대해 "4仙樂部라고 함이 역시 國仙團의 악극부, 얼른 말하자면 國家敎會專屬聖樂隊 내지 聖劇團쯤의 의미를 가지게 한 말"이라고 하여 음악대 혹은 연극단으로 유추한 견해도 있으나[13] 이것을 조선조까지 전해온 4仙舞로 본 견해도 있다.[14] 한편 李仁老의 《破閑集》에 보면 "겨울에 八關會를 열고 良家의 아이 넷을 뽑아 霓衣를 입혀 줄지어 뜰에서 춤추게 하였다"[15]고 하여 4선무가 추어진 것을

---

12) 《高麗史》 권 69, 志 23, 禮 11, 仲冬八關會儀.

13) 崔南善, 《朝鮮常識問答》(東明社, 1947), 321쪽.

14) 張師勛, 《韓國傳統舞踊硏究》(一志社, 1977), 305~380쪽에 의하면 李秉岐는 "四仙은 신라 때 수려한 山水를 찾아 다니며 학문과 마음을 닦던 永郞·述郞·安祥·南石行을 가리켜 말한다. 금강산에 舞仙臺가 있는데 이곳에서 4사람이 醉舞하였다는 전설이 있다. 이 춤은 순조 때 그 옛날 4仙이 와서 놀 만큼 태평성대라는 내용의 노래를 지어 부르며 춤춘다"고 하였다. 한편 성경린, 《한국의 무용》(세종대왕기념사업회, 1976), 81~83쪽에서도 그 견해를 따르고 있다.

15) 李仁老, 《破閑集》 권 하.

시사하고 있다. 그러나 여기서 4선악부라고 한 것은 협의의 무용만을 가리킨 것이 아니라 국선 화랑도들이 담당하였던 광의의 歌樂舞 전반을 가리킨 것으로 보아야 할 것 같다. 즉 이어서 龍鳳象馬車船이라고 한 것은 이제까지 채붕 즉 산대의 장식물로만 생각되어 왔으나 이것은 팔관회에서 연희된 散樂雜戱의 내용으로도 볼 수 있겠다. 「龍」은 용놀이로 중국의 魚龍之戱[16] (漢代 元旦에 놀던 잡희)에 비정할 수 있고, 「鳳」은 학춤과 같은 鳳凰舞일 수 있고, 「象」은 張衡의 《西京賦》에 보이는 "白象行孕"과 같은 코끼리놀이로 볼 때 龍鳳象놀이는 일종의 假面戱로 볼 수 있겠다. 「馬車」는 仙車놀이 또는 舞輪伎와 같은 놀이로 볼 수 있겠고[17] 「船」은 조선시대 말기까지 궁중연회 때 상연되던 呈才船遊樂이나 教坊諸譜에 보이는 船樂과 같은 것이 아닐까 한다.

이와 같은 잡희와 신라 이래의 劍舞·無㝵舞·處容舞·五伎 등이 5색 비단으로 장식된 높이 50여 척의 채붕에서 상연되던 정경을 생각한다면 10세기 초 신라유습을 계승하였다는 고려 팔관회나 기타의 나라잔치에서 상연되던 가무백희의 종류를 짐작할 수 있을 것 같다.

(2) 교방가무희

고려왕조는 이와 같이 팔관회와 연등회 등 큰 잔치를 축하하는 절차를 갖추기 위하여 殿庭의 백희로는 신라 이래의 여러 종목을 집성했으며, 殿上의 가무에는 문종(1046~1083) 때 송으로부터 대량으로 수입한 教坊樂[18]을 사용하여 이를 보강하였다. 《고려사》 樂志에 보이는 당악의 종목 중 가무희의 형태를 갖춘 것은 獻仙桃·壽延長·五羊仙·拋毬樂·蓮花臺·惜奴嬌曲破·萬年歡慢 같은 7종의 대곡들인데, 이 중에서 《고려사》 악지에 舞譜가 전하는 것은 헌선도·수연장·오양선·포구락·연화대의 다섯 가지이며, 이 다섯 가지는 조선시대 成俔이 편찬한 《樂學軌範》에도 時用唐樂呈才로서 그림으로

16) 《晋書》 권 23, 志 13, 樂下.
17) 張 衡, 《西京賦》.
《舊唐書》 권 26, 音樂志 2.
18) 車柱環, 《唐樂硏究 : 高麗史樂志》(汎學圖書, 1976), 12~18쪽.

해설되고, 그 진행절차가 상세하게 제시되어 있어 조선조에도 계속 연행되었음을 알 수 있다.

먼저 헌선도의 구성을 보면 "元宵嘉會에 군왕에게 慶壽하기 위해 왕모가 仙界에서 내려와 千歲靈桃를 헌상하는 간단한 것"[19]이나, 18인의 무용대로 구성되었다. 수연장은 16인으로 구성된 무대로 왕이 술마실 때의 송축을 확대시킨 가무희다. 오양선 역시 군왕을 송수하는 내용의 왕모출장의 가무로 18인의 무대로 구성되어 있다. 포구락은 연회에서 주흥을 돕기 위한 가무희의 일종으로 좌우 각 8인 2대로 갈리어 각 대에서 차례로 1인씩 나와 포구희를 하고, 좌우의 唱詞는 같지 않으므로 창은 16회, 가사는 16종이 나온다. 연화대는 西域의 한 나라인 石國(Tashkent)에서 전래된 춤으로 柘枝舞 중에서 두 童女의 對舞만을 감상할 수 있게 편성된 것으로 "竹竿子의 개장 구호에 이어 두 동녀의 가무가 시작되고, 악관의 班賀舞의 주악으로 앞을 보이기도 하다가 뒤를 보이기도 하는 對舞가 전개되는데 이 반하무는 두 번 되풀이되고 두 번째는 준비해 놓았던 蛤笠을 쓰고 춤을 춘다. 이 반하무가 끝나면 竹竿子의 遣隊致語로 퇴장하게 된다."[20] 《악학궤범》의 時用鄕樂呈才圖儀에는 鶴舞蓮花臺處容舞合設로 《고려사》 악지의 연화대 本注의 설명을 그대로 상연하기 위해서 악공들이 고안하여, 拍板의 박자에 맞추어 청·백 두 마리의 학이 미리 준비해 놓은 못에 걸어가서 청·백학이 각각 한 蓮筒씩을 쪼아 열고 두 동녀가 나타나면 질겁을 해서 물러나고 두 동녀의 대무가 있다. 여기에 처음과 마지막에 五方處容舞가 합설된다. 처용무는 원래 독무로 전래되었던 것을 중국의 五方舞를 본떠 오방처용무로 구성한 것 같다.[21]

석노교곡파의 曲辭의 내용은 上元燈夕에서 군왕을 송수하는 것으로 《고려사》 악지에는 곡파의 가사가 보존되어 있고, 《악학궤범》에는 2인무인 곡파의 춤을 상연하는 절차가 기록되어 있다. 만년환만은 萬年歡大曲의 일부로 생각되는 곡사가 보존되어 있을 뿐 그 춤은 《악학궤범》에도 전하지 않는다. 이 밖에 연등회와 팔관회에서 연행되던 당악으로 踏沙行·九張機別伎·王母隊

19) 車柱環, 위의 책, 51~54쪽.
20) 車柱環, 위의 책, 68쪽.
21) 車柱環, 위의 책, 70~73쪽.

歌舞가 있다. 답사행과 구장기별기는 모두 13명의 가무대가 상연하였고, 왕모대가무는 1대가 55인으로 구성된 字舞로 「君王萬歲」나 「天下太平」 같은 네 글자씩을 만든다.

한편 《고려사》 악지에 속악으로는 舞鼓·動動·無㝵의 3곡만이 2인무의 呈才 즉 舞樂伎로 무보가 실려 있다. 무고는 두 기녀가 음악에 맞추어 북채를 잡고 북을 치는데 음악의 절차에 따라 장구와 더불어 서로 맞추어 나가며 음악이 끝나면 춤도 멎는다. 동동과 함께 고려 이래로 향악정재의 白眉였으며, 현재까지 700년에 가까운 오랜 전통을 가진 귀중한 춤의 하나이다. 동동은 고려가요 動動詞를 부른 데서 온 이름이며, 두 손에 상아로 만든 작은 박을 치면서 춤춘다. 이 무구에서 후대에 이르러 牙拍으로 이름이 바뀌었다. 이 춤은 조선조 말까지 전승되었으나 지금은 단절되었다. 다음은 무애에 대하여 알게 해주는 기록이다.

> 元曉大師가 항상 목이 구부러진 표주박을 어루만지며 시중에서 가무하였는데, 이를 이름하여 無㝵라 하였다. 그런 후로 호사가가 표주박 위에 金鈴을 달고, 아래에는 彩帛을 늘어뜨려 장식하고, 이를 두드리며 진퇴하니 모두 음절에 맞았으며, 經論偈頌을 노래하매 無㝵歌라 불렀다고 전한다(李仁老, 《破閑集》 권 하).

따라서 無㝵舞의 연원은 퍽 오래된 것으로 추정된다. 《三國遺事》 권 4 元曉不覊條에 보이는 무애가의 유래를 이인로도 그대로 옮겨 무애가가 원효로부터 시작된 것으로 전하고 있는 것이다.

> 무애라는 놀이는 서역에서 나왔다. 그 가사는 불가의 말이 많이 씌어져 있고, 또 방언이 섞여 있어 그것을 짜 넣기가 어렵다. 잠시 節奏만을 남겨 두어 당시에 사용하던 음악의 하나로 갖추어 둔다(《高麗史》 권 71, 志 25, 樂 2, 俗樂 無㝵).

그러나 무애는 위에서 보듯이 서역에서 나왔고, 그 내용도 불가와 관련되고 있음을 말해주고 있다. 조선조에 와서는 세종대에 무애무가 제거되었다가 순조 때 재연되었고, 궁중에서 뿐 아니라 사찰에서도 다분히 유흥적인 가무로 연무되었음을 기록에서 찾아볼 수 있다.

여기서 唐樂呈才와 鄕樂呈才가 다른 점은 다음과 같이 정리할 수 있다.[22] 첫째, 당악정재는 죽간자 두 사람이 舞員을 인도하여 출퇴장하고, 향악정재는 이러한 인도가 없이 음악이 울리면 곧 춤이 시작되고 춤이 끝나면 꿇어앉아 큰절을 하고 일어서서 퇴장하는 자연스러운 형식을 갖는다. 둘째, 당악정재는 원칙적으로 앞뒤에 致語와 구호가 있는데 반하여 향악정재에는 구호와 치어가 없는 것이 본래의 양식이다. 셋째, 당악정재는 춤을 추다가 순한문으로 된 唱詞를 부르고, 향악정재는 춤을 추다가 井邑詞·動動 등 그 춤과 관련있는 노래를 부른다.

이상에서 보아온 고려의 백희가무를 집약해서 읊은 고려 말의 李穡의 시 〈山臺雜劇〉이 있다. 그 내용을 의역하여 보면 아래와 같다.

> 5색 비단으로 장식한 山臺(綵棚)의 모양은 蓬萊山과 같고, 바다에서 온 仙人이 과일을 드린다(獻仙桃). 俗樂을 울리는 북과 징 소리는 천지를 진동하고, 處容의 소맷자락은 바람에 휘날린다. 솟대쟁이는 긴 장대 위에서 평지에서와 같이 재주를 부리고(百戲의 하나인 奇伎曲藝), 폭발하는 불꽃이 번개처럼 번쩍인다(李穡, 《牧隱詩藁》 권 33, 詩 山臺雜劇).

이것은 14세기 후반에 산대잡극이라고 불리던 놀이의 내용을 묘사한 것으로 당악정재인 獻仙桃와 향약정재인 處容舞 등의 가악무와 솟대쟁이·火戲 등의 奇伎曲藝로 관중을 즐겁게 하던 축제분위기를 전하고 있다. 그리고 《高麗圖經》에 "百戲를 노는 자 수백 인으로 모두 민첩하기가 뛰어났다"[23]고 하여 숙달된 고려의 백희가 중국에까지 그 명성이 알려졌음을 확인할 수 있다.

이러한 산대잡극은 연등회와 팔관회 외에도 왕의 行幸이나 몽고로부터의 환국, 궁중의 宴樂歡娛 때, 그리고 개선장군의 환영잔치 등에 쓰인 것이 《고려사》에 보인다.[24]

---

22) 張師勛, 앞의 책, 124~129쪽.
23) 徐 兢, 《高麗圖經》 권 40, 同文 樂律.
24) 《高麗史》 권 19, 世家 19, 의종 24년 윤4월, 권 94, 列傳 7, 姜邯贊 및 권 126, 列傳 39, 邊安烈.

2) 나 회

喜禮인 연등회와 팔관회에서 채붕을 시설하고 백희가무를 연행하였을 뿐더러 凶禮에 속하는 儺禮에서도 채붕은 시설하지 않았지만 백희는 역시 연행되었음을 이색의 시 〈驅儺行〉의 내용으로 보아 알 수 있다.

나례는 가면을 쓴 사람들이 일정한 연장(창과 방패)을 들고 주문을 외면서 귀신을 쫓는 동작을 하는 행사로, 원래 일종의 假面戲라고도 볼 수 있다. 이러한 귀신쫓는 辟邪進慶의 행사가 우리 나라에서도 옛부터 행하여져 왔었으나 궁중나례는 중국 나례의 영향을 받아 그 형식이 갖추어졌다. 靖宗 6년(1040)에는 이미 歲終儺禮가 거행된 사실이 《고려사》 禮志 季冬大儺儀條에 기록되어 있는 것으로 보아 그 전래는 보다 앞선다고 추정된다. 《고려사》 예지의 계동대나의와 《後漢書》 禮儀志에 보이는 나례를 비교하여 보면, 고려의 나례는 중국의 그것을 고려의 특수사정에 적합하도록 다소 변경하였을 뿐 2~3세기경의 후한에서 거행되던 나례와 기본적으로 큰 차이가 없음을 알 수 있다. 다만 중국에서처럼 춘하추동의 네 계절마다 거행된 것이 아니고, 세종나례만 거행되었고, 특기할 만한 것은 處容歌舞가 祭舞로서 구나의식의 중심을 이루게 되었다는 사실이다. 여기에서 나례의식이 한국화된 것을 볼 수 있겠다. 팔관회의에서 따로 의례를 갖추지 않고 가무백희로 기복한 것과 같이 宮中驅儺에서 처용가무가 등장하기에 이르고, 이 나례는 그대로 조선조에도 계승되었다.

나례는 점차 疫鬼를 쫓는 종교적 의식에만 그치지 않고, 다분히 관중을 즐겁게 하는 구경거리 즉 연극적 행사로 발전하여 나례가 세속화함에 따라 儺戲로 변하여 갔다. 여기에서 優人 또는 倡優라고 불리던 직업적 배우가 발생하였고 그들이 공연한 優戲 또는 雜戲가 나회와 거의 때를 같이하여 12세기 초의 기록에 보이기 시작한다.

여기서 나회의 대표적인 예를 들어보면 예종 11년(1116) 12월 己丑大儺의 기록일 것이다.

> 睿宗 11년 12월 己丑에 크게 儺禮를 하였다. 이에 앞서 宦者가 儺戲者를 좌우로 나누어 승부를 구하니, 왕이 또 親王에게 명하여 이를 나누어 주관케 한지라 모든 倡優 雜伎와 外官의 遊妓에 이르기까지 징발 당하지 않음이 없어 遠近이 다 모여들고, 旌旗가 길에 뻗쳐 禁中에 가득 찼다. 이 날에 諫官이 閤門에 叩頭하여 간절하게 간하니 이에 명하여 그 심히 해괴한 자를 쫓아내었으나 저녁이 되어 다시 모여들었다. 왕이 장차 樂을 관람코자 하니 좌우가 분연히 다투어 먼저 才伎를 보이고자 하여 도무지 조리가 없는지라 다시 백여 인을 쫓아내었다(《高麗史》 권 64, 志 18, 禮 6).

이 기록은 고려 전기의 궁중나례에서 환관이 주도적 역할을 담당하였으며, 심지어 친왕에게 좌우의 승부를 주관케 하였고, 倡優·雜伎人·外官의 遊妓까지 동원되었음을 알 수 있다. 이러한 나희의 정경을 가장 방불하게 전하는 것은 이색의 시 〈구나행〉일 것이다. 제1구에서 제14구까지는 제1부를 이루는 종교적 행사를 읊은 것으로 나례 절차인 12神과 倡師와 侲子들이 역귀를 쫓는 의식을 묘사하였다. 12신은 12支神(子·丑·寅·卯·辰·巳·午·未·申·酉·戌·亥)을 말하는 것으로 12신은 각기 제 가면을 쓰고 분장하였는데, 가령 子神은 쥐의 가면을 쓰고, 쥐의 모습으로 분장한 것이다. 창사와 진자도 각각 가면을 썼는데, 12세에서 16세 사이의 아이들 24인을 1대로 만들어, 아이 초라니탈을 쓰고, 붉은 옷을 입고, 22인의 악공 중 한 사람은 方相假面을 쓰고, 熊皮와 玄衣朱裳을 입고, 오른손에 창, 왼손에 방패를 들고, 방상씨로 분장하여 역귀를 쫓았다. 제15구 이하는 제2부로서 구나가 끝나면 여러 배우(群伶)들이 입장하여 상연하는 가무백희를 읊고 있다. 즉 五方鬼舞는 祭舞로서 前度處容舞에 비정한 의견도 있으나 이것은 후세의 五廣大놀이의 五方神將舞와 같은 것일 것이며, 白澤舞는 神獸舞 즉 사자춤을 가리킨다. 이같은 벽사의 제무에 이어 대륙 전래의 散樂인 呑刀와 吐火의 奇伎를 놀고, 이어서 혹은 검고 혹은 누런 탈을 쓴 西胡人의 탈춤과 老人星(壽星神)의 탈을 쓴 중국계의 춤을 보이고, 화교상인들의 양걸이(장대타기)의 날렵한 재주를 놀고, 後度處容舞에 이어 만석중놀이와 같은 꼭두놀음과 魚龍漫衍의 잡희 즉 百獸舞를 논다.[25]

---

25) 李惠求, 《韓國音樂研究》(國民音樂研究會, 1957), 294~315쪽.

이같이 고려 말 곧 14세기 중엽에 행해진 구나는 나례의식인 驅儺部와 제무와 잡기와 각종 놀이를 곁들인 儺戲部로 구성되었음을 알 수 있으며, 이것은 신라 말의 崔致遠(857~?)이 〈鄕樂雜詠五首〉에서 읊은 五伎와도 대응되며, 또 조선시대 成俔(1439~1504)의 〈觀儺詩〉의 내용과도 연관된다.

3) 조 희

이색이 읊은 시에서 〈산대잡극〉과 〈구나행〉의 내용으로 미루어 보면 고려의 가무백희는 奇伎가 주가 되는 규식지희와 음악이 주된 내용을 이루었던 듯하다. 조선조《文宗實錄》에서 분류한 規式之戲와 笑謔之戲와 음악[26] 중에서 소학지희에 해당되는 調戲는 즉흥극으로서 재담과 익살 등으로 놀이를 이끌어 가던 것인데 고려시대에는 뚜렷하지 않다. 그러나《고려사》와 기타의 문헌에는 꽤 일찍부터 조희에 관한 기록들이 보이므로, 이러한 기록들에 근거하여 우리 나라의 話劇的 전통의 출발을 고려시대로 잡을 수 있겠다. 한국고전문학의 형태의 발전을 살펴볼 때 고려의 문학은 신라문학을 계승하여 조선시대의 문학을 낳은 모태의 역할을 하고 있는 것처럼 고려의 연희는 신라의 가무백희를 계승하여 그 규식지희적 측면의 발전은 물론 소학지희적 측면의 희곡적 전개로서 조희를 발달시켜 조선의 후반기에 이르러 이 양면을 지양시킴으로써 산대도감계통극의 형성에도 모태적 역할을 했다고 볼 수 있다.

먼저 나라의 역사를 다룬 잡희의 예로써 예종 5년에 있은 河拱辰놀이를 들 수 있다. 하공진은 현종 원년(1010) 거란이 침입했을 때 철군교섭을 위하여 적진에 들어갔다가 포로가 되어 燕京에 억류되었고, 거란왕의 갖은 회유에도 끝내 변절을 거부하다가 살해된 충신이다.[27] 이러한 하공진의 이야기를 "優人 즉 배우가 있어 先代功臣을 기렸다"[28]는 것은 이 때 배우가 말을 주된 표현수단으로 하고, 거란왕과 하공진의 대화로 1인 2역을 했거나 2인 이

26)《文宗實錄》권 2, 문종 즉위년 6월.
27)《高麗史》권 94, 列傳 7, 河拱辰.
28)《高麗史》권 13, 世家 13, 예종 5년 9월 갑술.

상의 배역으로 연출된 조희로 공연되었음을 짐작케 한다. 더욱이 공민왕 때는 거리에서 배우가 간신 廉興邦의 종들이 백성으로부터 조세를 수탈하는 모양을 연출한 우희를 놀았다.

> 興邦의 家奴 李琳과 사위 判密直 崔濂의 가노가 富平에 살았는데 권세를 믿고 방자 횡포하였다.…興邦이 일찍이 異父의 형 李成林과 함께 집에 갔다가 돌아오는데 騎士가 길에 가득 차 있고, 어떤 사람이 광대놀음을 하여 세력가의 가노가 백성을 괴롭혀 조세를 거두는 형상을 놀고 있었는데, 成林은 부끄러워하였으나 興邦은 즐겁게 구경하며 이를 깨닫지 못하였다(《高麗史》 권 126, 列傳 39, 廉興邦).

이와 같이 선대 충신의 史實을 재현하거나 시류의 악폐나 권세가를 풍자하여 사회성을 띤 조희는 몸짓뿐 아니라 재담 즉 말을 주요한 표현수단으로 한 것이다. 또 하나의 다른 예를 들어보면 14세기 후반 충혜왕 때 將仕郞 永泰가 배우놀이를 즐겨 하였는데 충혜왕을 따라다니며 매번 우희를 보여드렸다. 그가 한번은 왕이 永泰를 물 속에 던지자 물 속에서 나와 왕과 주고받은 문답은 기지에 찬 재담이 아닐 수 없다. 즉 왕이 크게 웃으며, "너는 어디로 갔다가 지금 어디에서 오느냐"고 물으니, 영태가 대답하기를 "屈原을 만나보고 오는 길입니다"하였다. 왕이 "屈原이 무엇이라 하더뇨"하니, "屈原이 말하기를 '나는 暗主를 만나 강물에 몸을 던져 죽었거니와 너는 明主를 만났는데 무슨 일로 왔느냐' 하더이다"라고 하였다. 이에 왕은 크게 기뻐하여 그에게 銀단지를 주었다고 한다.[29] 당시에 우희, 俳優戱 또는 倡優戱로 불리던 놀이는 이같이 재담을 주로 하는 조희였음을 짐작할 수 있다.

이와 같은 獨演 형태의 놀이만이 아니고, 다수인에 의한 놀이의 기록도 보인다. 의종 19년(1165) 4월에 좌우번의 내시들이 競演으로 채붕을 설치하여, 잡기를 싣고 이국인이 고려에 와서 공물을 바치는 광경을 보여준 공물바치기 놀이가 있다. 이 때 좌번은 모두 儒士들로 잡희에 익숙치 못하고 바친

29) 이 이야기는 成俔의 《慵齋叢話》 권 3에서 인용하였으나 唐代 문인 段成式의 《酉陽雜俎續集》 권 4에 비슷한 이야기가 보인다. 고려 충혜왕 당시 永泰는 이미 이 이야기를 읽어 알고 있었던 것 같다.

물품도 귀족자제들이 많았던 우번 내시들에 미치지 못하였다고 한다.[30] 이 때의 내시들은 모두 고관 귀족들의 자제이거나 유사들로서 직업적인 배우들은 아니며, 그 당시 배우들의 놀이를 모방한 것으로 생각된다.

고려의 양대 명절의 하나인 팔관회 때에는 대회일에 宋·女眞·耽羅 및 倭國 또는 大食國(아라비아) 상인들도 토산물을 바쳐[31] 국제무역이 행하여졌다. 이러한 공물 바치는 광경을 재현한 놀이는 일종의 흉내내기놀이이며, 연회임에 틀림없다.

이 밖에 고려조의 연희로 생각되는 놀이들의 기록을 추려보면 다음과 같다. 신종 5년(1202)에 崔忠獻이 彩(綵)棚을 매고 시설하여 크게 베푼「伎樂雜戲」와, 고종 32년(1245)에는 崔怡가 마련한 伎樂百戲[32]가 있었고, 그 1년전에는 假面人雜戲[33]를 놀았다. 충렬왕 14년(1288)에는 侏儒戲와 倡優戲[34]를, 충혜왕 4년(1343)에는 왕이 나희와「乞胡戲」를, 또 다른 날에는「處容戲」를 놀았다고[35] 한다. 우왕 10년(1384)에는「唐人戲」·「巫現戲」·「處容假面戲」[36] 등의 놀이 이름이 보인다. 이 놀이들의 구체적인 내용은 알 수 없으나 고려 후기 몽고의 부마국이 된 후로 더욱 西域과의 교류가 빈번하였으리라고 짐작되므로「胡漢雜戲」나「乞胡戲」는 이색이 〈구나행〉에서 읊은 西域胡人戲와 같은 종류일 것이다. 그리고「당인희」도 중국계 놀이로 신라 이래의 처용무와 함께 고려연희의 등장인물이 다양하였음을 보여준다.

4) 재인과 광대

고려시대의 배우 특히 탈놀이를 하는 자를 廣大라고 부른다는 기록은《고려사》에서 찾을 수 있다. 충숙왕이 한때 왕위를 빼앗겼을 적에 한 이야기로 아래와 같은 것이 보인다.

---

30)《高麗史》권 18, 世家 18, 의종 19년 하4월 갑신.
31)《高麗史》권 6, 世家 6, 정종 즉위년 11월 경자.
32)《高麗史》권 129, 列傳 42, 崔忠獻 신종 5년·附 怡 고종 32년 4월 8일.
33)《高麗史》권 23, 世家 23, 고종 31년 2월 정해.
34)《高麗史》권 30, 世家 30, 충렬왕 14년 9월 임자.
35)《高麗史》권 36, 世家 36, 충혜왕 후4년 5월 을유·8월 경자.
36)《高麗史》권 135, 列傳 48, 신우 10년 2월 갑술·8월 을해 및 12년 정월.

> 옛날에 小廣大가 大廣大를 따라 물을 건너는데 배가 없는지라 여러 大廣大에게 말하기를 '나는 작아서 물의 깊고 옅음을 알기가 어려운데 그대들은 키가 크니 마땅히 먼저 물의 깊이를 측량해 보라'하였다. 모두들 그럴 것이라 하고 물에 들어갔다가 모두 빠져 죽으니, 홀로 小廣大만이 죽음을 면하였다. 지금 그러한 小廣大들이 우리 나라에 있으니 全英甫와 朴盧中이 바로 그들이다. 나를 禍網에 두고 태연히 앉아서 보고만 있으니 무엇이 이와 다르겠는가 하였다. 우리 나라말에 가면을 쓰고 놀이하는 사람을 廣大라고 한다(《高麗史》 권 124, 列傳 37, 全英甫).

또 高麗俗謠인 〈雙花店〉에도 "조고맛간 삿기廣大"란 말이 보인다. 그리고 《고려사》 열전 崔怡條에서 "또 伶官과 兩部의 伎女와 才人에게 金帛을 주니 그 비용이 巨萬이었다"라고 하여 優人으로서 재인을 들고 있다. 광대는 가면을 가리키는 말이었는데, 점차 가면을 쓰고 탈놀이를 하는 배우를 가리키게 되고, 다시 조선 후기에는 판소리 창우를 광대라고 하고, 땅재주나 기타 곡예 등을 하는 자를 재인이라고 하여 분업형태가 된다.

배우를 가리켜 광대·재인이라고 부른 외에 「楊水尺」이니 「禾尺」·「水尺」 등이 있었다. 송대의 孫穆이 숙종 8년(1103)에 고려에 왔다가 지은 《鷄林類事》에는 "倡曰水作"이라 하고, 또 "尺曰作"이라고 하였다. 丁若鏞의 《雅言覺非》(권 3)에는 "水尺은 官妓의 별명이다. 지금 官婢汲水者를 巫兹伊라고 칭하는 것과 같다. 글로서 이를 풀어 보면 수척이니 巫는 水요, 兹는 尺이다. 汲水로서 얻은 것이 아니고, 妓의 古名에서 옮겨진 것이다"라고 하였다. 다시 《吏讀便覽》에는 "水賜(伊), 音은 무수리, 뜻은 官婢의 一"이라고 보인다. 이를 종합하여 보면 「水作」과 「水尺」·「禾尺」은 다같이 「수자」 또는 「무자이」의 한자표기이며, 후세에 수척은 관기, 汲水婢와 汲水漢의 별명이 되기도 하여 이들 노비와 창우와의 계급적 친근성을 짐작할 수 있게 한다. 또 《계림유사》에는 "倡人의 아이를 故作이라고 하고, 樂工도 역시 故作이라고 하는데 倡人의 아이들이 樂工이 된다"고 하였는데, 창우와 악공의 친근성을 짐작할 수 있다. 《고려사》에 보면 靖宗 11년(1045)에 악공의 자손은 과거를 볼 수 없게 하였고, 문종 7년(1053)에는 악공은 자식에게 세습하도록 하였다. 이로써 당시 천민층에 속하였던 악공과 창우의 사회적 신분제한을 알 수 있는데, 이것은 그대로 조선시대 말기까지 답습되었다.

楊水尺은 고려 말기에는 화척이라고 하였고, 조선조 세종 때부터는 白丁이라고 개칭하여 양민화정책을 썼으나, 백정도 도로 천칭화되고, 최근세에 이르기까지 그들은 대개 집단적 거주로 특수부락을 이루고 있었다. 《고려사》 최충헌전[37]이나 《아언각비》에 보면 양수척은 본시 국가의 호적과 부역에서도 제외된 존재로서 자유롭게 이주하며 생업을 영위하던 유랑민이다. 그들은 대개 사냥과 고리만들기, 나중에는 屠殺과 肉商 등을 생업으로 삼았다. 그런데 그들 중 특히 柳器匠家는 기녀를 내는 본가라는 말이 있다. 이것은 양수척과 배우와의 관계를 말하여 주는 것 같다. 사가들의 견해는 양수척은 "반수렵민족인 女眞人系나 유목민족인 契丹人系의 자손들로도 생각된다"[38]고 하였는데, 그들은 북방 유목민족계의 投化人들로 구성된 고려사회의 소수민족에서 유래된 것 같다. 이들이 일본의 중세 유랑연예인들인 구구쯔(傀儡子)와 자주 비교되어 왔었고, 다같이 집시(gypsy)의 후예가 아닌가 추측되기도 하였다.[39]

고려는 거란·여진·몽고 등 북방민족의 침입을 받았을 뿐 아니라 이들 민족이 세운 요·금·원 등 여러 나라가 흥망을 되풀이하는 동안 많은 유민들이 고려에 귀화하기도 하였다. 따라서 이들의 민속적 연희가 고려잡희 속에 혼입되었을 가능성은 충분히 있었던 것이다. 예종 12년(1117) 8월, 왕이 南京(현재의 京畿道 楊州郡)에 갔을 때 그 곳에 흩어져 살던 거란투화인들이 「契丹歌舞雜戲」를 보여준 일이 있다.[40] 그리고 충렬왕 이후 원의 부마국이 된 뒤로는 원을 통하여 유라시아 대륙문화와의 교류는 더욱 직접적인 것이 되었다. 또 충렬왕 9년(1283) 8월에는 원의 남녀 창우가 내조하니 米 3석을 하사하였고, 大殿의 연회에서 원의 우인들이 백희를 놀았으므로 白銀 3근을 하사하였다는 기록이 보인다.[41] 李睟光(1563~1629)의 《芝峰類說》도 우리 나라 연희에 미친 대륙의 영향에 대해 "우리 나라 呈才人은 본래 중국의 俳優·幻術者流인데, 고려 말 魯國大長公主가 올 때 따라온 것이라고 전한다"고 하였

37) 《高麗史》 권 129, 列傳 42, 崔忠獻 고종 3년.
38) 李丙燾, 《韓國史(中世篇)》(乙酉文化社, 1961), 346쪽.
39) 河竹繁俊, 《日本演劇全史》(岩波書店, 1959), 67~68쪽.
40) 《高麗史》 권 14, 世家 14, 예종 12년 8월 정묘.
41) 《高麗史》 권 29, 世家 29, 충렬왕 9년 8월 을사·기유.

다. 의종 때 상정된 法駕衛杖 즉 임금이 거동할 때의 의장을 보면 安國伎(Bokara伎)·高昌伎(Turfan지방伎)·天竺伎(印度伎)·잡기가 들어 있고, 燃燈衛仗에는 안국기와 잡기가 들어 있어 이 때까지 서역악이 존속되었음을 알 수 있다.[42)]

고려의 사회계급을 상류층(지배층)·서민층(양민)·천민층의 셋으로 나눌 때 천민계급은 津尺(津丁), 驛丁, 楊水尺(후의 禾尺), 才人(廣大), 工匠, 樂工, 奴婢, 部曲·鄉·島民, 商人 등이다.[43)] 고려의 악공과 배우들은 大樂署·管絃房 또는 敎坊에 소속되어 있었는데 《고려사》에서 兩部樂官 또는 兩部伶官이라고 부른 것이 이들 鄉唐兩部의 악공과 배우들을 가리킨 것이다. 의종 때 상정된 西南京巡幸回駕奉迎衛杖에 의하면 서경과 남경을 순행하고 돌아오는 임금을 맞이할 때, 교방악관 100인이 좌우로 나뉘어 서고, 안국기 40인, 잡극기 160인이 각각 좌우로 나뉘어 서며, 吹角軍士 10인이 수레 앞에, 吹螺軍士 10인은 수레 뒤에 각각 나뉘어 섰다[44)]고 한다. 이를 보면 回駕奉迎臺에는 교방악관과 안국기와 함께 160인의 雜劇伎人이 따로 들어 있다. 이것이 산대잡극의 배우들이며, 그 후의 《고려사》의 용례로 보아 이들이 악관과 구별하여 영관이라고 부른 우인 또는 창우이며, 연극적인 행사를 전담한 직업적인 배우의 일단으로 보인다. 그들은 規式之戲와 笑謔之戲를 함께 놀았을 것으로 생각된다. 양부악관·양부영관이라 하는 이들 악공과 창우들은 관에 매인 천역이지만 이들 외에 상당수의 악공과 창우들이 민간에 있었던 것으로 보이며, 민간의 그들에 대한 경제적 뒷받침은 충분히 존재하였다고 보인다. 즉 충혜왕 때에는 나희에 백공을 노역시키고 시중의 물자를 징발하여 그 비용에 충당하였으므로 시중의 전포가 모두 문을 닫을 정도였고,[45)] 《宋史》 高麗傳에 의하면 팔관회에 크게 잔치를 벌이는데 상인들이 비단으로 장막을 쳐 100필에 이르고 서로 부를 자랑하였다.

고려는 개국 이래 농업생산의 발달과 함께 수공업과 상업도 점차 발전하

---

42) 《高麗史》 권 72, 志 26, 輿服 法駕衛仗.
43) 李丙燾, 앞의 책, 330~347쪽.
44) 《高麗史》 권 72, 志 26, 輿服, 儀衛 西京南京巡幸回駕奉迎衛仗.
45) 《高麗史》 권 124, 列傳 37, 盧英瑞 附 宋明理.

였다. 수공업은 물론 관청수공업이 민간수공업보다 지배적인 위치에 있었고, 상업은 개성이 국내 최대의 교역시장이었으며 상점도 점차 상설되었고, 지방에는 鄕市가 설치되었다. 대외무역은 역시 국가적 무역이 중심이었으나 개인적 무역도 행하여졌다. 이러한 市井 공상인들의 성장과 함께 그들의 오락적 요구에서 직업적 배우의 출현이 가능하게 되고, 가무백희도 10세기 이전의 단순한 가무백희에서 조희 즉 소학지희로 발전하게 된다. 우왕 13년(1387)에는 中秋에 6道의 창우를 東江에 모아 백희를 베풀게 하였는데,[46] 이러한 내용을 보아 즉 직업적 배우가 전국적으로 많았던 것을 짐작할 수 있다. 또 공양왕 원년(1389)에는 晋州優人 君萬이 虎患을 당한 아버지의 원수를 갚고, 그 뼈를 거두어 장사지낸 일이 있다.[47] 權近(1352~1409)이 지은 《陽村集》에는 이 이야기가 좀더 자세히 다루어져 있다. 이 내용에 따르면 우인 군만은 진주사람으로 伶優君子의 아들로서 그 아버지의 호환을 당하여 혼자서 범을 잡았다고 하였다. 그리고 이어서 이웃 고을 固城에 사는 선비 일곱 형제의 불효에 대해 "伶人이 아는 것은 詼諧이고 선비가 지키는 것은 예절인네, 선비된 자들 일곱이 도리어 영인 하나만 못하니 그 죄가 여섯"이라고 하였다.[48] 여기에서 우리는 우왕 당시 지방도시인 진주고을에도 직업배우(伶人)가 있었으며, 그들은 詼諧 즉 익살과 재담을 주로 하는 조희를 하였음을 알 수 있다.

무신정권기의 문신 李奎報(1168~1241)가 창우에 대하여 지은 시에서 그 당시 창우들의 위치가 어떠한가 짐작할 수 있다. 普光寺 주지 通師가 자랑하는 古笛을 찬양하는 시에 이어서 절에 모인 사람 10여 명과 함께 술을 마시면서 노는데, 마침 대궐에서 나온 큰 광대 두 사람이 놀이판에 이르자 광대놀이까지 겹치게 되었다고 하는 序가 있고, 끝부분에 가서 "너희들 놀음을 빌어 취중에 노래부른다"는 구절이 있다.[49] 또 〈燈夕入闕有感〉에서 못난 선비는 광대들만 못하다고 한탄하기도 하였다.[50] 한편 이규보는 다음의 시를 통

46) 《高麗史》 권 136, 列傳 49, 신우 13년 8월.
47) 《高麗史》 권 121, 列傳 34, 君萬.
48) 權 近, 《陽村集》 권 21, 傳, 優人孝子君萬.
49) 李奎報, 《東國李相國集》 전집 권 8, 古律詩 題通師古笛.
50) 李奎報, 《東國李相國集》 전집 권 10, 古律詩 燈夕入闕有感.

해 당시 꼭두놀음(오늘의 꼭두각시놀음)을 본 것을 시사해 주고 있다.

> 조물주의 사람놀리기 꼭두놀음이나 진배 없고
> 달인은 꼭두 보길 제 몸 보 듯하네
> 인생이나 꼭두놀음은 같은 것이라
> 결국은 누가 참이요 누가 참이 아니런가
> 굽혔다 폈다 찡그렸다 펴는 모습 거의 사람 같으니
> 누구의 솜씨로 똑같게 만들었나
> 사람도 한 기운을 따라 꿈틀거리며 사는데
> 그 기운 빠지면 꼭두놀음 마친 것 같을 뿐이네
> (李奎報, 《東國李相國集》 후집 권 3, 古律詩 觀弄幻有作).

여기에서 말하는 「弄幻」은 꼭두놀음, 오늘에 전하는 꼭두각시놀음 같은 傀儡戱를 가리킨 것이 분명하며, 조물주의 솜씨와 비교할 만큼 꼭두놀이군의 재주가 교묘하다는 것은 직업적인 대잡이(꼭두각시 조종사)의 솜씨를 생각하지 않을 수 없게 한다. 또 그 놀이 자체도 인생에 비유될 만큼 꼭두놀음의 미묘함을 직접 보고서 시를 쓴 것이 분명하다. 또 다른 시에서도 꼭두놀음을 읊고 있다.[51] 이 시는 벗에게 주는 긴 화답시의 서두인데, 꼭두놀음과 조물주의 조화를 비교하였고, "온갖 형태 순식간에 없어지는데"라는 구절은 오늘의 꼭두각시놀음에서도 볼 수 있는 울긋불긋한 인형들의 단청과 소도구들을 묘사한 것 같으며, 특히 꼭두각시놀음의 끝 장면에서 순식간에 절을 짓고 허는 것을 연상케 한다.

그리고 이규보의 시 〈老巫篇〉에서는 고려 중기의 무속을 짐작할 수 있고, 그것이 오늘의 京畿巫俗과 거의 같은 정형성을 보여주고 있음을 알 수 있는데, 위에서 인용한 시에서도 오늘날 남사당놀이의 하나로 전해오는 덜미, 즉 꼭두각시놀음(일명 朴僉知놀음)이 이미 그 당시 흔히 볼 수 있었던 놀이였음을 짐작할 수 있다.[52]

고려는 무신란과 몽고의 침입을 겪은 뒤 더욱 하층문화가 궁중에까지 진

---

51) 李奎報, 《東國李相國集》 전집 권 12, 古律詩 復答幷序.
52) 조동일, 〈이규보가 본 꼭두각시놀음〉(《民俗文化》 3, 東亞大 韓國民俗文化硏究所, 1981).

출하는 현상을 보였다. 당시의 관리와 장군들, 왕까지 직업적 배우들의 놀이를 모방하여 여러 가지 놀이를 하였음은 앞에서도 인용한 바가 있지만, 고종 때 宋景仁은 내전의 曲宴에서 처용희를 하되 "취함을 타서 戱舞하는데 조금도 부끄러운 빛이 없었다"[53]고 한다. 또 충렬왕 때 상장군 鄭仁卿이 주유희를 하였고, 장군 簡弘이 창우희를 한 것과[54] 고종 때 御史中丞 장군 林宰가 창우무를 추었으며,[55] 우왕은 처용가면을 쓰고 놀이하였다.[56] 이러한 기록들을 종합하여 볼 때 고려사회의 상하층에 일반화되었던 戱劇에 대한 好尙과 아울러 당시의 직업적인 배우들의 사회적 지위를 짐작할 수 있다 하겠다.

〈李杜鉉〉

8. 체 육

고려시대 전 기간에 걸쳐서 실시되었던 놀이 종목들을 삼국시대와 비교하여 보면 종목의 양적 증가와 함께 스포츠적 요소가 추가되었다는 점을 알 수 있다. 놀이는 실시계층에 따라 두 가지 양상을 보였는데, 일반적으로 상류층은 문장을 즐기는 가운데 投壺·擊毬·弓射 등과 같은 활동에 직접적으로 참여하는 쪽을 놀이영역으로 하였고, 격투기를 중심으로 하는 많은 종목들은 하층계급이 실시하고 상류층은 관람하는 형태로 고정되었다. 따라서 종래에는 무예적 성격을 지녔던 것들에 경기적 요소가 크게 가미되어 스포츠로서 자리를 잡아가게 되었다.

이 항목에서는 격구·궁사·투호·馬上才·蹴鞠·手搏(拍)·角抵에 한정하여 어떤 활동을 하였는가 얼마 안되지만 문헌을 통해 살펴보고자 한다.

---

53) 《高麗史》 권 23, 世家 23, 고종 23년 2월 임인.
54) 《高麗史》 권 30, 世家 30, 충렬왕 14년 9월 임자.
55) 《高麗史》 권 129, 列傳 42, 崔忠獻 附 怡 고종 33년.
56) 《高麗史》 권 135, 列傳 49, 신우 12년 정월.

1) 격 구

擊毬는 말을 타고 공을 치는 폴로(Polo)형식의 경기를 말한다. 격구는 馬術의 변형된 형태로, 원래 武藝24般의 하나인 마술에 부수하여 실시된 것이지만 무예훈련의 차원보다는 스포츠화된 것이다.

격구에 관한 최초의 기사는 고려 태조 원년(918) 尙州의 적장 阿字盖가 사자를 보내어 귀순하려 하자 왕이 그를 맞이하는 의식의 연습을 毬庭에서 하게 하였다는 것이다.[1] 이것을 보면 개국 초에 궁전의 일부 또는 외곽에 격구를 위한 毬場이 있었다는 것을 알 수 있으며, 이는 당시에 격구경기를 공개적으로 하였다는 것을 시사한다. 격구의 기원과 전래계통을 살펴보면 중국에서는 唐 太宗(626~649) 때부터 擊毬戲 혹은 打毬(馬毬, Polo)가 있었다. 그 발원은 페르시아로, 그 후 서쪽으로는 콘스탄티노플(Constantinople), 동쪽으로는 터키로 전파되고 다시 중국의 西藏과 인도 등 각지로 전파되었다.[2] 즉 격구가 당을 거쳐 고구려를 비롯하여 신라·백제에 전래된 것은 7세기 중엽으로 이미 삼국시대부터 격구를 행했을 것으로 보여진다. 그러나 구체적으로는 고려시대에 더욱 활발하게 실시한 것으로 나타난다. 《高麗史》에는 태조에서부터 15대 숙종까지 188년간 구장을 승려의 공양·친초·양재 또는 군신의 하례장 등으로 사용하였다는 기사가 있다지만, 물론 이 구장은 본래 설치의 목적대로 사용되었다고 하겠다.

예종 5년(1110)에는 왕이 두 번 神騎軍의 격구를 친히 사열하고 하사품을 내렸으며, 동왕 11년에는 왕이 西京에 행어하였을 때 왕을 환영하기 위한 행사중에 부녀로 하여금 말을 달리어 격구를 하게 하였으나 왕이 하지 못하게 명하여 여자의 격구는 드디어 없어지고 말았다.[3] 부녀자까지도 격구를 할 수 있었다는 사실은 이 경기의 보편화 정도를 대변하는 것이라 하겠다. 18대 의종은 특히 격구를 좋아하여 사람들에게 자신의 격구기술을 다시 시험하지

---

1) 《高麗史》 권 1, 世家 1, 태종 원년 9월 갑오.
2) 吳文忠, 《體育史》(正中書房, 1982), 297쪽.
3) 《高麗史》 권 14, 世家 14, 예종 11년 4월 신묘.

말라고 하며 공을 치는데 따를 자가 없었을 만큼 명수였다.[4] 또 가뭄이 들었을 때에도 격구를 하고 諫官이 간하는 것을 쉽게 듣지 않다가 마침내 말을 다 내보내고 日官으로 하여금 북문을 막아버리도록 하였다.[5] 한편 기마와 격구를 좋아한 왕은 奇卓誠을 뽑아 牽龍을 삼고 항상 가까이에 두었다고 한다.[6] 윗사람이 좋아하면 아랫사람들도 역시 좋아하게 되어 신하들도 격구에 탐닉하고 열심히 하는 자가 많았을 것이다.

고종 때의 집권자였던 崔怡는 인근의 집 100여 동을 헐어내고 구장을 축조하였는데, 동서로 수백 보나 되고 평탄하기가 바둑판과 같았으며 격구할 때마다 동네사람으로 하여금 물을 뿌려 먼지가 일지 않게 하였다.[7] 이 기사로 미루어 격구의 수준과 규모를 짐작케 한다.

그리고 재상들 가운데는 막대한 비용을 들여 마구를 장식하였는데 말안장 하나의 값이 여염집 열 채의 재산에 해당되는 등 그 사치스러움이 백성에게 적지 않은 피해를 끼쳐 충숙왕 원년(1314)에는 금지하기도 하였다. 그러나 경기에 대한 열의는 막지 못하여 관리들 사이에는 사찰 등지에서 법을 어겨가면서까지 경기를 치르는 경우도 있었고 끝내는 부활되었으나 공민왕 23년(1374)에 다시 법으로 금하기도 하였다. 한편 원나라는 단오날이 되면 고려와 격구시합을 하였다고[8] 하며 《고려사》에 의하면 宋和가 격구하는 모습을 보고 元帝가 「神助」거나 「幻術」이라 할 정도로 놀라워했다고 한다.[9] 고려의 격구 수준이 높았음과 동시에 동아시아에서의 스포츠교류를 증명한다. 다음은 격구경기를 하는 모습을 그린 것이다.

高麗 때 매번 단오절에 무관으로 연소자 및 귀족의 자제를 미리 뽑아 擊毬의 禮를 가르쳤다. 그날에 이르러서 九逵의 傍에 龍鳳帳殿을 설치하고 殿 앞 좌우로 각각 200보쯤 길 가운데 毬門을 세운다. … 두 팀으로 나누어 좌우에 선다. 기생 한 사람이 공을 들고 들어오는데 걸음을 주악에 맞추고 殿 앞에 이르

4) 《高麗史》 권 17, 世家 17, 의종 원년 5월 정해.
5) 《高麗史》 권 17, 世家 17, 의종 6년 4월 신사.
6) 《高麗史》 권 100, 列傳 13, 奇卓誠.
7) 《高麗史》 권 129, 列傳 42, 崔忠獻 附 怡 고종 16년.
8) 《武藝圖譜通志》 권 4, 馬上才.
9) 《高麗史》 권 124, 列傳 37, 尹秀 附 吉甫.

면 노래를 부른다. 노래가 끝나면 물러나가고 역시 주악에 맞추어 공을 길 가운데로 던진다. 좌우의 팀은 모두 말을 달려서 공을 다툰다. 맨 먼저 쳐서 맞힌 자를 首擊이라 하고 나머지는 모두 물러선다. 도읍의 남녀 구경꾼이 산처럼 모였다(《龍飛御天歌》 권 6, 제43장).

또한 격구는 실시하는 장소와 그 참가자의 신분에 따라 성격을 달리하기도 하였다. 예를 들면 의종 때 왕이 北園에서 놀며 기사에 격구를 명하였으며, 공민왕 때 왕이 奉先寺 松岡까지 걸어가서 격구를 관전하였다. 이 기록을 통해서 볼 때 북원과 같은 광대한 장소에서는 군사들이 무예훈련의 한 방편으로 실시하고, 내정 또는 산사 등에서는 상류층 조신들이 여가를 즐기는 수단으로 활용하였던 것 같다. 따라서 후자의 경우가 더욱 스포츠적 성격을 지니는 것이라 할 수 있다.

2) 궁 사

활쏘기는 상고시대부터 우리 민족의 특기였다고도 하겠는데, 고려시대에도 전통을 이어받았으며 주로 쓰인 활은 짧고 굽은 활인 角弓이었다.[10] 활쏘기는 역사적으로 군사적 성격을 강하게 나타냈지만, 射禮 또는 수렵의 기능 또한 중요한 의미를 지니는 것이다. 한편 이 시대의 활쏘기를 경기 및 스포츠적 요소가 내포된 활동으로 간주할 수 있는 기록이 다수 나타나는데 궁술의 연습을 위한 공식 활터를 설치하고 일반에게도 공개하였다.

즉 선종 8년(1091)에 戶部 남쪽 회랑에 활터를 설치하여 군대의 병졸과 일반의 활쏘기를 배우려는 사람들을 다 모아 놓고 習射(肄習)하게 하되 만약 과녁을 맞히는 자가 있으면 은주발·대접 한 벌을 상주기로 하였으니 이는 나라에서 射風을 격려한 모습을 보여주는 것이다.[11] 이후로 군대의 훈련과는 달리 상품을 수여하는 경기적 활쏘기행사가 빈번히 개최되었음은 기록을 통하여 볼 수 있다. 예를 들면 숙종 7년(1102) 왕이 會福樓에 나아

10) 김기웅, 《무기와 화약》(세종대왕기념사업회, 1977), 176쪽.
11) 李重華, 《朝鮮의 弓術》(朝鮮弓術硏究會, 1929), 23쪽.

가 동반신료들 가운데 활을 잘 쏘는 이를 뽑아 활쏘기를 시켰다. 長慶寺에 행차하여 兩京과 靜州의 將士·馬隊를 사열하고 宰樞와 扈駕臣僚들에게 활을 쏘아 과녁을 맞힌 자에게는 廐馬와 綾絹을 차등을 두어 내려주었다.[12] 의종 때 왕이 양경 문무관에게 활을 쏘게 한 적이 있었다. 해가 저물자 큰 촛불을 과녁 위에 꽂아 놓고 활쏘기를 하였는데 西都人이 이를 많이 맞혔으나 수행관원은 맞힌 자가 없었으므로 왕이 자못 불쾌하게 여겼다. 恭이 첫 화살에 촛불을 맞히고 두 번째는 과녁을 맞히니 왕이 크게 기뻐하며 비단을 내려주었다.[13]

여기에서 볼 수 있는 동반신료·재추·호가신료 등 문무관이라는 집단의 성격과 행사장소의 특성상 군대의 훈련적 성격보다는 스포츠 경기적 요소가 크게 돋보이는 것이라 할 수 있다. 원래 과거 우리 나라 군자에게 요구되는 능력에 6藝가 있었음을 상기할 때 궁사의 능력은 필수적인 것이기도 하여, 그들의 궁사활동은 극히 자연스러운 것이고 군사활동과는 별개인 경기형식의 원형이라고도 할 수 있다. 한편《고려사》刑法志에 보면 "음식을 걸거나 활쏘기와 무예를 익히며 도박하는 자는 돈과 물건을 걸더라도 죄가 되지 않는다"고[14] 하여, 도박으로서 범죄에서도 예외로 하였음을 볼 때 상당히 보편화되었음을 짐작할 수 있다. 官設射場을 일반에게 공개하여 활을 쏘게 하고 상을 수여한 활동이나 교외의 정자 등에서 실시된 활쏘기는 스포츠적 요소가 내포된 경기활동으로 간주할 수 있으며 이러한 활동은 조선시대의 便射에까지 그 맥이 이어져 내려갔다.

3) 투 호

投壺는 항아리에 화살을 던져 넣어 승부를 결정짓는, 예절이 특히 요구되는 경기이다. 이미 삼국시대에 전래된 것이《唐書》東夷傳에서 확인되지만 그 형식은 알 수 없다. 고려시대에는 송에서의 경기방식과 같았을 것으로 추측되는 다음과 같은 기록이 있다.

---

12)《高麗史》권 81, 志 35, 兵 1, 五軍 숙종 7년 10월.
13)《高麗史》권 94, 列傳 7, 徐熙.
14)《高麗史》권 85, 志 39, 刑法 2, 禁令.

> 왕이 淸讌閣에 나아가 내시 良醞令 池昌洽을 시켜《禮記》의《中庸》·《投壺》2편을 강론하도록 寶文閣 학사 등에게 말하되 '投壺는 古禮로 폐한 지 이미 오래다. 宋帝가 보내온 것은 그 기구가 매우 정밀하게 만들어진 것이다. 장차 이를 시험해 보려고 하니 그대들은 投壺儀幷圖를 纂定하여 올리라'고 하였다(《高麗史》권 14, 世家 14, 예종 11년 12월 임오).

한때는 중단되었다가 송의 영향으로 부활되었음을 알 수 있다. 거의 같은 시대 송에서는 38종의 투호편이 나왔는데 그 가운데 司馬溫公의《投壺新格》의 유희법을 소개하면 120점을 만점으로 해서 점수로 승부를 계산하고 화살은 한 사람이 12대를 던졌다.[15] 채점에 있어서도 有初貫耳를 20점으로 하는 등 20여 가지의 채점법을 보여주고 있어 경기의 방법과 규칙이 매우 복잡하였음을 알 수 있다. 그 이유는 경기에 참가하는 사람의 덕성과 심성을 보기 위한 것이었으며, 아울러 경기의 묘미를 배가시키기 위해서였던 것으로 생각된다. 이 경기 역시 조선시대까지 이어졌다.

4) 마상재(마술)

馬上才는 오늘날 서커스에서 볼 수 있는 것과 같이 한 마리 또는 두 마리의 달리는 말 위에서 여러 가지 자세를 갖추는 기예와 말을 다루는 솜씨를 보여주는 활동이다. 또한 오늘날 승마경기가 말을 다루는 능력에 따라서 경기의 결과가 좌우되는 것과 마찬가지로 말을 다루는 경기의 원형이 되는 활동이다. 고려시대에 마술 역시 6藝의 御와 관련되어 군자의 필수적 소양이었으므로 생활과 전쟁수행 등을 위한 기마연습은 중요한 것이고, 그러한 활동에서 파생되어져 나와 하나의 기예로 발전된 것이 마상재이다. 더욱이 고려와 친밀한 관계를 가졌던 송나라에서도 우리의 마상재와 같은 馬技가 성행하였는데,《東京夢華錄》에는 引馬·開道旗·立馬·騙馬·跳馬·獻鞍·倒立·拖馬·飛仙·膊馬·鐙裏藏身·趕馬 등 여러 가지 마기가 있음을 말하고 또 이에 대하여 자세히 설명하고 있다. 이로 미루어 볼 때 우리 나라의 마상

15) 文榮鉉, 〈投壺遊戲에 관한 史的考察 및 遊戲法〉(《한국체육학회지》10, 1975), 124쪽

재는 고려시대에 송나라로부터 들어온 것이라고 생각된다.[16] 〈鄴中記〉의 石虎衣 기예는 원숭이 형상을 하고 달리는 말의 등이나, 말의 옆구리, 말머리, 혹은 말꼬리에서 재주를 피우는 것이다. 이와 같은 까닭으로 이름은 猿騎라고 한다. 이것이 곧 마상재의 시초이다. 〈識小編〉에 의하면 궁중에서 단오에 하는 龍舟놀이와 驃騎의 놀이가 있었다 한다. 驃騎라는 것은 한 사람이 말을 타고 기치를 쥐고 앞으로 가면 그 뒤에 말 탄 자가 계속 따르며 각각 말 위에서 교묘한 재주를 피우는 것이다. 말 타는 것을 익힌다는 것은 실상 원의 제도이다. 원대에는 단오가 되면 고려와 격구시합을 하였다.[17] 이와 같은 원과의 교류는 격구와 마상재의 활동을 활성화시켰고 그에 따라 마술의 기량을 향상시키는 부수적 효과도 얻게 되었다. 마상재의 내용을 간단히 살펴보면 다음과 같다. 첫째는 달리는 말 위에 서기, 둘째는 왼쪽과 오른쪽으로 말을 뛰어넘는 재주로 속칭 左右7步라고 한다. 셋째는 말 위에 거꾸로 서는 재주이다. 넷째는 말 위에 가로누워 거짓 죽은 체하는 것이다. 다섯째는 좌우 등자에 몸을 감추는 것으로 속칭 障泥裏라 부른다. 여섯째는 말꼬리를 베개 삼아 세로 눕는 재주로 혹 左右藏身·左右超馬 등 여덟 가지 자세로 나누기도 한다. 이상의 여러 가지 재주는 한 필의 말을 사용하기도 하고 혹은 두 마리를 사용하기도 한다. 이것은 일반화되지 못하고 특수계층에 의하여 맥을 이었다. 이유는 말의 사용이 군대 또는 상류층에 한정되었고 재주의 성격이 일반에게 공개되기에는 고난도였기 때문이 아닌가 한다.

5) 축 국

蹴鞠은 엄격한 규칙 아래 형식을 갖추어 실시된 것은 아니지만 놀이성을 지닌 공을 차는 경기로 오늘날의 축구와 비교될 수 있는 것이다. 이러한 축국은 고려시대 이전부터 널리 행해진 것이 《舊唐書》·《隋書》·《三國史記》·《三國遺事》 등의 기록을 통하여 확인되는데 놀이의 형식은 확실히 알 수 없다. 다만 조선의 정조 14년(1790) 韓嶠가 저술한 《武藝圖譜通志》를 보면 단편적

16) 高麗大民族文化硏究所, 《民俗大觀》 Ⅳ(高麗大 出版部, 1982), 610쪽.
17) 《武藝圖譜通志》 권 4, 馬上才.

인 사실을 알 수 있다. 즉 仲無頗의 〈氣毬賦〉에서 "저쪽에서 뛰면서 굴러서 蹴鞠을 준다. 어느 발로나 찬다"고 하였다. 〈初學記〉에서는 "鞠은 곧 毬자이다. 오늘날의 蹴鞠은 공놀이로 옛날에는 털을 사용하여 헝클어진 것을 얽어서 하였다"고 하여 털뭉치 등을 발로 차는 즐거운 놀이임을 밝히고 있다. 따라서 불어넣은 공이 아님을 알 수 있는데 다음의 시를 통하여 고려시대의 놀이는 한층 발전된 기구를 사용하였음을 볼 수 있다.

> 공에 바람을 넣어 사람들이 모여 차다가
> 바람이 빠져 사람들이 또 헤어지니 쭈그러진 빈 주머니가 남았다.
> (李奎報, 《東國李相國集》 후집 권 6, 古律詩 偶見氣毬回寓意).

그러나 이러한 단편적인 자료만 가지고 운동의 형식을 알 수는 없다. 다만 축국의 전래 경로를 살펴볼 때 중국으로부터 한국을 거쳐 일본에 전파된 시기가 8세기로 들어가기 전이며[18] 계속되는 중국과 교류가 있었음을 염두에 둔다면 고려와 같은 시기 송의 축국을 살펴봄으로써 운동형식을 짐작할 수 있다고 생각된다. 북송에서는 두 개의 구문을 사용하는 축국과 한 개의 구문을 사용하는 축국이 행하여졌다. 한 개의 구문을 사용하는 축국은 대체로 북송 말부터 시작하였고 청나라 중엽에 와서는 하지 않게 되었다. 구문의 크기는 높이가 약 3丈 정도이며 많은 5색천이 매어졌다. 북송시대에는 매년 10월 12일에 궁정에서 축국을 하였는데 경기법·인원·복장·승패에 대한 규정은 다음과 같다.[19]

① 경기법－중앙에 세워진 구문의 양쪽에 두 팀이 마주 보고 선다. 먼저 공을 잡은 팀이 패스를 하여 구문을 통과, 상대의 진영에 차 넣는다. 상대는 그 공을 받아 구문을 통과시켜 다시 상대의 진영으로 차 보내는 것을 계속한다. 경기를 하는 동안에는 음악이 연주되었다.

② 인　원－10여 명

③ 복　장－좌군은 홍금의, 우군은 청금의를 입으며 주장은 매듭이 긴 幞頭를, 나머지는 짧은 매듭의 복두를 착용한다.

---

18) 羅絢成, 《韓國體育史硏究》(文泉社, 1979), 151쪽.
19) 笹島恒輔, 《中國體育史》(逍遙書院, 1960), 67~68쪽.

④ 승패규정－승자에게는 銀碗과 錦布를 하사하고 패자의 주장은 鞭打를 당하며 수모를 겪었다.

물론 고려시대의 축국이 반드시 이것과 일치한다고 할 수 없지만 문화의 교류현상에 비추어 볼 때 유사하였을 것으로 보이며, 삼국시대로부터 조선 말기까지 성행된 사실은 병사들의 훈련에서 시작된 것이 시대가 변천하여 가는데 따라 흥미있는 오락경기로 대치되었음을 말해주는 것이라 하겠다.

6) 수 박

手搏은 격투기로서 우리 나라 고유의 무도인 태권도의 원형이라고 할 수 있다. 이것은 원시시대부터 자기방어를 위한 무술 또는 제례행사의 하나로 하던 것이 시대의 변천에 따라 무술 혹은 경기로 변화한 것이다. 申采浩의《朝鮮上古史》를 보면 "선배를 신수두大祭 때의 경기회에서 뽑아 학문에 힘쓰며 手搏·擊劍·射藝·騎馬·택견이·깨금질·씨름 등 각종 기예를 하며 …"[20] 라고 한 것이 그 점을 말해주는 것이다. 또한 같은 책에서 "松都의 「手拍」이 곧 선배경기의 일부분이니 수박이 중국에 들어가 「拳法」이 되며 일본에 건너가 「柔道」가 되었다"[21]고 하여 이미 상고시대부터 경기화되어 왔음을 알 수 있다. 그러나 주로 무사들의 수련을 통하여 맥을 이어오다가 고려시대에는 무사는 물론 일부 한정된 일반인에 의해 경기로 실시되어 왕이나 관중들의 관람대상이 되기에 이르렀다. 특히 수박의 실력이 벼슬과 직결될 정도였음을 통해 얼마나 인기 있는 종목이었는가를 추측할 수 있다. 실제로 李義旼은 수박을 잘 하였으므로 의종이 그를 사랑하여 隊正에서 別將으로 옮겨 주었으며[22] 최충헌은 연회를 베풀어 重房의 힘센 자들에게 수박을 시켜 승자에게는 바로 校尉·隊正 벼슬을 상으로 주었다[23]는 사실이 이를 증명한다.

---

20) 申采浩,《朝鮮上古史》(陳鏡煥譯, 人物硏究所, 1982), 239쪽.
21) 申采浩, 위의 책, 170쪽.
22)《高麗史》권 128, 列傳 41, 李義旼.
23)《高麗史》권 129, 列傳 42, 崔忠獻.

당시에 실시된 수박의 내용이나 방법은 자세히 알 수 없지만 《고려사》를 통하여 단편적으로 파악할 수 있다. 바로 의종 24년(1170)에 일어난 무신란은 手搏戲가 도화선이 되었는데 그 내용을 살펴보면 다음과 같다.

> 왕이 普賢院으로 갈 때 五門 앞에 이르러 侍臣을 불러 술을 마셨는데 술이 거나해지자 좌우를 돌아보며 말하기를 “장하다. 이 곳은 군사를 익힐 만하다” 하고 무신에게 五兵手搏戲를 하도록 하였다. … 대장군 李紹膺은 비록 무인이기는 하지만 얼굴이 파리하고 힘도 약하여 한 사람과의 手搏에서도 이기지 못하고 도망하니 韓賴가 갑자기 나서며 紹膺의 뺨을 때리자 바로 계단 아래로 굴러 떨어졌다(《高麗史》 권 128, 列傳 41, 鄭仲夫 의종 24년).

여기에 보이는 五兵手搏은 5:5勝拔戰이고 與一人手搏은 1:1개인전을 말하는 것이다. 이후 명종에서 충혜왕에 이르기까지 왕이 수박을 관람한 기록이 빈번하게 나타난다. 수박이 이렇게 성행하였던 것은 특별한 장비가 없이 간단한 복장으로 할 수 있는 격투기인 점과 승부를 결정할 때의 격렬성이 사람들을 자극하였기 때문인 것으로 생각된다.

7) 각 저

角抵는 다른 말로는 角力·角戲·相撲·角觝라고도 하며, 두 사람이 달려들어 힘을 겨루고 재주를 부려 먼저 넘어뜨려서 승패를 결정하는 운동경기로 오늘날의 씨름경기의 원형이다. 우리 나라에서는 이미 삼국시대 초기에 존재하였음을 알 수 있으니, 고구려고분인 角抵塚이 이를 증명하는 것이다. 씨름이 우리 나라의 문헌에 처음으로 나타나는 것은 충혜왕 때이다. 충혜왕 원년(1331) 3월 왕이 정무를 嬖臣인 裵佺과 朱柱 등에게 맡기고 날마다 內豎와 씨름하여 위와 아래의 예가 없었다고 한다.[24] 또는 왕이 용사를 거느리고 씨름놀이를 구경하였다거나[25] 공주가 延慶宮으로 옮기니 왕이 주연을 베풀어 위로하고 밤에는 씨름놀이를 구경하였다는[26] 등 이외에도 왕이 高龍普와

24) 《高麗史》 권 36, 世家 36, 충혜왕 원년 3월 신묘.
25) 《高麗史》 권 36, 世家 36, 충혜왕 후4년 2월 갑진.
26) 《高麗史》 권 36, 世家 36, 충혜왕 후4년 5월 신묘.

시가의 누각에 앉아서 擊毬와 씨름놀이를 구경하고 용사들에게 많은 포를 상으로 주었다는[27] 기사가 있다. 이로써 미루어 보건대 충혜왕은 씨름을 좋아하여 몸소 경기에 참가하기도 하고 자주 경기를 보고 그들에게 상품을 내려주었다. 이는 당시 사회생활에서 씨름의 위치를 가늠해 볼 수 있게 해준다. 또 당시 씨름꾼을 용사라고 불렀음을 알 수 있지만 씨름경기의 방법이나 기술에 대한 것은 알 수 없고 조선시대에 들어서서야 그것을 알아볼 수 있다.

그 밖에도 단오절과 같은 절기의 행사와 연등회·팔관회 등을 통하여 水戲·舞踊·百戲와 같은 놀이들이 성행하였는데 이러한 놀이들은 조선시대로 계승되어져 더 한층 스포츠적 성격을 띠게 되었다.

〈林榮茂〉

9. 민 속

1) 세시풍속

고려시대의 풍속이 형식상으로는 고구려의 유풍이라고 스스로 말하고 있으나, 내부적으로는 신라의 지식계급이 깊숙이 자리잡아서 그들 문화의 영향을 받았다. 아울러 후기에는 몽고풍속의 영향을 받아 절충된 것으로 볼 수 있다. 고려 태조 왕건은 즉위한 해 6월에 조서를 내려 이전의 풍속을 바꾸어 모두 새롭게 할 것을 밝혔다.[1]

그러나 한편으로 궁예에 의해 만들어졌던 새 체제가 오히려 백성들을 혼란케 하였으므로 모두 신라의 제도를 따르고 그 중에서 알기 쉬운 것만을 새로운 제도에 따르도록 하여[2] 신라의 풍속과 제도가 큰 영향을 끼치게 되었다. 아울러 태조의 〈訓要十條〉에 의하면,[3] 네 번째로 언급한 내용 중 우리

---

27) 《高麗史》 권 36, 世家 36, 충혜왕 後4년 11월 병인.

1) 《高麗史》 권 1, 世家 1, 태조 원년 6월 정사.
2) 《高麗史》 권 1, 世家 1, 태조 원년 6월 무진.
3) 《高麗史》 권 2, 世家 2, 태조 26년 4월.

동방의 문물·예악은 당의 풍속을 본받아 준수하여 왔으나 반드시 구차하게 같이하려 하지 말라며 주체성을 강조하였고, 거란의 풍속은 본받지 말도록 경계하고 있다. 6조에서 지극히 원하는 바는 燃燈과 八關에 있다 하고, 연등은 불교를 섬기는 것이고 팔관은 하늘의 신령 및 5嶽·명산·대천과 용신을 섬기는 것이라 하였다. 이것은 고려왕조의 신앙적 구조를 말해주는 것으로 불교와 민간신앙의 습합을 알 수 있다.

平壤의 木筧과 東明神祠에 제사지내고[4] 팔관회를 통해 고구려의 국가적 제례인 東盟을 이어받아 10월 보름날 소찬을 차려 놓고 팔관재를 거행하던[5] 고려왕조는 巫俗을 숭상하였고, 산신·해신·성황신 및 집안을 지켜주는 가신도 섬겼다. 그러므로 외래인의 눈에는, 고려인들이 귀신을 두려워하여 믿고 음양에 얽매여 병이 들어도 약을 먹지 않고 부자간에도 보지 않으며 방자와 압승만을 한다고 보였을 것이다.[6] 당시 俗謠인 〈動動〉에는 5월에 먹는 '수릿날 아츰藥'과 9월에 '藥이라 먹는 黃花'[7]가 노래 불려져 민간약에도 관심이 많았던 것으로 추측된다.

고려풍속은 신라의 전래풍이 많았는데, 신분상 士農工商 중에 선비(儒)를 귀히 여겨 글을 모르는 것을 부끄럽게 여겼다고 한다. 상업의 경우는 물물교환이 주류를 이루었는데, 장사치는 멀리 나들이하지 않고 대낮에 고을로 가서 각각 자기가 가지고 있는 것과 없는 것을 서로 바꾸는 것으로서 만족하는 듯하다고 한 언급에서 알 수 있다.[8]

남자와 여자의 혼인에는 경솔히 합치고 헤어지기를 쉽게 하는 것으로[9] 보였는가 하면, 연소자를 데려다가 성년이 되어 혼인시키는 豫壻의 풍속도 있었고[10] 일부다처, 축첩의 습속, 근친혼, 동성혼의 폐해도 있었다.

그러나 문물예의의 나라로 일컬어졌고 음식을 먹을 때 俎豆를 사용하고,

---

4) 《高麗史》 권 13, 世家 13, 예종 4년 하4월 을유.
5) 徐 兢, 《高麗圖經》 권 17, 祠宇.
6) 徐 兢, 위와 같음.
7) 《樂學軌範》 권 5, 牙拍.
8) 徐 兢, 《高麗圖經》 권 19, 民庶.
9) 徐 兢, 위와 같음.
10) 《高麗史》 권 27, 世家 27, 원종 12년 2월 경신.

서로 주고받는데, 절하고 무릎을 꿇어 공경하고 삼가는 것이 족히 숭상할 만한 것이었다는 기록으로 볼 때 민풍은 돈후하였던 것으로 생각된다. 또한 여성들은 항아리를 머리에 이는데 한 손으로 항아리 귀를 잡고 다른 손으로는 옷을 추키며 등에 아이를 업는 모습도 요즘과 큰 차이가 없는 것이라 하겠다.[11]

세시풍속은 신라의 추석(한가위)·수리·유두 등이 계속 전승되고, 중국에서 들어온 한식·백중·칠석·중양·동지 등이 정착되는 시기로 봄의 연등과 겨울의 팔관회가 고유한 세시풍속으로 자리잡았다. 고려시대의 俗節에는 元正·上元·寒食·上巳(삼짇날)·端午·重九(重陽)·冬至·八關·秋夕 등 아홉 가지가 있었으며, 愼日은 歲首·子午日·2월 초하루였다.[12]

궁중에서는 원정·동지·인일·입춘·新雪 등에 하례하는 의식을 거행하였다.[13] 인일에는 신하들에게 人勝祿牌를 내리며, 입춘 때는 春幡子를 주는데 이는 綵絹을 잘라서 만든 작은 기이다. 첫눈이 오면 하례를 하는데, 小雪이 지난 다음 大雪 전에 눈이 오면 하례하고 소설 전에 눈이 오면 괴이한 눈이라 하여 하례하지 않았다.

고려시대의 세시풍속 중 궁중풍속은 비교적 여러 기록에 의해 자세히 밝혀져 있으나 민간풍속은 부분적으로 눈에 뜨일 뿐이다. 거란과 몽고의 습속이 습합된 것도 고려시대의 특이성인데, 한때 사치풍조가 만연되기도 하였던 것 같다.

> 朕이 선왕을 우러러 본받아 검소한 덕을 행하고자 음식을 절감하고 嗜慾을 마음대로 하지 않았다. 근일 듣건대 서울과 지방의 풍속이 사치를 좋아하여 그침이 없고 음식을 먹을 때에는 음식이 여러 가지로 너무 많아서 풍속을 문란하게 한다 하니 매우 마음 아픈 일이로다(《高麗史》 권 11, 世家 11, 숙종 원년 정월 갑인).

숙종의 교서를 통해, 고려시대 풍속에서 먹고 마시는 소비풍조와 사치풍속이 지적되었음을 알 수 있다. 또한 喪葬의 풍속이나 전반적인 면에서 경박한 풍속은 고치고자 한 노력도 보인다.

---

11) 徐 兢, 《高麗圖經》 권 22, 雜俗 및 권 20, 婦人 戴.
12) 《高麗史》 권 84, 志 38, 刑法 1, 名禮, 禁刑 國忌.
13) 《高麗史》 권 67, 志 21, 禮 9.

> 요즈음 세상의 道가 점점 나빠지고 풍속이 경박하여 부모에게 불효하고 형제간에 우애가 없으며 혹은 어린 자식을 버리고 妻妾을 버리며 혹은 喪中에 방탕하게 놀며 부모의 유골을 임시로 절에 草殯해 놓고 여러 해가 지나도록 매장하지 않는 자가 있다. 마땅히 해당 관리로 하여금 검찰하여 벌을 주되, 만일 가난하여 장례를 치르지 못한 자에게는 관에서 장례비를 지급하라(《高麗史》 권 16, 世家 16, 인종 11년 6월 을사).

고려시대는 국가적인 시책의 하나로 月令에 따라 모든 행사를 거행하도록 교지를 내렸는데 의종 22년(1168) 3월의 일이다.[14]

이같이 월령을 따르라는 명령은 음양의 이치에 순응하면서 장차 낡은 것을 고치고 새로운 것을 정하려는 의도와 배치되는 것이 아니다. 의종의 교지 가운데는 佛法을 존중함과 아울러 仙風을 숭상하고 이어받도록 하여 신라 이래 크게 행한 선풍을 팔관회와 연계시키고 있다. 또 월령행사는 이른바 歲時行事로서 세시풍속과 다르지 않다. 비록 궁중의 법도이기는 하여도 많은 民間俗에 영향이 있었을 것이다. 향읍의 세시풍속은 궁중풍속과 형태적으로 차이를 보이나 결국 궁중속과 민간속은 상호교섭의 관계를 유지하였던 것으로 볼 수 있다.

봄 연등, 한겨울 팔관은 궁중속이면서도 기층사회에서도 행해졌으며 오늘날은 오히려 민간속으로 침잠되어 잔존하고 있으며, 설·입춘·단오·유두·칠석·중양·동지·수세 등의 월령행사는 궁중과 민간의 풍속으로 병존하였다.

고려의 풍속은 역사적인 측면에서도 삼국과 통일신라의 계통을 따랐으며 여기에 창의적인 면을 추가하였다. 또한 중국과 동북아시아, 이슬람 등의 외래문화적 영향을 받아 절충되는 면모를 나타냈음을 파악할 수 있는 바다. 따라서 고려시대 풍속은 궁중과 민간, 전통과 외래적 요소를 고루 견지했는데 구체적으로 세시풍속을 중심으로 살펴보기로 한다.

(1) 봄철의 세시풍속

봄철은 세시풍속이 풍부한 계절이다. 歲時는 無時와 상반된 개념이므로[15]

---

14) 《高麗史》 권 18, 世家 18, 의종 22년 3월 무자.
15) 洪錫謨, 《東國歲時記》, 正月 元日.
《增補文獻備考》 권 64, 禮考 11, 祓禳.

봄에서 겨울에 이르기까지 특정한 날, 즉 名節의 풍속을 말한다. 세시의 「歲」는 한해를 뜻하고 「時」는 춘하추동의 네 계절을 지칭하므로 봄은 세시풍속의 시작을 의미한다.

세시풍속은 연중행사 또는 俗節·月令·節日·節令 등과 같은 뜻으로 쓰여지는데 계절축제·주기축제의 복합성을 지니므로 여기에는 노래·놀이·신앙 등이 포괄된다. 그러므로 세시풍속은 해마다 주기적으로 반복되는, 특별한 공감과 보편성을 지니며 생활행위와 관념을 표출하는 날짜 중심의 민속인 셈이다.[16]

우리 나라의 세시풍속은 神觀, 점복사상, 조상숭배, 농경과 협동, 예능적인 면모를 갖추고 있는데[17] 특히 농경의례와 밀접하여 태음력을 기준으로 삼고 있으며, 24절기를 적용하였으므로 여기서도 음력에 따르고자 한다.

봄철은 정월에서 3월까지인데 무엇보다 한 해의 시작이므로 각종의 행사들이 풍부하다. 「철」은 계절의 뜻을 지니는데 한자 「節」에서 온 것으로 보고 있다.[18] 큰 명절로 설과 상원이 들어 있고, 24절기인 입춘민속과 중국에서 전래한 人日의 풍속, 금기속인 子午日의 세시풍속이 성행하였다. 2월에 융성한 고려불교의 특징을 보여주는 연등회가 국가적인 행사로 치러졌으며, 春季釋奠이 행해졌다. 3월에는 上巳와 한식이 들어 있어 봄철의 세시풍속은 중요하고도 많은 내용을 담고 있다.

봄철은 豫祝的 의미의 행사들이 중심을 이루어 다가올 1년의 풍요와 안녕 등을 미리 축원하는 때이다. 또한 만물이 활발한 움직임을 시작하려는 때로 24절기 중 입춘·우수·경칩·춘분·청명·곡우가 들어 있어 生産曆과 生活曆·祭儀曆 등의 역법상 시작을 알리는 계절이다.

가. 원 단

元旦은 한 해의 첫날을 말하는데 元正·元日·歲首라는 말들도 쓰며 일반적으로 「설」 또는 「설날」이라고도 한다. 우리 민족이 새해에 들어 예를 표했던 것은 오래 전의 일로서 현재로는 신라 때부터 행해져 왔던 것으로 《隋

16) 張正龍, 《韓·中歲時風俗 및 歌謠硏究》(集文堂, 1988), 19쪽.
17) 任東權, 《韓國歲時風俗硏究》(集文堂, 1985), 39~45쪽.
18) 한진건, 《조선말의 어원을 찾아서》(연변인민출판사, 1990), 180쪽.

書》·《新唐書》 등에 기록되어 있으며[19] 濊에서도 歲時朝賀를 행한 것으로 기록되어 있다.[20] 고려시대 역시 신라의 풍속을 그대로 이어받아 원정에 朝賀를 궁중에서 올렸다.[21] 언제부터 「원단」을 「설」로 써 왔는지는 알 수 없으나 《高麗史》에는 愼日에 세수를 넣고 있음을 볼 때 민간에서는 「설」로 불렀을 것으로 보인다.

一然의 《三國遺事》에도 나오고 그 이후 문헌에도 보이는 「怛忉」는 신일의 뜻으로 「설」을 지칭한 것으로 생각된다.[22] 그 뜻은 悲愁의 의미로 새해 들어 모든 일을 조심하여 피하라는 내용이다. 조선시대 성종 13년(1482)에 간행된 《永嘉大師證道歌南明泉禪繼頌》에 "忉忉怛怛ᄋᆞᆫ 시름ᄒᆞ야 슬흘시다"라 한 것으로 보아도 설의 어원은 「섧다」, 「슯흐다」에서 나온 것으로도 보이고[23] 나이를 뜻하는 「살」의 고어로도 유추된다.

설의 풍속은 「설빔」을 입고[24] 세배를 하며 차례를 지내고 덕담을 나눈다. 궁중에서는 원일조회를 하였는데 고려시대 역시 그 전통을 유지하였다. 송의 사신 徐兢에 의하면 "원단과 매달 초하루와 춘추와 단오에 다 조상의 신주에 제향을 드리는데 府中에 그 화상을 그려 놓고 승려들을 거느리고 梵唄를 노래하며 밤낮을 계속한다"[25]고 하였다.

또한 새해에는 歲畵를 나누는데 궁중과 민간에서 행해졌다. 李穡은 歲畵 10長生으로 해·구름·물·돌·소나무·대나무·지초·거북·학·사슴을 들고 있다.[26]

새해에는 椒酒와 屠蘇酒 등의 歲酒를 마시며, 복숭아나무 두 쪽을 문 옆에 달아서 邪鬼를 물리쳤다. 그런가 하면 이 날 賣痴라 하여 어리석음과 못났음을 남에게 파는 풍속도 있었다. 安軸의 《謹齋集》에는 「賣痴」[27] 풍속이

---

19) 《隋書》 권 81, 列傳 46, 東夷 新羅.
《新唐書》 권 220, 列傳 145, 東夷 新羅.
20) 《後漢書》 권 85, 列傳 75, 東夷 濊.
21) 《高麗史》 권 67, 志 21, 禮 9.
22) 《三國遺事》 권 1, 紀異 1, 射琴匣.
《東國輿地勝覽》 권 21, 慶州府 題詠.
23) 崔南善, 《朝鮮常識》 風俗篇, (東明社, 1948), 17쪽.
24) 李崇仁, 《陶隱先生詩集》 권 2, 元日奉天殿早朝.
25) 徐 兢, 《高麗圖經》 권 17, 祠宇.
26) 李 穡, 《牧隱詩藁》 권 12, 歲畵十長生.
27) 安 軸, 《謹齋集》 권 1, 詩, 元日.

나와 있는데, 이는 대보름의 「賣暑」(더위팔기)와 비슷한 내용이다. 송나라 때 范石湖가 지은 〈賣痴獃詞〉라는[28] 시도 같은 내용을 담고 있다.

나. 입 춘

立春은 24절기 중 가장 먼저 드는 절후로서 이 날 여러 행사를 치렀다. 대궐 안에는 春幡子·春帖子를 붙였으며 민가나 상점에서도 春聯을 붙였다. 궁중에서는 土牛를 만들어 농사의 이르고 늦음을 점쳤다.[29]

궁중의 입춘하례는 人日하례와 같으나, 백관이 乾德殿에서 왕을 알현하며 춘번자를 내리고 迎春詞를 지었다.[30] 춘번자는 春詞를 포에 쓴 것을 말하는데, 송나라 제도에 따르면 춘첩자를 한림들이 궁중의 문에 붙였다고 한다. 또 梁代 宗懍은《荊楚歲時記》에서 "입춘날에 봄에 합당한 문자를 써서 문에 붙인다"고 한 것으로 미루어 보면 중국에서 비롯된 듯하다. 한편 李奎報가 궁궐과 집의 춘첩자에 대한 시 세 편을 전하여 고려시대의 입춘풍속을 엿볼 수 있다.[31]

다. 인 일

人日은 「사람날」이다. 음력으로 정월 7일을 인일로 정한 것은《형초세시기》등 중국의 세시풍속에 들어 있다. 淸代《淸嘉錄》에 「7人 8穀」이라 하여 7일은 사람날이고 8일은 곡식날이다. 정초부터 1일은 닭날, 2일은 개, 3일은 돼지, 4일은 양, 5일은 소, 6일은 말날이라 하였다. 따라서 정초 1일부터 6일까지는 짐승들의 날로 꼽고, 그 다음을 사람·곡식·하늘·땅의 날로 정하였다.

궁중에서는 이 날 하례를 하였으며[32] 명종 3년(1173)에는 '인일녹패'를 하사하였다.[33] 녹패를 하사하는 의식은 공민왕 3년(1354) 봄 정월에 폐지하였다.[34] 왕은 은으로 만들어 머리에 장식하는 銀勝을 신하에게 나누어 주기도 하였는데, 이규보는 은승을 받은 기쁨을 다음과 같이 읊었다.

---

28) 范成大,《石湖集》권 30, 詩 賣痴獃詞.
29)《高麗史》권 3, 世家 3, 성종 7년 2월 임자.
30)《高麗史》권 13, 世家 13, 예종 5년 12월 계축.
31) 李奎報,《東國李相國集》전집 권 17, 古律詩 御殿春帖子-五言七言·御殿春帖子·私門春帖子.
32)《高麗史》권 67, 志 21, 禮 9, 人日賀儀.
33)《高麗史》권 19, 世家 19, 명종 3년 정월 신미.
34)《高麗史》권 38, 世家 38, 공민왕 3년 정월.

머리장식 화려하여 늙은 눈은 놀라고
임금께서 내려준 것 절해 받음에 봄기운 더하는 듯
머리에 꽂으매 어찌 그리 무거운가
임금의 은혜 때문이지 은 때문은 아닐세
날도 인일이요 머리장식도 사람 위한 것인데
은빛이 흰머리와 빛을 다투네
올해도 무심히 예에 따라 받고 보니
성은이 물러나 한가로운 몸에까지 미친 걸세
서왕모[35] 남긴 의식 아직도 남아 있어
화승을 만들어 서로서로 선물하네
이 늙은이야 풍속 따름을 기피함은 아니지만
임금의 은택이라 잠시 머리에 꽂네
(李奎報, 《東國李相國集》 후집 권 2, 古律詩 人日受銀勝)

이규보는 인일에 머리장식을 서로 선물하는 풍속을 말하고, 자신이 풍속을 반드시 따르려는 것은 아니지만 머리에 잠시 꽂는다고 하였다. 이로 보면 고려시대에 이 풍속이 성행했음을 알 수 있다. 한편 인일의 이러한 풍속은 계속 이어져 조선조에는 구리로 만든 거울인 銅人勝을 신하들에게 나누어 주었다고 하며, 과거시험인 人日製를 치르기도 하였다.

궁중뿐만 아니라 향촌에서도 가족끼리 서로 모여서 함께 놀며 「사람날」을 축하하였다. 「사람날」을 이처럼 귀하게 여긴 것은 인명존중의 표출로 장수와 행복을 비는 뜻이 강하다. 인륜과 도덕을 술회한 가사 〈人日歌〉는 많은 것을 시사해 준다 하겠다.[36] 즉 인일에 서로 모여 사람될 일을 의논하여 친척간에 화목하고 어진 일을 행하고 그른 일은 하지 않도록 격려하였던 것이다.

라. 자오일

정초 12支日 중에서 첫쥐날과 첫말날을 고려시대에는 愼日로 생각하였다.[37] 요즘도 이 민속들은 전승되는데, 고려 때의 구체적인 기록을 볼 수 없으나 신라풍속을 답습한 것으로 생각된다.

---

35) 西王母는 중국의 전설적인 선녀로서 그가 머리에 꽂고 있던 戴勝을 모방하여 花勝을 만들었으며, 長壽와 행복을 비는 뜻이 담겨 있다고 《荊楚歲時記》에는 언급하였다.
36) 李鍾出, 〈止止齋 李商啓의 歌辭攷〉(《國語國文學》 33, 1966), 93~94쪽.
37) 《高麗史》 권 84, 志 38, 刑法 1, 名例, 禁刑 愼日.

제21대 毗處王(또는 炤智王이라고 함)이 즉위한 10년 무진, 왕이 천천정에 납시었더니 때마침 까마귀와 쥐가 와서 울었다. 쥐가 사람의 말을 하면서 이 까마귀가 가는 곳을 찾아가라 하였다. 왕이 기사를 시켜 따라가게 하였더니 남쪽으로 避村까지 가서 돼지 두 마리가 싸우는 것을 보다가 까마귀가 있는 곳을 잃었다. 길가에서 배회하니 때마침 어떤 노인이 못에서 나와 편지를 주는데 겉에 쓰기를 "떼어 보면 두 사람이 죽고 떼어 보지 않으면 한 사람이 죽는다" 하였다. 사신이 돌아와서 왕께 바치니 왕이 "두 사람이 죽는 것보다는 떼어 보지 말고 한 사람이 죽는 것이 낫다"하니 점치는 관원이 아뢰되 "두 사람이란 서민이고 한 사람이란 왕입니다"하니 왕도 그렇게 여겨 떼어 보았더니, 속에 "거문고 집을 쏘라"하였다. 왕이 내궁으로 들어가서 거문고 집을 쏘았더니 내전의 焚修僧이 宮主와 은밀히 간통하고 있었다. 두 사람은 사형을 받았다.

이로부터 세속에서 매년 첫 亥日·子日·午日 등에는 온갖 일을 꺼리며 조심하여 감히 움직이지 않았다(《三國遺事》 권 1, 紀異 1, 射琴匣).

즉 신라에서 자·오·해일에 온갖 일을 삼가던 풍습을 이은 것으로 보인다. 조선 선조 때의 《芝峰類說》에도 쥐는 곡식을 축내므로 이 날에는 모든 일을 금하며, 말은 노역에 잘 복무하기 때문에 제사를 차려 복 들어오고 재앙 물러가기를 빌었다.[38] 이로 미루어 보아 고려 때 자오일에 근신한 것도 같은 맥락으로 볼 수 있다.

마. 상 원

「上元」은 우리 나라 전통적인 세시풍속의 하나로 「대보름날」이라고도 부른다. 상원은 도교식 명칭으로서 元宵·元夕·元夜 등으로도 불린다.

정월 대보름날의 풍속은 궁중과 민간에서 다양하게 전개되었는데, 고려 목종 12년(1009)에는 상원에 연등을 베풀었으나[39] 현종 원년(1010)에 상원도량을 폐지했으며 다시 2월로 연등회를 옮겼다.[40] 그 후 2월에 연등회를 계속하다가 고려 후기 충렬왕 3년(1277)에 교지를 내려 다음해부터 정월 15일에 연등회를 열도록 하였다.[41]

---

38) 李睟光, 《芝峰類說》 권 1, 時令部 節序.
39) 《高麗史》 권 3, 世家 3, 목종 12년.
40) 《高麗史》 권 4, 世家 4, 현종 원년 정월 을축·2년 2월 기미.
41) 《高麗史》 권 28, 世家 28, 충렬왕 3년 8월 경오.

궁중의 상원 燈夕행사를 이규보는 다음과 같이 서술하고 있다.

> 마침 상원의 저녁을 당한지라 성대한 풍악의 의식을 베푸시니, 8政6合의 생황(笙)[42]은 그 소리가 천상의 풍악보다 우렁차고, 9光4照의[43] 등불은 그 그림자가 별빛처럼 찬란하도다. 모든 오락을 교대로 연구하여 백성들과 함께 즐기시도다. 귀신과 사람이 서로 경하하고, 미개인이나 문화인이나 모두 손님처럼 오게 되도다(李奎報,《東國李相國集》전집 권 19, 雜著·上梁文·口號·頌讚銘 丁巳年上元燈夕敎坊致語口號).

상원에는 현재까지 전승되는 민속이 상당수 있는데 고려의 기록에 나타난 것을 보면 약밥과 農家占豊·踏橋·달맞이 등을 들 수 있다.

약밥(藥飯)은 粘飯 또는 糯飯이라고도 하는데 찹쌀을 쪄서 대추·밤·기름·꿀·간장 등을 섞어 함께 찌고 잣을 박은 것으로 보름의 時食이며, 이것으로 제사를 지낸다.[44] 고려 때 東京 즉 경주풍속을 적은《東京雜記》에 의하면, 신라 소지왕 10년(486) 정월 15일 왕이 천천정에 행차했을 때 날아온 까마귀가 왕을 일깨워 주었으므로, 우리 나라 풍속에 보름날을 까마귀 제사하는 날로 삼아 찰밥을 만들어 까마귀를 제사함으로써 그 은혜에 보답하는 것이라 했다.[45]《삼국유사》에도 "15일에는 까마귀의 제삿날이라 하여 찰밥으로 제사하여 지금껏 행한다"고[46] 하였음을 보아도 신라·고려·조선조에 이르는 동안 약밥만들기가 전승되었음을 알 수 있다.

이색은 동국의 풍속 가운데 농가에서 달점을 치는 것을 노래하였다.[47] 한편 고려속요 중〈動動〉은 이른바 달거리 형식으로 1년 12달을 노래하고 있는데 이 가운데 정월의 노래는[48] 상원답교 때에 불렀던 것이 아닐까 유추된

---

42) 전거에 밝혔듯이《東國李相國集》원문에는 분명히 八政으로 나와 있으나 七政으로 보아야 할 것으로 보인다. 즉 생황에는 七政의 음절과 六合의 和聲이 있다. 七政은 궁·상·각·치·우·소궁·소상이고, 六合은 상하·사방임(白虎通禮樂).

43) 道家에서 나온 말로, 아홉 색채의 빛이 사방에 비칠 수 있는 밝은 등을 이름.

44) 洪錫謨,《東國歲時記》, 正月 上元. 한편 李穡,《牧隱詩藁》권 13, 粘飯에서 약밥의 달콤함을 노래하였다.

45) 閔周冕,《東京雜記》권 1, 風俗 糯飯祭烏.

46)《三國遺事》권 1, 紀異 1, 射禁匣.

47) 李 穡,《牧隱詩藁》권 13, 粘飯.

48)《樂學軌範》권 5, 牙拍.

다. 왜냐하면 상원의 다리밟기 즉 踏橋는 이 날 다리(橋)를 밟으면 1년 동안 다리(脚)에 병이 생기지 않는다고 하였는데,[49] 「동동」은 답교 때 다리 아래로 흐르는 물이 얼었다 녹았다 하는 모습을 연모의 정과 일치시켰다고 보이기 때문이다. 또 고려시대의 노래인 〈靑山別曲〉 셋째 연의 "가던새 가던새 본다 믈아래 가던새 본다 잉무든 장글란 가지고 믈아래 가던새 본다 얄리얄리 얄라셩 얄라리 얄라"는 〈동동〉의 답교 모습을 새를 통해 연상케 한다.

崔南善은 답교를 고대사회의 性的 해방일의 잔재로 보았는데[50] 鄭東愈는 走橋에서 파생된 것으로 추측하였다.[51] 한편 이수광은 보름날 답교는 고려조로부터 비롯되었다고 했는데[52] 안동지방에는 '놋다리밟기(銅橋)'가 있었다.[53]

바. 연등회

燃燈會는 부처를 공양하는 의식으로, 태조가 〈훈요10조〉에서 매년 반드시 개최할 것을 당부한 이후 八關會와 함께 고려조의 국가적 연중행사로 자리 삽았다. 그러나 성종 6년(987)에는 崔承老의 건의에 의해 22년간 중지되었다가 현종 때 다시 개최되었다.

연등회는 상원연등이라 하여 정월 15일에 열렸으나 현종 이후 인종 말년까지 2월 15일에 열려 2월연등이 되었다. 후에 崔怡에 의해 4월 8일로 정착되었다.[54] 연등회 때에는 사찰에 많은 등을 밝혀 부처의 공덕을 칭송하기도 하였으나 사치가 심하여[55] 막대한 국고를 낭비했다는 여론도 있었다. 연등회 때 靖宗은 奉恩寺에 가서 예불하고 그 곳에 모신 태조의 사당에 참배하였으며 민간에서는 각 사찰에 소원성취를 비는 연등회가 열렸다. 고려조가 불교를 신봉하였던 관계로 연등회는 불교행사만이 아니라 종합적인 문화제의 성격도 지니게 되었다.

---

49) 洪錫謨, 《東國歲時記》, 正月 上元.
50) 崔南善, 《故事通》(三中堂, 1944), 202쪽.
51) 鄭東愈, 《晝永編》 상.
52) 李睟光, 《芝峰類說》 권 1, 時令部 節序.
53) 洪錫謨, 《東國歲時記》, 正月 上元, 安東俗.
54) 洪錫謨, 《東國歲時記》, 四月 八日.
55) 徐 兢, 《高麗圖經》 권 17, 祠宇.

고려 속요 〈동동〉에서는 2월 연등을 잘 표현하고 있다.

二月ㅅ 보로매　　　　　　　　아으 노피현 燈ㅅ불 다호라
萬人 비취실 즈이샷다　　　　아으 動動다리

〈동동〉은 연모의 정을 연등에 빗대어, 자신의 임은 2월 보름에 높이 켠 등불과 같아 만인을 비치실 얼굴이라 하였다. 연등풍속은 번성함을 소재로 쓰이게 하였던 것이다.

고려의 연등풍속은 그 이후에 민간 향읍에서는「영동할머니」민속으로 전승되고 있다.《동국여지승람》에는, 2월 초하루에 濟州島 涯月지방에 사는 사람들이 나무를 말머리 모양으로 만들어 채색비단으로 꾸며서 躍馬戱를 행한다고 하였다. 이는 신을 즐겁게 하기 위해서인데 이것을 燃燈이라고 한다는 것이다.[56] 영남지방 풍속에는 집집마다 靈登神을 맞아 제사지냈다.[57]

사. 2월 초하루

《고려사》에 따르면 2월 1일은「愼日」에 포함되었는데, 그 이유는 밝히지 않았다.[58] 최남선은 "설의 일부분으로 그 終幕에 당하는 것"[59]으로 보았다.

2월 1일을 중국에서는 中和節이라 하고 궁중에서 中和尺을 신하들에게 나누어 주었는데 농사를 권장하기 위함이라 한다.[60] 우리 나라는 당의 중화절을 본떴던 것으로 기록되어 있다.[61] 정동유도 2월 1일을 명절로 정한 것은 당나라 중화절의 뜻을 취한 것이라 하였다.[62]

고려 때 2월 1일을「삼가는 날」로 삼은 것은 이 때부터 농사일이 시작되므로 근신하였던 것이 아닐까 한다. 조선조 이후에는 2월 1일이 風雨神으로 알려진 연등신(영등신·영동신)에게 제사지내는 날로 농업에 관계된 신의 날이 되었다.

---

56)《東國輿地勝覽》권 38, 濟州牧, 風俗.
57) 洪錫謨,《東國歲時記》, 二月 朔日, 嶺南俗.
58)《高麗史》권 84, 志 38, 刑法 1, 名例, 禁刑 愼日.
59) 崔南善,《朝鮮常識》風俗篇 (東明社, 1948), 23쪽.
60) 吳自牧,《夢梁錄》권 1, 二月.
　　周　密,《武林舊事》권 1.
61) 洪錫謨,《東國歲時記》, 二月 朔日.
62) 鄭東愈,《晝永篇》상.

아. 석 전

釋奠은 해마다 음력 2월과 8월의 上丁日에 공자에게 제사드리는 것을 말한다. 춘추로 문묘에서 공자를 중심으로 중국의 역대 유학자와 우리의 유학자를 모셨는데 고려 때는 국학을 세우고 거기에 봉안하였다. 신라 성덕왕 16년(717)에 시작된 문묘제도는[63] 고려시대는 唐制에 따라서 국자감, 조선시대에는 성균관 대성전 외에 지방마다 향교에서 공자를 받들게 되었다.

고려 인종 7년(1129) 왕은 국학을 시찰하여 先聖(공자)에게 석전하고 銀盤 2事와 綾絹 30필을 올렸으며,[64] 또한 희종 즉위년(1204) 3월 정묘에 文宣王에게 석전했는데, 國恤(喪)로 이 달에 행하였다.[65]

이와 같이 석전을 지낸 것은 先師·先聖의 덕행을 본받아 덕행을 쌓게 하려는데 있었다. 문선왕묘는 궁전 북쪽에 있었는데 釋奠日은 仲春과 仲秋의 上丁日로 한다고 되어 있다.[66] 선종 8년(1091) 9월에는 국학의 벽에 72賢의 도형을 그렸으며, 숙종 6년(1101) 4월에는 문선왕묘의 좌우복도에 61子와 21賢을 그렸다. 예종 9년(1114) 11월에는 신라 崔致遠을 제사게 하였고, 충정왕 3년(1351) 8월에는 薛聰과 최치원을 제사하지 않았다.

자. 개 빙

「開氷」은 孟冬 및 立春에 저장하였던 얼음을 春分에 꺼내는 것인데, 이 때 제사지내는 것을 「司寒」이라 한다. 궁중에서 지내는 제사인데 빙실에서 경건하게 치룬다.[67] 그런데 충렬왕 23년(1301) 6월에는 사람들에게 모두 藏氷할 수 있도록 허락하였다는[68] 내용으로 볼 때 일정한 직위가 없으면 겨울에 넣었던 얼음을 함부로 쓸 수 없었던 것이 아닌가 생각된다.

《舊唐書》 禮儀志에 "季冬藏氷 仲春啓氷"이라 하였듯이 봄철 춘분에 얼음을 꺼내는 풍속이 있었음을 알 수 있다.[69] 문종 3년(1049)에는 "해마다 6월부

63) 《三國史記》 권 8, 新羅本紀 8, 성덕왕 16년 추9월.
64) 《高麗史》 권 16, 世家 16, 인종 7년 3월 계묘.
65) 《高麗史》 권 21, 世家 21, 희종 즉위년 3월 정묘.
66) 《高麗史》 권 62, 志 16, 禮 4, 文宣王廟.
67) 《高麗史》 권 63, 志 17, 禮 5, 吉禮小祀 司寒.
68) 《高麗史》 권 30, 世家 30, 충렬왕 23년 6월 계미.
69) 李 穡, 《牧隱詩藁》 권 9, 有懷頒氷 三首.

터 立秋까지 얼음을 나누되 벼슬을 사직하고 은퇴한 여러 輔臣들에게는 3일에 한 번씩 하고 僕射·尙書·卿·監·大將軍 이상에는 7일에 한 번씩 함을 永制(定制)로 하라"[70]고 하였다. 또 최이는 西山에 사사로이 얼음을 저장하려고 백성을 정발하였는데 백성들이 매우 괴로워하였다[71]는 것으로 미루어 얼음에 얽힌 고려민속 또한 흥미롭다.

차. 한 식

「寒食」은 동지로부터 105일째 되는 날로 고려 때는 俗節에 해당하였다. 한식은 이른바 節祀로서, 설·단오·추석과 함께 산소에 올라가 제사지낸다.[72]

선종은 2년 3월에 왕은 문종의 返魂堂에 나아가 한식과 아울러 上巳祭를 지냈다.[73] 민가에서도 이 날에는 찬밥을 먹고 불을 금하였다. 불을 금한 것은 중국 춘추시대 晉나라 충신 介子推의 故事에서 유래하였다. 즉 그가 晉文公에게 허벅지살을 베어 봉양할 정도로 충성을 다했으나 후에 문공이 왕위에 오르고도 그에게 벼슬을 주지 않자 綿山에 숨었다. 문공이 뒤늦게 알고 불렀으나 오지 않으므로 산에 불을 놓아 나오게 했으나 끝내 불에 타 죽고 말았다. 그 이후 그가 죽은 날을 한식일이라 하여 불을 지피지 않고 그의 덕을 추모하였다고 한다.[74] 이규보는 한식일에 개자추의 고사에 감탄하여 시를 남겼을[75] 만큼 한식은 이처럼 개자추의 고사에 의해 불을 피우지 않은 것으로 인식되어 있었다. 그러나 주대의 법제에는 한식날에 바람이 심하므로 산불방지를 위해 불을 피우지 못하게 하는 정책이 있었다.[76] 이로부터 한식에 불을 금하였던 것으로 보인다.[77] 한식날에는 그네뛰기를 하였던 것으로 보이는데, 그네뛰기 등의 민속놀이는 다음 장에서 다루겠다.

---

70) 《高麗史》 권 7, 世家 7, 문종 3년 6월 무자.
71) 《高麗史》 권 129, 列傳 42, 崔忠獻 附 怡.
72) 《高麗史》 권 10, 世家 10, 선종 2년 3월 병신.
73) 李 穡, 《牧隱詩藁》 권 31, 寒食三首.
74) 《左傳》, 喜公 24년.
75) 李奎報, 《東國李相國集》 전집 권 1, 古律詩 寒食感子推事.
76) 高 承, 《事物紀原》 권 8, 歲時風俗部 42, 禁火.
宗 懍, 《荊楚歲時記》.
77) 陳元靚, 《歲時廣記》 권 17.
李 瀷, 《星湖僿說類選》 권 2 하, 人事篇 2, 論禮門 上節日上墓.

카. 상 사

「上巳」는 고려의 속절에 드는 명절로 음력 3월 3일을 일컫는다. 「삼짇날」이라고도 부르는데 상사는 3월 建辰이 巳로서 이것은 除를 말하여 除災를 뜻한다. 3數를 겹친 것은 3월 巳日이 길한 숫자이므로 후에 3월 3일은 상사라고 썼다.78)

이 날은 踏靑하는 풍속도 있고, 굽이굽이 흐르는 물에 술잔을 띄워 마시며 시를 짓는 流觴曲水의 풍속도 있었다. 《宋史》에는 '上巳艾餠'이라 하여79) 답청하며 쑥떡을 해먹는 고려인들 모습을 적고 있다. 3월 3일에 하늘에 제사지내고 禊浴하는 풍습은 오래 전부터 내려왔다. 즉 고구려에서는 항상 봄 3월 3일에 낙랑벌에 모여 사냥하여 잡은 돼지·사슴으로 하늘 및 산천의 신에게 제사하였다.80) 또 駕洛에서도 계욕행사가 있었다.81) 이규보는 禊宴에 초청받았던 것을 기뻐하며 奇平章에게 편지를 보내, 자신이 참여했던 광경을 묘사하였다.

> 9월의 중양절과 3월 상사절을 당하면 鄭나라 유풍을 따라 바야흐로 禊事82)를 치르되 蘭亭의 훌륭했던 모임을 사모하여 특별히 아름다운 손님들을 초청하게 되는데 어찌 오막살이 몸이 비단자리의 말석에 끼이게 될 줄 알았겠습니까.…푸른 숲 사이에 자리를 잡고 흐르는 물가에 둘러앉아 잔을 띄우는데, 瑤箏과 錦瑟의 가냘픈 곡조는 줄이 손 따라 말하는 듯, 구름 같은 머리 반달 같은 눈썹의 절세 미인들은 눈짓이 마음과 통하는 듯하며 가벼운 바람은 춤추는 소매를 희롱하듯 나부끼고, 날리는 버들개지는 노래하는 부채에 달라붙었습니다(李奎報, 《東國李相國集》 전집 권 27, 書 謝奇平章召赴禊宴啓).

이 내용을 보면 상사일에 물가에서 술잔을 띄우고 놀았던 것을 알 수 있다. 중국에서도 상사일에 모든 백성이 모두 강이나 못, 늪 사이의 맑은 물이 흐르는 곳에 모여서 술잔을 띄워 받아 마셨으며, 曲水流觴의 풍속은 晉代부터라고 한다.83) 따라서 고려의 상사풍속은 중국 영향이 있었다고 볼 수 있는

78) 陳元靚, 《歲時廣記》 권 18, 上巳.
79) 《宋史》 권 487, 列傳 246, 外國 3, 高麗.
80) 《三國史記》 권 45, 列傳 5, 溫達.
81) 《三國遺事》 권 2, 紀異 2, 駕洛國記.
82) 上巳節에 재액을 털어버리기 위하여 지내는 제사.
83) 吳自牧, 《夢粱錄》 권 2, 三月 月內.

데, 문종 23년(1069) 3월에 왕은 興王寺 남쪽 봉우리에 올라 禊飮을 하고 上巳詩를 짓도록 하였다.[84)]

조선시대에도 동대문 밖의 버들, 弼雲臺 살구꽃, 北屯의 복사꽃은 花柳의 가장 좋은 곳으로 소문나서 많은 사람들이 모였다.[85)] 이 날은 야외로 나가서 새로 난 쑥잎을 따서 흰떡을 만들어 먹었다. 〈동동〉에서 3월은 상사의 화전인 「꽃지짐」에 쓰는 진달래꽃을 소재로 삼았다. 즉 "三月나며 開ᄒᆞᆫ 아으 滿春 ᄃᆞᆯ욋고지여"라고 하였는데, 《동국세시기》에는 "진달래꽃을 따다가 찹쌀가루에 반죽을 하여 둥근 떡을 만들고 그것을 기름에 지진 것을 花煎"[86)]이라 했듯이 〈동동〉의 'ᄃᆞᆯ욋고지여'는 오얏(李)이라기보다는 杜鵑花로 봄직하다. 滿春은 늦은 봄으로 볼 수 있으므로 '滿春ᄃᆞᆯ 욋고지여'보다는 '滿春 ᄃᆞᆯ욋고지여'가 타당하다.

(2) 여름철의 세시풍속

여름철은 음력으로 4월에서 6월까지인데, 이 기간은 만물이 길러지는 때이고 양기가 왕성하므로 우리의 고대 제천의식에는 5월제를 중요하게 생각하여 성대히 치렀다. 4월은 孟夏(초여름)로서 立夏와 小滿이 들어 있어 비로소 여름이 시작된다고 생각했으며, 佛誕日이 들어 있다. 5월은 대표적인 세시제의가 열렸던 시기로 단오행사가 치러졌는데 수릿날의 축제는 고려 때에도 지속된 것으로 보인다. 24절기로는 芒種과 夏至가 들어 있다. 6월에는 小暑와 大暑가 들어 있어 가장 더운 때로 流頭풍속이 행해졌다.

가. 불탄일

석가모니탄신일이라 전하는 4월 8일을 민간에서는 「초파일」이라고 부른다. 이 날에는 등불을 다양하게 달게 되므로 「燈夕」이라고도 한다. 고려 때는 燃燈이라 했는데 앞서 상원에서 언급한 대로 정월 보름에 하다가 후에 2월 보름으로 옮겼다가 다시 4월 8일로 옮겼다. 불탄일의 俗節化는 고려 때 강화된 것으로 볼 수 있다.

84) 《高麗史》 권 8, 世家 8, 문종 23년 3월 기사.
85) 洪錫謨, 《東國歲時記》 三月 月內.
86) 洪錫謨, 《東國歲時記》 三月 三日.

의종 때 白善淵이란 내시는 4월 8일에 觀世音菩薩像을 40폭 만들어 모셨으며, 고종 32년(1245) 몽고침입 때 강화로 피난 중 당시 집권자였던 최이는 불탄일을 경축하기 위해 綵棚하고 百戲를 하며 요란하게 등불을 밝혔다.[87] 고려 말기 공민왕 13년(1364)에는 왕이 연등을 하고 呼旗戲를 궁전 뜰에서 관람하고 布를 내렸으며 15년(1366)에도 그와 같이하였다.

> 나라 풍속에 4월 8일은 석가의 생일이므로 집집마다 연등을 한다. 수십 일 전부터 뭇 아이들이 종이를 오려서 장대에 매달아 깃발을 만들어 가지고 성안의 거리를 외치고 두루 돌아다니면서 쌀이나 포를 요구하여 그 비용으로 삼으니 이것을 呼旗라 한다(《高麗史》 권 40, 世家 40, 공민왕 13년 4월 신축).

이러한 어린이들의 호기풍속은 4월 8일의 불탄명절에 거행하던 민속놀이였는데 불교적 의미를 민속명절화시켰다고 하겠다.

나. 단 오

5월 5일은 〈동동〉에도 나타나 있듯이 우리말로는 「수릿날」이라 불렀다. 이 밖에도 중국에서 들어온 말인 端陽이니 天中節·重午·端午 등을 병용하고 있다. 단오는 한자로 戌衣日·水瀨日이라 썼는데, 車(수레)모양의 쑥떡을 해서 먹었다는 기록도 있고[88] 밥을 水瀨에 던져 屈原을 제사한 것에서 나왔다는 해석도 있다.[89] 또한 수리취로 떡을 해먹고 조상에게 차례를 지내기 때문에 수릿날이라고도 했다는 이야기 등이 있다. 그러나 「수리」란 말은 上·高·峯·神 등을 뜻하는 옛말이므로 上日·神日 등으로 풀 수 있다.

단오는 고려의 속절에 드는데 신라·가야 이래로 고려 때는 북방민족의 영향으로 그네·擊毬·石戰·씨름 등이 행해졌다. 단오행사는 민간뿐 아니라 궁중에서도 지켜져 예종 원년(1106)에는 왕이 端午詩를 지어 좌우로 보이고 화답하여 올리도록 하였다.[90] 또 명종 3년(1173) 단오 때는 景靈殿에 알현하였다.[91] 충렬왕 15년(1289)에는 왕 및 공주가 단오에 京樓에서 잔치하고 격구

87) 《高麗史》 권 129, 列傳 42, 崔忠獻 附 怡.
88) 柳得恭, 《京都雜志》 권 2, 歲時 端午.
89) 金邁淳, 《洌陽歲時記》, 五月 端午.
90) 《高麗史》 권 12, 世家 12, 예종 원년 5월 병신.
91) 《高麗史》 권 19, 世家 19, 명종 3년 5월 병신.

하는 것을 관람하였다.92)

한편 궁중의 단오풍속과는 달리 민간에서는 端午艾葉으로 문 위에 艾虎를 만들어 걸고 菖蒲酒를 만들어 마셨다.93) 그런가 하면 산소에 가서 節祀를 올렸다. 이규보는 단오날 자손들이 다투어 무덤에 술을 올리지만 죽은 이는 한 방울도 입에 적실 수 없다고 한탄하는 시를 지었다.94)

단오절의 궁극적 의미는 무엇보다 辟邪的 기능에 있지 않을까 생각된다. 세시기에서는 「惡月」95)이라고까지 칭했으며, 〈동동〉에서 '수릿날 아참藥'이라 하여 민간약에 의한 방법을 암시하고 있다. 중국 〈夏小正〉에도 "五月采衆藥以除毒氣"라 했는데 우리 풍속에는 단오날 정오에 益母草와 狶薟을 뜯어다가 볕에 말려 약용으로 쓴다고 하였다.96) 鄭夢周는 단오에 창포술 마시는 것을 노래하였다.97)

단오날은 정식으로 여름에 드는 시기이므로 궁중에서는 「立夏進氷」과 「賜氷」의 풍속이 있었고 민간에서는 신령에게 제사하고 민간약초를 캐어 먹음으로써 더위를 이기고자 하였다. 속담에 '夏扇冬曆'이라 하여 "시골에서 생색내는 것은 여름에는 부채요 겨울에는 달력이라"98) 했는데 고려 때 역시 더위를 이기기 위해 여러 방법을 썼던 것으로 보인다. 단오의 節物로 창포가 쓰인 것을 道家에서 숭상하던 일이라 했는데, 이는 벽사의 의미를 지닌 것으로 생각된다. 또한 조선조에 행해졌던 정월 대보름날의 더위팔기(賣暑) 풍속은 보이지 않아서 알 수 없는 형편이다. 다만 상사일에 쑥떡을 해먹었다는 기록이나99) 艾葉을 문 앞에 걸었던 것으로 볼 때 쑥·창포와 단오는 밀접했음을 알 수 있다.

---

92) 《高麗史》 권 30, 世家 30, 충렬왕 15년 5월 계미.
93) 李　穡, 《牧隱詩藁》 권 3, 端午.
94) 李奎報, 《東國李相國集》 전집 권 16, 古律詩 端午郭外有感.
95) 敦　崇, 《燕京歲時記》.
宗　懍, 《荊楚歲時記》.
96) 洪錫謨, 《東國歲時記》, 五月 端午.
97) 鄭夢周, 《圃隱先生集》 권 1, 詩 端午日戱題.
98) 金邁淳, 《洌陽歲時記》, 五月 端午.
99) 《宋史》 권 487, 列傳 246, 外國 3.

다. 유 두

음력 6월 15일을 流頭日이라 한다. 유두란 소위 '東流水頭沐浴'의 약어로 볼 수 있는데 金克己는 그의 문집에서 "東都(경주)에 전하는 풍속에는, 6월 보름에 동쪽으로 흐르는 물에 머리를 감아 불길한 것을 씻어 버린다. 그리고 禊飮(액막이로 모여서 마시는 술잔치)을 流頭宴이라 한다"[100]고 했다. 또한 成俔은 "6월 15일을 流頭라 하는데, 고려 때 宦官의 무리가 동천에서 더위를 피해 머리를 풀고 떴다 잠겼다 하면서 술을 마셨다. 그리하여 유두라 하였는데 세상의 풍속이 그냥 이 날을 명절로 하였다"고[101]한다. 이로 보면 동쪽으로 흐르는 냇가에서 머리를 감는 풍속은 고려조에 성행한 것으로 보여진다. 이러한 행위는 물의 정화력에 의지한 주술적 행위로 볼 수 있다. 鄭東愈는 우리 나라 명일 중 오직 유두만은 고유한 풍속이고 그 밖에는 다 중국에서 節日이라고 일컫는 날들이라 하였다.

〈동동〉에는 유두일의 풍광을 여실히 보여준다. "六月ㅅ 보로매 아으 별해 ᄇᆞ룐 빗 다호라 도라보실 니믈 젹곰 좃니노이다 아으 動動다리"라 하여 동쪽으로 흐르는 냇가에서 머리를 감고 난 후 빗고 벼랑에 버린 빗과 같은 신세라는 스스로를 탄식하는 노래이다.

《고려사》에는 流頭飮에 대한 다음과 같은 기록이 있다.

> 丙寅에 侍御使 두 사람이 있어 宦官 崔東秀로 더불어 廣眞寺에 모여서 流頭飮을 하였다. 우리 나라 풍속에 이 달 15일에 동쪽으로 흐르는 물에 머리를 감아 상서롭지 못한 것을 가시고 인하여 會飮함을 流頭飮이라고 하였다(《高麗史》 권 20, 世家 20, 명종 15년 6월 병인).

유두음이 구체적으로 무엇을 가리키는 것인지 알 수 없으나, 이 날에 流頭茶를 마시고 流頭團子를 해먹는 것을 말한 것으로 보여진다. 유두날은 한국 세시풍속의 특징인 보름명절의 대표적 특징을 보여준 것이라 하겠다.

(3) 가을철의 세시풍속

가을철은 음력 7월에서 9월까지의 시기로, 수확에 따른 세시풍속이 대부분

100) 金克己,《東岳集》 권 11, 月城錄.
101) 成 俔,《慵齋叢話》 권 51, 歲時.

이라 할 수 있다. 7월에는 七夕과 百中, 8월에는 한가위, 9월에는 重陽節이 있다. 절기상으로도 더운 기운이 가시고 가을의 서늘한 바람이 분다는 立秋와 處暑, 8월에는 白露와 秋分, 9월에는 寒露와 霜降이 들어 있다.

가. 칠 석

음력 7월 7일을 「七夕」이라 한다. 이 날은 하늘의 은하수를 사이에 두고 동서로 마주 보던 牽牛星과 織女星이 7월 7일 저녁에 머리 위에 오게 되는데 이를 두 별이 서로 만나는 광경이라 한다. 일설에 의하면 두 별은 본래 부부 사이였으나 1년 동안 은하수를 사이에 두고 만나지 못하다가 칠석날에 까치가 다리를 놓아 그리던 정회를 푼다는 것이다. 그래서 다리를 烏鵲橋라 하며 까치들이 돌을 머리로 이고 가서 다리를 놓아주었기 때문에 이 날이 지나면 까치의 머리털이 빠져 벗겨져 있다고 말한다.

그런데 이러한 七夕故事는 중국의 주나라 때 견우성과 직녀성의 움직임을 관찰하여 호기심으로 보던 중 漢代에 와서 천제의 딸 직녀와 그 낭군인 견우가 1년에 한 번 만난다는 설화가 만들어진 것으로 보인다.《詩經》小雅 편에는 이 설화의 연원으로 볼 수 있는 문구가 있다.[102)]

우리 나라에서는 고려 후기부터 궁중에서 칠석제를 지낸 것으로 나온다. 공민왕 2년(1353)에 칠석에 왕이 공주와 더불어 견우·직녀를 內庭에서 제사하였다고 했는데,[103)] 중국의 풍속을 뒤늦게 받아들인 것으로 생각된다.

민간에서는 여성들이 중국의 乞巧風俗을 본떠서 손재주 있게 되기를 두 별에게 기원하였다. 또한 이 날 비가 내리면 七夕雨라 하여 이별의 슬픔 때문에 흘리는 눈물이라고 하였다.[104)]

나. 백 중

「百中」은 또는 百種·百衆·中元·亡魂日이라고도 하는데 음력 7월 15일이 여기에 해당된다. 불교에서는 이 날 부처님 제사 중에서 효성이 깊은 目蓮이 어머니를 薦度했던 것에서 유래하여 조상의 혼을 천도하는 盂蘭盆供이

---

102)《詩經》, 小雅, 谷風之什 大東.
103)《高麗史》권 38, 世家 38, 공민왕 2년 7월 임신.
104) 李仁老,《破閑集》, 七言古詩, 七夕.

이 날 행해진다. 즉 《目連經》에 따르면, 목련은 윤회하여 개가 된 어머니가 개의 몸을 벗어날 수 있는 방법을 世尊에게 물었고, 세존은 7월 15일은 승려들이 夏安居를 끝내는 날이므로 그날 盂蘭盆齋를 베풀면 淨土에 낳게 할 수 있다고 하였다.

백중의 어원은 확실치 않으나 百果를 가리키는 것 같다고도 하는데,[105] 7월이 되어 「호미씻이」를 하고 나면 발뒷꿈치가 하얗게 되므로 百踵이라고도 하고, 100가지 씨앗 종자를 갖추어서 百種이라고 한다는 등의 민간어원설이 있다. 조선 초의 成俔도 백종에 불가에서는 우란분을, 부녀자들은 돌아간 어버이의 혼령을 제사지낸다고 하였다.[106] 또한 〈동동〉에도 이와 같은 내용을 담고 있다.

이 날을 中元이라고도 부르는 이유는 도교에서 나온 것이다. 즉 天上仙官이 1년에 3회 인간의 선악을 장부에다 적는 시기를 元이라 하여 정월 보름을 上元, 7월 보름을 中元, 10월 보름을 下元이라 한다. 또 백중을 「鬼節」이라고도 부르는데, 고려 역시 궁중과 민간 모두 사찰에서 우란분재를 올렸다.

예종 원년(1106) 우란분재를 長齡殿에서 베풀어 숙종의 명복을 빌었고, 또 명승을 불러 《목련경》을 강의하게 하였다.[107] 예종 4년에도 우란분도량을 장령전에 베풀었던 것으로[108] 볼 때 궁중에서도 부모·조상의 명복을 빌기 위해 우란분재를 열었음을 알 수 있다.

다. 추 석

「秋夕」은 음력 8월 15일로 농촌을 본위로 하는 명절이다. 농촌에서는 이 날을 일년 중 가장 큰 명절로 삼는 대표적 보름민속이며, 달의 제전이므로 고려 때 역시 속절에 들었다.

추석은 우리말로 「가위[嘉俳]」라 부른다. 「가위」라는 명칭은 신라 때부터 전승되어 온 대표적 명절로 고유성을 간직하고 있다.

> 왕이 6部를 정한 다음 한가운데를 갈라 둘로 나누고 두 왕녀를 시켜 각기 府內의 여자를 거느리고 끼리끼리 편을 지어 가을 7월 16일부터 날마다 일찌감

105) 金邁淳, 《洌陽歲時記》, 七月 中元.
106) 成 俔, 《慵齋叢話》 권 2, 歲時.
107) 《高麗史》 권 12, 世家 12, 예종 원년 7월 계묘·갑진.
108) 《高麗史》 권 12, 世家 12, 예종 4년 7월 무오.

치 큰 部의 뜰에 모여 길쌈을 하고 한밤중에 파하되 8월 15일이 되면 그 성적의 다소를 심사하여 진 편이 술과 음식을 장만하여 이긴 편에게 사례하도록 하였다. 여기서 노래와 춤, 온갖 놀이가 벌어진다. 그것을 嘉俳라 불렀다. 그때 진 편에서 한 여자가 일어나 춤추고 탄식하며 '會蘇會蘇'라고 하는데 그 소리가 애절하고 청아하였다. 뒷날 사람들이 그 소리에 따라 노래를 짓고 이름을 會蘇曲이라고 하였다(《三國史記》 권 1, 新羅本記 1, 유리이사금 9년 봄).

8월 15일에 있었던 여성들의 績麻풍속은 원초적인 축제양식을 보여주는데, 고려 때 역시 그 전통을 이어받은 것으로 보인다. 〈동동〉에서도 8월 보름이 한가윗날이지만 님을 모셔야만 오늘날 가윗날이라고 노래하였다.

가배의 어원은 中·半의 어근인 '갑'에 명사접미어 '이'를 첨가한 것으로 보고 있다.109) 한편 또한 신라 가배의 유래담에서 진 편이 이긴 편에게 베푸는 잔치나 놀이로서 '갑다'(報·償)의 전성명사인 '가비'가 가위로 된 것으로 보는 의견도 있다.110) 한가위라 했을 때 '한'은 '크다' 또는 '한창'의 의미를 지닌다고도 한다.111)

우리의 기록은 아니나 한가위풍속을 적은 7세기의 《隋書》에 보면, 왕이 이 때 음악을 베풀고 신하들이 활쏘기를 하여 馬布를 상으로 내렸다고 하였다.112) 이러한 기록은 《舊唐書》에도 있는데113) 한가위 세시풍속의 고유성을 방증하는 자료라 하겠다. 고려 때 궁중에서도 中秋祭를 지냈는데 명종 20년(1190) 추석에 왕은 친히 景靈殿에서 제향하였고114) 충혜왕 4년(1317)에는 五綜布 100필을 내고 中秋를 新宮樓에서 잔치하였다.115)

속담에도 있듯이 '5월 농부 8월 신선'이라든가 '더도 덜도 말고 늘 한가위만 같기 바란다'116)고 하였듯이 햇곡과 과일들이 풍부하고 농사일을 마친 것을 감사하는 薦新祭를 지내고 달맞이를 하며 소원을 빈다.

---

109) 梁柱東, 《麗謠箋注》(乙酉文化社, 1954), 116쪽.
110) 徐在克, 〈嘉俳攷〉(《大邱敎育大學論文集》 1, 1965), 51~60쪽.
111) 한진건, 《조선말의 어원을 찾아서》(연변인민출판사, 1990), 8쪽.
112) 《隋書》 권 81, 列傳 46, 東夷 新羅.
113) 《舊唐書》 권 199 상, 列傳 149 상, 東夷 新羅.
114) 《高麗史》 권 20, 世家 20, 명종 20년 8월 정유.
115) 《高麗史》 권 36, 世家 36, 충혜왕 4년 8월 무신.
116) 金邁淳, 《洌陽歲時記》, 八月 中秋.

라. 중 구

「重九」는 음력 9월 9일로서 고려의 속절에 든다. 9자가 겹쳤으므로 「重陽」이라고도 하는데 寒露와 霜降이 들어서 찬이슬과 서리가 내리며 제비는 돌아가고 기러기가 찾아온다. 산과 들에는 국화꽃이 피며 단풍이 들어 가을이 무르익는 시기이다. 9월 9일을 일명 「菊花節」이라 하여 黃菊을 따다가 술 담그고 떡도 해먹었다. 이 날의 민풍은 賞菊과 登高가 있었으며 궁중풍속에는 重陽宴을 베풀고 重陽詠菊詩를 지었다.

〈동동〉 9월에도 상국을 노래하여, "九月 九日애 아으 藥이라 먹논 黃花고지 안해 드니 새셔가만ᄒᆞ얘라"라 하였다. 여기에 나오는 황화꽃은 국화임을 알 수 있는데, 이것을 약으로 먹었다고 한 것은 봄의 3월 3일에 진달래花煎과 같이 가을의 9월 9일에 국화화전을 지져 먹는 것을 말한 게 아닐까 생각된다. 9월이 되면 〈동동〉의 표현대로 歲序가 느리므로 重九日에 언덕에 올라 국화를 감상하는 낭만도 이 때에 만끽할 수 있었다.

(4) 겨울철의 세시풍속

겨울철은 음력 10월부터 12월까지의 3개월간으로 절기상 孟冬 10월에는 立冬과 小雪이 들어 있고, 仲冬 11월에는 大雪과 冬至, 季冬 12월에는 小寒·大寒이 든다.

이 절기는 한 해를 마무리하는 때로, 방위상 북방에 해당되는데 冬은 藏과 終의 의미를 내포하고 있어 冬藏行事가 주류를 이룬다. 그리고 10월 상달이 갖는 농경의례적 관념과 동지선달에 내포된 送舊迎新·辟邪進慶의 교체적 순환의미가 겨울철 세시풍속에 내포되어 있다.

가. 지신제

10월은 「상달」이라 하여 추수도 끝나고 풍요로움을 누리는 좋은 달이다. 이 때에 우리 민족은 제천행사를 통하여 추수감사제를 올렸다. 삼국시대 고대국가의 큰 제사인 고구려의 東盟, 예의 舞天, 마한의 10월제는 기록에도 명시하였듯이 농사짓는 일이 끝났음을 하늘에 감사하는 것이다. 이러한 국가적 의미의 세시풍속 못지 않게 가정에서도 고사천신을 하였다. 인종은 교시를 내려 정방형 제단에서 토지신에게 제사하고 4郊에서 기운을 맞이하게 하라고 했는데[117] 10월에는 이처럼 地神祭를 지냈다. 靖宗 10년(1044)에도 神州地祇(地神)를 제사지냈다고[118] 한 사실로도 알 수 있다.

나. 팔관회

고려사회를 이끌어 온 두 가지 정신적 지주라면 불교문화의 정화인 연등회와 팔관회를 들 수 있다. 고려 태조는 즉위 후 그 해(918) 11월 궁중 儀鳳樓에서 팔관회를 열기 시작하였으며, 〈訓要十條〉에서는 후손들에게 팔관회를 매년 반드시 개최할 것을 당부하였다. 대체로 팔관회가 고려의 국가적 행사로 자리잡게 된 것은 후대의 왕들이 태조의 유언을 잘 지킨 것에서 기인하는데, 시기는 매년 음력 11월 15일에 행해졌다. 이 날은 대개 지켜졌으나 月食이 있거나 동짓날·제삿날 등과 겹칠 때는 당겨지기도 하고 늦춰지기도 하였다.

세시풍속으로 팔관회가 자리잡게 된 것은 팔관회 의식에 天神·山神·川神·龍神 등 토속신에게 비는 제의가 합쳐져 종합적인 종교행사이면서 문화제의 역할을 하였기 때문이다.

의종 22년(1168)에는 왕의 유시에 따라 신라 이래 고풍을 부활하고자 국가 전속으로 4명을 1조로 한 4仙樂部를 편성하였다. 이들은 팔관회 때마다 신라의 고풍대로 격식에 맞추어 춤과 노래를 하였다.[119] 그런가 하면 문종 27년(1073)의 팔관회에서는 敎坊에서 음악을 연주하고 춤을 추는 등 보다 다양한 모습을 띠게 되었다.[120] 팔관회 역시 속절에 들었다.

다. 동 지

11월을 「동짓달」이라고 하는데 절기상 동지가 들었기 때문이다. 동지에는 하지부터 짧아진 낮이 극점에 이르고 차츰 낮이 길어지기 시작한다. 따라서 이를 태양의 부활로 생각했으므로 중시하였다. 고려시대에도 동지는 민속명절 즉 속절로 꼽았는데 일명 「亞歲」 또는 「작은 설」이라고도 한다.

---

117) 《高麗史》 권 59, 志 13, 禮 1, 吉禮大祀 方澤, 인종 5년 3월 무오.
118) 《高麗史》 권 59, 志 13, 禮 1, 吉禮大祀 方澤, 정종 10년 10월 병신.
119) 《高麗史》 권 18, 世家 18, 의종 22년.
120) 《高麗史》 권 71, 志 25, 樂 2, 用俗樂節次, 문종 27년 11월 신해.

동지의 時食은 「팥죽」인데 고려 때 역시 팥죽에 관한 시구가 나오고 있음을 볼 때 성행한 것 같다. 《형초세시기》에도 "共工氏의 재주 없는 아들이 동짓날에 죽어서 疫鬼가 되었다. 그 아들이 생전에 팥을 두려워했으므로 동짓날 팥죽을 쑤어 물리친다"고 하였다. 물론 이 설화는 근거가 희박한 것이나, 팥죽이 辟邪物의 역할을 하였다는 것은 오늘날도 전승되는 바다. 《동국세시기》에도 이 팥죽 국물을 문짝에 뿌려 상서롭지 못한 것을 제거한다고 했는데,[121] 팥 자체보다는 적색이 주는 색감에서 나온 민간신앙적 행위로 보인다.

尹紹宗은 그의 시에서 "鶴髮 兩親에게 동지팥죽을 배불리 못드리니 떠도는 객지 신세에 가만히 마음 상하네"[122]라고 동지에 대하여 읊었다. 또 이제현이나 이색의 시에도 동지에 팥죽 먹는 풍속이 있어[123] 집집이 서로 나누어 먹기도 하는 노인들의 즐거움을 묘사했다. 동지팥죽은 또한 몸의 陰邪를 씻어준다 하여 열심히 먹고 집안과 동네 고목에도 뿌려서 邪鬼의 침입을 막고자 하였다.

라. 수 세

한 해의 마지막 날인 음력 12월 30일을 「선달 그믐날」이라 하는데, 한자로는 除夕·歲除·歲盡 등으로 쓴다. 제석날의 '除'는 舊曆을 革除한다는 뜻이 있는데, 守歲 즉 守夜의 풍습은 요즘과 같으나 특별히 고려 때는 庚申守夜가 있었다. 그런데 세밀의 경신일이 아닌 때도 수야를 하여 물의를 빚기도 하였다.

> 庚申에 태자가 安慶公을 맞이하여 잔치를 베풀어 음악을 연주하며 새벽까지 이르렀다. 國俗에 道家說로써 매년 이 날이 되면 반드시 모여 밤새껏 술 마시며 잠을 자지 않았다. 이것을 일러 守庚申이라 하였다. 태자도 역시 당시의 풍속을 따르니 그 때 여론이 이를 비난하였다(《高麗史》 권 26, 世家 26, 원종 6년 하4월 경신).

원래 도교에서 나왔다고 하는 守庚申의 풍습은 동지가 지난 후 경신날을

121) 洪錫謨, 《東國歲時記》, 十一月 冬至.
122) 《東文選》 권 8, 七言古詩 冬至(尹紹宗).
123) 李齊賢, 《益齋亂藁》 권 2, 詩, 冬至.
李 穡, 《牧隱詩藁》 권 20, 詩, 豆粥.

택하여 밤을 새워가며 지켰다. 그 유래는 이 날 사람 몸 속에 묻혀 있는 三尸蟲(三彭)이 그 사람이 잠을 자면 몰래 하늘로 올라가 그 사람의 악행을 옥황상제에게 고한다는 것이다. 그런데 밤을 새우자면 놀게도 되고 아이들은 폭죽도 터뜨리며 돌아다녔다.[124] 또 제석 수세 때 神佛 앞이나 마루·방·변소 등에 불을 새벽까지 밝혔는데 이것은 집안의 광명을 바라기 때문이라 한다. 이렇듯 경신수야가 되면 노소를 불문하고 한자리에서 어른은 술마시고 아이들은 저포놀이나 야외에서 폭죽놀이를 하였다.

2) 민속놀이

고려시대의 민속놀이는 삼국시대보다 훨씬 풍부하게 나타나고 있으며, 그것이 민간차원보다는 국가에서 또는 궁중에서 이를 장려한 경우가 많다는 점에서 특징적이라 하겠다. 민속놀이는 일반적으로 오락·경기·예능·무예·신앙·명절과 관계가 긴밀하므로 그 개념 속에는 경쟁성과 유희성, 오락성, 예능성 등이 복합적으로 내포되어 있는 것이다.

고려시대의 시회상을 온전히 이해하고, 민중의 삶과 궁중의 풍속을 올바로 파악하기는 쉽지 않겠으나, 여러 문헌에 나타난 놀이문화를 조감할 때 고려시대는 가히 풍성한 놀이유산을 남겼다고 볼 수 있다. 따라서 그것이 지나침에 따른 병폐도 나타났고 역작용도 없지 않았으나, 조선조의 민속놀이에 대체로 영향을 끼쳤고 삼국시대 놀이문화를 계승하고 있다는 긍정적 평가를 받을 만하다.

고려시대에는 이른바 化民成俗을 통하여 미풍양속을 선양하고 유지코자 했으며, 移風易俗으로 자연스런 민풍의 정착을 꾀하였다. 반면에 궁중에서는 나름대로 王化之風을 창출하기 위해 어진 사람의 등용, 학문숭상, 노인공경, 문학·예술존중, 백성과의 화합을 추구했는데, 국가가 민속놀이를 장려하는 한편 그것이 민간에 보급되도록 노력한 것은 이러한 배경이 있었기 때문이라고 분석된다.

---

124) 李 穡,《牧隱詩藁》권 13, 十二月二十二日庚申 移寓權判閣家.
李奎報,《東國李相國集》전집 권 13, 古律詩 守歲.

민속놀이의 분류는 학자에 따라 다소 차이를 보이는데, 기구상·계절적·관념적·지리적·존재상의 분류가 시도된 바 있다.125) 이러한 분류에 이어 博戱·運動·競技·武術類戱·演藝雜戱·兒女의 노름으로 나누기도 하고,126) 武藝的 遊戱와 一般遊戱·娛樂으로 구분하기도 하였다.127) 信仰性놀이·名節놀이·競技놀이·그 밖의 놀이로 나눈 경우도 있고128) 명절놀이와 일상적 놀이로 크게 나누고, 풍농기원놀이, 풍어기원놀이, 辟邪進慶·除厄招福을 위한 놀이, 오락을 위한 놀이를 명절놀이에 넣고, 비승부놀이·승부놀이·전문인놀이로 일상적 놀이를 나누기도 하였다.129) 단체 및 개인경기성격의 놀이, 도박성을 띤 놀이, 음주풍류의 성격을 띤 놀이를 나누기도 하였고,130) 어린이놀이·가무놀이·겨루기놀이·기타놀이로 나눈 경우도 있다.131) 또 민속놀이의 내용상 ① 신앙유희, ② 명절유희, ③ 경기유희, ④ 순수유희로 나누어 살핀 경우도 있다.132)

이상의 분류들에 입각하여 고려시대의 민속놀이를 ① 예능적 내용, ② 경기적 내용, ③ 유희적 내용, ④ 오락적 내용 등으로 분류하여 살펴보기로 하겠다.

(1) 예능적 내용

가. 처용희

處容戱는 궁중에서 행해진 탈춤으로 제석 때 궁중의 잡귀를 쫓아내기 위해서 驅儺儀式으로 열렸다. 처용의 명칭은 신라 헌강왕 때 동해 용왕의 아들 이름에서 나온 것으로, 헌강왕 앞에 동해 용이 일곱 아들을 데리고 나와 가무를 했다. 그 가운데 한 아들이 왕의 수레를 따라 서울로 돌아왔다는 것이다.133) 처용무는 이 때 추어진 것인데, 고려에 들어와서는 궁중의 儺禮 때에만 행해진

---

125) 宋錫夏, 《韓國民俗考》(日新社, 1960), 305쪽.
126) 金思燁, 〈雜技戱攷〉(《一石李熙昇先生頌壽紀念論叢》, 1957).
127) 羅絢成, 《韓國遊戱史硏究》(百祥文化社, 1977).
128) 任東權, 《韓國民俗文化論》(集文堂, 1983), 382~383쪽.
129) 金善豊, 〈한국민속놀이〉(《中央民俗學》 創刊號, 1989).
130) 張永完, 〈韓國鄕土娛樂의 歷史的 考察〉(《亞細亞女性硏究》 2, 숙명여대 아세아 여성문제연구소, 1963), 79~106쪽.
131) 김광언, 《한국의 민속놀이》(인하대 출판부, 1982).
132) 張正龍, 〈歲時記 所載 民俗遊戱 考察〉(《한국민속학》 9, 1986), 321~357쪽.
133) 《三國遺事》 권 2, 紀異 2, 處容郎·望海寺.

것이 아니고 연회에도 잡희로서 추어졌다.

> 임인일에 內殿에서 간소한 연회할 때 承宣 蔡松年이 '僕射 宋景仁이 평소에 處容戱를 잘한다'라고 하니 景仁이 취함을 타서 처용춤을 추는데 조금도 부끄러운 빛이 없었다(《高麗史》 권 23, 世家 23, 고종 23년 2월 임인).

또한 충혜왕 4년(1343) 8월에는 원의 사신을 맞이하여 妙蓮寺 북쪽 봉우리에 올라 음악을 베풀었는데 승려 中照도 춤추고 왕 또한 춤을 추었다. 이 때 좌우에서 나온 사람들이 처용희를 하기도 했다.[134] 그런가 하면 우왕 12년(1386) 정월에는 왕이 직접 처용가면을 쓰고 춤을 추는 등[135] 처용희는 주로 궁중에서 연회되었음을 알 수 있다.

李齊賢의 〈小樂府〉 중 6번째인 처용희는 내력과 분장, 춤사위를 묘사하고 있어[136] 당시 처용희를 파악하는데 도움을 주고 있다. 이에 따르면 처용이 고려 때 들어와서는 늙은이로 변모하여 나타나고 고려 말에는 서민들에게까지 널리 성행했음을 알 수 있다. 특히 처용희는 궁중의 宴樂舞나 사신접대, 임금이 직접 추는 등의 궁중놀이였으나 후기에 이르면 잡희로서 민간 속에서도 연회되었음을 파악케 된다.[137]

고려 말 李詹(1345~1405)은 경주에서 춤이 추어지고 있는 모습을 연상케 하는 시를 지었고, 李崇仁이나 李穀의 시에서도 처용희를 엿볼 수 있다.[138]

나. 나 희

「儺戱」는 섣달 그믐날 궁중의 악귀를 쫓는 의식으로, 여기에는 놀이도 포함된다. 나희는 儺禮와 같은 것으로 '辟邪進慶'의 뜻을 담고 있는 신앙유희이다. 靖宗 때 중국에서 전래된 나례의 경우에도 연희성이 짙게 나타나고 있다. 즉 원래 逐疫의 목적으로 행해졌던 나례는 예종 이후 잡희가 확대되어 나희로서 정착되었으며 여기에는 倡優·雜伎人·遊伎 등에 의해 歌舞百戱가 행해졌던 것이다.

---

134) 《高麗史》 권 36, 世家 36, 충혜왕 4년 8월.
135) 《高麗史》 권 136, 列傳 49, 신우 12년 정월.
136) 李齊賢, 《益齋亂藁》 권 4, 詩, 小樂府.
137) 윤광봉, 《한국연희시 연구》(二友出版社, 1987), 53쪽.
138) 李崇仁, 《陶隱集》 권 2, 詩 十一月十七日夜…處容歌…有感.
李 穀, 《稼亭先生文集》 권 20, 開雲浦.

이색의 〈驅儺行〉에는, 吳方鬼舞·處容戱·太平舞·百獸舞·西域胡人戱·吐火·呑刀·步索·人形劇 등이 소개되어 있다.

《고려사》에 전하는 大儺의 예는 12세 이상 16세 이하를 侲子로 삼아 가면을 씌우고, 24인을 1隊로 하고, 方相氏를 만들고 熊皮를 쓰는 등, 鼓角軍 20명이 1대가 되어 악귀를 쫓으며 엄숙하게 진행되었다.[139] 대체로 고려 초의 나례는 《唐書》에 나와 있는 儺儀를 모방한 것으로 보고 있는데, 초기에는 앞서 〈구나행〉에서 볼 수 있는 것 같은 잡희가 없었다. 후기에 나희가 성행한 것은 처용희를 제외하고는 중국의 영향으로 보고 있다.[140]

예종 11년(1116) 12월 다음과 같은 나례의 기사를 통하여 나희가 행해졌음을 알 수 있다.

> 宦者가 儺者를 나누어 좌우로 삼아서 勝福을 구하니, 왕이 또 親王에게 명하여 이를 나누어 주관케 하였다. 그러므로 모든 倡優·雜伎와 外官의 遊伎에 이르기까지 징발 당하지 않음이 없어 원근이 다 모여들고 깃발이 길에 뻗쳐 궁궐에 가득 찼다. 이 날에 諫官이 閤門에 머리 숙여 간절히 간하니 이에 명하여 심히 해괴한 자를 쫓아내었으나 저녁이 되어 다시 모여들었다. 왕이 장차 음악을 관람코자 하니 좌우가 소란히 다투어 먼저 才伎를 보이고자 하여 도무지 조리가 없으므로 다시 400여 명을 쫓아내었다(《高麗史》 권 64, 志 19, 禮 7).

즉 창우·잡기·외관의 유기에 이르기까지 징발 당해 나례를 행했으며, 임금 앞에서 재주를 선보이려 했던 것이다.

다. 산대잡희

산대는 연희를 위해서 만든 무대로 신라 진흥왕 때 행해진 팔관회에서 山臺戱의 출현을 볼 수 있다.[141] 이 때 綵棚百戱를 했던 것인데, 채붕이 산의 형태를 이룬 것을 특히 山棚 또는 山臺라고 불렀다.

《고려사》에서 "兩部樂官 및 山臺樂人에게 하사한 花酒와 시위하는 군인에게 하사한 酒果 전하기를 마친다"[142]고 하는 上元연등회의 기사를 통하여

---

139) 《高麗史》 권 64, 志 18, 禮 6, 季冬大儺儀.
140) 金學主, 〈儺禮와 雜戱〉(《亞細亞硏究》 6, 1963), 110쪽.
141) 《增補文獻備考》 권 107, 樂考 18, 俗部 樂 2.
142) 《高麗史》 권 69, 志 23, 禮 11, 嘉禮雜儀 上元燃燈會儀.

산대라는 용어를 볼 수 있다. 그러나 보통 綵棚 또는 彩棚이라는 용어를 많이 쓴 것 같다. 채붕의 높이와 장식품 기록을 보면 "두개의 綵棚을 각각 높이가 5丈 남짓으로 매고 온갖 잡기와 가무를 앞에서 보였는데 그 4仙樂部와 용·봉·코끼리·수레·배 등은 모두 신라의 故事였다"[143]고 하였다. 이처럼 팔관회와 같은 국가적 행사 때에 장식하는 산대는 그 곳에서 여러 잡희 즉 백희를 베풀 수 있는 무대인 셈이다.

산대희는 앞서 언급한 중동팔관회의나 상원연등회의 때에 거행했을 뿐 아니라 예종 이후는 除夕儺禮 때에도 필수적으로 행해졌다. 그리고 왕과 신하들이 잔치를 즐길 때, 원으로부터 왕이 환국할 때, 왕이 行幸할 때, 무장이 개선할 때 등에도 거행하게 되었다.[144] 다음의 시는 그 당시 산대잡희의 내용을 알 수 있게 해준다.

산대를 꾸민 것이 봉래산 같고 과일 바치는 선인이 바다에서 와
놀이꾼 징 소리 지축을 흔들어 처용의 소매는 바람 따라 휘도네
긴 장대에 매달린 사람 평지 가듯하고 폭죽은 번개처럼 하늘에 솟네
태평스런 참 모습 그리려하나 늙은 신하 글솜씨 없어 부끄럽네

(李穡,《牧隱詩藁》권 33, 自東大門至闕門前山臺雜劇所未見也).

다양한 놀이가 산대에서 행해졌음을 보여주는데, 둘째 연은 獻仙桃의 唐樂舞를, 셋째·넷째 연은 처용무, 그리고 나머지는 곡예와 火戲 등을 묘사한 것이다. 그러나 산대희는 너무 사치스럽게 장식하여 문제가 되었다.

> 管絃房과 大樂署가 채붕을 마련하여 백희를 베풀어 왕을 맞이했는데, 모두 금은·주옥·금수·羅綺·산호·玳瑁로 장식하여 기교하고 화사함이 前古에 비할 바가 없었다(《高麗史》권 19, 世家 19, 의종 24년 정월 신사).

산대희는 궁중연희로서 고려시대를 풍미하고 조선조에도 전승되었다.

라. 수 희

水戲는 산대희와 같은 궁중연희로서, 산대가 육지에서 행해진 것이라면 수

143) 《高麗史》권 69, 志 23, 禮 11, 嘉禮雜儀 仲冬八關會儀 태조 원년 11월.
144) 梁在淵, 〈山臺戲에 就하여〉(《國文學硏究散稿》, 日新社, 1976), 17쪽.

희는 물에 배를 띄워 놓고 그 곳에서 연행된 놀이이다. 중국에서는 魏 明帝 때 馬鈞에 의해 시작된 것으로 보고 있다.[145] 중국에서도 水戲를 水飾이라 하여 여러 놀이를 꾸미고 성행되었다.[146]

우리 나라의 경우는 그 구체적인 내용은 밝혀지지 않았으나 船上演戲로서 어부생활 등을 연희화하여 관람한 것으로 보고 있다.[147]

수희가 처음 기록에 나오는 것은 예종 10년(1115) 9월이지만, 단편적 기록이므로 자세한 내용은 알 수 없다. 의종 19년(1165) 禮成江의 사공·어부를 불러 수희를 벌이게 하여 관람하고 물건을 주었으며, 21년에는 저수지를 만들고 물가에 초가정자를 지어 그 곳에 배를 띄우고 작은 아이로 하여금 뱃노래와 고기잡이노래를 부르게 하였다. 또 왕이 타는 배는 비단으로 장식하고 假錦으로 돛을 달아 유흥에 빠졌으니 그 사치와 아름다움은 백성들을 괴롭히고 재물을 낭비한 것이라 하였다.[148]

> 왕이 수희를 보고자 하여 내시 朴懷俊 등에게 명하여 50여 척의 배에 모두 彩帆을 달고 樂伎와 채붕 및 고기 잡는 기구를 싣고 앞에서 유희를 벌리게 하였다. 어떤 사람이 귀신놀이를 하는데 불을 머금고 토하다가 잘못하여 한 배를 태우므로 왕이 크게 웃었다(《高麗史》 권 122, 列傳 35, 白善淵).

위 내용을 볼 때 수희라 함은 물위에 배를 띄워 놓고 그 곳에서 어부가를 부르거나, 고기 잡는 모습을 연출하거나, 불을 머금었다가 뱉는 등, 잡희를 노는 것을 지칭한다고 하겠다. 이는 일반적 놀이라기보다는 왕을 위한 일시적인 船遊水戲로 파악된다.

(2) 경기적 내용

가. 격 구

擊毬는 막대기로 공을 쳐서 문안에 넣는 경기로서 무예를 숭상하던 고려시대에는 성행하였다. 주로 무관들의 무예훈련으로도 이용되었으며, 귀족자

145) 高 承, 《事物紀原》 권 99, 博變嬉戲部, 水戲.
146) 黃華節, 〈水戲〉(《中國古今民間百戲》, 商務印書館, 臺北, 1967), 40쪽.
147) 梁在淵, 〈火戲附水戲〉(《國文學硏究散稿》, 日新社, 1976), 99쪽.
148) 《高麗史》 권 18, 世家 18, 의종 19년 4월 무신·21년 3월 신유·4월 무인.

제들이 배웠는데 특이하게 부녀자들까지 격구를 한 기록도 있다. 격구는 打毬·擊棒·弄杖戲·抛毬·棒戲·擊鞠 등으로도 불렀는데 우리말로는 장치기·공치기·얼레공이라고도 한다.149) 격구는《海東繹史》에 보면 당에서 행해진 것이 우리 나라에 들어온 것으로 보여진다.

격구는 고려시대를 대표할 수 있는 무예적 유희가 되었는데, 태조 원년(918) 尙州의 阿字盖가 귀순하려 하자 그를 맞는 의식을 毬庭에서 익히도록 한 것으로 보면150) 이미 고려 초에 격구장이 존재했음을 알 수 있다. 예종 5년(1110) 9월에 왕은 격구를 보고 물건을 하사했으며, 11년에는 女擊毬가 행해지는 것을 보고 폐지토록 하였다.151) 그러나 이후에도 남성격구는 계속되어 왕 스스로 즐기거나 관람하는 일이 잦았다. 특히 의종은 격구를 좋아했으며 능하였기에 격구 잘 하는 사람을 뽑아 관직을 주기에 이르렀다. 따라서 대간들이 이를 말렸다. 그러나 격구에 관심이 컸던 왕은 의종 2년(1148) 北園에서 다시 격구를 하였고, 다음해에도 西樓 등에 나아가 사흘 동안 관람하였다. 또한 22년 神騎軍의 弄馬戲를 관람하였다. 의종은 수희도 즐기고 마희 역시 즐겼음을 알 수 있다. 이후 격구는 단오절의 나라풍속으로 성대해졌다.152)

계속하여 희종과 고종·충렬왕에 이르기까지 격구는 성행했는데, 충숙왕 원년(1314)에 격구 금지령이 내려졌고153) 공민왕 23년(1374)에 다시 금지시켰다.154) 그것은 다름아닌 사치스러움에 따른 병폐 탓이었다. 황금 등으로 지나치게 말을 장식하고155) 집을 빼앗고 백성들을 강제노역에 동원하니까 물의를 일으켰던 것이다.156)

---

149) 羅絢成, 앞의 책, 2쪽.
150)《高麗史》권 1, 世家 1, 태조 원년 9월 갑오.
151)《高麗史》권 14, 世家 14, 예종 5년 9월·11년 4월.
152)《高麗史》권 17, 世家 17, 의종 원년 5월 정해·경인, 2년 12월 임술, 3년 2월 경오·3월 정유, 22년 4월 을사.
153)《高麗史》권 85, 志 39, 刑法 2, 禁令.
154)《高麗史》권 44, 世家 44, 공민왕 23년 5월 경오.
155)《高麗史》권 129, 列傳 42, 崔忠獻 附 沆.
156)《高麗史》권 129, 列傳 42, 崔忠獻 附 怡條에, 崔怡는 이웃집 100여 區를 빼앗아 毬場을 만들었는데 東西가 수백보였으며, 격구를 할 때에는 동네사람들에게 물을 뿌리게 했다. 또 인가를 헐어 넓혔는데, 빼앗은 것이 모두 수백채나 되었다는 것이다.

격구는 궁중에서만 행해졌던 것은 아니었다. 곧 우왕은 시가에 나와서까지 격구를 하였던 것을 보아 궁중무예였던 것이 점차 일반에 퍼졌음을 암시한다. 또 고려의 대표적 무예놀이로서 경기형식을 띤 격구는 말 위에서 행한 것뿐만 아니라 지상에서도 이루어졌다. 따라서 일반 서민 아동층에서는 지상격구가 성행했을 것임을 미루어 알 수 있다. 격구의 재미에 대한 다음과 같은 글이 있다.

> 동쪽으로 갈 듯하다가는 다시 서쪽으로 뛰고, 달릴 것처럼 하다가는 다시 머무른다. 사람들은 서로 손을 모으고 말들은 서로 말굽을 모은다. 뛰고 구르고 엎어지고 자빠지고 하는 사이에 서로 공을 다툰다. 비유하면 뭇 용이 갈기를 떨치고 발톱을 세워 큰 바다 속에서 한 개의 진주를 다투는 것과 같으니 아, 놀랄 만하다(李奎報, 《東國李相國集》 권 24, 記 又大樓記).

《高麗圖經》에 보면 격구할 때 쓰는 공채에 대해 "나무를 깎아 만들고 은(白金)으로 이를 감싸되, 조금 좋은 것은 구멍에 采綬를 꿰어 늘어뜨렸다"157) 고 하였다.

고려 중기부터 실질적으로 시작된 격구는 처음에 왕을 즐겁게 하기 위한 무예로 시작하여 의종 스스로 격구를 하였는가 하면 최씨정권 때는 사치스런 모습이 되었다. 그러던 중 우왕이 단오놀이로 부활하여 각종 기악을 연주하는 등으로 유희화하게 되었다.

나. 수박희

「手搏戱」는 격구와 마찬가지로 무예적인 경기놀이인데 맨손으로 힘을 겨루는 놀이다. 일명 拍戱라고도 하는데 이미 고구려 舞踊塚 玄室벽화에도 수박과 같은 그림이 나타나고 있는 것을 볼 때 삼국시대에 행해졌던 것으로 보여진다. 고려에 들어와 수박희는 국가에서 이를 무예연마의 수단으로158) 장려하면서 성행하였던 것 같다. 그러나 그에 대한 기록은 충혜왕 때 비로소 나타난다.159) 실제로 궁중 안에는 수박희를 잘하던 사람들이 있었는데 대표

---

157) 徐 兢, 《高麗圖經》 권 10, 儀物 2, 毬杖.
158) 韓 嶠, 《武藝圖譜通志》 권 4, 拳法.
159) 《高麗史》 권 36, 世家 36, 충혜왕 後3년 5월 · 後4년 2월.

적인 사람이 杜景升과 李義旼이었다. 두경승은 拱鶴軍(숙위군)이 되었을 때 수박하는 사람이 짝을 삼았는데, 그의 외숙 상장군 文儒寶가 "手搏은 賤技이니 장사의 할 바 아니라"고 하자 경승이 나가지 않았다고 한다.[160] 이에 반해 수박을 좋아한 의종은 이의민을 隊正에서 별장으로 진급시키기까지 하였다. 두 사람의 수박능력은 후자가 기둥을 쳐 서까래가 움직였고 전자는 주먹이 벽을 뚫고 나갈 정도였다고 한다.[161] 崔忠獻(1150~1219)은 또한 수박을 시켜 승자에게는 상으로 校尉·隊正의 벼슬을 제수할 만큼[162] 고려시대의 수박은 무인들의 필수적인 무술이었다.

수박희는 오늘날의 태권과 흡사하다고 할 수 있는데, 그 방법에는 五兵手搏戱와 與一人手搏戱 등이 있었다. 오병수박희에 대해서는 정확히 알 수 없으나 이를 다섯 가지 병기로 볼 수 있다. 즉 弓失·殳(날 없는 창)·矛(창)·戈(긴창)·戟(날 있는 창) 등 5종의 병기를 가지고 손으로 재주를 부리며 승부를 가리는 무술로 보기도 한다.[163] 또는 자유대련의 형식으로 보기도 하는데,[164] 수박희는 상대를 잡지 않고 상대방의 빈틈을 노려 넘어뜨리는 무예의 하나로 주연이나 아동의 유희로 민간에서 성행하였다.[165]

다. 각저희

「角觝戱」는 일명 角力戱·角戱·相撲[166] 등으로도 부르는 오늘날의 씨름과 같은 것이다. 각저희는 수박희와 달리 두 사람이 달려들어 서로 잡고 힘을 겨루며 묘기를 부려서 상대방을 넘어뜨리는 소박한 경기형식의 놀이다.

우리 나라에서 씨름의 모습을 가장 먼저 볼 수 있는 것은, 滿洲 通化省 輯安縣에 있는 고구려의 옛 도읍지 丸都에서 대한제국 광무 9년(1905)에 발견된 角觝塚 현실의 벽화이다. 이것이 오늘날 씨름과 흡사함을 볼 때 당시 고구려인들의 취미를 알 수 있다.

---

160) 《高麗史》 권 100, 列傳 13, 杜景升.
161) 《高麗史》 권 128, 列傳 41, 李義旼.
162) 《高麗史》 권 129, 列傳 42, 崔忠獻.
163) 高 承, 《事物紀原》 권 9, 五兵.
164) 羅絢成, 앞의 책, 37쪽.
165) 崔南善, 《朝鮮常識》 風俗篇(東明社, 1948), 99쪽.
166) 高 承, 《事物紀原》 권 9, 角觝.

실제로 고려는 고구려의 풍속을 많이 잇고 있으나 씨름의 경우는 크게 성했던 것으로 보이지는 않는다. 고려가 원과 교류한 후반기에 격구희 등과 같이 궁중에서 각저희가 행해진 것으로 나타난다. 충혜왕과 그의 몽고인 왕비는 씨름을 좋아하였는데 정사는 신하들에게 맡긴 채 내시들과 씨름을 하기도 했다.[167] 충혜왕의 이러한 행동은 문제를 일으켜 왕과 이를 지적하는 신하간에 틈이 벌어지게 되었고 학자들을 미워하게 되는 계기가 되자 구경하는 것에 그쳤다.

고려시대의 씨름은 이처럼 御前技로 성행하였던 것 같다.[168] 중국인들이 고려 때 씨름의 모양을 본떠서 「高麗技」라 하기도 하고 「撩跤」라고도 했는데 그 기술은 다음과 같았다.

> 그 방법은 두 사람이 서로 상대하여 구부리고 각자 오른손으로 상대방의 허리를 잡고 왼손으로는 상대방의 오른발을 잡고 일시에 일어나며 상대를 번쩍 들어 팽개친다. 그리하여 밑에 깔리는 자가 지는 것이다. 內句(안걸이) 外句(발걸이) 輪起(둘러메치기) 등 여러 자세가 있고 그 중 힘이 세고 손이 민첩하여 자주 내기하여 이기는 사람을 都結局이라 한다. 중국인들이 이를 본받아 그것을 高麗技라 하기도 하고 撩跤라고도 한다(洪錫謨, 《東國歲時記》 5월 端午).

라. 석전희

石戰은 돌팔매질을 하여 승부를 다툰 것으로 고려 때는 擲石戲라고도 불렀다. 그 기원은 고구려이며 尙武精神을 기른 대표적 경기놀이로 다음과 같이 놀이하였다.

> 해마다 정월 초순에 浿水 위에 모여 놀이를 하는데 왕이 수레를 타고 羽儀를 갖추고서 이를 보고, 끝나면 왕이 옷을 물 속에 넣는데 좌우 두 패로 만들어서 서로 물을 뿌리고 돌을 던지면서 고함쳐 쫓기를 2~3번하고 그친다(《隋書》 권 81, 列傳 46, 東夷 高麗).

숙종 때 여진정벌의 핵심적 편제였던 別武班에는 석전과 관련있는 石投班이 들어 있는데,[169] 이것은 석전의 전술적 가치를 응용한 측면일 것이다. 충

167) 《高麗史》 권 36, 世家 36, 충혜왕 즉위년 3월.
168) 《高麗史》 권 36, 世家 36, 충혜왕 4년 춘2월 갑진·11월 병인.
169) 《高麗史》 권 81, 志 35, 兵 1, 兵制 別號諸班.

선왕이 왕위에서 물러난 후 팔관회를 베풀자 충숙왕과 함께 儀鳳樓에 나갔다가 다음날 고관대작을 위한 모임을 가졌는데 그들의 종복이 넓은 뜰에 들어와서 서로 싸워 돌을 던졌다. 임금이 있던 누상에까지 미치자 이들을 붙잡아 곤장을 쳤다고 한다.[170] 이 때와 충목왕 때 한때 금하기도 했으나 공민왕은 단오를 잘 지키며 격구와 석전을 즐겼다. 우왕 역시 이 놀이를 좋아하였다. 우왕 6년(1380) 단오날에 왕은 석전놀이를 보고자 했으나 知申事 李存性은 왕이 볼 것이 아니라고 간하자, 왕은 小豎로 하여금 이존성을 때려서 쫓아 보내고 자신이 탄환을 쏘기도 하였다.[171]

> 우리 나라 풍속 단오날에 무뢰한들이 떼지어 거리로 몰려나와 좌우 두 편을 갈라 기왓장이나 돌을 가지고 던지며 싸우면서 때로는 짧은 방망이를 가지고 승부를 결정하는데 이를 石戰이라 했다(《高麗史》 권 134, 列傳 47, 신우 6년 5월).

위에서 보건대 석전은 단오날 민간에도 널리 퍼졌음을 알 수 있다. 우왕 10년에는 鵲巖에서 석전을 보고 그것에 능한 여러 사람을 불러 술을 주고 또 杖을 주어 그 기술을 다하게 하였다.[172]

단오날 석전희가 성행하는 것을 보고 목은은 시로 소감을 나타내었는데, 석전희를 할 때 돌이 날아가는 소리에 섬뜩한 느낌을 가지고 바라보는 노년의 심정이 잘 드러나 있다.[173]

(3) 유희적 내용

가. 추천희

「鞦韆戲」는 그네뛰기라고도 하는데 대표적인 여성유희다. 추천희는 그 유래가 북방의 山戎에게서 전래됐다고 하는데,[174] 《동국세시기》에는 《古今藝術圖》를 인용하여 "북쪽 戎狄들이 한식날 그네뛰기를 하여 가볍게 뛰어오르는

170) 《高麗史》 권 34, 世家 34, 충숙왕 즉위년 11월 경자.
171) 《高麗史》 권 134, 列傳 47, 신우 6년 5월.
172) 《高麗史》 권 135, 列傳 48, 신우 10년 5월.
173) 李 穡, 《牧隱詩藁》 권 23.
174) 宗 懍, 《荊楚歲時記》, 2월.

연습을 한다. 그것을 후에 중국여자가 배웠다"[175]는 것이다. 이러한 것으로 미루어 추천희는 중국의 북방으로부터 전해진 것으로 생각된다.

우리 나라에서는 언제부터 행해졌는지 확실치 않으나 현종 6년(1015) 중국 사신으로 갔던 郭元이 "고려에는 단오에 추천희가 있다"고[176] 하였다는 것이다. 이로 보아 고려 전기에 추천놀이가 행해졌음을 알 수 있다. 우리 문헌에는 고종 3년(1216) 단오날에 최충헌이 栢井洞宮에서 추천희를 베풀었다고[177] 나온다. 이 때는 문무관 4품 이상에게 4일 동안 잔치를 베풀었다. 고종 32년 5월에는 최이가 궁중 안에서 향연을 베풀었는데 그네를 장식한 것을 표현하기를 "綵棚을 맺어 산처럼 만들고 수를 단 장막에 비단휘장을 둘러치고 가운데 그네를 매었는데 文綉綵花로 장식하고 큰 盆 네 개를 두어 氷峯으로 이루고 분은 모두 銀테를 둘러 螺鈿하였고, 큰 항아리 네 개에는 이름난 꽃 10여 종을 꽂아 보는 이의 눈을 어지럽게 하였다"[178]고 했다.

궁중의 화려함과는 비교하기 어렵지만 민간에서도 단오날에 그네뛰기를 하였다. 이규보는 단오에 그네 뛰는 여자들을 보고서 "나라풍속에 단오 때면 여자가 이 놀이를 한다"고 설명한 후 선녀가 하늘에서 오는 듯하다는 시를 지었다.[179] 한편 〈翰林別曲〉 가운데 나오는 씨름과 아울러 그네 뛰기는[180] 단오날에 어울리는 아름다운 풍경일 수밖에 없었다. 기록에는 한식날에도 그네뛰기를 한 것으로 나오나[181] 주로 단오에 성했을 것으로 보여진다. 그네 뛰는 여인들의 활달한 모습이 마치 신선처럼, 붉은 속치마를 휘날리며 하늘을 나는 모습은 소년의 가슴을 울렁거리게도 하였고 노경의 선비에게도 부러움이 되었다. 또 이숭인도 비슷한 내용을 담은 시를 남겼다.[182]

---

175) 洪錫謨, 《東國歲時記》, 五月 端午.
176) 《宋史》 권 487, 列傳 246, 外國 3, 高麗.
177) 《高麗史》 권 129, 列傳 42, 崔忠獻.
178) 《高麗史》 권 129, 列傳 42, 崔忠獻 附 怡.
179) 李奎報, 《東國李相國集》 후집 권 3, 古律詩 端午見鞦韆女戲.
180) 《高麗史》 권 71, 志 25, 樂 2, 俗樂 翰林別曲. 한편 《樂章歌詞》에는 그것을 국한문으로 풀어서 싣고 있다.
181) 李奎報, 《東國李相國集》 전집 권 3, 古律詩 寒食日待人不至.
李 穡, 《牧隱詩藁》 권 8, 鞦韆.
182) 李崇仁, 《陶隱先生詩集》 권 3, 端午.

나. 지연희

「紙鳶戲」는 연날리기를 말한다. 이 유희는 민간에서 주로 아동들에 의해 행해진 것으로 나타난다. 일명 風鳶·風箏·飛鳶이라고도 하는데 고려 말 최영장군의 일화에서[183] 전해온다. 물론 이것은 설화에 지나지 않고, 신라 때부터 연을 이용한 전술이 이용되었음을 《三國史記》에서 알 수 있다. 그것은 진덕왕이 즉위한 해 月城에 큰 별이 떨어지자 이를 여왕의 패망징조라고들 말하였다. 이에 金庾信이 허수아비를 만들어 연에 달고 이를 바람에 따라 띄우니 불덩이가 하늘로 날아 올라가 별이 다시 올라가는 것처럼 보이게 하였다.[184] 이를 보면 신라 때에 이미 연이 사용되었음을 알 수 있다.

충선왕이 세자로 있을 때 宮奴가 동네 아이들의 연을 빼앗아다가 바쳤다고 하는 기사는[185] 민간에서 연날리기가 놀이되고 있던 것을 짐작케 한다. 어쩌면 연날리기가 고려 때는 궁중유희로서보다는 민간유희로서 널리 놀이되었는지도 모른다. 이규보는 가을철에 연날리기로 부산하게 움직이는 이웃 아이들을 보고 시를 짓기도 하였다.[186]

다. 호기희

「呼旗戲」는 불탄일의 아이들 행사이다. 4월 8일이 되면 거의 한 달 전부터 여러 아이들이 초파일 행사비용을 모으기 위해 장대에 종이를 오려 붙이고 제각기 어깨에 메고 소리지르며 쌀과 천 등을 구하러 돌아다니는 놀이다.[187]

공민왕 때부터는 초파일 연등행사가 나라풍속으로 행해져 궁중에서도 아이들의 호기희를 관람하고 포를 하사하였다. 이런 아이들의 호기놀이는 초파일이면 연출되고 아이들에 대한 하사품으로 포 100필을 하사한 적도 있었다.[188]

라. 척초희·초인희

「擲草戲」·「草人戲」는 고려 때 여자아이들의 민속유희이다. 이것은 풀을

183) 洪錫謨, 《東國歲時記》, 正月 上元.
184) 《三國史記》 권 41, 列傳 1, 金庾信 상.
185) 《高麗史》 권 33, 世家 33, 충렬왕 9년 2월.
186) 李奎報, 《東國李相國集》 후집 권 1, 古律詩 七月三日詠風.
187) 《高麗史》 권 40, 世家 40, 공민왕 13년 4월 신축.
188) 《高麗史》 권 40, 世家 40, 공민왕 15년 4월 무오.

가지고 노는 것으로 「척초희」는 여러 명이 경기형식으로 하는데 비해 「초인희」는 풀각시 인형놀이로 생각된다. 척초희는 또는 「鬪草戲」로서 「약쑥뜯기」·「풀싸움놀이」 등으로 보인다.[189] 공민왕 14년(1365) 왕이 佛福藏에서 활을 쏘고 여러 아이들의 척초희를 관람하였다고[190] 하였다.

요즈음 봄철에 풀싸움하는 놀이를 보면,[191] 논밭두렁에 많이 돋아나는 토끼풀을 뜯어다가 그 줄기를 서로 엇걸고 잡아당겨서 끊어지는 쪽의 어린이가 지게 되는 것이거나, 제비꽃이나 토끼풀을 뜯어다가 꽃망울을 서로 엇걸어 잡아당겨서 꽃이 떨어지는 것에 따라 승부를 내는 놀이라고 하였는데 이와 유사했을 것으로 추측된다. 이규보도 鬪草戲를 보고서 '투초희가 볼거리를 다툰다'고 하였다.[192]

「草人戲」는 「草人童女戲」라고도 하는데 여자아이들이 두 패로 나뉘어 풀을 엮어서 인형을 가지고 노는 놀이다. 《東國歲時記》에는 「草閣氏戲」에 대해 다음과 같이 소개하고 있다.

> 이기씨들이 푸른 풀을 한춤 따다가 머리채를 만들고 나무를 깎아 그것을 붙인 다음 붉은 치마를 입힌 것을 각시라 하며, 이부자리와 머리병풍을 쳐놓고 그것을 희롱하는 것을 각시놀음이라 한다(洪錫謨, 《東國歲時記》 三月 月內).

고려시대 초인희 역시 이와 크게 다를 바 없겠으나 여기에 연희성을 이용한 놀이로서 인형극놀이를 한 듯한 기록이 남아 있다. 의종 17년(1163)에 있었던 일로,[193] 이것을 단순한 童戲가 아닌 제의적 성격의 놀이로도 보는데,[194] 草人童女는 어느 여신격의 신상이고 婢子는 주신에 따라다니는 수비로 볼 수 있다는 것이다. 또한 饌食几案은 祭床으로 두 패가 장난하는 장면을 신격의 재림을 추구하고 기원하는 兩派競逐戲라 하였다.

중국이나 우리의 고대 연희류에서 제의성을 갖춘 것이 있으나 초각씨희나

189) 宗 懍, 《荊楚歲時記》, 五月 五日.
190) 《高麗史》 권 41, 世家 41, 공민왕 14년 6월 신묘.
191) 池春相, 〈아이놀이〉(《韓國民俗大觀》 4, 高麗大 民族文化硏究所, 1991), 432쪽.
192) 李奎報, 《東國李相國集》 후집 권 2, 古律詩, 次韻李侍郎(需) 詠靑.
193) 《高麗史》 권 53, 志 7, 五行 1, 의종 17년 2월 정축.
194) 김선풍, 〈한국민속놀이론〉(《中央民俗學》 창간호, 中央大, 1989), 81쪽.

초인희 자체를 神格戱로 보기는 어렵다.

마. 농환희

「弄幻戱」는 꼭두각시놀음을 뜻한다(倡優들에 의한 잡희의 일종으로 생각된다).《舊唐書》에서 고려(고구려일 것임)에도 꼭두각시놀음이 있었다고[195] 하였고 이규보의 연희시 중에서 꼭두각시에 사람살이를 비유한 두 편의 시를 통해서도 알 수 있다.[196] 조선조 이후 오늘날까지 「꼭두각시」라 하여 紅同知놀음이 있는데[197] 고려조의 것은 분명한 내용을 알 수 없어 유감이다.

바. 장간희

「長竿戱」는 「장대타기」라 할 수 있는데 곡예의 일종으로 긴 대 위에서 묘기를 부리는 유희이다. 고려시대의 기록은 단편적인데 이색의 〈山臺雜劇〉 가운데 "긴 장대에 매달린 사람 평지를 가는 듯하다"[198]고 한 내용이 장대타기를 표현한 것으로 보인다.

《악장가사》에 수록된 고려가요 〈청산별곡〉의 구절 가운데 "사ᄉᆞ미 짒대예 올라셔 奚琴을 혀겨를 드로라"에서 사ᄉᆞ미(鹿)를 사ᄅᆞ미(人)의 잘못으로 보거나, 사슴으로 분장한 山臺雜戱輩로도 보고 있으므로[199] 장대타고 해금을 켜며 묘기를 부리는 장면으로 연상할 수 있다.

사. 죽마희

「竹馬戱」는 「대말타기」로서 어린이들이 잎이 달린 대나무를 말이라 하여 가랑이에 넣고 끌고 다니며 노는 유희다. 죽마에 관한 최초의 기록은《삼국유사》에 의하면 신라 경덕왕 때이다.[200]

이색은 아동들이 죽마희를 하는 것을 보고 다음과 같은 재미있는 시를 남겼다.

---

195)《舊唐書》권 29, 志 9, 音樂 2, 窟礧子.
196) 李奎報,《東國李相國集》후집 권 3, 古律詩, 觀弄幻有作.
197) 崔永年,《海東竹枝》俗樂遊戱, 紅同知.
198) 李 穡,《牧隱詩藁》권 33, 山臺雜劇.
199) 金亨奎,《古歌註釋》(白映社, 1958), 191쪽.
朴炳采,《高麗歌謠의 語釋研究》(宣明文化社, 1974), 233~234쪽.
200)《三國遺事》권 3, 芬皇寺千手大悲 盲兒得眼.

죽마를 타고 교만히 날뛰며 당에 오르려고 하고
또 뜰에 내려가 설 때 다시 왔다 갔다 하다가
갑자기 내달려 동산으로 향해 달아나네
(李穡, 《牧隱詩藁》 권 25, 兒戲).

죽마놀이의 방법을 위의 시에서도 추측할 수 있는데, 둘 또는 그 이상이 편을 갈라서 일정한 거리를 빨리 갔다 오기를 겨루든가, 한 명이 다른 한 명을 붙잡으러 쫓아다니는 식이나 서로가 몸을 부딪쳐서 넘어뜨리면 이기는 등의 방식을 생각할 수 있다. 죽마희는 성인들의 弄馬戱의 전단계로서 아동들이 마상전투를 모방하는 것으로 무예연습을 흉내내는 아동유희라 하겠다.

사. 투란희

「鬪卵戱」는 유희의 성격이 불분명하나 아이들이 시내거리에서 행한 계란깨기놀이로 보인다. 鬪雞와도 같은 성격을 띤 것으로도 설명하는데,[201] 중국의 경우는 한식절에 주로 행한 것으로 나타난다. 봄철 계란이 상징적으로 만물 탄생과 번성, 영양적으로 補益滋味의 뜻도 담고 있고, 宿卵의 경우 신제내의 장기들이 강건해짐과 비슷한 뜻을 기원한 것으로 이 놀이를 설명하고 있다.[202] 이규보는 한식날에 이르러 鬪卵풍속을 상기시키고 있다.[203]

봄철의 닭과 관련된 투란희·투계희는 닭에 대한 민속적 관념에서 나왔을 것으로 생각된다. 새해 문에 거는 歲畵로서 닭은 "새벽을 알려 여러 사람들을 일어나게 하며 그것으로 문이 개폐되어 난을 막았다"는[204] 것이나, 닭이 동방의 동물이고 양성이므로 음기를 누르는 辟邪기능을 수행한 것,[205] 알을 깨고 나오는 탄생의 개념 등이 봄철유희로 투란희의 배경이 된 듯하다.

(4) 오락적 내용

가. 위 기

「圍碁」는 「바둑」·「奕棋」·「博奕」·「手談」이라고 하는 오락으로 두 사람이

---

201) 李　穡, 《牧隱詩藁》 권 28, 有感三首.
202) 宗　懍, 《荊楚歲時記》 鬪鷄-鏤雞子·鬪雞子,.
203) 李奎報, 《東國李相國集》 전집 권 1, 古律詩 次韻梁校勘寒食日邀飮.
204) 應　劭, 《風俗通義》 권 8, 雄鷄.
205) 張正龍, 《韓·中 歲時風俗 및 歌謠硏究》(集文堂, 1988), 113~114쪽.

흰 돌과 검은 돌로 바둑판에 돌을 벌여 집을 많이 짓는 것으로 승부를 낸다. 이 오락은 오래 전부터 우리 민족이 즐겼던 것으로 나타나는데 《구당서》에는 "고구려사람은 圍棊·投壺의 노름을 좋아하고 蹴鞠에 능하다"[206]하였고 《北史》에는 "백제에서는 投壺·樗蒲·弄珠·握槊 등의 잡희가 있는데 바둑을 더욱 소중히 여겼다"[207]고 하였다. 삼국시대에 이어 고려시대에도 바둑은 매우 성행한 것으로 보인다. 왕을 비롯한 상류층에서는 오락으로서 교제에 이용되기도 하였다.

공민왕은 특히 바둑을 좋아하여 술 내기와 시 쓰기 등 내기도 하였다.[208] 충렬왕 때 바둑의 명인으로 曹允通이 있었다. 원의 世祖가 바둑 잘 두는 사람을 불러서 시험하였는데 윤통이 이기므로 역마를 타고 마음대로 왕래하도록 허락하였다.[209] 또한 郭氏 성을 가진 어린이가 바둑을 잘 두어 늘 晋陽公 앞에서 두었다고 한다. 이규보는 이를 두고서 시를 지었다.[210]

고려시대에는 신하들 사이에 바둑과 주색에 빠진 폐해가 생기고, 민간에서도 내기바둑으로 아내까지 빼앗긴 다음과 같은 이야기가 전한다.

> 옛날에 중국상인 賀頭綱이 있었는데 바둑을 잘 두었다. 그가 한번은 禮成江에 갔다가 어떤 아름다운 부인을 보고서 바둑으로 내기를 걸어서 그녀의 남편과 바둑을 두어 거짓으로 져서 물건을 갑절로 치러 주었다. 그녀의 남편은 이롭다 생각하여 아내를 걸었다. 頭綱은 단번에 이겨 배에다 싣고 가버렸고, 그 남편은 한에 차서 이 노래를 지었다고 한다.…배가 바다 가운데 이르자 뱅뱅 돌고 나가지 않아서 점을 쳤더니 '節婦에 감동되었으니 그 여인을 돌려보내지 않으면 배는 반드시 파선하리라'하므로 뱃사람들이 두려워하여 頭綱에게 권해서 그녀를 돌려보냈다. 그 부인이 역시 노래를 지었는데 후편이 그것이다(《高麗史》 권 71, 志 25 樂 2, 俗樂 禮成江).

바둑은 말없이 손으로 두며 깊은 생각에 잠기게 되므로, 서로 손으로 대화한다고 하여 이숭인은 「수담」이라고 했다.[211] 이색 역시 바둑에 대해서 깊

206) 《舊唐書》 권 199, 列傳 149 상, 東夷 高麗.
207) 《北史》 권 94, 列傳 82, 百濟.
208) 《高麗史》 권 41, 世家 41, 공민왕 17년 6월 기미·22년 9월 무진.
209) 《高麗史》 권 123, 列傳 26, 曹允通.
210) 李奎報, 《東國李相國集》 후집 권 10, 古律詩 神童國手詩.
211) 李崇仁, 《陶隱先生詩集》 권 1, 觀人圍碁.

은 생각을 가지고 예전 바둑알의 모양과 이치에 대해서 글을 남겼다.[212)]

나. 투 호

「投壺」는 화살과 비슷한 모양의 막대기를 일정한 거리에 놓인 항아리 속에 던져 넣어 그 수효의 많고 적음으로 승부를 내는 오락이다.

고구려나 백제에서 투호가 놀이된 것을 《구당서》·《북사》 등에서 기록하였듯이[213)] 그 역사는 오래 전으로 소급된다. 고려시대 투호는 초기의 불안정한 정국에 따라 한동안 중단되었다가 송나라의 영향으로 부활되었다. 투호는 궁중오락으로서 행해졌고 놀이성격상 민간화되지 못한 아쉬움이 있다.

《고려사》에는 투호의 폐지와 재시도를 보여주는 다음과 같은 기사가 있다.

> 淸讌閣에 거둥하여 內侍·良醞令 池昌洽에게 명하여 禮記의 中庸·投壺 두 편을 강의하게 하고 寶文閣學士 등에게 "投壺는 古禮인데 폐한 지 이미 오래도다. 宋帝가 내린 바 그 그릇이 극히 정밀하게 갖추어졌다. 장차 이를 시험하리니 경들은 투호의 의식과 그림을 편찬하여 올리도록 하라"고 하였다(《高麗史》 권 14, 世家 14, 예종 11년 12월 임오).

이처럼 예종 때 다시 부활된 투호는 그것이 《禮記》의 편명에 들 만큼 연회할 때 재능을 강론하고 손님을 즐겁게 하기 위한 오락이었다. 고려시대에 행해진 투호에 대한 구체적인 기록은 잘 볼 수 없지만 그것이 송나라의 것을 모방하였다고 추측되므로 중국측 내용을 보면 다음과 같다.

> 《禮記》에서 投壺에 말하길, 投壺의 禮는 주인이 화살을 받들고 던지기를 기다려서 맞힌 것을 잡고 사람을 시켜 壺를 잡게 한다. 壺頸의 길이는 7寸이고 腹의 넓이는 5村, 口徑은 2村半, 容量은 1斗半이며 壺 속에는 팥을 채운다. 그것은 화살이 다시 튀어나오는 것을 막으려는 이유에서이다. 壺와의 거리는 화살 두 개 반 정도이다. 화살은 뽕나무 가지인 柘로서 만들며 만일 가시나무이면 그 껍질을 벗겨서 만든다(高承, 《事物紀原》 권 9, 博奕嬉戲部 48, 投壺).

이상의 내용에서 구체적인 壺의 길이·넓이·용량·내용 등이 잘 드러나 있

---

212) 李 穡, 《牧隱詩藁》 권 1, 記, 記碁.
213) 《舊唐書》 권 199, 列傳 149 상, 東夷 高麗.
《北史》 권 94, 列傳 82, 百濟.

으므로, 예종의 명에 의해서 부활된 투호도 이러한 것을 따랐으리라고 본다.

다. 저포희

「樗蒲戲」는 다섯 개의 나무를 윷가락과 같이 만들어서 던지고 놀던 오락으로 당대 李皐羽의 《五木經》에서는 「五木」 또는 「玄白判」이라고도 하였다. 이것은 오늘날의 윷놀이와 다소 다른 오락으로 보이는데 우리 나라에서는 백제 때에도 있었다.[214]

고려 때에도 저포희가 계속 되었던 사실은 이색의 시에 나타나는데,[215] 대개 연말 밤샘하면서 심심풀이로 노소가 함께 즐겼던 민속오락이라 하겠다.

그런데 「저포희」와 윷놀이 즉 擲柶戲는 5목과 4목의 차이, 윷은 한반도 남부에서 발생한 고유놀이로 백제 성씨와 관련되는 점, 놀이방법에서 전혀 별개라는 점 등 근본적으로 다른 것으로 보고 있다.[216] 또한 저포는 3백60子의 놀이단 위에 여섯 말을 붙이고 다섯 木片을 던지나 우리의 윷놀이는 29개의 동그라미 윷판에 네 말을 붙이고 네 목편을 던지므로 윷놀이와 저포가 다르다고 한 견해도 있다.[217]

그러나 고려 때 저포희라 한 것은 오늘날의 윷놀이와 큰 차이가 없었던 것을 알 수 있다.

> 풍속유래는 명절에 중요하니　　흰머리의 할아버지 할머니는 아이들과 즐기네
> 둥근 것 28과 모난 것 한 판에　변화가 무궁하니 바르고도 또한 기이하다
> (李穡, 《牧隱詩藁》 권 35, (略)樗蒲戲傍坐觀之).

위의 구절 '둥근 것 28과 모난 것 한판'은 윷판의 한가운데 方을 중심으로 한 28, 즉 29의 동그라미를 말한 것으로 오늘날 윷놀이판과 같다. 이것과 관련하여 金文豹의 柶圖說과 李圭景의 柶戲辨證說에 나타난 설명을 주목할 수 있을 것이다.[218]

---

214) 《北史》 권 94, 列傳 82, 百濟.
215) 李　穡, 《牧隱詩藁》 권 6 및 권 13.
216) 任東權, 〈柶戲考〉(《韓國民俗文化論》, 集文堂, 1983), 387~403쪽.
217) 崔常壽, 《韓國民俗놀이의 硏究》(成文閣, 1985), 11~52쪽.
218) 《中京誌》 권 9, 附錄 金文豹.
李圭景, 《五洲衍文長箋散稿》 권 10, 柶戲辨證說.

두 견해에 따르면 고려의 저포희는 이미 중국의 저포희와는 달리 독자적으로 놀이되던 것으로 보인다.

저포희가 중국식 명칭이라고 한다면 중국에서 들어온 이 오락이 고려 때 윷놀이 즉 柶戲와 병존했을 가능성이 없지 않다. 李瀷은 사희를 '高麗의 遺俗'이라고까지 말하고 있고[219] 최영년이 《海東竹枝》에서 고려 궁중에서 시작한 것으로[220] 논단하고 있는 점으로 미루어 볼 때 고려조와 밀접하다고 하겠다. 또 《訓蒙字會》에서도 柶(윷)字 註에는 저포라 일컫고, '樗 슛뎌, 蒲 슛표'라 한 내용으로 볼 때에 민간에서는「윷」이란 명칭의 고유어를 썼으며 종래 중국의 저포희와는 다른 형태로 존재했다고 하겠다.

윷놀이를「저포희」라고 단정할 수는 없으나 초기에는 저포희로서 놀이되다가 차츰 고유성을 갖춘 윷놀이로 정착된 때가 고려시대가 아닐까 한다. 윷놀이는 단순한 오락에 그치지 않고 길흉을 판단하고 풍흉을 미리 알고자 하는 占卜的 주술로 윷점을 치기도 하였다.

라. 쌍 륙

고려 때의 안방오락으로서 노소가 즐길 수 있었던 것 중의 하나가「雙六」이다. 이 오락은 주로 양반 귀족층이나 사대부층에서 즐겼던 것으로 백제 때에는 握槊이라는 형태로서 주사위를 던져 놀던 쌍륙이 있었다.

《동국이상국집》에서 "한가하여 玉말판을 가져다가 쌍륙을 다투었다"[221]고 한 것으로 볼 때 그 존재 여부를 알 수 있다. 이규경 역시《五洲衍文長箋散稿》에서 고려시대에도 쌍륙놀이를 간혹 즐긴 듯하다고[222] 추측했는데, 원래 이것은 胡戲였다. 즉 胡主의 동생이 죄를 지어 감옥에 있으면서 쌍륙을 만들어 바쳤다고 한다. 그것은 쌍륙으로 말이 하나만 있게 되면 지고, 두 개 이상 늘어나면 살아날 수 있음을 느끼게 한 것이라 한다.[223]

〈張正龍〉

219) 李　瀷,《星湖僿說》권 5 하, 技藝門.
220) 崔永年,《海東竹枝》(奬學社, 1925).
221) 李奎報,《東國李相國集》전집 권 6, 詩, 次韻全履之文長老見訪用吾江南集中詩韻.
222) 李圭景,《五洲衍文長箋散稿》권 57, 戲具辨證說.
223) 李相玉, 〈노름〉(《韓國民俗大觀》4, 高麗大 民族文化硏究所, 1991), 656쪽.

10. 의식주 생활

1) 의생활

(1) 개 관

고려는 처음 신라의 복식제도를 그대로 답습하다가[1] 광종 7년(956)에 이르러 비로소 公服제도를 정비하였다[2]. 대개 송의 제도를 따른 것이다. 그러나 고려가 몽고의 침공을 받고 원의 간섭이 100년이나 되는 동안 우리 옷은 큰 변화를 겪는다.

이와 같은 복식사의 흐름을 《高麗史》에서는 다음과 같이 설명하고 있다.

> 우리 나라는 三韓 이래로 儀章과 복식의 國風을 따르다가, 신라 太宗에 이르러 당의 제도를 청하여 쓰니, 이후 冠服제도가 중국에 얼마간 견줄 만큼 되었다. 고려 태조가 개국함에 따라 일이 많고 초창기라서 신라의 옛것을 그대로 따랐다. 광종에 이르러 비로소 백관의 공복을 정하니, 이에 귀하고 천함과 높고 낮음의 차등과 위엄이 밝혀졌다. … 원의 간섭을 받은 이래 辮髮胡服이 거의 백년이나 되었다. 명이 들어서자 … 이로부터 衣冠文物이 점차로 다시 새로워졌으며 그 형식과 내용이 완연히 예전보다 훌륭하게 되었다(《高麗史》 권 72, 志 26, 輿服).

이처럼 고려시대 우리 옷의 역사는 전기와 후기의 양상이 아주 다르다. 따라서 고려시대의 복식은 ① 고려 전기, ② 몽고침입 및 간섭기, ③ 고려 후기로 나누어 고찰해야 그 전모가 파악된다. 그리고 주목할 것은 이 세 시기를 통하여 나타나는 복식변화가 우리 나라 복식사의 큰 전기를 이루고 있다는 점이다. 왜냐하면 우리 복식사의 큰 흐름을 살펴볼 때, 상고에 우리 고유

1) 《三國史記》 권 33, 雜志 2, 色服.
2) 《高麗史》 권 2, 世家 2, 광종 11년 3월 및 권 72, 志 26, 輿服, 광종 11년 3월. 《高麗史節要》 권 2, 광종 7년 · 11년.

양식이 있었고, 그것이 변전을 거듭하여 조선시대 중·후기에 독특한 韓服양식을 성립시켰으므로, 고려시대는 상고복식과 근세복식의 접점에 위치한다고 할 수 있다. 그리고 이 시대에 겪은 우리 옷의 변화가 훗날 한복양식을 결정하는 한 계기가 되었다고 보기 때문이다. 고려시대는 한복의 전통성과 특징을 규명하는 데 매우 중요한 시기인 것이다.

그러나 고려시대 복식생활은 실물과 사료가 매우 적어서, 아직껏 그 구체적인 실상이 밝혀지지 않고 있다. 지금 남아 있는 복식사료는 단편적인 문헌기록이 산견될 뿐이며, 그 중에서는 徐兢의 《宣和奉使高麗圖經》(이후 《高麗圖經》, 인종 원년; 1123)이 좀 자세하나 圖繪는 전하지 않는다. 그리고 옷의 실물은 1973년에 발견된 불상의 腹藏品인 고려 후기의 白紵布(중요민속문화재) 1점이 있을 뿐이다. 이 밖에 초상화와 불화 등 회화사료들이 있으나, 역시 이 시대 복식생활 규명에는 별 도움이 되지 못한다. 이 때문에 고려시대의 의생활이 우리 복식사에 매우 중요한 자리를 차지함에도 불구하고, 아직은 연구의 공백기로 남아 있다.

따라서 고려시대 복식사의 서술은 단편적인 사실을 엮어 큰 흐름을 파악하는 데 그칠 뿐, 생동하는 복식생활의 전모를 재구성하는 데까지는 이르지 못하고 있다.

(2) 복제의 정비

고려가 공복제도 실시로 옛 복제를 정비했다는 기록은 광종 7년에 처음 나타난다. 이 해 後周의 사신을 수행했던 雙冀의 진언을 받아들인 것이다. 역시 쌍기가 진언했던 과거제도를 시행하기 2년 전의 일이니, 광종연간에 활발했던 國制정비의 일환이었던 것이다. 그러나 이 때 정비한 공복제도가 어떤 것인지는 알 수 없고 실제 시행되었던 것 같지 않다. 광종 11년에 다시 백관의 공복을 정했다는 기록이 보이기 때문이다.

이 때의 공복은 관료의 직급에 따라 옷의 색깔을 구분하는 4색공복제도였다.[3] 4색공복제도는 신라 법흥왕 때 당에서 들여온 제도로, 중국에서는 五代를 거쳐

---

3) 《高麗史》 권 2, 世家 2, 광종 11년 3월 및 권 72, 志 26, 輿服, 冠服 公服 광종 11년 3월.

송으로 그대로 이어지고 있다. 이를 통해 고려 초기 공복제도 정비의 성격을 짐작할 수가 있는데, 기록상 고려의 복식제도는 의종 때 平章事 崔允儀가 편찬한《詳定古今禮》로 집대성되는데 그 내용은 송나라 제도를 따른 것이다.[4]

그러나 이와 같은 공복제도는 事大의 典禮的인 뜻이 강하기 때문에, 그것이 송과 요·금 등의 북방왕조, 이들과 고려의 관계가 복잡다단했던 당시의 동북아 국제정세의 한 단면을 보여주기도 한다.[5] 그러나 실제에 있어서는 그 복제가 어느 정도 실행되었는지 확인할 수 없다. 더구나 그 제도가 궁중과 상층지배계급 복식에 어느 정도 영향을 미쳤다 하더라도, 대다수 서민의 복식생활과는 무관했을 것이 당연한 이치이다.

이 점에서 여행자의 관찰기록인《高麗圖經》은 이 시대의 실제 복식생활을 말해주는 소중한 자료가 된다.《고려도경》에 나타나는 왕과 백관의 공복은《고려사》輿服志의 기록과 일치하고 있어, 고려가 송나라 제도를 받아들인 실상을 보여준다 하겠으나, 그 밖의 서민 생활복의 다양한 언급은[6] 고려사람들의 실제적인 복식생활이 상고 이래의 國俗을 잇고 있음을 시사한다.

예컨대《고려도경》은 국왕도 한가히 있을 때에는 皀巾과 白紵布를 입으며, 그것은 일반 서민의 차림과 다름없음을 적고 있다.[7] 국왕도 공식적인 자리에서는 송제에 따라 격식을 차리지만, 사사로운 생활복은 전래의 옷을 입었다는 것이다. 또 여자옷에 대해 언급하여, 白紵衣와 黃裳을 귀천의 가림없이 입는다고 한 것이나[8], 여복의 旋裙은 8폭 치마로 이를 휘둘러 입되, 그 일단을 겨드랑에 낀다고 한 것은 모두가 전래의 국속임을 알 수가 있다. 그리고 조선시대 한복의 화려한 치마 색깔과 檀園 및 蕙園의 풍속도에 보이는

4)《高麗史》권 72, 志 26, 輿服, 冠服 公服 의종.
《三國史記》권 33, 雜志 2, 色服.

5) 중국을 중심한 국제질서는 冊封과 朝貢의 服屬과 附庸의 상징적인 관계로 이루어지며, 이 때 복제의 襲用은 왕조의 정당성을 강화하는 구실을 한다. 그렇기 때문에 宋과 遼·金은 다투어 고려에 官服을 賜與했으며,《高麗史》에 의하면 靖宗 9년(1043) 이후 169년 사이 15회에 이르고 있다. 이 사실은 당시 고려의 대외관계가 매우 복잡하고 어려웠음을 드러내고 있다(柳喜卿,《韓國服飾史研究》, 梨花女大 出版部, 1977, 138~140쪽).

6) 柳喜卿,〈高麗圖經의 服飾史的 研究〉(《增補 韓國服飾史 研究》).

7) 徐 兢,《高麗圖經》권 7, 冠服 王服.

8) 徐 兢,《高麗圖經》권 20, 婦人 貴婦.

치마의 풍만하고 율동적인 착장모습을 연상시키기에 족하다. 고려시대 옷에 외래의 영향이 있었다고는 하나, 삼국 이래 우리 민족의 복식전통이 고려로 이어지고, 그 전통이 다시 조선시대 한복으로 연결됨을 짐작케 하는 것이다.

(3) 몽고복식의 영향

몽고침입에 의한 풍속사적 충격은 원종 13년(1272) 원에 오래 머물렀던 세자(후의 충렬왕, 1275~1313)가 辮髮胡服하고 귀국하자 사람들이 탄식했고 심지어 우는 사람마저 있었다고 기록은 전한다.[9] 이 때는 고려가 몽고와 강화한 지 10여 년이 지났으나, 三別抄의 저항이 끈질기게 계속되고 있던 무렵이라, 몽고풍에 대한 반발과 갈등이 적지 않았던 것이다.

고려를 복속시킨 뒤, 元 世祖는 원종 원년에 국서를 보내 고려에서 청한 여섯 가지를 허락하며 "의관은 본국의 풍속을 따라 모두 고치지 말라"[10]고 했었다. 그러나 신하들 중에 친원파가 생겨서, 국왕에게 복식제도를 원제로 고치기를 청하기도 하였다. 저간의 사정은 일찍이 몽고에서 고려로 귀화한 무신 印公秀가 원의 풍습을 따라 복색 고치기를 원종에게 권했을 때, 원종이 "나는 차마 하루아침에 갑자기 祖宗의 가풍을 바꿀 수 없으니 내가 죽은 뒤에 그대들 마음대로 하도록 하라"[11]고 한 데서 알 수 있다. 그러나 사정은 뒤바뀌어, 원으로부터 왕으로 책봉된 충렬왕은, 그 직후 원에서 시집오는 齊國大長公主를 맞으러 서북지방으로 행차했을 때, 수행한 중신들이 몽고풍으로 머리를 깍지 않았음을 나무라고 있다. 이에 대해 신하들의 대답은 "머리 깎기를 싫어하는 것이 아니라, 여럿이 다 같이 하기를 기다릴 뿐"이라는 것이었고, 후에 머리 깎기를 앞장서는 사람들이 있어 다른 신하들도 머리를 깎기에 이른다.[12] 그리하여 충렬왕 4년(1278) 왕은 원의 의관을 쓰도록 했고, 이로부터 머리를 깎고 머리를 땋지 않은 사람이 없게 되었다.[13]

이와 같은 경위는 원의 풍속을 받아들임에 적지 않은 저항과 혼란이 있었

---

9) 《高麗史》 권 27, 世家 27, 원종 13년 3월 기해.
10) 《高麗史》 권 25, 世家 25, 원종 원년 8월 임자.
11) 《高麗史》 권 28, 世家 28, 충렬왕 즉위년 12월 정사.
12) 《高麗史》 권 28, 世家 28, 충렬왕 즉위년 10월 신유.
13) 《高麗史》 권 28, 世家 28, 충렬왕 4년 2월 병자 및 권 72, 志 26, 輿服.

음과 아울러, 원의 제도 수용이 원에 대한 사대외교의 필요에서 나온 측면이 강함을 말해준다. 改服令이 있은 직후 충렬왕이 원에 들어가 장인이 되는 원 세조에게 나라의 어려운 사정을 여러 가지로 호소하고 있음도 그런 사정과 부합한다. 이 때 흥미로운 것은 원 세조와 역관 康守衡 사이에 복식에 대한 문답이 있었던 것이다. 즉 고려의 복색은 어떠한지를 묻자, 韃靼(몽골)의 의복과 모자를 착용하는데, 조서를 펴거나 명절을 하례할 때는 고려복으로 일을 본다고 대답하였다. 또 세조 자신이 고려복을 못입게 했다고 하나 그럴 까닭이 없다고 하고, 고려에서 무엇에 근거하여 예절을 폐했는지를 물었다.[14] 이 문답에서 주목할 것은 고려가 원제를 쓰기로 했다고는 하나, 오히려 막중한 공식행사에는 고려복을 착용한다고 한 점이다. 여기 말한 고려복은 송제를 본뜬《상정고금례》의 公服일 것이 틀림없으므로, 이 때 고려의 공복제도는 2중구조를 이루고 있었다고 볼 수 있을 것이다.

그러나 이렇게 들어온 몽고풍은 점차 성행하였다. 고려에 대한 원의 간섭이 거의 한 세기에 이르고, 역대 왕비를 원에서 맞은 까닭에 궁중 풍속이 몽고화하였으며, 다루가치[達魯花赤] 등 많은 몽고관원과 군병이 장기 주재하고, 여·원간에 교통과 통혼이 성했던 만큼, 우리 풍속에 미친 몽고풍의 영향이 매우 심각했던 것이다. 복식 역시 예외는 아니어서, 후대의 한복 중에는 고려 때 몽고에서 들어왔다는 옷가지와 장식이 여러 가지가 있으며, 韓服様式의 어떤 특징은 몽고 옷의 영향을 받은 것이라는 지적도 없지 않다.

그 중 고려시대에 몽고에서 들어왔다고 하는 것의 대표적인 예는 簇頭里이다. 이와 관련하여 崔南善은 "의식용 복식은 가장 몽고풍을 가미하게 되었다. 지금도 여자의 禮裝에 쓰는 족두리는 몽고에서 士夫女가 외출할 때 쓰는 모자이고, 신부복식으로 珊瑚珠꾸러미의 도토락댕기 역시 몽고 기혼녀의 頭飾으로 쓰는 도톨이라 하는 것"이라고 설명하고 있다.[15] 족두리는 곧《고려사》에 보이는 姑姑冠이며,[16] 이것이 족두리로 와전되었다는 것이다. 이 밖에 조선시대 戎服 등으로 두루 입었던 철릭[天翼·帖裡]도 고려시대에 처음 입기

14)《高麗史》권 28, 世家 28, 충렬왕 4년 7월 갑신.
15) 崔南善,《故事通》(三中堂, 1946, 85쪽;《六堂崔南善全集》1, 玄岩社, 1973, 149쪽).
16)《高麗史》권 89, 列傳 2, 淑昌院妃 金氏.

시작했으며, 몽고 옷 중의 質孫과 유관한 것으로 보기도 한다.[17] 둘 다 上衣下裳이 연결되고 直領인 꾸밈과 모양이 같기 때문인데, 지금 남아 있는 安珦(1243~1306) 초상화[18]의 복식이 바로 질손이라는 것이다.

다음으로 몽고복식이 한복양식에 미친 영향은 주로 저고리(襦)의 길이와 관계된다. 우리 옷의 고유양식은 바지-저고리(上衣下袴) 또는 치마-저고리(上衣下裳)이며, 저고리는 길이가 긴 長襦로서 허리띠로 앞을 여미는 것이다. 이 모양은 고구려 고분벽화에서 확인이 되는데, 고려시대 몽고 옷의 영향으로 길이가 짧아져서, 허리띠 대신 고름이 생겼다는 것이다. 이것은 조선시대 학자들의 통설로서, 너무 짧아 가슴을 못 가리고, 입기에도 불편한 女服 저고리는 오랑캐 풍습이니 고쳐야 한다는 복식론이 나오게 된 것이다.[19]

그러나 근래의 실증적 연구에 따르면 그와 같은 주장은 國俗인 저고리를 胡俗으로 보는 관념에서 나온 것이며, 우리 옷의 저고리는 상고시대 이후 계속해서 단소화 경향을 보인 끝에, 특히 여복에서 독특한 한복미를 낳은 것으로 보고 있다.[20] 실제로 여말선초의 것으로 알려진 木偶像 5점에서 고구려 고분벽화의 인물상과 매우 흡사한 차림이 확인되는 것이다.[21] 이들 목우의 남자상은 띠가 있는 袍, 여자상은 띠 없는 長襦차림인데, 이로 미루어 보면 한복양식은, 고려시대 몽고 옷의 영향에도 불구하고, 우리 상고복식의 양식 전통을 연면하게 이은 것이라 할 수 있다. 비록 몽고 옷의 영향이 컸다고는 하나, 그 영향은 궁중과 사족지배층에서 뚜렷하고, 일반의 복식생활을 뒤바꿀 만한 것은 아니었다고 해야 옳은 것이다.

(4) 고려 후기의 복식

고려는 공민왕 5년(1356)에 이르러 원의 연호를 폐지하고 관제를 고쳤다.[22] 원의 간섭을 벗어나, 명과 통교한 것이다. 이에 따라 명은 공민왕 19년 5월

17) 金東旭 · 高福男, 〈出土 朝鮮時代 遺衣의 服飾史的 硏究〉(《服飾學會誌》 II, 1978), 2쪽.
18) 《韓國의 肖像畵》(國立中央博物館, 1979).
19) 李京子, 《韓國服飾史論》(一志社, 1983), 77쪽.
20) 李京子, 위의 책, 79쪽.
21) 李京子, 〈木偶像에 나타난 服飾 硏究〉(《服飾》 2, 1974).
22) 《高麗史》 권 39, 世家 39, 공민왕 5년.

冊封使를 보내 冠服을 내리고, 고려는 본래의 풍습을 따르도록 했다[23]. 양상은 고려 초기와 별반 다를 것이 없는데, 사대의 명문을 세우고 왕조의 정통성을 다진다는 것이 그 함축이다. 고려 후기에도 예외는 아니어서, 고려와 명은 관복을 청하고, 관복을 내리기를 거듭하였는데 우왕 13년(1387) 6월에 이르러 호복을 혁파하고 명제를 따르니, 1~9품의 백관이 紗帽와 團領을 착용하되 직급에 따라 品帶에 차등을 두었다.[24] 대개 이것은 송제를 이어받은 것으로 창업 초기 조선조로 전승된다.

이 시기에도 일반의 복식생활이 어떠했었는지는 자세하지 않으나, 다만 앞에서 말한 불상복장품인 백저의가 발견됨으로써 비로소 복식의 실물고증이 가능해진 것은 고려시대 복식사연구의 획기적인 일로 꼽힌다.

우리 복식사에 가장 오래된 遺衣라고 할 백저의는 瑞山郡 雲山面 胎封里 소재 文殊寺 極樂寶殿의 金銅如來像 몸통에서 우연히 발견되었다(1973. 12). 이 때 여러 점의 직물 단편과 보자기·주머니가 함께 나왔고, 불상조영의 발원문에 의해 이것들이 충목왕 2년(1346) 무렵의 것임을 확인할 수가 있었다. 정확히 말하면 백저의의 연대는 고려가 원의 연호를 폐지하기 직전, 원 간섭기 말기의 것이다.

조사에 의하면 백저의는 기장 111㎝, 화장 42㎝, 소매길이 10.8㎝인 短袖袍形衣로 감은 폭 35㎝에 27올, 12升쯤의 生紵이며, 바느질은 견고하나 그리 정교하지는 못하다. 형태는 목판 깃의 直領交衽, 짧은 소매, 옆의 주름과 트임, 옷 고름이 없는 점 등을 특징으로 꼽을 수가 있다.[25]

백저의의 쓰임이 어떠했는지는 자세치가 않으나, 그 모양은 《고려도경》에 보이는 승복 중 "短袖偏衫"(大德) 또는 "白紵窄衣"(在家和尙)라 한 것에 가장 가까운 듯하다.[26] 그러나 《고려도경》에는 국왕 이하 평민에 이르기까지 남녀가 모두 백저포를 입었다는 기록이 눈에 띄므로[27] 백저의가 고려시대의 기본복이었음을 알 수가 있는데, 문수사 백저의가 그같은 복식생활의 일단을

23) 《高麗史》 권 42, 世家 42, 공민왕 19년 5월.
24) 《高麗史》 권 72, 志 26, 輿服.
25) 柳喜卿, 〈腹藏遺物〉(《美術資料》 18, 國立中央博物館, 1975).
26) 徐　兢, 《高麗圖經》 권 18, 道敎·釋氏, 阿闍梨大德·在家和尙.
27) 徐　兢, 《高麗圖經》 권 29, 供張 2, 紵衣.

보여준다 할 것이다. 또한 이 유물에 고름이 없음은 여밈을 띠로 처리했음을 보여주는 것으로, 이는 우리 옷의 기장이 짧아져서 고름이 생긴 시기를 유추해 보는 한 단서가 되기도 한다.

삼국시대에 상당한 수준에 이르렀던 직조기술은 고려시대로 이어졌다. 삼국시대에 이미 해외로 수출했던 白紵[28]는 색깔이 결백하여 옥과 같다고 하였으며,[29] 충렬왕 때에 이르러 花紋細苧布가 처음 나왔다고 한 것[30] 등에 비추어 그 기술이 더욱 발달했음을 짐작케 한다.

또한 絹織이 상당한 수준에 올랐음은 《고려도경》에서 文羅·花綾 등을 기교있게 짠다고 한 것으로도 알 수 있다. 견직의 원료는 중국에서 들여오며, 북방 오랑캐의 포로와 귀화인에 의하여 그 기교가 전보다 발달했다고 설명하고 있다.

삼국시대와 마찬가지로 고려시대에도 중국과의 직물교역이 성하여 복식생활을 살찌웠다. 대개 紗羅綾緞 등 고급 견직물을 수입하고, 특산품인 紵麻를 수출한 것인데, 고급 견직물의 밀무역이 성행하고 그로 인한 복식의 사치아 낭비가 지나쳐 물의를 빚기도 했다. 성종 원년(982)에 崔承老가 올린 시무28조에 공복의 옷감이 모두 수입품임을 말하고, 서민은 무늬있는 비단을 입지 못하도록 하여 복식제도의 사치와 검소함을 알맞게 할 것을 건의하고 있음이 그 한 예이다.

어쨌든 직조기술과 교역의 발달은 고려시대 복식생활을 더욱 다양하게 했을 것으로 짐작되며, 그 일단은 앞에서 설명한 문수사 복장유물로서 확인할 수 있다. 백저의와 함께 발견된 직물류는 紵·綾·絹·紬·緞과 紵 등 여섯 종류에 이르고, 그 무늬도 용·나비·원앙·거북·새 등의 동물문양, 당초·모란·꽃 등의 식물문양, 구름·물결 등의 자연문양 등 12가지, 색깔은 靑·紅·黃 등 11가지로 아주 다양한 것이다.

끝으로 특기할 것은 고려 후기 목화의 전래인데, 공민왕 12년(1363) 文益漸이 목화씨를 원에서 들여온 것이다.[31] 그러나 그 이전에도 무명에 관한 기록

---

28) 《三國史記》 권 11, 新羅本紀 11, 경문왕 9년 7월.
29) 徐 兢, 《高麗圖經》 권 23, 雜俗 2, 土産.
30) 《高麗史》 권 30, 世家 30, 충렬왕 15년 4월.

이 보이고, 충렬왕 22년(1296)에는 원의 成宗이 무명 411필을 내렸다는 기록이 남아 있다.[32] 따라서 목화의 재배가 문익점시대 이전에 이미 시작되었을 가능성도 엿보이나, 목화가 널리 보급되고, 무명이 기본 옷감으로 되는 것은 문익점 이후, 조선시대에 들어와서인 것이다. 이로써 복식생활이 윤택해짐은 물론, 그 때까지 연면히 이어졌던 우리 옷의 전통은 새로운 발전의 계기를 맞게 된다.

이처럼 고려시대 복식은 상고복식과 근세의 한복양식을 잇는 가교적 위치를 차지하며, 밖으로부터 많은 영향을 받으면서도 우리 옷의 양식 특성을 잘 간직했던 것으로 평가할 수가 있다.

〈李京子〉

2) 식생활

고려시대는 우리 나라 식생활사에서 한국 식생활 구조가 일단 완성되는 시대로 구분할 수 있다. 고려 초기는 왕과 백성이 불교를 호국신앙으로 믿고 의지하고 기원하면서 살았다. 식량면에서는 초기에서부터 주력한 권농정책이 주효하여 전대에 비하여 미곡생산이 증대되고 재배채소의 품질이 증진되었다. 이러한 환경에서 전래의 떡솜씨와 맑고 담백한 沈菜類의 가공기술 등이 발전하여 전통을 뿌리내리는 한편 차와 한과류가 선호되어 발달한다. 그 중 차와 한과류가 상층생활을 중심으로 성행하였고, 침채류와 떡은 모든 생활층으로 보편화되어 토착된다. 고려 중기 이후에 이르면 북방민족의 향화, 숭불사조의 동요, 麗元관계 등 초기와는 다른 환경에서 한때 금기 또는 절제하던 고기음식을 즐겨하는 성향이 고조되어 한때 주춤했던 고기음식의 솜씨가 복원되면서 한국 고유한 명물음식의 하나를 이룬다. 한편으로 조면·양주업과 같은 식품산업이 사원의 경제력을 중심으로 확대되었다. 또 국내 상공업과 새로 주조한 화폐의 유통 등이 원활해짐에 따라 商旅의 유숙을 위한 院과 공설 주식점을 개설하고 해외상인을 위한 객관을 개설하는 등 식품의 상업

31) 《太祖實錄》 권 14, 태조 7년 6월 정사.

32) 《高麗史》 권 31, 世家 31, 충렬왕 22년 12월 신해.

화 및 국내외 교류가 활발해진다.

이같이 식품의 산출과 조리, 가공법, 식품산업이 증진되는 환경 속에서 日常食의 양식은 전 시대에 이어서 밥과 반찬으로 구성한 상차림이 계승되었다. 그 밖의 진다례, 객관의 접객양식, 연회의 양식과 제상차림의 규범 등이 형성되고 명절음식이 보편화되어 우리 나라 식생활의 전반적인 틀이 일단 완성된다.

(1) 곡물의 증산과 병과류의 기술증진

가. 미곡의 증산

고려시대에 경작한 곡물은 전 시대에 이어 쌀·보리·밀·메밀·조·기장·수수·팥·콩·녹두·율무·깨 등이며 그 중 쌀은 주식곡이면서 물물교환의 가치기준이었고 녹봉의 대상이었다. 그러므로 고려는 초기부터 역대 왕이 미곡증산에 주력하였다.[1] 태조 왕건은 백성에 대한 세금을 줄이고 토지제도를 정비하였으며 광종 24년(973) 개간한 농지에 대해서는 세금을 내려주었다. 또 성종 2년(983)에는 籍田을 실시하여 왕이 스스로 권농에 참여하였으며, 성종 6년에는 각 주와 군의 병기를 모아 농구제조에 쓰게 하였다. 현종 9년(1018)에는 북으로부터 온 난민에게 나라에서 소를 대여하고 농구를 보냈으며, 고종 46년(1259)에는 빈민에게 곡식 씨앗을 보내는 등 역대 왕들은 적극적인 권농정책을 시행하였다. 또한 역대에 걸쳐 관개시설을 수축하고, 각 지역에 勸農使를 파견하였으며, 義倉을 확대하고 常平倉을 두어 구휼과 곡가안정에 대처하는 등 농산증대에 힘썼으므로, 양곡증산으로 비축량도 늘어났다.《高麗史》食貨志에는 "문종이 절검 간소한 생활을 하여 大倉의 곡식이 쌓여 썩을 만큼 자급자족할 수 있는 정치를 폈다"고[2] 기록되어 있다.《高麗圖經》에서도 "大義倉이 서문 안에 있는데 쌀이 300만이 쌓여 있다"고[3] 하였다.

한편 역대로 飯僧行事의 규모가 수만 명에 이르렀고, 당시의 수도 개경에 설치된 상가 長廊에서는 10칸 간격으로 불상과 白米漿을 준비하여 길가는

1) 震檀學會,《韓國史》中世篇 (乙酉文化社, 1961), 164~172쪽.
2)《高麗史》권 77, 志 32, 食貨 1.
3) 徐 兢,《高麗圖經》권 16, 官府 倉廩.

사람들에게 베풀었다.[4] 이러한 사례는 숭불사조와 관계가 깊은 것이지만 미곡증산의 배경이 없이는 불가능한 것이어서 이러한 환경에서 다음과 같이 우리 나라 병과류의 기술이 고도로 발달하게 된다.

나. 떡의 보급

떡은 우리 나라의 가장 보편적이고 토착적인 의례음식의 하나로서 시루(甑)를 쓰던 시대에 개발되었던 것이다. 우리 나라에서 발견된 시루 중 제일 오래된 것은 청동기시대 유적인 羅津 草島貝塚에서 출토된 것이다. 그리고 그 이후의 유적지에서도 계속 출토되고 있을 뿐 아니라 황해도 安岳3호분, 藥水里고분 등에는 시루를 앉힌 주방 그림이 그려져 있다. 이런 사실로 미루어 이 시대에는 시루가 상용되는 용구이고 시루에 쪄서 만든 떡이 상용음식이었다고 생각할 수 있다. 삼국시대 후기에 이르면 쌀·보리·조 등 주곡이 양산되고, 무쇠솥이 보급되어 밥을 짓게 되므로 밥과 반찬으로 구성한 차림이 상용식사의 기본양식으로 정착됨에 따라 떡은 통과의례·생업의례·명절·선물 등에 쓰이는 의례음식으로 정착되었다.[5] 즉 쌀은 낟알(粒食)로 조리하기에 편리한 곡물이므로, 우리의 쌀음식 중 떡이 밥에 앞서 개발되었지만 상용음식은 조리하기에 간편한 입식형으로 정착되고 떡은 의례음식으로 정착되어 전통을 이어온다.

고려시대 떡에 관련된 풍습과 조리법이 《牧隱集》·《海東繹史》·《芝峰類說》 등에서 확인되고 있다. 정월 보름에는 찹쌀 찐 것에 기름·꿀·잣·밤·대추 등을 섞어 다시 쪄서 만든 약식을 이웃의 여러 집과 나누어 먹는다. 유두일에는 단맛과 신맛이 어울려 감미롭고 몸이 눈같이 깨끗한 단자병을 만든다. 찰기장의 전병은 붉은 팥소를 넣고 지져 표면이 황금색이며 요기를 하기에 좋다. 고려에서 상사 때는 어린 쑥을 멥쌀가루에 섞어서 찐 쑥설기(靑艾餠)를 으뜸가는 음식으로 안다. 高麗栗糕는 그늘에서 말린 밤가루와 멥쌀가루를 2 : 1의 비율로 섞어 꿀물이나 백탕으로 물을 내려 찐 떡이다. 이같이 설기떡·전병·단자병·약식 등의 조리기술을 확실하게 알려주고 있는데 그

---

4) 徐 兢, 《高麗圖經》 권 23, 雜俗 2, 白米漿.
5) 尹瑞石, 《改訂增補韓國食品史硏究》(新光出版社, 1993), 80~88쪽.

것이 오늘까지 이어져 오는 기본조리법이다.

다. 유밀과의 성행과 다식

油蜜菓와 茶食은 모두 한과류의 대표적 품목이다. 현재는 조리법을 기준으로 해서 약과·유과(강정·산자류), 다식, 전과, 엿과 엿강정, 과편 등으로 크게 구분되며 총칭하여 造菓 또는 菓飣類라고 한다. 그 중 고려에서는 유밀과와 다식이 연등회·팔관회를 위시하여 제향·잔치 등에서 늘 사용되었으며, 특히 유밀과가 성행하였는데 《고려사》에 기재되어 있는 유밀과는 약과와 유과의 총칭으로 볼 수 있다.

고려의 유밀과는 《慵齋叢話》에서 말하듯이 모두 새·짐승의 모양으로 만든 것이었으나 조선시대에 와서 모양이 바뀌었다. 고려에서는 왕이 행차를 하면 거쳐가는 고을이나 사원에서 유밀과를 봉정하였고, 대·소연회에는 유밀과를 성찬의 하나로 숭상하였으며, 혼례에서 납폐예물로 보내는 것이 고려의 관례였다.

한편 유밀과의 쓰임새가 지나치게 많아 곡물의 허비가 많았으므로, 충렬왕 8년(1282) 왕의 행차 때는 유밀과의 봉정을 금하게 하고, 명종 22년(1192)에는 공·사를 막론하고 연회의 사치함을 삼가하여 유밀과를 소연에는 3기, 중연에는 5기, 대연이면 9기로 한하도록 형법으로써 금령을 내린 바 있다.[6] 유밀과의 그릇수로 보아 여러 가지 유밀과가 있었음을 알 수 있다. 유밀과는 떡과 달라 밀가루와 기름·꿀이 기본재료이며 이런 식품의 공급이 부족하였으므로 금령으로 제약하게 된 것이다.

다식은 쌀가루(쌀을 쪄서 말려 볶아 가루로 한 것), 볶은 콩의 가루, 볶은 흑임자의 가루, 익힌 밤가루, 송화가루 등을 꿀에 반죽하여 다식판에 찍은 것이다. 다식이란 이름은 團餠茶를 마시던 유습에 연유하여 지어진 이름이며[7] 차와 함께 곁드리기에 좋은 한과의 하나이다. 《목은집》에는 팔관성례에 쓴 다식을 種德副樞가 보내주어 받은 후 읊은 시문이 있는데 "다식을 먹어보니 달콤한 맛이 입안에 스민다. 좋은 음식은 지금도 우리의 옛 풍습 그대로이고 의관은 역시 옛풍대로 중국 것이 많다"고[8] 하였다. 이 시문을 통해 다식을

6) 《高麗史》 권 85, 志 39, 刑法 2, 禁令 충렬왕 8년 9월 및 명종 22년 5월 制.
7) 李 瀷, 《星湖僿說》 권 9, 萬物門, 粔籹蜜餌.

위시한 한과류가 우리 고유의 음식으로서 고려 이전의 시대로부터 역사가 깊은 것임을 알 수 있다.

(2) 숭불환경과 차·채소음식·조면의 발달

가. 차의 성행과 진다례·다정

차는 신라의 선덕왕대부터 있었으나 차를 재배하기 시작한 것은 흥덕왕 3년(828) 중국에 사신으로 갔던 大廉이 돌아오면서 차의 씨앗을 가지고 온 것을 왕이 지리산에 심도록 한 것이 시초이다.[9] 이후로 차를 달여 불전에 공양하고, 왕궁·사원에서 귀하게 여기고 있었는데, 고려에서는 차를 마시는 풍습이 더욱 성행하였다. 고려에서는 궁안에 茶房을 두어 다과의 일을 맡아보게 하고, 茶村을 두어 차를 재배하여 孺茶·腦原茶를 만들었으나, 그 맛이 좋지 않아 중국으로부터 蠟茶와 龍鳳賜團을 수입해 썼다. 납차와 용봉사단은 송대에 만들어진 團餠型 고급차이다.

《고려사》 권 69 禮志에 의하면 고려에서는 팔관회, 연등회, 왕자와 왕녀의 책봉의, 공주의 혼례 등을 행할 때에는 반드시 進茶禮를 거행하였다. 또 충선왕 즉위 직후에는 백관들이 왕의 탄일을 축하하여 제각기 다과를 바쳤다.[10] 왕은 근신과 노신에게 차를 하사품으로 나눠주었다.[11] 의종대에는 왕이 상원일·연등일에 봉은사에 행차할 때 도중에 차를 달여 대접하기 위한 行爐·茶擔 군사를 4인으로 정한 바 있다.[12] 의종 13년(1159) 왕이 玄化寺에 행차하였을 때 동·서양원의 승려들이 각각 茶亭을 차려 놓고 왕의 행차를 영접하였는데, 호사를 다투었다.[13] 《고려도경》에서는 차를 다루는 모습을 다음과 같이 소개하고 있다.

무릇 연회 때면 궁중 뜰 안에서 차를 끓여 가지고 은제 연꽃 모양의 작은

---

8) 李 穡, 《牧隱詩藁》 권 30, 種德副樞送八關改服茶食.
9) 《三國史記》 권 10, 新羅本紀 10, 흥덕왕 3년.
10) 《高麗史》 권 33, 世家 33, 충렬왕 34년 9월 갑신.
11) 《高麗史》 권 3, 世家 3, 성종 9년 10월 및 권 4, 世家 4, 현종 원년 7월·13년 5월.
12) 《高麗史》 권 72, 志 26, 輿服, 儀衛 上元·燃燈.
13) 《高麗史》 권 18, 世家 18, 의종 13년 3월 을해.

쟁반으로 덮어 천천히 걸어와 바친다. … 건물 안에서는 한복판에다 紅俎를 펴두어 그 가운데 茶具를 늘어놓고 붉은 비단보자기로 다구를 덮는다(徐兢, 《高麗圖經》 권 32, 器皿 3, 茶俎).

나. 청담한 채소요리의 발달

《성호사설》 권 5에서 고려의 생채는 맛이 매우 좋고 뒷산에는 蘼菰의 향이 가득하며 고려사람은 생채에 밥을 싸먹는다고 하였다.[14] 《고려도경》은 객관(여관)에서 날마다 먹는 나물을 내놓는데 이것을 沙蔘(더덕)이라고 불렀다.[15] 《鄉藥救急方》이나 《東國李相國集》 등에 의하면 고려시대에 순무·오이·가지·동아·박·댓무우·배추·아욱·부추·상추·마늘·파·생강·소산류·토란 등을 재배하였다. 이외에 죽순·고비·고사리·도라지·더덕 등 여러 가지 들나물과 산나물, 여러 가지 버섯 등이 있었으며, 천초·귤피·석류 등이 향신료 또는 향미료로 쓰였다. 이러한 여러 가지 채집채소와 재배채소로 파장아찌·무장아찌·순채냉국·토란국 등을 만들었고 다시마요리가 좋았다. 특히 우리 나라는 풍토와 산수가 청명하였으므로 채소의 맛이 연하고 청담하여, 쌈싸기·동치미·나박김치와 같이 채소의 신선한 맛과 영양성분을 보유할 수 있는 음식법이 발달하였는데, 이것은 고려의 숭불환경에서 더울 발달하게 되었다. 특히 동치미·나박김치류와 같이 채소의 맛과 영양성분을 보유한 우리 김치의 고유성이 도출된 것은 시대적으로 신라·고려를 통하는 한 시기이며 이러한 발전은 우리의 맑고 빼어난 자연조건과 숭불환경이 어울린 산물의 하나이다. 《동국이상국집》에서 "서리가 내릴 때에 순무를 자르면 마치 배와 같이 맛이 좋다"고 하였듯이[16] 우리 풍토에서 재배되는 채소는 맛이 청담하고 연하였다.

다. 사원에서의 조면과 양주업

우리 나라는 풍토상 밀의 소출이 적었으므로 고래로부터 쌀과 보리·조로 만든 음식이 상용되고, 밀가루로 만든 국수·유밀과·霜花 등은 특별음식의 하나였다. 이런 실정에서 고려시대에 밀가루로 만드는 유밀과·상화 등이 성행

14) 李 瀷, 《星湖僿說》 권 5, 萬物門, 生菜掛背.
15) 徐 兢, 《高麗圖經》 권 23, 雜俗 2, 土産.
16) 李奎報, 《東國李相國集》 후집 권 4, 古律詩 家圃之詠.

하고 釀酒를 위한 누룩제조에 밀이 소요되어 부족한 밀을 중국으로부터 수입하였다. 또 밀을 제분하는 데는 인력이 많이 소요되지만 고려의 사원은 불교신앙의 본거지로서 승려·노비·佃客 등 인력이 많았고, 왕실·귀족 등의 賜與田·施納田 등 물적 자원이 풍부하였다. 이러한 인력과 재력으로 수공업품과 기호식품을 생산하고 판매하였으며, 그 중 양주의 규모가 방대하여 通度寺에서 제조한 누룩이 영남 일대의 민간수요를 충당하였다고 한다. 이토록 사원의 양주업이 성행하면서 사원 본연의 자세를 혼란케 하는 예가 많았으므로 현종 원년(1010)과 12년에는 僧尼의 술빚기와 사원의 술장사, 채소장사 등을 법령으로 금한 바가 있다.[17] 그러나 현종 18년 6월에 양주의 庄義·三川·靑淵寺 등에서 나라의 금령을 어기면서 양주에 소비한 쌀이 360여 석에 이를 정도로[18] 사원의 양주업과 판매행위에는 많은 문제점을 지니고 있었다. 그러나 다른 측면에서 보면 양주업이 크게 이루어졌다고 볼 수 있을 것이다.

우리 나라의 술은 곡물로 빚은 탁주·약주류가 전통이며, 《三國志》 위서 동이전에서는 고구려사람이 藏釀을 잘한다고[19] 하였고 당나라 때의 시문에도 "한 잔의 신라술이 능히 녹일까 두렵다"고 읊을 정도로 술빚기 솜씨가 옛부터 좋았던 것 같다. 고려의 술에 관해 《고려도경》에서는 다음과 같이 쓰고 있다.

> 고려에는 찹쌀이 귀하여 멥쌀로 누룩을 섞어 술을 빚는데 빛깔이 짙고 맛이 독해 쉽게 취하고 속히 깬다. 왕이 마시는 것을 良醞이라 하는데 左庫의 맑은 법주이다. 거기에도 두 종류가 있으며 술항아리는 질그릇으로 담고 누런 명주로 봉해 둔다(徐兢, 《高麗圖經》 권 32, 器皿 3, 瓦尊).

또한 《동국이상국집》에서는 새로 술을 빚어 맑은 술을 거르면 3~4병을 얻기가 어렵다고 하였으며 《목은집》은 단오일이면 浮蟻酒에 창포꽃을 띄우고, 중구일에는 국화주에 달그림이 비친다고 알려주고 있다. 이외에 고려가요 《翰林別曲》 등에서는 황금주·백자주·송주·예주·죽엽주·이화주·오가피주 등이 있었음을 알려주고 있으며 포도주도 있었다.

---

17) 《高麗史》 권 85, 志 39, 刑法 2, 禁令 현종 원년 및 12년 6·7월.
18) 《高麗史》 권 5, 世家 5, 현종 18년 6월 계미.
19) 《三國志》 권 30, 魏書 30, 烏丸鮮卑東夷傳 30, 高句麗.

한편 사원에서 국수를 뽑아 시장에 내다 팔았다. 이렇게 되는 과정에서 그 동안 국수반죽을 손으로 밀어 만들던 것이 기계화되어 국수틀로 눌러 뽑게 되었다.

(3) 고기음식과 유즙, 기타 찬물류

가. 고기음식과 우유

漢나라에서는 貊炙이란 고기구이가 있어야 비로소 성찬으로 알았다 하며, 맥적은 맥족 즉 동이족이 만든 고기구이로 해석되고 있다. 맥적은 수렵을 숭상하였던 고대사회의 생활에서 형성된 고기굽는 솜씨로써, 그 조리법은 미상이나 우리의 고대식품으로 미루어 장과 술로 양념한 구이로 추정되며 이것이 우리 고기요리의 전통으로 이어져 온다. 그러나 그 발달과정에는 기복이 있었다.

《三國遺事》에서 왕의 하루 식사가 쌀 세 말, 꿩 아홉 마리였다고[20] 한 기록으로 미루어, 삼국시대에는 대체로 武를 숭상하던 분위기로 인해 육식을 많이 하였음을 알 수 있다.

그러나가 고려시대에는 숭불환경에 따라 육식을 절제하였다. 원종 2년(1276)에 "왕은 인심을 금수에까지 베풀어야 하므로 肉膳을 올리지 말라"고[21] 한 바 있다. 또《고려도경》에서도 왕은 부처님을 받들어 살생을 삼가고 국왕·상신이 아니면 양과 돼지고기를 먹지 않고 屠宰를 즐겨하지 않으며 도재를 할 때에는 네 발을 묶어 불 속에서 절명하게 한 다음 내장을 제거하므로 고기요리 맛이 없다고 쓰여 있다. 이러한 분위기 때문에 고기요리 솜씨는 한때 주춤하였을 것이다. 그러나 고려 중기 이후에 들면서 육식이 크게 선호되어 고기요리의 솜씨가 복원된다. 고기요리의 복원 배경은 대체로 유목인의 고려 향화, 원의 영향, 숭불사조의 쇠퇴로 보인다. 고려 초기부터 고려의 북진정책과 거란·여진 등 북방민족과의 충돌이 빈번하던 중 난을 피하여 또는 향화한 이민족에게 매사냥이나 도살업을 전담하게 하였다. 한편 원과의 교류가 빈번해졌을 때 제주와 함경도에 목축이 확대되어 연례적으로 탐라의 牛肉을 원으로 보냈고, 원으로부터는 왕의 탄일에 양·거위 등이 보내져 왔다. 공양왕

20) 《三國遺事》 권 1, 紀異 1, 太宗春秋公.

21) 《高麗史》 권 25, 世家 25, 원종 2년 3월 경오.

3년(1391) 9월에 간관 許應이 상인을 북경으로 보내서 양육을 사오게 하는 것은 잘못이라고 간한 바가 있다.[22] 한편 공민왕대의 제학 李達衷은 오계와 백마를 즐겨 먹었고, 풍수승 曺華卿이 熊掌·豹胎와 같은 특수육을 즐겼다 한다.[23] 이같이 육식을 숭상하게 되고 그 풍조에는 파행적인 양상이 있은 듯 하지만, 고려 초기와는 다른 환경에서 고기요리가 다시 성하게 되었으며 雪夜覓이란 고려의 명물 고기구이가 만들어져서 후대에까지 남게 되었다.

신라는 근해의 섬에서 목축을 하였고, 고려시대에는 특히 12세기 이후로 목마가 활발하였고 乳牛所를 두었으며 유즙을 약용으로 알고 일부에서 썼다. 명종대 李純佑가 아뢴 다음과 같은 기사를 통해 알 수 있다.

> 酪酥를 상납하게 하는 일은 농민의 農牛를 상하게 할 뿐, 그 약효가 위급할 때 소용이 닿는 것이 아니다(《高麗史》 권 99, 列傳 12, 李純佑).

이것은 곧 왕에 의해 받아들여져 백성들이 매우 기뻐했다는 것이다.

나. 장류와 젓갈

한국의 장류는 콩으로 메주를 쑤어 말렸다가 소금물에 담그는 것을 전통으로 한다. 장류를 가공하기 시작했던 때가 언제인가는 알 수 없으나 일찍부터 콩을 재배하고 항아리를 상용하였으므로 그 때 이래 실시된 것으로 추정되고 있다. 즉 농업의 시작을 확인해 주는 황해도 鳳山 智塔里住居址 이래로 예외없이 뚜껑이 있는 항아리가 출토되어 발효식품의 저장용기로 썼음을 알게 해준다. 또 한반도 일부 지역은 만주 일대와 함께 콩의 원산지로서 기원전 2,000년대 후반의 유적에서부터 콩이 나오고 있다.[24] 그리고 《삼국지》 위서 동이전은 "고구려가 스스로 藏釀을 잘한다"고 말하고 있다. 또한 일본의 경우는 우리의 상고시대에 장 담그는 기술을 전해 받게 된 것이다. 신라 신문왕이 왕비를 맞이할 때의 폐백품목으로 쌀·술·기름·脯·醢(젓갈·김치류) 등과 함께 醬과 豉가 있는데 이러한 식품들이 이 시대의 필수적인 기본식품이었음을 보여준다.

---

22) 《高麗史》 권 45, 世家 45, 공양왕 3년 9월.
23) 《高麗史》 권 112, 列傳 25, 李達衷 및 권 124, 列傳 37, 曺華卿.
24) 《會寧五洞原始遺跡發掘調査報告》(科學出版社, 1960), 58쪽.

이렇게 상고시대부터 만들어졌던 장류는 계속하여 우리 음식의 기본 조미식품이며 동시에 보편적인 단백질을 공급하는 찬물로서 계승되어 오고 있었다. 현종 9년(1018) 興化鎭의 난으로 백성들이 추위와 굶주림에 시달렸을 때, 문종 6년(1052) 기근으로 개경에 굶주리는 사람이 3만여 명이 모였을 때 양곡과 함께 장과 시를 구휼식품으로 제공하였다.[25]

젓갈은 어패류의 발효식품으로서 세계 도처에 각기 명물이 있으나 특히 벼농사국으로서 역사가 깊은 지역에는 각기 전통음식으로서 크게 발달되어 있다.[26] 우리도 예외가 아니어서 상고시대부터 지역에 따라 명물 젓갈이 발달되었으며, 고려시대에도 많이 먹는 식품의 하나였다.

다. 기타 찬물류

고려시대에도 일상식은 밥과 반찬으로 이루어진 밥상차림이었다. 고려시대에 상용하던 그릇 중 청동기로 된 밥그릇과 합은 상용그릇의 하나였을 것이며 밥은 반드시 반찬과 함께 차렸으므로 당연히 여러 가지 반찬음식이 있었을 것이다. 그러나 기록에 남은 것은 장류, 김치류, 파장아찌와 파자반[佐飯], 고기나 어패류의 갱(국이나 찌개), 토란국, 순채냉국, 다시마요리 등이다. 우선 장·김치·장아찌·국이나 찌개·자반과 같은 조리법이 있었음을 다음의 시를 통해 찾아볼 수 있다.

> 채소의 갱(국)은 별맛이 없더니 두부를 썰어 넣으니 맛이 새롭다. 疏齒에도 편하여 늙은 몸을 보양하기에 좋다(李穡, 《牧隱詩藁》 권 33, 詩 大舍求豆腐來餉).

그러나 두부를 만들기 시작한 시기는 알 수 없다. 다만 중국 漢代의 고분벽화에 두부를 만드는 그림이 있으므로 콩을 재배하던 고장에서는 일찍부터 두부를 만들었다고도 생각할 수 있으나 자세하지 않다.

옛부터 우리 근해에서 채취한 다시마가 명물의 하나로서 간주되어 상고시대부터 다시마를 채취하여 중국과 교역하였다. 고려에서도 다시마는 귀천없이 많이 먹는 식품의 하나였는데 《本草綱目》을 이용한 《海東繹史》에서는

---

25) 《高麗史》 권 80, 志 34, 食貨 3, 賑恤 水旱疫癘賑貸之制 현종 9년 정월·문종 6년 3월.
26) 石毛直道, 〈鹽辛, 魚醬油,ナレズシ〉(《東アジアの食事文化》, 平凡社, 1985), 207~220쪽.

다시마 요리에 대해 "다시마를 쌀뜨물에 담갔다가 무르게 익혀 파·된장·소금·식초·쌀가루(糝)로 양념하거나, 생강·귤껍질·후추로 양념을 한다. 기장밥이나 쌀밥과 잘 어울린다"고 하였다.

《동국이상국집》에 의하면 파로 자반을 만들고 고기국이나 생선국에 파를 넣으면 비린내가 없어져 좋다 하고, 시골에 갔더니 蓴菜로 만든 냉국이 좋고, 토란국이 맛이 좋았다고 하였다.[27] 자반은 밥반찬의 총칭이므로 이 시문으로 보아 파나물 또는 파강회류·파전 등을 만들어 먹었음직도 하다.

(4) 고려의 대외교류와 식생활

가. 원·객관·주식점의 개설과 접객양식

고려에서는 여행자, 상인과 물자의 집산지를 선정하여 院이란 숙박소를 설치하고 크기에 따라 구분하여 그 경영을 지원하였다. 그리고 성종 2년(983) 10월에는 공설 주식점으로 成禮·樂賓 등 6개소를 개설하여[28] 鑄錢유통에 편리하도록 하였다. 이것은 우리 나라에서 공설 접객업소 설치의 시작이며 특히 그 운영을 위해 마땅한 사람을 선정하고 田結을 주어 경영을 맡기는 등 나라에서 인적·물적인 면으로 지원하였다. 이러한 점은 상업발전은 물론이고 식문화의 교류와 발전에 좋은 계기로 이바지하게 되었다.

또한 고려는 중국과 일본을 위시하여 거란·여진·남번·서역의 大食國(사라센) 등을 상대하여 전대에 비할 수 없는 대외무역이 활발하였으며 왕래도 빈번하였다. 이런 환경에서 송·거란·여진·남번상인을 위한 객관을 개설하였는데 현종 2년(1011) 4월에는 迎賓館·會仙館을 개설하고,[29] 이후 더욱 증설하여 송의 상인을 위하여 娛賓館·清河館·朝宗館·淸州館·忠州館·四店館·利賓館 등을, 여진상인을 위하여 迎仙·靈隱 등을 증설하였다.[30] 이러한 객관에서 외상을 영접하거나 또는 외국상인이 연회를 열면서

---

27) 李奎報,《東國李相國集》 전집 권 6, 馬巖會審友大醉夜歸記所見贈鄕校諸君 및 권 14, 友人家食蓴.
28)《高麗史》 권 3, 世家 3, 성종 2년 10월 기해.
29)《高麗史》 권 4, 世家 4, 현종 2년 4월 정묘.
30)《高麗史》 권 7, 世家 7, 문종 9년 2월 무신.
徐 兢,《高麗圖經》 권 27, 館舍 客館.

물물교환 형식으로 객관무역을 실시하였다. 더욱이 그 규모가 문종 9년(1055) 2월에는 400명에 달한 때가 있고, 국초에 송상의 내왕은 120여 회에 약 5,000명에 달하였다.

이러한 환경이 음식의 대외교류를 증진시켜 식문화가 발달하는데 크게 기여하였는데 객관에서 시행한 일상식의 접객양식은 《고려도경》 供張條에 잘 나타나 있다. 즉 객관에서는 하루 세 끼를 대접하는데 정·부사가 입관하였을 때에는 붉은 칠한 상에 한 끼에 5組로 그릇은 다 황금을 발랐으며, 都轄·提轄 및 上節 이하는 검은 칠한 상에다 주는데 한 끼당 3조이고, 中節은 2조, 下節은 각 5인씩 한자리에서 같이 먹도록 連床을 차린다는 것이다.

나. 대외무역식품과 음식의 교류

고려시대에 대외교류가 활발해지면서 새로이 유입된 식품으로는 차·포도주·소주·후추·사탕·양고기 등과 밀가루로 만든 霜花가 있다. 그 중 차와 포도주는 원료가 우리 나라에서 많이 생산되지 않았으므로 일부 층에서만 쓰였다. 그러나 소주는 전래의 탁주·약주에 보태져 그 제법이 동화되면서 널리 보급되었다

소주를 내리는 증류주법은 서역으로부터 원에 유입된 것이 우리에게 들어왔으며 전래양주법에 없던 증류주법의 유입·동화는 우리 나라 주류제조사에 일대 발전의 하나였다. 또 고려 중기 이후 후추의 수입량이 증가하였으며 창왕 2년(1389)에는 琉球國에서 들어온 방물 중에 후추가 300근이 있었다.[31] 후추가 많이 쓰이게 된 것은 고기음식을 다시 많이 먹게 되어 고기를 조미하는데 많이 쓰였기 때문일 것이다.

상화는 밀가루를 술로 반죽하여 부풀린 것에 팥소 또는 고기소를 넣고 쪄서 만든 것으로, 중국의 전래음식 중 뎬싱[點心]류의 한 품목이다. 이 상화법이 고려시대에 유입된 이후 시판음식으로 보급된 것을 고려가요 〈쌍화점〉에서 알 수 있다.[32] 그 제법이 조선시대를 통하여 초기에서 후기에 이르는 규중문헌에 자세하게 설명되어 있어 가정음식으로도 수용되었음을 알 수 있다. 《六

31) 《高麗史》 권 137, 列傳 50, 신창 2년 8월.

32) 《樂章歌詞》, 歌詞 상, 雙花店.

典條例》에 의하면 조선왕조에 들어와서는 禮賓寺에서 중국사신을 위한 연회에 내놓았다.[33)]

고려 초기 大覺國師의 제자 曺素는 사탕을 좋아하여 사탕으로 벽돌을 쌓았다고 한다.[34)] 이것으로 보면 고려시대의 사탕은 고형으로 뭉쳐진 형태의 것으로 짐작되며 중국에서 들여온 것이다. 중국에서는 당나라 초기에 인도로부터 제당기술을 배워 중기 무렵에는 제당기술이 발달하여 있었다.

다. 연회와 제향음식

《고려도경》에서는 고려의 연회의 모습에 대해 설명하고 있다. 이에 따르면 연회를 할 때에는 酒禮를 매우 중하게 여기고, 공식연회가 있을 때에는 왕공이나 고관은 牀卓과 飯饌을 쓰되 일반관리나 사민은 좌상만을 썼다. 식사를 할 때에는 탁상에 음식을 담은 작은 상을 놓고 그릇은 銅器를 썼다. 음식으로는 양고기나 돼지고기요리, 해산물요리를 풍요하게 많이 차리고 주행에 절도가 없고 많이 권함을 예로 알았다. 손님이 한 상에 2인씩 앉고 손님이 많을 때는 상의 수를 늘렸다.

이러한 기록을 통해 보면 고려에서는 연회에서 식탁과 좌상을 모두 사용하였으며, 공적인 자리에서는 지위가 높은 사람은 식탁에 입식 양식으로 대접받았음을 알 수 있다. 이러한 입식·좌식을 모두 사용하는 것은 조선시대에 이르러 온돌구조가 일반화되면서 좌식생활로 일원화되었다. 고종 33년(1246) 당시의 집권자 崔怡가 왕을 모셔다 대접한 잔치는 연회상이 모두 6상이었고, 七寶器에 차려졌다. 그런데 그 사치함이 역대에 예가 없을 정도로 잔치를 벌이고 놀기를 즐겼다고 하였다.[35)] 이같이 사치한 연회가 물론 일부에 한정된 것이지만 그 당시 식생활의 발전상을 짐작할 수 있다. 연회를 열 때의 용구로 宴卓은 단칠을 하고 塗金裝釘을 하였으며 상에 수를 놓은 붉은 보를 덮고 光明臺에 불을 밝혔다.

고려 후기 유교의 정치이념의 수용이 점차 심화되면서 공양왕 2년(1390)에는 국가에서 각 가정에 가묘를 세우기를 권장하고 가례제사의 제수규범을

33) 崔南善,《朝鮮常識》風俗篇(東明社, 1948), 142쪽.
34) 崔南善,《故事通》(三中堂, 1946), 106쪽.
35)《高麗史》권 129, 列傳 42, 崔忠獻 附 怡 고종 33년.

품계에 따라 다음과 같이 정하였다.

> 품계 1~2품 : 蔬·果 각 5접시, 肉 2접시, 麵·餠 각 1그릇, 羹·飯 각 2그릇
> 품계 3~6품 : 蔬 3접시, 果 2접시, 麵·餠·魚·肉 각 1그릇, 羹·飯 각 2그릇
> 품계 7품에서 庶人과 在官者 : 菜 2접시, 果 1접시 魚·肉 각 1그릇 羹·飯 각 2그릇(《高麗史》 권 63, 志 17, 吉禮小祀 大夫士庶人祭禮).

위와 같이 제수는 반찬과 국을 기본으로 하며 채소·과일·어·육을 갖추도록 하되 그 그릇 수는 품계에 따라서 달랐던 것이다.

〈尹瑞石〉

3) 주생활

(1) 백성의 살림

妙淸의 난, 무신집권과 권력을 둘러싼 무신들의 상쟁, 몽고침입, 홍건적의 습격 등 고려 후기에 발생한 안팎의 시련으로 인해 백성[1]들은 고달펐다. 그들은 궁실이니 관아, 군사시설 그리고 무수한 사원건축에 수시로 동원되고 부역하였으므로, 자기들 집은 급한 대로 꾸리고 사는 정도로 만족하는 수밖에 없었다. 어느 시대나 마찬가지였지만 고려 말기엔 잦은 왜구의 노략질까지 겹쳐 백성들은 쉴 틈이 없을 지경이었다. 따라서 전문 기술인력을 초빙하고 멋부려 짓는 일은 백성들로서는 엄두도 못 낼 형편이었다. 그들은 주변에서 채집하거나 쉽게 얻을 수 있는 자재로 여럿의 힘을 합쳐 집을 짓고 거기에 살았다.

그런 집들은 대부분 원초적이어서 옛적에 짓던 집이나 진배없었다. 굽은 나무 삭정이, 고샅의 나무등걸, 장대와 굵은 나무등치, 이엉, 억새, 지릅, 갈대와 싸리, 시누대, 수숫대와 나무껍질, 흙과 여물 그리고 알맞은 돌 등이 요긴하게 쓰이던 건축재료이다. 세우고 건너지르고 묶고 꽂아 가며 집짓기는 완성된다. 이는 지금도 시골집에서 볼 수 있는 구조와 아주 흡사한데, 태고적부

---

1) 《高麗史》 권 93, 列傳 6, 崔承老. "최승로가 아뢰기를 … 사람마다 절 짓기 좋아하니 그 수가 심히 많다. 또 중외의 승도들이 사사로이 살 집을 다투어 지으면서 州郡의 長吏들에게 부탁하여 인부를 징발하여 부리는데 급하기가 公役보다도 더하니 사람들의 고통이 이만저만이 아니다. 원컨대 엄히 다스려 금단하여 백성들이 노역에서 벗어나게 하소서"에서 최승로의 백성이란 개념을 받아들였다.

터 오늘에 이어지고 있는 것이며 어느 시대에나 지어지던 집의 한 유형이다.

선사시대의 집이 지표 아래에 기반을 마련하였던 것이라면 시대가 흐르면서 차츰 지표에 가깝게 기반이 상승하고, 마침내 지표 위에 나타났다가 지표로부터 점점 높아져 가는 경향에 따라 형상이 달라진다. 고려 후기의 건축도 그런 흐름 속에 있었다.

고려시대에는 北境개척 등의 노력을 기울였으므로 통일신라기에 비하여 북방영토가 확장된다. 그 영향으로 인해 집의 형상은 유형으로 분류하여 볼 때 한층 다양하게 되고 이성계의 선대가 거처하였다고 하는 陶穴而居[2)]의 종류까지 등장하였다. 이것은 다분히 대륙적이며 고구려의 옛 땅에서 볼 수 있는 유형이라고 할 수 있다. 그러나 중부·남부지역의 경우, 지역적 특성에 따른 집의 구조가 전기와 유사하였고 그것은 후대에 계승되어 오늘에 이르고 있다.

고려 전기에도 그랬지만 후기에도 백성들이 집을 지을 때 국가보조 등의 혜택은 거의 없었다. 큰물이 져서 마을이 휩쓸려 갔다던가[3)] 불이 나서 수많은 집이 연소되거나,[4)] 권세 있는 宰臣이 자기 집을 확장하려 이웃 백성들의 집을 헐었다던가[5)] 궁궐을 짓기 위하여 헐어 냈다던가[6)] 등의 사례가 발생하였을 때 구휼의 차원에서 일부 보조가 있는 정도였다. 외국에서 투화하거나 내부한 자에게 집을 내리거나 공헌한 백성에게는 賜家제도도 있었다. 이는 이미 있던 집을 내주게 하는 소유권의 이동이었으므로 그들을 위하여 국가에서 따로 짓는 것은 아니었다. 따라서 백성의 집은 자연히 질박할 수밖에 없었다. 도성 내도 마찬가지였다. 송나라의 사신으로 開京에 와서 머물며 견문한 徐兢의 눈에 비친 백성의 집도 소박한 것이었다.[7)]

개경은 광활하고 평탄한 고장이 아니라 높고 낮은 산이 연이어 있는 지형이다. 풍수지리설에 따라 그런 지형에 도읍하여서 낮은 산의 중턱이나 기슭에 터 잡고 궁전을 비롯한 중요한 건축물들이 들어서야 했다. 도성의 북부는

2) 《太祖實錄》 권 1, 總書.
3) 《高麗史》 권 53, 志 7, 五行 1, 의종 19년 6월 병신.
4) 《高麗史》 권 28, 世家 28, 충렬왕 2년 윤3월 경자.
5) 《高麗史》 권 129, 列傳 42, 崔忠獻 附 怡.
6) 《高麗史》 권 18, 世家 18, 의종 20년 4월 갑오.
7) 徐 兢, 《高麗圖經》 권 3, 城邑 民居.

산이 더 많고 동부와 남부가 비교적 평탄한데 편평한 자리는 市廛과 관아와 사원이 차지하였다. 따라서 백성의 집은 그들을 피해야 했으므로 주로 산기슭에 자리잡았다.

산기슭의 집은 시골집과 유사하다. 숲이 우거진 시골에서는 지붕에 나무껍질을 벗겨다 잇기도 하는데, 최상의 것은 떡갈나무 껍질이었다. 충숙왕도 그런 시골집을 본떠 임시로 머무를 行在所의 집을 짓기도 하였다.[8] 우리에겐 그런 기법이 남아 있지 않지만 일본에는 회나무 속껍질을 벗겨 지붕을 잇는 기술이 전승되고 있다. 아주 얇게 종이처럼 속껍질을 손질하여 수십 겹을 겹친다. 그것으로 지붕을 이어 두터운 지붕이 되면 수 십 년간 견딜 만하다. 궁궐이나 사원 또는 신사의 중심건물 지붕도 그렇게 만든다. 일본은 삼국시대 이래 선진문화를 흡수한 사실로 미루어 보아 이 기법도 도입한 것이라면 고려시대 떡갈나무 껍질을 잇는 기술과 연계시켜 볼 수 있다. 서긍이 본 도성건물 중에 이런 떡갈나무 껍질을 이은 집이 있었을지도 모른다.

조선조에 굴피집이라고 하여 나무껍질 표피까지 한꺼번에 덮던 방식과는 다른 유형이다. 아주 고급스럽다. 그래서 호사하는 충숙왕도 그것을 이은 행재소에서 만족스럽게 머물고 있었다.

도성내에 집이 즐비하여 어디에서나 집을 볼 수 있었다. 공민왕 때 홍건적 침입이라는 지독한 전란으로 도성 내 집이 반으로 줄어버리고 말았다. 집이 헐리거나 불타버린 빈터를 부자들이 재빨리 점유하는 바람에 가난한 백성들은 집을 짓고 싶어도 할 수 없어 전쟁 이전과 같은 볼 만한 구경거리를 다시는 이룩하지 못하였다.[9]

집이 열 채 있으면 그 중 두어 채는 기와집이라고 서긍은 말하였다. 고려후기에 이르면 충선왕은 도성 내 초가를 전부 기와로 이으라고 지시하였다. 五部의 민가 전부를 기와로 이으라는 분부이고 개인이 경영하는 기와굴을 금하지 말라는 명령을 내렸다.[10]

백성들은 구들을 놓은 온돌방에서 혹독한 겨울을 지냈다. 집의 규모는 크

---

8) 《高麗史》 권 35, 世家 35 충숙왕 16년 정월.
9) 《高麗史》 권 85, 志 39, 刑法 2, 공민왕 4년 3월.
10) 《高麗史》 권 33, 世家 33, 충선왕 원년 8월 신해.

지 않았다. 서궁은 보편적인 크기가 "不過兩椽"이라고 《高麗圖經》에 쓰고 있다. 이 글은 신라시대나 마찬가지로 아직도 1室1棟制이어서 단위건물은 규모가 적었고 그런 건물 여러 채가 한 집의 경내에 벌여 놓여져 있었다고 해석해야 한다. 이런 추세는 삼국시대에도 마찬가지였는데, 그것은 고구려고분의 벽화에 묘사된 내용으로도 알 수 있다. 그리고 조선조에도 계승되고 오늘날까지 이어지는 흐름에 속한다.

《高麗史》의 여러 군데서 凉樓의 명칭을 볼 수 있다. 이것은 조선의 태조 李成桂가 壽昌宮에 지은 凉廳[11]을 닮은 마루 깐 다락집이라 보이는데, 이 양루가 살림집에도 채택되었다고 생각된다. 고려시대 살림집터 발굴성과가 아직 축적되어 있지 않아 당시 생활을 엿볼 수 있는 자료는 아주 미약하다.[12]

문경의 새재 길가에 원터라 전하는 곳이 있어 발굴하였더니 고려시대 건물터가 나타났다. 고래 켜서 구들을 들였던 흔적과 함께 당시 사용하였던 은제 방울·동제 가위·숟가락과 머리빗 등이 나왔다. 한쪽에 디딜방아를 설치하였던 자리가 있고 다른 건물자리에서는 말굽쇠와 말굽에 박았던 징도 출토되었다.[13] 흔히 볼 수 있는 그런 방물들이 나와서 당시 생활의 일면이 밝혀졌는데 조선조의 살림살이와 유사하다.

질그릇 깨진 조각이 무수히 수습되었다. 다른 곳을 발굴할 때에도 질그릇 조각은 많이 모아진다. 궁궐·사찰·성곽의 터에서도 자기편보다 도기편이 더 많이 수집된다. 이는 질그릇이 생활용구의 기본이었음을 말해주는 것으로 이해하여도 좋을 것이다. 백성들의 살림살이도 그와 같았다고 하겠다.

목기의 사용도 보편적 경향이었다. 칠을 입힌 것은 역시 고급스러운 것에 속하였다. 식기류는 더구나 그랬다. 철기·동기는 때로 금·은제와 더불어 사용을 못하게 하기도 하였다. 버들로 엮은 것을 공급하는 천민들이 있었다. 鄕이나 部曲에서 공급하였는데 쇠를 다루어 솥을 주물하고 갖바치가 신발을

11) 申榮勳, 〈朝鮮初 凉廳考〉(《건축역사연구》 1, 1992).

12) 평안북도 신의주시 위화도에서 1959년에 고려시대 집터가 발굴되었는데, 구들을 놓은 방의 흔적이 발견되었다. 또 그릇으로 사용하였다고 보이는 질그릇과 연장들이 같이 나왔다. 화려하거나 웅장한 규모는 아니다(서국태, 〈신의주시 상단리의 고려 집자리〉, 《고고민속》 1, 1966).

13) 洪思俊·申榮勳·李東寧, 《傳鳥嶺院址發掘調査報告書》(聞慶郡, 1985).

만드는 등 생활용구의 제조와 공급이 다양하였으므로 유물을 남긴 유형들과 함께 적지 않은 용품들이 사용되었다고 보여진다.

光明頭(등잔걸이) 등의 유품에서 조명용으로 관솔이나 기름이 이용되었음을 알 수 있다. 밀납의 초도 있었다. 이런 것은 통일신라나 조선조와 유사하므로 당시 살림살이나 생활하는 터수는 그전이나 뒷시대에 살던 백성들과 거의 같았으리라고 믿어진다.

고분과 도요지에서 출토되는 각종 陶製와 자기의 유형은 참으로 다양하다. 문화생활에 요긴하게 쓰였을 것으로 멋부린 것도 적지 않다. 《고려도경》에 개경에서 직접 체험한 일들이 묘사되어 있는데 서긍이 경험한 내용을 보면 기물의 종류가 대단히 다양함을 알 수 있다. 당시의 문화생활 수준이 신라통일기 보다 저하된 것이 아니었음을 알 수 있다.

(2) 제택의 규모와 생활

다른 시대나 마찬가지로 이 시기에도 家舍가 제도를 넘는 것은 권력 있는 사람들의 무분별한 경영에서 비롯되고 있다.

최승로는 당시의 폐단을 지적하면서 여러 주·군·현과 정·역·진에서 토호들이 서로 다투어 큰집을 지으므로 제도를 넘어선 것이 한두 채가 아니라고 하였다. 또 이는 실로 백성들의 고역이며 그 피해 또한 적지 않으니 禮官에게 명하여 가사제도를 정하게 하고 중외에 영을 내려 지키게 하며 지나친 집은 헐어 내어 뒷사람에게 경계해야 한다고 하였다.[14] 선종이 총애하던 신하의 첩인 萬春은 백성을 동원하여 큰집을 지었으므로 憲府에서 임금에게 탄핵하였으나 반응이 없었다.

법이 있어도 준수될 그런 형편이 아니었다. 워낙 크고 장려한 집이 많았다. 이런 예도 있었다. 병부상서를 지낸 朴純弼이 동궁 바로 옆에 크게 집을 지었다. 동궁의 月建方에 해당하는 방향이어서 금해야 마땅하였으나 태자는 힘이 없었다. 임금인 명종에게 못하게 말려 줄 것을 호소하자 임금은 내 말도 듣지 않을 것이라고 하면서 액이 멸하기를 기다리라고 하였다.[15] 한편 李

14) 《高麗史》 권 93, 列傳 6, 崔承老.
15) 《高麗史》 권 100, 列傳 13, 朴純弼.

義旼은 壽德宮 옆에 거대한 第宅을 지었다. 아무도 탄핵하는 사람이 없었다.[16] 관료들 집이 그렇게 규모가 큼직큼직 하였으므로 인종은 壽昌宮 옆에 있던 시중 邵台輔의 집을 징발하여 書籍所로 삼고 책과 문서를 모아 보관하면서 유신들로 하여금 당직하게 하였다.[17]

또 金俊의 집도 대단하였다. 왕을 자기 집에 모시고 싶어 이웃집 여러 채를 헐고 증축하였다. 엄동이나 뙤약볕의 무더위를 가리지 않고 독촉하여 지었는데 높이가 여러 길이요 마당 넓이가 100보나 되었다. 그러나 그의 부인은 오히려 좁아 규모가 답답하다고 하였다. 집에 쓸 보와 도리와 기둥·서까래는 반드시 아름다운 나무결 무늬가 있는 것만 골라 썼고 특별히 구해 다 쓴 색다른 재료는 황금빛과 푸른빛이 서로 어울려 빛나고 장려함이 비할 바 없었으며, 정원의 화초도 기이한 것만 취하였다.[18]

충숙왕이 어느 날 吉昌君 權準의 집을 찾아갔다. 왕이 두루 살피니 참으로 아름다웠다. 왕이 탄식하며 내가 사는 집보다 오히려 좋다고 하고 이후로는 자주 신하들 제택에 머물렀다.[19]

回回人으로 몽고황실을 배경으로 삼아 충렬왕 때 僉議贊成事를 지낸 張舜龍은 화사하게 제택을 짓고 바깥 담장에 기와와 돌로 화초를 무늬 놓아 맞담을 쌓았다. 당시로는 대단히 아름답다고 평판이 나서 張家牆이란 별칭을 얻었고 그를 추종하여 담장을 쌓는 집도 생겨났다. 오늘의 꽃담에 해당되는데 후에 이 집에 충렬왕이 머물면서 德慈宮이라 하였다.[20]

제택으로 대표적인 것은 역시 당대를 주름잡던 崔忠獻과 崔瑀(怡)의 저택이었다. 최충헌의 집은 男山에 있었다. 희종은 최충헌을 晋康侯에 봉하고 府를 세우게 하여 興寧府라 하고 홍덕궁을 소속시켰다. 하례하기 위하여 왕자 이하 여러 신하들이 모였는데, 잔치의 성대함이 “삼한 이래로 신하된 자의

16) 《高麗史》 권 20, 世家 20, 명종 22년 10월.
17) 《高麗史》 권 16, 世家 16, 인종 7년 8월 무신.
18) 《高麗史》 권 130, 列傳 43, 金俊.
19) 《高麗史》 권 35, 世家 35, 충숙왕 12년 11월 병진.
《高麗史節要》 권 24, 충숙왕 12년 11월.
20) 《高麗史》 권 31, 世家 31, 충렬왕 24년 정월 병오 및 권 123, 列傳 36, 印侯·張舜龍·車信.

집에서 다시 볼 수 없는 정도"였다. 이 집에 왕도 머문 적이 있었다. 당시 柳井洞 최씨댁은 왕궁이나 진배없었다. 최씨는 남산 기슭에 茅亭을 짓고 雙松(또는 盤松)을 심었다. 아름답기도 하고 장려하기도 하였으며, 당대 제일의 문장가 李奎報가 亭記를 지어 찬탄하였다.[21]

최충헌의 아들 최우는 아버지와 같이 살지 않고 따로 집을 짓고 나가 살았다. 집이 배고개에 있었는데 희종은 궁에 공역이 있는 동안 점쟁이의 말을 좇아 최우의 집에 머물렀다. 최충헌이 나서서 어가를 맞아드리고 왕자와 재추들이 수행하였는데, 錦繡로 綵棚을 가설하고 그 무대에서 胡漢들이 놀이를 벌렸다. 집의 꾸밈은 사치를 극도로 하여서 그 형용을 낱낱이 설명하기 어려울 지경이었다.[22]

고종 32년(1245) 여름 4월 초파일에는 최우가 연등회를 열어 종실·재추들을 초빙하고 집에서 잔치를 베풀었다. 산의 모습으로 結綵하고 비단장막을 둘러치고 그 안에 그네를 매었다. 비단과 꽃을 써서 아름답게 치장하여 보는 이의 눈을 현란하게 하였다. 그런 중에 갖은 놀이가 재인들에 의하여 벌어졌다. 八坊의 廂工 1,350여 명이 잘 차려 입고 풍악을 울리니 온통 천지가 진동하는 듯하였다.[23]

최우는 주변의 살림집 수백 채를 헐어 내고 그 자리에 동서로 수백 보에 달하는 격구장을 건설하기도 하였다. 평탄하기가 마치 바둑판 같았다.[24] 최충헌은 전에 또 다른 제택을 지은 바 있었다. 백여 채의 백성들 집을 허물 정도로 굉장한 집을 지어 담장의 둘레가 몇 리나 되었다. 따로 별당을 짓고 十字閣이라 하였다.[25]

---

21) 《高麗史》 권 129, 列傳 42, 崔忠獻.
李奎報, 《東國李相國集》 전집 권 23, 記 晋康侯茅亭記.
22) 《高麗史》 권 21, 世家 21, 희종 4년 2월 을묘 및 권 129, 列傳 42, 崔忠獻.
《高麗史節要》 권 14, 희종 4년 을묘.
23) 《高麗史》 권 129, 列傳 42, 崔忠獻 附 怡.
《高麗史節要》 권 15, 고종 16년 9월.
24) 《高麗史》 권 129, 列傳 42, 崔忠獻 附 怡.
《高麗史節要》 권 15, 고종 16년 9월.
25) 《高麗史》 권 129, 列傳 42, 崔忠獻.
《高麗史節要》 권 14, 희종 6년 4월.

의종은 규모가 큰집을 억제하라고 유사에게 명을 내리고,[26] 그는 신하들의 제택 중에 뛰어나게 좋은 자리에 지은 멋진 집을 빼앗아 이궁으로 삼기도 하였다. 그 중의 하나가 鄭諴의 집이다. 궁궐의 동쪽에 있고 부속건물인 廊廡만 200여 칸에 이르며 금벽으로 치장하여 대단히 찬란하였다. 의종은 慶明宮이라 하였다.[27] 또 같은 해에 翼陽侯의 집을 징발하여 수덕궁이라 하고 거기에 天寧殿을 덧지었다. 그 밖에도 시중 王冲의 집을 安昌宮, 전 참지정사 金正純의 집을 靜和宮, 평장사 庾弼의 집을 連昌宮, 추밀원부사 金巨公의 집을 瑞豊宮이라 하였다.[28]

의종은 신하의 집에 자주 거처하였다. 그만큼 제택들이 규모를 갖추고 있었던 것이다. 처마를 중첨으로 구성하고 창호를 통달하게 갖추고[29] 장려하게 축대를 쌓았다. 신하의 제택을 빼앗아 만든 館北宮에는 窟室로 축대를 만든 것이 있었다.[30] 석가산을 쌓아 아름답게 꾸미기도 하였다. 의종은 수창궁 북원에 가산을 석축한 바 있었다.[31] 의종은 이름 높은 여러 정자를 짓고 장려하게 가꾸었고 유명한 養怡亭에는 康津가마에서 구어 온 청자로 기와를 이어 지붕을 완성시키기도 하였다.[32] 이는 호사의 극치이지만 이로 인하여 마침내 鄭仲夫의 난이 야기되고 그로 인하여 고려의 정정은 혼미한 흐름에 빠지고 말았다.

鄭夢周의 집은 조선조에 崧陽書院이 된다.[33] 그러나 대부분의 대소 신하들은 불교를 신봉하여서 집에 부처를 두고 안녕과 영달을 기원하는 것이 보통이었다.[34]

(3) 살림집의 성향

선비들의 조촐한 집도 적지 않았다. 東山齋도 그 중의 하나인데 寶鳳山에

26) 《高麗史》 권 18, 世家 18, 의종 18년 7월 임진.
27) 《高麗史》 권 18, 世家 18, 의종 11년 12월 계축 및 권 122, 列傳 35, 鄭諴.
28) 《高麗史》 권 18, 世家 18, 의종 11년 4월 병신.
29) 徐 兢, 《高麗圖經》 권 6, 宮殿 2, 臨川閣.
30) 《中京誌》 권 4, 宮殿, 館北宮..
31) 《高麗史節要》 권 11, 의종 6년 4월.
32) 《高麗史》 권 18, 世家 18, 의종 11년 4월.
33) 鄭夢周, 《圃隱集》 권 4, 年譜.
34) 李奎報, 《東國李相國集》 후집 권 11, 記 朴樞府有嘉堂記.

있어 봉우리에 의지하고 집을 지었다. 姜邯贊·安裕(珦)·李穡의 집은 다 良醞洞에 있었다. 정몽주의 집은 花園 북쪽에, 金九容의 집은 龍岫山 書齋洞에, 崔瑩의 집은 배고개에 있었다.[35] 그 중에서 손꼽히는 집이 자하동의 中和堂이다. 시중을 지낸 蔡洪哲의 집인데 松山(송악) 아래의 그윽하고 고요한 동부, 가장 아름다운 자리를 차지하였다. 나이 많은 어르신네들을 모시고 극진한 잔치를 벌였다. 바로 "집은 송산의 자하동에 있는데…"로 시작하는 유명한 〈紫霞洞歌〉가 바로 이 중화당을 찬탄하는 노래였다.[36]

이들 이름난 제택들은 지금 하나도 남아 있지 않아 모습을 알 수 없다. 다행히 충남 온양에 최영의 고택으로 알려진 조촐한 살림집 한 채가 남아 있다. 지금은 牙山의 孟氏杏壇으로 알려져 있다. 古佛 孟思誠이 최영의 손주사위이고 그가 물려주어 세거하게 되었다는 것이 전해지는 이야기인데, 더러는 그렇지 않다는 설을 주장하는 이도 있다. 이 집은 댓돌이 매우 낮다. 조선조의 보편적인 집이 세벌 대를 위주로 한다면 이 집은 외벌 대로 아주 낮은 특성을 보인다. 같은 충남의 예산 땅, 아산에서 멀지 않은 곳에 있는 秋史의 故宅 사랑채 댓돌도 외벌 대만의 구조이다. 조선조 말엽의 건축물이다. 외벌 대라는 공통점이 있기는 하지만 추사의 고택은 주초석의 키가 훨씬 높다. 결국 마루 높이는 여느 집의 대청이나 진배없다. 따라서 최영장군의 고택으로 알려진 이 집은 매우 낮은 편이라 할 수 있다.

평면은 工자형이다. 유사한 모양의 평면을 갖춘 집은 더러 있다. 국가에서 지정하여 보존하고 있는 집 중에 善山 海平의 崔相鶴의 집이 있다. 외모로 보아서는 흡사해 보이나 구성방법은 전혀 다르다. 최씨가는 홑집으로 工자의 획에 충실하게 방과 대청을 포치시켰는데 최영의 집은 겹집으로 가득차게 짓고 앞과 뒤로 반 칸씩 돌출시킨 형태이다. 쉽게 말한다면 ㅁ자의 평면에 앞과 뒤쪽으로 반 칸의 돌출부를 첨가시킨 것인데 반 칸 돌출부분은 단칸으로 하였다. 현존하는 수많은 집들 중에는 이와 동일한 것이 없다.

앞의 반칸도 앞으로 물매 잡힌 기와지붕으로 가려져 있어 터진 공간은 아니다. 좌우로 반칸씩의 돌출부를 각각의 맞배지붕으로 처리하여 무심히 보는

35) 《中京誌》 권 7, 古蹟.
36) 《高麗史》 권 71, 志 25, 樂 2, 紫霞洞.

눈의 인상이 터진 부분처럼 느껴질 뿐이다. 잔돌로 돌각담 쌓듯이 낮게 쌓은 댓돌에 올라서면 낮은 높이로 구조한 툇마루가 있는데 넓이는 반 칸이다. 안에 대청이 있고 중심부가 대청의 넓은 마루이다.

고려시대 살림집 가운데는 우물마루를 깐 예를 有嘉堂에서도 볼 수 있었다. "세 칸 집을 지었는데 두 칸은 마루를 깔았다. 열두 우물…"이라는 기사가 자료이다.[37] 오늘에 볼 수 있는 우물마루의 존재가 확인되는 내용이다. 대청 좌우엔 구들을 들인 방이 있다. 외벌 대이고 주초와 地枋(아랫중방)의 간격이 좁다. 정상적인 구조의 구들을 들이기엔 부적합하다. 고래를 제대로 설치하려면 기단 표면보다 파고 내려가야 한다. 이는 합리적이 아니므로 의문이 생긴다. 혹시 당초엔 지금과 같이 방 전면에 시설한 구들이 없었던 것이 아닌가 하는 의문이 생긴다. 《고려도경》에 방 일부에만 구들을 시설하고 臥榻을 만들어 침상으로 삼고 탁자와 의자를 놓고 살림하였다고 보인다. 이는 《三國史記》에 기술된 생활방도나 고구려 고분벽화의 침상·의자·탁자의 존재와 일맥상통하는 흐름에 속한다고 할 수 있다. 고려시대 각종의 의자나 탁자가 하나도 남아 있는 것이 없어 알기 어렵다. 그러나 다행히 고려청자의 유물 중에 의자로 사용하게 만들어진 것이 있어 상류생활에서는 그것을 이용한 생활방식이 있었음을 알 수 있다.

조선조 초기 家舍를 제한한 법령에 '단청하지 말며 花栱을 시설하지 말라'는 내용이 있다. 다듬은 돌도 주춧돌 말고는 사용하지 못하게 했다.[38] 이는 고려에서 허용하여 관습이 되어 온 관행을 금지하려 한 것이어서 상당한 후유증이 있었다. 고려시대의 유가당에도 단청을 하였었다. 즉 천장을 하고 단층으로 그림을 그렸다.[39] 조선조에서도 이런 흐름을 차단시킬 수 없어 가묘에는 단청해도 좋다는 예외를 인정하는 방편을 택한다. 단청을 억제하려 하였던 것처럼 화공도 금지시키려 하였다고 이해된다. 고려시대에 허용되던 화공을 최영의 고택에서 볼 수 있다. 맹사성처럼 곧은 분이 국가에서 금제한 화공을 자기 집에 채택하였을 리 만무하다고 한다면 맹씨행단의 화공이 있는 건축물은

37) 李奎報, 《東國李相國集》 후집 권 11, 記 朴樞府有嘉堂記.
38) 《世宗實錄》 권 51, 세종 13년 정월 정축.
39) 李奎報, 《東國李相國集》 후집 권 11, 記 朴樞府有嘉堂記.

고려시대 허용되던 시기에 최영이 조영하였다고 보아야 마땅하다 하겠다.

세종조 가사제한령에 거론된 여러 가지 금제사항을 살펴보면 살림집 형상의 윤곽을 어느 정도 알아낼 수 있다. 고려시대 대제택들의 조영이 법령에 구애받지 않는 자유스러운 것이었다면 살림집에는 반듯한 터전 외곽에 담장을 두르고 중심곽에 예의를 돈독히 할 목적으로 지은 내당과 외당이 있고, 內樓와 寢樓·斜廊·西廳·行廊·翼廊과, 대문·중문·곳간·곡간·육고간·뒤주·반빗간·마구간·외양간·수레간·마판·방아실간과 북수간·측간 등의 부속건물들을 배치하였다고 봐야한다. 이것은 고구려 고분벽화에서 볼 수 있는 구조와 방불하다. 특히 안악 제3호분[40]에서 볼 수 있는 형상과 흡사하다. 이는 조선조의 제택과도 유사한 것이라 보이므로 역대의 살림살이가 큰 줄기에서 대략 같았다고 할 수 있고 고려시대 말기에도 대동소이하였다고 하겠다.

그리고 집 주변을 말끔하게 하며 반듯하고 평탄하게 해서 빗물이 잘 빠지게 하였다. 집 둘레에 아름다운 꽃을 심었는데, 유가당에서는 黃花를 18종이나 심었다. 시기에 따라 황백의 꽃이 번갈아 피니 대단히 현란하였다. 바깥에서나 안에서 담장에 우련하게 비치니 잘 차려 입은 여인들이 거닐면서 아름다움을 시샘하는 듯하여 장관을 이루었다. 또 남쪽에서나 볼 수 있는 대나무를 40여 그루나 가꾸어서 보는 이들을 놀라게 하였다.[41] 마당 가꾸는 園冶의 방식도 후대와 같았다고 할 수 있다. 결국 이런 상황에서 보면 오늘의 우리들 살림살이가 고려로부터 이어지고 있는 것이라고 해도 무리가 없겠다.

〈申榮勳〉

40) 《안악 제3호분 발굴보고》 3, (과학원 고고학 및 민속학연구소, 1958).
41) 李奎報, 《東國李相國集》 후집 권 11, 記 朴樞府有嘉堂記.

집 필 자

개 요 ………………………………………………………………… 이희덕

Ⅰ. 사상계의 변화

1. 불교사상의 변화와 동향
   1) 무신정권기 불교계의 변화와 조계종의 대두 ………… 진성규
   2) 지눌의 사상 …………………………………………………… 길희성
   3) 수선사의 성립과 전개 ………………………………………… 박영제
   4) 백련사의 성립과 전개 ………………………………………… 채상식
   5) 원의 정치간섭과 불교 ………………………………………… 채상식
   6) 임제종의 수입과 불교계의 동향 …………………………… 권기종
   7) 대장도감과 고려대장경판 …………………………………… 박상국
2. 성리학의 전래와 수용
   1) 신유학의 전래와 고려 사상계의 동향 …………………… 문철영
   2) 주자성리학의 수용과 특징 …………………………………… 문철영
   3) 불교와의 관계 ………………………………………………… 이봉춘
3. 풍수·도참사상 및 민속종교
   1) 풍수·도참사상 ………………………………………………… 최창조
   2) 민속종교 ………………………………………………………… 서영대

한국사 21
고려후기의 사상과 문화

편찬간행 **국사편찬위원회**

초판1쇄 2003년 11월 30일
2쇄 2013년 6월 4일

번각발행 **탐구당**

등록일 1950년 11월 1일
등록번호 서울 제 03-00993 호

주소 서울특별시 용산구 한강대로 62 나길 6
전화 (02) 3785-2211(대표)
팩스 (02) 3785-2272
홈페이지 www.tamgudang.co.kr
전자우편 tamgudang@paran.com

ISBN 978-89-8236-587-4
978-89-8236-566-9(세트)

값 24,500 원